Jürgen Werbick

Theologie anthropologisch gedacht

Jürgen Werbick

Theologie
anthropologisch gedacht

HERDER

FREIBURG · BASEL · WIEN

© Verlag Herder GmbH, Freiburg im Breisgau 2022
Alle Rechte vorbehalten
www.herder.de
Umschlaggestaltung: Verlag Herder
Umschlagmotiv: Höhlenmalerei in der »Cueva de las Manos« (Höhle der Hände),
ca. 7000–1000 v. Chr., Gips und Hämatit, Schlucht des Rio Pinturas bei
Perito Moreno, Argentinien. © elnavegante/GettyImages.
Satz: SatzWeise, Bad Wünnenberg
Herstellung: CPI books GmbH, Leck
Printed in Germany
ISBN Print 978-3-451-39265-8
ISBN E-Book (PDF) 978-3-451-83123-2

Inhalt

Einleitung 9

1. Der ganze Mensch 13
1.1 Keine anderen Götter! 13
1.2 Identität, Identitäre 15
1.3 Ganzheitlich 16
1.4 Was ist der Mensch? Nichts als? 18
1.5 Unendlich mehr als? 20

2. Körper und Geist 24
2.1 Der Mensch: das hoch entwickelte Säugetier? 24
2.2 Gehirn und Geist 27
2.3 Strenger Funktionalismus 29
2.4 Erfahrungen 31
2.5 Supervenienz oder Emergenz? 33
2.6 Ein anderer Naturalismus? 36
2.7 Subjektivität? 40
2.8 Leibhaftigkeit 44

3. Freiheit und Bindung 46
3.1 Lebensziel Unabhängigkeit 46
3.2 Selbstbestimmung 49
3.3 Frei und/oder determiniert? 56
3.4 Libertarismus oder Kompatibilismus? 66
3.5 Zur Reformulierung des Leib-Seele-Problems 74
3.6 Der eigene und der gute Wille 77
3.7 Freiheit wovon – wodurch – wofür? 81
3.8 Theologisches Zwischenspiel 83
3.9 In Freiheit glauben? 86
3.10 Etwas anfangen können 95

4. Selbstbewusstsein – Selbstgefühl – Identität 99
4.1 Funktionieren oder Intendieren? 99
4.2 Selbstwahrnehmung, sich fühlen 105
4.3 Selbstbewusste Subjektivität 112
4.4 Das Resonanzwesen Mensch 119
4.5 Gewährte und/oder verdiente Anerkennung? 128
4.6 Unbedingte Anerkennung? Theologisches Zwischenspiel ... 133
4.7 Self-Performance, Selbst-Bespiegelung? 138
4.8 Selbstverwirklichung, Identität 142
4.9 Selbst-Legitimation? Selbst-Transzendenz? 152

5. Lieben: Worüber Größeres nicht erlebt werden kann 157
5.1 Selbstgenuss oder Selbsthingabe? 157
5.2 Was in der Liebe geschieht 160
5.3 Liebes-Lust als Lebens-Gewinn 169
5.4 Liebes-Kultur? 175
5.5 Verbotene Liebe, geächtete Liebes-Lust 184
5.6 Sexuelle Identitäten: unverfügbar oder gestaltungsoffen?
    Sex und Gender 191
5.7 Die Bibel als Norm? 198

6. Wirklichkeits-offen, Wahrheits-bezogen 200
6.1 Was ist wirklich? 200
6.2 Perspektivismus, Relativismus? 206
6.3 Neuer Realismus? 210
6.4 Wahrheitsfähig 217
6.5 Die Herausforderung durch das Wirkliche 221
6.6 Das leibhaft-fühlende Eingebundensein ins Wirkliche 224
6.7 Gott und die Wirklichkeit 234
6.8 Gottes Wirklich-Werden in und unter den Menschen 244

7. Leibhaft: geburtlich und sterblich 248
7.1 Endlich leben, in Gemeinschaft leben 248
7.2 Sein zum Tode 253
7.3 Am Ende der Tod? Theologisch-kritisches Zwischenspiel 1 .. 258
7.4 Die Fülle des Lebens im Hier und Jetzt. Theologisch-kritisches
    Zwischenspiel 2 265
7.5 Sein zum Tode – Sein zum Leben? 270
7.6 Endlich frei 278

7.7	Macht. Welche Macht?	282
7.8	Unterwegs zu einer anderen Gerechtigkeit	289
7.9	Das Erbe der Apokalyptik	295
7.10	Menschen-Würde	300

8. Das Mysterium des Bösen – und seiner Überwindung 309
8.1	Selbstbejahung?	309
8.2	Warum nicht alles »sehr gut« ist?	311
8.3	Verfehlungen und die Macht der Sünde	322
8.4	Erbsünde und persönliche Sünden?	324
8.5	Auf dem Weg zur Säkularisierung der Sünde	332
8.6	Sünde nicht-moralisch?	341
8.7	Der theologisch-anthropologische Überschuss des Sünden-Diskurses	346
8.8	Erlösung?	351

9. Sprache und Kommunikation 357
9.1	Was leistet die Sprache?	357
9.2	Reproduktiver und kreativ-hervorbringender Sprachgebrauch	362
9.3	Religiöser Sprachgebrauch	371
9.4	Die soziale Realität der religiösen Kommunikation	374
9.5	Gottes Wort in menschlicher Zeugnis-Rede	379
9.6	Das vielstimmige Geschehen des Gotteswortes	382
9.7	Evangelium	389
9.8	Religiöse Sprache im Spannungsfeld von Bestimmtheit und Unbestimmtheit	391
9.9	Negative Theo-Logie?	394

10. Leben in Fülle 402
10.1	Projekte und Tugenden	402
10.2	Und das Glück?	408
10.3	Lust? Erfüllung? Seligkeit?	412
10.4	Glaube, Liebe, Hoffnung	422
10.5	Die Dynamik des Urvertrauens	428
10.6	Aus dem Wirken des Gottesgeistes	433

Literaturverzeichnis 436

Personenregister 449

Einleitung

Anthropologisch gedachte Theologie: Sollte man sich an so einem Projekt versuchen? Man ist sofort von Ehrfurcht gebietenden Assoziationen umstellt: der lebendig nachwirkenden Erinnerung an Karl Rahners anthropologisch gewendete Theologie; von Lektüreerfahrungen mit Wolfhart Pannenbergs Buch *Anthropologie in theologischer Perspektive*[1]; von der breiten Rezeption, die Otto Hermann Peschs und Thomas Pröppers Theologische Anthropologien gefunden haben.[2] Unvorsichtiger, als die Sprachsorgfalt der hochgeschätzten Lehrer und Kollegen es zugelassen hätte, legt es meine Titelformulierung nahe, der Anthropologie so etwas wie eine Prüf-Funktion für eine heute zu verantwortende Theologie zuzuweisen. Müsste die nicht entschieden *theo-logisch* gedacht werden, um sich einer »anthropozentrischen Umklammerung«[3] zu entziehen? Hat sie sich mit der nicht schon abgefunden, wenn sie die Auseinandersetzung um den Wahrheitsanspruch des christlichen Glaubens auf dem Feld einer ihrem Anspruch nach säkularen Anthropologie austragen will? Wie könnte sie da dem Vorwurf begegnen, sie erschöpfe sich darin, das anthropologisch *ohne Gott* Aufgewiesene theologisch zu verdoppeln oder zu mystifizieren? Man scheint Anlass zu haben, vor einer »anthropologischen Begründung und Darstellung theologischer Inhalte« zu warnen[4], mit Karl Barth eine »theo-

---

[1] Göttingen 1983.
[2] Vgl. Otto Hermann Pesch, Frei aus Gnade. Theologische Anthropologie, Freiburg i. Br. 1983; Thomas Pröpper, Theologische Anthropologie, 2 Bde., Freiburg i. Br. 2011. Ebenfalls zu nennen wäre Erwin Dirscherl, Grundriss Theologischer Anthropologie. Die Entschiedenheit des Menschen angesichts des Anderen, Regensburg 2006.
[3] Vgl. Wolfhart Pannenberg, Anthropologie in theologischer Perspektive, 15.
[4] Vgl. Ralf Frisch, Eine kurze Geschichte der Gottesvergessenheit. Einige Gedanken zum Zustand der evangelischen Kirche einhundert Jahre nach Karl Barths Revolution der Theologie, in: theologische beiträge 51 (2020), 424–439, hier 429.

zentrische Theologie«⁵ einzufordern und so allen *anthropologischen Reduktionen* der Theologie⁶ eine Absage zu erteilen.

Angesichts dieser Problem-Konstellation kann man nicht gut bestreiten, dass sich zwischen Theologie und säkularer Anthropologie ein Spannungsfeld auftut, auf dem es theologisch wie anthropologisch zu vielen Einseitigkeiten und Übergriffigkeiten kommen kann und auch gekommen ist. So wird es notwendig sein, das Buch, das ich hier einleite, mit seinen Anliegen und seinem Vorgehen in diesem Spannungsfeld genauer zu verorten. Nicht um eine »Anthropologie in theologischer Perspektive« wird es gehen, sondern um eine Theologie in anthropologischer Perspektive.⁷ Anthropologische Fragen und Diskurse sollen die Systematische Theologie herausfordern, ihr Vorgehen und ihre Lehren kritisch zu befragen:
- ob und gegebenenfalls wo die Theologie genötigt ist, angesichts valider anthropologischer Befunde anders zu sprechen, Lehren zu revidieren, die überholten anthropologischen Festlegungen verpflichtet sind;
- ob und wie die Theologie sich fachlich qualifiziert einbringen kann, anthropologische Thesen kritisch anzufragen und entsprechende Fragestellungen neu zu akzentuieren.

Theologie ist hier nicht zuerst die antwortende, sondern die angefragte Instanz. Sie müsste anthropologisch mitfragen, ehe sie um Gehör dafür bittet, was sie zu sagen hat. Ihr Ziel muss es sein aufzuweisen, dass es etwas einbringt, theologisch über anthropologisch artikulierte Sachverhalte zu sprechen. Dieses Ziel kann sie nur verfolgen, wenn Theolog(inn)en die Erfahrung gemacht haben, dass es theologisch etwas bringt, sich auf anthropologische Verfahren und Diskurse einzulassen.⁸ Wenn das gut geht, kommt es zu einer wechselseitigen kritischen Befragung der Antworten, die

---

⁵ Das Stichwort hat vor Karl Barth Erich Schaeder eingeführt; vgl. sein Werk: Theozentrische Theologie, Bd. I, Leipzig 1909, Bd. II, Leipzig 1914.

⁶ Dass es solche Reduktionen gibt und dass sie gegenwärtig wieder Konjunktur haben, steht außer Frage. So behauptet Hubertus Halbfas ohne Umschweife in der Spur Ludwig Feuerbachs: »Theologie ist Anthropologie«, um dann allerdings eher theologisch-konventionell fortzufahren: »›Gott‹ verstehen wir nur soweit, als wir uns selbst in der von uns begriffenen Welt verstehen« (ders., Glaubensverlust. Warum sich das Christentum neu erfinden muss, Ostfildern ³2011; 63).

⁷ Diese Alternative ist vielleicht zu scharf formuliert. Und ich räume ein, dass Pannenbergs Buch durchaus auch zentrale theologische Themen in anthropologischer Perspektive durcharbeitet.

⁸ Das hat Ulrich Lüke insbesondere im Blick auf evolutionsbiologische Aspekte der Anthropologie deutlich gemacht; vgl. von ihm: Das Säugetier von Gottes Gnade. Evolution, Bewusstsein, Freiheit, Freiburg i. Br. ³2016.

man auf beiden Seiten gefunden zu haben meint, womöglich zu einer Vertiefung eigener Fragestellungen durch das Kennenlernen des auf der anderen Seite Untersuchten und Erarbeiteten.

Das Verhältnis der beiden Seiten ist asymmetrisch. Die Anthropologie wird sich kaum auf die Theologie verwiesen sehen, um bei ihrer Sache bleiben zu können. Die Theologie aber weiß sich auf die Anthropologie angewiesen, um zu sagen, was sie zu sagen hat. Sie darf von Gott sprechen, der das Heil des Menschen will. Was es bedeutet, ein Mensch zu sein, und was es heißen kann, von einem heilen, erfüllten Menschsein zu sprechen, dafür steht der Theologie aber keine Deutungshoheit zu. Sie muss es im kritischen Dialog mit anthropologisch einschlägigen Wissenschaften immer wieder neu eruieren. Da ist sie herausgefordert, sich auf unterschiedliche, auch miteinander konkurrierende, anthropologisch relevante Disziplinen und Forschungsansätze einzulassen. Der Anspruch, ihnen gleichermaßen gerecht zu werden, wird sie hoffnungslos überfordern. Aber sie wird sich ihm auch nicht entziehen dürfen. Von der Vielfalt ihrer Themen und Methoden ist die Theologie immer überfordert. Und sie muss doch immer wieder neu anfangen, mit dieser Überforderung irgendwie umzugehen.

Man wird auch diesem Buch die theologische Überforderung ansehen. Die Vertiefung des Theologen in anthropologisch relevante Diskurse wird unterschiedlich kompetent, mitunter beklagenswert oberflächlich ausfallen. Und die theologischen Hausaufgaben, denen man sich nicht entziehen darf, wenn man in die Schule der anthropologischen Disziplinen – der Biowissenschaften, der Psychologie und der Soziologie, schließlich der Philosophie – gegangen ist, können nur exemplarisch in Angriff genommen werden. So wird man als Leser(in) wie als Autor den Eindruck eines nicht immer nachvollziehbaren Eklektizismus nicht los. Dem entspricht das methodische Vorgehen, das ich gewählt habe. Es kommt mir selbst wie ein Hin- und Hergehen zwischen dem Teilnehmen an anthropologischen Diskursen und der Vertiefung in theologische Lehrbildungen vor, die in anthropologischer Perspektive neu durchdacht, mitunter revidiert werden müssen. Dann geht es wieder zurück zu den anthropologischen Thesen – mit der Frage, ob man sich von der theologischen Perspektivierung des hier Gesagten nicht einen Mehrwert in der Würdigung der Phänomene erwarten dürfte.

Vielleicht sagt die Metapher des Gewebes, die ich Hannah Arendt verdanke[9], Entscheidendes zum Gedankengang dieses Buches. Die Glaubens-

---

[9] Vgl. von ihr: Vita activa oder Vom tätigen Leben, dt. Neuausgabe München 2020.

Wahrheiten sollen eingewoben werden in anthropologische Diskurse und Einsichten. Es wird sich dabei zeigen, dass sich der »Stoff« verändert, durch das Eingewobene nicht nur schöner, sondern auch dichter gewebt, womöglich haltbarer wird. Die Theologie fädelt sich ein, darf darauf aufmerksam werden, wie sie das Ihre einbringt, aber nicht einfach nur das Ihre sagt, sondern in einem neuen Kontext Bedeutung gewinnt und ihr Altüberliefertes neu sagen kann. Aber soll sie sich nur einfügen, »einwickeln lassen« in Selbstverständlichkeiten, die anderswo erzielt wurden und gelten? Die Metapher des Gewebes bleibt einseitig. Ihre Kohärenz-Orientierung macht sie Common-sense-anfällig. Wie leicht lässt man sich in Wirklichkeits-verleugnende Konsense einwickeln. Geht es nicht auch entscheidend darum, kritische Re-visionen – Neu-Wahrnehmungen – einzubringen und Allzu-Selbstverständliches zu befragen? Geht es etwa nicht im Glaubenszentrum darum, eine Hoffnung zu bezeugen, für die anthropologisch nichts spricht und der in den nichttheologischen anthropologischen Disziplinen mit großer Selbstverständlichkeit felsenfeste empirische Gewissheiten entgegengehalten werden: die Auferstehungshoffnung?

Sich-Einfädeln und dabei offenherzig befragen, sich ebenso offen in dem befragen lassen, was man selbst an Selbstverständlichkeiten mitbringt und einbringen will, auch »widerborstig« bleiben, sich nicht über-anpassen, nur um in wissenschaftlichen Diskursen ernst genommen zu werden: Das wäre die Kunst, wie man sie beim Projekt einer anthropologisch gedachten Theologie zu üben hätte. Wie weit ich es darin gebracht habe, mögen Sie beurteilen, wenn Sie meinem Buch Ihre Zeit widmen.

1. Der ganze Mensch

1.1 Keine anderen Götter!

Es ist ein schlimmer Satz, der einem immer noch auf der Seele liegen kann. Mit ihm hat Roland Freisler, der Präsident des Volksgerichtshofs, dem Widerstandskämpfer Helmuth James Graf von Moltke sein nationalsozialistisches Selbstbewusstsein demonstrieren wollen: »Nur in einem sind das Christentum und wir gleich: Wir fordern den ganzen Menschen!« Darin wollten der Nationalsozialismus und die NSDAP dem Christentum nicht nachstehen: Nichts im Menschen sollte sich dem Zugriff der Partei auf Leib, Leben und Seele entziehen können. Diesem Total-Anspruch hatte sich alles, hatten sich alle total zu unterwerfen. Alles andere wäre todeswürdiger Hochverrat gewesen. Diesen Hochverrat hat Freisler aburteilen wollen: einen Gott zu haben, dem man mehr gehorchte als dem »Führer«.

Weil dieser Gott den ganzen Menschen fordert, keine anderen Loyalitäten zulässt; zu allerletzt die zu einem Führer, der den ganzen Menschen wollte und nicht bereit war, ihn mit irgendwem zu teilen? Für Freisler ist das Christentum Todfeind in der Sphäre der Totalität: Für Christen eine erschreckende Parallelisierung; unerträglich auch deshalb, weil sie bei all ihrem Zynismus und ihrer Vermessenheit etwas Unerträgliches ans Tageslicht bringt, nur knapp danebentrifft?

Hitler wollte die Fanatischen; ein Gräuel waren ihm zögernde Bedenkenträger. Die *Fanatischen,* von göttlicher Macht zur Begeisterung Hingerissenen, die Totalitäts-Menschen: Da bleibt kein Raum für Unentschiedenheit und Selbst-Zweifel. Der Fanatiker ist »ganz drin«, auf Leben und Tod; er wird alles zum Opfer bringen, wenn es sein muss. Der Fan ist sein verspieltes Abziehbild. Von außen gesehen die gleiche Begeisterung; im Inneren – hoffentlich – soviel Selbst-Einsicht, dass man realisiert: Hier geht es nicht um Leben oder Tod, sondern um Mitfreude oder Trauer über Sieg oder Niederlage.

Die vom Göttlichen Mitgerissenen: Das verrät der Wortsinn denen, die sich auf die altlateinische Herkunft des Wortes verstehen. *Fas:* die Gottheit kommt über den Menschen, begeistert ihn, macht ihn zum willenlosen Mitläufer. Je nachdem, wie und von wo aus man es sieht: drinnen oder von draußen. Den pejorativen Akzent gewinnt das Wort Fanatiker in den konfessionellen Auseinandersetzungen der aufbrechenden Neuzeit, dann in der Aufklärung. Hier assoziiert man mit dem Wort weniger die *Fas*-zination, das hinreißende Glück derer, die den jetzt erfüllten Augenblick leben, als die wutverzerrte Fratze der »Besessenen«.

Das ist in den Augen vieler Zeitgenossen die Fratze der Religion, einer »heißen Religion«, wie man sie heute vor allem bei Islamisten findet und verachtet: Das macht die Religion aus den Menschen, die von ihr besessen sind, sich ihr mit Haut und Haaren und vor allem in ihren Herzen ausgeliefert haben. So sehen sie aus, so fanatisch, so hässlich! Menschen werden so, wenn sie religiösen Fanatikern in die Hände fallen, zum Fanatismus angestachelt, zuinnerst und bis zum Äußersten missbraucht werden, dem »geistlichen Missbrauch« anheimfallen, geistlich vergewaltigt werden. Und dabei bleibt es ja manchmal nicht.

Dass es in der Religion um alles geht, macht sie so oft totalitär – und Missbrauchs-affin. Sie öffnet die seelischen Pforten, durch die auch die Diebe und Räuber eindringen können[1], die Unsensiblen, die Rücksichtslosen, die Vergewaltiger. Es sollte einem *auch deshalb* nicht wundern, wie verbreitet der Missbrauch in religiösen Zusammenhängen vorkommt.[2] Wäre es nicht die beste Prophylaxe, sich dem Zugriff der Religion zu entziehen, jedenfalls auf der Hut zu sein vor allen, die den ganzen Menschen wollen, seine Total-Hingabe ohne Wenn und Aber? »Totus tuus« nennt sich eine kirchliche Gruppe, die sich in Zeiten eines mehr und mehr verdunstenden Christentums einer gewissen Attraktivität erfreut. Weil der Zeitgeist so anders zu »ticken« scheint, bringt es ein Auserwähltheits-Appeal mit sich, etwas erfahren zu haben und an etwas Anteil zu haben, was die Ganzhingabe herausfordert und motiviert.

Der Zeitgeist war postmodern. Auch er ist inzwischen fast verdunstet – oder er hat sich Intellektuellen- und Besserverdienenden-Regionen zurückgezogen hat, in denen man sich viele Investments leisten kann, die Lebenssinn und Lebensgewinn versprechen. Hier erscheint es nicht clever, alles auf eine Karte zu setzen. Der Philosoph Odo Marquard hat das auf den Punkt

---

[1] Von ihnen ist in Joh 10,1 die Rede.
[2] Zum »geistlichen Missbrauch« vgl. das wichtige Buch von Doris Wagner, Spiritueller Missbrauch in der katholischen Kirche, Freiburg i. Br. 2019.

gebracht: Man sollte sich nicht total mit einer Sache, einem Projekt, einer »Geschichte«, einem Lebenssinn-Mythos identifizieren und *Gewaltenteilung* leben: »divide et impera oder divide et fuge [teile und herrsche oder teile und fliehe], jedenfalls: befreie dich, indem du teilst, d. h. dafür sorgst, dass die Gewalten, die die Geschichten sind, sich beim Zugriff auf dich wechselseitig in Schach halten und so diesen Zugriff limitieren – just dadurch erhält der Mensch die Freiheitschance, eine je eigene Vielfalt zu haben, d. h. ein Einzelner zu sein.«[3]

Aber, wie das so ist: Der postmoderne Freiheits-Geschmack ruft Identitäts-Sehnsucht auf den Plan, Entschiedenheits-Sehnsucht: Das macht mich aus – und eben nicht dich! Daran lasse ich nicht rühren, schon gar nicht von denen, die nicht zu uns gehören. Die *Identitären* wissen, wer zu »uns« gehört und wer nicht – gegen wen wir unsere abendländische Identität Differenz-bewusst verteidigen müssen. Diese Entschiedenheit ist wieder gefragt. Schluss mit dem postmodernen *Einerseits –Andererseits, Hier und Da.* Hier und zu dem stehen wir. Wir bestimmen, wer zu uns gehört und wer nicht, wem unser Land gehört und wem nicht; aber auch, wenn Religion noch eine Rolle spielt: wer unserem Gott angehört und wer anderen Göttern nachläuft. Wir wollen frei sein in unserer Welt, unbelästigt von denen, die so unerträglich anders sind! Geschützt vor denen, die mit ihnen fraternisieren. Wir wollen uns in dem, womit wir uns identifizieren, nicht dauernd rechtfertigen müssen!

1.2 Identität, Identitäre

Ich will in meinem Lebensraum in Ruhe gelassen, *mein Leben* leben: so sein, wie ich bin und sein will! Ich will schon gar nicht, dass man mir dafür ein schlechtes Gewissen macht! Das »linksliberale« Gegenbild ist – rein formal gesehen – gar nicht so weit davon entfernt: Ich bin, wie ich bin, habe mich so gewählt, will in meinem Sosein anerkannt sein. Ich wehre mich gegen jeden Übergriff, der das, was ich bin und sein will, nicht gelten lässt. Es geht um meine, unsere Identität; darum, dass man sie nicht in Frage stellt. Es geht um meine – unsere – Selbst-Souveränität. So wehren wir uns gegen alle, die sich mit ihren Ansprüchen, ihrem Anders-Sein in unseren Lebenshorizont und Lebensraum hineindrängen, uns nicht die sein und so sein lassen wollen, die wir und wie wir sind.

---

[3] Odo Marquard, Abschied vom Prinzipiellen, Stuttgart 1987, 98.

Auch wenn die »Rechts-Identitären« sich bei nationalsozialistischem Gedankengut bedienen, sie tun es postmodern: als die Verteidiger einer vielfach entwerteten, von der Lügenpresse belästigten, beleidigten Identität; als Kämpfer gegen die Entwertung dessen, was »uns« wertvoll ist. Die »Links-Identitären« wehren sich gegen Übergriffe, die ihnen das Eigensein ihrer sexuellen Orientierung, ihres ethnischen oder kulturellen Selbstbewusstseins nicht zugestehen. Sie wollen als Diskriminierungs-Opfer anerkannt werden und bestreiten den Mehrheitsgesellschaften das Recht, sich in ihre Belange einzumischen, sie überhaupt verstehen zu wollen und in ihnen herrschende Kategorien auf sie anzuwenden.

Links-Identitäre sehen die Mehrheitsgesellschaften und ihre Kultur als totalitäre Macht, die ihre Identität marginalisiert. Die Rechts-Identitären sehen sich als Opfer einer totalitären Mainstream-Meinungsmache und eines bürokratischen Politik-Betriebs, die nicht mehr gelten lassen, was den Benachteiligten vor Ort »heilig« ist. Auf der Rechten wie auf der Linken geht es um die *bisher* verweigerte Anerkennung, um das Vorkommen eigener Wahrnehmungen und Interessen in ganz und gar »entfremdeten« politisch-gesellschaftlichen Dynamiken.

Damit mögen die Parallelen erschöpft sein. Aber die sind so wichtig, dass man an ihnen markante *Zeichen der Zeit*[4] erkennen kann. Die »Diskriminierten« haben nicht den Raum, *ihr Leben* leben zu können. So kämpfen sie darum, nicht länger Opfer gesellschaftlicher Verhältnisse zu sein, die sie hindern, *sie selbst* zu sein. Da geht es um den Kampf derer, die sich als fragmentiert oder entfremdet, identitätsbedroht oder identitätsberaubt erfahren. Es geht wieder um den ganzen Menschen, aber – auf den ersten Blick – *ganz anders*. Es geht um den Entfaltungs-Raum, in dem bisher Diskriminierte, Marginalisierte, Fragmentierte *ganz werden* könnten.

1.3 Ganzheitlich

Ganz werden, nun postmodern: Nichts von dem, was das Leben ausmacht und bereichern kann, darf draußen bleiben; nichts soll abgespalten, ungelebt bleiben. Es sind die repressiven Systeme und Ideologien, Charakterstrukturen, in denen sie von uns Besitz ergreifen und das Ganz-Werden

---

[4] Die Rede von den Zeichen der Zeit ist in der Theologie seit dem Zweiten Vatikanischen Konzil üblich geworden; vgl. dazu die einschlägigen Texte *Unitatis redintegratio* 4, *Gaudium et spes* 4 und 11, *Presbyterorum ordinis* 9.

sabotieren. Gegen sie muss Selbst-Verwirklichung errungen, ganzheitliches Denken, Fühlen und Leben solidarisch eingeübt werden: ein Leben in und mit Leib und Seele, Kopf und Herz, Selbstsein in gelingender Beziehung und das Dasein tragenden Gemeinschaften; *heiles* Menschsein, das an den Ressourcen partizipiert, die ihm ein erfülltes, gelingendes Leben ermöglichen können. Und ein Menschsein, das sich in die produktive Dynamik des Daseins im Ganzen hineingibt, von ihr getragen und genährt wird.

Es geht uns um den ganzen Menschen! Wir setzen uns dafür ein, dass jeder Mensch die Möglichkeit hat, in diesem Sinne ganz, ganzheitlich zu werden: frei von allem, was ihn am genussreich-erfüllten Leben hindert. So etwa lässt sich ein Common sense dieser Optionen beschreiben, wie sie vielfach in Therapie-Kulturen geteilt werden und in der New-Age-Bewegung mit metaphysischem Anspruch ausformuliert wurden. Es fehlt freilich nicht an Vorbehalten, in denen man auf die Zwiespältigkeit der hier favorisierten Idealisierungen hinweist. Kommt es in ihnen nicht zu sehr auf das Nutzen von Ressourcen an, darauf, möglichst nichts zu versäumen oder für meine Selbstverwirklichung ungenutzt zu lassen? Michael Hampe hat von einer »Verressourceung der humanen Beziehungen« gesprochen, die es zu »keine[r] Begegnung zwischen Subjekten« und zu »keine[r] Resonanz zwischen Subjekten und Gegenständen« mehr kommen lasse.[5] Diese Verressourceung bilde den ausbeuterischen Bezug zum Leben ab, der sich im spätkapitalistischen Weltverhältnis durchgesetzt hat und kaum noch ökologisch einzuhegen ist. Wo das Leben zur letzten und einzigen Gelegenheit wird, muss man es so leben, dass es sich lohnt zu leben, dass alles in ihm vorkommt, was das Leben *lebenswert* macht.[6] Wenn es – unvermeidlicherweise – ans Sterben geht, will man sich sagen dürfen, dass man das Leben ausgeschöpft hat und lebenssatt sterben kann.

Ganz(heitlich) Mensch sein erscheint hier als Gegenentwurf zum reduzierten Menschsein in den Entfremdungs-Verhältnissen des späten Kapitalismus. Karriere gemacht hat dieses Menschen-Bild im Widerspruch zu einem christlichen Menschenverständnis. Das habe die Menschen daran

---

[5] Michael Hampe, Die Lehren der Philosophie. Eine Kritik, Berlin 2014, 262. Für die Metapher der Resonanz bezieht er sich auf Hartmut Rosa: vgl. von Rosa jetzt: Resonanz. Eine Soziologie der Weltbeziehung, Berlin 2016.
[6] Diese Er-lebensperspektive zeichnet nach: Gerhard Schulze, Die Erlebnisgesellschaft. Kultursoziologie der Gegenwart, Studienausgabe Frankfurt a. M. 2000. Vgl. Marianne Gronemeyer, Das Leben als letzte Gelegenheit. Sicherheitsbedürfnisse und Zeitknappheit, Darmstadt ⁵2014.

gehindert, das diesseitige Leben in seinen Möglichkeiten, seiner Fülle wie in seinen Grenzen zu bejahen, damit man nicht die Gottes-Sehnsucht nach dem paradiesischen Jenseits verliere. Es muss nun darum gehen, kindlich-unmäßige Erwartungen ans Leben mit Erwachsenen-Realismus soweit zu ermäßigen, dass dieses Leben nicht überfordert wird, dafür aber die Lebens-Erfüllung bereiten kann, die ein Leben in endlichen Verhältnissen bereithält. Was soll dem Menschen – so Sigmund Freud – »die Vorspiegelung eines Großgrundbesitzes auf dem Mond, von dessen Ertrag doch nie jemand etwas gesehen hat? Als ehrlicher Kleinbauer auf dieser Erde wird er seine Scholle zu bearbeiten wissen, so dass sie ihn nährt.« Und er schließt mit Heinrich Heine: Den Himmel überlassen wir / Den Engeln und den Spatzen.«[7] »Erziehung zur Realität« mag die Wege bahnen zu einem ganzheitlichen Menschsein, das sich nicht in falschen Hoffnungen verliert und zu seiner Vollgestalt heranwächst, wo ihm die Natur die Räume öffnen will, in die hinein die Menschen sich entwickeln können. Die Natur ist – so der französische Aufklärer Paul-Henri Thiry d'Holbach – »keine Stiefmutter«, die uns willkürlich vorenthielte, was das menschliche Leben braucht und erfreulich machen kann; in ihr wird sich der Mensch geborgen fühlen dürfen, sodass er nicht mehr nach übernatürlicher Erfüllung verlangt.[8]

1.4 Was ist der Mensch? Nichts als?

Dass wir der Natur nicht diese Achtung entgegengebracht haben, wird sich in einer desaströsen ökologischen Katastrophe zeigen. Die Menschheit hat sich anthropozentrisch selbst verabsolutiert. Die Utopie der *Selbst*-Verwirklichung hat sich als Selbst-Aufblähung herausgestellt. Nur Selbst-Zurücknahme kann die Katastrophe vielleicht noch in Grenzen halten. Muss nicht endlich die Botschaft der Mystik, der fernöstlichen Mystik vor allem, gehört und befolgt werden, die sich seit Jahrtausenden in diese Selbst-Zurücknahme abgesehen eingeübt hat?

Der Philosoph Ernst Tugendhat plädiert mit dem chinesischen Taoismus für eine »Transformation des Selbstverständnisses«, die sich vom religiösen »Bekümmertsein um die Erfüllung der eigenen Wünsche« ver-

---

[7] Sigmund Freud, Die Zukunft einer Illusion, Sigmund-Freud Studienausgabe, hg. von A. Mitscherlich – A. Richards – J. Strachey, Bd. IX, Frankfurt a. M. 1974, 135–198, hierzu 183.
[8] Vgl. ders., Le christianisme dévoilé, London 1761, 344.

abschiedet und zu einem Sich-Zurücknehmen in die elementaren Mit-Lebens-Zusammenhänge bereitfindet.[9] Tugendhats Vorwurf an die Religion, vor allem das Christentum, ist ihre bzw. seine Anthropozentrik. In der Spur Ludwig Feuerbachs[10] wäre die anthropozentrische Substanz des Christlichen zu entlarven, die die Menschen dazu verführt hat, sich selbst bzw. die Erfüllung ihrer tiefsten, freilich aufgeblähten Hoffnungen als Sinn aller Wirklichkeit und auch noch Gottes anzusehen und so der Natur die Achtung zu verweigern, die ihr zukäme.

Dass die Natur wieder in ihr Recht eingesetzt wird, dieses Anliegen scheint derzeit bei den Natur- und vor allem den Biowissenschaften am besten aufgehoben. Sie haben den Ehrentitel der Lebens-Wissenschaften für sich reserviert, die auch über das menschliche Leben nachhaltig aufzuklären berufen sind. Sie betrachten den *ganzen Menschen* als Naturwesen, wollen ihn nach physikalisch-chemischen Naturgesetzen als Funktionszusammenhang begreifen, der sich in der Evolution des Lebens auf den Pfaden Evolutions-vorteilhafter Mutationen und Selektionen naturwissenschaftlich nachvollziehbar herausgebildet und Fähigkeiten erworben hat, die ihm ein selbstbewusst-selbstverantwortliches soziales Leben in einem Umweltverhältnis ermöglichen, das er nach eigenen Prioritäten optimieren, freilich auch ruinieren kann.

Aber hat man es nicht mit einer Grenzüberschreitung zu tun, wenn diese »Lebenswissenschaften« für sich beanspruchen, den ganzen Menschen in allein angemessener Weise zu verstehen und Verstehens-Zugänge als unwissenschaftlich abtun, in denen eine Nicht-Reduzierbarkeit geistiger Vollzüge auf die biologisch beschreibbaren Prozesse des menschlichen Organismus vorausgesetzt wird? Um diese Frage tobt ein heftiger Streit; es ist noch nicht abzusehen, wie sich die oft verworrene Diskussionslage wird klären lassen. Zwischen den Extrempositionen, die der modernen Hirnforschung die Generalantwort auf die Frage »Was ist der Mensch?« zutrauen oder im Gegenteil dazu die These begründen wollen, dass »die materialistische neodarwinistische Konzeption der Natur so gut wie sicher falsch ist«[11], so auch für die Anthropologie nicht maßgebend sein kann, öffnet sich ein Feld diffiziler Argumente und Positionsbestimmungen. Auch für

---

[9] Vgl. ders., Egozentrizität und Mystik. Eine anthropologische Studie, München 2003, 122, 139, 147.
[10] Vgl. von ihm: Das Wesen des Christentums, Werke in sechs Bänden, hg. von E. Thies, Bd. 5, Frankfurt a. M. 1976.
[11] Vgl. Thomas Nagel, Geist und Kosmos. Warum die materialistische neodarwinistische Konzeption der Natur so gut wie sicher falsch ist, dt. Berlin ²2016.

Fachleute ist es kaum noch zu überblicken. Was spricht tatsächlich dafür, das *Nichts als* eines naturalistischen Reduktionismus – der Mensch ist nichts als das Miteinander der Prozesse, die sein Funktionieren als materialer Körper einschließlich seines Gehirns ausmachen – als definitives Urteil über das Menschsein anzuerkennen? Was spricht dafür, das mit Konrad Lorenz als eine »Nichts-anderes-Alserei« zu ironisieren, die nicht in Betracht ziehen will, was sie mit ihrer Methodik nicht sehen kann?[12]

Man wird sich im Geflecht der Argumente und Einschätzungen einen ungefähren Überblick verschaffen müssen, wenn man daran gehen will, elementaren menschlichen Erfahrungsgegebenheiten, wie sie für das menschliche Selbstverständnis als basal gelten – Selbstbewusstsein, Freiheit, Identität, Begehren, Lieben, Glauben und Hoffen, Vertrauen u. v. a. m. – als originäre Phänomene zu würdigen, die so, wie sie im menschlichen Bewusstsein auftauchen, vom Denken aufgenommen und geklärt werden sollen. Müsste man der Überzeugung sein, nicht die menschliche Selbstwahrnehmung *in der ersten Person* sei die Instanz, der sich der Sinn dieser Erfahrungen zeigt, sondern die biophysische Erklärung der jeweils beteiligten Körper-Prozesse in der Dritten-Person-Perspektive gebe Aufschluss darüber, was in ihnen »in Wirklichkeit« vorgehe, wäre man genötigt, sich mit allen anthropologischen Fragen von der Hirnforschung die definitive Klärung zu erwarten.

1.5 Unendlich mehr als?

Es war der »metaphysische Überschwang« der Theologie, gegen den der Natur-bewusste Reduktionismus der Aufklärung und dann des 19. Jahrhunderts angetreten ist. Der Theologie schien ausgemacht, dass der Mensch *unendlich mehr* ist als ein Lebewesen, das zwischen Geburt und Sterben nach der Erfüllung seines elementaren und vielleicht auch »höheren« Lebens-Verlangens strebt und sich dafür vergemeinschaftet, im gesellschaftlichen Miteinander nach Entwicklungsmöglichkeiten seines Menschseins sucht, in denen er sich nicht länger unterdrückt und marginalisiert

---

[12] Konrad Lorenz übersetzt hier eine Formel von Julian Huxley (ders., Der Abbau des Menschlichen, dt. München – Zürich 1983, 197). Vgl. Ulrich Lüke, Der Mensch – nichts als Natur? Über die naturalistische Entzauberung des Menschen, in: ders. – H. Meisinger – G. Souvignier (Hg.), Der Mensch – nichts als Natur? Interdisziplinäre Annäherungen, Darmstadt 2007, 126–145, hier 135.

erfahren muss. Der Mensch hofft als Glaubender in der Gottesgemeinschaft zu leben, in der sich ihm der unendliche Horizont eines Gott-erfüllten Lebens öffnet. Aber bringt er sich nicht um die wertvollsten Dimensionen seines Lebens in *dieser* Welt, wenn er diesem Horizont all seine Aufmerksamkeit zuwendet? Das Unendlich-mehr-als nimmt nicht ernst und hindert daran auszuschöpfen, was die Bescheidung ins *Nichts als* in den Blick nimmt und zugänglich machen kann.

Das war die Verheißung des anti-metaphysischen Reduktionismus: Wer sich mit dem *Nichts als* zufriedengibt, dem wird es zum Feld eines wahrhaft humanen Lebens zwischen Geburt und Sterben. Der bekennende Naturalismus der Gegenwart hat nicht mehr so viel Verheißung im Gepäck. Seine Botschaft lautet eher: Seht euch eingefügt in das unabdingbar sich vollziehende Lebensgeschehen des *Werde und stirb! Entfalte dich und mach den Nachwachsenden Platz!* Alles andere ist illusionär und egozentrisch. Und es ist doch wohl ehrenhafter, menschlicher, sich aller metaphysischen Illusionen zu entschlagen, als in ihnen hängen zu bleiben, weil man nicht den Mut hat, ohne sie zu leben und sich in den Lebensprozess hinein zu relativieren.

Wieviel Selbst-Relativierung, Menschen-Relativierung, ist menschlich erträglich? Wenn es die Lebens-Logik des *Blühe und stirb!* ist, der die Menschen sich zu fügen und so der evolutionären Selbstentfaltung des Lebens zu dienen hätten: Was würde dagegen sprechen, dem eigenen »blühenden Leben« Raum zu schaffen, indem ich mir ohne Rücksicht auf die Verluste anderer aneigne, wovon ich meine, dass es zur Blüte meines Lebens gehört? Wenn ich aber selbst im Lebensprozess ein *Fast nichts* bin, ein mit seinem Beginnen fast schon gleichgültig gewordener Lebens-Moment: Bist nicht auch *du* ein Fast nichts, im Augenblick – wenn möglich – zu genießen und darüber hinaus bedeutungslos, ebenso gleichgültig? Weshalb sollte ich deine Relativierung nicht so weit treiben, wenn ich meine Selbst-Relativierung nolens volens schon so weit getrieben habe? Warum sollte die Blüte meines oder deines Lebens nicht – von wem auch immer – gepflückt werden, damit sie – wem auch immer – der Augenblicks-Lust dient, ehe sie verblüht? Auf die Frucht, zu der ich vielleicht heranreife, kann es auch nicht groß ankommen, wenn die, die sie vielleicht pflücken, sie eher achtlos verzehren.

Selbst- und Du-Relativierung dürfen nicht auf diese Spitze getrieben werden. Darin wird man sich einig sein. Aber worauf soll man sich berufen, wenn man das einfordert – wenn man daran glauben können soll, dass *dein* Leben eine Bedeutung hat, der ich liebend auf die Spur kommen will, damit sie mir zum Geschenk wird und dich selbst mit Selbstbewusstsein und

Lebens-Freude beschenkt? Ist der *ganze* Mensch nicht der, der diese Bedeutung haben darf, dem sie zuerkannt wird und der darin erkennt – erahnt –, was das wäre: Leben in Fülle? Christlicher Glaube kann der Raum sein, in dem der auch in diesen Fragen aufbrechenden Sehnsucht, ganz Mensch zu sein, Raum gegeben wird. Er ist – Gott sei's geklagt – immer wieder der Raum gewesen, Menschen an ihrem Ganz- und Heil-Werden zu hindern, da er nicht davon lassen konnte, das »Jenseits« gegen das Leben im »Diesseits« auszuspielen. So ist es nicht selbstverständlich anzunehmen, dass der Glaube dem Menschlichwerden des Menschen dient.

Es ist freilich auch alles andere als selbstverständlich, dass er ihm schadet, da er mit seiner Orientierung am Gottes-Horizont menschlichen Lebens dem menschenfreundlichen Dasein in *dieser* Welt Abbruch tue. Das ist lange das anthropologische Standard-Argument der Religions- und Christentums-Kritik gewesen. Beim einigermaßen unvoreingenommenen Blick auf die im Neuen Testament bezeugte Reich-Gottes-Ankündigung Jesu ist kaum zu verstehen, wie man – in der Innensicht des christlichen Glaubens wie in der religionskritisch motivierten Abwendung vom Christen-Glauben in der Außensicht – dieses Gegeneinander Glaubens-plausibel, ja Glaubens-wesentlich finden konnte. Warum sollte die Glaubens-Hoffnung auf eine Vollendung menschlichen Lebens in dem, was Jesus von Nazaret Gottesherrschaft nannte, daran hindern, sich von dem jetzt schon in Anspruch nehmen zu lassen, wovon man glaubt, dass Gott es in seiner Weise vollenden wird? Der Philosoph Holm Tetens hat Recht, wenn er im Blick auf die Endgerichtsrede Mt 25,35–45 zu bedenken gibt: »Nur der hofft existenziell aufrichtig in seinem Leben auf etwas, der so viel wie eben möglich bereits hier und jetzt von dem vorwegzunehmen versucht, was er für die Zukunft endgültig und uneingeschränkt erwartet. Wer hofft, dass Gott nichts und niemanden in der Welt endgültig verloren gegeben hat, der versucht seinen Mitmenschen genau so jetzt schon zu begegnen.«[13]

Dass der Mensch von Gott zu einer Fülle des Lebens berufen ist, die dem Menschenleben in dieser Welt nicht übergestülpt wird, vielmehr den erwartet, der dieses Leben so vollendet, wie es der tiefsten Sehnsucht des Menschen entspricht und so zu einem Leben herausfordert, das auf das Wahrwerden-Können dieser Sehnsucht hin den Lebens-Einsatz wagt: Das ist die anthropologische These, die die Sinnmitte christlichen Menschen-Verständnisses ausmacht und sie in Gott gegründet sieht. Ganz wird der Mensch, wenn er wahrnehmen darf, dass »mein *ganzes* Dasein zum Werk-

---

[13] Holm Tetens, Gott denken. Ein Versuch über rationale Theologie, Stuttgart 2015, 73.

zeug wird für das in mir, was mehr ist als ich«.[14] Man kann diese These als mystischen Überschwang beurteilen. Der christliche Glaube wird einen naturalistischen Reduktionismus in seinem szientistischen Selbstbewusstsein kaum erschüttern. Aber die theologische Reflexion wird erschließen wollen, was dem menschlichen Leben aus den Quellen der biblisch-christlichen Glaubensüberlieferung an Güte, Menschlichkeit und Weite zufließt. Sie wird freilich auch in Pflicht genommen sein nachzuzeichnen, wie diese Quellen nicht zuletzt durch kirchliche Glaubens- und Hoffnungs-Perversion wie durch fehlgeleiteten theologischen Wissens-Ehrgeiz beklagenswert oft vergiftet oder zum Versiegen gebracht wurden.

Wie also lässt sich in den vielfältigen Debatten über Sinn und Bedeutung des Menschseins, über »Menschlichkeit«, mit guten Gründen bezeugen und als tiefste Wahrheit über den Menschen festhalten, dass mein Dasein zum Werkzeug werden kann und werden soll für das in mir, was mehr ist als ich – und dass dieses *Mehr als ich* Gott genannt werden darf; Gott, dem allein ich mein Dasein als Werkzeug anvertrauen dürfte? Ich will in meinem Buch versuchen, diesen Diskurs zu führen; fragmentarisch und aufs für mich Wichtige reduziert, in der ärgerlichen Begrenzung durch die mir zugänglichen Erfahrungen, Glaubensmöglichkeiten und Wissensbestände. Überdies sollten der Umfang dieses Buches überschaubar und seine Argumentation nicht allzu voraussetzungsreich sein. Sehr bedenklich, sich auf ein solches Projekt einzulassen. Ich stelle meine Bedenken zurück und fange einfach an – mit vielen Bundesgenossen, ohne die ich diesen Mut sicher nicht hätte. Und am Anfang steht die Frage, die uns – den Autor und die Leser(innen), die geduldig mit ihm gehen, mit ihm denken wollen – bis zum Ende nicht verlassen wird: Wollen wir den ganzen Menschen, für »uns«, für die Kirche, für ein philosophisches oder politisches Konzept, für eine Ideologie, für ein bestimmtes Vorhaben? Oder wollen wir den ganzen Menschen für die Menschen, für jeden einzelnen Menschen und seine Menschwerdung?

---

[14] Dag Hammarskjöld, Zeichen am Weg, dt. München – Zürich 1967, 54.

2. Körper und Geist

2.1 Der Mensch: das hoch entwickelte Säugetier?

Bis heute wirkt die narzisstische Frustration nach, die dem Christentum durch Darwins Evolutionslehre zugefügt wurde. Es war keineswegs so, dass Darwins Einsichten in der Theologie von Anfang an und »flächendeckend« abgelehnt worden wären. Aber ihr Irritations-Potential war doch so gewaltig, dass man sich dem bis zur Mitte des 20. Jahrhunderts nur durch Abgrenzungen und Ablehnung meinte erwehren zu können.[1] Da ging es zunächst um das überlieferte Verständnis der biblischen Schöpfungsgeschichten, die kaum mit der Vorstellung einer aus sich selbst sich entwickelnden Natur, Tier- und Menschenwelt vereinbar schienen. Wäre der Bibel noch Wahrheit zuzutrauen, wenn sie sich hier – in der Darstellung der Anfänge – geirrt hätte?[2] Es dauerte lange, bis sich Kirchen und Theologien dieser aufs Ganze gehenden hermeneutischen Herausforderung einigermaßen verständnisvoll öffnen konnten. Selbst wenn man es versuchte: Wie kam man damit zurecht, dass elementare Aspekte des christlichen Menschenbildes evolutionstheoretisch unhaltbar geworden waren. Musste sich das Dogma naturwissenschaftlich gut begründeten Überzeugungen unterordnen, die etwa gegen den Monogenismus – die Entstehung des Menschengeschlechts aus *einem* Elternpaar –, gegen eine vor-erbsündliche Unsterblichkeit und Lebens-Vollkommenheit der ersten Menschen im Paradies, gegen das unmittelbare Erschaffensein jeder Seele in jedem Menschen sprachen? Die Enzyklika *Humani generis* aus dem Jahre 1950[3] schloss

---

[1] Vgl. den Überblick bei Klaus Unterburger, Bedrohte Brückenschläge. Die Evolutionslehre und die kirchliche Buchzensur, in: Herder Korrespondenz 63 (2/2009), 87–91.
[2] Bis in die Zwanziger-Jahre des 20. Jahrhunderts kämpfte die Päpstliche Bibelkommission an dieser Front ihre beschämenden Rückzugsgefechte; vgl. die Antwort der Bibelkommission vom 30. Juni 1909 zum historischen Charakter der ersten Kapitel des Buches Genesis, in: Denzinger – Hünermann (DH), Ziffern 3512–3519.
[3] DH 3875–3899.

Annäherungen an die Evolutionslehre nicht aus. Aber sie stellte klar, dass es in der Theologie und im Glaubensbewusstsein dazu nur kommen durfte, wenn die Evolutionslehre so verstanden werden konnte, dass die theologische Anthropologie in ihrer Substanz unberührt blieb.

Die Hilflosigkeit der kirchlichen Lehrinstanzen spiegelte die Hilflosigkeit wider, in der sich viele Gläubige vorgefunden haben, sobald sie sich mit den evolutionstheoretischen Annahmen über die Prozesse auseinandersetzten, die man als Schöpfung zu bezeichnen gewohnt war. Spielte der Schöpfer, da überhaupt noch eine Rolle? Oder hatte man von einer evolutionären Eigen-Dynamik auszugehen, die nach naturwissenschaftlich erfassbaren Gesetzen die Lebens-Vielfalt der Natur und so auch den Menschen hervorbrachte? War der Mensch *nur* Produkt dieser Evolution, nur Affen-Abkömmling mit minimaler Abweichung im genetischen Bestand? Kam es zur Mensch-Werdung durch Mutationen, die sich als besonders Umwelt-angepasst bewährten? Und galt das auch für das menschliche Bewusstsein, dessen Ausbildung den Horizont erfolgreicher Interaktionen mit der Umwelt beträchtlich erweiterte?

Die Herausforderung *Darwin* hätte das Glaubensbewusstsein zu einer tiefreichenden Neufassung elementarer Glaubensüberzeugungen veranlassen müssen. Dazu waren die Christen bis zur Mitte des 20. Jahrhunderts nicht theologisch gerüstet. In den USA kam es 1925 zu dem mit großer Anteilnahme der ganzen Nation geführten Prozess gegen einen Lehrer, der es gewagt hatte, neben der biblischen Schöpfungsgeschichte auch die Evolutionslehre im Unterricht vorzustellen. Die Polemik gegen den *Monkey Trial* war zwar nicht der Auslöser der evangelikal-fundamentalistischen Bewegungen in den USA. Aber sie gab ihnen eine Dynamik, die bis in die Gegenwart fortwirkt.

Seit der Mitte des 20. Jahrhunderts zeichnet sich in den theologischen Diskursen eine Übereinkunft darüber ab, dass das evolutionäre Denken in Naturwissenschaften, Kosmologie und Philosophie mit dem christlichen Schöpfungsglauben durchaus vereinbar sein kann. Der Jesuit *Pierre Teilhard de Chardin* hat dieser Einsicht im katholischen Bereich gegen zunächst heftigen Widerstand den Weg bereitet.[4] Seine Vision ist in der theologischen Reflexion weiter durchdacht worden und sogar in lehramtliche Texte eingegangen.[5] Theologie und Glaubensbewusstsein haben sie gleichsam verinnerlicht: »Die Evolution sollte nichts als eine Theorie, ein System, eine

---

[4] Die Enzyklika *Humani generis* war nicht zuletzt gegen ihn gerichtet.
[5] Vgl. Enzyklika *Laudato si* von Papst Franziskus, Ziffer 83.

Hypothese sein? Keineswegs! Sie ist viel mehr! Sie ist die allgemeine Bedingung, der künftig alle Theorien, alle Hypothesen, alle Systeme entsprechen und gerecht werden müssen, sofern sie denkbar und richtig sein wollen. Ein Licht, das alle Tatsachen erleuchtet, eine Kurve, der alle Linien folgen müssen: das ist die Evolution!«[6]

Aber wie steht es, wenn es nicht mehr um die evolutionäre Weltsicht, die Kosmologie und den christlichen Schöpfungsglauben im Allgemeinen geht, sondern um Konsequenzen, die das Evolutionsdenken für das Verständnis des Menschen und seiner Entstehung hat. Haben muss? Hier tut sich gegenwärtig ein Konfliktfeld auf, das die theologische Anthropologie wissenschaftstheoretisch wie spirituell bis zum Äußersten fordert. Man kann nicht sagen, dass sie sich dem schon in jeder Hinsicht gewachsen zeigt. Die Fragen, die hier aufbrechen, drehen sich nicht mehr zuerst oder im Kern um die Unterscheidung des Menschen von der Tierwelt, etwa von den höheren Primaten, die dem Menschen evolutionsbiologisch gesehen am Nächsten stehen. Hier verschwimmen die bisher geltend gemachten Unterscheidungsmerkmale, sodass sich die Vorstellung eines breiten Übergangsfeldes zwischen vormenschlichem und menschlichem Leben nahelegt. Das *Lebewesen* Mensch lebt nicht in einer eigenen Biosphäre. Es fristet sein Leben vergleichbar mit anderen Lebewesen. Wird man das Menschsein wenigstens durch ein *Mehr* – an Gehirnmasse, Bewusstheit, Verhaltensvariabilität – kennzeichnen dürfen und in diesem Sinne *quantitativ*, eher *nicht mehr qualitativ*, auszeichnen dürfen?

Man kann die Zusammenhänge so bestimmen, wird sich dann aber klarmachen müssen, dass man das Menschsein *im Ganzen* quantitativ beschreibt. Die Gefühls- und Bewusstseinsqualitäten der »inneren« Wahrnehmung in der ersten Person erscheinen als Leistungen, die bestimmten Hirnregionen und neuronalen Schaltkreisen zuzuordnen sind und so mithilfe modernster bildgebender Verfahren in ihrem Funktionieren nachvollziehbar werden: Man sieht ihnen gleichsam »von außen« zu, als beobachtende dritte Person. Das »Innere«[7] – traditionell: der Geist, die Geltungen, die er (nach-)vollzieht – ist von außen beschrieben, in den physischen Prozessen verstanden, ohne die es nicht wäre und nicht wäre, was es ist. Geist ist Her-

---

[6] Pierre Teilhard de Chardin, Der Mensch im Kosmos, dt. München 1959, 223.
[7] Die Rede von *innen* und *außen* bleibt metaphorisch. Sie verbalisiert die Unterscheidung der Betroffenen- und Teilnehmerperspektive (der *ersten* Person) und die Draufsicht-Perspektive (in der *dritten* Person des vom »inneren« Erleben nicht selbst betroffenen Beobachters). Vgl. mein Buch: Einführung in die theologische Wissenschaftslehre, Freiburg i. Br. 2010, 9–32 u. ö.

vorbringung des Gehirns und hinreichend verstanden, wenn man die Funktionszusammenhänge des Gehirns verstanden hat, die alle geistigen Vollzüge hervorbringen und zu einem funktionalen Verhalten koordinieren. Man geht hier davon aus, »dass das Gehirn von seinem Wesen her eine Rechenmaschine ist« und die exakten Wissenschaften des Lebens vor die Aufgabe stellt, »herauszufinden, wie die Prozesse im Gehirn den Geist erschaffen und wie auch die meisten anderen Erfahrungen und Verhaltensweisen in diesem Wunder der Rechenkunst verwurzelt sind.«[8] Diese Behauptung ist weniger eindeutig, als es zunächst scheint. Und in dieser Uneindeutigkeit manifestiert sich schon die Tiefe der Problematik, die hier zu diskutieren ist.

2.2 Gehirn und Geist

Wenn davon die Rede ist, wie die von biochemischen Reaktionen getragenen neuronalen Schaltkreise des Gehirns sinnlich wahrgenommene Umwelteinflüsse verarbeiten und so nach Art einer Rechenmaschine den Geist »erschaffen«, ist zunächst im Blick, dass die Bedeutung auch der geistigen Prozesse in ihrem Beitrag zur Lösung von Problemen liegt, die sich in einer nicht immer antizipierbaren Umwelt stellen und es erforderlich machen, die Funktionsfähigkeit des Lebewesens Mensch immer wieder neu zu sichern. Der Geist »lernt«, zu zweckmäßigen Problemlösungen zu kommen. Er lernt besser oder schlechter und steigert oder schmälert so die Lebens- und Überlebenschancen dieses Lebewesens in seinem natürlichen und sozialen Umfeld. Die Rechenmaschine Gehirn funktioniert als *rückkoppelndes*, lernendes System, das sich ein variables Reservoir an Problemlösungsmustern erschließt, in diesem Sinne Lern-Erfahrungen an seiner Umwelt akkumuliert, welche auch auf die Struktur der neuronalen Schaltkreise und die sie in Gang haltenden biochemischen Prozesse einwirken können.

Rechenmaschinen können lernende Systeme sein. Erschaffen sie dabei *Geist*? Es ist nicht klar, in welchem Sinne hier von Geist und von Erschaffen die Rede sein kann; und vom Lernen. Es ging und geht bei der Hominisation – der Herausbildung des Menschseins – wie bei der biographischen und der sozialen Entwicklung des Menschlichen offenbar entscheidend darum, den jeweils akut werdenden Anforderungen an die Problemverarbei-

---

[8] Eric Kandel, Was ist der Mensch? Störungen des Gehirns und was sie über die menschliche Natur verraten, dt. München 2018, 33.

tungen im Gehirn möglichst gut gewachsen zu sein, sie adäquat wahrzunehmen und eine Überlebens-richtige Antwort auszubilden. Man kann mit den Möglichkeiten, die bildgebende Verfahren bereitstellen, dem Lebewesen Mensch dabei zuschauen, wie es als Problemlösungsmaschine funktioniert, welche Gehirnregionen jeweils aktiviert werden, welche Wege die Nachrichtenübermittlung im Gehirn und zu den jeweils ausführenden Organen dabei nimmt, welche Emotionen von welchen Gehirnregionen gesteuert oder kontrolliert, welche neuen neuronalen Reiz-Übermittlungs-Möglichkeiten dabei ausgebildet und welche neuartigen Problemlösungen dadurch angebahnt werden. Hat man dann dabei zugesehen, wie der menschliche Geist vom Gehirn realisiert wird und als Dimension der Gehirnfunktionen operiert?

Die Antwort auf diese Frage hängt davon ab, wie man die ureigene Leistung des menschlichen Geistes bestimmt: das, wofür er da ist und was ihn in seiner menschlichen Bedeutung ausmacht. Ist diese Leistung vollständig aus dem Funktionszusammenhang des Gehirns heraus zu bestimmen und erschöpfend beschrieben, wenn man sie in der Lern-Leistung des Gehirns als eines seine Selbst- und Umweltbeziehungen optimierenden Systems gegeben sieht? Dass damit Wichtiges gesehen ist, steht außer Frage. Aber man muss auch sehen, was man mit der Unterstellung mitbehauptet, die menschliche Bedeutung des Geistes erschöpfe sich darin und es definiere den menschlichen Geist, diese Funktion zu erfüllen und so eine quantitativ bestimmbare Leistung der Rechenmaschine Gehirn zu sein.

Man behauptet dann, dass *alle* menschlichen Vollzüge, auch die geistigen, in ihrer Genese wie in ihrem »Sinn« als Leistungen des bio-chemisch arbeitenden Gehirns adäquat verstanden sind; man unterstellt, dass sie keine andere Funktion und keine andere Bedeutung haben, als dem Lebewesen Mensch eine relativ optimale Anpassung an seine natürliche und soziale Umwelt zu ermöglichen. Der erste Halbsatz scheint unstrittig und anthropologisch unproblematisch: der zweite Satzteil hat es in sich. Er ist keine einfache Folgerung aus dem ersten, sondern eine Zusatzbehauptung mit unabsehbaren Konsequenzen, die bis in einen reduktiven anthropologischen Nichts-als-Naturalismus führen können.

Reduktiv wäre dieser Naturalismus darin, dass er es nicht gestattet, andere Interpretationen als die streng funktionalistischen, die alle geistigen Vollzüge auf das Funktionssystem Gehirn zurückführen, als Realitäts-bezogen und in diesem Sinne als *möglicherweise wahr* anzuerkennen. Der naturalistische Funktionalismus ist optimierungsbezogen. Ein Phänomen ist für ihn verstanden, wenn man erklären kann, wie es zur erfolgreichen

Reproduktion des Lebewesens und der Gattung beiträgt, denen es zuzuordnen ist. Es gibt für ihn keine Möglichkeit, Aspekte von Lebens- und Geistphänomenen zu würdigen, die sich nicht auf diesen Reproduktionserfolg beziehen und von ihm her erklären lassen. So ist die als elementare Operation des Geistes ins Feld geführte *Unterscheidung von erfolgreich und gut bzw. wahr* für ihn schlechterdings unverständlich oder gerade noch insoweit verständlich, als sie die Unterscheidung zwischen einem eher kurzfristigen von einem langfristigen und nicht nur individuell, sondern für die ganze Gattung erfolgreichen Verhalten markiert.

Diese funktionalistische Bedeutungszuweisung hat viel für sich. Sie öffnet den Blick für die Notwendigkeiten einer auskömmlichen, möglichst stabilen sozialen Koordination und einer nachhaltigen Bewirtschaftung der sozialen und natürlichen Ressourcen, die dafür genutzt werden können. Diese Notwendigkeiten klarer wahrzunehmen und ihnen im sozialen Miteinander wie im individuellen Verhalten konsequenter zu folgen wäre zweifellos *gut*, vielleicht sogar vordringlich – für das Überleben der Gattung im Zusammenleben mit einer einigermaßen funktionsfähigen Natur. Aber greift die moralische Intuition nicht über den Horizont des langfristig und nachhaltig verfolgten Überlebens- und Reproduktions-*Erfolgs h*inaus? Ist sie nicht von einer Erfahrung des Guten und von einer Ausrichtung auf ein Gutsein getragen, die sich nicht dem kurzfristigen oder längerfristigen Erfolgreich-sein-Wollen einordnen lassen? Von der Erfahrung eines nichtrelativierbaren Anspruchs, einer über-erfolgreichen Verheißung?

2.3 Strenger Funktionalismus

Es ist kein Zufall, dass sich die Frage nach der Eigenbedeutung des Geistes und der qualitativen Geltungen, die er (nach-)vollzieht, gegenüber den Funktionskreisläufen des Gehirns zuerst im Blick auf die Moral stellt. Naturalisten kennen ausschließlich die Moral als ein Naturphänomen, dem keine von Erfolgs-Kriterien abgelöste, im Geist vollzogene und der Natur gewissermaßen aufruhende In-sich-Geltung zukommt. Es geht ihnen darum, die »biologische ›Rationalität‹ moralischer Intuitionen zu erkennen« und nachzuweisen, dass die Moral nichts anderes ist als »die Exekution evolutionärer Programme unter den je vorgefundenen sozio-ökologisch begrenzten Handlungsspielräumen.« Begrenzte Handlungsspielräume erzwingen Lernprozesse, um zu – freilich brüchigen – Kompromissen zu finden, in denen »konfligierende Einzelinteressen ihren momentan besten

Ausgleich finden.« Moralische Intuitionen sind »als strategische [...] Leistung eines genetischen Eigeninteresses« anzusehen, das rebus sic stantibus nur zum Tragen kommen kann, wenn es sich mit anderen Einzelinteressen *bis auf Weiteres* vereinbart. Das Gehirn lernt, sein Eigeninteresse strategisch klug zu verfolgen. Es unterwirft sich nicht einem durch den Geist normierten Sollen, sondern will, was es will, auf einem erfolgversprechenden Weg erreichen. »Geltungs- und Begründungsansprüche« für moralische Intuitionen sind hier »fehl am Platz«. Die »biologische Genese von Moral lässt die Frage nach der Geltung schlichtweg ins Leere laufen.«[9]

Das Erleben, Begründen und Befolgen von Geltungen, die auch in Spannung zu dem wahrgenommen werden, was faktisch geschieht und womöglich zum Erfolg führt, gilt aber von alters her als der Bereich, in dem die Vernunft Orientierung gewinnen will und der menschliche Geist sich in seiner Eigenwirklichkeit wahrnimmt. Einer streng naturalistischen Betrachtung ist dieser Bereich unzugänglich. Er kann ihn nur als Reich der Selbst-Täuschungen des menschlichen Bewusstseins ansehen. In letzter Instanz gilt ihm als nicht mehr relativierbare Realität: »Vernunft ist biologisch funktional, arbeitet nicht gegen die Natur, nicht gegen das Animalisch-Triebhafte, sondern Vernunft ist im Gegenteil ein Teil der phänotypischen Vollstreckungsmaschinerie, fest im Dienst evolutionär bewährter Programme.«[10]

Noch einmal wird man zurückfragen: Dass Vernunft nicht gegen die Natur arbeitet, wird man gern zugestehen, jedenfalls hoffen dürfen. Aber: Arbeitet sie nicht *mit der Natur*? Und ist dieses *Mit* bloße Unterordnung? Darf man in ihm nicht den Hinweis auf eine Kooperation sehen, die Vernunft und Geist mehr sein ließen als Teil einer auf evolutionäre Notwendigkeiten festgelegten, immerhin durch Vernunft optimierbaren »Vollstreckungsmaschinerie«? Arbeiten Vernunft und Geist ausschließlich strategisch-erfolgsorientiert im Dienst eigener und kollektiver Lebensinteressen? Oder öffnet sich ihnen – durch sie – nicht auch ein Raum, in dem es nicht mehr ausschließlich um Erfolg bei der Verfolgung von kurzfristigen oder längerfristigen Interessen geht? Es geht womöglich *immer auch* darum. Geht es *nur* darum?

Wer Letzteres behauptet, wäre begründungspflichtig. Nach naturalistischem Selbstverständnis gibt es da keine Begründungsmöglichkeit, weil es keine Begründungen außerhalb des jeweils erklärbaren, erfolgreichen

---

[9] Eckart Voland, Natur der Moral – Genese und Geltung in der Ethik, in: U. Lüke – H. Meisinger – G. Souvignier (Hg.), Der Mensch – nichts als Natur?, 12–26, hier 25 f.
[10] Ebd., 26.

Funktionierens eines Regelkreises geben kann. Der Erfolg begründet – als unerlässliche Funktionsbedingung – was ihn begründet. So kann man notfalls auch die »Schönheit« eines Bach-Oratoriums damit begründen, dass es denen, die es anhören oder aufführen, emotionale Stabilität überlebens-förderlich zu sichern hilft und man diese Wirkung mit bildgebenden Verfahren im menschlichen Gehirn nachverfolgen kann. Aber wäre es für den, der es »liebt«, nicht eine skandalöse Zumutung, diese zweifellos feststellbare emotionale Resonanz als das anzusehen, was ihm dabei wichtig ist? Kann man zum Selbst-Missverständnis erklären, was er hier erfährt? Man wird es vernachlässigen, wenn man unterstellt, dass nur wirklich ist, was funktional erklärt oder erklärbar ist. Müsste man nicht begründen, warum bzw. in welchem Sinne diese Reduktion Wirklichkeits-adäquat ist und weshalb alle anderen Wirklichkeits-Behauptungen einer Selbst-Täuschung entspringen?

2.4 Erfahrungen?

Eine naturalistische Basisvoraussetzung ist offensichtlich diese: Der Zuschauer weiß es besser als die, die meinen, eine Erfahrung zu machen und sich weigern mögen, sie sich in ihrer Erfahrungs-*Qualität* funktional-quantitativ erklären zu lassen. Der mit den avanciertesten Möglichkeiten der Naturwissenschaften arbeitende Zuschauer sieht die funktionalen Zusammenhänge und die im Gehirn ablaufenden Prozesse, die im Betroffenen allerlei Gefühle, Erfahrungen und Deutungen hervorrufen, aber *in Wirklichkeit* etwas ganz anderes sind als das von den darin Involvierten Erfahrene, Gefühlte und Gedeutete. Die subjektiv »bewohnte« Lebenswelt vermittelt die Illusion einer Zentrierung der Welt auf mich, der sie bewohnt. Diese Illusion ist durch eine Weitung des Blicks zu überwinden, in der ich mich in evolutionäre Prozesse eingefügt wahrnehme und mein Gehirn-basiertes Mit-Funktionieren zur Kenntnis nehme. So lautet die Conclusio, die der reduktive Naturalismus dem in seinen Träumen vom Selbstsein, vom Guten und Schönen hängengebliebenen Menschen zumutet.

Man wird einwenden, »dass weder der methodische noch der weltanschauliche Naturalismus das qualitative Bewusstsein, die Erste-Person-Perspektive, Geisteswissenschaften, Kultur und Bildung im herkömmlichen Sinne überflüssig macht.«[11] Aber was fügt dieses qualitative Bewusstsein

---

[11] Franz-Josef Wetz, Naturalismus, in: U. Lüke – H. Meisinger – G. Souvignier (Hg.), Der Mensch – nichts als Natur?, 47–71, hier 69.

dem quantitativen »substantiell« hinzu?[12] Die Behauptung wie auch die Erfahrung, dass die Prozesse, durch die ich am Leben und in der Welt bin und die darauf ausgerichtet sind, mein Leben in dieser Welt zu optimieren, in einem selbst-bewussten Lebensvollzug daraufhin überschritten werden können, nach einem guten und für mich wie für meine Mitmenschen erfüllten Leben zu streben. »Überschreiten« heißt nicht hinter sich lassen: Die Lebensprozesse bilden ja die Basis für »alles andere«; sie ermöglichen es in diesem Sinne. Aber – so die antinaturalistische Behauptung – sie begrenzen es nicht. Sie machen das Leben in dieser Welt aus und machen möglich, dass *ich es lebe*. Die antinaturalistische Behauptung beansprucht *darüber hinaus* die Ich-Perspektive, in der gesagt wird, dass mein Leben nicht nur Entfaltung des Lebens ist, das sich in mir und durch mich lebt, sondern auch von mir in der Gemeinschaft der Mitmenschen und in den »Sinnwelten« etwa der Bildung, der Kunst, der Religion, des Moralischen wie des Gerechten gestaltet, »geführt«, d. h. verantwortet wird.

Aber sind das nicht nur Träume, die das unpersönliche Geschehen des letztlich rücksichtslos über mich hinweggehenden Lebensprozesses erträglich machen? Man kann gegen diesen reduktiven Verdacht geltend machen: »Erst wer alle seine Träume der Wirklichkeit opfert, kapituliert vor ihr und gibt sich so von ihr geschlagen!«[13] Er ließe sich von dem, was der Naturalismus als Wirklichkeit anerkennt, den Sinnhorizont seines Lebens vorgeben – und muss sich doch in der Ersten-Person-Perspektive all den existentiellen Fragen stellen, die sich einem bewussten Leben in dieser Lebenswelt aufdrängen. Die Erste-Person-Perspektive lässt sich nicht ohne Selbst-Aufgabe des bewussten Lebens in die Dritte-Person-Perspektive hinein aufheben. Es bleibt diese ungeheure Spannung: »Auf der einen Seite steht die Behauptung der Abhängigkeit menschlichen Denkens, Fühlens und Handelns von gen- und gehirngesteuerten Prozessen; auf der anderen Seite müssen wir unser auf Existenzerhaltung angelegtes und auf Daseinserfüllung bedachtes Leben trotzdem selbst führen.« Bei Franz-Josef Wetz lautet das etwas resignative Fazit: »Beide Seiten sind schwer miteinander

---

[12] In der angelsächsischen analytischen Philosophie verhandelt man diese Frage in der *Qualia*-Diskussion. Mit den Qualia wird »der qualitative oder erlebnishafte Aspekt bzw. der phänomenale Inhalt mentaler Zustände, besonders von Empfindungen, bezeichnet […] ›wie es ist‹ oder ›wie es sich anfühlt‹« (so mit Bezug auf Thomas Nagel: Tobias Kläden, Mit Leib und Seele … Die mind-brain-Debatte in der Philosophie des Geistes und die anima-forma-corporis-Lehre des Thomas von Aquin, Regensburg 2005, 238; vgl. die weiteren Ausführungen bis 245).
[13] Franz-Josef Wetz, Naturalismus, a. a. O., 70.

in Einklang zu bringen; eine überzeugende Synthese ist bis heute nicht in Sicht.« Eine »überzeugende Synthese« wäre eine solche, die sich vor den Anforderungen des Naturalismus an hinreichend gesichertes Wissen legitimieren könnte. Dahin führt wohl kein Weg. So bleibt vielleicht nur, »einen Weg ausfindig [zu] machen, der nichts von dem beseitigt oder unterdrückt, was für menschliche Selbstachtung wesentlich ist, ohne von vornherein auszuschließen, dass wir doch weitgehend ohnmächtige Anhängsel einer wohl sinn- und wertfreien Natur sind.«[14] Oder bleibt doch dies: die Unbegründbarkeit des naturalistischen *Nichts-anderes-als* herauszustellen und so die Möglichkeit offen zu halten, dass die Erfahrung des von uns gelebten menschlichen Lebens in einer *Wirklichkeit* gründet und diese zur Geltung bringt, die sich quantitativer Erfassung entzieht?

2.5 Supervenienz oder Emergenz?

Die Notwendigkeit, bewusste Erfahrungen und biochemische, vom Gehirn gesteuerte und in ihm ablaufende Lebensprozesse aufeinander zu beziehen, verlangt auch in der naturalistischen Dritte-Person-Perspektive Beachtung. Es wäre genauer zu bestimmen, welche Beziehung zwischen den physischen und den »mentalen« Eigenschaften einer Person anzunehmen ist. Strenge Naturalisten (Physikalisten) unterstellen eine Erklärbarkeit aller mentalen Eigenschaften und Ereignisse aus den physischen Eigenschaften und Prozessen nach naturgesetzlich determinierten Wenn-dann-Verläufen. Mentale Eigenschaften oder Ereignisse ließen sich in folgendem Schema erklären: Wenn eine bestimmte mentale Eigenschaft vorliegt, liegt das *allein* daran, dass physikalische Abläufe und Eigenschaften vorliegen, die sie vollständig erklären. Man spricht bei diesem einseitigen Erklärungs- und Abhängigkeitsverhältnis von einer (starken) Supervenienzbeziehung.[15] Die Annahme einer solchen Supervenienz wäre deterministisch in dem Sinne, dass sie geschlossene deterministische Bestimmungszusammenhänge voraussetzt

---

[14] Ebd., 71
[15] Zur Differenzierung und zum geistphilosophischen Zusammenhang dieser Terminologie vgl. Ansgar Beckermann, Analytische Einführung in die Philosophie des Geistes, Berlin 2008. Tobias Kläden untersucht detailliert, ob und wie sich mithilfe von Supervenienz- bzw. Emergenz-Konzepten eine mittlere Position zwischen physikalistischem Monismus und Leib-Seele-Dualismus stabilisieren ließe (ders., Mit Leib und Seele ... Die mind-brain-Debatte in der Philosophie des Geistes und die anima-forma-corporis-Lehre des Thomas von Aquin, 260–268).

und letztlich alle Ereignisse oder Eigenschaften naturgesetzlich erklären will und keine anderen Erklärungen als zielführend anerkennt.

In dieser Perspektive erschiene es als inakzeptabler Erklärungsverzicht, würde man dem Schema *Immer wenn, dann* das Erklärungsschema *Nicht ohne* zur Seite stellen. Dieses Erklärungsschema würde zunächst nur zu der Behauptung führen: Wenn die mentale Eigenschaft oder das mentale Ereignis *mE* vorliegt, hat das zur notwendigen, womöglich nicht hinreichenden Bedingung, dass die physische Eigenschaft oder die Eigenschafts-Konstellation *phE* vorliegt (bzw. vorlag). Man könnte hier nicht davon ausgehen, dass wenn phE vorliegt, es notwendigerweise zu mE kommt. So mögen die Bedingungen des Lebens – soweit man es absehen kann – vollständig vorliegen. Das heißt aber nicht, dass notwendigerweise Leben entsteht. Die Nicht-ohne-Annahme entbindet nicht davon, die Reihe der notwendigen Bedingungen soweit zu vervollständigen, dass möglichst wenig an der erklärenden hinreichenden Bedingung fehlt. Aber sie verfügt nicht über diese. Die deduktive, auf Naturgesetze rekurrierende Erklärung ist nie am Ziel. Und es gibt vielleicht gute Gründe anzunehmen, dass das nicht nur faktisch so ist und irgendwann nicht mehr gilt, sondern gültig bleibt, weil sich mentale Zustände und Ereignisse nicht lückenlos auf physische Bedingungen zurückführen lassen. Sie wären, so folgert man hier, in dem Sinne als *emergent* anzusehen, dass sie gewissermaßen aus dem Gefüge ihrer Bedingungen auftauchen. Ihr Auftauchen bleibt möglicherweise in dieser oder jener Hinsicht kontingent; es beruht auf »übersummative Eigenschaften« eines Systems, die sich (noch) nicht als aus seinen Teilsystemen und Bestandteilen resultierend verstehen lassen.[16]

Reduktive Naturalisten halten den Rekurs auf Emergenz für unbefriedigend, wenn man damit behauptet, emergente Phänomene seien prinzipiell bzw. definitiv als kontingent anzusehen, sie wären also in dem Sinne *nichtreduzierbar*, dass ihr Auftauchen sich nicht naturgesetzlich erklären ließe. Solche Erklärungslücken[17] markieren für reduktive Naturalisten nur ein *Noch nicht*, das durch weitere Forschungen abzuarbeiten ist. Es ist die unabdingbare Prämisse ihres methodischen Vorgehens, jede Erklärungslücke zu schließen. Manche, eher Naturalismus-kritische Positionen übernehmen

---

[16] Zur Diskussionslage vgl. Philip Clayton, Emergenz und Bewusstsein. Evolutionärer Prozess und die Grenze des Naturalismus, dt. Göttingen 2008.
[17] Zur »Erklärungslücken«-Diskussion vgl. Tobias Kläden, Mit Leib und Seele ... Die mind-brain-Debatte in der Philosophie des Geistes und die anima-forma-corporis-Lehre de Thomas von Aquin, 246–255.

zwar diese methodische Prämisse weithin, halten es aber für möglich oder wahrscheinlich, dass naturalistische Erklärungen prinzipiell unvollständig bleiben, also zumindest in einigen Fällen ihr Ziel, nicht nur die notwendigen, sondern auch die hinreichenden Bedingungen mentaler Prozesse und Ereignisse angeben zu können, nicht erreichen werden. Man neigt hier – etwa im Blick auf die Beziehung Gehirn-Geist – der Annahme einer Erklärungslücke zu, die sich zumindest im Blick auf dieses oder jenes mentale Phänomen nicht schließen lassen wird. Ansgar Beckermann beschreibt diese Positionierung so:

»Bei dem Versuch einer Naturalisierung des Geistes wollen wir [...] verstehen, wie die komplexen neuronalen Prozesse in unseren Hirnen und dem gesamten Zentralnervensystem uns befähigen, wahrzunehmen, uns zu erinnern, Probleme zu lösen, Angst zu haben usw. Wenn es tatsächlich eine Erklärungslücke gibt, können zumindest einige mentale Phänomene nicht mereologisch reduktiv [teilhaft-quantitativ] erklärt werden und das würde dann bedeuten, dass zumindest einige Aspekte des Geistes nicht naturalisierbar sind.«[18]

Die Rede von Erklärungslücken und die Behauptung einer starken Emergenz erfreut sich in den Diskussionen um die anthropologische Bedeutung der Hirnforschung keines guten Rufs. Es scheint allzu leicht, sich mit einer metaphysischen, gar theistischen »Ausfüllung« dieser Erklärungslücke ein wissenschaftliches Renommée zu erschleichen. Dass schließlich doch wieder ein Schöpfergott oder vielleicht auch Gnade »dazwischenkäme«, dem will man von Anfang an wehren. Gott als »ignorantiae asylum« (Baruch Spinoza[19]) hat für die exakten Wissenschaften ausgedient. Auch die moderne Theologie hat dieses Terrain kaum noch supranaturalistisch für sich in Anspruch genommen. Aber man wäre ja nur dann genötigt, von Erkenntnislücken zu sprechen, wenn man sich auf das Ideal einer allein auf Naturgesetze rekurrierenden *lückenlosen* Erklärung aller – der physischen wie der mentalen – Phänomene festlegt und so in den neuronalen Prozessen im Gehirn tatsächlich die jetzt noch nicht zur Verfügung stehende hinreichende Erklärung aller mentalen Phänomene auffinden wollte.

Es ist freilich gar nicht einzusehen, weshalb man sich gezwungen sehen müsste, über einen methodischen Reduktionismus hinaus diesen onto-

---

[18] Ansgar Beckermann, Was ist das Ziel einer Naturalisierung des Geistes?, in: Information Philosophie 2/2019, 32–40, hier 40.
[19] Baruch Spinoza, Ethica ordine Geometrico demonstrata, in: ders., Opera – Werke, Lateinisch und deutsch, hg. von Konrad Blumenstock, Bd. II, Darmstadt 1967, 84–567, hier 152 f.

logisch-physikalischen Reduktionismus zu vertreten. Erklärungen sollen »metaphysisch sparsam« sein und keine unnötigen Erklärungsgründe in Anspruch nehmen. Das heißt nicht, dass die sparsamsten Erklärungen immer schon die besten sind. Es heißt auch nicht, dass die auf »vollständige« Erklärungen abzielende regulative Idee des empirischen Vorgehens selbst die ontologischen Voraussetzungen legitimiert, von denen seine Methode ausgeht. Einzelerkenntnisse mögen Aufschluss geben über die hinreichenden Bedingungen physischer und vielleicht auch elementarer mentaler Phänomene, sodass man sie reproduzieren oder hervorrufen kann. Im Gesamtzusammenhang des Erkennens aber wird sich nie ermessen lassen, ob man die hinreichenden Bedingungen für alle physischen und mentalen Phänomene und deren Aufeinander-Wirken erkannt hat oder jemals wird erkennen können. Der Verzicht auf eine solche Totalerkenntnis ist wissenschaftstheoretisch und wissenschaftspragmatisch auch völlig unspektakulär, solange man nicht davon in Anspruch genommen ist, die »metaphysische« Gegenposition, nach der eine Erklärungslücke nicht auszuschließen ist und so auch Gott mit seinen Interventionen über-natürlich dazwischenkommen könnte, wissenschaftlich unmöglich zu machen. Wer sich daran versucht, wird wider Willen selbst zum Metaphysiker.

2.6 Ein anderer Naturalismus?

Hans Jonas und Thomas Nagel gehen anders mit den Erklärungslücken um, die sie für naturalistisch-reduktiv nicht auflösbar halten. Das Körper-Geist-Problem durchdringe überdies – so Nagel – »unser Verständnis des gesamten Kosmos und dessen [evolutionäre] Geschichte vollkommen«; es lasse eine »naturalistische *Weltanschauung*« und ihren Anspruch, »im Prinzip eine Theorie von allem liefern« zu können, ganz unglaubwürdig erscheinen.[20] Nicht nur auf den ersten Blick ist es »höchst unplausibel, dass das Leben, wie wir es kennen, das Ergebnis einer Reihe physikalischer Zufälle im Zusammenspiel mit den Mechanismen natürlicher Auslese sein soll.«[21] Die »Feinabstimmung der Naturkonstanten« (Stephen Hawking), ohne die es nicht zur Entstehung des Universums, des Lebens auf der Erde und schon gar nicht zu menschlichem Bewusstsein gekommen wäre, ist so extrem unwahrscheinlich, dass die Erklärungskraft eines reduktiven Natura-

---

[20] Vgl. Thomas Nagel, Geist und Kosmos, 11–13.
[21] Ebd., 15.

lismus dagegen nicht im Entferntesten ankommt. Ihm bleibt nur der wenig überzeugende Ausweg, auf die unendliche Dauer und Vielzahl der Entwicklungen zu setzen, die schließlich zu den Treffern geführt habe, über die sich der Weg zum menschlichen Bewusstsein gebahnt habe.

Damit wäre aber nur ein Erklärungs-Postulat oder die regulative Idee naturalistischer Wissenschaften formuliert, deren Einlösung in einer »Theorie von allem« angesichts der in Anspruch genommenen »Unendlichkeiten« schlechthin außerhalb jeder Erklärungsmöglichkeit bliebe.[22] Nagel erwägt deshalb statt des mechanistischen Zufallsprinzips eine teleologische Natur-Konzeption, die es nicht nur zufälligerweise, sondern mit *innerer Folgerichtigkeit* zur Entstehung des Geistes habe kommen lassen. Er ist der »Überzeugung, dass der Geist nicht bloß ein nachträglicher Einfall oder ein Zufall oder eine Zusatzausstattung ist, sondern ein grundlegender Aspekt der Natur«, die im Geist schließlich dahin komme, sich selbst verstehbar zu werden. Die konkrete Beschaffenheit der Natur lässt – so Nagel – »bewusste Wesen mit Geist entstehen; und die Beschaffenheit der Natur ist für derartige Wesen verstehbar. Deshalb sollten solche Wesen letztlich auch für sich selbst verstehbar sein.«[23]

Die evolutionären Entwicklungen verfügen, um nun mit Hans Jonas zu sprechen, von Anfang an und deutlich sichtbar mit der Entstehung des Lebens über eine Dimension der *Innerlichkeit,* die mit raumzeitlich-quantitativen Kategorien – »in bloßen Begriffen der Äußerlichkeit« – nicht zu erfassen sei. Leben tritt hervor als das Außen eines Innen, das immer wieder neu zu einer Lebens-Ganzheit von relativer Dauer, schließlich als Individuum oder Subjekt geformt wird und so Identität erlangt. Das Formprinzip ist nicht durchweg von den materiellen Bedingungen determiniert, durch die es sich ausprägt: »Die organische Form steht in einem Verhältnis *bedürftiger Freiheit* zum Stoffe [...] Die Priorität des Stoffes weicht der Priorität der Form, die sie allerdings nur um den Preis gleichzeitiger Abhängig-

---

[22] Die *Intelligent-Design-Theorie* nimmt die hochunwahrscheinliche Feinabstimmung der Naturkonstanten für die Entstehung von (intelligentem) Leben als Hinweis darauf, dass bei ihrer Bereitstellung ein göttlicher »Designer« am Werk gewesen sein muss; zur kritischen Würdigung vgl. Christian Kummer, Evolution und Schöpfung. Zur Auseinandersetzung mit der neokreationistischen Kritik an Darwins Theorie, in: Stimmen der Zeit 224 (2006), 31–42. Es ist aber – so Ulrich Lüke – »ein waghalsiger Gedanke, der die Unwahrscheinlichkeit eines Zustandes oder Prozesses für sein Gewolltsein ausgibt« (ders., Das Säugetier von Gottes Gnaden, 141).
[23] Thomas Nagel, Geist und Kosmos, 30 und 32.

keit genießt.«[24] Die innere Form-Identität wird, »indem sie für das Außen offen ist« und sich in ihm realisiert, »Subjektpol einer Kommunikation mit Dingen, die enger als die zwischen bloß physischen Einheiten ist«[25].

Die Zumutung für naturalistisch verfahrende Wissenschaften, die in den Positionen von Nagel und Jonas liegt, ist offenkundig: Quantitativ bestimmbare und messbare, im Prinzip optisch nachverfolgbaren Verläufe sollen *auch* einer Teleologie zugeschrieben werden, die ihrerseits als evolutionsgeschichtlich unendlich langes Subjekt-Werden zu verstehen wäre, als das Werden zu einer Instanz, die diese Teleologie verstehen und als Herausforderung ergreifen kann. Dafür fehlen einem reduktiven Naturalismus die Begriffe. Er sieht auch keine Notwendigkeit, die teleologische »Innenseite« der Evolution auf bewusstes Leben hin anzunehmen. Aber er hat – das machen Nagel und Jonas geltend – angesichts seiner nicht nur faktischen Erkenntnislücken auch nicht die Möglichkeit, überzeugend zu bestreiten, dass mithilfe dieser Annahme *besser verstehbar* wird, was er selbst nicht erklären kann. Was er nicht kohärent erklären kann, legt Zusatzannahmen nahe, die das einigermaßen Erklärte in einem einigermaßen nachvollziehbaren Gesamtzusammenhang verständlich machen können. Und diese Zusatzannahmen lassen sich in Hans Jonas' These zusammenfassen: »Materie ist Subjektivität von Anfang an in der Latenz [...] Die Innendimension als solche, vom dumpfsten Empfinden bis zu hellster Wahrnehmung und schärfster Lust und Pein, ist der allgemeinen Weltsubstanz als eigene, wenn auch von besonderen Außenbedingungen abhängige Leistung anzurechnen.«[26] Diese Leistung kann von der »erwachten« Subjektivität des Menschen verstanden und bewusst vollzogen werden.

Nagel wie Jonas sind freilich der Auffassung, dass »der Geist und alles, was mit ihm einhergeht, dem Universum inhärent ist«[27], ihm also nicht etwa »nachträglich« eingestiftet wurde. Es kommt bei ihnen kein Gott ins Spiel, der in Naturprozesse interveniert, um ihnen den Geist mitzuteilen. Jonas erwägt immerhin spekulativ eine anfänglich-radikale »Selbstentäuße-

---

[24] Hans Jonas, Philosophische Untersuchungen und metaphysische Vermutungen, dt. Frankfurt a. M. 1994, 17 und 21.
[25] Ebd., 27; ich korrigiere den vermutlichen Druckfehler »Subjektpool« in Subjektpol.
[26] Ebd., 221 f. Die von Jonas und Nagel entwickelten Intuitionen werden gegenwärtig im Kontext der Panpsychismus-Debatte weiter verfolgt; vgl. Godehard Brüntrup, Die Renaissance des Panpsychismus, in: Herder Korrespondenz 71 (9/2017), 44–47; B. P. Göcke – K. Müller – F. Schiefen (Hg.), Welt – Geist – Gott. Erkundungen zu Panpsychismus und Panentheismus, Münster 2020.
[27] Thomas Nagel, Geist und Kosmos, 29.

rung des Geistes«, die so weit gegangen sei, dass Gott sich gänzlich »dem Treiben des ins Außen explodierenden und damit den bloßen Chancen der darin beschlossenen *Möglichkeiten* unter den Bedingungen von Raum und Zeit« überließ. Mit dieser Selbstentäußerung und »von da an ging es« – so Jonas – »nur noch immanent zu, ohne weitere Einmischung der Transzendenz«.[28] Aber diese »metaphysische Vermutung« hat wohl doch nur die Funktion, einen theistischen Interventionismus auszuschließen, der – so der Akzent der Argumentation bei Jonas – Gott die Rechtfertigung seiner Nicht-Intervention angesichts der schrecklichsten Katastrophen und Verbrechen der Geschichte abfordern müsste.[29]

Nagel und Jonas teilen eine antitheistisch-naturalistische Option, die ein göttliches Schöpfungshandeln – auch im Sinne einer Creatio continua – nicht in den Blick nimmt, sondern eher eine monistischen Total-Perspektive nahelegt. Diese wäre aber nicht auf einen reduktiven Naturalismus festgelegt, postuliert vielmehr den wie auch immer verstandenen Geist als »Innenseite« aller kosmologischen und Lebensprozesse, ohne die sich der Gesamtprozess der zu menschlichem Bewusstsein führenden Evolution nicht verstehen lasse.

Die monistische Option versteht sich hier als mittlere Position zwischen einem reduktiven Naturalismus und einem interventionistischen Theismus. Ihr geht es darum, die Aporien der Extrempositionen zu vermeiden. Ich bezweifle, dass damit die einzig plausible und kohärente mittlere Position formuliert ist. So ließe sich etwa eine Selbst-Hineingabe Gottes in seine Schöpfung denken, die diesem Prozess nicht – durch Intervention von außen – seine Eigengesetzlichkeit nähme und in ihm doch die Herausforderung für den endlichen Geist vergegenwärtigte, die Möglichkeiten des Guten zu ergreifen und daran zu glauben, dass sie bei Gott und durch ihn über alles Menschmögliche und Menschenwirkliche hinaus Wirklichkeit werden. Menschliches *Selbst*-Bewusstsein wäre dann zuinnerst das Bewusstwerden der Herausforderung, sich der Selbst-Hineingabe Gottes in seine Schöpfung zur Verfügung zu stellen und zum »Instrument« seines guten Willens machen zu lassen.[30]

---

[28] Hans Jonas, Philosophische Untersuchungen und metaphysische Vermutungen, 245.
[29] Vgl. Hans Jonas, Der Gottesbegriff nach Auschwitz. Eine jüdische Stimme, in: Ders., Philosophische Untersuchungen und metaphysische Vermutungen, 190–208.
[30] In der Kritik an Nagels Konzept ist darauf hingewiesen worden, dass die von ihm behauptete teleologische Innenseite der Evolution unerklärt bleibt und vermutlich unerklärbar bleiben muss, sodass man sich auch fragen könnte, mit welchen guten Gründen Nagel eine immerhin denkbare theistische Verankerung ablehnt.

2.7 Subjektivität?

Was ist der Ertrag dieses evolutionsgeschichtlichen Ausgriffs auf eine mögliche *Theorie von allem* für die Gehirn-Geist-Problematik? Es kann nicht ausgeschlossen werden, »dass das bewusste menschliche Leben eine ohnmächtige Begleiterscheinung subjektloser Naturprozesse in einem anonymen Spiel blinder Naturkräfte ist.«[31] Aber diese reduktive Hypothese hat im Blick auf die Gesamtheit der beobachtbaren und erlebbaren physischen und mentalen Phänomene keinen größeren, sondern eher einen kleineren Erkenntniswert als die »metaphysische Vermutung« einer inneren Teleologie des Universums auf Subjektivität hin, die im Menschen zu Bewusstsein kommt. Das berechtigt nicht schon dazu, diese Teleologie als empirische Legitimation für die Annahme eines göttlichen Schöpfungsplans in Anspruch zu nehmen. Aber es stellt vor die Aufgabe, den Sinn von Subjektivität im Blick auf die physischen Bedingungen mentaler Phänomene genauer zu eruieren. Hans Jonas hat dafür die *Innen-außen-Unterscheidung* herangezogen: Die physisch-stofflichen Phänomene sind nie ohne eine innere »Form«-Wirklichkeit, die sich auf sie bezieht, in ihnen bestimmt und äußert – und von ihnen in jeder Hinsicht bestimmt wird. Innen und Außen, Form und Materie stehen danach in einem einzigartigen Verhältnis des Ineinander: Das Außen – die Materie – ist der Form so innerlich, wie die Form der Materie innerlich ist. Das hat Jonas mit seinen Anspielungen auf den aristotelischen Hylemorphismus zum Ausdruck bringen wollen.

So wird auch denkbar, dass die Geist-Subjektivität vor und in ihrem Erwachen noch ganz in unwillkürliche Prozesse »eingehüllt« ist, die jeder bewussten Wahrnehmung vorausliegen und jeder willentlichen Bestimmung entzogen, vielleicht nur weitgehend entzogen sind. Bewusstsein »erwacht«, sobald ein Lebewesen wahrnimmt, was mit und in ihm vorgeht, und darauf in irgendeiner Weise Einfluss nehmen will, sodass der Wille gewissermaßen ins Unwillkürliche ausstrahlt, an ihm und durch es sich zu formen beginnt. Die Automatismen der Reizverarbeitung im Gehirn werden plastisch, bis dahin, dass sich die neuronalen Schaltkreise physisch verändern, je nachdem wie ein Lebewesen seine Reiz-Reaktions-Muster entwickelt, wie es *lernt*. Die Lernenden aber sind Akteure, die nicht nur auf (Über-)Lebensnotwendigkeiten *reagieren*, sondern sich dessen bewusst

---

[31] Franz-Josef Wetz, Naturalismus und Menschenwürde, in: R. Langthaler (Hg.), Was ist der Mensch? Ein interdisziplinäres Gespräch zwischen Lebenswissenschaften, Philosophie und Theologie, Frankfurt a. M. 2004, 114–118, hier 115.

werden, nach der bestmögliche Reaktion zu suchen, schließlich – beim Menschen – Wege finden zu wollen, die sie zu einem guten Leben führen. Das Form-gebende Bewusstsein ist dann nicht in jeder Hinsicht auf eine bestimmte unverfügbare »Materie« – auf vorwillentlich determinierte Reiz-Reaktions-Muster – festgelegt. Es gewinnt eine gewisse Gestaltungsfreiheit, um dem Realität zu geben, *was es selbst sein will*.[32]

Dieses Ineinander physischer Prozesse und mentalen Sich-Verhaltens, unbewusst oder vorbewusst ablaufender Reaktionen und mehr oder weniger bewussten Formwillens ist ebenso singulär wie bei Lebewesen – wenn man die Vorstufen bewussten Verhaltens einrechnet – universell. Beim Menschen gelangt es zu Bewusstsein und kann es sprachlich artikuliert werden. Da es unvergleichlich ist, legen sich dafür *Metaphern* nahe, die jeweils in ihrer Artikulationskraft wie in den »Missweisungen« der mit ihnen assoziierten Vorstellungen zu reflektieren sind. Vielfach waren sie von einer dualistischen Logik des Nebeneinanders bzw. des Übereinanders von Geist und Körper bestimmt, sodass sich – wie bei *Descartes* – die Frage nach dem Übergang vom Einen zum Anderen stellte und als unauflösbar erwies. Die platonischen Denk-Traditionen assoziierten Herrschafts-Unterordnungs-Verhältnisse: der Geist als zur Herrschaft über die vitale, physisch-körperliche Wirklichkeit herausgefordert; die körperlichen »Regungen« als zur Unterordnung unter den vernünftigen Formwillen des Geistes bestimmt. Die Emergenz-Metapher assoziiert das Auftauchen oder Aufwachen des geistigen Lebens aus den unbewussten Automatismen physischen Lebens. Das Auftauchen gilt als eine Höherentwicklung, die zu einer erfolgreicheren Umwelt-Anpassung führt. Man kann es freilich auch so sehen: Emergente Phänomene realisieren eine neue Form von Kommunikation, die nicht mehr nur einer Optimierung der Kooperation dient und höheren Lebewesen bessere Überlebensmöglichkeiten bereitstellt, sondern Mitteilungsbedürfnisse entstehen und nach Erfüllung streben lässt, welche zur Intensivierung eines gemeinsamen »geistigen Lebens« führen können. Höhere Lebewesen, vor allem die Menschen mit ihrem erheblich vergrößerten Hirnvolumen, »erwachen« zu einer bewusst erstrebten, als entwicklungsfähig erlebten Gemeinsamkeit, in der es um mehr gehen kann als um gemeinsam zu bewältigende, kurzfristige Überlebens-Herausforderungen. Der Körper ist Basis und »Instrument« solcher Kommunikation.[33] In ihm

---

[32] Vgl. Hans Jonas, Philosophische Untersuchungen und metaphysische Vermutungen, 21 f.
[33] Die Instrument-Metapher ist anthropologisch vielleicht zuerst von Helmuth Plessner

und durch ihn drückt sich menschlicher Kommunikationswille aus, äußert, erfüllt und transzendiert sich menschliches Begehren auf eine Mitmenschlichkeit hin, in der es nicht mehr nur um die Befriedigung des Begehrens mithilfe des Anderen geht.

Der Körper ist nicht nur die Basis supervenienter mentaler Ereignisse. Die anspruchsvollere Instrument-Metapher assoziiert Körperlichkeit als Beziehungs- und Ausdrucks-Wirklichkeit. Erst sie bringt eine *Logik des Ineinanders* zum Zuge: Der Geist kommuniziert im Leib, ist dem Leib innerlich, um sich durch ihn auszudrücken, sich in ihm zu *äußern.* Die körperliche Physis ist dem Bewusstsein so innerlich, dass sie dem (Selbst-)Bewusstwerden des menschlichen Geistes vorausliegt, in ihm nur begrenzt präsent wird und es doch wesentlich mitbestimmt: in den Befindlichkeiten, in denen das Bewusstsein sich vorfindet; in den Gefühlen, die es emotional einfärben und seine Lebendigkeit ausmachen; in der biographischen und gemeinschaftlichen Geschichte des Begehrens, der Selbstbehauptung wie der Selbsthingabe, in der das seelisch-leibhaft Unbewusste zu Bewusstwerdungs-Prozessen herausfordert. Diese Andeutungen sprengen eine bloß instrumentell verstandene Instrument-Metapher. Der »Spieler« ist kein Anderer zu seinem Instrument. Er *ist sein Instrument;* der Mensch ist sein Leib. Er lässt sich nicht von ihm trennen, lebt »mit ihm« nicht nur in Symbiose, wie es Künstler mitunter vom Zusammensein mit ihrem Instrument sagen. Im Leib gewinnt der Geist sein Gesicht. Das gilt in so striktem Sinne, dass man sich im menschlichen Miteinander der Anmutung nicht entziehen kann, im Gesicht werde man – bei allen Verformungen und Manipulationen, die ihm widerfuhren – der Individualität eines Menschen ansichtig. Der Leib kommuniziert *mich,* lässt an meinem Inneren teilnehmen, lebt mein Begehren, an deinem Du teilzunehmen. So erscheint mein Innerstes in der Welt, ist es in ihr leibhaft anzutreffen; so kommt das Subjekt ins Spiel der Intersubjektivität. Es wird ins Spiel gebracht, bringt sich ins Spiel, bringt mit, was es lebendig werden lässt: die Innenwelt des Unwillkürlichen, des Vor- und Unbewussten, der Emotionen, der Sehnsucht, der Wünsche. Das Spiel lebt davon, dass diese Innenwelt mitspielt und die spielenden Subjekte nie vollständig »Herren des Spiels« sind, sondern sich *ins Spiel bringen:* zu den Spielzügen finden, die sich ihnen öffnen und bei denen sie

---

in Anspruch genommen worden; vgl. von ihm: Die Frage nach der Conditio humana. Aufsätze zur philosophischen Anthropologie, Frankfurt a. M. 1976, 140 f.

angesichts dessen, was jeder als »Mitgift« mitbringt und einbringen kann, doch nie wissen können, was daraus wird.

Die Metaphorik des Spielens, des ins Spiel Hereinspielenden, der in ihm Mitspielenden, trägt weitere wichtige Assoziationen zum Miteinander, Ineinander, von Körper und Geist bei. Dass sie sich vor allem im Blick auf das Liebesspiel einstellen, wird kein Zufall sein. Hier ist der Mensch ganz Bios und kann er ganz Geist sein, das Eine beglückend im Anderen, sodass Leben sich erfüllen und mitteilen kann und Menschen Dimensionen ihres Selbst-Seins erleben können, die sich ihnen nur hier öffnen.

Der Körper ist hier beglückend *meiner*. Ich durchlebe ihn als *Leib*, kommuniziere mich mit ihm und in ihm; *ich bin mein Leib, der zugleich der Körper ist, den ich habe*. Ich bin mir zugleich Subjekt und Objekt. Mein Subjekt-Sein erfährt mein Objekt-Sein auch als Verfügbarkeits- wie als Bewusstseins-Grenze. Das Unwillkürliche meines körperlichen »Funktionierens« ist nur sehr begrenzt meinem unmittelbaren Erleben zugänglich und durch meinen Willen zu beeinflussen. Meist braucht es Apparate, um es in seinem Funktionieren nachzuverfolgen. Mein Herz und meine Lunge: Ich habe sie; ich bin durch sie. Als die Bedingungen meines bewussten Daseins in der Welt sind sie meinem Bewusstsein jedoch weitgehend verborgen. Aber es gibt so etwas wie eine Übergangszone zwischen dem mir entzogenen Unwillkürlichen und dem Willensbestimmten: die Emotionen, die ich habe und die ich doch zugleich mehr oder weniger bewusst durchlebe, in diesem Sinne *aneignen* kann. Ich fühle mich herausgefordert, sie zu beherrschen, damit sie nicht »mit mir durchgehen«. Ich weiß, dass diese Beherrschung zu weit gehen kann, dass sie dann meine Leibhaftigkeit unterdrückt, mich um Spontaneität und Kreativität bringt, mir den sinnlichen Genuss rauben kann. Dass der Mensch sich auch verborgen ist, dass er leibhaftbiographisch so viel »mehr ist«, als er von sich weiß, dass er sich immer auch als unverfügbares Objekt erfährt, macht sein *Selbstbewusstsein* mit aus. Es ist involviert in die welthafte Wirklichkeit des gemeinschaftlich gelebten Bios und erfährt diese Eingebundenheit als Möglichkeit, aus ihr eine bewusste Verbundenheit zu leben, den Körper im bewussten, beglückenden, oft auch im stressigen Miteinander leibhaftig zu leben und so ins Spiel zu bringen, herauszubringen, was und wer ich bin, sein will, sein kann. Bewusstes Wollen im Horizont einer weltoffenen (Selbst-)Gestaltungs-Freiheit und Selbst-Entzogenheit bis hin zur Unwillkürlichkeit miteinander und ineinander zu leben, sich dabei zu dem mir Entzogenen, das doch *Ich* bin, in eine reflexive Beziehung zu setzen und so immer auch im Übergangsfeld von Unwillkürlichkeit zum mehr oder weniger bewussten Soleben-Wollen zu bewegen, sich selbst so zu »finden«, macht das Menschsein aus.[34]

2.8 Leibhaftigkeit

Dieses komplexe Ineinander von selbstbewusstem Miteinander-Leben und Organismus-Sein ist in der Denk-Geschichte vor allem des Westens immer prekär und herausfordernd geblieben. Theologie und Glaubensbewusstsein waren über die Jahrhunderte hinweg Leib-freundlich und Leib-feindlich zugleich. Sie tragen immer noch schwer an diesem zwiespältigen Erbe. Zum einen bekennen sich die verbindlichen Credo-Formulierungen zur Hoffnung auf eine Vollendungswirklichkeit des Menschen, an der auch das »Fleisch« teilhaben werde. Die Schwierigkeit, eine vom Körper getrennte, den Tod überdauernde, irgendwie eigenständige »Seelen«-Wirklichkeit zu denken, die den Menschen durch das Erlöschen der Leib-Wirklichkeit im Sterben aufgenötigt wurde, ist immer wieder neu in den Blick gekommen, aber nur um den Preis »gelöst« worden, dass man für den Himmel einen vergeistigten Verklärungsleib annahm und die für die Zwischenzeit bis zum Endgericht sich stellende Frage nach einer körperlosen Seele – der *anima separata* – bagatellisierte. Das war unter der Voraussetzung eines forcierten Leib-Seele-Dualismus vielleicht hinnehmbar, verträgt sich aber nicht mit heutiger Anthropologie; es war schon mit dem biblischen Menschen-Verständnis nicht vereinbar. So wird zu überlegen sein, zu welchen Konsequenzen man theologisch genötigt ist, wenn man die klassische Leib-Seele-Unterscheidung in die aktuelle Körper-(Gehirn-)Problematik hineinbuchstabieren will.

Weit dramatischer sind die Auswirkungen, die das (neu-)platonische Erbe im christlichen Verständnis der Körperlichkeit des Menschen mit sich brachte. Über lange Jahrhunderte war es kaum möglich, die *Leibhaftigkeit* des menschlichen Geistes positiv zu würdigen, wie sie etwa im Erleben der Sexualität zu Bewusstsein kommt. Die Leib-Bestimmtheit und Leib-Involviertheit geistigen (Er-)Lebens erschien im Anschluss an Augustins Paradieses- und Erbsündenvorstellung als Auswirkung der Menschen-Sünde im Anfang. Lust- oder leidvolle körperliche Empfindungen – die ekstatische

---

[34] Helmuth Plessner spricht in diesem Sinne vom homo absconditus; vgl. ders., Die Frage nach der Conditio humana, 138–150.

Lust leibhafter Begegnung wie die Mühe der materiellen Lebens-Fristung – habe es im Anfang nicht gegeben.

Dem Christentum westlicher Prägung haben solche Vorstellungen ein tiefes Ressentiment gegen den Körper, seine vitalen Funktionen und Antriebe und die damit verbundenen Emotionen eingetragen und zu einem Verständnis der Sexualität geführt, das vom Ideal der *Beherrschung* im Dienste der Fortpflanzung wie von der Skepsis gegen jede Körper-Lust dominiert war, die nicht in den von Gottes Zugeständnis an die Schwäche des Menschen vorgezeichneten Bahnen genossen wurde. Die katastrophalen Verkürzungen im Verständnis wie im Erleben des menschlich-leibhaften Lebens, die dem Christentum hier anzulasten sind, hat es noch keineswegs überwunden. Sie erfordern die ehrliche Aufarbeitung dieser Katastrophen-Geschichte und eine Neuorientierung, die die Zwiespältigkeiten des in der Glaubensüberlieferung so lange unangefochtenen Leib-Seele- (bzw. Körper-Geist-)Dualismus hinter sich lässt.

Auf all das wird zurückzukommen sein. Zunächst aber soll es um die gegenwärtig heftig diskutierte Frage gehen, ob und gegebenenfalls wie die Körper-Geist-Wirklichkeit des Menschen den Raum für eine menschliche Freiheit bietet, die diesen Namen wirklich verdient.

3. Freiheit und Bindung

3.1 Lebensziel Unabhängigkeit

Die »Vermächtnis-Studie« aus dem Jahr 2019 wollte die aktuelle Gemütslage der Deutschen ausloten. Sie stützte sich auf 2070 ausführliche Interviews; keine vorgegebenen Items sollten die Antworten auf übliche Alternativen festlegen. Man wollte aus den Äußerungen der Gesprächspartner zu einer offen gestellten Frage heraushören, was ihnen elementar wichtig ist und was ihnen Angst macht. Der Name »Vermächtnisstudie« bezieht sich auf den Wortlaut der gestellten Frage:»»Wenn Sie an Ihr ganzes Leben denken, an Ihre Erfahrungen, Erlebnisse und gewonnenen Erkenntnisse: Was davon würden Sie künftigen Generationen gern weitergeben? Was empfehlen Sie einer zukünftigen Gesellschaft? Wovon raten Sie eher ab?«

Eine zentrale Rolle spielte in den Antworten die Sorge um die eigene Unabhängigkeit. Weit bedeutsamer als die Unwägbarkeiten der Flüchtlingskrise sind für die Befragten mögliche oder tatsächliche Einschränkungen ihrer Selbstbestimmung: »69 Prozent befürchten, keine Kontrolle über das eigene Leben zu haben […] Wer die Kontrolle über sein Leben besitzt, ist zufrieden.« Entsprechende Ängste beziehen sich auf die Unabsehbarkeiten und Imponderabilien des Alters wie auf die Kontrollmechanismen, denen man sich durch Politik und Wirtschaft ausgesetzt sieht. Die Befragten wollen sich nicht mehr auf die Versprechungen der jeweiligen Eliten verlassen. »Sie glauben an sich. Aber nicht mehr an ihre Institutionen.«[1]

Man sieht sich von eigen-interessierten Einflussnahmen auf das eigene Leben bedroht, von Manipulateuren umstellt, die an uns verdienen und uns ihren eigenen Vorhaben nutzbar machen wollen. Für sie wäre es das Beste, wir würden automatisch auf ihre strategisch platzierten Stimuli reagieren, sodass sie den eigenen Einsatz mit höchsten Erfolgsaussichten kalkulieren könnten. Im Umgang mit uns Marktteilnehmern und Teilnehmern am ge-

---

[1] DIE ZEIT Nr. 20 vom 9. Mai 2019, S. 69.

sellschaftlichen Prozess möchte man dem Reiz-Reaktions-Modell nahekommen und uns unterschwellig erreichen: da, wo wir keine Distanz zu uns und den in uns ausgelösten Reaktionen aufbauen können. Die Befragten wollen sich vor dieser Dynamik schützen und die Kontrolle behalten. Sie befürchten, dass gesellschaftlichen Manipulations-Mechanismen immer tiefer in die »Seele« der Menschen vordringen.

Daneben entwickelt man Ängste davor, im Alter oder bei Krankheit tatsächlichen oder vermeintlichen Sachzwängen ausgeliefert zu sein und dabei die Kontrolle über das eigene Leben an andere abgeben zu müssen, vor deren Eigeninteresse man sich nicht mehr zuverlässig wird schützen können. Selbstbestimmung gilt als hohes, gar als höchstes, im politischen wie vor allem im privaten Leben und hier möglichst bis ans Ende zu schützendes Gut. Und man hat das unbestimmte Gefühl, dass sie immer mehr verloren geht: dass gesellschaftliche und wirtschaftliche Automatismen sie unterwandert haben; dass sich bei allen Lebens-Optimierungs-Versprechen die schicksalhaften Gegebenheiten im Alter als umso unerträglicher erweisen werden; dass die Abhilfen, die man sich dann erwarten kann, eher auf Entmündigung hinauslaufen. »Grenzenlose Selbstbestimmung«[2] ist hier wie da nicht in Sicht. Auf dem politisch-gesellschaftlichen Feld gewinnen deshalb auch Bewegungen an Einfluss, die sich die Ausweitung der Selbstbestimmung auf die Fahnen geschrieben haben und etwa zum Kampf gegen eine vermeintliche Öko- (oder Corona-)Diktatur mobilisieren wollen.

Unabhängig und selbstständig zu werden, es auch im Alter zu bleiben, nicht von gesellschaftlichen oder wirtschaftlichen Interessen über sich verfügen lassen zu müssen, das sind in der Vermächtnisstudie die Werte mit den höchsten Zustimmungsraten. Das möchte man von den Nachwachsenden verteidigt und für sich geschützt sehen. In einem merkwürdigen Kontrast dazu werden die Stimmen in der sogenannten »Mind-Brain-Debatte« lauter, die das Streben nach Selbstbestimmung zu den Illusionen rechnen, denen die menschliche Erfahrung aufsitzt, solange sie nicht über die hirnphysiologisch identifizierbaren Ursachen menschlichen Verhaltens aufgeklärt ist. Die Vorstellung, der Mensch könne sich von den messbaren hirnphysiologischen Impulsen distanzieren und zu ihnen nach selbst gewählten Optionen Stellung nehmen, habe – so die unter Gehirnforschern verbreitete Sicht – kein *Fundamentum in re*. Sie begleite und maskiere nur

---

[2] Vgl. Dietmar Mieth, Grenzenlose Selbstbestimmung? Der Wille und die Würde Sterbender, Düsseldorf 2008.

die Wirkung elektrischer Innervationen im Gehirn, die früher wirksam werden als entsprechende bewusste Willensimpulse. Der menschliche Wille sei kein unableitbar »von außen« in physiologische Prozesse eingreifender Impulsgeber, sondern eingebunden in körperliche Stoffwechsel- und Energieaustausch-Prozesse und von ihnen determiniert.

Es sieht so aus, als werde die menschliche Selbstbestimmung auch deshalb beschworen, weil die empirisch-wissenschaftliche Basis für die Annahme eines sich selbst bestimmenden menschlichen Willens erodiert. Sie zersetzt sich lebensweltlich, wenn Selbstbestimmung angesichts der tatsächlichen gesellschaftlichen Dynamiken nur noch als idealistisch angefütterte Sonntagsparole wahrgenommen wird. Auch die Wissenschaften lassen sich – so scheint es – vor allem dazu in Dienst nehmen, die Vorhersehbarkeit von Entwicklungen zu sichern. Freie Entscheidungen wären in ihrer Unberechenbarkeit ein Störfaktor, der sich statistisch minimieren lassen sollte; der berechenbarer wird, soweit es gelingt, die Reaktionen der Kunden, der Wahlbürger, der Mitbewohner des gemeinsamen Lebensraums zu konditionieren.

Gesellschaftlich bringt die Unterminierung der Selbstbestimmung erhebliche Folgelasten mit sich: Wenn menschliches Verhalten als konditioniert angesehen werden muss – durch beobachtbare, physiologisch ausgeprägte Verschaltungen und über sie laufende bio-elektrische Prozesse im Gehirn, durch mehr oder weniger gut nachweisbare Einflüsse der Außenwelt auf Erfahrungen und Entwicklungen eines Menschenlebens, durch geschickt gesetzte Stimuli oder raffinierte Manipulationen –, wie soll man da selbst bei schweren Vergehen von Schuld sprechen oder Strafen als verdient ansehen können? Wenn Einflussnahmen auf demokratische Prozesse so nachhaltig sein können, wie einem das bei Wahlen und Plebisziten vor Augen geführt wird, wie soll da das Vertrauen auf die Zurechenbarkeit des Stimmbürgers als des letzt-entscheidenden Souveräns überleben? Ist die Vorstellung der auf freier Entscheidung beruhenden Selbstwirksamkeit bei moralisch-strafrechtlichen Vergehen oder legitimitätsbegründenden Abstimmungen nur eine kontrafaktische Unterstellung, an der man wider besseres Wissen festhält, weil es anders nicht zu gehen scheint? Andererseits: Darf man vor Entwicklungen und Dynamiken kapitulieren, die als unausweichlich ausgegeben werden, weil man die letzten Widerstände gegen sie ausschalten will?

3.2 Selbstbestimmung?

Selbstbestimmt sollten Menschen und Völker leben. Das ist der Minimal-Konsens, dem sich alle sozialen Akteure verpflichtet sehen, den sie – offiziell – verwirklicht sehen wollen. Der Selbstbestimmung soll Geltung verschafft werden, wo Menschen oder Völker noch *fremdbestimmt* leben müssen und daran gehindert werden, zu leben, wie sie es selbst wollen. Dass der eigene Wille gehindert ist, die Wirklichkeit meines Daseins entscheidend mitzubestimmen, dass er sich Umständen und dem Willen anderer fügen muss, die auf ihn keine Rücksicht nehmen, soll nicht sein. Menschen sollten den Raum findet, sich *selbst zu verwirklichen*.

Aber was ist der eigene Wille? Woher kommt und bestimmt sich, was er will? Was bzw. wer will in meinem Willen? Das Selbst? Oder letztlich – wie *Friedrich Nietzsche* es sieht – die elementare Dynamik des Lebens? Sind es die Selbsterhaltungsmechanismen, die unserem Gehirn so einprogrammiert sind, dass wir ihnen auch da folgen, wo wir es nicht bemerken? Ist es letztlich – so mag man Sigmund Freud lesen – die weitgehend unbewusste Triebdynamik des Es, die sich auch noch des Überichs bemächtigt und das Ich nicht Herr im eigenen Haus sein lässt? Ist es eine öffentliche Meinung, nach der es mein gutes Recht ist, immer zu tun, was ich will? Oder doch der eigene Wille als »souveräner« Akteur, der sich des selbstbestimmt-selbstbestimmenden Eigenen im eigenen Willen und Handeln womöglich gar nicht adäquat gewiss sein kann? Man ist so viel mehr als man weiß. Und so weiß man womöglich wenig darüber, wer das Selbst ist, das da »will«.

Die Prominenz des Begriffs *Selbstbestimmung* steht in merkwürdigem Kontrast zu den diffusen Annahmen, mit denen er jeweils gebraucht und das mit ihm Bezeichnete eingefordert wird. Aber es sind nicht nur begriffliche Unschärfen, die da im Raum stehen, sondern manifeste Spannungen in der Sache, auf die er sich beziehen soll: die – wie auch immer verstandene – *Urheberschaft des Selbst*, die sich darin zeigen soll, dass es sich, seinen Willen und die Ausrichtung seiner Handlungen *bestimmt*. Die Begriffsgeschichte gibt Fingerzeige, hilft aber nur begrenzt weiter und vertieft die genannten Spannungen noch. Avant la lettre – noch vor dem Auftauchen des Begriffs *Selbstbestimmung* – stellen sich zentrale Assoziationen ein, die ihn semantisch ausmachen werden. *Selbstherrschaft* spielte für die griechische wie die römische Philosophie in einschlägigen Zusammenhängen eine bedeutsame Rolle.[3] Im Vordergrund stand die Fähigkeit zur Selbstver-

---

[3] Vgl. etwa Cicero, De officiis I,11 f.; vgl. Volker Gerhardt, Artikel *Selbstbestimmung*, in:

fügung, die sich keiner Fremdverfügung unterwerfen muss. Es klang schon die Dimension der Selbst*beherrschung* in dem Sinne an, dass der menschliche Geist die ihm gebührende Herrschaft über psychische und vitale Antriebe des Menschen ausübt und es so zu einer wohlgeordneten Ganzheit des Menschseins kommt.

Zwei Bedeutungsakzente spielen in der Begriffsgeschichte eine wichtige Rolle: das *Freisein von Zwang*, von der Beherrschung durch andere, und *das geordnete Wollen* und Handeln eines »Selbst«, das sich darin zu seinem Besten bestimmt, so immer mehr es selbst wird. Selbstbestimmung verwirklicht das Freisein für sich im *Freisein vom* äußeren Zwang und im Freisein für das, was für das Selbst gut ist: im Freisein für das, was es als das für es Gute erkennt und will. Die Philosophie der Renaissance sieht darin die Würde des Menschseins: Der Mensch ist vom Schöpfer berufen, das zu sein, was er sein will (»id esse quod velit«[4]). Aber diese Berufung wird nicht wahrgenommen, wenn der Mensch Beliebiges will, wenn er so zum Spielball von Zufälligkeiten wird. Erst das Wollen dessen, was es wert ist, in freier Selbstverfügung gewollt zu werden, betätigt den freien Willen und bildet ihn entsprechend aus.

Selbstbestimmung wäre die Betätigung eines freien Willens, die nur Sinn hat, wenn dieser frei dazu ist, das des Wollens Würdige zu wollen und im Handeln zu verwirklichen. Diese Einsicht liegt der Denk- und der Erfahrungsgeschichte von Freiheit ebenso zugrunde wie gegenwärtigen Diskussionen um Willens- und Handlungsfreiheit – ob man sie im Menschen gegeben sieht oder das bestreitet. Zum Selbstbestimmungs-Kriterium der Freiheit vom Zwang muss ein Kriterium hinzukommen, das auf die Selbst-Verantwortlichkeit des wollenden und handelnden Selbst abhebt. Es bestimmt sich nicht selbst, wenn es irgendwelchen Impulsen folgt, ohne als souverän urteilende Instanz ins Spiel zu kommen, die sich – so die Tradition – am Guten orientiert; am allgemeinen Guten, nicht nur am Guten für sie selbst. Kant denkt Selbstbestimmung als Willensbestimmung, die dem

---

J. Ritter – G. Gabriel – K. Gründer (Hg.), Historisches Wörterbuch der Philosophie, Bd. 9, Darmstadt 1995, 335–346, hier 338. Dantes *Divina Commedia* zeichnet am Ausgang des Mittelalters den Weg zur Selbstherrschaft nach, der freilich durch alle Abgründe des Menschlichen (durch Inferno und Purgatorium) führen muss. Beim Verlassen des Purgatoriums nimmt Vergil, der Führer durch die Abgründe, von Dante Abschied, um ihn dem eigenen Willen als Führer anzuempfehlen, ihm Mitra und Krone – nun die Symbole selbstbestimmter Herrschaft – zu »verleihen« (Fegefeuer, 27. Gesang).

[4] Giovanni Pico della Mirandola, De Hominis Dignitate. Lateinisch – deutsch, hg. und eingeleitet von A. Buck, übersetzt von N. Baumgarten, Hamburg 1990, 6.

Vernunfturteil darüber folgt, was als Kriterium eines guten Handelns allgemeine Gültigkeit beansprucht. Frei ist der Mensch in Selbst-*Gesetzgebung*, in der Autonomie, in der er aus eigener Entscheidung dem Vernunft-Gesetz folgt, das ihm vorschreibt, zu wollen und zu tun, was nicht nur zu seinem eigenen Vorteil, sondern zum Guten aller beiträgt und von allen Vernünftigen gewollt werden müsste. Frei ist, wer will und tut, was er vernünftigerweise soll.[5]

In einem Wollen und Handeln, in dem der Mensch dem vernünftigerweise Gesollten nachkommt, wird er unabhängig von Einflussnahmen der Außenwelt wie von Impulsen seiner Innenwelt, die ihn an Lust und Vorteilskalkül oder durch innere Zwänge binden. Selbstbestimmte Freiheit ist durch die Möglichkeit der Distanznahme definiert: der Distanz-Gewinnung von Mächten und Faktoren, die mir einen Zwang auferlegen, wie der Distanzierung von inneren Impulsen, die mich nicht Herr(in) im eigenen Haus sein ließen. Diese doppelte Distanzierung ermöglicht *Autonomie* zumindest in dem Sinne, dass mich nichts bestimmt, wovon ich nicht will, dass es mich bestimmt.[6] Wenn ich nun will, dass mich Lust oder Egoismus bestimmen? Dann wäre ich nach Kant nicht frei, sondern vom »radikal (wurzelhaft, immer schon wirksamen) Bösen« bestimmt, dem ich zu widerstehen habe, um frei zu sein.[7] Kann man nicht frei das Böse tun? Da wäre man zumindest daran gehindert, die Güte des zurückgewiesenen Guten als Willens- und Handlungs-motivierend wahrzunehmen. Aber dann wäre zu fragen: Sind die, die das Böse tun, etwa nicht dafür zur Rechenschaft zu ziehen, was sie getan haben, da sie die Güte dessen, was sie nicht getan haben, nicht wirklich erkannten?

Diese Konsequenz wäre nicht akzeptabel. Freiheit hat mit der Zurechenbarkeit einer Handlung zu tun, damit, dass im konkreten Fall das Selbst für sie verantwortlich ist. Entscheidungs-Freiheit wird mit der Unterstellung verbunden, dass das handelnde Selbst nicht *so* handeln musste,

---

[5] Das fordert der kategorische Imperativ ein; vgl. Immanuel Kant, Grundlegung zur Metaphysik der Sitten, in: Kants Werke. Akademie-Textausgabe, Berlin 1968, Bd. VI, 385–464, 421.
[6] Davon zu unterscheiden ist die vorwillentliche Autonomie des Lebewesens als eines *autopoietischen Systems*, »das die Komponenten, aus denen es besteht, fortwährend selbst erzeugt, während umgekehrt diese Komponenten das Gesamtsystem beständig erhalten und regenerieren« (Thomas Fuchs, Das Gehirn – ein Beziehungsorgan. Eine phänomenologische-ökologische Konzeption, Stuttgart [5]2017, 112).
[7] Vgl. Immanuel Kant, Die Religion innerhalb der Grenzen der bloßen Vernunft, in: Kants Werke, Bd. VI, 1–202, 28–53.

sondern Handlungs-Alternativen gehabt hätte, für die es sich ebenso bzw. genauso gut hätte entscheiden können. Hier kommt der Wille als Entscheidungs-Instanz ins Spiel; und man hat die Vorstellung, dass es der Wille ist, der eine der mehr oder weniger gut bedachten Handlungs-Alternativen vorzieht und das Selbst bestimmt, sie zu realisieren.

Dem Willen kommt es hier zu, Handlungs-Alternativen im Blick auf das zu bewerten, was ich jetzt erreichen, wie ich leben und wer ich sein will. Er wird zunächst als der wahrgenommen, der *auch anders* (wollen) könnte und darin frei, für seine Entscheidung verantwortlich ist. Durch die Vernunft bereitgestellte Entscheidungs-Gründe geben nicht für sich den Ausschlag. Der Wille nimmt mehr oder weniger souverän zu ihnen Stellung; er ist selbst der ausschlaggebende Grund dafür, eine Alternative Handlungsbestimmend werden zu lassen, sofern das Selbst im konkreten Fall über so viel Handlungs-Freiheit verfügt. Aber was bestimmt den Willen, so und nicht so zu entscheiden? Müsste nicht auch er gute Gründe haben, um nicht willkürlich zu entscheiden? Die Auskunft: Er will, was er will; deshalb bzw. darin ist er frei! ist kaum annehmbar. Sie würde die Willensentscheidung zu einer mehr oder weniger zufälligen machen und nicht zur Geltung bringen, dass der Wille will, wozu er sich selbst bestimmte. Er will hier ja nur zufälligerweise dieses und nicht jenes!

Die Freiheits-Umschreibung durch den Terminus Selbstbestimmung führt zu Folge-Problemen, die man sortieren muss, ehe man mit diesem Terminus freiheitstheoretisch weiterkommen will. Die Rede von Selbstbestimmung markiert den Unterschied zur Fremdbestimmung nicht nur durch äußere, sondern auch durch innere Zwänge. Das Selbst soll die Instanz sein, die ihre Freiheit gegen diese Determinanten zur Geltung bringt, *sich* bestimmt und nicht bestimmt wird. Aber das Sich-Bestimmen darf sich nicht im Sich-zufällig-so-oder-so-Entscheiden erschöpfen, müsste gute Gründe dafür haben, dass der hier entscheidende Wille hier will, was er will und sich nicht »willenlos« dem vielleicht Naheliegenden oder ihn besonders mächtig Bedrängenden öffnet. Die guten Gründe müssten – so sieht es Kant – Vernunftgründe sein. Sie allein begründen eine Entscheidung, in der der Wille seine Eigenständigkeit gegenüber den ihn determinierenden Einflüssen behaupten kann. Er unterstellt sich dem vernünftigerweise jetzt zu Wollenden, unterwirft sich nicht dem, was den Willen beherrschen will: Er gewinnt *Autonomie,* das Entscheiden-Können nach Gründen, die ihn der einzigen Herrin unterwerfen, die ihn nicht abhängig macht. Autonom zu sein bedeutet, einen Willen ausgebildet zu haben, der sich nicht fremdbestimmen oder von zufälligen Vorlieben leiten lässt, sondern seine innere

Bestimmtheit als das für ihn Unbeliebig-Verbindliche ergreift; nach Kant als Vernunft-Bestimmtheit, allgemeiner: als eine Bestimmtheit, die der Wille als solche will, als für sich maßgebend anerkennt und die der Wollende in seiner Maßgeblichkeit rechtfertigen könnte.

Diese Rechtfertigung muss sich nicht auf Vernunftgründe stützen. Es wäre dann nach Kant freilich kein guter Wille, der sich hier *selbst* bestimmt. Frei wäre er noch darin, dass er die rechtfertigenden Gründe seines Wollens selbst in Geltung setzt: Er entscheidet, sich von diesen Gründen leiten zu lassen, nicht von jenen, ist der *Souverän*, der nur sich selbst rechenschaftspflichtig ist, ein dezisionistisch *selbst* bestimmender Wille. Aber müsste ein freier Wille nicht wenigstens über die Gründe seines Wollens soweit aufgeklärt sein, dass er sein Wollen als das Wollen anerkennen kann, das er *wirklich will*? Für Kant muss darüber gelten, dass der Wille nur frei ist, wenn er im vernünftigerweise zu Wollenden sein eigentlich Gewolltes erkennt. Alles andere Wollen wäre durch Gründe eingenommen, die das Wollen an innere oder äußere zufällige Gegebenheiten binden. Warum aber sollte der Wille darin unfrei sein, dass der Wollende kategorisch, nicht etwa zufällig, sich selbst und alles um seiner selbst willen will? Das wäre vielleicht ein egoistischer, böser Wille, aber nicht von vornherein ein unfreier Wille. Auch dieser Wille entscheidet ja frei, weshalb und wodurch sein Wollen als das von ihm zu Wollende gerechtfertigt sein soll. Freiheit bedeutet ihm *Unabhängigkeit*: sich nicht sagen lassen müssen, was man zu wollen, zu tun und zu lassen hat. Das ist durchaus das Bild eines freien Willens, das den Alltagsgebrauch des Wortes Freiheit selbstverständlich bestimmt.[8]

Vor dem Hintergrund der Kantschen Freiheitslehre ist das eine prekäre Selbstverständlichkeit. Was spricht dann für Kants Lehre? Sie ist eine *normative* Freiheitslehre. Frei ist man nicht einfach; frei *soll man sein*. Und das nicht nur in dem Sinne, dass man sich nicht dreinreden lässt. Man soll vielmehr einen Willen ausbilden, der sich auf das wirklich Erstrebenswerte richtet und sich nicht vom Vorteilhaften oder Angenehmen binden lässt. Der freie Wille ist ein guter Wille, der sich vom weiten Horizont des in sich und nicht nur für mich Guten in Anspruch nehmen lässt, Distanz gewonnen hat zum menschlich-allzumenschlichen In-Anspruch-genommen-Sein

---

[8] Es ist ein Verständnis von Freiheit, das sich – nicht nur unter Corona-Bedingungen – zur Selbststilisierung der vom »Mainstream« unabhängigen Geister steigert, die nicht der allgemeinen Verdummung anheimfallen, weil sie perfide Verschwörungen als solche durchschauen. Wie leicht stellt das Ideal Unabhängigkeit in den Schatten, woraus und wovon man lebt, was man in diesem Sinne »geerbt« hat.

von leibhaftem Begehren und sinnlichen Antrieben wie von den damit verbundenen angenehmen oder unangenehmen Gefühlen; ein Wille, *der will, was er wollen soll*.

Immer wieder hat man gegen Kant eingewandt: Muss man Freiheit in diesem Sinne Herrschafts-förmig – als Selbst-Beherrschung – denken und ihr das Opfer der Sinnlichkeit darbringen?[9] Sind frei nicht erst die, die sich ganz in ihr Wollen einbringen, ihren eigenen Willen mit dem guten Willen in Übereinstimmung bringen, Wollen und Sollen versöhnen? Man wird einwenden, das sei eine Utopie des freien Willens, die den alltäglichen Sprachgebrauch wie die Alltags-Erfahrung normativ überfrachtet. Dann wird man sich vielleicht damit begnügen, den freien Willen als einen solchen zu verstehen, mit dem *ich* mich identifizieren kann, weil er den mir wichtigsten Wünschen, Intuitionen und Wertannahmen entspricht. Könnte das ungefähr so gesagt werden, dürfte man sich als den Urheber dieses Willens bezeichnen und sich die Handlung, die diesem Willen entspringt, zurechnen.

Weniger darf mit der Freiheits-Intuition jedenfalls nicht verbunden sein: Von Willens- und Handlungsfreiheit kann nur die Rede sein, wenn ich den Willen und die aus ihm entspringende Handlung *als solche*, nicht nur zufälligerweise will: weil ich mich damit identifiziere. Ich halte ihn für wohlbegründet in dem, was ich bin und sein will. Dieser reflexiv-urteilende Selbstbezug des Willens ist der »Ort«, an dem herauskommt, ob er frei von mir so gewollt oder mir irgendwie auferlegt, also unfrei ist und als solcher wahrgenommen wird. Harry G. Frankfurt trägt dem Rechnung, indem er Wünsche erster und zweiter Stufe unterscheidet und von einem freien Willen spricht, »wenn ich den Willen, der faktisch mein Handeln bestimmt [erste Stufe], auch zu haben wünsche [zweite Stufe].«[10] Wo dieser reflexive Selbstbezug des Wollens und Wünschens sich in der Identifikation mit dem Gewollten und Gewünschten realisiert, macht sich der Wollende das Gewollte »von ganzem Herzen« zu eigen, will er es »ganzherzig«.[11] Es ist dann

---

[9] Vgl. etwa Theodor W. Adornos kritische Bemerkung: »Der Gute ist, der sich selbst beherrscht als seinen eigenen Besitz; sein autonomes Wesen ist der materiellen Verfügung nachgebildet« (ders., Minima Moralia. Reflexionen aus dem beschädigten Leben. Gesammelte Schriften, hg. von R. Tiedemann, Bd. 4, Taschenbuchausgabe Frankfurt a. M. 2003, 210, Aphorismus 119).

[10] So referiert Michael Pauen Frankfurts Position in: ders., Illusion Freiheit? Mögliche und unmögliche Konsequenzen der Hirnforschung, Frankfurt a. M. 2004, 55. Für Harry Frankfurts Konzept vgl. ders., Necessity, Volition and Love, Cambridge 1999.

[11] Frankfurt spricht von »wholeheartedness«; Necessity, Volition an Love, 100 f.

nichts in diesem Wollen, das vom Wollenden – wenn es ihm klar vor Auge stände – nicht bejaht würde. Es ist, so wäre hinzuzufügen, in ihm ein Gewolltes gefunden und bejaht, das es nach den Gründen meines Herzens und meines Verstandes verdient, bejaht zu werden.

Fügt man das hinzu, kommt man zur Frage Kants zurück, welches Gewollte es verdienen könnte, ganzherzig bejaht zu werden – ob es nicht eine vor der Vernunft zu rechtfertigende Entscheidung ist, dies und nicht jenes ganzherzig zu bejahen. So öffnet sich eine weitere Dimension der Freiheits-Erfahrung: das Miteinander, eher Ineinander des Freiseins *wovon* und des Freiseins *wofür*. Distanz gewinnen zu den Determinanten meines Wollens und Handelns ist das Eine. Ich bin nicht mehr unmittelbar in sie involviert, sodass sie mich dominieren; ich nehme zu ihnen Stellung. Das Andere ist die Motivation, in der ich mich so involviert erfahre, dass ich mich auf sie einlasse und das Ziel will, zu dem sie mich in Bewegung bringt.

Es scheint so, als verweise die Selbstbestimmung doch auf ein Bestimmt-Werden, zu dem das Selbst sich nicht in jeder Hinsicht souverän verhalten kann. Es ist vielleicht so, dass man die Wahl hat, dass man frei ist von dem Zwang, sich für diese Option und gegen alle anderen entscheiden zu müssen. Aber damit ist dem Wählenden nicht schon eine Option eröffnet, mit der er sich ganzherzig identifizieren könnte und die ihn so tiefreichend motiviert, dass er sich ganz in sie einbringen möchte. Die Freiheit wovon öffnet nicht schon ein Frei- und Offen-Sein für, von dem der Wählende sagen dürfte: Ich will den Willen, der sich von dieser Option in Anspruch nehmen lässt.[12] Selbstbestimmung und Ergriffen-Sein von einer solchen Option stehen in einem aufklärungsbedürftigen Verhältnis zueinander, für dessen Nachvollzug der Terminus *Selbstbestimmung* nicht genügend hergibt.

Das führt wieder auf die in der gegenwärtigen anthropologischen Diskussion höchst umstrittene Frage zurück: Ist die Vorstellung eines freien Willens nicht illusionär? Wird das, was der Mensch will, tatsächlich von

---

12 Mit Ernst Tugendhat wird man geltend machen dürfen: »Das spezifische Charakteristikum der Willensfreiheit ist nicht das Phänomen der Wahl (und auch nicht das der überlegten Wahl), sondern dass ›ich‹-Sager sich mehr oder weniger stark auf ein Gutes beziehen *können*« (Ernst Tugendhat, Egozentrizität und Mystik, 57; Hervorhebung von mir). In theologischer Perspektive wird man hinzunehmen, dass das Wählen-Können eine Souveränität gegenüber den Alternativen voraussetzt, die Gott oder der Erfahrung des schlechthin Guten gegenüber nicht angenommen werden kann. Wolfhart Pannenberg macht deshalb geltend, dass »der Begriff einer Wahl *gegenüber* dem Guten oder Gott in sich widersprüchlich« ist (ders., Anthropologie in theologischer Perspektive, 114).

ihm selbst bestimmt – und nicht doch über ihn verfügt, von den Umständen oder von naturgesetzlich ablaufenden Prozessen, die sich durch bildgebende Verfahren im Gehirn nachverfolgen lassen? Wenn der Mensch ein Lebewesen ist, dessen natürliches Dasein sich in Prozessen vollzieht, die nach Naturgesetzen determiniert sind, wie kann man es dann für möglich halten, dass sich darin Freiheits-Spielräume öffnen, in denen der Mensch sich selbst zu bestimmen in der Lage wäre? Oder darf man davon ausgehen, dass Determination und Willensfreiheit sich nicht wechselseitig ausschließen?

3.3 Frei und/oder determiniert?

An dieser Intuition scheint kein Weg vorbeizuführen: Soweit der Mensch von natürlichen Lebensprozessen bestimmt ist, die naturgesetzlich-notwendig so ablaufen, wie sie ablaufen, unterliegt er einer Determination, die ihm keine Freiheit lässt. Sein Wille und sein Handeln sind dann Resultat vorhergehender Prozesse und System-Zustände, nicht initiativ in dem Sinne, dass er etwas Neues, Unableitbares anfinge. Naturkausalität schließt Kausalität aus Freiheit aus. Die Intuition einer initiativen Kausalität aus Freiheit aber scheint unabweisbar und gesellschaftlich unverzichtbar, insofern sie die Zurechenbarkeit von Handlungen begründet. Kann man davon ausgehen, dass es »Löcher im Strumpf der Kausalität« gibt, Unbestimmbarkeiten, die es verhindern würden, das Gesamt der Wirklichkeit nach naturgesetzlich bestimmten Kausalitäten zu erfassen? Solche Unbestimmbarkeiten wird es geben. Aber sind sie wirklich der Grund dafür, dass sich den Menschen Freiheits-Spielräume öffnen? Es scheint so, als ließe sich die Willens- und Handlungs-Freiheit nicht gut auf die Grenzen beziehen, die einer naturwissenschaftlich-kausalen Beschreibung der Wirklichkeit durch bloß statistisch zu fassende Zufälligkeiten im Mikro-Bereich des empirisch Fassbaren gezogen sind.

Muss man sich dann damit zufriedengeben, dass die Beschreibung der Wirklichkeit nach den Gesetzen der Kausalität und das Verständnis menschlicher Handlungen als frei gewollt und ins Werk gesetzt zwei unterschiedlichen Paradigmen angehören, die sich nicht ineinander übersetzen lassen? Man könnte sich auf Immanuel Kant berufen, der an der Determiniertheit der empirisch feststellbaren *Phänomene* und am Postulat einer (transzendentalen) Freiheit der Selbstbestimmung im Bereich des *Noumenalen* festgehalten hat, da es nur so eine sittliche Verantwortung des Menschen gebe.¹³ Die quantifizierbare *äußere* Realität wird als durchgängig nach Naturgesetzen kausal verknüpft vorgestellt; das der gegenständlichen Erfahrung nicht zugängliche *Innere* der Wirklichkeit aber ist hier das Reich der Zwecke, in dem Gott und die Menschen initiativ werden, um das Gute zu verwirklichen – oder zu verhindern.

Diese Dimensionen-Unterscheidung zwischen determinierter Erfahrungswelt und dem erfahrungsjenseitig-noumenalen Reich der Freiheit wird heute als metaphysische Setzung angesehen. Aber sie macht darauf aufmerksam, dass die empirische Beschreibung der Weltgegebenheiten nach dem Schema naturgesetzlich bestimmter Verknüpfungen womöglich nicht alles Wirkliche trifft. Kausale Determinierung ist die regulative Idee, der die Erklärung von Erfahrungs-Gegebenheiten folgt, um zu gesichertem Wissen und einem möglichst erfolgreichen bzw. Prognose-sicheren Umgang mit dem Gegebenen zu kommen. »Jenseits« dieses empirischen Zugangs zur Wirklichkeit wird es kein methodisch gesichertes Wissen über die das Wirkliche bestimmenden Determinanten geben. Das heißt nicht, dass dieser Zugang »alles« an der Wirklichkeit erschließt. Ob dieser Hinweis für die ontologische »Verortung« der Willens- und Handlungsfreiheit etwas austrägt, muss freilich einstweilen dahingestellt bleiben.

Jürgen Habermas geht in eine andere Richtung über Kants dimensionale Unterscheidung hinaus. Er behauptet die Eigenständigkeit der *Teilnehmer-Perspektive,* in der Handelnde sich selbst und einander als solche betrachten, die sich durch beurteilbare Gründe in ihrem Handeln bestimmen lassen, gegenüber der *Beobachter-Perspektive,* in der ihr Handeln als durch beobachtbare Ursachen determiniert angesehen wird. Wir sind zugleich Teilnehmer an einem Diskurs-Geschehen, das darauf angelegt ist, das Handeln der Anderen verstehen und sich kooperativ (oder auch adversativ) zu ihm zu verhalten, und Beobachtungs-Gegenstand, dessen Funktionieren nach Naturgesetzen nachvollzogen wird, sodass Störungen im Funktions-Ablauf erklärt und womöglich behandelt werden können. Beide Perspektiven werden in menschlicher Selbst- und Sozial-Erfahrung als sinnvoll angesehen und auch evolutionär miteinander ausgebildet. Sie machen in ihrem Miteinander das Spezifikum des menschlichen Selbst- und Weltverhältnisses aus: »[D]ie Objektivität der Welt konstituiert sich für einen Beobachter nur zugleich mit der Intersubjektivität der möglichen Verständigung über das, was er vom innerweltlichen Geschehen kognitiv erfasst. Erst die intersubjektive Prüfung subjektiver Evidenzen ermöglicht die fort-

---

¹³ Vgl. die dritte Antinomie in: Kritik der reinen Vernunft A 444/B 472 – A 455/B 483.

schreitende Objektivierung der Natur.«[14] Intersubjektivität stellt sich durch Perspektiven-Übernahme her, in der Subjekte die Intentionen anderer verstehen und auf eigene Intentionen abstimmen, so zu einer Gemeinsamkeit finden können, in der die Menschen-spezifische Dynamisierung sozialer Lernprozesse an der »Wirklichkeit« möglich wird.

Man kann sich natürlich fragen, ob die Dimension intersubjektiver Verständigung über eine gemeinsame Welt nicht ihre Relevanz verliert, sobald man in der Beobachter-Einstellung die wahren Ursachen von Zuständen und Entwicklungen erkennt. Verständigung durch das Geltend-Machen und Abwägen guter Gründe erübrigt sich, so wird man dann argumentieren, wenn hieb- und stichfesten Forschungsergebnisse zu den kausal determinierten Prozessen vorliegen, die den Ausgangzustand A eines Systems in den neuen Zustand N transformierten. Lässt man sich von der Annahme leiten, die in der Beobachter-Perspektive erzielten Forschungs-Ergebnisse hätten einen höheren epistemischen Wert als introspektive und intersubjektive Erfahrungen und die auf sie bezogenen argumentativen Klärungsprozesse, wird man die Rede von Willens- und Handlungsfreiheit als epistemisch defizitär ansehen und durch kausale Erklärungen aufklären wollen. Was Menschen als frei gesetzte und in einem Verantwortungs-Zusammenhang thematisierbare Handlungen ansehen mögen, wäre »in Wirklichkeit« das Resultat naturgesetzlich determinierter Prozesse, was den Akteuren in der Regel nicht bewusst wird, sodass sie sich dieses Resultat als ihre Initiative zuschreiben.

Benjamin Libet und andere haben diese These experimentell verifizieren wollen, indem sie gehirnphysiologische Prozesse zur Vorbereitung einer Handlung – den Aufbau eines handlungsspezifischen Bereitschaftspotentials – und den zu Protokoll gegebenen willentlichen Entschluss zu dieser Handlung in ihrem Mit- und Nacheinander zu messen versuchten.[15] Dabei schien sich herauszustellen, dass der Aufbau der Handlungsvorbereitung im Gehirn ca. 550 Millisekunden vor dem Zeitpunkt einsetzt, zu dem die Testpersonen nach eigenen Angaben den Handlungs-Entschluss gefasst haben wollen.

Die Libet-Experimente werfen methodische Schwierigkeiten und Auslegungsprobleme auf. Man kann einwenden, dass Entscheidungen eine nicht völlig bewusste Vorgeschichte haben, in der die Akteure sich auf eine

---

[14] Jürgen Habermas, Zwischen Naturalismus und Religion. Philosophische Aufsätze, Frankfurt a. M. 2005, 174.
[15] Zur kritischen Auswertung vgl. Michael Pauen, Illusion Freiheit?, 198–217

Handlung vorbereiten. Diese Vorgeschichte könnte eine mentale und eine Gehirn-physiologische Komponente haben, was den frühen Aufbau des handlungsbezogenen Bereitschaftspotential erklären mag. Unklar bleibt überdies, ob der im Experiment gemessene Aufbau des Bereitschaftspotentials mit naturgesetzlicher Notwendigkeit zu der Handlung führt, die dann vollzogen wird. Libet räumte ein, dass es eine freie Entscheidung insofern geben könnte, als die Akteure in der Lage wären, den auf die Handlung hinführenden Prozesse zu unterbrechen und so die Handlungs-Vorbereitung zu stoppen. Man wird sich schließlich fragen, welche Auswirkungen der Aufbau eines Bereitschaftspotential haben wird, wenn Akteure sich in komplexen Handlungs-Alternativen vorfinden und entscheiden. Die Testpersonen trafen ja keine Entscheidung zwischen verschiedenen Handlungsoptionen, sondern hatten nur die Wahl, wann sie eine Handlung ausführen wollten. Das führt aber zu der Frage, welchen Beitrag die Libet-Experimente und verwandte Versuchsreihen zum Thema Willens-Freiheit leisten. Ist die Entscheidung, eine Handbewegung jetzt oder später, rechts oder links auszuführen, überhaupt als Aktualisierung menschlicher Willens-Freiheit anzusehen?

Es geht Libet allein um die Frage, ob bzw. inwiefern eine Handlung, die sich eine Testperson zuschreibt, auf deren Entscheidung oder auf Prozesse zurückzuführen ist, die zuvor schon »entschieden« haben, worüber die Testperson selbst zu entscheiden meinte. Im Blick sind Entscheidungen, mit denen die Probanden sich nicht identifizieren, die ihnen nicht das Geringste bedeuten müssen, die sie zufällig so oder so setzen. Im Bereich des rein Zufälligen »Entscheidungen« zu treffen, aktualisiert mein Dieses-und-nicht-jenes-tun-Können. Insofern rechne ich mir diese Entscheidung zu – und ich täusche mich vielleicht, weil ich nur den »Dingen« – den physiologischen Prozessen der Handlungs-Vorbereitung – ihren Lauf lasse. Aber ich bin eigentlich nicht in meine Handlung involviert. Insofern ist sie streng genommen nicht meine Handlung, sondern ein Verhalten, mit dem ich auf die mir angesonnenen Vorgegebenheiten einer Versuchsanordnung reagiere. Wenn Willens-Freiheit die Bejahung einer Handlung einschließt – dass ich mich zu ihr entschließe, weil ich sie »wirklich will« –, werden die Libet-Experimente in der Frage, ob Menschen über Willens-Freiheit verfügen können, kaum Erhellendes beitragen. In ihnen ging es nicht um Entscheidungen, die von rechtfertigungsfähigen Begründungen dafür Gebrauch machen, diese und keine andere Handlungs-Alternative zu wählen. Dennoch meint Gerhard Roth in seinem Rückblick auf die von den Libet-Experimenten angestoßene Diskussion von einer »Illusion der Autorschaft«[16] sprechen zu müssen, in der die Selbstwahrnehmung sich eine mehr oder weniger wohlbegründete Entscheidung zuschreibe, wo nur naturgesetzlich determinierte Prozesse im Gehirn abgelaufen seien. Die vom vermeintlichen Autor in Anspruch genommenen Begründungen seien nichts anderes als »mitlaufende, rationalisierende Kommentare eines naturhaft-deterministischen Handlungsgeschehens.«[17] Sie könnten nichts anderes sein, da sich eine Einwirkung mentaler Vorgänge auf physiologisch determinierte Prozesse im Gehirn nicht denken lasse. Diese Prozesse seien durch kausale Verknüpfungen bestimmt und nur als solche verständlich; eine »Kausalität aus Freiheit« könne da nicht dazwischenkommen. Wolf Singer spricht von einem »Frontalangriff auf unser Selbstverständnis [...] Wir erfahren uns als freie mentale Wesen, aber die naturwissenschaftliche Sicht lässt keinen Raum für ein mentales Agens wie den freien Willen, das dann auf unerklärliche Weise mit den Nervenzellen wechselwirken müsste, um sich in Taten zu verwandeln.«[18]

Roths und Singers Position ist vielfach kritisiert worden. Man hat eingewandt, die Reduktion der Wirklichkeit auf kausal determinierte Prozesse sei »Bestandteil eines naturalistischen Weltbildes, das sich einer spekulativen Deutung naturwissenschaftliche Erkenntnisse« verdanke.[19] Man gab überdies zu bedenken, dass die kausale Determination der Hirnprozesse Willensfreiheit nicht ausschließe. Mit Habermas wird man darauf hinweisen, dass die Freiheits-Intuition so elementar in der Evolution des Menschlichen verankert ist, dass man den spezifisch menschlichen Zugang zur Wirklichkeit ohne sie kaum verstehen kann. Die Freiheits-Intuition ist ja im Zusammenhang mit dem »Erwachen« der Interpersonalität zu sehen. Menschen sehen andere als ihresgleichen an, indem sie ihnen Intentionen zuschreiben, die es zu berücksichtigen bzw. auf die es sich einzustellen gilt. Man sollte Vermutungen darüber hegen, was die Anderen vorhaben, damit man sich vor ihrem Angriff schützen bzw. auf Kooperationen mit ihnen vor-

---

[16] Gerhard Roth, Aus Sicht des Gehirns, Frankfurt a. M. 2003, 72.
[17] So die Zuspitzung bei Lutz Wingert, Mein Ärger verraucht. Wie weit führt das Ticket der Hirnforscher?, in: FRANKFURTER ALLGEMEINE ZEITUNG Nr. 9 vom 12. Januar 2004, S. 25. Vgl. die Sentenz von Wolfgang Prinz: »Wir tun nicht, was wir wollen, sondern wir wollen, was wir tun« (ders., Freiheit oder Wissenschaft, in: M. von Cranach und K. Foppa [Hg.], Freiheit des Entscheidens und Handelns. Ein Problem der nomologischen Psychologie, Heidelberg 1996, 86–103, hier 87).
[18] Wolf Singer, Wer deutet die Welt? Gespräch mit Lutz Wingert, in: DIE ZEIT Nr. 50 vom 7. Dezember 2000, S. 43.
[19] So Jürgen Habermas, Zwischen Naturalismus und Religion, 156.

bereiten kann, die auch zum eigenen Vorteil sind. Die Einfühlung in *ihre* Absichten bringt meine Absichten und Vorhaben ins Spiel; sie bringt die Notwendigkeit ins Spiel, den gemeinsamen Lebens-Raum und die darin erschlossenen Lebensmöglichkeiten miteinander zu »bewohnen«, auszuhandeln oder auch auszukämpfen.

Man kann behaupten, dass die einfühlende Perspektiven-Übernahme eine vorwissenschaftliche, über sich nicht aufgeklärte Weise der Handlungs-Synchronisierung darstellt, die sich auf der Basis empirisch gesicherten Wissen über sich selbst und die anderen mit weniger Reibungsverlusten erreichen ließe. Wenn man die Mechanismen kennen würde, die das Entscheiden und Handeln der Anderen determinierten, könnte man sich besser und schneller auf sie einstellen. Aber müsste und könnte man sich überhaupt noch auf sie einstellen, da doch das eigene Verhalten gar nicht Einstellungssache wäre, sondern sich hinter meinem Rücken kausal determiniert einstellte? Man assoziiert das Bild nebeneinander laufender Automaten, die, je nachdem wie gut sie aufeinander abgestimmt sind, mehr oder weniger effektiv an der Bewältigung »gemeinsamer« Aufgaben arbeiten. Die Vorstellung intentional verfolgter Ziele und des *Sich*-Einstellens auf die Intentionen anderer wäre nur ein Epiphänomen, das sich in den Emotionen und Vorstellungen der Interagierenden vorfindet, aber mit den wirklichen Gegebenheiten und Verläufen nichts zu tun hat, jedenfalls keinen Einfluss auf sie ausübt.

Aber welche evolutionäre Funktion hätte das Auftauchen dieses als funktionslos begriffenen mentalen Epiphänomens? Müsste man es nicht als potentiell Funktions-widrig ansehen, wenn man im Blick hat, dass die bewusste Vorstellung zielgerichteter Intentionen ja auch Erfahrungen des Scheiterns mit sich führt, bis hin zur Sinnlosigkeit und zum Aussteigen-Wollen aus dem als sinnlos Erfahrenen? Das mögen alles Epiphänomene sein. Aber haben sie nicht zuletzt doch die Funktion des »Sandes im Getriebe«, einer De-Motivation durch Bewusstwerdung, von der Automaten nie heimgesucht würden? Liegt die tatsächliche Bedeutung des Bewusstseins nicht darin, andere *als andere* wahrnehmen zu können, an deren Leben ich teilnehme, auf deren Intentionen ich eingehen darf, gegen die ich mich zur Wehr setzen muss, von denen ich bereichert und beraubt werden kann? Ist nicht genau dies die evolutionäre Funktion des menschlichen Bewusstseins: die unendliche Erweiterung des eigenen Horizonts, die hoch motivierende Erfahrung der Verheißung wie der Bedrohung, die ein Leben im Miteinander bedeutet?

Die kognitive Privilegierung der Beobachter-Perspektive, in der es allein um die »objektive« Rekonstruktion kausal determinierter Prozesse geht, gegenüber der Teilnehmer-Perspektive, in der es um einen verstehenden Zugang zu anderen ginge – um das bestmögliche oder auch zielführende Sich-Einstellen auf deren Selbst-Bestimmung –, ist rational nicht zu rechtfertigen. Aber sie folgt der Logik des neuzeitlichen Wissenschafts-Ideals und seinem empirisch-aufgeklärten Verständnis objektiven Erkennens. Aufklärung heißt hier, sich von der im Kern animistischen Vorstellung losmachen, der Weltzusammenhang sei im Wesentlichen eine kommunikative Wirklichkeit. Jacques Monod zieht gewissermaßen die letzte Aufklärungs-Konsequenz, wenn er den Menschen auffordert, »aus seinem tausendjährigen Traum aufzuwachen«, vom Kosmos irgendwie gemeint zu sein oder angesprochen zu werden und in ihm eine existentiell bedeutsame Resonanz zu finden. Der realitätsfähig gewordene Mensch müsse – so Monod – »seine radikale Fremdheit erkennen« und realisieren, »dass er seinen Platz wie ein Zigeuner am Rande des Universums hat, das für seine Musik taub ist und gleichgültig gegen seine Hoffnungen, Leiden oder Verbrechen.«[20] Die Welt, wie sie nun einmal ist, verlangt dem Menschen ab, seine kommunikativen Bedürfnisse nicht mehr als Erkenntnis-leitend anzusehen, sondern die Unzugänglichkeit der Welt für menschliche Bedürfnisse und Hoffnungen als die Kehrseite ihrer Zugänglichkeit für eine objektivierende Forschung anzuerkennen.

Schon für Baruch Spinoza war die »Ent-Intentionalisierung« der Weltwirklichkeit der Königsweg zu wahrer Erkenntnis, die sich davon verabschiedet, das Weltgeschehen nach einer kommunikativen Handlungslogik auszulegen. Religiöse Menschen setzen »gemeiniglich voraus [...], alle Dinge in der Natur handelten, wie sie selbst, wegen eines Zweckes«; sie nehmen an, »dass Gott selbst Alles zu einem gewissen bestimmten Zwecke lenke (denn sie sagen, Gott habe Alles des Menschen wegen gemacht, den Menschen aber, damit dieser ihn verehre)«.[21] Indem sie die ewig sich vollziehende Natur – *natura sive deus* – als kommunikativen Geschehens-Zusammenhang göttlicher Willensbekundungen deuteten, suchten sie sich auf Gottes Willen so einzustellen, dass Gott sie möglichst vor all dem Schädlichen bewahre, von dem sie annahmen, es »käme daher, weil die Götter

---

[20] Jacques Monod, Zufall und Notwendigkeit, dt. München ²1971, 211.
[21] Baruch Spinoza, Ethica Ordine Geometrico Demonstrata / Die Ethik mit geometrischer Methode begründet, in: ders., Opera – Werke. Lateinisch und Deutsch, hg. von K. Blumenstock, Bd. II, Darmstadt 1967, 84–557, hier 144. Eine naturalistisch-evolutionäre Deutung der Zuschreibung von Intentionen formuliert gegenwärtig Daniel C. Dennett, The Intentional Stance, Cambridge, MA 1987.

über die von den Menschen ihnen zugefügten Beleidigungen oder über Fehler, bei ihrer Verehrung begangen, erzürnt wären«.[22]

Weil die Erforschung der Wirkursachen noch nicht hinreichend ausgebildet war, welche die Natureffekte nach den ewigen Gesetzen hervorbringen, sahen die Menschen in das Naturgeschehen den Mitteilungswillen göttlicher Subjekte hinein, die ihnen vorgeben, wie sie sich ihnen gegenüber zu verhalten haben, und sie im Geschehen der Natur entsprechend belohnen oder bestrafen. Man suchte nach den von Gott oder den Göttern in der Natur verfolgten Absichten und den von ihnen intendierte Zielursachen, statt den Wirkursachen und den darin sich realisierenden Gesetzen der Natur auf die Spur kommen zu wollen. Statt nach den wahren Ursachen zu fragen, sieht man die letzte Ursache in Gottes Willen, nimmt so zu »dem Asyl der Unwissenheit seine Zuflucht« und wehrt sich gegen die Erforscher der Naturkausalitäten in der ängstlichen Voraus-Ahnung, »dass, wenn man die Unwissenheit wegräumt, auch das blöde Staunen [...] wegfällt«, das die Unergründlichkeit göttlicher Absichten anzubeten lehrt.[23] *Asyl der Unwissenheit* (ignorantiae asylum) ist die religiöse Einstellung auf kontingente göttliche Willensbekundungen deshalb, weil es das Mühen um Naturerkenntnis suspendiert. Man hält sich am religiösen Asylort auf, wo man sich vor dem Fragen wie den desillusionierenden Antworten, die von draußen hereindrängen und von der Vernunft zu beantworten wären, abschirmt.

Mit der Ent-Intentionalisierung von Situationen soll hier der Weg zu den »wahren Gründen« beschritten werden: im Religiösen, schließlich auch im menschlichen Verhalten, im Mitmenschlich-Interpersonalen. »Die ›Ent-anthropomorphisierung‹ der Natur geht über in die Naturalisierung des Menschen.«[24] Ist es nicht die bessere Variante, mit anderen adäquat umzugehen, indem man die Mechanismen durchschaut, die ihr Verhalten und ihre Motive determinieren? Noch kennen wir sie nicht hinreichend. So müssen wir in der Teilnehmerperspektive Vermutungen über ihre Motive anstellen; wir müssen uns in sie einfühlen und können sie nicht aus Determinanten ableiten. Das wäre nach dieser Objektivierungs-Logik nur

---

[22] Spinoza, Ethica Ordine Geometrico Demonstrata, a. a. O., 148 f.
[23] Ebd., 152 f. Noch nicht im Blick haben konnte Spinoza die verschwörungstheoretische Re-Intentionalisierung von natürlich-schicksalhaften Entwicklungen, in denen Verschwörungstheorien die perfide Realisierung eines geheimen Planes »erkennen«. Solche Re-Intentionalisierungen haben die Funktion, Sündenböcke für das als *empörend* Wahrgenommene ausfindig zu machen und der Empörung ein personal agierendes Ziel vorzugeben.
[24] Thomas Fuchs, Das Gehirn – ein Beziehungsorgan, 33.

eine Verlegenheit, weil wir in der Beobachterperspektive noch nicht genug sehen. Könnten wir genug sehen, wären wir als genaue Beobachter auch interpersonal am vorteilhaftesten dran.

Es ist zunächst eher kontra-intuitiv, der Objektivierungs-Logik auch im Interpersonalen uneingeschränkt zu folgen. Wir müssten dann ja »unseren Mitmenschen gegenüber *immer* nur die objektive Einstellung annehmen. Wir könnten niemals dankbar sein, nie jemandem etwas übel nehmen, keinen wirklich lieben oder wirklich hassen.«[25] Vollends inadäquat scheint es, andere menschliche Personen nur so wahrzunehmen, wie es nach Gerhard Roth der evolutionsbiologisch-funktionalen Sicht von Wahrnehmung entspräche: nicht bezogen auf »die Erkenntnis einer ›objektiven‹ Realität, sondern [auf] die überlebensfördernde Verhaltenssteuerung«.[26] Die Wahrnehmung von Mitmenschen scheint doch offenkundig in der Begegnung *face to face* ihren Sinn zu haben: nicht darin, dass man sich »überlebensfördernd« auf sie und ihr Verhalten einstellt, sondern indem man sich bewusst auf sie einlässt; auf ihre Art zu leben, ihre Sicht der Dinge, ihre Vorhaben und Hoffnungen, ihre Einsichten und Gefühle. Die Frage, wie es zu all dem gekommen ist und welche Funktion es für sie hat, mag in dieser oder jener Hinsicht interessant, mitunter auch – etwa in therapeutischen Beziehungen – hilfreich sein. Aber sich vorrangig von ihr leiten zu lassen und sich im Miteinander entsprechend zu verhalten, würde man als manipulativ ansehen.

Einem Menschen zu begegnen heißt, ihn nicht nur zu beobachten, sondern mit ihm zu kommunizieren; heißt die Beobachter-Perspektive in die Teilnehmer-Perspektive einzubetten: seinen Willen wahrzunehmen, *so* zu leben und sich einzubringen, Verantwortung zu übernehmen, für andere bedeutsam zu werden, womöglich auch ein Geschenk für sie zu sein. Man kann fragen, was ihn oder sie dazu gebracht hat, so leben zu wollen. Aber wir nehmen seinen (ihren) Lebens-Willen nicht ernst, wenn wir ihn nicht als Herausforderung wahrnehmen, auf ihn einzugehen, zu ihm Stellung zu nehmen, auch mit ihm zu ringen, ihm zu widerstehen und Grenzen zu setzen. Sähe man das alles als Epiphänomen gehirnphysiologisch determi-

---

[25] Ansgar Beckermann, Freier Wille – Alles Illusion?, in: S. Barton (Hg.), »... weil er für die Allgemeinheit gefährlich ist!«. Prognosegutachten, Neurobiologie, Sicherungsverwahrung, Baden-Baden 2006, 293–307, hier 295.

[26] Für diesen Zweck sei – so Roth weiter – »ein Wissen um objektive Sachverhalte völlig unerheblich«; vgl. Gerhard Roth, Die Selbstreferentialität des Gehirns und die Prinzipien der Gestaltwahrnehmung, in: Gestalt Theory 7 [4/1985], 228–244; zitiert nach: Thomas Fuchs, Das Gehirn – ein Beziehungsorgan, 48. Fn. 44.

nierter Prozesse, würde man die Erfahrungs-Dimension des Interpersonalen als Illusion abtun und müsste man eine Lebens-Einstellung empfehlen, in der es auf sie nicht ankommt bzw. in der man sich in ihr allenfalls so bewegt, dass man um das Illusionäre der Illusion weiß, die man dabei hegt. Aber was hätte das dann zu bedeuten? Und wie kann man sich streng empirisch erklären, warum sich interpersonal-bewusstes Erleben und Handeln in der Evolution zum Homo sapiens sapiens herausgebildet hat?[27]

Die Erklärungslast, die sich hier abzeichnet, empfiehlt die naturalistische Leugnung der Willens- bzw. Handlungsfreiheit und die in ihr in Anspruch genommene physikalistische Weltsicht nicht als das umfassende Verständnis des Wirklichen. Sie wirft die Frage auf, ob man von den unabdingbaren Ergebnissen wissenschaftlicher Forschung tatsächlich zu ihr gezwungen ist. Davon kann *rebus sic stantibus* keine Rede sein. Es gibt mindestens zwei Strategien, sich diesem vermeintlichen Zwang zu entziehen. Man kann in der Spur Kants darauf hinweisen, dass die kausalen Verknüpfungen des Weltgeschehens, in deren möglichst lückenlose Rekonstruktion die empirischen Wissenschaften ihre ureigene Aufgabe erkennen, nicht die Wirklichkeit im Ganzen bzw. in alle ihren Dimensionen ausmachen. Dabei muss man sich nicht auf die prinzipielle Unvorhersagbarkeit mancher Verläufe in den Grenzbereichen empirischer Wahrnehmbarkeit berufen. Man kann vielmehr darauf hinweisen, dass das Ideal einer streng kausalen Ableitung von Prozessen im Blick auf das Handeln von Menschen bisher nicht mehr ist als eine höchst aufschlussreiche Forschungs-Perspektive. Auf die These: Am menschlichen Handeln wird sich einmal alles aus den kausal determinierten Vorgängen im Gehirn ableiten lassen, kann man antworten: Die Logik empirischer Forschung verlangt hier nach lückenloser Erklärung durch den Nachweis kausaler Determination. Aber sie kann nicht ausschließen, dass es dazu *faktisch* nie kommen wird. Aus der Logik empirischer Forschung zu schließen, dass es nur gibt, was sich lückenlos kausal herleiten lässt, wäre ein grober logischer Fehler.

Die zweite Strategie legt sich auf das Ideal einer lückenlosen kausalen Erklärung fest, bestreitet aber, dass das mit der Annahme menschlicher

---

[27] Thomas Fuchs fragt in diesem Sinne: »Wozu eigentlich sollten sich Subjektivität und Bewusstsein überhaupt entwickelt haben? Wofür der enorme Entwicklungs- und Energieaufwand zur Herstellung eines sinn- und folgenlosen Unternehmens, einer systematischen Selbsttäuschung von Milliarden von Lebewesen?« Und er resümiert: »Je lückenloser die physiologische Beschreibung der neuronalen Grundlagen von Bewusstsein, desto prekärer wird die Frage nach der Funktion des Bewusstseins selbst« (ders., Das Gehirn – ein Beziehungsorgan, 82 und 84).

Willens-Freiheit unvereinbar ist. Menschliches Handeln ist ja gerade dann frei, wenn es nicht zufällig – indeterminiert – geschieht, sondern aus dem Wirksamwerden guter Gründe entspringt und deshalb bei voller Kenntnis des Entscheidungsverlaufs lückenlos als das Handeln erklärbar wäre, das dieser Handelnde wollen konnte und tatsächlich als sein Handeln so wollte. Was sich – im Idealfall – lückenlos erklären lässt, kann gerade so frei gewollt sein. Es hat sich bisher nicht befriedigend klären lassen, wie sich diese beiden Strategien zur Verteidigung der Willens-Freiheit zueinander verhalten. Sie sollen zunächst genauer nachgezeichnet werden.

3.4 Libertarismus oder Kompatibilismus?

Libertarische Freiheits-Konzepte gehen von der menschlichen Fähigkeit aus, so oder anders wollen und handeln zu können; sie denken Freiheit als »Zwei-Wege-Fähigkeit«. Das bedeutet: »Eine Person hätte nach libertarischer Auffassung anders entscheiden können als sie tatsächlich entschieden hat, ohne dass die Vorgeschichte oder die Naturgesetze hätten anders sein müssen als sie tatsächlich waren.« Diese Fähigkeit setzt voraus, dass die Welt-Zusammenhänge, in denen die menschliche Entscheidungs-Freiheit sich realisiert, nicht durchgehend determiniert sind und nur diese *eine* Alternative offenlassen: »Die physische Welt darf nicht so sein, dass die Existenz oder die Ausübung von Zwei-Wege-Fähigkeiten immer und überall unmöglich wäre.« Die Annahme, »dass wir [...] in einer deterministischen Welt leben«, wäre mit einem gehaltvollen Konzept von Willensfreiheit inkompatibel.[28] Aber auch Inkompatibilisten schließen natürlich nicht aus, dass im konkreten Entscheidungs-Fall eine Determination greift, die es nicht zur Ausübung von Willens-Freiheit kommen lässt, oder dass in ihn Faktoren hereinspielen, die es zu genau dieser Entscheidungs-Alternative kommen lassen.

Auch freie Zwei-Wege-Entscheidungen sind nicht *grundlos*. Dass sie Gründe haben, heißt freilich nicht, dass nur die frei entscheiden, die sich von den jeweils besten – den vernünftigen und moralisch empfohlenen – Gründen leiten lassen: »Auch wer am Ende eines Deliberationsprozesses gute Gründe in den Wind schlägt, macht von seiner Fähigkeit Gebrauch,

---

[28] Geert Keil, Besteht libertarische Freiheit darin, beste Gründe in den Wind zu schlagen?, in: K. von Stosch – S. Wendel – M. Breul – A. Langenfeld (Hg.), Streit um die Freiheit. Philosophische und theologische Perspektiven, Paderborn 2019, 23–39, 23 f.

sein Handeln an Gründen auszurichten, wiewohl in defizienter und kritikwürdiger Weise.«[29] Er lässt Gründe handlungsbestimmend werden – aus Gründen, die sich in der Vorgeschichte dieser Entscheidung beliebig weit zurückverfolgen lassen, mitunter determinative Kraft haben und als innere oder äußere Zwänge anzusehen sind, aber die Aktualisierung der Zwei-Wege-Fähigkeit hier und jetzt nicht notwendigerweise oder von vornherein unmöglich machen. Es ist in freien Entscheidungen *das Selbst*, das die für es relevanten Gründe gewichtet, zurückweist oder zum Zuge bringt. Darin ist es der Akteur einer Akteurs-Kausalität, die sich von der Ein-Weg-Kausalität naturgesetzlich-determinierter Prozesse kategorial unterscheidet.

Kompatibilistische Positionen wollen die These begründen, dass Freiheit und Determination nicht von vornherein unvereinbar sind. Man ist hier der Überzeugung, dass an der neurowissenschaftlichen Einsicht, wonach alle Entscheidungen auf neuronalen Prozessen beruhen und von ihnen determiniert sind, auch philosophisch kein Weg vorbeiführt. Willens-Freiheit setze aber die Indeterminiertheit einer Entscheidung gar nicht voraus. Eine indeterminierte freie Entscheidung wäre sogar ein Widerspruch in sich: eine Zufalls-Entscheidung, in der ein indeterminiertes Selbst sich von allen determinierenden Lebens-Zusammenhängen losgemacht und so entschieden hätte, wie es eben wollte, sich aber *genauso gut* auch anders hätte entscheiden können. Dass es sich so entschied, wie es sich entschied – für A und gegen die Entscheidungsmöglichkeiten B bis Z –, wäre dann nach den Ausgangsbedingungen und den in der Situation wirksamen Determinanten nicht prognostizierbar, in diesem Sinne willkürlich oder zufällig, gerade nicht als freie Entscheidung anzusehen. Außerdem würden die entscheidenden Personen hier »als *Alternativen* zu natürlichen Ursachen aufgefasst«, die nicht der Welt-immanenten Kausal-Determination folgen, sondern »in diesen Weltverlauf von außen kausal einzugreifen« in der Lage wären, wofür es empirisch »keinerlei Anhaltspunkte« gebe.[30]

Inkompatibilisten würden zweierlei zu bedenken geben: Zunächst würden sie sich gegen die Unterstellung wehren, freie Entscheidungen seien nach ihrem Konzept Zufalls-bestimmt. Nicht-determiniert bedeute nicht unmotiviert. Es sei vielmehr das Freiheits-Subjekt, das sich mit einem für es starken – in der Entscheidungs-Situation überwiegenden – Motiv identifiziere und es Handlungs-bestimmend werden lasse. Worauf Inkompatibilisten aber bestehen, ist der kategoriale Unterschied zwischen einem Be-

---

[29] Ebd., 38.
[30] Ansgar Beckermann, Freier Wille – Alles Illusion?, a. a. O., 299.

stimmt-Werden durch naturgesetzlich-determinierte Prozesse im Gehirn und dem Sich-Bestimmen-Lassen von starken Motiven. Sie würden sich auch dagegen wehren, dass man *Kausalität aus Freiheit* als außernatürliche Kausalität versteht, die von außen in determinierte Naturprozesse eingreife.

Den Kompatibilisten wäre zuzugeben, dass es theoretisch schwierig ist, die kategoriale Unterscheidung zwischen dem Wirksamwerden determinierender Ursachen und einem Entscheidungs-bestimmenden Motiv genauer zu fassen. Es dürfte schwierig sein, als Inkompatibilist der Unterscheidung zwischen immanent-wirksamen kausalen Verursachungen und »von außen« auf Gehirnprozesse einwirkenden mentalen Verursachungen zu entgehen oder sie empirisch plausibel zu machen. Man wird gespannt darauf sein dürfen, ob Kompatibilisten sich hier tatsächlich in einer besseren Argumentations-Situation befinden.

Mit dieser Rückfrage wird sich der libertarische Inkompatibilismus auseinandersetzen müssen: Bleibt in seinem Konzept von einer *motivierten* freien Entscheidung nicht ein dezisionistischer Rest? Frei Entscheidende sollen ja darin frei sein, dass sie von keinem Motiv, sei es noch so stark, an einer Zwei-Wege-Entscheidung gehindert sind und es letztlich allein auf sie ankommt, wie die Entscheidung ausfällt und die Dinge in der Welt weitergehen. Worauf aber kommt es dann an? Auf eigene Vorlieben oder Überzeugungen? Könnte man nicht im Prinzip nachverfolgen, wie sie sich gebildet haben, und auch noch nachvollziehen, warum sie in der konkreten Situation Handlungs-bestimmend wurden? Könnte man also nicht bei einem unbegrenzten und ungehinderten Einblick in die jeweilige Entwicklung der persönlichen Überzeugungen und Vorlieben und in die Determinanten der konkreten Situation voraussagen, wie die Entscheidung ausfallen wird bzw. *schlüssig erklären,* warum sie so ausgefallen ist?[31] Sollte man dann nicht annehmen dürfen, dass »[u]nter gegebenen Umweltbedingungen [...] auf eine bestimmte Ausgangslage immer wieder derselbe Willensakt folgen«[32] würde? Und müsste man dann nicht von *Determination* sprechen? Die entscheidende Frage ist für Kompatibilisten nicht die, »*ob* eine

---

[31] Die Frage ist natürlich, was in diesem Fall eine schlüssige und als solche vollständige Erklärung wäre; vgl. die elementar wichtige Unterscheidung bei Thomas Fuchs, Das Gehirn – ein Beziehungsorgan, 89: »Die Beschreibung und Erklärung von Phänomenen in Übereinstimmung mit physikalischen Gesetzen bedeutet [...] nicht, dass auch die Erklärung selbst eine physikalische sein kann.« Ob sich das nicht auch auf den Begriff der Determination auswirkt, zumindest auf den, von dem »weiche Deterministen« Gebrauch machen?

[32] Michael Pauen, Illusion Freiheit?, 33.

Handlung determiniert ist; entscheidend wäre vielmehr *wie* oder genauer: *wodurch* sie determiniert ist. Ist sie durch den Handelnden selbst determiniert, dann ist sie selbstbestimmt und damit frei«[33], da sie nicht erzwungen ist und tatsächlich dem Wollen des Handelnden entspringt, seinen Selbstkonstitutiven Überzeugungen entspricht.

Was ist gemeint, wenn Kompatibilisten davon sprechen, dass eine Handlung vom Handelnden selbst *determiniert* und deshalb frei sei? Willens-Freiheit heißt hier, dass das Selbst Herr über seinen Willen ist, dass es sich von einem Willen zu entsprechenden Handlungen bewegen lässt, den es zu haben wünscht und mit dem es sich identifiziert; dass es nicht von einem Willen mitgerissen wird, der sich ihm wie eine fremde, »innere« Macht auferlegt. Frei sind wir, wenn »*wir* bestimmen, aufgrund welcher Motive, Wünsche und Überzeugungen wir handeln«, wenn wir über »die Freiheit [verfügen], den eigenen Willen selbst bestimmen zu können.«[34]

Der Wille ist also nicht von sich aus frei – wenn man ihn nur »lässt« –, sondern er wird frei, indem er entdeckt und zum Zuge bringt, was er *wirklich* will, was er tatsächlich bejahen kann.[35] Man beschreibt das als einen Willen, der den eigenen »personalen Präferenzen« folgt[36], oder mit Harry Frankfurt als Ergebnis einer Abwägung, in der herauskommen muss, welche spontanen Wünsche und Vorlieben – Wünsche der »ersten Stufe« – als von mir wirklich (»ganzherzig« und nicht nur halbherzig) gewollte Wünsche »zweiter Stufe« affirmiert werden können und deshalb handlungswirksam werden sollen. Man kann sich natürlich fragen, wie es zu den jeweiligen personalen Präferenzen oder dazu kommt, die Wünsche der zweiten Stufe als für mich wesentlich wichtig anzusehen, sodass ich mich an sie als Gegen-Instanz zu meinen beliebigen, nicht eigentlich bejahbaren Wünsche erster Stufe halten will. Das wirft die weitere Frage auf, ob ich mich schließlich doch dezisionistisch verhalte und in gewisser Weise grundlos diese

---

[33] Ders., Illusion Freiheit? Wie viel Spielraum bleibt in einer naturgesetzlich bestimmten Welt, in: C. Urban – J. Engelhardt (Hg.), Vom Sinn und von der Schwierigkeit des Erinnerns, Berlin 2008, 310–330, hier 318.
[34] Ansgar Beckermann, Freier Wille – Alles Illusion?, a. a. O., 301.
[35] Die Dramatik dieses Willens-»Bildungs«-Prozesses wird von Michael Ende in seinem Roman »Die unendliche Geschichte« erzählt: Der Protagonist muss in vielen Abenteuern entdecken, was die Maxime »Tu, was du willst!« für ihn bedeutet. Vgl. auch Ruth C. Cohns Leitsatz der themenzentrierten Interaktion »Ich muss tun, was ich will« (dies., Von der Psychoanalyse zur themenzentrierten Interaktion, dt. Stuttgart 1975, 145). Ich danke meiner Frau Barbara Werbick für den Hinweis auf Ruth C. Cohns Buch.
[36] Vgl. Michael Pauen, Illusion Freiheit? Wie viel Spielraum bleibt in einer naturgesetzlich bestimmten Welt, a. a. O., 316.

Präferenz und nicht jene, diesen Wunsch »zweiter Stufe« und nicht jenen handlungswirksam werden lasse. Weil ich sie bzw. ihn als für mich – meine Identität – konstitutiv ansehe? Fühlen wir uns frei, wenn wir uns und anderen sagen: Ich bin halt so und kann, *will* nicht aus meiner Haut? Oder ist die Erfahrung von Freiheit doch weitergehend normativ aufgeladen und – wie Habermas geltend macht – entsprechend rechenschaftspflichtig? Willens-Freiheit realisiert sich offenkundig in der Unterbrechung des Sich-bestimmen-Lassens durch äußere oder innere »Einflüsse«; in der Stellungnahme zu dem, was sich hier aufdrängt, mich zum Wollen und Handeln zu bestimmen. Die Stellungnahme bringt das für mich *Richtige* zur Geltung. Nur das *für mich* Richtige? Man kann sich damit begnügen und darauf verweisen, dass auch die Entscheidung für das egoistisch Böse eine freie Entscheidung sein kann. Selbst dann wird man berücksichtigen müssen, dass es eine Entscheidung gegen eine andere Handlungs-Möglichkeit ist, vor der ich irgendwie rechenschaftspflichtig bin, wenn ich meine Entscheidung als frei ansehe. Offenkundig ist »die Fähigkeit, der Einsicht in die Richtigkeit einer Handlung zu folgen, [...] für die Freiheit zentral.«[37] Und diese Orientierung an der Richtigkeit des Handelns schließt eine Rechenschaftspflichtigkeit ein, die sich *nicht nur* auf das für mich jetzt Vorteilhafte und Wünschbare beziehen kann. Kant hat diese normative Aufladung so weit getrieben, dass für ihn nur eine vernünftige Entscheidung eine Betätigung von Freiheit sein kann. Selbst wenn man ihm nicht so weit folgt, wird man einräumen, dass sich jede als frei angesehen Entscheidung vom bloß Wunsch-bestimmten Impuls »erster Stufe« dadurch unterscheidet, dass sie eine Instanz anerkennt, vor der man das *So und nicht anders* zu rechtfertigen hätte – und sei es die subjektiv empfundene Folgerichtigkeit einer Verbrecher-Existenz.

Eine gerechtfertigte Entscheidung ist eine solche, von der ich prinzipiell sagen kann, warum ich mich mit ihr identifiziere, weshalb es also für mich unbeliebig oder gar folgerichtig war, mich so entschieden zu haben: *Ich selbst* bin es gewesen, der hier ein Wollen ausgebildet hat und handlungsbestimmend werden ließ; ich habe mein Wollen determiniert. Es ist so (gewesen), wie es sein musste, da es mein Wollen (gewesen) ist. Inkompatibilisten werden freilich fragen, ob man den Begriff der Determination hier im gleichen Sinne verwendet wie bei der Determination naturgesetzlich bestimmter Kausalrelationen. Es ist schon so: Die Determination meines (freien) Wollens lässt sich prinzipiell ebenfalls nach dem Erkenntnisideal einer

---

[37] Ansgar Beckermann, Feier Wille – Alles Illusion?, a. a. O., 303.

lückenlosen Herleitung aus bestimmenden Faktoren zurückverfolgen. Es würde keinen Freiheitsgewinn bedeuten, würden dabei immer wieder Unbestimmtheiten auftauchen, die es nicht mehr nachvollziehbar sein ließen, wie es zu diesem Verlauf kommen konnte. Freiheit lebt nicht von Unbestimmtheit, sondern von vernünftiger, zumindest begründbarer Bestimmtheit. Aber ist freie Selbst-Bestimmung das Gleiche wie die kausale Determiniertheit von Gehirnprozessen? Das anzunehmen wäre im höchsten Maße kontraintuitiv, es sei denn, man nähme – wie die »harten Deterministen« – das Freiheits-Bewusstsein als bloß epiphänomenale Selbsttäuschung. Kompatibilisten können die Konsistenz ihres Projekts nur aufrechterhalten, wenn sie plausibel machen, wie es determinierte Prozesse geben kann, die zugleich als Vernunft- bzw. als Entscheidungs-bestimmt und als naturgesetzlich bestimmt angesehen werden können. Es müsste also »neuronale Prozesse [geben], die durch Überlegungen und Argumente beeinflusst werden können«. Das ist die These von Ansgar Beckermann. Für ihn kann

> »kein Zweifel daran bestehen, dass auch neuronale Prozesse ganz unterschiedlich beschrieben und aufgefasst werden können. Damit steht aber der Annahme nichts mehr im Wege, dass es sich bei manchen neuronalen Prozessen *zugleich* um Prozesse des rationalen Überlegens oder des Abwägens von Gründen handelt. Oder anders ausgedrückt: Die Tatsache, dass etwas ein neuronaler Prozess ist, schließt keineswegs aus, dass es sich bei demselben Prozess um einen Prozess des Überlegens handelt – genau so wenig wie die Tatsache, dass etwas ein elektrischer Prozess ist, ausschließt, dass es sich bei demselben Prozess um das Berechnen der Summe zweier Zahlen geht.«[38]

So wie Rechnen elektrisch realisiert wird, ist menschliches Überlegen und Abwägen neuronal realisiert. Wir können die für eine freie und verantwortliche Entscheidung erforderlichen Fähigkeiten »auch dann haben, wenn in unseren Hirnen alles so abläuft, wie *Roth* und *Singer* sagen [...] Auch wenn unsere Entscheidungen auf neuronalen Prozessen beruhen, können wir frei, verantwortlich und damit auch schuldfähig sein. Das heißt natürlich nicht, dass wir immer frei, verantwortlich und damit auch schuldfähig sind, sondern nur, dass neuronale Determiniertheit Verantwortlichkeit und Schuldfähigkeit nicht von vornherein ausschließt.«[39]

Man kann im Zweifel sein, ob diese verblüffend einfache Auskunft die kontraintuitiven Grundannahmen des Kompatibilismus nachvollziehbarer machen. So ist nicht klar, wie neuronale Prozesse »durch Überlegungen und

---

[38] Ansgar Beckermann, Freier Wille – Alles Illusion, a. a. O., 305 und 306.
[39] Ebd., 307.

Argumente beeinflusst« werden können. Handelt es sich hier um so etwas wie Überdetermination? Dieser in der Psychoanalyse aufgekommenen Begriff ist nicht naturwissenschaftlich rezipiert worden. Er wäre vielleicht hilfreich für die Beschreibung der hier diskutierten Zusammenhänge. In der psychoanalytischen Theorie bezieht er sich auf die Mehrfach-Determinierung eines Symptoms, die nicht auf der Hand liegt, sondern sich erst in einem bestimmten Blickwinkel erschließt, in dem man das Symptom *besser versteht* als in der alltäglichen Wahrnehmung.[40] Naturwissenschaftliche Forschung tendiert aber zur Feststellung einer lückenlosen Determination durch Ausgangsbedingungen und Naturgesetze. Weitere »Einflüsse« auf determinierte Prozesse wären nach der gängigen Vorstellung von der Determiniertheit natürlicher Prozesse kaum vorstellbar. Diese gängige Vorstellung müsste entweder modifiziert oder es müsste angenommen werden, dass der determinierende Einfluss von Überlegungen und Argumenten selbst durch neuronale Prozesse determiniert, d. h. von ihnen hervorgerufen und in Ablauf und Resultat durch sie bestimmt ist.

So bleibt nur der Rückzug auf einen »weichen Determinismus«, nach dem unser Entscheiden »auf neuronalen Prozessen beruhen« soll bzw. »neuronal realisiert« ist. Neuronale Prozesse hätten dann eine – wie auch immer zu denkende – instrumentelle Funktion für ein Bewusstsein, das selbst restlos »neuronal realisiert« ist, sich darin aber selbst bestimmt und in dieser Selbstbestimmung seine Identität ausdrückt. Zu bedenken wäre, wie das »Realisiert-Werden« ein *Sich*-Realisieren sein kann und von einem *Sich* gesprochen werden kann, das nicht nur Resultat neuronaler Prozesse wäre, sondern durch sie werden kann, was es sein will.[41]

Kompatibilismus und Inkompatibilismus werfen komplementäre Probleme auf, bieten aber nicht schon komplementäre Lösungen an. So bleibt hier kaum mehr als eine vorläufige Problembilanz. Sie wird die Frage auf-

---

[40] Vgl. das Stichwort Überdeterminierung in: Jean Laplanche – Jean-Bertrand Pontalis, Das Vokabular der Psychoanalyse, dt. Frankfurt a. M. 1972, 544–546.
[41] Thomas Fuchs rekurriert hier in phänomenologischer Tradition auf den Begriff des Lebewesens als »primäre Entität, an der sich von einer Seite her integrale (leibliche, seelische, geistige) Lebensäußerungen, von der anderen Seite her physiologische Prozesse in beliebiger Detailliertheit feststellen lassen.« Diese beiden Aspekte sind – so Fuchs weiter – »epistemologisch zueinander *komplementär*, d. h. ihre jeweiligen Beschreibungen lassen sich nicht ineinander überführen, sondern weisen nur gewisse Korrelationen und Strukturähnlichkeit auf« (ders., Das Gehirn – ein Beziehungsorgan, 105). Es wird genauer zu untersuchen sein, wie weit dieser Ansatz bei der Explikation und Klärung der oben angesprochenen Probleme führt.

werfen, ob man auf dieser Basis in der Klärung des Verständnisses menschlicher Willens-Freiheit weiterkommen kann. Der libertaristische Inkompatibilismus entzieht sich der Frage, in welchem Sinne und mit welchen guten Argumenten man die Annahme einer umfassend und »lückenlos« determinierte Wirklichkeit in Zweifel ziehen kann. Freiheit ist für ihn ein »Zwei-Wege-Vermögen«. Es setzt voraus, dass es dabei allein vom Selbst abhängt, welcher Weg begangen wird. Die Entscheidung ist nicht grundlos, aber auch nicht vom Vorher und der konkreten Situation der Entscheidung determiniert. Sie ist nicht nur Resultat neuronaler Prozesse, sondern – auch – Initiative des entscheidenden Selbst. Aber ist sie dann nicht im letzten grundlos, da doch das Selbst der Grund dafür sein soll, wie es in der Wirklichkeit weitergehen soll? Kompatibilisten werden klarstellen, dass eine freie Entscheidung eine solche ist, die ganz dem Selbst entspricht, seine Identität zur Geltung bringt und so in keiner Hinsicht unbeliebig, vielmehr erklärbar, geradezu prognostizierbar ist. Freiheit beansprucht dann nicht die Zwei-Wege-Fähigkeit, sondern eine Überlegung, die zu identifizieren versucht, worin sich das Selbst in dem wiedererkennt, was es sein will, was es deshalb wirklich will. Das Ergebnis dieser Überlegung wäre vollständig erklärbar und prognostizierbar, wenn man alle Determinanten der Selbst-Entwicklung überblicken könnte. Kompatibilisten vermögen aber kaum zu erläutern, welches Verständnis von Determination für die Erklärung der Selbst-Entwicklung aufschlussreich wäre und so auch die freie Entscheidung als determiniert verstehen ließe. Sie können ebenfalls nicht erklären, wie mentale Prozesse und Überlegungen, wie auch immer sie durch die Selbst-Entwicklung determiniert sein mögen, mit den naturgesetzlich-ablaufenden neuronalen Prozessen im Gehirn interagieren, so dass man sagen dürfte: Mentale Prozesse sind *neuronal realisiert,* neuronale Prozesse können aber *mental formiert* sein.[42]

Es entdramatisiert diesen Befund womöglich, wenn man sich klar macht, dass hier das notorisch unlösbare Leib-Seele-Problem der klassischen Metaphysik auf aktuellem wissenschaftlichem Artikulations-Niveau wiederkehrt. So hat man aber auch gute Gründe, den monistischen wie den dualistischen Problemlösungs-Ansprüchen zu misstrauen. Wer kompatibilistisch-monistisch optiert, handelt sich bestenfalls die Überhang-Probleme des »weichen Determinismus« ein. Wer als Inkompatibilist in die Nähe

---

[42] Auch Habermas unterstellt, dass »die *neuronale Realisierung* von Gedanken [...] eine gedankliche *Programmierung* des Gehirns nicht ausschließen« muss (Zwischen Naturalismus und Religion, 178). Aber wie hat man sich das konkret vorzustellen?

eines Natur-Freiheit-Dualismus gerät, riskiert, sich angesichts der Deutungsmonopol-Ansprüche eines materialistischen Monismus mit einem bloßen Freiheits-Postulat zufriedengeben zu müssen.

3.5 Zur Reformulierung des Leib-Seele-Problems

Hans Jonas hat exemplarisch ausgeführt, wie man in dieser aporetischen Problemlage einige Schritte weiterkommt und die *Eigen-Wirklichkeit* des Psychischen, so auch die Möglichkeit von Willens-Freiheit gegen den materialistischen Monismus und sein Konzept eines deterministisch geschlossenen Wirklichkeits-Universums verteidigen kann. Den eigentlichen Rückhalt des monopolistisch-materialistischen Deutungs-Anspruchs sieht er in der Einforderung des Energie-Erhaltungs-Satzes für den Gesamtzusammenhang des Wirklichen und in der Auslegung dieses Satzes anhand des Verständnisses physisch-kausaler Wechselwirkungen. Daraus wird die Unmöglichkeit einer psychischen Verursachung abgeleitet. Diese müsste »von außen« in den physischen, vollständig determinierten und in sich geschlossenen, ebenso verlustfreien wie für jede äußere Zufuhr unzugänglichen Energieaustausch-Prozess einwirken.

Jonas gibt zu bedenken, dass es bei dieser Unterstellung nicht um eine neutrale Beschreibung von Gegebenem, sondern um eine Modellierung geht, die nicht den Anspruch erheben kann, alle Wechselwirkungs-Zusammenhänge umfassend darzustellen. Wenn man ihr folgt, handelt man sich Inkonsequenzen ein, die eine Reformulierung des Modells nach sich ziehen müsste. Sie haben damit zu tun, dass die elektrochemischen Prozesse, deren Wechselwirkungs-Zusammenhang die physische Wirklichkeit des Menschen allein ausmachen soll, zwar Phänomene hervorbringt, die vom Menschen als *psychische* registriert werden, aber für den innersystematisch-physischen Energiehaushalt keine Bedeutung hätten. Als *Epiphänomene* würden sie gewissermaßen folgenlos von diesem Basis-Prozess hervorgebracht; er würde Energie in sie investieren, ohne von ihnen etwas zurückzubekommen. Es sei denn, man könnte den epiphänomenalen Täuschungen eine evolutionsförderliche Rückwirkung auf die Physis des Lebewesens Mensch zuschreiben. Dann aber wäre es nötig, doch so etwas wie psycho-physische Wechselwirkung – also auch die Eigen-Wirksamkeit des Psychischen – anzunehmen und deren Möglichkeit theoretisch nachzuvollziehen, was vom materialistischen, an physikalischen Kraftwirkungen orientierten Monismus nicht geleistet, nicht einmal ins Auge gefasst wird. Der müsste auf der

»Folgenlosigkeit eines physisch Bewirkten« – des Psychischen – bestehen und dürfte keine Rückwirkung des als Epiphänomen Hervorgebrachten auf die materielle Physis annehmen. Bewusstes, seelisches Erleben sollte, so der Zwischenbescheid von Hans Jonas,

> »ein Resultat der Materie sein. Dann muss (a) die Materie etwas dafür aufwenden, und es kann, nach dem Satz vom zureichenden Grunde, für die Bilanz eines materiellen Vorgangs nicht gleichgültig sein, ob er einen Bewusstseinseffekt hat oder nicht. Etwas von ihm *muss* in den Effekt übergegangen sein, selbst wenn wir in diesem Fall die Äquivalenzen für die Rechnung nicht kennen. Etwas wurde gegen etwas eingetauscht. Umgekehrt muss (b) die Existenz dieses neuen Datums (die nunmehrige Mitanwesenheit von Bewusstsein) einfach deswegen, weil sie von seiner Nichtexistenz verschieden ist und kein Unterschied der Existenz dynamisch neutral ist, sich als Differenz im Fortgang der Dinge bemerkbar machen – auch wenn wir hier wiederum das transitive Wie der Wirkung nicht kennen. Nur unter dieser Voraussetzung ist auch der Aufwand seines Werdens nicht einfach aus der Welt verschwunden, und das Gleichgewicht des Ganzen ist gewahrt.«[43]

Man müsste einen theoretischen Selbstwiderspruch konstatieren, wenn einem Hervorgebrachten abgesprochen wird, im energetischen Gesamtprozess der Wirklichkeit noch eine Rolle zu spielen und man in diesem Fall »ein Verhältnis ohne Wechselwirkung« anzunehmen hätte – »in einer Welt, die nur unter ihrer Bedingung als *eine* gedacht werden kann.« Mit welcher Begründung für diesen ontologischen Ausnahmefall will man den kausalen Nullwert eines Werdens wie des in ihm Gewordenen behaupten?[44] Theorieimmanent führt kein Weg daran vorbei, nicht nur das physische Hervorgebracht-Werden als psychisch empfundener und zu beschreibender Phänomene anzunehmen, sondern auch einen kausalen Output psychischer Vorgänge in die Welt des Physischen hinein ins Auge zu fassen. Nun gibt es *rebus sic stantibus* keine befriedigende Theorie dafür. Aber man kann in Anlehnung an eine bei Jonas begegnende bildhafte und insofern auch inadäquat bleibende Vorstellung überlegen, in welche Richtung gedacht werden müsste.

Jonas geht von den elementaren Erfahrungen des Wahrnehmens und Handelns aus. Hier scheint es so zu sein, dass physische Gegebenheiten einen psychischen – mit Selbstbewusstsein verbundenen – Effekt hervor-

---

[43] Hans Jonas, Macht oder Ohnmacht der Subjektivität. Das Leib-Seele-Problem im Vorfeld des Prinzips Verantwortung, Frankfurt a. M. ²1987, 49 und 58.
[44] Vgl. ebd., 59.

bringen, der seinerseits eine Wirkung in physischen Wirk-Zusammenhängen nach sich zieht bzw. ziehen kann. Will man den Übergang ins Psychische nicht von vornherein als sinn- und folgenlose Verausgabung von Energie abbuchen, wird man ihm eine transformative Bedeutung zusprechen müssen. Es scheint so, als verschwinde gewissermaßen am Rande des Physischen – in der Reizverarbeitung durch elektrochemisch determinierte Gehirnprozesse – ein bestimmter Energiebetrag, der jenseits dieses »porösen« Randes psychische Verarbeitungs-Prozesse in Gang setzt, die dann als Vollzüge eines Subjekts wahrgenommen werden und die Selbstbestimmung dieses Subjekts mit ihren physischen Folgen tragen. Um näher beim Bild zu bleiben: Es vollzieht sich offenbar an der porösen Wand zwischen Physischem und Mentalem eine vom Physischen ausgehende »Osmose« in beide Richtungen. Dieser »Durchgang« bedeutet aber jeweils eine »radikale Transformation« der energetischen Beträge, an der die Input-Output-Konstanz dann nicht mehr in rein quantitativer Bestimmung nachvollzogen werden kann.[45] Es gilt also,

> »dass in dem mentalen Intervall zwischen input und output ein Prozess völlig anderer Ordnung als der physischen liegt. Wie groß oder klein die Schleife des Kreislaufs sei, die jenseits der Wand, in der psychischen Dimension, verläuft, sie steht nicht unter Regeln quantifizierbarer Kausalität, sondern mentaler Signifikanz. ›Determiniert‹ ist natürlich auch sie, insofern alles in ihr seinen Grund hat, aber das heißt eben: bestimmt durch Sinn, Neigung, Interesse und Wert, kurz nach Gesetzen der Intentionalität, und dies ist es, was wir unter Freiheit verstehen. Deren Ertrag wird schließlich in die physische Sphäre zurückgespeist, der jeder es dann ansehen kann [...], ohne dass sie selber in irgendeinem Einzelnexus es sich ansehen lässt.«[46]

Das Jenseits der Wand ist für die an quantitativ bestimmbaren Prozessen orientierte Beobachtung »unsichtbar«, aber kein »Niemandsland, welches das Seinige für sich behält und worin es sich wie in einem Geisterreich verliert, sondern wie es fortlaufend nur von der Einspeisung aus dem Physischen lebt, erstattet es diesem das durch seine Transformation Hindurchgegangene zurück«.[47] Die entscheidende Frage scheint die zu sein, wie man sich die im quantitativen Nachvollzug unsichtbare »Rückerstattung« ins Physische konkret vorzustellen hat. Jonas rekurriert hier auf ein Auslöser-Moment, das bei unterschiedlichen, in sich kausal möglichen Verläufen den

---

[45] Vgl. ebd., 78.
[46] Ebd., 79.
[47] Ebd., 81.

Ausschlag dafür gibt, dass es zu dem einen und nicht zu einem anderen Verlauf kommt. In naturwissenschaftlicher Sicht erscheinen die Alternativen physikalisch gleich realisierbar und wahrscheinlich – in sich determiniert; »nur die ›Entscheidung‹ darüber, welche von ihnen zum Zuge kommt, ist auf dieser Ebene der Berechenbarkeit indeterministisch«. Sie muss in diesem Sinne als zufällig angesehen werden, weil sich keine quantitativ bestimmbare Größe ausmachen lässt, die den Ausschlag gäbe. Für die naturwissenschaftliche Beobachtung ist sie nahe bei Null, sodass sie in der Kategorie Zufall »verschwindet«[48].

Jonas führt libertarische und kompatibilistische Zugänge zum Verständnis der Willensfreiheit zusammen, ohne den Anspruch zu erheben, dieses Miteinander hinreichend begriffen und so das Geheimnis der leibseelischen Wechselwirkung aufgelöst zu haben. Die Zuschreibung *Zufall* hält für ihn die Zwei- oder Mehr-Wege-Freiheit physikalisch offen; der eine Ablauf wie die anderen Verläufe sind nach den Ausgangsbedingungen und den jeweils wirkenden Einflüssen gleich möglich. Das Festhalten an der Möglichkeit einer Wechselwirkung zwischen physischen und psychischen Prozessen bei freilich ganz spezifischer mentaler Determination bringt bei Jonas dann auch die Intuition des Kompatibilismus zum Zuge, wonach Freiheit und Determination sich nicht ausschließen. Über die »ganz andere« Weise der Determination im »mentalen Intervall« erfährt man jedoch wenig. Es wird nicht deutlich, wie im hier zu lokalisierenden Erleben der Freiheit die in quantitativ-physikalischer Perspektive wahrgenommene Indeterminiertheit und die Bestimmtheit der Selbstbestimmung miteinander vorkommen können. So ist auf die Implikationen des für die Freiheits-Diskussion so zentralen, im Kompatibilismus wie im Inkompatibilismus in Anspruch genommenen Begriffs Selbst-Bestimmung – auf seine freiheitstheoretische Prägnanz aber auch auf seine Ambivalenz – zurückzukommen.

3.6 Der eigene und der gute Wille

Kompatibilistische Positionen sind von der Frage in Anspruch genommen, wie der freie Wille so ins Spiel kommt, dass er für das optiert, was ich wirklich will, sodass ich mir Selbstwirksamkeit und Selbstbestimmung zuschreiben kann. Harry Frankfurts Unterscheidung der Wünsche erster und zweiter Ordnung strukturiert dieses Problem. Wünsche zweiter Ordnung

---
[48] Vgl. ebd., 73.

nehmen Stellung zu den mehr oder weniger spontan sich einstellenden Wünschen erster Ordnung: Wünsche ich, diese Wünsche zu haben? Mache ich sie mir zu eigen? Die Wünsche erster Ordnung werden dann nicht mehr ohne weiteres handlungswirksam. Ihre Eigendynamik wird gebrochen durch die Überlegung, ob ich sie in mir wirksam werden lassen sollte; durch eine *Wertung*, die ihr Bestimmend-Werden von meiner Entscheidung abhängig macht.

Charles Taylor hat darauf hingewiesen, dass es dabei zu Wertungen mit unterschiedlichem Begründungs-Anspruch – von unterschiedlicher »Tiefe« – kommt. Er unterscheidet starke von schwachen Wertungen[49]; und man darf erläutern, dass von einer freien Entscheidung eher bzw. ausschließlich auf dem Feld der starken Wertungen die Rede sein kann. Schwache Wertungen bringen eine Überlegung dadurch zum Abschluss, dass sie diese Option *rebus sic stantibus* als für mich günstiger oder vorteilhafter ansehen als jene. Sie haben in diesem Sinne eine Kontingenz-Markierung: Es kommt mir jetzt so vor, als würde mir dieses Urlaubsziel oder jenes Paar Schuhe mehr bringen. Solche Optionen sind nicht ausgeprägt Ich-nahe. Sie können es werden, sobald ich mir oder anderen begreiflich machen will, was mich zu dieser Option bewegte: dass in meinem Geschmacks-Urteil mehr von dem »drinsteckt«, was mir wichtig ist und wichtiger genommen werden sollte, als ich zunächst annahm, dass also meine Wertung weniger zufällig ausfiel, als es mir zunächst vorkam.

Starke Wertungen treten zur bloßen Attraktivität von Wünschen erster Ordnung in eine deutlichere Distanz. Sie reagieren nicht nur auf die Stärke des von ihnen ausgehenden Impulses, sondern entspringen Motivationen, die mit dem *Wollen* das *Sollen* ins Spiel bringen: Soll ich wirklich dieses Riesen-SUV kaufen, das mich mächtig anmacht? Wenn ich bedenke, dass das Überzeugungen widerspricht, die mir ansonsten wichtig sind? Ich fühle mich rechenschaftspflichtig vor mir selbst, meinen Überzeugungen, meiner Selbst-Kohärenz, vor Überzeugungen im Blick auf das Gute, das ich nicht verraten will.

Starke Wertungen reagieren auf die Frage: Welche Ziele will ich und soll ich verfolgen, wenn ich bei dem sein bzw. zu dem kommen will, was für mich wirklich wichtig ist, wofür ich da sein, wovon ich mich jetzt in Anspruch nehmen lassen will? Das können Ziele sein, die noch relativ stark von unmittelbaren Willens-Impulsen determiniert sind: Ich will es mir jetzt

---

[49] Vgl. Charles Taylor, Negative Freiheit. Zur Kritik des neuzeitlichen Individualismus, dt. Frankfurt a. M. 1988, 9–51.

gut gehen lassen und habe ein Recht darauf! Ich will mich nicht daran hindern lassen, mir zu nehmen, was man mir vorenthält! Irgendwie bin ich noch von diesem Selbstbehauptungs-Impuls festgehalten und will nicht daran gehindert sein, ihn auszuleben. Von Selbst-Bestimmung wird hier allenfalls in dem Sinne die Rede sein, dass ich mich nicht daran hindern lasse, mich von diesem Impuls bestimmen zu lassen, ihm »treu bleibe«. Die Frage, ob ich mich davon bestimmen lassen *sollte,* bleibt allenfalls hintergründig. Wenn sie sich vernehmbar macht, spielt sie den Aspekt der Rechtfertigungs-Bedürftigkeit und damit ein elementares Sollens-Kriterium ein: Ist es *gut* – für mich, für geliebte oder auch mir eher fernere Andere –, mich *davon* bestimmen zu lassen und dieses Ziel zu verfolgen?

Freiheit ist offenkundig steigerungsfähig – und mit ihr die Verantwortung, die ich jeweils übernehme. Sie ist nicht nur von äußeren Beschränkungen, sondern ebenso von inneren, auch schicksalhaften Faktoren eingeschränkt, die mich mehr oder weniger beherrschen und festhalten, worin auch immer; die die Ziele (mit-)bestimmen, die ich als *meine* Ziele Willens- und Handlungs-bestimmend werden lasse. Wenn ich von diesen Faktoren nicht so determiniert bin, dass ich »gar nicht anders kann«, wird man mir – mehr oder weniger – Verantwortlichkeit für meinen Willen und mein Handeln zuschreiben. Wenn es so aussieht, als identifizierte ich mich mit dem, was sie mir vorgeben, wird man mich etwa vor Gericht als vorsätzlich Handelnder beurteilen. Mein Wille war in dem Sinne selbst-bestimmt, dass ich ihn tatsächlich wollte, und jedenfalls so frei, zu dem, was ich tun wollte und getan habe, Stellung zu nehmen.

Von Freiheit in einem »tieferen« Sinn wird die Rede sein, wenn ich zu einer Reflexion darüber in der Lage und bereit war, den Wunsch, den ich durch meine Entscheidung Handlungs-wirksam werden ließ, mit anderen meiner bedeutsamen Wünsche wie zu den Bedürfnissen anderer in Beziehung zu setzen und ihn auch in seinem abschätzbaren Folgen zu bejahen; wenn ich in diesem Sinne den Horizont, in dem mein Wunsch zu bewerten war, weiten konnte. Das hat mich in die Lage versetzt, mein Wollen und Handeln zu rechtfertigen und zu urteilen, dass ich so handeln *sollte.* Je weiter sich mir der Horizont öffnet, in dem ich mein Wollen und Handeln beurteile, und je weiter sich mir der Handlungs-Spielraum öffnet, der es mir erlaubt, mein wohlerwogenes Urteil Handlungs-bestimmend werden zu lassen, desto höher wird das »Freiheits-Niveau« sein, das ich bei mir wahrnehme und andere mir zuschreiben. So wird man zu dem allgemeinen Urteil kommen, dass (1.) Freiheit wesentlich in der »Fähigkeit [besteht], meine Zwecke zu verwirklichen«, und das (2.) »Freiheit um so größer ist, je bedeutsamer die Ziele sind«[50], um die es jeweils geht, bis dahin, dass es wirklich um etwas – womöglich gar um alles – geht. Wenn es um viel geht, werde ich stark in eine Entscheidung involviert sein. Ich werde mich in sie einbringen, sie als bedeutsam für meine Selbstverwirklichung ansehen. Ich werde wahrnehmen, dass ich hier meine Willens-Freiheit in gesteigertem Maße realisiere, dass sie hier tiefer, ja radikal herausgefordert ist.

Es geht freilich nicht nur darum, dass meine Ziele »bedeutsam« sind, sondern auch darum, dass sie in diesem weiten Horizont bejahenswert sind. Im emphatischen Sinn frei bin ich, wenn ich Ziele verfolgen kann, die ich als bejahenswert wahrnehme und in deren Verfolgung ich mich zuinnerst einbringen will, weil ich mich so auf dem Weg einer Selbstverwirklichung weiß, die mich »erfüllt« und möglichst vielen anderen zugutekommen kann. Sie erfüllen mich: Ich *will* sie zuinnerst und kann mich »ganzherzig« in sie hineingeben, in ihnen meine besten Möglichkeiten herausgefordert sehen. Sie sind das, was ich *soll*, weil es hier und jetzt und weit darüber hinaus nichts Besseres für mich und für all jene gibt, die mit mir zu tun haben. In diesem »erfüllten« Sinne bin ich frei, weil ich will, was ich soll, und soll, was ich will – weil ich *sein* kann, wer ich sein will und sein soll.

Freiheit als Selbstwirksamwerden-Können und Sich-einbringen-Können in ein als solches gerechtfertigtes Gutes, als Ergreifen- und Realisieren-Können des ebenso Gewollten wie Gesollten: Das ist ein Freiheits-Ideal, das sich in konkreten Entscheidungen allenfalls in Annäherungen abzeichnet. Aber es ist auch die Herausforderung, sich mit »weniger Freiheit« nicht abzufinden. Und es markiert die Essentials eines Freiheitsverständnisses, das über die Alternative *Libertarismus – Kompatibilismus* hinausführt. Freiheit wäre entscheidend mehr als eine Zwei-Wege-Fähigkeit. Nicht das *Genauso-gut-auch-anders-Können* würde sie entscheidend ausmachen, sondern die *Fähigkeit zur Selbst-Aktualisierung* in einem Wertungs-Horizont, in dem der jeweils ergriffene Weg der Selbstaktualisierung als gut und richtig verantwortet werden und Anerkennung finden kann. Es führt in die Irre, das Selbst als die auktoriale Instanz anzusehen, die in der Unentschiedenheit des *Genauso gut* den Ausschlag gibt, wenn man nicht zugleich würdigt, dass eine *freie* Entscheidung durch das Selbst letztlich nicht zufällig sein kann. Sie ist darin frei, dass sie als Selbst-kongruent und gut wahrgenommen wird, nicht darin, dass sich das Selbst hier als nicht determiniert erfährt. Gegen den Kompatibilismus ist geltend zu machen, dass dieses Determiniert-Sein in Freiheit allenfalls äußerlich mit einem naturgesetzlich

---

[50] Charles Taylor, Negative Freiheit?, 144.

bestimmten Determiniert-Sein vergleichbar ist. In der Selbst-Wahrnehmung dessen, der hier seine Freiheit und darin sich selbst aktualisiert, wird man eher von Selbst-Konsequenz sprechen und den eingeschlagenen Weg als Identitäts-bestimmt bzw. die eigene Identität *fortbestimmend* ansehen. Nicht darauf käme es dann an, dass man Alternativen hat, sondern darauf, dass man die gute Alternative gefunden hat, dass sie Handlungs-wirksam werden und man sich »mit ganzem Herzen« in sie einbringen kann. Man weiß sich darin ursprünglich frei, dass sich einem der Horizont geöffnet hat, in dem man das Selbstwerden-Wollen und Selbstwerden-Sollen verheißungsvoll vor sich sieht und verantwortlich ergreifen kann.

3.7 Freiheit wovon – wodurch – wofür?

Für das neuzeitliche Freiheitsverständnis wurde eine emanzipatorische Akzentsetzung leitend: die Lockerung von Verbindlichkeiten, die man als Freiheits-einschränkend oder gar als unterdrückend ansah. Ralf Dahrendorf hat darin ein Strukturmerkmal moderner Gesellschaften und des in ihnen herrschend gewordenen Selbstverständnisses identifiziert und zugleich in seiner Ambivalenz herausgestellt. Moderne Gesellschaften bieten

> »mehr Menschen mehr Optionen als jede frühere Gesellschaft; aber um die Bindungen und Bezüge ist es [...] weniger gut bestellt. Sei es, dass die Lösung von Ligaturen Bedingung der Möglichkeit der Schaffung von Optionen war, sei es auch nur, dass die Schaffung von Optionen Hand in Hand ging mit der Lösung von Ligaturen, jedenfalls sind Bezüge knapp geworden: es fehlt an Religion wie an anderen Obligationen und Ligaturen. Auch wenn man ›Bindung und Vertrauen‹ nicht als Wert für sich gelten lässt, ist es doch ein Bestandteil dessen, was Lebenschancen ausmacht und damit auch Voraussetzung von Freiheit ist.«[51]

Die »Stiftung von Bindungen, in denen die Möglichkeiten der modernen Gesellschaft nicht geleugnet, sondern akzeptiert und bewältigt werden«, ist für Dahrendorf »das ungelöste Problem unserer Zeit.«[52] Man wird einwenden, dass sich die Situation in den vier Jahrzehnten seit dem Erscheinen dieses Beitrags verändert hat. Die krisenhaften Entwicklungen moderner

---

[51] Ralf Dahrendorf, Kulturpessimismus vs. Fortschrittshoffnung. Eine notwendige Abgrenzung, in: J. Habermas (Hg.), Stichworte zur ›Geistigen Situation der Zeit‹, Frankfurt a. M. 1979, 213–228, hier 222.
[52] Ebd., 228.

Gesellschaften drängen Verbindlichkeiten auf, denen man sich um ihres Überlebens willen nicht entziehen dürfte. Diese haben freilich den Charakter des unbedingt gebotenen Müssens, nicht mehr nur des Sollens. So werden sie eher als Freiheits-einschränkend, nicht als Freiheits-eröffnend wahrgenommen. Sie sind nicht »gestiftet«, sondern treten bedrohlich ins Bewusstsein. Entsprechen groß sind die Widerstände, sich auf sie einzulassen – und die Anstrengungen, sie doch als Freiheits-Gewinn erscheinen zu lassen.

Dahrendorf spricht von den Religionen als Kulturen der Verbindlichkeit. Ihren Einfluss auf gesellschaftliche Entwicklungen und individuelle Identitäts-Bildungen haben sie in westlichen Gesellschaften auch deshalb weitgehend eingebüßt, weil sie ihrer Moralisierung wenig entgegensetzten. Der Glaube wird zum Muss-Glaube, der an den mit der Religion gegebenen Verpflichtungen greifbar wird. So erscheint er – erscheint seine Wahrheit – von vornherein Freiheits-unverträglich.[53] Die Erfahrung, dass Verbindlichkeiten nicht zuerst fordernd, sondern Vertrauens-stiftend wirksam werden, ist in modernen Gesellschaften weniger zugänglich und auch dem Christlichen weithin verlorengegangen. In gegenwärtigen Reflexionen zum Freiheits-Verständnis spielt sie kaum eine Rolle. Es bleibt – auch theologisch – weitgehend unbedacht, dass Freiheit, wenn man sich nicht mit einem »Möglichkeitsbegriff« von Freiheit begnügt, sondern ihre Verwirklichung zu denken versucht, von kontingenten Gegebenheiten zehrt, von »motivationale[n] Voraussetzungen [...], die für mein Freisein unumgänglich sind.«[54] *Motivationen:* als verheißungsvoll und erfüllend erlebte Herausforderungen, in die ich mich einbringen *will*, weil ich wahrnehme, dass mein Leben in ihnen Identität, Sinn, Zukunft gewinnt; weil mich hier eine »Leidenschaft« ergreift, die mich nicht blind, sondern einfühlsam macht, sodass ich ein verbindliches, mich bindendes Wofür meines Lebens ergreifen kann: Dafür will, soll ich da sein. Freiheit verwirklicht sich in einem »lebensbestimmenden Willen, der nicht versklavende Starrheit, sondern befreiende, identitätsbildende Kontinuität besitzt.« Bieri spricht von einer Leidenschaft, die sich nicht als »überwältigende Aufwallung des Gemüts, sondern [als] eine Konstellation von Wünschen [zur Erfahrung bringt], welche die

---

[53] Vgl. die Auseinandersetzung zwischen Karl-Heinz Menke und Magnus Striet: Karl-Heinz Menke, Macht die Wahrheit frei oder die Freiheit wahr? Eine Streitschrift, Regensburg 2017; Magnus Striet, Ernstfall Freiheit. Arbeiten an der Schleifung der Bastionen, Freiburg i. Br. 2018.
[54] Charles Taylor, Negative Freiheit?, 126, vgl. 121.

Substanz eines Lebens ausmachen.« Wer eine solche Leidenschaft lebt, der erlebt ein befreiendes Müssen. »Er *muss* wollen, was er will. Ganz anders als der Zwanghafte [...] erlebt er dieses Müssen nicht als etwas, das ihn *überrollt* wie eine innere Lawine, gegen die er sich nicht wehren kann, sondern als etwas, das ihn *trägt*.« Ihm liegt alles daran, »einer zu sein, der keine Alternative zu seinem Willen sieht.« Solche Leidenschaften sind nichts, was »einer sich auferlegt hat. Sie sind nicht in dem Sinne frei, dass sie willentlich zustande gebracht worden sind. Freiheit stiften sie, indem sie das innere Gravitationszentrum von Wünschen bilden« und an der Kraft Anteil geben, auf sie hin zu leben.[55] Wir fühlen ihre Unverfügbarkeit[56] ebenso wie ihre Freiheits-verwirklichende Kraft.

3.8 Theologisches Zwischenspiel

Wie das zugeht, das ist in der *Theologie der Gnade* über viele Jahrhunderte hin- und hergewendet worden. Immer ging es hier um die letztlich nicht mehr aufzuklärende Polarität zwischen Beschenkt-Werden und Selbst-Bestimmung. In meiner Selbst-Bestimmung verfüge ich nicht über das Tragend-Motivierende der mein Leben erfüllenden Leidenschaft und bin doch von Anfang an in sie einbezogen, herausgefordert und inspiriert, sie zu leben. Religion geht mit diesem *Zugleich* um; es ist ihre Grund-Gegebenheit. Religiös Glauben heißt nach Paul Tillich »Ergriffensein von dem, was uns unbedingt angeht.« Und er fügt hinzu: »Niemand kann das ergreifen, wodurch er ergriffen wird«.[57] Das ist nur die halbe Wahrheit. Die tragend-motivierende Leidenschaft ist mir nur zugänglich, wenn ich sie lebe, ergreife. Aber mein Ergreifen macht sie nicht zu meinem Eigentum. Gewissheit, Hoffnungs- und Vertrauens-Kraft stehen mir nicht zur Verfügung, so sehr ich aus ihnen leben darf. Ich soll sie »hegen« und pflegen und kann mich doch nicht dagegen versichern, dass sie mich verlassen.

Freiheit realisiert sich nie nur als Selbst-Bestimmung; das ist in der Tradition des Augustinismus von der Reformation einseitig gegen das Denken der Scholastik geltend gemacht worden. Die Lebens-Alternative, die für

---

[55] Peter Bieri, Das Handwerk der Freiheit. Über die Entdeckung des eigenen Willens, Frankfurt a. M. 2003, 424 f.
[56] Vgl. Hartmut Rosa, Unverfügbarkeit, Wien – Salzburg 2018.
[57] Paul Tillich, Wesen und Wandel des Glaubens, dt. Berlin 1966, 9 und Systematische Theologie, Bd. 3, dt. Stuttgart 1966, 281.

mich jedes Zwei-Wege-Angebot hinter sich lässt, muss mir widerfahren, damit ich sie ergreifen und leben kann, damit ich in ihr finde, was ich zuinnerst will und soll, leben »muss«. Das unvergleichlich Bejahenswürdige müsste sich mir darbieten als die Wirklichkeit, der ein Lebens-umfassendes Ja und meine selbstbestimmt-leidenschaftliche Hingabe gelten darf, meinen Glauben gefunden hat, die mein Glaube gefunden und wahrgenommen hat. Glauben ist »eine ›Modalität‹ der Bejahung«, »das Setzen der Subjekte auf eine Behauptung«, die für ihre Bejahung unbedingte Glaubwürdigkeit in Anspruch nimmt, damit beschenkt wurde, dass sich ihr diese unbedingte Glaubwürdigkeit erschlossen hat.[58] Das Christentum sieht darin das Urereignis der Gnade, hat es freilich immer wieder mit Vorstellungen verbunden, die die Freiheits-begründende Bedeutung der Gnade kaum sichtbar werden ließen. Dass Gott sie nach Gutdünken gewährt oder verweigert – so in der Tradition des Calvinismus; dass sie vor allem darin besteht, die Menschen vor Gottes Zorn über die Sünde zu verschonen, das machte aus der Gnade eine juridisch modellierte Begnadigung, auf die emanzipierte Menschen nicht angewiesen sein wollten. Aus dem Blick geriet, in welchem Sinn das biblisch-christliche Gnaden-Verständnis durch die Verbindlichkeit, die es »stiftet«, ein neues Können vermittelt.[59] Es kann Glaubenden einen Weg öffnen, mit dem sie die Erfahrung machen, verlässlich zu einem menschlich erfüllenden, weil Gott-erfüllten Leben unterwegs zu sein. Die Glaubens-Leidenschaft nährt sich aus dieser Erfahrung, *gut unterwegs* zu sein. So kann sie sich in der Bereitschaft äußern, mit gutem Gewissen Rechenschaft zu geben von der Hoffnung, die in ihnen lebendig ist (vgl. 1 Petr 3,15).

Die befreiende Leidenschaft weiß sich gut unterwegs, herausgefordert zu einer Lebens-Konsequenz, in der sich abzeichnet und schon einstellt, was das Leben bejahenswert macht. Es muss der Selbst-Bestimmung *geschehen*, ihr ein Woraufhin geben, dass sie mit der Hoffnung unterwegs ist, auf einem guten Weg zu sein. Christlich ist dieser gute Weg als Weg der Nachfolge bestimmt, den der »Wegöffner« (archegos) Jesus Christus als Weg in die Gottesherrschaft vorausgegangen ist.[60] Selbstbestimmung in Freiheit wäre *gegenstandslos*, wenn sie *umsonst*, hoffnungslos wäre. Dann

---

[58] Vgl. Michel de Certeau, Kunst des Handelns, dt. Berlin 1988, 316.

[59] Für Emil Durkheim ist dieser Aspekt von Religion zentral. Der religiöse Mensch ist nach Durkheim »ein Mensch, der mehr *kann*. Er fühlt mehr Kraft in sich, entweder um die Schwierigkeiten des Lebens zu ertragen oder um sie zu überwinden«; ders., Die elementaren Formen des religiösen Lebens, dt. Frankfurt a. M. 1981, 558.

[60] Vom Archegos Christus ist neutestamentlich die Rede in Apg 3,15; 5,30f.; Hebr 2,10; 12,2.

wäre wirklich gleich-gültig, wozu der Wille sich entschließen könnte. Es gäbe kein tragendes Motiv, sich – wofür auch immer – zu entschließen und auf den Weg zu machen; es gäbe nichts, was eine starke Wertung herausfordern *dürfte*.

Da kommt eine andere Dimension der Willens-Freiheit in den Blick als das Sich-distanzieren-Können, das die Eingebundenheit des Subjekts in Herrschaftsverhältnisse, Lebensbedingungen und Bedürfnisse lockert. Freiheit verwirklicht sich nicht nur als *negative Freiheit wovon*. Sie ist – umfassend gedacht und gelebt – immer auch Freiheit für: *positive* Freiheit. Aber man darf nicht verkennen, »dass gerade die scheinbar so sinnvolle Frage ›Freiheit wozu?‹ eine Maske der Tyrannei sein kann«.[61] In die Bestimmung des Wofür und Wozu authentischer Freiheits-Vollzüge mischen sich Instanzen ein, die den Menschen ein unsittliches Angebot machen: Mit uns bist du gut unterwegs! Lass dich dafür engagieren, mit uns auf dem Weg zu sein und dein Leben in unser »Vorhaben« einzubringen! So schärft man den Menschen ein, ihr Herz nicht an andere Götter zu hängen.

Religionen und Kirchen haben sich da in ambivalenter Weise hervorgetan, haben Freiheits- und Hoffnungs-Missbrauch getrieben, wollten den Menschen – im zwiespältigsten Sinn des Wortes – die Entscheidung abnehmen, sich des *Geheimnisses und der Herausforderung der Freiheit* bemächtigen: dass das Ergriffen-Werden von dem, was uns unbedingt verheißungsvoll in Anspruch nimmt, die Freiheit der Unterscheidung darüber herausfordert, was zum Guten und was zum Bösen führt. Die verheißungsvolle Herausforderung teilt ihre Verheißung mit, öffnet den Weg ihrer Verwirklichung; und erweist sich *darin* als Herausforderung zum Guten, dass sie das Unterscheidungsvermögen stimuliert, es aus falschen Bindungen und Selbstverständnissen herausholt, gegen falsche Verheißungen kritisch macht, ins Freie führt.

So geschieht den Menschen Freiheit; so wird sie von ihnen ergriffen: Das Unvergleichlich-Alternativlose öffnet sich ihnen *verbindlich*, nötigt sie zu der Unterscheidung, wovon sie sich in Anspruch nehmen lassen dürfen und welche Ansprüche sie zurückweisen müssen. Wie dieses Ineinander von Ergriffenwerden und Ins-mündige-Entscheiden-Hineinkommen konkret vor sich geht, lässt sich nicht mehr analytisch auseinanderlegen. Das Eine geschieht nicht ohne das Andere[62]; es geschieht im Anderen. Ausweglose Kontroversen in der christlichen Gnaden- und Rechtfertigungslehre

---

[61] Norbert Bolz, Die ungeliebte Freiheit. Ein Lagebericht, München – Paderborn 2010, 20.
[62] Von diesem *Nicht ohne* hat wohl zum ersten Mal Augustinus gesprochen. Im Wortlaut:

bezeugen, in welche Aporien man sich verstrickt, wenn man definitive Klärungen erzwingen will. Man kann von der Geschichte der Gnadenlehre aber auch lernen, dass die negative Unabhängigkeits-Freiheit so wenig zu Lasten der positiven Freiheit des bejahten Herausgefordert-Seins stark gemacht werden darf wie die positive Freiheit zu Lasten der negativen. Freiheit ist eingelassen ins Unverfügbare[63], *damit* sie unterscheiden kann, wovon sie sich herausfordern und in Anspruch nehmen lassen *will*; damit der so in seine Freiheit eingeführte Mensch verstehen lernt, wer er ist – und was er wirklich will.

3.9 In Freiheit glauben?

Diese Sicht der Dinge verzichtet darauf, das Geheimnis der Freiheit prinzipientheoretisch zu klären. Ich spreche vom Ineinander des Ergriffenwerdens und des Sich-Verhaltens zum Ergreifenden oder von der Gleichursprünglichkeit der autonomen Selbstbestimmung mit dem Bestimmt-Werden durch eine verheißungsvolle Herausforderung, die das Selbst motiviert, in freier Selbstbestimmung auf sie einzugehen. In transzendentalphilosophischer bzw. transzendentaltheologischer Perspektive bleibt, so moniert man, ein Klärungsbedarf, der dazu verführe, Freiheit eher kompatibilistisch zu denken. Saskia Wendel fordert ihn ein und legt ein Konzept vor, das ihn nicht entstehen lasse. Sie hält mir vor, bei mir bleibe

> »unklar, wie Gleichursprünglichkeit genau gedacht werden kann. Ist es nicht vielmehr so, dass ich mich dazu bestimmen lasse, mich ergreifen zu lassen? Und dass dann die Autonomie dem Ergriffenwerden als Möglichkeitsbedingung vorgeordnet und gerade nicht gleichursprünglich ist? Oder dass umgekehrt das Ergriffenwerden die Autonomie immer schon unterläuft, weil das Zustimmen gleichsam zu spät kommt, weil es das Ergriffenwerden nicht bestimmen, nicht kontrollieren kann – womit dann das Ergriffenwerden der Autonomie vorausläge?«[64]

»Qui creavit te sine te, non iustificabit te sine te« (als Augustinus-Zitat bei Thomas von Aquin, Summa theologica III, q. 84, a. 5 corpus; bei Augustinus: Sermo 169, c. 11, n. 13).
[63] Wie ja auch die Liebe; beide sind – so Josef Pieper – »dem Geheimnis benachbart und verwandt«, da sich ihnen gezeigt haben muss, was das Wollen in Bewegung bringt (vgl. ders., Über die Liebe, München ⁴1977, 81 f.).
[64] Saskia Wendel, In Freiheit glauben. Grundzüge eines libertarischen Verständnisses von Glauben und Offenbarung, Regensburg 2020, 124.

Wendels Einwand gibt Gelegenheit, der Frage nachzugehen, wie sich die transzendentale Bestimmung menschlich-endlicher Freiheit in der Tradition Kants und Fichtes zu dem hier Ausgeführten verhält. Wendel fordert für das Vermögen der Freiheit nicht-relativierbare Autonomie ein. Die sei dem Ergriffenwerden als Möglichkeitsbedingung »vorgeordnet«. So wäre es ausgeschlossen, dass ein freisetzendes Ergriffenwerden gegenläufig dazu Bedingung der Möglichkeit für eine Autonomie sein kann, die dann darauf angewiesen wäre, eine schlechthin bejahbare Alternative für menschliche Selbstbestimmung zu *finden*. Dass es im menschlichen Freiheitsvollzug so etwas geben könnte wie ein transzendental relevantes, wechselseitiges Sich-Bedingen, kommt für Wendel nicht in Frage. Ich frage mich, warum sie das ausschließt.

Freiheit sei, so Wendel, transzendental unabdingbar als *Prinzip* aller Vollzüge zu denken, in denen menschlich-(selbst-)bewusstes Leben sich verwirklicht: als das Prinzip menschlich bewussten Selbstvollzugs. Ein Selbst ist der Mensch dadurch, dass er sich zu allem in der Welt Vorkommenden in ein von ihm bestimmtes Verhältnis setzt und so in der Lage ist, selbst *Principium und Initium* zu sein: das als Welt Geschehende nicht nur fortzusetzen, sondern neu zu beginnen und in diesem Sinne kreativ zu sein. Das impliziert ein starkes libertarisches Freiheits-Verständnis, dem es freilich weniger auf eine Zwei-Wege-Freiheit ankommt als auf das alle menschlich-bewussten Selbstvollzüge kennzeichnende Aus-sich-selbst- bzw. Mit-sich-selbst-anfangen-Können. Freiheit ist transzendental-formal – als *Vermögen* gesehen – unbedingt. In jedem konkret-welthaften, kategorialen *Vollzug ist* sie freilich bedingt, da sie sich in den Wirkungs-Zusammenhängen dieser Welt material realisiert.[65] Das Vermögen, ein Selbst zu sein, das sich in der Perspektive der ersten Person auf alles beziehen und ihm von sich aus eine Bedeutung für sich geben kann, das also nicht von ihm Begegnendem darauf festgelegt werden kann, in einer von ihm determinierten Weise hingenommen zu werden, ist für den Menschen als selbstbewusstes (geistiges) Dasein konstitutiv. In der Perspektive der ersten Person ist er *unbedingter* Ursprung seines Weltverhältnisses, so sehr der konkrete Vollzug seines Weltverhältnisses von seinem Eingebundensein in Weltverhältnisse *bedingt* ist. Er hat das Vermögen, sich von allem so angehen zu lassen, wie es seinem Selbst-Entwurf entspricht. Freiheit ist hier »die unbedingte Bedingung [...], ohne die sich gerade die spezifisch humanen Vollzüge (Moralität, Recht, alltägliche Interaktion usw.) nicht begreifen lassen.«

---

[65] Vgl. ebd., 25–45.

Nach Thomas Pröpper, dem Protagonisten einer transzendentalen Freiheits-Theologie, ist sie »zu denken als unbedingtes Sichverhalten, grenzenloses Sichöffnen und ursprüngliches Sichentschließen: als Fähigkeit der Selbstbestimmung also, bei der sie 1. das durch sich Bestimmbare, 2. das (durch die Affirmation eines Inhalts) sich Bestimmende und 3. in ihrer formalen Unbedingtheit auch der Maßstab der wirklichen Selbstbestimmung ist.«[66] Der Mensch kann dieses Vermögen zwar nur so *realisieren*, dass er sich von seinem Vorkommen in der Welt bestimmen lässt. Die materiale Bedingtheit jedes Freiheitsvollzugs schlägt aber nicht auf die formale Unbedingtheit des Freiheitsvermögens durch, das ihm unbedingt zukommt, in welchen konkreten Bedingungen er es auch realisiert.

Die Unterscheidung der formalen Unbedingtheit von der materialen Bedingtheit menschlich-endlicher Freiheit ist für gegenwärtige Entwürfe einer transzendentalen Theologie grundlegend. Jedes Bedingtsein des menschlichen Selbstbestimmungs-*Vermögens* wird abgelehnt, was freilich nicht ausschließt, nach dem unverfügbaren Grund dieses Vermögens zu fragen. Es ist selbstursprünglich, insofern es in seiner Unbedingtheit nicht aus einem Bedingten resultieren kann, das es als absolutes Prinzip relativieren und zu einem Zweiten machen würde. Aber es lässt sich fragen, wie diese Unbedingtheit im Gegenüber zu einer Welt der Bedingtheiten überhaupt gedacht werden kann, worin sie gründet. Und es ist nicht ausgeschlossen, sich zu religiösen Deutungen dieses Grundes herausgefordert zu sehen.

Auch der unverfügbare Grund des in sich unbedingten Vermögens der Freiheit darf keine Bedingung sein, die das Freiheitsvermögen auf eine inhaltliche Bestimmung festlegen würde, mit der allein es dieser Bedingung entspräche und so erst wahre Freiheit wäre. Der unverfügbare Grund der Freiheit beschränkt die Selbstursprünglichkeit der Freiheit nicht, sondern ermöglicht sie. Erst im konkreten Vollzug dieses Vermögens erfährt sich die Selbstbestimmung von Faktoren eingeschränkt und konkretisiert, die ihr dieses möglich, jenes unmöglich machen und die Frage aufwerfen, welche Möglichkeiten genutzt werden können, Freiheits-Spielräume zu gewinnen oder auszuweiten bzw. welche Faktoren die Menschen daran hindern und überwunden werden sollen oder als schicksalhaft hingenommen werden müssen. Inhaltliche Nicht-Bestimmtheit macht die formale Unbedingtheit der Freiheit aus et vice versa.

---

[66] Thomas Pröpper, Evangelium und freie Vernunft. Konturen einer theologischen Hermeneutik, Freiburg i. Br. 2001, 79.

Hier will ich widersprechen und auf einen Sachverhalt hinweisen, der m. E. auch in der transzendentalen Bestimmung von Freiheit Beachtung verdient. Die Unbedingtheit des Vermögens der Selbstbestimmung schließt jedes Beschränkt-Sein auf eine inhaltlich-materiale Bestimmung dieses Vermögens aus. Aber sie schließt es nicht aus, sondern erfordert es, dieses Vermögen auf konkret-inhaltlich bestimmte Vollzüge bezogen zu denken. Sie schließt es auch nicht aus, dieses Vermögen selbst unter die kontingente Bedingung gestellt zu sehen, dass ihm – als dem freien Sich-bestimmen-und-das-jeweils-Gewählte-bejahen-Können – ein Bejahbares, gar unbedingt Bejahenswürdiges zugänglich wird. Das »selbstursprüngliche« Freiheitsvermögen ist mit transzendentaler Unabdingbarkeit als das Vermögen des freien Bejahen-Könnens ausgezeichnet und darauf angewiesen, dass sich ihm das (schlechthin) Bejahbare zeigt. Das unbedingte Aus-sich-selbst der Selbstbestimmung, einer selbstbestimmten Bejahung, ist bedingt durch die Widerfahrnis eines (unbedingt) Bejahenswürdigen, mit dem sich Freiheit autonom identifizieren könnte. Dieser Konsequenz kann man sich nur entziehen – und entzieht man sich dadurch –, wenn man das schlechterdings Bejahbare als die Freiheit selbst ansieht, die sich in ursprünglicher Selbstbejahung selbst setze und als Bejahung anderer Freiheit konkret realisiere. Damit ist Freiheit darauf beschränkt, sich letztlich und *in allem* selbst zu wollen. Sie ist in diesem Sinne selbstzwecklich, und alles andere Gewollte steht unter der Bedingung, dass sich die Freiheit darin selbst wollen kann und tatsächlich selbst bejaht. Ist Freiheit aber nicht das Vermögen der *freien Selbsttranszendenz*: um eines Anderen willen da zu sein, dem die in Freiheit Handelnden sich frei hingeben, um des Guten willen, das nicht schon dadurch ausreichend bestimmt ist, dass es das Wirklichwerden der Freiheit ist? Um der Verwirklichung von Liebe willen, die etwa bei Thomas Pröpper als der höchstmögliche Inhalt der Freiheit angesehen wird, tatsächlich Höchst-Gestalt der Freiheit ist bzw. sein soll und zugleich unendlich mehr? Ist also mit der Annahme der Selbstzwecklichkeit von Freiheit der transzendental relevanten Tatsache Rechnung getragen, dass ein Vermögen sich immer wieder neu auf eine Realisierung hin *überschreitet,* in der es sich als Vermögen neu wahrnimmt? Zeigt es sich nicht als es selbst erst in dem, was es vermag? Wird das Freiheitsvermögen also nicht dadurch in seiner transzendentalen Bedeutung beschnitten, dass es als das Vermögen begriffen wird, sich in allem selbst zu bejahen?

Freiheit ist, so meine Konsequenz, menschlich unabdingbar, aber nicht Selbstzweck, sondern hingeordnet darauf, dass das frei bejahte Gute Wirklichkeit wird. So ist das autonome *Aus-sich-Selbst* der Selbstbestimmung notwendige, nicht schon hinreichende Bedingung des freien Selbstvollzugs: Das Aus-sich-selbst – das Prinzip-Sein – des Freiheitsvermögens ist in transzendentaler Reflexion unvollständig beschrieben, wenn die Selbsttranszendenz der Freiheit in das (unbedingt) Bejahenswürdige nicht mitgedacht sondern in die Selbstbejahung umgebogen wird. Das heißt: Das *Freiheitsvermögen* kommt nur defizitär in den Blick, wenn es aus dem Kontext des *Freiheits-Geschehens* herausgelöst wird. Das Freiheits-Geschehen ist nur als solches verstanden, wenn man wahrnimmt, wie es jeweils davon mitbedingt ist, dass sich Bejahenswürdiges mitteilt und als zugänglich erweist.

Freiheit geschieht in Partizipation, *als Partizipation:* als Teilhaben-Können am Geschehen eines Guten, in dem ich mein Leben als schlechthin bejahenswert erfahre, es in diesem Sinne als ein verheißungsvoll-herausforderndes Versprechen annehmen und Entscheidungs-Alternativen ergreifen kann, denen ich in kritischer Würdigung zutrauen darf, dem Wirklich-Werden dieses Versprechens zu dienen. Negative Freiheit realisiert sich in der kritischen Würdigung der Versprechen, der »Angebote« eines Wozu meines freien Selbst-Einsatzes, in dem mir mein Leben selbst zur Verheißung werden soll, sodass ich diesen Selbst-Einsatz ganzherzig vollziehen kann. Wo mir die Teilhabe an der Verheißung meines Lebens – warum auch immer – verweigert ist, öffnet sich mir nicht die gute Alternative meines Lebens, mit der ich mich in freier Entscheidung identifizieren könnte. Dieses Teilhaben-Können ist nicht selbstverständlich. Es ist in transzendentaler Selbstreflexion nicht mit erschlossen, sondern in vielfacher Hinsicht unverfügbar. Es ist auch das in individueller »Biographie-Arbeit« wie in gesellschaftlich-politischer Auseinandersetzung Umkämpfte. Verweigerte oder verschlossene Teilhabe ist elementare Unfreiheit, verlangt nach Befreiung von der Verheißungslosigkeit und der Perspektivlosigkeit des Lebens; verlangt nach der Gnade des Bejahen-Könnens und dem Zugänglichwerden bisher verweigerter Partizipationsmöglichkeiten. Freiheits-Theorien und Freiheits-Theologien müssen sich auch als Befreiungs-Theorien und Befreiungs-Theologien verstehen, wenn sie am Geschehen von Freiheit orientiert und für es engagiert sein wollen.

Verheißungsvolle, motivationskräftige Versprechen und Herausforderungen mag es viele geben. Viele davon sind leer, weil sie keine Teilhabe eröffnen; viele sind als Verführungen erkennbar, die vom Geschehen der Unfreiheit und konkreter Teilhabe-Verweigerung ablenken. Andere haben meinen Weg womöglich als Verhängnis mitbestimmt; man wird sich ihnen erst in mühsamer, mitunter therapeutisch unterstützter Selbstreflexion entziehen können. Man darf sich von ihnen nicht herausfordern lassen und nicht in sie investieren, da sie zur Unfreiheit verführen – mir nicht den Raum der Selbstbestimmung öffnen, sondern meine Autonomie schmälern oder zerstören. Die Kritik der verheißungsvollen Herausforderungen ist zunächst am Maßstab der Autonomie – der Unabhängigkeit von entfremdender Heteronomie – auszurichten. Dieser Maßstab markiert die notwendige Bedingung des Geschehens von Freiheit, die Unabdingbarkeit der *negativen Freiheit*. Die Frage nach der hinreichenden Bedingung des Freiheits-Geschehens führt zum Mir-Geschehen und Zugänglich-Werden eines (unbedingt) Bejahenswerten, das auch deshalb unbedingt bejahenswert ist, weil es mein Bejahen in freier Selbstbestimmung ermöglicht.[67] Hier kann man – wie oben geschehen – von der Dimension der *positiven Freiheit* sprechen, von ihrer Wozu-Dimension, dem Teilhaben-Können am Geschehen von Freiheit. Positive Freiheit ist freilich so wenig ohne die negative Freiheit denkbar wie diese ohne jene. Sie geschieht im selbstverantwortlichen Sich-Einlassen auf die (schlechthin) gute Alternative meines Lebens. Dieses unabdingbare Miteinander hat mich veranlasst, auf die Gleichursprünglichkeit des Freiheits-Geschehens in Selbstbestimmung und des Mir-Geschehens eines (unbedingt) Bejahenswerten hinzuweisen.

Das Freiheits-Geschehen transzendiert die Selbst-Bestimmung, da es seinen Sinn darin hat, dem Wirklich-Werden des Guten zu dienen, seinen Zweck also nicht in sich selbst hat. Es ist bezogen auf Geschehnisse des (schlechthin) Guten, in denen Menschen der Sinn von Freiheit aufscheint, in denen er ihnen *geschieht* und sie herausfordert, sich ihm auszusetzen und in ihn einzubringen.[68] Sich in ein solches Geschehen frei einbringen können und von ihm dazu herausgefordert erfahren, der zu werden, der ich

---

[67] Die Selbsttranszendenz der Selbstbestimmung ist auch interpersonal zu würdigen. Dass es nach Kant (vgl. Grundlegung zur Metaphysik der Sitten, Kants Werke. Akademie Textausgabe, Berlin 1968, Bd. IV, 428) die Freiheit der Selbstbestimmung unbedingt erfordert, andere Menschen als vernünftiger Selbstbestimmung fähige Subjekte der Selbstbestimmung – als Zweck in sich selbst – anzuerkennen und über sie niemals als bloße Mittel zu verfügen, ist als notwendige Bedingung interpersonalen Freiheits-Geschehens anzusehen. Die hinreichende Bedingung geschieht, wo Menschen sich verheißungsvoll herausgefordert erfahren, sich einem Menschen nicht nur als Mitglied der Menschengattung, sondern diesem konkreten Menschen in uneingeschränktem Wohlwollen zuzuwenden und so daran mitzuwirken, dass er zur Entfaltung seiner ureigenen Möglichkeiten kommt.

[68] Man kann hier von »göttlicher Inspiration« sprechen, die – so Simone Weil – »unfehlbar, unwiderstehlich [wirkt], wenn man die Aufmerksamkeit nicht von ihr abkehrt, wenn man sich ihr nicht verweigert. Man braucht keine Wahl zu ihren Gunsten zu treffen; es

sein kann und sein will, für die anderen und für die Verwirklichung des (schlechthin) Guten sein kann und sein will, das darf als die vollgültige Wirklichkeit von Freiheit angesehen werden. Es macht nicht abhängig von dem, was mir da geschieht und mich motiviert, und lässt mich doch auf es angewiesen sein. Wenn das, was einem Menschen da geschieht, christlich als das Ihm-Geschehen der Gottesnähe – neutestamentlich: als das Nahekommen der Gottesherrschaft – ausgelegt werden darf, so geschieht ihm darin nicht Heteronomie, sondern das Hineingeführt-Werden in einen verheißungsvollen Horizont der Selbst-Verwirklichung. Dass und wie er sich öffnet, kann so wenig aus dem Freiheits-Vermögen des Menschen abgeleitet werden, wie etwa das Geschehen der Liebe aus dem Liebesvermögen eines Menschen. Es hat daran allenfalls seine notwendige Bedingung.

Dass den Menschen Gottesnähe widerfährt und sie zum glaubenden Sich-Transzendieren in Freiheit auf das schlechthin Gute hin herausfordert, wird christlich als Gottes gnadenhafte Selbst-Mitteilung ausgesagt: als das, worüber dem Menschen »schlechterdings nichts Größeres geschehen kann«[69] und danach verlangt, als solches gedacht zu werden. Es bleibt die Frage, warum Gottes Nähe nicht allen Menschen so verheißungsvoll geschieht, dass sie sich in Freiheit von ihr ergreifen lassen. Weil sie sich diese Gottesnähe nicht geschehen lassen? Weil Gott vielen nicht so nahekommt, dass sie seine Herausforderung wahrnehmen können? Weil sich ein Welt-Geschehen dazwischendrängt, das den Menschen Möglichkeiten des Menschsein-Könnens verdirbt? Man wird die Frage nicht theologisch zu beantworten, sondern selbst als Herausforderung zu begreifen haben, dem Geschehen der Gottesnähe auf die Spur zu kommen, wo immer es sich ereignet; auch da, wo man es selbst kaum für möglich hielte, so auch in anderen Religionen oder in religionsdistanzierten Überzeugungen und Lebens-Einsätzen.

Wäre es in dieser Denk-Verlegenheit nicht schlüssiger, von einem geschichtlich-kontingenten Geschehen der Gottesnähe abzusehen und anzunehmen, dass Gottes Nähe im menschlichen Vermögen der Freiheit immer schon geschieht, es deshalb keiner geschichtlichen Nachbesserung bedürfe? Schlüssiger oder kurzschlüssiger? Dass Gott in seinem Sohn durch

---

genügt, ihr die Anerkennung nicht zu verweigern, dass sie ist« (dies., Zeugnis für das Gute. Traktate – Briefe – Aufzeichnungen, dt. hg. von F. Kemp, Olten – Freiburg i. Br. 1976, 193).
[69] So die Formulierung Schellings, mit der er die bekannte Proslogion-Formel Anselms von Canterbury (Proslogion 2) markant umformuliert; Friedrich Wilhelm Joseph Schelling, Philosophie der Offenbarung. Zweiter Band (Ausgewählte Werke), Darmstadt 1974, 27.

seinen Geist Menschen konkret-geschichtlich, kommunikativ *unbedingt angeht,* sie herausfordert und motiviert, sich in sein Wirken des Guten einzubringen, ist christliche Glaubens-Erfahrung und Glaubens-Hoffnung. Die wird wohl am besten dadurch gehegt, dass man sich gegenseitig ermutigt, für das Nahekommen Gottes bereit zu sein, die Spur seines Nahekommens aufzunehmen und gemeinsam auszuprobieren, was in ihr möglich wird.

Einer transzendentaltheologischen Sicht, wie Saskia Wendel sie ausformuliert und noch über die Freiheits-Theologie Thomas Pröppers hinaus zuspitzt, sind solche Überlegungen vom Ansatz her fremd. Für sie ist es entscheidend, das Freiheits-Vermögen libertarisch, als schlechthin schöpferisch, zu denken. Es verdankt sich dann nicht einem Anderen, ist nicht darauf angewiesen, etwas »von außen« zu empfangen und fängt so auch Glauben und Hoffen aus sich selbst an, so wenig es freilich sicherstellen kann, dass sich Glaube und Hoffnung erfüllen werden. Auch Glauben und Hoffen sind hier als freie Selbstvollzüge bewussten und vernunftbegabten menschlichen Daseins gedacht, denen nichts »von außen« gegeben sein muss, damit sie in rechter Weise vollzogen werden können. Was nicht von ihnen selbst hervorgebracht ist, sondern empfangen werden müsste, wäre mit der Forderung eines *sacrificium libertatis et intellectus* verbunden. Ihm hätte man den freien Selbstvollzug zu opfern.

Offenbarung und Gnade werden theologisch aber gemeinhin als ein Gegebenes angesehen, das der Mensch nicht aus sich haben und durch freie Selbstbestimmung hervorbringen kann. Dem wäre in einem streng transzendentaltheologischen Konzept zu widersprechen. Auch da, wo man versucht, die Gegebenheit einer geschichtlich-kontingenten Offenbarung und der Gnade als Vorgabe menschlicher Freiheit zu denken, bleibe man – so Wendel – einem Rest-Extrinsezismus verhaftet, insofern man dem freien Selbstvollzug der Vernunft abspricht, alle Inhalte des Glaubens und Hoffens als *durch die Vernunft selbst gegeben,* von ihr hervorgebracht und hinreichend bestimmt anzusehen. Ein Gegeben-Werden, das die Freiheit zu sich selbst herausfordert, zur Vernunft kommen lässt und zum Hoffen- und Glauben-Können ermutigt, bleibt da außer Betracht. Das Vermögen der Freiheit ist immer schon es selbst, bei sich selbst und Prinzip des Glaubens wie des Hoffens, des Glauben-Könnens wie des Hoffen-Könnens; ihm muss nicht in irgendeiner Weise aufgeholfen werden. Genau so ist es für Wendel Gottesgabe, die vom Menschen als autonome Selbstbestimmung gelebt wird.[70]

---

[70] Vgl. Saskia Wendel, In Freiheit glauben, 131–134.

Eine externe Bedingung der Möglichkeit dafür, dass Menschen sich als Hoffende und Glaubende in Freiheit selbst vollziehen, darf hier um ihrer autonomen Selbstbestimmung willen nicht in Frage kommen. Nun hat sich die kirchliche Lehrüberlieferung immer wieder diesem Unabdingbarkeits- und Nötigkeits-Diskurs zu entziehen versucht, der im transzendentalen Denken auf die Spitze getrieben ist. Gott, seine Offenbarung und Gnade sind nicht unabdingbar nötig dafür, dass der Mensch sich selbst verwirklichen kann. Gaben sind nicht nötig, aber Beziehungs-relevant. Das Reden und das Geschehen von Gott, Offenbarung und Gnade öffnen einen Horizont, in dem den Menschen aufgehen kann, wofür ihre Freiheit in Anspruch genommen und woraufhin ihre Hoffnung verheißungsvoll herausgefordert ist, wodurch ihnen ihr gläubiges Vertrauen glaubwürdig werden kann. In diesen Horizont werden sie hineingerufen durch Zeugnisse, die ihnen das Geschehen – das Nahekommen – eines schlechthin Guten bezeugen und sie zu der oft angefochtenen Hoffnung ermutigen, dass sie sich diesem Geschehen öffnen und über das Geschehen des Bösen in der Welt hinauskommen können.

Eine Hermeneutik der Zeugnisse wird der menschlich-autonomen Selbstbestimmung nicht die Bedingung der Möglichkeit dafür sichern müssen, dass sie sich aus sich selbst zu vollziehen in der Lage ist. Sie wird sie vielmehr in den Horizont einführen wollen, in dem Freiheit so geschieht, dass Menschen sich einem schlechthin guten *Wofür* anvertrauen und es selbst anfangen können. *Anfangen und Angefangen-Werden:* Im Geschehen der Freiheit schließen sie sich nicht aus, bedingen sie sich vielmehr, ohne dass das Eine auf Kosten des Anderen zur Geltung kommen müsste.[71] Ist das schon eine kompatibilistische Position? Es ist gewiss keine streng libertarische. Aber man wird doch den Versuch machen dürfen, sich dieser Alternative mit guten Gründen zu entziehen. Freiheit geschieht, indem man dahin kommt, sich dem unabdingbar Scheinenden zu entziehen, über es hinauszukommen, hinauszuglauben, hinauszuhoffen – sich dem zu öffnen und zugleich für es geöffnet zu werden, was unendlich mehr als nötig ist, auch nicht als unabdingbar erwiesen und sichergestellt werden kann, aber *gewagt* werden darf. Freiheit als Wagnis, im Sich-Hinauswagen über das Bestimmt- und Gehaltenwerden vom Sicheren auf das als schlechthin

---

[71] Bei Karl Rahner begegnet diese Einsicht im Axiom von der direkten Proportionalität menschlicher Selbst-Verwirklichung und göttlichem Gnadenhandeln. Zu seiner Auslegung vgl. Aaron Langenfeld, Frei im Geist. Studien zum Begriff direkter Proportionalität in pneumatologischer Absicht, Innsbruck–Wien 2021.

gut Wahrnehmbare hin, den oder die als schlechthin gut Wahrnehmbare(n) hin: Gehören Glaube und Freiheit nicht so zusammen?

3.10 Etwas anfangen können

Was bedeutet es anzufangen und so das menschlich-endliche Vermögen der freien Selbst-Bestimmung zu aktualisieren? Der transzendentalphilosophische Aufweis der Unabdingbarkeit, mit der dieses Vermögen als Urgeschehen eines bewussten Daseins angenommen werden muss, und seiner als ebenso unabdingbar geltend gemachten inneren Struktur abstrahiert von dieser Frage. Man macht sie transzendental unsichtbar, wenn man den formal unbedingten Urvollzug von Freiheit zunächst von seiner kategorialen Realisierung abtrennt und *abstrakt für sich* betrachtet. In einer anthropologischen Reflexion muss es darum gehen, die Bedeutung des Geschehens von Freiheit auszuloten und so auch klarer zu sehen, was es für den Menschen bedeuten kann, des Anfangens fähig zu sein und sich als Anfangenden wahrzunehmen.[72]

Über die konkreten theologischen Sachzusammenhänge hinaus, die ich oben skizziert habe, wäre anthropologisch auszuführen: Unser Handeln ist nie schlechthin initiativ, sondern – mit Bernhard Waldenfels und Reinhard Feiter gesprochen – *antwortendes Handeln*[73], hervorgerufen, herausgefor-

---

[72] Saskia Wendel moniert, mit dieser mir zu Recht zugeschriebenen Fragestellung würden transzendentale Reflexionen mit rein phänomenologischen Erwägungen kontaminiert (In Freiheit glauben, 124, mit Berufung auf Magnus Lerch, Gnade und Freiheit – Passivität und Aktivität. Anthropologische Perspektivierung auf ein ökumenisches Grundproblem, in: Internationale Katholische Zeitschrift Communio 45 [2016], 408–425). Viel »schlimmer«: Ich *relativiere* die transzendentale Reflexion, weil ich der Überzeugung bin, dass sie sich selbst beschneidet, wenn sie das notwendige (und nicht nur empirisch gegebene) Miteinander oder Ineinander von Frei-Anfangen (Bejahen) und Angefangen-Werden in der Widerfahrnis eines Bejahbaren abblendet. Diese Gleichursprünglichkeit hat – so würde man phänomenologisch sagen – die Qualität eines Korrelations-Apriori, in dem sich das Eine nicht ohne das Andere begreifen lässt (ich verwende den Begriff des Korrelations-Apriori im Sinne von Lambert Wiesing, Ich für mich. Phänomenologie des Selbstbewusstseins, Berlin 2020, passim). Ich vermische also nicht die fundamentalere (?) transzendentale Argumentation mit »rein phänomenologischen Erwägungen«. Ich relativiere sie, weil sie m.E. philosophisch und auch theologisch nicht für sich allein stehen kann.
[73] Vgl. Reinhard Feiter, Antwortendes Handeln. Praktische Theologie als kontextuelle Theologie – ein Vorschlag zu ihrer Bestimmung in Anknüpfung an Bernhard Waldenfels' Theorie der Responsivität, Münster 2002.

dert, ermöglicht und getragen. Von einer Herausforderung sind wir eingesetzt und hineingerufen in unsere Verantwortung, die weiterführende Antwort zu finden. *Eingesetzt* sind wir schon in eine Selbst- und Situations-Wahrnehmung, die uns ebenso mitgegeben ist wie sie von uns »gemacht« wird. Wir haben uns von Anfang an nicht in der Hand, sind uns gegeben, damit wir uns auf rechte Weise empfangen und so in das uns Gegebene hineinfinden, es leben. Zum Entscheiden und Handeln kommen wir, wenn wir finden, worauf wir antworten sollen, *wollen*, können – und beginnen, uns davon in Anspruch nehmen zu lassen.

Initiative Selbstbestimmung handelt nicht »von außen« in eine Situation hinein, in der sie sich *dann* kategorial konkretisieren würde. Sie findet sich schon vor und sie realisiert sich in den Möglichkeiten, die ihr zugewachsen sind, aus den Ressourcen, die mir die Partizipation an mitmenschlich-gesellschaftlichen Kommunikations-, Handlungs- und Lebens-Zusammenhängen ermöglichen und die Erfahrung von *Selbst-Wirksamkeit* erlauben. Etwas anfangen können heißt immer: Resonanz finden können für das, was ich anfangen will, aus solchem Resonanz-Geschehen heraus genauer wahrnehmen, was ich anfangen will, anfangen können will. Meine Initiative wächst mir zu, öffnet sich mir in der Erfahrung, etwas ausrichten zu können, womit ich mich – mehr oder weniger – identifizieren kann, was für mich in diesem Sinne identitätsrelevant ist: meine Identität ausdrückt, formt, neu bestimmt. Ich kann etwas anfangen, das zu etwas führt, für mich und für andere bedeutsam werden, Resonanz finden kann, weil es selbst resonant ist, sich einstimmen durfte auf das, was in dieser Situation dran und möglich ist.[74]

Was geht da auf meine Initiative zurück und was auf die Situation, sodass es mir gewissermaßen entgegenkommt und ich darin Selbstwirksamkeit entwickeln kann? Das ist kaum trennscharf zu unterscheiden, so sehr ich vielleicht einigermaßen treffsicher zum Ausdruck bringen kann, was ich an Intuitionen und Qualifikationen mitbringe und was mir *diese* Situation zu einer *günstigen* macht: günstig für das, was ich mitbringe, günstig dafür, dass ich mich mit dem, was ich einbringe, herausgefordert und fokussiert fühle. Das Grund-Geschehen der Situation ist Korrespondenz: Situative Herausforderung und »meine« Antwort passen sich so einander an, dass aus dieser Korrespondenz Sinnvolles herauskommen kann. Mein Initiativ-Werden stabilisiert sich durch Resonanz, die meine Zuver-

---

[74] Damit beziehe ich mich auf Hartmut Rosa, Resonanz. Eine Soziologie der Weltbeziehung, Berlin 2016.

sicht stärkt: Hier wird etwas für mich und die situativ Beteiligten Bedeutsames herauskommen. Diese Zuversicht bringt mich auf den Weg, gibt meinem Anfangen die (Motivations-)Kraft mit, initiativ zu werden.

Man kann diese phänomenologische Beschreibung womöglich in einer »ökologischen« Freiheits-Theorie ausformulieren, der es darum ginge, »das Subjekt umweltlich werden zu lassen, ohne es aufzugeben.«[75] Sie hätte das Geschehen von Freiheit als Resonanz- und Partizipationsgeschehen zu begreifen und nachzuvollziehen, wie menschliche Freiheit »lebendig« wird, wo sie an Möglichkeiten und Ressourcen, aber auch an Verbindlichkeiten partizipiert, die Welt so zu *bewohnen,* dass man sich zu verantwortlicher Teilnahme und Mitgestaltung herausgefordert weiß; sie so zu *teilen,* dass es möglichst für alle Beteiligten gut werden kann. Autonomie und Partizipieren machen Freiheit in *gleichem Maße* aus.[76]

Das Geschehen von Freiheit wäre dann auch als ein Kampf-Geschehen zu begreifen, in dem es darum geht, über Partizipations-Verweigerung und die ungerechte Verteilung von Partizipations-Chancen hinauszukommen. Erreicht werden soll das Jenseits eines Kampfes, in dem jede(r) Beteiligte sich gegen die Anderen behaupten muss, der »eschatologische Friedenszustand« wechselseitiger Anerkennung[77], in dem Jedem und Jeder die Möglichkeit offensteht, kommunikative und materielle Ressourcen zu nutzen, ohne sie anderen Bedürftigen wegzunehmen oder sie durch rücksichtslose Ausbeutung zu ruinieren, und sie dafür einzusetzen, dem Ideal eines guten Lebens in Freiheit näherzukommen.

Mit der Ausarbeitung einer solchen ökologischen Theorie der Freiheit müsste die Identifizierung der Partizipations- und Resonanz-Krisen einhergehen, in denen das Geschehen von Freiheit bedroht ist oder durchkreuzt wird: wenn – um nur diese Krisen zu nennen – Menschen von der Teilhabe am Lebensnotwendigen und aus der Mitwirkung an der Gestaltung der gemeinsam bewohnten Lebenswelt ausgeschlossen werden; wenn die erfahrene Resonanz sich auf eine digital ermöglichte Total-Überwachung re-

---

[75] So Katharina Block – Sascha Dickel, Jenseits der Autonomie. Die De/Problematisierung des Subjekts in Zeiten der Digitalisierung, in: Behemoth 13 (2020) 109–131, hier 126 (zu E. Hörl [Hg.], Die technologische Bedingung. Beiträge zur Beschreibung der technischen Welt, Frankfurt a. M. 2011).
[76] Partizipation gehört zu den unabdingbaren Bedingungen der Möglichkeit von Freiheit. Man wird es zu den europäischen Altlasten einer Subjekt-zentrierten transzendentaltheologischen Reflexion zu rechnen haben, dass das weithin aus dem Blick geraten ist.
[77] Von ihm spricht Paul Ricœur in seinem Werk: Wege der Anerkennung. Erkennen, Wiedererkennen, Anerkanntsein, dt. Frankfurt a. M. 2006, 274–306.

duziert, in der die Überwachten durch Belohnung und Bestrafung zum »Wohlverhalten« konditioniert werden.[78] Die Resonanz- und Partizipations-Ambivalenz der Digitalisierung wird eine ökologische Theorie der Freiheit vermutlich mit noch ungeahnten Herausforderungen konfrontieren. Eine fast unbegrenzbare Ausweitung der Partizipations- und Resonanz-Chancen in der Netz-Kommunikation steigert auch Manipulations-Möglichkeiten ins Ungemessene. Und es wird zum Problem werden, wie das transzendentale Ideal des autonomen Subjekts noch mit einer Netz-Wirklichkeit zu vermitteln ist, die die Selbstbestimmung der Netz-Teilnehmer durch annähernd perfekte Konditionierungs-Strategien unterläuft.[79] Das Miteinander und Ineinander von Freiheits-Theologie und emanzipativer, elementare Partizipations-Chancen einfordernder Befreiungstheologie wird da in ungeahnter Weise dringlich werden. Und es wird sich als unerlässlich erweisen, das Freiheits-Geschehen in der Spannung zwischen dem Widerstand gegen übergriffige Manipulateure und dem verantwortlichen Sich-Einfädeln in schutzbedürftige soziale Verbindlichkeiten genauer zu verorten.

---

[78] Entsprechende Strategien werden in China ja schon über das Stadium der Feldversuche hinaus umgesetzt.
[79] Da kommt einem Saskia Wendels Behauptung, »noch in Situationen größter Abhängigkeit existier[t]en Momente von Selbstbestimmung« (angeführt werden »Aktionen politischer Gefangener wie etwa der Hungerstreik«; vgl. dies., In Freiheit glauben, 91), als wenig problembewusst vor. Unterdrückung mag, wie Wendel unterstellt, immer auf bewussten Widerstand treffen und freie Selbstbestimmung mobilisieren; Manipulation aber unterwandert Freiheit und produziert – wenn sie »gelingt« – die Illusion von Selbstbestimmung.

4. Selbstbewusstsein – Selbstgefühl – Identität

4.1 Funktionieren oder Intendieren?

Was müsste geschehen, damit von einem Freiheits-Geschehen die Rede sein dürfte? *Selbst-Wirksamkeit*: dass ein Mensch sich verwirklicht, so handelt, wie es seiner wohlerwogenen Intention entspricht. Er müsste an einem Handlungs- bzw. Verwirklichungs-Zusammenhang teilnehmen können, den er bejaht. Willens- und Handlungs-Freiheit: Ich kann etwas anfangen, worin ich mich in einen für mich bedeutsamen Zusammenhang einbringen und zu dem, was ich sein will, auf dem Weg sehen kann. Mit mir, aus mir anfangen können, was es wert ist, angefangen zu werden; mit meinem Anfangen in einen verheißungsvollen Sinnhorizont meiner Selbstwirksamkeit hineingehen können: dass mein Anfangen nicht vergeblich sein wird, sondern zu etwas Gutem führt. Soviel Hoffnung müsste in einem Anfangen sein, wenn von Freiheit im Sinne des Selbstwirksam-Werdens, der Selbst-Verwirklichung die Rede sein soll.

Aber sind da nicht von Anfang an Illusionen und Selbst-Missverständnisse im Spiel? Die Illusion vor allem, dass es im biologischen Funktions-Zusammenhang meines Daseins auf ein wollendes, sich selbst verwirklichendes Selbst ankäme und nicht auf die vom Gehirn gesteuerten bzw. koordinierten Funktions-Zusammenhänge, in denen ein Lebewesen »autopoietisch« sein Überleben realisiert und seine Umweltbeziehungen möglichst optimiert? Funktionieren statt intendieren: Daran erfasse man die Prozesse, die das Lebewesen Mensch in dem begreiflich machen, was sein Dasein in der Welt *wirklich* und letztlich ausmacht. So sehen es Vertreter eines anthropologisch-reduktiven Naturalismus, der die (Selbst-)Bewusstseins-Phänomene als Epiphänomene biochemischer Regelkreise und in elektrischen Impulsen übermittelter Informations-Prozesse ansieht. Das schließt nicht aus, dass dem Bewusstsein auch eine biologische Funktion zugeschrieben werden muss. Etwa die, mit der genaueren Registrierung von Anpassungs-Möglichkeiten zur Optimierung der Umwelt-Einpassung beizutragen. Darin läge dann ein mehr oder weniger erheblicher Evolutions-Vorteil, der durch Bewusstsein erreicht werden könnte, aber eher nicht als solcher bewusst erlebt wird.

Folgt man diesem Erklärungs-Muster, reduziert man die Funktion des Bewusstseins auf die Registrierung von Überlebens- und Anpassungs-relevanten Gegebenheiten der Innen- wie der Außenwelt, die Reorganisations- oder Verhaltens-bedeutsam werden kann, weil das Registrierte vom Gehirn zu biochemisch-elektrischen Impulsen und so zu Informationen verarbeitet wird, mit denen das Lebewesen Mensch arbeiten kann. Diese Funktion bleibt meist unter der Schwelle des Bewusstwerdens. Das Nicht-Wahrgenommene, im Gehirn Passierende und von ihm in Bewegung Gesetzte wäre dann das eigentlich Wirkende und Wirkliche. Bewusst werden könnte es mit den Hilfsmitteln modernster elektro-chemischer, bildgebender Verfahren – bei denen, die es mithilfe dieser Verfahren beobachten. Aber streng genommen würde es den Beobachtenden nicht bewusst, sondern von ihnen registriert wie ein Vorgang, den man bei anderem beobachtet und nicht als einen Prozess wahrnimmt, in den man selbst involviert ist. Als beobachteter kommt ihm der Index *mein* gerade nicht zu. Selbst wenn ich den Prozess bei mir beobachten und in seinen biochemischen Mechanismen nachvollziehen könnte, ließe sich am Beobachteten nicht erleben, dass es meins wäre und dass es sich darin von allen anderen körperlichen Prozessen unterscheidet. Das mithilfe bildgebender Verfahren Beobachtete und neurowissenschaftlich Quantifizierte ist nie meins, sondern das mit mir Passierende, in mir Vorgehende, das Passieren, das mich als Lebewesen ausmacht. Es sind nie schon meine Erlebnisse; und es ist hier nicht klar, wodurch sie es werden.[1] In der aufs Quantifizieren fokussierten Beobachter-Perspektive sind Bewusstseins-Phänomene *Epi*-Phänomene, im Blick auf das, was da *wirklich* geschieht, eigentlich zu vernachlässigen; sie sitzen gleichsam *auf* diesem Passierenden, ohne es wirklich auszumachen und zu bestimmen. Von *Selbst*-Bestimmung kann hier schon deshalb nicht die Rede sein.

Aber welche Funktion hätte dann der für das Selbstbewusstsein und die

---

[1] Vgl. in diesem Sinne: Hubert Dreyfus – Charles Taylor, Die Wiedergewinnung des Realismus, dt. Berlin 2016, 182: »Im Grunde verstehen wir sehr wenig – ja, man könnte sagen: fast gar nichts – davon, wie bewusste Erfahrungen wirklich auf unsere körperlichen Zustände und Handlungen supervenieren.« So kann man den Eindruck haben, »dass uns trotz der von der modernen Neurowissenschaft angeführten beeindruckenden Belege für die zerebrale Basis des Erlebens damit nur die notwendigen Bedingungen gegeben sind. Die hinreichenden Bedingungen dagegen setzen den in einer bestimmten Situation zurechtkommenden Akteur voraus« (ebd., 184).

Freiheits-Intuition fundamentale Index *mein*. Gerade noch die: Er markiert eine Information in dem Sinne, dass das Lebewesen, das ich bin, zur Reaktion und Reorganisation herausgefordert ist. Es geht um *mich*. Aber was heißt – in der Beobachter-Perspektive – *mich*? Nur dies, dass es (zunächst) nicht um andere Lebewesen geht? *Ich, mein, mich* wären keine originären Wahrnehmungs- und Erfahrungs-Qualitäten.[2] Welche Bedeutung hätte es dann (für wen?), dass das darin Angezeigte bewusst wahrgenommen wird, dass *Ich* sich also irgendwie von dem Funktions-Zusammenhang unterscheidet, in dem die Information *mich* nur dies meint: Dieses und nicht jenes Lebewesen muss und wird sich auf die jeweils registrierten Gegebenheiten einstellen? Hat es etwas zu bedeuten, dass gewisse Prozesse nicht nur in meinem Gehirn – und nicht in deinem oder ihrem – ablaufen, dass ich sie mir vielmehr als meine *zurechne*?

Wenn das Bewusstwerden bloßes Epiphänomen wäre, wie das durch die Libet-Experimente nachwiesen werden sollte, wäre es für das Lebewesen Mensch überflüssig bzw. eine Selbsttäuschung ohne erkennbare Funktion. Und selbst diese These würde die Frage nach dem Selbst aufwerfen, das von seiner Wahrnehmung getäuscht wird.[3] Die Thesen des reduktiven Naturalismus zwingen dazu, sich die humane Bedeutung des Selbstbewusstseins genauer anzusehen, ohne die von Selbstbestimmung in Freiheit nicht die Rede sein könnte. Erst wenn es von Bedeutung wäre, sich als Akteur(in) wahrzunehmen, auch als Akteur(in), die sich täuschen bzw. getäuscht werden kann, dürfte man davon sprechen, dass ich etwas intendiere und nicht nur irgendwie mitfunktioniere, dass es mir darum geht, nicht nur zu überleben, sondern darum, mit und in meinem Leben etwas anzufangen, womit ich mich identifiziere.

Hier käme man Empirie-nahe schon einen bedeutsamen Schritt weiter, wenn man auf evolutionstheoretische Rekonstruktionen der (Selbst-)Bewusstseins-Genese schaut. Das genetisch programmierte Gehirnwachstum, das den Übergang zum Homo sapiens sapiens zuwege brachte, versetzte die Frühmenschen in die Lage, sich in andere Menschen, ihre Vorhaben und Handlungsmöglichkeiten einzufühlen und so immer weiter reichende Ko-

---

[2] Zum Problem der *Qualia* vgl. Kapitel 2, Fn. 14.
[3] Wären die Seele bzw. das Selbst etwa nur, so fragt Hans Jonas, »eine illusionhabende Illusion«? Und er fährt fort: »Hier stockt der Gedanke. Man kann nicht mehr weiter fragen, *wessen* die Illusion im Ganzen wiederum ist: wir enden im Unbegriff einer freischwebenden ›Illusion an sich‹, die niemandes Illusion ist, einer Täuschung, die auch den Getäuschten noch vortäuscht, oder eines Traumes, der erst seinen Träumer erzeugt und doch von ihm geträumt wird« (Hans Jonas, Macht oder Ohnmacht der Subjektivität, 56).

operations-Beziehungen einzugehen, sich aber auch ebenso *bewusst* als ein Selbst mit eigenen Vorhaben und Interessen von anderen abzugrenzen und in dem, was man *selbst* will, wahrzunehmen. Beim-anderen-und-mit-den-anderen-Sein und Selbst-Bezug, Selbst-Zentrierung und Bewusstsein der Selbst-Wirksamkeit rufen sich wechselseitig hervor. Die Entwicklung des sprachlichen Kommunikationsvermögen lässt nicht nur den Austausch über die Verfolgung gemeinsamer und individueller Interessen zu, sondern ermöglicht auch das Teilen von Erfahrungen, die Teilnahme an Erfahrungen, die man nicht selbst gemacht hat: das *Lernen*.

So öffnet sich der Horizont eines Miteinanders, in dem nicht nur gemeinsam Beute gemacht und geteilt und die aggressive Selbstbehauptung mit dem Einhalten von klaren Rang-Hierarchien domestiziert werden kann, sondern auch ein selbstwirksames Teilnehmen an sozialen Ressourcen möglich wird. Die Erfahrung eines selbstbestimmten Mitwirkens an gemeinschaftlichen Handlungs-Sequenzen mag eine Evolutions- und Menschheits-geschichtliche Spätfrucht sein. Sie ist aber in der gehirnphysiologisch induzierten Fähigkeit des Sich-einstellen-Könnens auf Interessen und Bedürfnisse anderer grundgelegt und ermöglicht verantwortliches Mitwirken-Können an einem tragfähigen Interessen-Ausgleich und an gemeinschaftlichen Zielfindungs-Verständigungen. So wird hier in nuce jene Selbst-Bezüglichkeit realisiert, die man in elaborierten Selbstbewusstseins-Theorien strukturell zu erfassen sucht.

Solchen Selbstbewusstseins-Theorien kam seit Kant und Fichte, aber auch schon bei Augustinus eine systematisch zentrale Begründungs-Funktion für den Argumentationszusammenhang der Philosophie wie der Theologie zu. Im menschlichen Selbstbewusstsein schien eine Konstellation zugänglich, die sich auch in allen anderen philosophischen Fragen von Belang auffinden ließ: die ursprüngliche Einheit des in der Reflexion Differenten. Selbstbewusstsein ist sich *seiner selbst* in allen bewussten Vollzügen bewusst; das Selbst ist sich bei allem, worauf Bewusstsein sich richtet – was es intendiert –, in spezifischer, gedanklich nicht leicht zu klärender Weise *mit*-gegeben. Das Mitgegebene und das, dem es mitgegeben ist, sind offenkundig dieselben. Und doch unterscheiden sie sich insofern, als dem Ich in seinem Selbst-Vollzug etwas Mitgegebenes als ein solches präsent wird, in dem es sich als dem mit ihm Identischen präreflexiv »wiedererkennt«. In meinem Akteur-Bewusstsein ist mir der Unterschied zwischen der Zuschreibung *Mein* und allen anderen Akteurs-Zuschreibungen intuitiv zugänglich; ist mir aber auch der Unterschied zwischen dem Zuschreibenden – dem Ich – und dem »Inhalt« der Zuschreibung intuitiv bewusst; ist mir zugleich bewusst, dass die so Unterschiedenen nicht als zwei unterschiedliche Realitäten anzusehen sind. *Ich* nimmt *mich* wahr, identifiziert sich mit dem Mich, am Mich, wird seiner selbst im Mich als Ich (mehr oder weniger) bewusst. Das Mich ist hier, obwohl Akkusativ, nicht Objekt des Subjekts Ich. Es wendet sich ihm nicht sekundär-reflexiv zu, nimmt sich vielmehr *ursprünglich* in der Selbst-Gegebenheit des Mich wahr. Es kann sich nicht anders wahrnehmen. Die reine Subjektivität und Spontaneität des intendierenden Ichs ist ihm ja nicht – in rein innerlicher Selbstwahrnehmung – als solche gegeben.

Selbstwahrnehmung ist durch das Mir-gegeben-Sein des Mich vermittelt. Diese Vermittlung bleibt alltäglich annähernd unbemerkt; sie ist in vermittelter Unmittelbarkeit »aufgehoben«, kommt so aber doch noch im Selbstbewusstsein vor: wie wenn ein Außen im Innersten vorkäme und in der Innenwahrnehmung des intendierenden Ich ein »Außen« mit wahrgenommen würde. Diese Mit-Wahrnehmung unterläuft dem Selbstbewusstsein nicht zufällig; ohne sie könnte das Ich sich nicht wahrnehmen. Ich kann sich nur als das ihm mitgegebene Mich bewusst werden. In dieser Vermittlung zeigt sich die Differenz der Gegebenheitsweisen: das Ich erfährt, fühlt sich oder nimmt sich wahr als Mich – und es nimmt zugleich die Identität wahr zwischen dem in allen bewussten Akten Mit-Gegebenen und dem, dem es (mit-)gegeben ist.

Dem Selbstbewusstsein ist in diesem Sinne eine mehr oder weniger latent bleibende Selbst-Unterscheidung mitgegeben, die Selbst-Beziehung und Selbst-Reflexion möglich macht: den reflexiven Nach- bzw. Mit-Vollzug der Vermittlung, die im unmittelbaren Selbstbewusstsein »aufgehoben« ist. Das Ich erweist und erlebt sich in reflexiver Selbst-Thematisierung darin als Subjekt, dass es sich zu sich *verhält* und so zu dem verhalten kann, was »in ihm« und mit ihm vor sich geht. Es geht nicht darin auf, Glied eines Funktionszusammenhangs zu sein und bewusstlos mitzufunktionieren. Es weiß, eher es fühlt sich in Differenz zu dem, was ihm geschieht, in Differenz auch zu den biophysischen Prozessen, in denen und durch die es selbst geschieht. Ihm ist die Möglichkeit, sogar die Notwendigkeit mitgegeben, mehr zu sein als das, was durch es und mit ihm in Funktionszusammenhängen passiert. Es kann sich Bedeutung geben, indem es ein *Wofür* intendiert: Sinnzusammenhänge entwirft, an Sinnzusammenhängen partizipiert, die es durch seine Partizipation mitbestimmt. *Ich* kann sich verantwortlich in Handlungszusammenhänge eingliedern, sie durch seine Mitwirkung so konstellieren, dass es als es darin vorkommen und sich in ihnen »verwirklichen« kann. Sein Mich ist aber nicht pure Selbst-Vorfindlichkeit, sondern leibhafte Welt-Verflochtenheit, die zugleich als Unterschiedenheit von der Welt gelebt werden will. Die Welt-Verflochtenheit darf nicht zur Selbst-Aufgabe in welthafte Funktions-Zusammenhänge hinein führen. Selbstbewusstsein ist demnach nicht nur eine mehr oder weniger selbst-verständliche Gegebenheit, sondern Herausforderung, sich nicht im Mitfunktionieren zu verlieren. Die Selbst-Unterscheidung von dem, was mir geschieht, macht sich aber daran fest, dass man es in irgendeinem Sinne als wertvoll ansieht, ein Selbst zu sein und nicht nur mitzufunktionieren, dass es einem darum geht, selbstbestimmt zu leben, in diesem Selbst-Sein nicht manipulativ unterwandert und um sein Selbst gebracht zu werden. Selbstbewusstsein ist ausgerichtet auf Selbstwert-Bewusstsein. Dieser sprachliche Zusammenhang ist nicht zufällig, aber auch nicht selbstverständlich. Es gilt ihn aufzuhellen.[4]

Seit Fichte ist immer wieder versucht worden, diese komplexe und für weitere Zusammenhänge offenkundig höchst belangvolle Konstellation aus einem nicht weiter ableitbaren Grund heraus verständlich zu machen und sich über diesen Grund metaphysisch oder auch theologisch zu verständigen. Alle diese Versuche blieben höchst voraussetzungsreich und argumentativ fragil. Sie sollen hier nicht weiter verfolgt oder »verbessert« werden. Vielmehr soll hier zum Thema werden, wie sich diese Konstellation in biologisch-sozialen Reifungsprozessen herausbildet, was sie anthropologisch bedeutet und was aus ihr – schließlich auch theologisch – folgt.[5]

Die *naturalistisch-reduktive These* unterstellt, dass nichts aus ihr folgt. Sie könne verlustfrei auf die für die Hominisation ausschlaggebende Erweiterung und Optimierung von Gehirnfunktionen zurückgeführt werden, die den Menschen-Populationen mehr Möglichkeiten bereitgestellt hätten, sich variabel und kooperativ in unterschiedlichen Umwelten zu behaupten. Aber warum setzt sich in der Evolution eine riskante Reflexions-Dynamik durch, die den reflektierenden Wesen eine nur begrenzt koordinierbare »Eigensinnigkeit« im Erleben und im Wollen mitteilte? Warum sollte es

---

[4] Ein selbstbewusster Mensch zu sein bedeutet alltagssprachlich, sich selbst wichtig zu nehmen. Lambert Wiesing (vgl. Ich für mich, 172–251) zeigt, dass dieser Alltags-Sprachgebrauch den philosophischen nicht äquivoziert, sondern phänomenologisch belangvoll anreichert.
[5] Insoweit folge ich dem phänomenologischen Ansatz von Lambert Wiesing. Er lässt sich von der Frage leiten: »Wie muss ich für mich in der Welt sein, weil es mein Selbstbewusstsein gibt? Welche Zumutungen [im Sinne von: unabdingbaren Herausforderungen; J. W.] folgen für mich unvermeidbar aus der Wirklichkeit meines Selbstbewusstseins?« (Ich für mich, 11).

evolutionär vorteilhaft sein, sich nicht nur so zu verhalten, dass man größere Überlebens- und Fortpflanzungschancen hat, sondern darum zu wissen bzw. wissen zu können, wie man sich verhält und dass man sich anders verhalten könnte? Wenn das nur epiphänomenale Selbsttäuschungen wären: Worin läge der Evolutions-Vorteil, den es mit sich bringt, sich über die biochemisch umgesetzte, evolutionsbedingte Determination des eigenen Verhaltens zu täuschen und die Illusion einer vernünftigen Selbstbestimmung und Selbstwirksamkeit zu entwickeln? Hätte man dieses Selbstmissverständnis als Sackgasse der Evolution abzubuchen, in der das nachhaltig desillusionierte Menschengeschlecht schließlich die letzten Reste eines bewussten Lebenszutrauens aufgeben müsste? Und überhaupt: Wieso kann es für das Lebewesen Mensch von Bedeutung sein, nicht nur aufs Überleben aus zu sein, sondern mit seinem Leben etwas anfangen zu *wollen*, das für es von Bedeutung ist, und das Zutrauen zu entwickeln, dass das Leben zu etwas gut sein kann? Offenkundig gelingt es naturalistisch-reduktiven Konzepten nicht, verständlich zu machen, »wie materielle Dinge und Prozesse und zugleich erlebnisfähige selbstreflexive Ich-Subjekte zusammen ein und dieselbe Welt bilden«[6]. Sie sind nicht in der Lage, nachvollziehbar zu erläutern, was es bedeutet, dass es in dieser Welt nicht nur biochemisch erklärbare Lebensprozesse, sondern ein *Erleben* gibt, was es bedeutet, etwas und in allen Erlebnissen auch sich selbst zu erleben.

Eine naturalistisch-reduktive Erklärung für das menschliche Selbstbewusstsein greift zu kurz. Berechtigt das schon dazu, die mit ihm gegebene Konstellation für ein Verständnis der menschlichen Autonomie in Anspruch zu nehmen, das den Menschen als den Grund seiner autonomen Selbstbestimmung auszeichnet, ihn also dazu in der Lage sieht, aus sich bzw. mit sich das für ihn Lebenswichtige anzufangen und zu gestalten, in diesem Sinne Selbstbewusstsein zu »entwickeln«? Man wird hier zu Differenzierungen und genaueren, interdisziplinär »angereicherten« Beschreibungen kommen wollen.

4.2 Selbstwahrnehmung, sich fühlen

Der Mensch ist das Lebewesen mit (Selbst-)Bewusstsein. Wie weit und inwiefern er Weisen des Sich-bewusst-Werdens und Erlebens mit anderen Lebewesen teilt, mag hier außer Betracht bleiben. Davon auszugehen ist,

---

[6] Holm Tetens, Gott denken, 21.

dass das Bewusstsein des Menschen in leibhafter Selbstwahrnehmung seinen Grund hat:

> »[W]ir leben aus einem unbewussten, leiblichen Grund heraus, den wir nie ganz vor uns selbst zu bringen vermögen. Und dieser Grund geht ein in alles Wahrnehmen, Denken, Tun, insofern es eines *Mediums* bedarf, durch das es sich vollzieht [...] Dieses Medium ist der Leib. Alles bewusste Erleben ist daher nicht nur an den physiologischen Körper als seine biologische Basis gebunden, sondern auch an den *subjektiven* Leib. Gemeint ist damit also weniger der [als solcher] erlebte als der im Hintergrund ›gelebte‹ Leib als der Ort eines *basalen Lebensgefühls*: des diffusen Behagens, der Vitalität, Frische oder Müdigkeit, des Schmerzes, Hungers und Durstes, weiter der Leib als Resonanzraum aller Stimmungen und Gefühle, die wir empfinden; und schließlich der Leib als Zentrum und zugleich Medium aller Wahrnehmungen, Bewegungen und Handlungen.«[7]

Lebewesen empfinden ihr *Da*-Sein in ihrer Lebens-Umgebung und reagieren entsprechend, um dieses Da-Sein zu sichern. Menschen erleben es leibhaft als ihr »Befinden«[8] und Sich-Befinden: an diesem Ort *(da)*, in dieser Situation. Die fordert sie heraus, ihre Vermögen einzusetzen, um dem Leben in der Welt, die sich ihnen hier erschließt, Gestalt zu geben. Sie erleben sich in einer Welt, die ihnen Lebensmöglichkeiten bereitstellt und ihre Vermögen anfordert, von ihnen einen Lebens-förderlichen Gebrauch zu machen. Ihr leibhaftes Vertraut-Sein mit ihrem Körper und durch ihn mit der »Außen-Welt« äußert sich also zugleich als die Anforderung, ihr *Da*-Sein in dieser Welt als je *meine* Welt-Wirklichkeit zu bewohnen. Selbstbewusstsein entspringt, *emergiert* aus dem Sich-Befinden als der Wahrnehmung, das eigene Körper-Dasein leben, es im Leib-Bewusstsein durchleben zu können, gestalten zu müssen: ein Leben und einen Körper nicht nur zu haben, sondern mein Leben und meinen Leib *selbst* zu leben, der/die zu sein, der/die – mit welchem expliziten Anspruch auch immer – *Subjekt* ihres bzw. seines Daseins ist und sich doch zugleich als Objekt gegeben, gar zugemutet erfährt.

Die »höherstufigen, intentional gerichteten Funktionen des Wahrnehmens, Denkens, Reflektierens« wurzeln »in einem elementaren, affektiven Lebens- und Selbstempfinden, das aus den inneren, autonomen Regulationsprozessen des Organismus emergiert, und das den beständigen Hintergrund und zugleich den Antrieb für alle höheren kognitiven Leistungen

---

[7] Thomas Fuchs, Das Gehirn – ein Beziehungsorgan, 98.
[8] Vgl. ebd., 98. Auf die räumlich-leibhafte Konnotation des Wortes *Befinden* weist Fuchs ausdrücklich hin.

bildet.«⁹ Das Lebewesen, das der Mensch ist, empfindet sich selbst im Betroffen- und Heimgesucht-Werden von Wohl- oder Missbehagen, von Lust oder Unlust, von Angst oder Freude – und in der darin liegenden Herausforderung, auf das ihn hier Angehende nicht nur »bewusstlos« zu reagieren, sondern zu antworten, ihm eine Bedeutung zu geben. Es nimmt sich ursprünglich wahr als Adressat dieser Herausforderung, in der Selbst-Wahrnehmung, angesprochen und darin bedeutsam zu sein. Das »Empfinden des Lebens selbst«[10] geschieht menschlich nicht als die bloße Hinnahme der eigenen Objekt-Wirklichkeit, sondern als ein *mitvollzogenes Involviert-Sein*, als Empfindung eines *geteilten Lebens*, in dem es darum geht und gelernt werden muss, wie *ich* daran teilnehmen kann.

Das leibhafte Dasein in der Welt wird in diesem Sinne als eine soziale Wirklichkeit erlebt. Selbstbewusstsein stellt sich nicht in monologischer Selbstwahrnehmung und Selbst-Vergewisserung, sondern als leibhaft erlebtes und sozial vermitteltes ein. *Ich* erlebe mich in soziale Zusammenhänge eingefügt: als das Eigene und zugleich Zugespielte, Mitgegebene, an dem ich mich zur Reaktion, genauer: zur Antwort herausgefordert und so erst *selbst* wahrnehme. George Herbert Mead hat das vor fast einem Jahrhundert differenziert herausgearbeitet. Seine Anregungen sind erst vor fünfzig Jahren anthropologisch fruchtbar geworden.[11]

Meads These: Selbstbewusstsein entsteht durch das Wahrnehmen des Wahrgenommen-Werdens: durch »das Erfühlen der Haltung des anderen gegenüber [mir] selbst« und das Sich-Einstellen auf diese Haltung, mit dem das Erfühlen zu einer sozialen Wirklichkeit im Ich wird.[12] Ich (»I«) erfühlt sich (»me«), da es an der Resonanz bei anderen fühlt und wahrnimmt, wie es mit ihnen und für sie da ist, da sein kann: indem es sich auf sie, auf ihre Wahrnehmung und Erwartungen einstellt, Erwartungen an sie ausbildet. Es lernt – zunächst durch signifikante Gesten vermittelt – Regeln, nach denen es im sozialen Geschehen eine Rolle spielen kann. Mit der Wahrnehmung, *eine Rolle zu spielen*, nimmt es sich als selbstwirksamen Akteur wahr:

---

[9] Ebd., 137.
[10] Vgl. Antonio Damasio, Descartes' Irrtum. Fühlen, Denken und das menschliche Gehirn, München 1995, 207.
[11] Vgl. von ihm: Geist, Identität und Gesellschaft aus der Sicht des Sozialbehaviorismus. Mit einer Einleitung hg. von Ch. W. Morris, dt. 1968. Immerhin kommt schon Arnold Gehlen auf Meads nun zu referierenden Gedankengang ausführlich und zustimmend zu sprechen (vgl. ders., Der Mensch. Seine Natur und seine Stellung in der Welt, Frankfurt a. M. ¹⁰1974, 208 f.; erste Auflage 1940).
[12] Vgl. Geist, Identität und Gesellschaft aus der Sicht des Sozialbehaviorismus, 214.

»Das ›ich‹ [I] ist die Reaktion des Organismus auf die Haltungen anderer; das ›ICH‹ [me] ist die organisierte Gruppe von Haltungen anderer, die man selbst einnimmt. Die Haltungen der anderen bilden das organisierte ›ICH‹ und man reagiert darauf als ein ›Ich‹ [...]. Das ›Ich‹, in dieser Beziehung zwischen ›Ich‹ und ›ICH‹, ist also etwas, das sozusagen auf eine gesellschaftliche Situation reagiert, die innerhalb der Erfahrung des Einzelnen liegt.«[13]

Die Möglichkeit, eine Rolle zu spielen, inkorporiert den zum Selbstbewusstsein erwachenden Menschen in eine gesellschaftliche Wirklichkeit und weckt sein Vermögen, sich als ein Selbst (I) in das Spiel einzubringen: auf die generalisierten, regelhaften Reaktionen und Erwartungen der anderen, die als me (ICH) übernommen und antizipiert werden, so zu reagieren, dass er sich als individuelles Selbst ausdrückt. In diesem Sinne »reagiert der Einzelne ständig auf eine solche organisierte Gemeinschaft« um in ihr als bedeutsamer Mitspieler vorzukommen, selbst bedeutungsvolle Reaktionen hervorrufen und wieder auf sie antworten zu können.[14] Wenn I reagiert bzw. in Dialog tritt zu dem als me Internalisierten, sich in diesem Sinne sozial sichtbar zu machen vermag, entwickelt es das Gefühl der Freiheit und der Initiative.[15] Es kann tatsächlich eine Rolle spielen in einem gesellschaftlichen Spiel, in dem es durch das Befolgen von Regeln – durch Internalisierung des »generalisierten Anderen« – in die Lage kommt, die eigene Rolle zu gestalten und sich als Partner im Spiel wahrzunehmen. Es kann eine Rolle spielen, die zu den Rollen der anderen passt und doch als seine eigene Rolle wahrgenommen wird, auch von ihm selbst als Aktualisierung des Eigenen wahrgenommen wird. Die Fähigkeit zur Perspektiven-Übernahme eröffnet die Möglichkeit, die Ich-Perspektive auszubilden, sich als Ich wahrzunehmen, dem es um sich selbst geht, so um sich geht, dass es ihm darum geht, eine seiner Selbst-Aktualisierung dienende Rolle zu spielen.

Meads Intuitionen wurden soziobiologisch und sozialpsychologisch aufgegriffen und konkretisiert. Dabei zeigte sich: Die *Selbst*-Wahrnehmung als Adressat eines auf mich gerichteten intentionalen Handelns, das dem Ich eine Antwort zu-mutet – zutraut und abverlangt –, setzt ontogenetisch voraus, dass Ich und Du als voneinander *unterschiedene* Wirklichkeiten erfahren werden, die sich aufeinander beziehen können.[16] Am Verhalten

---

[13] Ebd., 218.
[14] Vgl. ebd., 241.
[15] Mead wörtlich: »Das ›Ich‹ liefert das Gefühl der Freiheit, der Initiative« (Geist, Identität und Gesellschaft, 221).
[16] Dass das auch als traumatische Trennung, ja als Entwertung erlebt wird, ist für psycho-

des Du muss wahrgenommen werden können, dass es mich meint, mir seine Aufmerksamkeit zuwendet. *Ich* muss ansatzweise nachvollziehen können, was *Dich* bewegt, was *Du* intendierst, damit es ein *Mich* als den Adressaten konzipieren kann, auf das *Deine* Intention gerichtet ist. Das Ich muss fähig werden, die Du-Perspektive einzunehmen, damit es sich im Angesprochen- (Angeschaut-, Berührt-)Werden gemeint fühlen und nun seinerseits das symbiotisch empfundene Einssein auf ein soziales Miteinander hin aufgeben kann. Das Entstehen des »Zwei-Perspektiven-Selbst« wird beim Menschen durch die von »Spiegelneuronen« realisierte emotionale Ansteckung in Gang gebracht.[17] Spiegelneurone bilden das Verhalten anderer ab und bereiten dem Nachvollzug *deines* Verhaltens in *meinem* Verhalten den Weg, machen so erst biologisch möglich, dass ich an dir wahrnehme, was dich bewegt und mich dazu herausfordert, mitzuhandeln – was mich als Mithandeln-Könnenden für mich selbst *zu Bewusstsein bringt*.

Ich und Du sind unterschiedliche Handelnde, nehmen unterschiedliche Perspektiven ein. Aber ich kann deine Perspektive elementar nachvollziehen. So entwickeln ich und du eine Wir-Perspektive, in der ich mich von einem Nicht-Ich gemeint fühlen kann und in der das Nicht-Ich die Außenwelt einbringt, sie so einbringt, dass dieses Außen vom gemeinsamen Wir gleichsam umschlossen ist. Dabei bleibt es nicht. Das Zwei-Perspektiven-Selbst öffnet sich, es wird geradezu aufgebrochen zum Drei-Perspektiven-Selbst, das mich dem Blick *von außen* aussetzt: Ich nimmt sich als soziale Realität, tatsächlich mit den Augen der anderen, wahr und beginnt, sich auf deren Erwartungen zu beziehen, zu *beobachten*, wie es sich auf sie förderlich einstellen, mitspielen kann. Das Außen wird nun definitiv eine Wirklichkeit des Innen.[18] Ich sehe mich als von außen gesehen, reagiere bzw. antworte darauf und kann mich gar nicht anders sehen als in diesem Ant-

---

analytische Konzepte von elementarer Identitäts-genetischer Bedeutung. Identität setzt die frustrierende Überwindung der Symbiose mit der Mutter voraus. Es liegt nahe, die Ausschließungs-Wut gegen *die Anderen* sozio-psychoanalytisch auch als späte Reaktion auf die Entwertungs-Erfahrung im frühkindlichen Sich-unterscheiden-*Müssen* anzusehen.

[17] Zu diesem Konzept vgl. Vittorio Gallese – Alvin Goldman, Mirror neurons and the simulation theory of mindreading, in: Trends in Cognitive Science 12 (1998), 492–501.

[18] Vgl. Joachim Bauer, Wie wir werden, was wir sind. Die Entstehung des menschlichen Selbst durch Resonanz, München 2019, 50. Bauer macht deutlich, dass die Potentiale des Gehirns zur Einfühlung in die zweite und dritte Perspektive durch interpersonale Stimulation entwickelt werden müssen und keineswegs in jedem Fall oder auch nur einigermaßen angemessen ausgeschöpft werden.

worten, als in der dem Außen ausgesetzten, von ihm in Mitleidenschaft gezogenen, nicht »losgelassenen« Innenwahrnehmung.

Ist dieses Im-anderen-bei-sich-selbst-Sein (Hegel[19]) mehr als ein evolutionärer Zugewinn, der Überlebens- und Kooperationsfähigkeit steigert, da man die nächsten Züge des Konkurrenten besser voraussehen und das Miteinander effektiver koordinieren kann? Die Einfühlung in die Perspektive des Du und der anderen wäre dann rein verhaltensorientiert, kein (Selbst-)Bewusstseinsphänomen. Sie würde nicht *mich* – mein Selbst-Verständnis – betreffen und bestimmen, sondern Einfluss darauf nehmen, wie ich mich am besten auf Situationen einstelle. Perspektiven-Übernahme und Einfühlung öffnen aber darüber hinaus die Möglichkeit, mein Angewiesensein auf die anderen, auf das Eine-Rolle-spielen-Können in seiner Bedeutung für mich zu erfahren und zu ermessen. Ich bin zuinnerst auf *Resonanz* bei anderen bzw. durch andere angelegt und bezogen. Ich werde meiner selbst als Resonanz-Wesen bewusst; Selbstbewusstsein ist Resonanz-Bewusstsein.

Leibhafte Resonanz: Im Mit-Klingen, Mit-Empfinden beginnt der Säugling, sich wahrzunehmen, nimmt auch seine Bezugsperson ihr eigenes Selbst als von diesem kleinen Menschen Berührtes, zum Klingen Gebrachtes wahr. Zwei Körper schließen sich zu einem leibhaft-»dynamischen Resonanzsystem« zusammen.[20] Soziales Dasein realisiert sich von Anfang an in diesem Zum-Mitklingen-gebracht-Werden und zum Mitklingen-bringen-Können, als Berührt-Werden und Berühren-Können. Es »weckt« mein Selbst-Gefühl, leibhafte Aufmerksamkeit zu spüren, an einer Interaktion teilzunehmen, in der mir der Andere in seinem Da-Sein und seinen Intentionen zugänglich wird; es stimuliert mein Selbstgefühl, Resonanz zu finden: die Aufmerksamkeit anderer zu wecken, von ihnen gesehen und gehört zu werden. Darin geschieht nicht nur eine hoch-effektive Koordination von Erwartungen und Handlungs-Bereitschaften. Selbst-Gefühl lebt vom Interesse der anderen *an mir*, nicht bloß an dem, was ich womöglich zur gemeinsamen Aktion beitragen kann. Es lebt davon, dass ich als »wertvoll« angesehen werde und in der Lage bin, das Selbst-Gefühl anderer zu steigern, da ich sie für mich – wie für das soziale Miteinander – als wertvoll ansehe.

---

[19] Vgl. Georg Wilhelm Friedrich Hegel, Phänomenologie des Geistes, Werke in zwanzig Bänden, hg. von E. Moldenhauer und K. M. Michel, Band 3, Frankfurt a. M. 1970, 144–147.
[20] Vgl. Thomas Fuchs, Das Gehirn – ein Beziehungsorgan, 213.

Im Zwei-Perspektiven-Selbst wird der andere als Du wahrgenommen, mit dem ich in einem wechselseitigen Resonanz-Verhältnis stehe. Es geht hier um die Präsenz des jeweils anderen und um mein Da-Sein, nicht nur um die Daseins-Bewältigung jetzt oder in überschaubarer Zukunft. Das funktional bestimmte Miteinander tritt in der Beobachter-Perspektive in den Vordergrund: Das Drei-Perspektiven-Selbst nimmt das Interesse der anderen wahr, mit mir »rechnen« und einschätzen zu können, was man von mir erwarten darf, befürchten muss. Die das Selbst-Gefühl stimulierende Resonanz verdünnt sich. Ich komme in einer gemeinsamen Welt vor, in der es nicht primär oder fast gar nicht auf mich ankommt, sondern eher darauf, wie ich mich in soziale Strukturen und Handlungs-Zusammenhänge einpasse, was ich beitragen kann und welche Erwartungen ich selbst geltend machen werde. Die Übergänge sind fließend, aber spürbar; und die sozial Interagierenden werden doch immer darauf aus sein, in eher funktional bestimmten Lebens-Zusammenhängen Resonanz zu finden bzw. zu erzeugen. Das Selbstbewusstsein ist hier aber deutlicher davon abhängig, ob mir der Selbst-Wert aufgrund des von mir Erbrachten zugebilligt wird.

Wenn das Drei-Perspektiven-Selbst sein Vorkommen in einem Welt-Zusammenhang realisiert, der wenig Gelegenheit zu bieten scheint, für den eigenen Selbst-Wert Bestätigung zu erlangen, wird es sich eher als ein Menschen-Exemplar unter unendlich vielen vorkommen und herausgefordert sein, das Selbstwert-Gefühl in einer kaum noch resonanten Welt-Umgebung irgendwie zu stabilisieren. Selbstbewusstsein und Selbstgefühl finden sich der Anfechtung ausgesetzt, mit Bewusstsein in einer kaum resonanten Wirklichkeit zu leben, in der sich viele nebeneinander vorkommende Einzelnen letztlich als bedeutungslos ansehen müssten. Genau so aber nimmt es deutlicher wahr, dass das bloße Mitfunktionieren und Vorkommen unter unendlich vielen Mitfunktionierenden nicht Quelle des Selbst-Gefühls sein kann.

Resonanz ist das *Mitgegebene*, in dem Selbstbewusstsein und Selbstgefühl »erwachen«, getragen sind und gespeist werden. Sie entspringen nicht bzw. nicht nur aus sich, sondern zugleich aus einem leibhaft-resonanten Miteinander, das mein Selbstbewusstsein durch die Wahrnehmung und die zugewandte Aufmerksamkeit anderer hervorruft, die mich *jemand* sein lassen und als Mitmenschen lebensweltlich-leibhaft adressieren. Diese Mit-Ursprünglichkeit kann in Resonanz-armen Lebens-Zusammenhängen unterhalb der Wahrnehmungsschwelle bleiben, sodass Selbstbewusstsein als Ich-*Leistung* erscheint. Die Konnotationen des Begriffs werden dann deutlicher davon bestimmt, dass man ein Selbstwert-Bewusstsein entwickelt und gegen Gleichgültigkeits- oder Entwertungs-Erfahrungen stabilisiert, weniger davon, dass das Selbstbewusstsein sich als sozial vermittelte Selbst-Wahrnehmung und Selbst-Beziehung einstellt. Hier tritt der spannungsreiche Doppelsinn von Selbstbewusstsein (und Selbstgefühl[21]) deutlich hervor: Selbstbewusstsein und Selbstgefühl kommen nicht aus ohne Selbstwert-Bewusstsein und Selbstwert-Gefühl. Die sind auf Quellen angewiesen, aus denen sich eine positive Selbst-Schätzung und das darauf aufbauende Selbst-Vertrauen speisen kann. So sind sie in der Gefahr, sich – gerade wenn sie angestrengt mobilisiert werden – als »hohl« und Grundlos zu erweisen.

Diese eher erfahrungswissenschaftliche Annäherung an das Phänomen Selbstbewusstsein akzentuiert eine Gleichursprünglichkeit des Aus-sich-selbst und des intersubjektiv-sozialen Hervorgerufen-Seins von Selbstbewusstsein. Philosophische Selbstbewusstseins-Theorien wollen dabei nicht stehenbleiben und zu einer Subjekt-theoretischen Klärung des Phänomens kommen. Ich werfe einen Blick auf solche Theorien und frage, ob sie die oben dargestellten Zusammenhänge in einem neuen Licht erscheinen lassen.

4.3 Selbstbewusste Subjektivität

Philosophisch grundlegend scheint die Aufgabe, Bewusstsein und Selbstbewusstsein zu unterscheiden, um dann zu bestimmen, in welchem Sinne Selbstbewusstsein »mehr« sein soll als Bewusstsein. Bewusstsein ist keine »Leistung«. Es tritt auf, ist »Ereignis«[22]; es ereignet sich in der ursprünglichen Wahrnehmung, dass ein Geschehen *mir* geschieht. In ihm und mit ihm ist eine vorreflexive Vertrautheit mit mir gegeben, sonst könnte nicht wahrgenommen werden, dass es *mir* geschieht. Ich bin vorreflexiv *in die Lage versetzt*, nicht im platten Sinne – als biophysisches Geschehen – mit mir identisch zu sein, sondern mich zu mir selbst zu verhalten, mich als Gegebenheit zu realisieren. Das Selbstbewusstsein vollzieht dieses mein Mir-gegeben-Sein, ist in diesem Sinne eine aktive Leistung, in der das Selbst

---

[21] Vgl. Manfred Frank, Selbstgefühl. Eine historisch-systematische Erkundung, Frankfurt a. M. 2005.
[22] Vgl. Dieter Henrich, Selbstbewusstsein. Kritische Einleitung in eine Theorie, in: R. Bubner – K. Cramer – R. Wiehl (Hg.), Hermeneutik und Dialektik. Aufsätze I: Methode und Wissenschaft, Lebenswelt und Geschichte, Tübingen 1970. 257–284, hier 277.

als Reflexions-Subjekt auftritt und als solches bewusst wird. Dieser aktiven Bestimmungs-Leistung vorausliegend geschieht Selbstbewusstsein freilich schon als eine »anonyme« Aktivität, die »im Bewusstsein [...] stattfindet«; Dieter Henrich nennt sie »Organisation«. Damit meint er »die egozentrische Strukturierung des Wahrnehmungsfeldes«, aber auch »die Identifizierung gegenwärtigen Bewusstseins in die [sic; eher: der?] Kontinuität mit vergangenem und möglichem künftigem Bewusstsein«. Das ermöglicht es erst, dass das Selbst des Bewusstseins der »natürliche[n] Tendenz« folgt, »seine organisierende Funktion zu ergreifen und sich zu interpretieren als das Wesen, das der Reflexion und eines durch Reflexion kontrollierten Handelns fähig ist.«[23]

Unabweisbar aber ist, dass das Selbstbewusstsein nicht aus sich selbst entspringt, dass es sich vielmehr eine mitgegebene Voraussetzung zuschreiben muss, eine Hervorgerufen-Sein, einen »nichtegologischen« Grund, aus dem es hervorgeht und auf den es sich bezieht, so seiner selbst bewusst werden kann.[24] Will es sich in seinem Aufkommen verstehen, müsste es verstehen können, dass und wie es »bedingt ist durch ein Bewusstsein, das nicht sein Eigentum ist und das den Grund der Möglichkeit aller seiner Aktivitäten und Leistungen ausmacht«[25], und das in dem Sinne eine *Mir*-Gegebenheit ist, dass es mein Mich-Beziehen auf sie hervorruft. Selbstbewusstsein begründet sich nicht selbst; Grund des Selbstbewusstseins ist nicht die selbstbezügliche Reflexivität, sondern eine Gegebenheit, die es zugleich möglich macht, dieses Gegebene »anzueignen«, wobei noch einmal verstanden werden will, was solches Aneignen bedeutet und wie es dazu kommt.

Dieter Henrich spricht von der organisierenden Leistung des Selbstbewusstseins im Bewusstseinsfeld. Es zentriert die Welt-Wahrnehmung auf mich und macht mich zum *Subjekt* meines Daseins in der Welt. Es entwirft die »egozentrische« Perspektive der ersten Person, in der Ich sich zu dem es Angehenden und Betreffenden ins Verhältnis setzt und fühlend, beurteilend, mit entsprechenden Absichten zu ihm Stellung nimmt, seinem Ich-Sagen einen konkreten Gehalt gibt.[26] Ich-Sagen meint, sich in der Lage

---

[23] Ebd., 279 und 282.
[24] Dieter Henrich sieht diesen Gedanken in »Fichtes ursprünglicher Einsicht« metaphorisch erfasst in der Vorstellung eines »Blicks, der sich selbst erfasst«, eines mir eingesetzten Auges und Sehen-Könnens meiner selbst; vgl. ders., Fichtes ursprüngliche Einsicht, Frankfurt a. M. 1967, 28–37.
[25] Dieter Henrich, Selbstbewusstsein, a. a. O., 283.
[26] Vgl. Ernst Tugendhat, Egozentrizität und Mystik, 23–29.

zu sehen, ein Dasein in der Welt zu haben und sich als »einzigartiger« Inhaber dieser Welt *selbstbewusst* wichtig zu nehmen. Es meint auch, sich auf andere Ich-Sager bezogen zu wissen, von denen Ich weiß, dass sie sich ebenso als Inhaber von Welt wissen: »Auf der einen Seite nehmen ›ich‹-Sager sich – ihre Gefühle, Absichten usw. –, die sie jetzt als die eigenen erkennen, absolut wichtig, auf der anderen Seite erkennen sie sich als Teile in einem Universum von eigenständigen Wesen, die nicht weniger wirklich sind als sie und insofern ihre Wichtigkeit in Frage stellen können.«[27]

In der Ich-Perspektive unterstelle ich »normalerweise« viele andere Ich-Perspektiven-Inhaber; ich beziehe mich auf sie und habe »ein Bewusstsein davon, dass auch die anderen sich wichtig nehmen«, dass das Ich »sich in einer [gemeinsamen] Welt befindet«, in der ich »auch anderes wichtig nehmen und schließlich sich selbst angesichts der Welt als mehr oder weniger unwichtig ansehen kann.«[28] Das Subjekt-Bewusstsein ist unabtrennbar von dieser selbstrelativierenden Wahrnehmung, eine Objekt-Wirklichkeit unter vielen zu sein; es ist unabtrennbar von der Dritte-Person-Perspektive des Gesehen-Werdens »von außen«, als Körper-Dasein neben unendlich vielen raumzeitlich Vorkommenden.[29] Lebensweltlich ist es normalerweise auch von einem Du-Bewusstsein getragen, in dem die Total-Relativierung des Ich als möglicherweise unendlich unwichtiger Welt-Bestandteil in der wohltuend-relativierenden Du-Beziehung aufgehoben, wenigstens abgemildert sein kann. Das Drei-Perspektiven-Selbst kennzeichnet Selbstbewusstsein, macht es Welt-fähig, Beziehungs-fähig, Handlungs-fähig. Der Ich-Sager kann ein Selbst nur so sein, dass das Selbst Ich-, Du- und Es-Perspektive – Erste-, Zweite- und Dritte-Person-Perspektive – miteinander vermittelt. Das Selbst *weiß sich*, es realisiert sich als Subjekt und als Objekt und als Beziehungs-Wirklichkeit. Es wird sich darin zur Frage, wie es diese Vermittlung zustande bringt und als das vermittelnde Selbstbewusstsein möglich ist.

---

[27] Ebd., 29.
[28] Ebd. 30.
[29] Dieses reflexive Miteinander von Subjekt- und Objekt-Wahrnehmung kehrt – mitunter wenig als solches bedacht – in vielen anthropologisch relevanten Konzepten wieder, auch in solchen, die sich selbst von reflexionsphilosophischen Überlegungen weit entfernt sehen. So in neurobiologisch und/oder konstruktivistisch orientierten Entwürfen, in denen zu klären wäre, wie das Gehirn zugleich die sich selbst und die Welt konstruierende Instanz und ein Vorkommnis in dieser von ihm selbst konstruierten Welt unter unendlich vielen anderen Vorkommnissen soll sein können (vgl. Christoph Türcke, Natur und Gender. Kritik eines Machbarkeitswahns, München 2021, 81–93).

Hat man es nicht mit einer veritablen Paradoxie zu tun, wenn man eine »irreduzible Doppelverfassung [des Selbstbewusstseins] von Einmaligkeit gegenüber der Welt und gleichzeitigem Einbegriffensein in diese Welt als ein Element unter vielen«[30] annehmen und sich so zum eigenen Objekt-Sein, auch zum eigenen Nicht-mehr-dasein-Werden verhalten muss? Oder sollte man diese Doppelverfassung als Spannung ansehen, in der das Selbstbewusstsein sich *vorfindet* und zu *verstehen* hat, um ihr eine je neue lebbare Gestalt zu geben – etwa, wie Tugendhat vorschlägt, in einer mystischen »Transformation des Selbstverständnisses«, die dahin gelangt, sich radikal zu relativieren, will heißen: sich »zurückzustellen »zugunsten anderer«, schließlich »radikal von sich zurückzutreten«[31] und sich von jedem Wollen zu lösen, in dem man eine wie auch immer verstandene *Selbst*-Vollendung intendiert? Dieter Henrich und mit ihm Klaus Müller würden nicht so weit gehen. Aber sie sehen das Selbstbewusstsein zu einem *Selbstverständnis* herausgefordert, das seine irreduzible Doppelverfassung nicht als Paradoxie stehen lassen muss. Dafür greifen sie auf den Gedanken des Absoluten zurück, den sie im Sinne der *All-Einheit* auslegen[32]: Das Selbstbewusstsein kann sich als aus einem absoluten, nicht-egologischen Grund hervorgehend verstehen, dem es sich verdankt, ohne über ihn verfügen und ihn durch Selbstreflexion einholen zu können, von dem her es aber sein Hervorgerufen-Werden als Welt-entwerfendes Subjekt wie sein Vorkommen als ein Welt-Objekt unter unendlich vielen im Zusammenhang zu deuten vermag.

Der Alleinheits-Gedanke schließt das All des Endlich-Wirklichen so in sich ein, dass er endliche Subjekt-Wirklichkeiten in ihrem Selbstbezug wie in ihrer Beziehung zueinander, aber auch in ihrem Vorkommen als Objekte in der Welt zu denken fordert und ermöglicht. Das Selbstbewusstsein

---

[30] Klaus Müller, Gedanken zum Gedanken vom Grund. Dieter Henrichs Grenzregie der Vernunft an der Schwelle zur Gottesfrage, in: R. Langthaler – M. Hofer (Hg.), Selbstbewusstsein und Gottesgedanke. Ein Wiener Symposion mit Dieter Henrich über Philosophische Theologie, Wiener Jahrbuch für Philosophie, Band XL/2008, 211–227, hier 213. Henrich selbst spricht in seiner Replik auf Klaus Müller im eben zitierten Band von der »Diskrepanz zwischen der scheinbaren Zufälligkeit, Beiläufigkeit und Hinfälligkeit des eigenen Daseins gegenüber der singulären Bedeutung, die das Dasein für den haben muss, der es behauptet und der ihm einen Gehalt und eine Gestalt zu geben hat« (Dieter Henrich, Über das Endliche im Absoluten, ebd., 228–250, hier 229; vgl. ders., Das Selbstbewusstsein und seine Selbstdeutungen. Über Wurzeln der Religionen im bewussten Leben, in: ders., Fluchtlinien. Philosophische Essays, Frankfurt a. M. 1982, 99–124).
[31] Vgl. Ernst Tugendhat, Egozentrizität und Mystik, 147–149.
[32] Vgl. Klaus Müller, Gedanken zum Gedanken vom Grund, a. a. O., 215.

menschlicher Subjekte wird seinen absoluten Grund als Grund seines Subjekt- und seines Objekt-Seins wie auch des Mit-Seins mit anderen verstehen dürfen.[33] Selbst-Verstehen im Absoluten bedeutet *Selbst-Relativierung* nicht nur als Bezogen-Sein auf das gründende Absolute, sondern auch in der Beziehung zu anderen »Selbsten« und zur Gesamtheit der Welt-Gegebenheiten. Selbst-Relativierung muss dann nicht ein Relativiert-Werden durch andere Seiende und die Welt-Gesamtheit bis zur Bedeutungslosigkeit meinen, wenn sie hervorgerufen und mitgeteilt ist in der Selbst-Relativierung bzw. Selbst-Differenzierung des absoluten Einheits-Grundes selbst, der den endlich-menschlichen Subjekten darin nicht nur ihr Dasein, sondern auch ihr Sich-beziehen-Können mitteilt. *Neben und außer ihm* gibt es per definitionem nichts anderes, das ihn relativieren würde. Sich selbst differenzierend bringt er relative Bewusstseins-Subjekte hervor, die *in ihm* hervorgebracht sind und gerade so eine selbstständige, sich selbst verwirklichende Beziehungswirklichkeit sein dürfen. Dieter Henrich sagt es so:

> »Das All-Eine ist jenes selbstgenügsame Eine, das sich ursprünglich in Alles *differenziert* hat oder kraft seines Wesens ursprünglich in Alles differenziert *ist*. Diese Selbstdifferenzierung ist die Eigenschaft, die an die Stelle der ursprünglichen Differenz zwischen der Einheit und der Vielheit getreten ist. [...] Die Vielen sind in ihm als dem All-Einen eingeschlossen und daher mit ihm von der grundsätzlich gleichen Verfassung. Daraus folgt ganz unmittelbar, dass den im All-Einen eingeschlossenen Vielen gleichfalls die Eigenschaft der Selbstdifferenzierung zugesprochen werden muss«.[34]

Ein konsistentes Selbstverständnis setzt nach Henrich eine wie auch immer explizierte Theorie des Absoluten voraus, »für welche die Eigenständigkeit von Endlichen und damit auch der von ihnen selbst initiierten Prozesse Zielpunkt der Entwicklung des Gedankens vom Absoluten sind [...] Absolutes ist es gerade insofern, als die Endlichen, deren Grund in ihm liegt, nicht von ihm abgeschieden sind. Somit sind ihr Hervorgang, ihre Eigentätigkeit und die Prozesse, die sich daran anschließen, von dem umfasst, was das Absolute selbst ausmacht.«[35] Dass das Selbstbewusstsein nicht mit sich anfängt, vielmehr angefangen wird, ihm in seinem Angefangen-Wer-

---

[33] Vgl. Dieter Henrich, Über das Endliche im Absoluten, a. a. O., 230.
[34] Dieter Henrich, Denken und Selbstsein. Vorlesungen über Subjektivität, Frankfurt a. M. 2007, 269–270; vgl. Klaus Müller, Gott größer als der Monotheismus. Kosmologie, Neurologie und Atheismus als Anamnesen einer verdängten Denkform, in: F. Meier Hamidi – K. Müller (Hg.), Persönlich und alles zugleich. Theorien der All-Einheit und christliche Gottrede, Regensburg 2010, 9–46, hier 45.
[35] Dieter Henrich, Über das Endliche im Absoluten, a. a. O., 237.

den aber die Möglichkeit mitgeteilt ist, etwas anfangen zu können, was nicht zur Bedeutungslosigkeit verurteilt ist, mag als die Pointe eines Monismus einleuchten, der die unabdingbaren Voraussetzungen eines nicht an den eigenen inneren Aporien verzweifelnden Selbstverständnisses begreiflich machen kann. Er könnte wohl konsequent denken, wie das vielfältige Einzelne vom Absoluten in dem Sinne hervorgebracht ist, dass es »in seine Eigenständigkeit versetzt« wird, »in eben dieser Eigenständigkeit [aber] zugleich als Implikat des Absoluten erhalten« bleibt.[36] Weil das Absolute endliche Subjekte als aus ihrem absoluten Grund hervorgehende und auf ihn sich beziehen Könnende setzt, sind diese dem Absoluten selbst so »innerlich«, dass sie nicht zur *quantité negligeable*, zu in bloßes Vergangensein absinkenden Objekten relativiert werden können.

Dieter Henrich und Klaus Müller sind der Überzeugung, dass das Selbstbewusstsein auf ein Selbstverständnis angewiesen ist, das es in seinem Aufkommen wie in seinem – zunächst – aporetisch erscheinenden Bestehen verständlich machen kann. Ein Selbstbewusstsein, das sich selbst nicht verstehen kann, wäre für sie ein Widerspruch in sich. Die »unverzichtbaren Voraussetzungen« eines nachvollziehbaren Selbstverständnisses müssen als Bedingungen eines bewussten Lebens angesehen werden; sie können freilich nur als Grenzbestimmungen des Selbstbewusstseins denkend erfasst werden[37]: als »Abschlussgedanken«, in dem das, was um des unabdingbar Wahren und Wirklichen willen angenommen werden muss, ebenfalls als wirklich gesetzt wird, obwohl es zunächst den Status einer wohlbegründeten Fiktion (oder Option) hat. Wahrheit darf – so Klaus Müller – dieser Fiktion zugesprochen werden, weil und insofern sie »alle theoretischen und praktischen epistemischen Leistungen und damit alle Weisen von Wissen im Letzten in einer Ganzheit von Verstehen zusammenführt, die als prozessualer Komplex eines Wirklichen zu denken ist, als dessen Element sich das Subjekt begreift.«[38] Der Rekurs auf die transzendentalen Bedingungen der Möglichkeit eines adäquaten Selbstverständnisses führt nach Henrich und Müller zu einem Begriff des Absoluten, der die Grammatik vorzeichnet, in der von Gott rational verantwortet gesprochen werden dürfte. *Rational verantwortet*: im Sinne eines Panentheismus, der die beziehungsfähige Selbstständigkeit des Selbstbewusstseins nicht unterminiert, sondern

---

[36] Ebd., 238.
[37] Vgl. ebd., 239.
[38] Klaus Müller, Gott – größer als der Monotheismus, a. a. O., 37.

verständlich macht, ohne dafür auf personalistisch profilierte Beziehungs-Kategorien zurückzugreifen.

Die Tragfähigkeit dieses transzendentalen Rekurses ist wohl nicht über jeden Zweifel erhaben. In anthropologischer Perspektive wird man fragen dürfen, ob man das Selbstbewusstsein des Menschen tatsächlich unabdingbar auf ein in Henrichs und Müller Sinn konsistentes Selbstverständnis angewiesen sieht, in dem alle selbstbewussten Vollzüge und Leistungen in ihrem Zusammenhang nachvollzogen und in ihrer Möglichkeit begriffen wären. Anthropologie müsste sich nicht auf einen transzendentalen Regress zu den unabdingbaren Bedingungen der Möglichkeit von Selbstbewusstsein einlassen und zur Annahme eines monistischen Verständnisses des Grundes von Selbstbewusstsein nötigen lassen. Sie dürfte sich darauf beschränken, den Horizont der wesentlichen Vollzüge von Selbstbewusstsein abzuschreiten und sie so in ihrem Zusammenhang wie in ihrer intentionalen Ausrichtung zu erläutern. Diese argumentative Selbstbescheidung mag den »Rückweg« zu den empirischen und phänomenologischen Befunden erleichtern, die den Lebens-Sinn des Selbstbewusstseins auszulegen versuchen und die Frage stellen, was daraus folgt, dass Menschen selbstbewusste Lebewesen sind.

Es wird deutlich werden, welche unterschiedlichen Facetten die dem Selbstbewusstsein unabdingbar mitgegebene *Selbstrelativierung* annimmt bzw. immer schon angenommen hat. Über die von Henrich und Müller aufgewiesene Relativierung des Selbst durch sein welthaft-»räumliches« Vorkommen als Objekt neben vielen, über das für Mead zentrale *interpersonale* Relativiertsein hinaus kommt da die in der Herausbildung des Selbstbewusstseins-Begriff ja deutlich wahrgenommene Relativierung durch *Zeit* und Geschichte in den Blick.[39] Selbstbewusstsein ist auf nicht leicht aufhellbare Weise mit einem Kontinuitäts-Bewusstsein verbunden, in dem sich das menschliche Selbst seines Geworden-Seins inne ist – noch bevor es sein Herkommen als solches bewusst erinnert – und sich auf ein mögliches Werden bezogen weiß, zu dem es sich *selbst*-bewusst zu verhalten hat. Durch dieses Dazwischen-Sein ist Selbstbewusstsein ebenso ursprünglich relativiert wie durch Welt-Dasein und Interpersonalität. Diese Facetten der Relativierung bestimmen bzw. durchdringen sich wechselseitig. So erhebt sich auch die Frage, wie das eher räumlich konnotierte Absolutheits-

---

[39] Dafür lässt sich vor allem die englische, von John Locke und David Hume geprägte Tradition anführen, auch wenn man die »Lösungen«, die sie findet, kaum als tragfähig ansehen wird.

denken im menschlichen Selbstverständnis mit dem zeitlichen Geschichtsdenkens interferiert. Und es kann in den Blick kommen, dass das biblisch-christlich geprägte Denken des Absoluten das Eingehen Gottes in die Geschichte als zentrale Intuition ansieht.

4.4 Das Resonanzwesen Mensch

Man wird den transzendentalen Theorien des Selbstbewusstseins zugestehen, dass sie die Fragen nach einem adäquaten Selbstverständnis selbstbewusster Lebewesen und nach dem menschlicher Reflexion entzogenen Grund des Selbstbewusstseins auf die Tagesordnung auch anthropologischer Reflexionen gesetzt haben. Der Reflexions-entzogene Grund des Selbstbewusstseins zeigt sich – so greife ich diesen Denk-Impuls auf – der menschlichen Selbst-Erfahrung darin, dass Selbstbewusstsein eine Resonanz-Gegebenheit ist und ihm die ihm widerfahrende oder fehlende Resonanz letztlich unverfügbar geschieht oder eben fehlt. Selbstbewusstsein gründet nicht in sich. Es ist sich *gegeben* und dadurch zu sich selbst *hervorgerufen,* dass das Selbst zum Adressaten wird, als es selbst wahrgenommen und angesprochen ist, als ein solches wahrgenommen wird, mit dem eine Geschichte geschieht und von ihm zu verantworten ist. Die Resonanz-Metapher spielt die Vorstellung ein, dass es zum (Mit-)Klingen gebracht wird und so erst zum Bewusstsein seiner selbst kommt. Dieses Zu-Bewusstsein-Kommen geschieht nicht punktuell und ein für alle Mal. Es ist ein Prozess, eher noch eine Geschichte, in der das Selbst dahin gelangt, sich zu *spüren,* wie man es landläufig so sagt. Die Geschichte des Selbstbewusst-*Werdens* setzt freilich voraus, dass es zu menschlichem Selbstbewusstsein kommt, dass dieses *zu sich selbst* hervorgerufen werden kann. Die innere Struktur dieses Selbst-Bezugs mag nach transzendentalphilosophischer Erhellung verlangen. Anthropologisch gehaltvoll wird sie, wenn die transzendentale mit der biographisch-genetischen Perspektive zur Deckung kommt. Letztere bringt die Bedingungen der Möglichkeit dafür ein, dass menschliches Selbstbewusstsein sich ausbildet[40] und nicht in dem Sinne problema-

---

[40] Die Unterscheidung in transzendental und kategorial bleibt inadäquat, wenn transzendentale Reflexion darauf abzielt, die Bedingungen für einen selbstursprünglichen Vollzug von Selbstbewusstsein vollständig zu ermitteln. Wenn menschliches Selbstbewusstsein nicht selbstursprünglich ist, wird transzendentale Reflexion allenfalls die notwendigen, nie die hinreichenden Bedingungen von Selbstbewusstsein eruieren kön-

tisch wird, dass es selbst zum vorrangig zu bearbeitenden Thema bewussten Lebens wird – dass Menschen um ihr Selbstbewusstsein ringen müssen.

In empirisch-hermeneutischer Erkundung wird man Selbstbewusstsein als Bewusstsein der Selbst-*Gegebenheit* wahrnehmen: Das Ich findet sich – fand sich in gewissem Sinne immer schon – in der Resonanz vor, die zu ihm zurückkommt. *Zurückkommt*: das meint, dass die Resonanz – zumindest auch – von mir hervorgerufen wird, in diesem Sinne *auch* Antwort ist. Im Zurückkommenden erfährt sich das Ich anfänglich als ein Selbst, da es sich als leibhaft-selbstwirksam wahrnehmen darf. Kinder sind »per se *Resonanzwesen* [...], die gar nicht umhinkönnen, die Welt als *antwortend* zu erfahren.«[41] Selbst-bewusstes Menschsein wird immer in Resonanzerfahrung gründen und vom Resonanzverlangen wie von – mehr oder weniger ausgeprägter – Resonanzsensibilität gekennzeichnet sein. Beide sind anthropologische Grund-Gegebenheiten, die sich freilich als fragil herausstellen können. Hartmut Rosa diagnostiziert für moderne Gesellschaften eine »Resonanzkatastrophe«, die vielfach die existentielle Grundangst »vor einem umfassenden Resonanzverlust, vor einem Verstummen der Welt« mit sich bringe.[42] Kennzeichen für den Wirklichkeits-Zugang der Moderne scheint die schon von Spinoza eingeforderte Ent-Intentionalisierung zu sein, die alle Wahrnehmungen einer auf mich gerichteten, mich meinenden Intention im Geschehen von Welt und Geschichte entmythologisiert und die Erforschung der »wahren Ursachen« dagegensetzt, in der es allein um die kausale Eigen-Gesetzlichkeit der Phänomene geht.[43] Es gilt, so dann Friedrich Nietzsche, den »Glaube[n] an magisch wirksame Kräfte« endlich hinter sich zu lassen[44] und aus dem Resonanz-Traum zu erwachen, sich der wirklichen Situation des Menschseins bewusst zu werden und heldenhaft mit der Situation des Menschen als eines bloßen Naturwesens auszusöhnen, das sich im Prozess der Natur und der Geschichte nicht gemeint, sondern allenfalls von ihm fortgerissen und mit der »Logik« eines alles umfassenden

---

nen. Die Bedingungen der Möglichkeit des Vollzugs von Selbstbewusstsein liegen nicht vollständig im menschlichen Selbstbewusstsein.

[41] Hartmut Rosa, Resonanz, 605.
[42] Vgl. ebd., 269 bzw. 517.
[43] Vgl. oben Kapitel 3.3.
[44] Ursprünglich und in der Religion fortwirkend habe »der Mensch überall, wo er ein Geschehen sah, einen Willen als Ursache und persönlich wollende Wesen im Hintergrunde wirken geglaubt« (Die fröhliche Wissenschaft, Aphorismus 127, Sämtliche Werke. Kritische Studienausgabe, hg. von G. Colli und M. Montinari [KSA], München–Berlin 1980, Bd. 3, 482).

Willens zur Macht konfrontiert sehen kann. Zu dieser letzten Selbst-Desillusionierung taugt menschliches Bewusstsein vielleicht gerade noch, zu diesem Lage-Bewusstsein, das sich indes keineswegs von selbst versteht. Denn – so Nietzsche – was wusste, was weiß das Menschengeschlecht tatsächlich von sich selbst! »Verschweigt die Natur ihm nicht das Allermeiste«, um es »in ein stolzes gauklerisches Bewusstsein zu bannen und einzuschliessen! Sie warf den Schlüssel weg: und wehe der verhängnisvollen Neubegier, die durch eine Spalte einmal aus dem Bewusstseinszimmer heraus und hinab zu sehen vermöchte und die jetzt ahnte, dass auf dem Erbarmungslosen, dem Gierigen, dem Unersättlichen, dem Mörderischen der Mensch ruht, in der Gleichgültigkeit seines Nichtwissens, und gleichsam auf dem Rücken eines Tigers in Träumen hängend.«[45]

Erst wenn die Tür des bewusstlosen Bei- und In-sich-selbst-Seins – vielleicht nur um einen Spalt – aufgeht, kommt es zum Selbstbewusstsein, zum *Bewusstsein der Lage*, in der ich mich vorfinde. Und diese Lage ist – so Nietzsches prophetische Wahrnehmung – nicht die des Eingeborenseins in ein Resonanz-Geschehen, in dem mir meine unvergleichliche Bedeutung zu-erkannt und Selbst-Wirksamkeit ermöglicht wird. Sie ist vielmehr zum Verzweifeln – wäre man denn Verzweiflungs-fähig und noch dazu fähig, der Verzweiflung heldenhaft zu widerstehen. Selbstbewusstsein ist das Bewusstwerden des *Draußen*, des herausfordernd-überfordernd »Wirklichen«, das nun *drinnen* vorkommt, es nicht schonend umhüllt, sondern aufsprengt, die Geborgenheit der Kinderstube definitiv sprengt. Nicht das Resonanz-Geschehen ist die Wirklichkeit, sondern das Mitgerissen- oder Verschlucktwerden von einem Überwältigungs- und Macht-Geschehen, in dem ich nicht selbstwirksames Subjekt, sondern allenfalls zeitweise betroffenes Objekt sein kann – wenn ich mich nicht im erwachten Bewusstsein seiner bewusst werde und mich mit ihm identifiziere, will heißen: in mir und über mich hinaus den Lebens- und Machtwillen *selbst-los* Raum geben, ihn mitvollziehen will.

(Selbst-)bewusst werden heißt für Nietzsche, zu einem Bewusstsein der eigenen Lage kommen, das den Resonanz-Traum ausgeträumt hat, sich dem Draußen illusionslos stellt, mit diesem Ausgesetzt-Sein irgendwie fertig wird. Es heißt, über die Mittelpunkts-Illusion eines kindlichen Selbst- und Subjekt-sein-Wollens hinauszukommen, sein Mitgerissen- und Verschluckt-Werden zu bejahen, in dieser Bejahung ein Selbst zu sein und so der Relativierungs-Wucht des Draußen gewachsen zu sein. Von Resonanz-

---

[45] Ueber Wahrheit und Lüge im aussermoralischen Sinne 1, KSA 1, 855 und 877.

Katastrophe wird nur reden, wer sich nach der einhüllenden Resonanz der frühen Kindheit zurücksehnt.

Nietzsches Zarathustra-Pathos mag heute eher befremden; die Tiger-Metaphorik ist der Metapher der »›Hineingehaltenheit‹ ins lichtlose Nichts« gewichen.[46] Nietzsche hatte sie in der Parabel vom tollen Menschen vorweggenommen.[47] In seiner Spur konstatiert Peter Sloterdijk für die Moderne »die Zumutung der so schmerzlichen wie befreienden Umstellung von einem Füllehimmel zu einem Himmel der Abwesenheit und der Leere«. Befreiend immerhin deshalb, weil sie einigermaßen unabhängig macht von einem illusionären Resonanz-Verlangen; durchaus prekär darin, dass sie die Desillusionierten an die »Immanenz eines pragmatischen und unhimmlischen Weltbetriebs« ausliefert.[48] Der Selbst-Bezug kann sich nun nicht mehr über einen Transzendenz-Bezug vermitteln; das Transzendieren scheint sich im Leeren zu verlieren. Der »Himmel« wird zum ins Unendliche sich weitenden Horizont eines Fast-Nichts; im »Zentrum« das schwarze Loch, das alles verschluckt. Das im Selbst-Bewusstsein mich angehende, als Antwort herausfordernde *Außen* verliert seinen Resonanz-Charakter. Es drängt sich rücksichtslos »herein«. Ich muss *mich behaupten*. Diese Behauptung verliert jedoch mehr und mehr ihre Glaubwürdigkeit. Zunächst bleibt noch der Horizont des Allgemein-Gültigen sichtbar, in dem ich meiner Bestimmung durch Selbst-Bestimmung im ethisch-vernunftgerechten Handeln nachkommen oder die gesetzmäßigen Welt-Prozesse nachvollziehen kann. Aber was haben diese Vernunft-Allgemeinheiten noch mit mir, meinem individuellen Selbst, zu tun – unter einem »Himmel«, der mich verloren sein lässt, mir keine Berufung mehr zuspricht; angesichts eines Unendlich-Absoluten, das mir nicht resonant zugewandt ist, mich in meiner dürftigen Endlichkeit nur noch bis zur Bedeutungslosigkeit relativiert?

---

[46] Vgl. Peter Sloterdijk, Hat uns der Himmel noch etwas zu sagen?, in: DIE ZEIT Nr. 42 vom 8. Oktober 2020, 53.
[47] Die fröhliche Wissenschaft, Aphorismus 125, KSA 3, 481.
[48] Vgl. Peter Sloterdijk, Hat uns der Himmel noch etwas zu sagen?, a. a. O. Rémi Brague zeichnet die Entwicklung nach, in deren Verlauf sich seit dem 16. Jahrhundert die Entsprechungsrelationen zwischen Kosmos und menschlichem Selbstverständnis auflösen, der Kosmos – die »Welt« – zum Beziehungs-verweigernden, gleichgültigen Universum wird und den Menschen mit der Herausforderung konfrontiert, sich selbst Bedeutung zu geben; vgl. ders., Die Weisheit der Welt. Kosmos und Welterfahrung im westlichen Denken, dt. München 2006, 237–292.

Da meldet sich die Verzweiflung an, die das Unendliche als Abgrund des Selbst wahrnimmt und nicht mehr sehen kann, wie sich in diesem Abgrund ein verlässlicher Grund zeigt, in dem man Selbst-Sein und Selbst-Werden als Möglichkeit ergreifen könnte. Die ihm innerliche, abgründige Unendlichkeit scheint das Selbst zu sprengen: »... il y a l'infini entre ce que je suis et ce que j'ai besoin d'être«.[49] Der ins Unendliche sich öffnende Abgrund in mir wird zum Selbst-*Projekt*, zum Horizont einer uneinholbaren Herausforderung, an der ein emanzipatorisch selbstgewisses Selbst scheitern muss, vielleicht gerade in seinem verzweifelten Scheitern den Blick auf Gott gewinnt; auf den Gott der Versöhnung, der die anklagende und zur Verzweiflung treibende Unendlichkeit im Selbst unterfängt, das Selbst mit sich versöhnt. In der Verzweiflung am Absoluten, an der Unmöglichkeit dieser Versöhnung, findet sich der Mensch rettungslos entzweit vor: zwischen dem, der er sein soll, auch sein will, und dem, der er ist und aufgrund der Gegebenheiten sein kann. Er findet sich als zerrissenes Selbst vor, unfähig, sich mit sich zu versöhnen und zu sich *selbst* zu kommen: sich zu bejahen und ein Leben zu bejahen, das ihn in diesem Zwiespalt festhält.

Es war *Søren Kierkegaard*, der dieser krisenhaften Neuzeiterfahrung einen epochalen Ausdruck gegeben hat. An der inneren Dynamik der Verzweiflung zeichnet er die Herausbildung eines Selbstbewusstseins nach, das sich erst als solches vollzieht, wenn es seiner inneren Entzweiung gewahr geworden ist, sie nicht mehr selbst versöhnen will, sondern sie Gott anheimstellt. Ein Bewusstsein davon zu haben, was es heißt, ein Selbst zu sein, würde bedeuten – so Kierkegaard auf der Linie reflexionstheoretischer Entwürfe –, das Selbst als ein Verhältnis zu vollziehen, »das sich zu sich selbst verhält.« Das Selbst ist eigentlich »das an dem Verhältnisse, dass das Verhältnis sich zu sich selbst verhält«.[50] Das *Verhältnis*, von dem hier gesprochen wird, ist nun aber der Widerspruch zwischen der Unendlichkeit – der »Ewigkeit« – menschlich-geistiger Selbsttranszendenz zur Endlichkeit, Begrenztheit und Konkretheit – der Zeit-Unterworfenheit – menschlich-welthaften Selbstvollzugs. Das Verhältnis kommt als Widerspruch zu Bewusstsein, in welchem das Eine das Andere negiert: die Ewigkeit das Zeitliche, die Unendlichkeit und Unbedingtheit das Zeitlich-Zufällige, Kontingente. Wie beides in ein Verhältnis bringen, in der die wechselseitige Negation als

---

[49] Etienne de Senancour, Obermann (1804), zitiert nach: Elisabeth von Thadden, Bin das wirklich ich? Seit 250 Jahren ist die Knochenarbeit im Dienst am einzigartigen Ich das Großprojekt des modernen Menschen, in: Die Zeit Nr. 34 vom 14. August 2014, S. 29.
[50] Søren Kierkegaard, Die Krankheit zum Tode, Gesammelte Werke, hg. von E. Hirsch und H. Gerdes, 24. und 25. Abteilung, Gütersloh ⁴1992, 8.

fruchtbare Lebens-Spannung vollzogen würde: von einem Selbst, das dabei erst gesetzt und seiner bewusst würde? Ist das Selbst, so fragt Kierkegaard, nicht immer schon in die Zweiheit zerbrochen, in der Verzweiflung sich verborgen oder verloren, ehe es gewonnen werden konnte? Verzweiflung ist die Potenzierung des Zweifels, der sich nicht daraus retten kann, *auf zwei Seiten zu sein*, halbherzig sein zu müssen, nie »ganzherzig«, ganz bei sich, *es selbst* und frei. Ist das Selbst zur Verhältnislosigkeit, zur Unversöhntheit des Daseinmüssens auf zwei Seiten verurteilt, in der es nur den Abgrund in sich reproduzieren – nach Kierkegaard: *sündigen* – kann?

Das Selbst müsste sich so zu sich verhalten können, dass es seine Unendlichkeit in den Grenzen seines Endlichseins und seine Endlichkeit in seiner unendlich-ewigen Bedeutung bejahen kann und sich so als die Instanz gewinnt, die dem Hin und Her zwischen Endlich und Unendlich ein gutes Ende bereitet. Selbstbewusstsein sucht nach Selbst-*Bejahung in Selbstrelativierung*. An der Herausforderung, sich in der Spannung, die das Menschsein ausmacht, zu bejahen, vollzieht das Selbst seine innere Reflexivität und Unendlichkeit, sein Sich-Verhalten zu dem Verhältnis, das es *ist* – angesichts all dessen, was es an menschlich-allzumenschliche Bedingungen fesselt, über die es verzweifelt sein müsste, wenn es keine Möglichkeit sähe, sie zu bejahen und sich als das von diesen Bedingungen Bestimmte zu bejahen.

Von dieser Verzweiflung heimgesucht zu sein kann bedeuten, *verzweifelt nicht es selbst sein zu wollen*: Die Verzweiflung scheint von einer Welt erzwungen, die dem Menschen *etwas* verweigert, ohne das er sich und sein Leben nicht meint bejahen zu können. Sie ist fixiert auf die Zufälligkeit des Welt-*Geschehens*, bringt es nicht zusammen mit dem, was der Mensch sein soll und will. Oder man will sich verzweifelt loswerden, vor sich und den Herausforderungen des Lebens, vor dem, was ihm unabweisbar geschieht, davonlaufen; man nimmt seine Zuflucht bei der Imagination unendlicher Möglichkeiten, wird zur Phantasie-Existenz. Verzweifelt nicht man selbst sein wollen: sich nicht *zu sich* zu verhalten, sondern nur zu unverfügbaren Gegebenheiten oder unverbindlichen Möglichkeiten; Ja und Nein sagen nicht zu mir, sondern zu dem, was mir fehlt oder zugefallen ist, was mir vielleicht möglich sein wird, was ich mir vorstellen kann. Das Selbst ist verzweifelt oder es überspielt seine Verzweiflung darüber, dass es nicht ins Verhältnis bringt, was es doch selbst ist; dass es zu sich nicht bedingungslos ja sagen kann, keinen unbedingten, allenfalls einen zufällig-äußerlichen Grund hat, sich und sein Leben zu bejahen. Die als solche wahrgenommene Verzweiflung bringt das Selbst dazu, sich in seiner Haltlosigkeit wahrzunehmen, unfähig, sich in allem bejahend auf sich selbst zu beziehen; unfähig, das, was ihm geschieht, zusammenzubringen mit dem, was es bejahen könnte.

Das Selbst, das sich in diesem Sinne als verzweifelt-zufälliges, an Äußeres Fixiertes wahrgenommen und unglücklich erlitten hat[51], ist zunächst geradezu genötigt, sich als ein Selbst zu setzen, welches den Grund, sich zu bejahen, in sich findet und in diesem Sinne *verzweifelt es selbst sein will*. Es will sein eigner Herr sein, sich zu dem Selbst »erschaffen«, das es sein will und bejahen kann; ein Selbst, das es selbst sein will, indem es »das Selbst losreißt von jeder Beziehung zu einer Macht, die es gesetzt hat.« Es will »auf sich selber zu sehen«, sich selbst genügen und bejahen können, unabhängig davon, »dass Gott auf einen sehe«[52] und mich als bejahenswert ansehe. Diese »Selbstvergötterung« führt schließlich zu jener »Potenzierung« der Verzweiflung, in der es *an sich selbst* verzweifelt: an der Möglichkeit, den Grund der Selbstbejahung selbst zu verbürgen. Erst die Glaubens-Einsicht, dass dieser Grund nicht im Selbst gründet und das Selbst sich »in der Macht [gegründet wissen darf], welche es gesetzt hat«, würde »die Verzweiflung ganz und gar aus[tilgen].«[53] Sich nicht auf Gott, die gründend-versöhnende Macht hin durchsichtig zu werden, ist im eigentlichen Sinn Sünde.

Der Gründung meines Selbst in Gott ansichtig werden hieße, sich diesem konkreten menschlichen Dasein in seinen Begrenzungen und Widerwärtigkeiten nicht fatalistisch zu unterwerfen, sondern es als den Weg anzunehmen, auf dem Gottes Berufung *für mich* Wirklichkeit werden soll: meine ewige Bestimmung, die ich im Ja zu mir wahrnehme und im Glaubens-Ja zu Gott bejahe, der sie mir zubestimmt hat. Das setzt für Kierkegaard voraus, dass man die Verzweiflung, die das Selbst dazu verdammt, sich und das Leben in seiner ganzen Grundlosigkeit aus sich selbst bejahen zu wollen, als solche durchlitten hat und nun Gott allein zutraut, der Grund zu sein, der mein Ja zu mir begründen kann. Der Blick auf mich selbst lässt mich an meiner Grund-losigkeit, Zerrissenheit und Unmöglichkeit verzweifeln. Allein dem Glaubenden, der in Gott die Möglichkeit begründet sieht, sich zu bejahen, »ist das ewig sichere Gegengift gegen Verzweiflung zu eigen: Möglichkeit«[54], das Vertrauen darauf, dass Gott alles möglich ist, so

---

[51] Kierkegaards Problem-Exposition ist – wie man hier deutlich sieht – nicht weit weg von dem seines Antipoden Hegel und dessen Ausführungen zum »unglücklichen Bewusstsein«; vgl. Georg Wilhelm Friedrich Hegel, Phänomenologie des Geistes, Werke in zwanzig Bänden, Bd. 8, Frankfurt a. M. 1970, 155–177.
[52] Vgl. S. Kierkegaard, Die Krankheit zum Tode, Zitate 68 f.
[53] Vgl. ebd., 74 und 10.
[54] Die Krankheit zum Tode, 37.

auch das Ja zu meinem Dasein in seiner für mich selbst nicht bejahbaren Unmöglichkeit. Paul Tillich hat Kierkegaards These mit veränderter Akzentuierung aufgegriffen und deutlich machen wollen, »dass, in der letzten Wahrhaftigkeit des Zweifels und der unbedingten Ernsthaftigkeit der Verzweiflung, Gott – ohne beim Namen genannt zu werden – wieder erscheint, nämlich in dem Erlebnis des Letzten und Unbedingten«. Er erscheint in dem »Mut [...] sich anzunehmen, obwohl es ihm [dem Menschen] bewusst ist, dass er unannehmbar ist«.[55]

Aber darf die Möglichkeit des Selbstbewusstseins als im Rechtfertigungs-Glauben allein gegeben behauptet werden, sodass der Selbst-Bezug des Menschen nur im Gottes-Bezug authentisch und das Selbst verlässlich begründend zugänglich wäre? Sollte die Selbst-*Begründung* nicht unabhängig davon in ihren sozialen Bedingungen aufgesucht werden? Man mag sich immerhin an die vergleichbare Problem-Exposition bei Dieter Henrich erinnern, der das Selbstbewusstsein auf einen Grund angewiesen sah, aus dem es die Gleichgültigkeit des Daseins als bloßes Welt-Element mit dem Bewusstsein der Einzigartigkeit des Ich zu vereinbaren weiß. Es braucht wohl Konzepte, die diesen Grund so auslegen, dass er das Selbst im Absoluten gegründet begreiflich macht und nicht in der Unendlichkeit des Vielen verloren sein lässt. Es braucht *Quellen des Selbst*, des Selbstbewusstseins[56], aus denen dem Selbst Möglichkeiten zufließen, das eigene In-der-Welt-Sein als eine gute Herausforderung zu bejahen.

Die Zugänglichkeit solcher Quellen ist neuzeitlich weithin problematisch geworden. Wer nach ihnen sucht, trifft nicht mehr ohne weiteres auf Gegebenheiten, die einem die Bejahbarkeit der Welt und des eigenen Vorkommens in ihr bezeugen würden. Zeugnisse für die einem von einem wohlwollenden Gott zuerkannte Bedeutung und Wichtigkeit verstummen oder verlieren an Überzeugungskraft. Die Welt wird mehr und mehr resonanzlos. Die heraufziehende »Angst davor, ein beziehungsloses ›Atom‹ in einer schweigenden, stummen oder feindlichen Welt zu sein oder zu werden« ist freilich »das negative Korrelat zu jenem positiven Programm der Weltreichweitenvergrößerung«[57], das den Zugriff auf die Welt als Ressource

---

[55] Paul Tillich, Systematische Theologie, Bd. III, dt. Stuttgart 1966, 262 bzw. Bd. II, dt. Stuttgart ⁴1973, 186. Christlicher Glaube ist für Tillich wesentlich der Mut, sich als bejaht selbst zu bejahen: »Wir bejahen bewusst, dass wir bejaht sind« (ders., Der Mut zum Sein, Stuttgart 1954, 131).
[56] Vgl. Charles Taylor, Quellen des Selbst. Die Entstehung der neuzeitlichen Identität, dt. Frankfurt a. M. 1996.
[57] Vgl. Hartmut Rosa, Resonanz, 522.

immer selbstverständlicher und verdienstvoller erscheinen lässt, das gerade so die Anstrengung mobilisiert, sich durch den Zugriffs-Erfolg selbst Bedeutung zu geben und in diesem Sinne *Selbstbewusstsein zu entwickeln*. Man hat es zu etwas gebracht, gewinnt die Anerkennung der eigenen Wichtigkeit, hat es fertiggebracht, Resonanz im Sinne von Wertschätzung zu erzeugen. Selbstbewusstsein soll sich auf Selbstwertbewusstsein gründen und von der Anerkennung zehren können, die man sich »erarbeitet« hat; es soll sich in der Erfahrung seiner selbst vergewissern, »etwas auszurichten« und dabei Wichtiges bewirken zu können.[58]

Etwas ausrichten, auslösen können: Das heißt biographisch elementar, Aufmerksamkeit und Resonanz finden für meine Bedürftigkeit und meine Initiativen. Ich werde wahrgenommen, also bin ich. Man hört und sieht mich, also *bin ich da* – nicht nur als Gegenstand unter vielen, sondern der Beachtung würdig, herausgefordert, mich wahrnehmbar zu machen, zu artikulieren, einzubringen: ich, der Einzelne, unbedingt Beachtenswerte. In diese Feststellung mögen ganz unterschiedliche Resonanz-Biographien eingehen, biographische, mitmenschlich und gesellschaftlich erlebte Resonanz-Krisen, Resonanz-Katastrophen. Resonanz-Not provoziert Strategien der Resonanz-Erzwingung, fast von Anfang an: Man muss mich doch hören, wahrnehmen, mein Dasein, meine Beachtlichkeit verifizieren! Resonanz-Erzwingung geht auch ins gesellschaftlich-öffentliche Verhaltens-Repertoire ein: im Ringen darum, als der, der ich bin, als die, die wir sind, endlich wahrgenommen und gewürdigt zu werden, nicht länger übersehen und überhört, wegen unseres Soseins ignoriert, zum Opfer gemacht, in unseren Gefühlen verletzt zu werden. Da muss man womöglich laut werden und seiner Empörung freien Lauf lassen, alle möglichen Kommunikationskanäle nutzen. Das Netz bietet dafür viele virtuelle Räume an. Aber nur selten findet man über die eigene Echokammer hinaus Resonanz. Da sind Angebote willkommen, die eigene Empörung teilen zu können, immerhin so beachtlich zu werden und gemeinsam etwas Beachtliches hervorzurufen.

Es ist ein »Kampf um Anerkennung«, das Ringen um ein Vorkommen, das meine Bedeutsamkeit zum Vorschein bringt und mir so Möglichkeiten der Selbst-Wertschätzung erschließt. Man soll mich nicht länger ignorieren, sondern erkennen, *an*-erkennen. Spätneuzeitlich lässt sich nicht mehr übersehen: Das Reden von Selbstbewusstsein bezieht sich nicht nur auf eine transzendental aufzuhellende Struktur oder Konstellation, sondern auch auf ein Drama mit – gesellschaftlich wie biographisch – offenem Ausgang.

---

[58] Vgl. Ernst Tugendhat, Egozentrik und Mystik, 44.

4.5 Gewährte und/oder verdiente Anerkennung?

Selbstbewusstsein ist zuletzt – so verstehen es transzendentale und phänomenologische Selbstbewusstseins-Theorien – das Nicht-Leistbare, vor-egologisch Sich-Einstellende, in der Resonanz Hervorgerufene. Ich *finde* Resonanz, werde zu ihrem Empfänger und so zum »Ichsager« (Ernst Tugendhat), und bin es doch selbst – war es von Anfang an –, der die Resonanz hervorrief. Resonanz finden heißt auch sie hervorrufen. So wurzelt Selbstbewusstsein auch im Resonanz-wecken-Können, in einem mir mitgegebenen *Können*, in dem ich mich verwirkliche, mich in meinen Möglichkeiten zeigen darf und zeigen will – um Resonanz »bitte«, sie gleichwohl unverdient empfange und mich in diesem Empfangen selbst wahrnehme.

Die Wechselseitigkeit von Empfangen und Hervorrufen, mehr noch ihr Ineinander, ist ein Geschehen, das nicht von einem Initiator ausgeht, sondern *als solches* initiativ ist. Wo nicht das Geschehen selbst, sondern die zu ihm und in ihm Herausgeforderten als Initiatoren gesehen werden, tritt der Leistungs-Aspekt des Selbstbewusstseins in den Vordergrund, – bis zur Sucht nach der Selbstbestätigung als vortrefflich – oder er gerät ins Abseits (auf mich kommt es nicht an, sondern auf dich, auf Gott; nur durch dich/ihn bin ich etwas wert). Aus diesen Konstellationen werden in der Psychopathologie Grundformen neurotischer Verläufe hergeleitet.[59] In der Anthropologie wäre die Ambivalenz zu bedenken, die dem *Phänomen* Selbstbewusstsein innezuwohnen und auch das Glaubensbewusstsein zu durchziehen scheint.

Phänomenologisch scheint unbestreitbar: »Weil es mein Selbstbewusstsein gibt, muss ich mich wertig fühlen; ich muss für mich als etwas Wertvolles existieren. Beides ist gleichursprünglich [...] *Jedes Selbstexistenzbewusstsein ist gleichzeitig Selbstwertbewusstsein.*« Selbstwertbewusstsein gründet im präreflexiven Selbstwertgefühl, das immer wieder neu nach reflexiver Vergewisserung, nach Selbstwerterkenntnis verlangt. Zu ihr »gelangt eine Person, indem sie sich bewusst Gedanken darüber macht, ob und, wenn ja, welchen Wert sie verglichen mit anderen Personen oder auch Dingen in der Welt besitzt.«[60] Neuzeitlich kann dieser Selbstwert-stabilisierende Vergleich kaum Status-Gegebenheiten geltend machen. Er ist genötigt, sich in irgendeinem Sinn auf Leistung und Leistungs-Vergleich zu gründen – und darauf, dass meine Leistung Anerkennung findet oder bei

---

[59] Vgl. etwa Fritz Riemann, Grundformen der Angst, München – Basel ⁴¹2013.
[60] Lambert Wiesing, Ich für mich, 178 und 187.

ausbleibender Anerkennung wenigsten von mir als wertvoll behauptet werden kann. Selbstbewusstsein tendiert zur *Selbstbehauptung*.

Die Anerkennungs-Bedürftigkeit des Selbstwertes kann von der Selbstbehauptung nicht überspielt werden. Versucht sie es bzw. fühlt sie sich dazu genötigt, wird sie im alltagssprachlichen wie im medizinisch-fachlichen Sinn pathologisch. So wiederholt sich hier die Konstellation einer instabilen und offenen Gleichursprünglichkeit: Die Selbstwert-mitbegründende Leistung kann nie vollständig durch eine bedingungslos gewährte Wertschätzung und Anerkennung substituiert werden; sie kann das Selbstwertbewusstsein aber auch nicht für sich allein stabilisieren. Der Kampf um Anerkennung konnte und wird zum Ziel haben, sich gegen »unverdient« verweigerte oder vorenthaltene gesellschaftlich-mitmenschliche Anerkennung zur Wehr zu setzen und dahin zu kommen, in dem, was man ist und leistet, anerkannt zu werden.[61] Und er wird einen Grundbestand gesellschaftlich-mitmenschlicher Anerkennung erreichen müssen: die rechtlich bzw. moralisch verbindliche Anerkennung des Selbst-Wertes einer Person als um ihrer selbst willen wichtig und nicht nur als um eines mit ihr zu erreichenden Zwecks schätzenswert. Darin soll das bedingungslose Gewährt-Sein einer Bejahung – die *Person-Würde* – zum Tragen kommen, die einem Mitmenschen auch nicht genommen werden kann, wenn er sich einer weitergehenden Wertschätzung unwürdig zu erweisen scheint.

Der Kampf um Anerkennung wird freilich immer wieder da entbrennen, wo man die Resonanz und Zuwendung nicht erreichen kann, auf die man sich angewiesen fühlt: Man setzt vieles oder alles ein, um sie zu erlangen, und weiß doch, dass man sie nicht einfach *bewirken* kann, dass gerade in der »Über-Verdientheit« ihre vom Kampf um Anerkennung befreiende Bedeutung liegt, die mich in dem Selbstwertbewusstsein bestätigt, als der, der ich bin, der Aufmerksamkeit und interessierter Zuwendung wert zu sein. Die Anerkennung ist nicht Resultat des von mir Eingesetzten; aber sie ist davon nicht völlig unabhängig. Sie befreit mich nicht von der immer wieder auch als prekär empfundenen Herausforderung, Anerkennung hervorrufen und so mein Selbstbewusstsein stabilisieren zu müssen. Gibt es eine Perspektive, die das Selbstbewusstsein in diesem unendlichen Ringen um Anerkennung entlastet, die es in diesem Sinne bei sich sein und in seinem Anerkannt-Sein zur Ruhe kommen ließe?

---

[61] Vgl. Axel Honneth, Kampf um Anerkennung. Zur moralischen Grammatik sozialer Konflikte, Frankfurt a. M. 1992.

Dieser Frage lässt sich weiter nachgehen, wenn man die Selbstverständlichkeit, in der man Selbstbewusstsein und Anerkennung ineinander verflochten sieht, differenzierter anschaut und problematisiert. Ein Hinweis von Paul Ricœur mag zur Klärung beitragen; er ist begriffsgeschichtlich problematisch, macht in der Sache aber auf einen wichtigen Zusammenhang aufmerksam. Im Deutschen wie im Französischen weist Anerkennen (reconnaître) einen kognitiven Bezug auf, der im Französischen deutlicher das *Wieder*-erkennen assoziiert. Ricœur kann deshalb seine Reflexionen zur Anerkennung mit Überlegungen zum *identifizierenden Urteil* ansetzen, das mir zuschreibt, was es an-*erkennt*.[62] Anerkennung ist eine spezifische Weise des (Zu-)Erkennens, ein Urteil darüber: *Das* macht dich aus; es wird von mir als bedeutsam gewürdigt, als anerkennenswert beurteilt und affirmiert. Wenn man weiter fragt: In der Bedeutung wofür?, ergeben sich – wie schon gesehen – mehrere Ebenen der Würdigung: die Würdigung als Rechtssubjekt und Person, die nie nur als Mittel, sondern immer als Zweck in sich selbst zu würdigen ist[63]; die Würdigung deines Beitrags, deiner Wichtigkeit für gesellschaftliche Leistungszusammenhänge; die Würdigung als für mich selbst, den Würdigenden, unabdingbar bedeutsam.[64]

Anerkennung beruht auf meinem, deinem, oder einem generalisierten, würdigenden Urteil über den bzw. die jeweils *als* ... Anerkannte(n). In diesem Urteil geschieht *würdigende Identifikation*. Sie setzt sich einer entwürdigenden Festlegung, vorenthaltener Anerkennung, einer Verkennung entgegen, welche den Anzuerkennenden in seinem Selbst-Sein missachtet. Aber auch wo Anerkennung geschieht, kann sie zwiespältig bleiben: Will sie nicht darüber entscheiden, worin ich anerkennenswürdig bin? Macht sie mich, mein Selbstbewusstsein und Selbstwertbewusstsein, nicht davon abhängig, dass ich so bin und deshalb anerkennen-wert bin, wie der Anerkennende mich wahrnimmt und daraufhin anerkennt? Erkenne ich mich in deiner Anerkennung wieder? Oder muss ich ihr, insgeheim womöglich, widersprechen, den Bedingungen widersprechen, unter denen der Anerkennende mich als anerkennens-wert ansieht?

---

[62] Vgl. Paul Ricœur, Phénoménologie de la reconnaissance – Phänomenologie der Anerkennung, in: St. Orth – P. Reifenberg (Hg.), Facettenreiche Anthropologie. Paul Ricœurs Reflexionen auf den Menschen, Feiburg – München 2004, 138–159, hier 143 ff.
[63] So ja die paradigmatische Formel bei Kant; vgl. ders., Kritik der praktischen Vernunft, Kants Werke. Akademie Textausgabe, Bd. V, Berlin 1968, 87.
[64] Hier lassen sich ohne Weiteres die drei Dimensionen der Anerkennung bei Axel Honneth wiedererkennen.

Damit wird zur Anerkennung nicht alles gesagt sein. Es wird eine *größere* Anerkennung geben, in der ich mich bei all der Überschwänglichkeit, die ihr vielleicht innewohnt, wiedererkenne, in einer Tiefe »wieder«-erkannt weiß, die mir Aufschluss gibt über mein Selbst-Sein, es mir womöglich neu aufschließt, mein Selbstbewusstsein neu gründet. Solche Anerkennung erweist sich als Gabe, die mich freikommen lässt aus dem Gefängnis der Geringschätzung, in das ich mich mitunter eingesperrt habe; aus dem Eingesperrt-Sein in verkennende, mein Selbst-Sein missachtende, gar entwertende Identifikationen: als »Sklave«, Erfüllungsgehilfe, Drückeberger, Kunde, *Sünder*. Die größere Anerkennung räumt mir in dem mir entgegengebrachten neben-absichtslosen Interesse[65] den Freiraum eines Bedeutens ein, den ich selbst-bewusst »in Besitz nehmen« darf. Das gilt für die unterschiedlichen Dimensionen der Anerkennung räumt in unterschiedlicher Weise: Anerkennung schützt einen Freiraum des Selbst-sein-Dürfens durch rechtlich Vorgaben oder durch gesellschaftliche Solidarität, öffnet ihn durch mitmenschlich-interessiertes Wohlwollen.[66]

Die »größere« Anerkennung ist die *Gabe* dieses Freiraums, der mir durch eine freilassende, mich aus dem Festgelegtsein frei*gebende* Identifikation eröffnet wird. In dieser »größeren« Anerkennung geschieht mir ein wohlwollend an mir *interessiertes*, offenes Identifizieren, das mich zu Selbst-Sein und Selbst-Bewusstsein herausfordert, es in bestimmter Hinsicht – differenziert nach der sozialen Ebene, auf der diese Vor-Gabe gegeben wird – auch möglich macht: als Ermöglichung einer bürgerlichen Existenz, einer als wertvoll anerkannten Mitarbeit und Partizipation, als unersetzliches, unverlierbar wichtiges, wichtig genommenes, des Inter-esses würdiges Selbst. Die Gabe solchen Gewährens geschieht nicht jenseits, »oberhalb« oder nach dem konfliktbereiten Erringen des Selbst-Seins, nach dem Kampf um Anerkennung. Aber sie kann selbst nicht errungen und in diesem Sinne erzwungen werden. Selbst-Sein will erkämpft und gewährt,

---

[65] Inter-esse: Der Wortlaut assoziiert schon das Sich-Einlassen auf das Dazwischen, darauf, was im Dazwischen möglich wird und geschehen kann und wohin es uns, die davon Erfassten, führen wird. Neben-absichtslos: Von Eigen-Interesse zu sprechen bedeutet offenkundig, eine Schwundform des Interesses im Blick zu haben. Es geht nicht mehr um das, was im Interesse anfangen kann, sondern darum, was ich mit dem und der, die mich interessieren, anfangen kann und anfangen will.
[66] Nicht das folgenlose Wohlgefallen am Anderen ist gemeint, sondern – mit Kant gesprochen – ein »thätiges, praktisches Wohlwollen, sich das Wohl und Heil des Anderen zum Zweck zu machen« (Metaphysik der Sitten, Kants Werke, Bd. VI, Berlin 1968, 203–494, hier 452).

ergriffen *und* sich geschenkt sein. Das Identifiziert-Werden muss mein Mich-Identifizieren stimulieren. Meine Selbst-Identifikation muss darum ringen, das Identifiziert-Werden mitbestimmen zu dürfen, sonst bin nicht ich es, der in der Anerkennung anerkannt und in seinem Selbst-Sein gewürdigt wird, *selbst-bewusst* sein kann.

Damit ist über die unabdingbare Wechselseitigkeit der Anerkennung – ich muss das Recht und die Möglichkeit haben, mich in meinem Anerkannt-Werden wiederzuerkennen, anzuerkennen – die ganze Dramatik und das Risiko der Gabe ins Blickfeld getreten, die hier gegeben wird und in die ich dabei verwickelt werde. Anerkennung kann ein Danaergeschenk sein, mein Selbst-Sein kolonisieren und mein Selbstbewusstsein entfremden, statt es freizusetzen. So fordert sie mich zur *Stellungnahme* heraus, möglicherweise dazu, mich dem Identifiziert-Werden – auch einem »wohlwollenden – zu entziehen. Ich bin um meines Selbst, um meiner Selbstbehauptung und meines Selbstbewusstseins willen gefordert, mich dem »wohlwollend«-symbiotischen Übergriff zu entziehen, *selbst*-bewusst zu werden. Wo ich mich dem stelle, bin ich zur Freiheit der Selbstbehauptung herausgefordert, entdecke ich sie, da ich zu ihr herausgefordert bin. Der Freiheit selbstbewusster Selbstbehauptung setzen die Anerkennenden sich aus; ja sie stimulieren sie mit ihrer Anerkennung. Sie riskieren, dass ich mich ihrer Gabe verweigere, nicht ihr Empfänger sein will, da sie mich in einer Weise als Empfänger identifiziert, in der ich mich nicht (wieder-)erkennen will.

Anerkennung als ... kann übergriffig sein und fordert dann Selbstbehauptung heraus: das Geltend-Machen eines Selbst, einer Identität, die im Identifiziert-Werden durch die Gabe der Anerkennung als entfremdet, womöglich gar als missachtet erfahren werden und deshalb die Zurückweisung der Gabe provoziert, weil der so Anerkannte nicht Empfänger dieser Gabe sein will. Die Freiheit, sich der Identifikation *als* ... zu entziehen versteht sich nicht von selbst. Oft hat die Verkennung durch Anerkennung die Selbstbehauptung längst unterwandert und entmachtet. Auch der gute Wille kann – zwiespältig, wie er oft sein mag – machtlos und hilflos machen; gerade er. So ist der Kampf um Anerkennung in vielfältiger Brechung ein Ringen um Selbstbehauptung und Selbstbewusstsein und die Suche nach einer Anerkennung, die mich als mich selbst würdigt, da sie mich zu mir selbst herausfordert, sich mir nebenabsichtslos-interessiert zuwendet, mich so bedeutsam sein lässt, wie ich bedeutsam sein möchte, das zuvor vielleicht gar nicht ermessen konnte.

Das wäre die noch größere, frei lassende Anerkennung, auf die der

Kampf um Anerkennung zuletzt abzielt: als Kampf »um die eigene ›Substanz‹, um das Selbst und die Wahrheit der Existenz«[67], der die größere Anerkennung Raum gibt. Sie wäre das Geschenk, das mich vom Kämpfen-Müssen befreit, weil es mich zu mir frei lässt, frei lässt, der zu sein, der ich zuinnerst sein will und sein kann. So geht es im Kampf um Anerkennung in diesem Sinne um die Befreiung vom Kämpfen-Müssen zu einem Frieden, der nicht nur der Modus vivendi eines leidlich tragfähigen Ausgleichs, sondern dies wäre: in ein Lebensverhältnis eingesetzt zu sein, in dem der Andere mir in seiner aufmerksamen Zuwendung unzweideutig Geschenk sein und ich ihm ebenso unzweideutig zum Geschenk werden kann. Paul Ricœur spricht von Friedenszuständen der guten Wechselseitigkeit (mutualité).[68] Im Deutschen mag diese Rede kleinmütig klingen, weil sie sich noch stark einen Kampf assoziiert, der nur sistiert wäre. Man wird vielleicht auf das zwanglos-wechselseitige Miteinander und Ineinander der am Anfang des Lebens zugewandten liebevollen Aufmerksamkeit – des so wachgerufenen Selbstbewusstseins – zurückkommen und diese Zwanglosigkeit als die Eschatologie eines Anerkannt-Werdens imaginieren, das nicht mehr von dieser Welt ist, aber in ihr geschehen kann: als *Gnade*, die über uns den Horizont eines Anerkannt-Werdens aufgehen lässt, in dem wir uns unserer selbst bewusst werden und in unsere wahre Bedeutung eingeführt erfahren.

4.6 Unbedingte Anerkennung? Theologisches Zwischenspiel

Das wäre der Gottes-Horizont der nicht verdienbaren Gnade, an der Menschen teilnehmen, wo sie es mit der größeren, freigebenden Anerkennung versuchen, die sich nicht ans Verdiente und deshalb Gewürdigte heftet. Schnell ist hier von bedingungsloser Anerkennung die Rede.[69] Die eschata-

---

[67] Vgl. Joachim Negel, Freundschaft. Von der Vielfalt und Tiefe einer Lebensform, Freiburg i. Br. 2019, 129.
[68] Paul Ricœur, Wege der Anerkennung, 273 f.; vgl. Veronika Hoffmann, Skizzen zu einer Theologie der Gabe. Rechtfertigung – Opfer – Eucharistie – Gottes- und Nächstenliebe, Freiburg i. Br. 2013, 264 f.
[69] Vgl. Knut Wenzel, Theologische Implikationen säkularer Philosophie? Vom »Kampf um Anerkennung« zur Anerkennung unbedingten Anerkanntseins, in: Theologie und Philosophie 86 (2011), 182–200; Markus Knapp, Theologie und philosophische Anerkennungstheorie, in: K. Viertbauer – H. Schmidinger (Hg.), Glauben denken. Zur philosophischen Durchdringung der Gottrede im 21. Jahrhundert, Darmstadt 2016, 335–354, hier 342–353.

logische Offenheit des Gottes-Horizontes, den Gnaden- und Rechtfertigungslehre theologisch skizzieren, scheint kein anderer Begriff so treffend zu imaginieren. Er zeichnet sich schon in der bedingungslosen Bejahung des Daseins ab, die Menschen einander schulden. Im konkreten Vollzug und in der lebensgeschichtlichen Verifizierung dieser Bejahung sind Menschen freilich in Anerkennungs-Verhältnisse eingebunden, in denen sie nie ganz von Bedingungen wie auch vom Eigen-Interesse absehen, unter denen sie ihre Anerkennung gewähren, einschränken oder verweigern. Im Unterschied dazu käme es, so argumentiert man, Gott zu, seine schöpferische Anerkennung denen zu erweisen, die nicht von sich aus anerkennenswürdig sind, den Sündern. Gott macht gerecht, die dafür nichts tun konnten, nicht verdient haben, was ihnen da geschieht: dass sie Gottes Wohlgefallen finden.

Aber soll man Gottes schöpferische Anerkennung tatsächlich als *schlechthin bedingungslos* ansehen? Macht man den spannungsreichen Anerkennungs-Begriff so nicht selbstwidersprüchlich? Das ist wohl deutlich geworden: Anerkennung ist das initiative Geschehen, das den Raum der Selbstwertschätzung öffnen kann, den Anerkannten aber zugleich zuspricht, anerkennenswert zu sein.[70] So kann sie – anders als die den anderen zu gewährende, bedingungslose Bejahung ihres Daseins – nicht schlechthin bedingungs- oder voraussetzungslos sein. Sie anerkennt und beantwortet *auch*, was beim Anerkannten anerkennenswert ist. Vielleicht ist das nicht im formalen Sinne eine Bedingung der Anerkennung, aber eben doch ein in

---

[70] Die bedingungslose Bejahung eines Menschen in seinem Dasein sieht ab von seiner Anerkennungswürdigkeit. Sie ist freilich nur ein – rechtlich verbindlicher – Restbestand des Interesses am Anderen. Liebe vollzieht die Bejahung der Geliebten *um ihrer selbst willen* jedoch höchst »interessiert«, als für den Liebenden selbst in höchstem Maße bedeutsam. Die der Geliebten dankbar zuerkannte Selbstzwecklichkeit (vgl. Augustinus, »Was nicht um seiner selbst willen geliebt wird, das wird überhaupt nicht geliebt«; Soliloquia 1,13; Migne, Patrologia Latina 32, 881) bedeutet nicht, dass die Liebe davon absieht, die Geliebte als *für mich* liebens-*würdig* wertzuschätzen. Auch für Josef Pieper ist klar, »dass der Mensch gar nicht ›rein selbstlos‹ geliebt zu werden wünscht, da er ja »durchaus ›begehrenswert‹ sein und beileibe nicht nur ein Gegenstand ›unmotivierter‹ [...] und allein schenken-wollender Liebe« sein möchte (Josef Pieper, Über die Liebe, 142). Es wäre also prekär, von einer bedingungslosen im Sinne einer »unmotivierten« Liebe zu sprechen. So wird man aber auch kaum umhinkönnen, die Rede von bedingungsloser Anerkennung auf die formale Anerkennung des Daseinsrechts eines Menschen einzuschränken. Eine darüber hinausgreifende, »material«-bedingungslose Anerkennung des Menschen in seinem Sosein wäre so prekär wie die von einer höchsten, motivationslosen Liebe. Diese Differenzierungen scheinen in der theologischen Rede von bedingungsloser Anerkennung mitunter verlorenzugehen.

der Anerkennung Gewürdigtes und Wertgeschätztes. Wenn die Liebe als das Höchst-Geschehen der Anerkennung gelten darf, so kann man sich an ihr diese Anerkennungs-Konstellation verdeutlichen: Liebe ist nicht *schlechthin* schöpferisch; sie anerkennt *auch*, was erfreulicherweise da ist, sieht es mit Wohlwollen, damit es sich entfalte. Dem will sie dienen. Sie mag dadurch beschämen, dass sie im Geliebten Größeres erkennt, als dieser sich zuerkennt. Sie »verkennt« ihn produktiv.[71] Darin liegt ihre Kreativität. Es wäre sinnwidrig, Liebes-widrig, wenn Liebende ihrer Liebe die Kraft zuschreiben wollten, von der Wertschätzung der Geliebten ganz absehen und ihre Liebens-Würdigkeit selbst hervorrufen zu können. Es kann nicht Liebe sein, wenn sich der Akt liebender Anerkennung auf den Ruinen des Selbstwert-Bewusstseins der Geliebten als schöpferisch erweisen will und hinweggeht über das Selbst-Sein der »Geliebten«, statt sich interessiert auf es einzulassen.[72] Zukunfts- und Begegnungs-offenes wertschätzendes Interesse ist elementare Bedingung, geradezu das Einfallstor der Liebe.

Man mag einwenden, diese Dialektik schöpferischer Anerkennung sei der *Conditio humana* geschuldet, in der es zu allenfalls formal-unbedingten Vollzügen kommen könne; Gott aber käme das Vermögen einer auch materialen Unbedingtheit und so auch der bedingungslosen Anerkennung zu. Aber lässt sich überhaupt ein Anerkennungs-Geschehen denken, in dem nicht anerkannt würde, was, wie defizitär auch immer, anerkennenswert ist, sondern nur das Anerkennung findet, was es selbst als anerkennenswert hervorbringt? Theologisch scheint man zu dieser Annahme gezwungen,

---

[71] Vgl. Thomas Bedorf, Verkennende Anerkennung. Über Identität und Politik, Frankfurt a. M. 2010. Man darf vielleicht sagen, dass die produktive Verkennung in der Liebe die Liebenswürdigkeit des Geliebten in einem Horizont wahrnimmt, der Außenstehenden nicht ohne Weiteres zugänglich und für sie womöglich nicht nachvollziehbar ist. Da kann – theologisch gesprochen – auch die Gnade am Werk sein, die mich meinen in Not geratenen Nächsten lieben lässt, weil sie mir seine Liebenswürdigkeit offenbart hat – und mich hier nicht einfach meiner Menschenpflicht nachkommen, sondern mich tatsächlich lieben ließe.

[72] Was wäre das für eine Liebe, die den »Liebenden« zur Geliebten sagen ließe: Meine Liebe ist so groß, dass sie nicht auf deine Liebenswürdigkeit schauen muss, in diesem Sinne *unmotiviert* ist. C. S. Lewis spricht vom Schockierenden und Verletzenden einer im Mitmenschlichen »grundlos« sein wollenden Liebe (vgl. Clive Staples Lewis, The four loves, London 1960, 150). Und für Josef Pieper ist klar: »Niemals vor allem *schafft* sie [die menschliche Liebe] die ›Werte‹, noch macht sie, dass etwas oder jemand liebenswert sei« (Josef Pieper, Über die Liebe, 108). Dürfte man dann Gott eine unmotivierte Liebe zuschreiben, die nicht auf die Liebenswürdigkeit des Geliebten schaut, sondern allein in sich gründet?

wenn man mit der paulinisch-augustinischen Rechtfertigungslehre die Sünde der Menschen ernst nimmt. Aber nimmt man dann den Menschen ernst?[73] Nimmt man ihn theologisch ernst, wenn man sein Selbstbewusstsein und Selbstwertbewusstsein radikal zerstört sehen will, damit Gottes Gnadenhandeln allein der Grund seiner Liebenswürdigkeit, seiner Selbst-Annahme und Selbst-Bejahung sein kann?

Es ist die basale christliche Glaubens-Überzeugung, dass der Mensch Gott, seinem Schöpfer, alles verdankt: sein Dasein und die Möglichkeiten, sein Leben als Verheißung zu er-leben, selbstbewusst zu leben und das Leben mit anderen zu teilen. Aber es ist gleichwohl anthropologisch – nicht auch theologisch? – prekär, den christlichen Erlösungs- und Rechtfertigungsglauben daran festzumachen, dass man die Erlösungsbedürftigkeit der Menschen als den Totalverlust des ihnen vom Schöpfer mitgeteilten Gut-Seins vor und für Gott und für die Nächsten verstehen muss, der Gott dazu veranlasst habe, dieses Gutsein aus eigener Initiative und durch das Opfer seines Sohnes neu zu begründen. Sieht man es so, muss theologisch und in der Verkündigung alles darauf ankommen, das hochmütige Selbstbewusstsein des Sünders als *Opinio iustitiae* – als die falsche Selbsteinschätzung, für Gott irgendwie anerkennenswert zu sein – zu zerstören und so zu der Selbst-Wahrnehmung zu führen, von Gott unverdientermaßen angenommen und gerettet zu werden. Kann von Gottes erlösend-begnadender Selbstmitteilung durch den Erlöser in seinem guten Geist nicht anders gesprochen werden? Etwa so: Sie nimmt den Menschen – den Sünder – hinein in eine Anerkennungs- und Wandlungs-Geschichte, in der ihm Selbstbejahung möglich wird, weil Gott sich einbringt, das Gut-Sein der Menschen über ihr Sündersein hinaus zu retten und zu vollenden?

Rechtfertigungs- und Gnadenlehre haben das Verdienst, Selbstbewusstsein und Selbstwertbewusstsein der Menschen von der Knechtschaft eines Leistungsdenkens zu befreien, das die Menschen antreibt, die Anerkennungs-Würdigkeit ihres Lebens verdienen zu wollen. Aber muss es deshalb zur theologischen Missachtung all dessen kommen, was der Mensch aus sich heraus erreicht und wirken kann? Es ist zwiespältig, oft wenig anerken-

---

[73] Ingolf U. Dalferth formuliert im Blick auf Augustinus, aber wohl auch als seine eigene Überzeugung: »Gottes Liebe ist kreativ und nicht nur responsiv, sie ist keine Liebe, die begehrt, was sie nicht hat *(need-love)*, sondern eine Liebe, die schenkt, was sie hat, und gibt, was sie ist *(gift-love)*. Sie bezieht sich nicht auf Liebenswertes, das schon da ist, sondern schafft sich selbst das Liebenswerte, das sie liebt« (ders., Sünde. Die Entdeckung der Menschlichkeit, Leipzig 2020, 132). Ist diese Alternative theologisch wirklich zwingend? Ich melde Bedenken an.

nenswert. Deshalb bedarf es der Rettung. In sie bringt Gott sich ein, damit die Menschen nicht mit ihrem Scheitern allein bleiben. Aber indem er sich einbringt, nimmt er die Menschen an, nimmt er sich ihrer an, damit sie unendlich mehr und besser werden können, als sie es aus sich in all ihrer Zwiespältigkeit werden könnten. Mit dieser Hoffnung wäre menschlichem Selbstbewusstsein und Selbstwertbewusstsein ein Horizont geöffnet, in dem sie sich nicht durchgestrichen erfahren, sondern von Gottes leidenschaftlichem Interesse am Gelingen des Menschseins und jedes einzelnen menschlichen Lebens berühren lassen dürfen. Die Suche nach den ureigenen, so oft verdorbenen Möglichkeiten des Menschseins findet Resonanz bei einem Gott, der sich selbst in dieser Suche vernehmbar macht. Sie ist schon die Resonanz seines »Verlangens«, die Menschen zu Mitliebenden zu gewinnen. Das Vernehmbar-Werden dieser Gott-Menschen-Resonanz bildet sich ab in der Selbstbewusstseins-initiativen Resonanz im Anfang eines Menschenlebens, in dem die liebevoll-interessierte und faszinierte Zuwendung der Eltern dem Neuankömmling in dieser Welt den Raum öffnet, sich ihnen und zugleich sich zuzuwenden, seiner selbst bewusst zu werden.

Luthers Rechtfertigungstheologie schärfte aber kompromisslos ein, dass alles, was der Mensch aus sich vermag, Sünde ist und zum Bösen führt.[74] Gott muss es zerstören, *damit* der Sünder an seiner Gnade Anteil gewinnen kann.[75] Ein schärferer Gegen-Satz zum heraufziehenden Selbstbewusstsein der Moderne lässt sich kaum formulieren. *Quod in se est*, was im Menschen selbst liegt und nach Verwirklichung drängt: Ist es in toto Verderben-bringend, nicht auch verheißungsvoll? Man wird heute geneigt sein, auf Ambivalenz zu plädieren und Differenzierung einzufordern. Dass das spätmittelalterlich geprägte Christentum reformatorischer wie auch römischer Prägung angetreten schien, dieses Selbstbewusstsein zu brechen, damit sich die Menschen auf Gott angewiesen sähen, hat seine Überzeugungskraft nachhaltig geschädigt. Der hat es dann auch nicht aufgeholfen, dass man sich im 20. Jahrhundert mit Erschrecken der Dialektik der Aufklärung bewusst wurde. Mit dem fortwuchernden Pauschal- und Fundamental-Miss-

---

[74] Vgl. die These XIII zur Heidelberger Disputation von 1518, in der vom vermeintlich freien Willen des Sünders gesagt wird: »dum facit quod in se est, peccat mortaliter« (Luthers Werke in Auswahl, Bd. V, hg. von E. Vogelsang, Berlin ³1963, 385). Mit dieser These tritt Luther der scholastischen Überzeugung entgegen, Gott verweigere denen die Gnade nicht, die das ihnen Mögliche tun (»Facientibus quod in se est, deus non denegat gratiam«).

[75] Vgl. Luthers Werke in Auswahl, Bd. V, 262: »[…] Natura Dei est, prius destruere et annihilare, quicquid in nobis est, antequam sua donet«.

trauen gegen den Menschen, seine Stärken und sein Selbstbewusstsein, ließ sich kein Glaubwürdigkeits-Gewinn mehr erzielen.[76] Misstrauen weckt Misstrauen. Die Skepsis gegenüber dem Selbstbewusstsein der Moderne aber scheint angezeigt; und sie greift immer mehr um sich, ist geradezu das Markenzeichen der Postmoderne geworden.

4.7 Self-Performance, Selbst-Bespiegelung?

Angefochtenes Selbstbewusstsein will sich steigern. Die Einebnung des Menschlichen ins »bloß Natürliche«, die Selbst-Einsicht ins Manipuliert-Werden und die Zwänge des Funktionieren-Müssens, die Einsicht in die unvorstellbaren Unendlichkeiten des Alls: In vielen Erfahrungen, Welt- und Gesellschafts-Zusammenhängen sehen sich die Zeitgenossen einer Relativierung ausgesetzt, die sie als ziemlich bedeutungsloses Fast-Nichts erscheinen lässt. Selbstbewusstsein trifft auf den Entzug vieler Möglichkeiten, sich Beachtlichkeit zuzuschreiben und der Aufmerksamkeit wert anzusehen. Muss man nicht nachhelfen und für Beachtlichkeit sorgen, die Self-Performance verbessern? Vor allem darauf kommt es an, mit seiner einzigartigen Individualität zu überzeugen und als *authentisch* wahrgenommen zu werden. Das individuelle Selbst und seine Wirkung rücken in den Optimierungs-Fokus. Mit Franz-Xaver Kaufmann kann man diesen Trend Selbstbewusstseins-theoretisch als Übergang *von der Selbstreferenz zur Selbstreverenz* nachzeichnen.[77] Andreas Reckwitz hat seine Spur soziologisch aufgenommen.

Die »aufgeklärte« Moderne hatte aufstrebenden Eliten Wichtigkeits-Perspektiven angeboten, in denen die Mitwirkung an der Verwirklichung

---

[76] So hat es Dietrich Bonhoeffer gesehen: »Gott ist kein Lückenbüßer; nicht erst an den Grenzen unserer Möglichkeiten, sondern mitten im Leben muss Gott erkannt werden; im Leben und nicht erst im Sterben, in Gesundheit und Kraft und nicht erst im Leiden, im Handeln und nicht erst in der Sünde will Gott erkannt werden. Der Grund dafür liegt in der Offenbarung Gottes in Jesus Christus. Er ist die Mitte des Lebens« (Widerstand und Ergebung, Dietrich Bonhoeffer, Gesammelte Werke, Bd. 8, Gütersloh 1998, 455). Einen überzeugenderen Zeugen gegen Nietzsches Pauschalverdacht, das Christentum sei die Überlebens-Ideologie Lebensuntüchtiger und Verzweifelter wird man kaum finden. Eine größere Herausforderung, diesem Zeugnis theologisch Raum zu geben, auch nicht.
[77] Ders., Selbstreferenz und Selbstreverenz. Die sozialen und religiösen Ambivalenzen der Individualisierung, in: Ruhr-Universität Bochum (Hg.), Ehrenpromotion Franz-Xaver Kaufmann, Bochum 1993, 25–46. Lambert Wiesing beobachtet eine Übersteigerung der Selbstfürsorge zur »Selbstvergötterung«, vgl. ders., Ich für mich, 229.

des Zukunftsträchtigen zentral war: Mein Selbst-Sein gewinnt Bedeutung, da es sich von den Ansprüchen der Vernunft und einer vernünftig funktionierenden Gesellschaft – dem allgemeinen Sittengesetz, dem Wohl aller Menschen, dem Fortschritt des Wissens, den Rationalitäten von Ökonomie, Politik und gesellschaftlicher Sichtbarkeit – in Anspruch nehmen lässt. Der postmoderne Kursverlust dieser Aufklärungs- und Fortschritts-Narrative hat elementare Wichtigkeits-Perspektiven unterminiert. Nur mit höchstem moralischem Nachdruck sind sie noch – etwa im Blick auf die angegriffenen und endlich zu schützenden Lebensgrundlagen der Menschheit – zu Bewusstsein zu bringen. Unterhalb der offiziell angemahnten Herausforderungen des *Bonum commune* entwickelten sich Wichtigkeits-Dimensionen, in denen es eher auf die Herausarbeitung und Pflege des eigenen Selbst anzukommen schien. Hat es seine unverlierbare Würde und Bedeutung nicht gerade darin, dass ich der oder die bin, der oder die sein bzw. ihr ureigenes individuelles Selbstsein auslebt, für sich selbst wie für die anderen eine unauslotbare Eigenkomplexität performt[78], seine bzw. ihre Ich-Identität als »total interessante« Eigen-Sinnigkeit darstellt?

Ich lebt seine Einzigartigkeit aus, kommuniziert der Netz-Community seine höchst beachtliche Individualität, nimmt sie selbst im Blick des Publikums wahr, in der tatsächlichen oder imaginierten Reaktion von Mitspielern, für die ich eine Rolle spiele, in der ich mich aber *als mich selbst* zeigen und erleben will. Was in mir steckt, soll herauskommen, eine attraktive Performance soll Wertschätzung generieren und Aufmerksamkeits-Kapital anhäufen.[79] Man strebt nach performativer Präsenz, nach leibhaft eindrucksvoller, kreativ-herausfordernder, zum Mitspielen motivierender *Wirk*-lichkeit – unter den Bedingungen eines Aufmerksamkeits-Marktes mit Gewinnern und Verlierern.[80] Ich will mich als kreativer Selbst-Verwirklicher outen und erleben, indem ich mich leibhaft-kommunikativ authentisch herausbringe, mit allem, was mich ausmacht und wertvoll macht.

Handelt es sich bei solchen kulturell mehr oder weniger anspruchsvollen Selbst-Inszenierungen aber nicht um Phänomene, die man eher im Mittelschichten- oder »Eliten«-Milieu antrifft: wo Menschen über Potentiale verfügen, ihre Self-Performance kreativ auszugestalten, sich »anspruchs-

---

[78] Vgl. Andreas Reckwitz, Die Gesellschaft der Singularitäten. Zum Strukturwandel der Moderne, Berlin 2017, 53.
[79] Vgl. ebd., 68 ff.
[80] Vgl. Georg Frank, Ökonomie der Aufmerksamkeit. Ein Entwurf, München 2007.

voll« auszudrücken.[81] Andreas Reckwitz räumt ein, dass die »sozio-kulturelle Authentizitätsrevolution« vor allem »vom Lebensstil der neuen Mittelklasse« getragen wird. Wer ihr angehört, verfügt über die erforderlichen kulturellen Ressourcen – etwa Digital-Kompetenzen – und kann sich eine kreativ ausgelebte Eigenkomplexität zuschreiben. So ist er eher nicht veranlasst, sein Selbstbewusstsein auf die Abwertung anderer zu gründen oder in der Teilnahme an massenkulturellen Idealisierungen zu performen.[82]

Wie wird sich die Gesellschaft der Singularitäten für die anfühlen, die sich nicht in der Lage sehen, zu einer sozial-kulturell geschätzten Selbst-Performanz zu kommen, weil sie nicht an dafür relevanten Ressourcen partizipieren? Sind sie zum *Ressentiment* verurteilt, zur Ausbildung einer Gegen-Identität, die sich dem sozial-kulturellen Ansehen der High-Performer entgegensetzt und auf den Status pocht, den man sich ehrlich erworben hat, nun aber von den Nachdrängenden bedroht sieht? Ist die als populistisch abgestempelte »Kultur des Ressentiments«[83] gegen die Werte abgehobener Eliten wie die Wut ausgrenzender Identitätsbehauptungen – der Kult des Identitären – die Kehrseite einer Gesellschaft der Singularitäten, in der man nicht vorkommt und sich ignoriert fühlt?

Ressentiment: Es geht einem gegen den Strich; man fühlt nicht *mit*, sondern »dagegen«[84], gegen das, was man nicht ausstehen kann und einem so aufdringlich abwertend vor Augen tritt. Zu denen will man nicht gehören. Das heißt nicht, dass man zu den Verlierern gehört. Man wird es denen zeigen, die hereindrängen und von den »linken« Eliten auffällig gefördert werden. Ressentiment ist Selbstbewusstseins-Rettung unter prekären Bedingungen, ein Kampf ums Gehört-, Beachtet-, Gesehen-Werden, gegen befürchtetes, eingeredetes, tatsächliches Marginalisiert-Werden. Man wehrt sich gegen eine selbstgefällige Selbstdarstellungs-Kultur, die es darauf abgesehen hat, abzuwerten, was uns wichtig ist.

Der Kampf dagegen, unsichtbar zu werden oder unsichtbar zu bleiben ist der Kampf dagegen, zum Opfer zu werden – oder es zu bleiben. Wer sich

---

[81] Charles Taylor spricht von den »subtileren Sprachen«, die kulturellen Eliten seit dem 19. Jahrhundert ausbilden können, um ihre Beziehung zum Absoluten und den Werten auszudrücken, denen sie sich verpflichtet oder von denen sie sich motiviert sehen; vgl. ders., Ein säkulares Zeitalter, dt. Frankfurt a. M. 2009, 598 f.
[82] Vgl. Andreas Reckwitz, Die Gesellschaft der Singularitäten, 53, 103 f.
[83] Vgl. ders., im Interview: »Die Logik des Besonderen dominiert überall«, in: Herder Korrespondenz 72 (2018), Heft 6, 17–21, hier 21.
[84] Vgl. Friedrich Nietzsche, Zur Genealogie der Moral. Dritte Abhandlung, Aphorismus 14, KSA 5, 370 f.

als Erlöser darstellen kann, hat beste Aussichten; noch besser, wenn er auch alle Facetten der Selbstdarsteller-Kultur draufhat. Er soll uns den Stolz darauf zurückgeben, was wir wert sind. Er soll es repräsentieren, performen, wieder respektabel machen, damit man sich nicht mehr daran vergreift. Wer und was »wir« sind, soll herauskommen und anerkannt werden. Wir möchten uns aufrecht zu dem bekennen, was unsere Identität ausmacht. Da sind Identitäts-Politiker gefordert, die dafür sorgen, dass wir uns mit dem, was uns wichtig ist, nicht verstecken müssen.

Identitäts-Politik: konfliktbereites Performen einer Identität, die als nicht anerkannt, gar als verächtlich wahrgenommen oder dargestellt wird. Auf die »Rechte« bezogen wird man das als Populismus etikettieren; auf der »Linken« wird man es eher als das Aufbegehren und Mündigwerden bisher deklassierter Minderheiten ansehen. Auch hier geht es ums Gesehen- und Beachtet-Werden in dem, was uns zuinnerst ausmacht, als das Eigene, von der Mehrheitskultur Abweichende, gerade deshalb Spannende und Interessante, das nicht länger diskriminiert werden darf. Auf der Linken wie auf der Rechten kündigt Identitäts-Politik »repressive Konsense« auf, in denen man nicht vorkommt; kündigt sie die Konsens-Prozeduren auf, die »unsere« Identität schon bisher nicht zur Geltung kommen ließen. Identitäten performen, kompromisslos Beachtung erzwingen, möglicherweise auch mit Gewalt: So stellt sich heute nicht nur in den USA das Pendant zur »liberalen« Gesellschaft der Singularitäten dar, in der es nichts zu kosten scheint, einen Identitäts-Individualismus auszuleben, wenn man es nur versteht, sich damit als kreativ und authentisch darzustellen.

Die Skizze ist sehr pauschal geraten; das Kampf-Feld der Identitäts-Politiken bietet noch weit mehr Fronten und Konfrontationen. Aber man wird kaum bestreiten können, dass diese Blitzlichter den gegenwärtigen Stand einer Bewusstseins-Geschichte anleuchten, die ihre Dynamik aus dem Postulat der *Selbst-Verwirklichung* gewann. Selbstbewusstsein fordert Selbst-Verwirklichung; der menschlich-bewusste Selbst-Bezug – die Bewusstseins-Selbstreferenz – bringt mich nicht nur als das mir vor-egologisch Gegebene, sondern als das mir *Aufgegebene* zu Bewusstsein. Ich werde mir als mein Projekt bewusst, werde meiner erst *voll* bewusst, wenn ich mich als mein *Selbst-Projekt* ergreife. An seiner Realisierung darf ich mich nicht hindern lassen, nicht von vorgegebenen Normen und Erwartungen, nicht vom Mainstream; schon gar nicht von einer Kirche, in der man die menschlichen Selbstverwirklicher und Selbst-Inszenierer immer noch hie und da als Konkurrenten des Schöpfergottes verdächtigt, die sich nicht scheuen, über die Stränge einer Gott-gegebenen Naturordnung zu schlagen.

4.8 Selbstverwirklichung, Identität

Die Konjunktur des Begriffs *Selbstverwirklichung* in öffentlichen Selbstverständigungs-Diskursen dauert schon eine Weile an. Er hat in der zweiten Hälfte des 20. Jahrhunderts als »orientierungsökonomische[r] Kompensationsbegriff«[85] Karriere gemacht und markiert die Option für Authentizität, »unverwechselbare Eigenart, die nicht einfach bloß die Allgemeinheit exemplifiziert«, für Originalität und Kreativität, mit denen man sich gegen das Festgelegt-Werden auf Rollen-Stereotypen behaupten will.[86] Man misstraut dem Vorgegebenen, will offene Möglichkeitsräume entdecken und erobern, um sich zu *finden*, an der eigenen Identität zu *arbeiten*. Es gilt, zu einem konsistenten Selbst-Entwurf zu kommen, ihn im Leben umzusetzen, immer wieder umzubauen und Situations-adäquat zu optimieren. Das Tentative und Situative der Selbstverwirklichung schließt das Sich-festlegen-Lassen auf vorgezeichnete Wege, nicht aber die Treue zu sich selbst aus. Genau dem gilt es auf die Spur zu kommen: was mein Selbst ausmacht und was ich nicht verraten darf, sondern *verwirklichen* will.

Nicht aus dem Blick geriet die Zwiespältigkeit des Begriffs. Schnell wurde er »zur Legitimationsformel für Ich-Bezogenheit«[87], zum Signal-Wort für einen Individualismus, der die gemeinschaftlichen Bezüge als Ressource für die eigene Selbstentfaltung ansah und den Einsatz fürs gemeinschaftlich Gute anderen überließ. Es käme darauf an, die exkludierende Identitäts-Pflege zu überwinden und zu einer inkludierenden Identität-Sorge zu kommen, Exklusions-Neigungen wenigstens zu relativieren.[88] Der Selbstverwirklichung müssen Grenzen gezogen werden; sie darf nicht auf Kosten der Lebenswelt, der Nächsten wie der Fernsten gehen. Aber sie wird nach wie vor als elementare Herausforderung des Selbstbewusstseins angesehen. Als solche ist sie der Selbstbewusstseins-Geschichte der Neuzeit eingeschrieben.

Zu den wegweisenden Anfängen gehört die Proklamation der Menschenwürde in Pico de la Mirandolas »De Hominis Dignitate«. Pico de la Mirandola legt sie dem Schöpfergott selbst in den Mund. Er hat den Menschen »in die Mitte der Welt« gestellt, ohne »festen Wohnsitz«, ohne spezi-

---

[85] So Konrad Hilpert in seiner Einführung: Stichwort »Selbstverwirklichung« zu dem von ihm herausgegebenen Band: Selbstverwirklichung. Chancen – Grenzen – Wege, Mainz 1987, 9–19, hier 10.
[86] Vgl. ebd., 9 f.
[87] Ebd., 14.
[88] Vgl. Lambert Wiesing, Ich für mich, 223 f.

fische Gaben, »damit du den Wohnsitz, das Aussehen und die Gaben, die du dir selbst ausersiehst, entsprechend deinem Wunsch und Entschluss habest und besitzest.« Während alle anderen Geschöpfe durch ihre Natur festgelegt sind, wird dem Menschen vom Schöpfer eine elementare Natur-Freiheit zugesprochen: »Du sollst dir deine [Natur] ohne jede Einschränkung und Enge, nach deinem Ermessen, dem ich dich anvertraut habe, selber bestimmen *(praefinies)*.« So darf der Mensch sich sagen: »[D]a wir unter der Bedingung geboren worden sind, dass wir das sind, was wir sein wollen, müssen wir am ehesten dafür sorgen, dass man nicht von uns sagt, als wir noch im Ansehen standen, hätten wir nicht erkannt, dass wir dem vernunftlosen Vieh ähnlich geworden seien«, statt uns am Prophetenwort auszurichten: ›Ihr seid alle Götter und Söhne des Höchsten‹«.[89]

Das zu sein, was man sein *will*: Darin liegt die (Fast-)Göttlichkeit des Menschen. Und eine Spannung, die das Selbst-sein-Wollen des neuzeitlichen Menschen heimsucht. Woran soll das Wollen sich ausrichten? Nicht an einer festgelegten Natur und ihren Begrenzungen.[90] An der Bestimmung des Menschen? Wie ist sie zu bestimmen? Nimmt man Pico de la Mirandolas Selbstbestimmungs-Pathos ernst, kann sie dem Menschen nicht *vor*bestimmt sein, sondern nur in ihm selbst liegen. Als das ihm Aufgegebene; als das Telos, das jedem Einzelnen für sich zu finden und zu verwirklichen aufgegeben wäre?

Diese Konsequenz wird von Pico de la Mirandola noch nicht explizit gezogen; sein Platonismus hat ihn daran gehindert. In der Folge hat man sie mit der Inthronisierung einer aufs Allgemeine festgelegten, über sich aufgeklärten Vernunft aufzuhalten versucht. Mein »Besonders-Sein« ist nicht als solches bedeutsam. Es hat seine Bedeutung, da ich mich in meiner ganz besonderen Weise von einem Guten, zumindest von einem – nicht nur für mich – Wichtigen in Anspruch nehmen lasse und an ihm teilnehme. Oder ist es doch allein in sich selbst »absolut« bedeutsam, wie eine schöne Blume unter unendlich vielen anderen? Das Kraftlos-Werden des Bedeutsamkeitsspendenden, weithin anerkannten bedingungslos Guten – fast aller Teleo-

---

[89] Giovanni Pico de la Mirandola, De Hominis Dignitate. Lateinisch – Deutsch, 4–7 und 10 f.
[90] Dass der Mensch berufen ist, nicht einfach in der Natur zu leben, sondern sie zu »verbessern« und womöglich zu vollenden, wird im heraufziehenden Renaissance-Humanismus immer wieder zum Ausdruck gebracht; so etwa von Marsilio Ficino. Leonardo da Vinci wies dem Künstler diese Aufgabe zu; er solle sich dabei von der Vernunft als der »maestra e tutatrice della natura« leiten lassen; vgl. Charles Taylor, Ein säkulares Zeitalter, 200 f.

logien, die einem für die Verwirklichung dieses Guten bedingungslos in Anspruch nehmen durften – verschiebt den Fokus auf individuelle, irgendwie doch in sich bedeutsame Selbstverwirklichung und befördert eine Selbst-Sorge, die mein Selbst gegen den Zwang oder die Verführung durch Funktions- und Rollen-Erwartungen stark macht[91], es veränderungs- und entwicklungsfähig macht, sodass es authentisch kommunizierbar wird.

Diese tiefreichende Verschiebung elementarer *Selbst-*Verständlichkeiten lässt sich an der emblematischen Bedeutung des Begriffs *(Ich-)Identität* in den sozialpsychologischen und sozialphilosophischen Diskursen des späten 20. Jahrhunderts greifen.[92] Das Zurücktreten übergreifender Teleologien und Projekte, die den Selbst-Einsatz mit allgemeiner Verbindlichkeit und öffentlicher Billigung in Anspruch nehmen könnten, verlangt – so Odo Marquard – »als sein Minimalsurrogat die Identität, und der neuzeitliche ›Telosschwund‹ etabliert als Schwundtelos die Identität.«[93] Sie steht für ein Sich-gleich-Bleiben, das nicht mehr an als allgemeingültig anerkannten Ordnungen und Zielen festgemacht ist, sondern als »innere« *Lebens-Konsequenz* je neu identifiziert werden muss. Was bzw. wer jemand ist, lässt sich immer weniger an Zugehörigkeiten und entsprechenden Rollen-Engagements festmachen, an denen sich »früher« zeigte, mit wem man es zu tun hatte, und an denen man sich selbst vergewisserte, wohin man gehörte. Das Selbst wird nun als Akteur vorgestellt, der sich in unübersichtlichen und differenzierteren Zugehörigkeits-Situationen, in immer schneller sich verändernden sozialen Situationen an der Konsistenz seiner Beteiligungen und der Kohärenz seines Selbst-Projekts abarbeitet. Je mehr sich verändert und je fühlbarer die Spannungen werden, die die Ausrichtung des eigenen Lebens durchziehen, je differenzierter die sozialen Lagen und Lebens-Herausforderungen sind, auf die man sich oft gleichzeitig einzustellen hat, desto vordringlicher wird zum Lebens- und zum Wissenschafts-Thema, wie Kohärenz und Konsistenz stabilisiert oder gewonnen werden können, wie sich

---

[91] Etwa in diesem, gegen Entfremdung definierten Sinne macht Michel Foucault die Selbst-Sorge zum Thema und sucht er ihre Spuren in antiker Lebenspraxis und Philosophie auf; vgl. Anna Katharina Flamm, In aller Freiheit. Selbstsorge neu denken mit Michel Foucault, Freiburg i. Br. 2019.

[92] Ich habe selbst versucht, diese Diskussionen zu strukturieren und theologisch aufzugreifen; vgl. mein Buch: Glaube im Kontext. Prolegomena und Skizzen zu einer elementaren Theologie, Zürich-Einsiedeln-Köln 1983 (Nachdruck St. Ottilien 1987).

[93] Odo Marquard, Identität: Schwundtelos und Mini-Essenz – Bemerkungen zur Genealogie einer aktuellen Diskussion, in: O. Marquard – K. Stierle (Hg.), Identität. Poetik und Hermeneutik VIII, München 1979, 347–369, 358.

Selbstbewusstsein als Identitäts-Bewusstsein ausbilden kann. Wenn man nicht mehr ist, was man ist, sondern unter relativ unverfügbaren Bedingungen zu jemandem wird, der sich immer wieder neu verstehen und verständlich machen muss, wird Selbst-Identität zu einem Selbst-Reflexions- oder Selbstdarstellungs-Pensum, das gegen Fragmentierung und Diskontinuität aufgewendet werden muss, soll Selbstbewusstsein sich einstellen können. Es mag bei der Selbst- oder Fremdwahrnehmung einer »Patchwork-Identität« bleiben.[94] Selbst dann scheint man der Legitimations-Bedürftigkeit der Anknüpfungen und Vereinbarkeiten vor sich selbst und anderen nicht zu entgehen: Ich bin so, wie ich bin, verwirkliche mich als den, der ich sein will und sein kann! Aber du sollst wahrnehmen können, welche Bedeutung es für mich hat, in möglichst vielen »Stücken« und Situationen meines Daseins *dieser* zu sein, keine fragmentierte, willenlose, hin- und hergetriebene »Persönlichkeit«. Selbst-Konsequenz ist das »Schwundtelos«, das für Selbstbewusstsein unverzichtbar scheint und als Elementarbedingung von Kooperation und Kommunikation auch unter Digital-Bedingungen noch zu leisten wäre.

Der Versuch zu sagen, wer und was man ist, rekurriert darauf, dass sich das in einer gewissen Folgerichtigkeit meines Lebens zeigt – mir und anderen; und dass diese Folgerichtigkeit irgendwie das Telos, die Wert-Orientierungen, die zentralen Optionen meines bewussten Lebens zu erkennen gibt: wofür ich »stehe« und stehen »will«. Ich will in dem, was mich ausmacht wahrgenommen werden und mich spüren können. Ich will mich in dem, was meinem Leben Konsequenz und eine »innere Einheit« gibt, erkennen – und verstanden werden, von denen wenigstens, die mir wichtig sind. Es sollte mehr sein als das alltägliche Zurechtkommen und das Besorgt-Sein um die elementaren Lebens-Notwendigkeiten. Es sollte erkennbar sein als Antwort auf eine Herausforderung, der ich mein Dasein *widmen* möchte und der ich auf der Spur bleiben will, was immer mir in meinem Leben zustößt.

Vielleicht gehört dieser Identitäts-Wille nicht unabdingbar zum menschlichen Leben. Menschen können ihn im Blick auf sich selbst oder andere womöglich als bedeutungslos ansehen und darauf verzichten, ein bewusstes Leben führen zu wollen. Man wird also nur sagen dürfen, dass es in postmodernen Zeiten naheliegt, die Frage nach der eigenen Identität in dieser Weise aufzuwerfen und ihr im eigenen Lebensvollzug Raum zu

---

[94] Vgl. Th. Ahbe – W. Gmür – H. Keupp (Hg.), Identitätskonstruktionen. Das Patchwork der Identitäten in der Spätmoderne, Reinbek 2002.

geben, dass sich das denjenigen nahelegt, für die sich die Frage nach ihrem Wer- und Was-Sein nicht einigermaßen selbstverständlich erledigt. Individuelle Selbst-Konsequenz scheint als Wert vielfach die Konsequenz des Einsatzes für ein höchstes, gemeinsam intendiertes Gut abgelöst zu haben und als Rechtfertigung für eine selbstbewusste Lebensführung akzeptiert zu werden. Es kommt freilich weiterhin auf die Darstellung der eigenen Identität in zwischenmenschlichen Interaktionen und gesellschaftlichen Lebenszusammenhängen an. Meine Individualität und die Identitäts-Darstellung, die sie zum Ausdruck bringt, sollten zumindest als »interessant« wahrgenommen, womöglich verstanden und in der Bedeutung, die ich meinem Leben hier beilege, gewürdigt werden. Wo mir bzw. uns das für wesentliche Aspekte meiner Ich- wie unserer Gruppen-Identität verweigert wird, kommt es häufig zu heftigen Konflikten und zu Identitäts-politischen Konfrontationen: Wir wollen mit unserer sexuellen oder religiösen Ausrichtung mitmenschliche und gesellschaftliche Anerkennung finden und nicht zu »Opfern« diskreditierender Vorurteile oder (gesetzlicher) Benachteiligung werden. Meine/unsere Identität verlangt nach Würdigung, auch wenn sie Überzeugungen und Gefühlen von Mehrheiten oder signifikanten Anderen zu verletzen scheint. Sie müssen uns nicht zustimmen, aber den Raum zugestehen, unsere Identität zu leben, uns selbst zu verwirklichen.

Identitäts-Rekonstruktionen und Identitäts-Politiken vergewissern sich ihrer selbst bzw. ihrer Anerkennungs-Würdigkeit durch *Identitäts-Narrative*. Die erzählen eine Lebens-Folgerichtigkeit, wollen sie verstehbar machen und als anerkennungswürdig präsentieren.[95] Sie erzählen die Genealogie einer Gruppen-Identität und bilden die Folgerichtigkeit der sie ausmachenden Optionen nach. Sie bieten den »Mythos« für die Riten der Identitäts-Darstellung, in der sich die Gruppe den Sinn ihrer Berufung vergegenwärtigt und die Motivation ihrer Mitglieder stärkt, sich diesem Sinn zu widmen. Identitäts-Narrative modellieren den geschichtlichen Raum, in dem Individuen oder Gruppen ihre Identität ausbildeten, um sie rangen, der Bedeutung und der Ausrichtung ihrer Lebens- oder Berufungs-Konsequenz auf die Spur kamen und genötigt waren, sie zu verteidigen oder auf ein verändertes Umfeld abzustimmen. Sie verfahren selektiv und synthetisch, sind mehr oder weniger modifizierbar, mehr oder weniger Kon-

---

[95] Vgl. Paul Ricœur, Narrative Identität, in: ders., Vom Text zur Person. Hermeneutische Aufsätze (1970–1999), hg. und übersetzt von P. Welsen, dt. Hamburg 2005, 209–225. Hinzuzunehmen wäre Hannah Arendts Konzept der »Lebensgeschichten« (dies., Vita activa oder Vom tätigen Leben, 252–262).

tinuitäts- und Spannungs-bewusst. Das heißt nicht, dass ihr Identitäts-genealogisches Interesse die (Lebens-)geschichtlichen Abläufe, auf die sich das Narrativ bezieht, fälscht oder im Entscheidenden verzerrt. Aber es heißt, dass das Erzähl-Interesse der Identitäts-Legitimation mehr oder weniger fragile Narrationen hervorbringt, die von genauerer Erinnerung und von kritischer Erarbeitung der Verläufe und Erinnerungs-Quellen irritiert werden können und nach bewusster Vertiefung der Identitäts-Genealogie verlangen. »Billiger« wäre ein selbstbewusster Umgang mit der eigenen Identität dann nicht zu haben.

In vielen Identitäts-Narrativen lässt sich die Struktur von Reifungs-Geschichten, von Geschichten des Zu-sich-selbst-Kommens, der Selbst-Findung und Bewusstwerdung wiedererkennen, wie sie exemplarisch in der romantischen Märchen-Überlieferung greifbar wird. Hier haben die Helden Abenteuer zu bestehen, die sie mit Dimensionen ihrer Selbst-Erfahrung konfrontieren, in denen sie ihre Abgründe wie ihr »wahres Wollen«, ihre »wahre Bestimmung« kennenlernen und so zu einem »tieferen«, bewussten Leben, zur »Lebens-Ganzheit« finden müssen. Die sozial-gesellschaftliche Version solcher Erzählungen soll durch Narrative bereitgestellt werden, in denen eine Gruppe oder auch (neuzeitlich) eine Nation ihre wahre Bestimmung oder Sendung entdeckt und so kollektive Handlungs-Bereitschaften mobilisiert.[96] Narrative präsentieren oder suggerieren eine Geschehens-Konsequenz, die auf uns zuläuft und uns jetzt herausfordert, die Initiative zu ergreifen.

Psychoanalyse und Tiefenpsychologie explizieren die therapeutische Bedeutung von Narrativen: Es kommt darauf an, das weite Erlebnisfeld des Unbewussten zu durchschreiten, Dynamik und Kraft des Begehrens kennenzulernen, die – von Trauma-bedingten Verdrängungen vielfach deformiert – das bewusste Leben heimsuchen. Der Prozess des *Bewusstwerdens* ermöglicht die Integration des Unbewussten ins bewusste Dasein, die Durcharbeitung und Aufhellung der Dynamiken, in denen Verdrängtes wiederkehrt: sich ins bewusste Leben hineindrängt und es der bewussten Steuerung entgleitet, das Ich nicht mehr Herr im eigenen Haus sein lässt. Hinter seinem Rücken interagieren Begehren und normative Verhaltenssteuerungen – Es und Über-Ich – und produzieren Symptome, die sich im bewussten Leben breit machen, es an der Selbstbestimmung hindern. So gilt

---

[96] Zur evolutionären Herausbildung der Narrativität und zu ihrer höchst ambivalenten sozialen Bedeutung vgl. Samir El Quassli – Friedemann Karig, Erzählende Affen. Mythen, Lügen, Utopien, Berlin 2021.

als die Leitperspektive psychoanalytischer Arbeit nach Sigmund Freud: »Wo Es war [aber auch: wo ein abgespaltenes Über-Ich ist, das sich die verdrängten Impulse vom Es her zunutze macht], soll Ich werden.« Das erfordert eine »Kulturarbeit«, die mit der Trockenlegung des Zuydersees vergleichbar sei.[97] Auch dieser Kulturarbeit geht es um Nutzbarkeit und Bewohnbarkeit eines zuvor unzugänglichen und unwirtlichen Bereichs, der sich freilich nicht neben dem bewohnten erstreckt, sondern seinen noch nicht urbar gemachten Untergrund ausmacht und so die bewusste Lebensführung unterminiert.

In C. G. Jungs Tiefenpsychologie liegt der Akzent auf der bewussten Fühlungnahme mit Dimensionen und Impulsen des Unbewussten, die zu integrieren und zu durchleben den Weg der *Individuation* zur Lebens-Ganzheit erschließt. Individuation könnte man nach Jung so »auch als ›Verselbstung‹ oder auch als ›Selbstverwirklichung‹ übersetzen.«[98] Dass dieses Fühlung-Nehmen auch ein »geschwisterliches« Miteinander mit anderen Menschen und Lebewesen, mit der Natur im Ganzen erschließt, erscheint als die heute unabdingbare Ausweitung einer anthropozentrischen Individuationsperspektive.[99] In ihr wird es auch als problematisch angesehen, das Unbewusste oder Vorbewusste ausschließlich unter dem Aspekt der »Kultivierung« und Aneignung durch das selbstbewusste Ich in den Blick zu nehmen. Das Konzept *Selbst-Werdung* wäre gegen eine »imperialistische« Selbstbewusstseins-Vorstellung zu schützen, die am Aufklärungs-Ideal des Menschen als »maître et possesseur de la nature«[100] für das Verhältnis des Menschen zu seiner eigenen wie zur außermenschlichen Natur festhält.

Identitäts-Narrative legitimieren Individuen und Kollektive mitunter in diesem Sinne als Identitäts-Besitzer, die für exklusive Besitztitel Anerkennung verlangen oder Restitution beanspruchen, wenn sie sich nach ihrem Narrativ als Opfer einer Identitäts-Missachtung ansehen. Sie verteidigen –

---

[97] Vgl. ders., Vorlesungen zur Einführung in die Psychoanalyse. Und Neue Folge, Sigmund Freud Studienausgabe, hg. von A. Mitscherlich – A. Richards – J. Strachey, Bd. I, Frankfurt a. M. 1969, 516.
[98] Vgl. Carl Gustav Jung, Die Beziehungen zwischen dem Ich und dem Unbewussten, Zürich 1933, 65.
[99] Einen Ansatzpunkt für diese Ausweitung könnte man bei Jung selbst in seiner – gegenüber Freud – spezifisch anderen Akzentuierung der Metapher des Bewohnens sehen. Es geht ihm nicht mehr primär darum, Herr im Haus – darin allein der »Meister« – zu sein; vielmehr kommt es ihm auf die Offenheit des Hauses nach außen an (vgl. ders., Die Beziehungen zwischen dem Ich und dem Unbewussten, 100).
[100] Vgl. René Descartes, Discours de la Méthode, 6,2.

mit Ricœur gesprochen – eine *Idem-Identität*[101], die als »inneres« Sich-gleich-Bleiben vorgestellt und gegen den »äußeren« Wandel mit all seinen Infragestellungen oder gegen die Delegitimationen der »anderen« festgehalten wird. Identität ist dann ein zu schützender Bestand, an dem teilzuhaben und zu dem sich zu bekennen den innersten, »geheiligten« Kern des Daseins in der Welt (und über sie hinaus) und das »wahre Selbst«, die *Ratio essendi* meines Daseins oder des Daseins der Gruppe ausmacht. Wer diese Ratio essendi nicht anzuerkennen, sich gar an ihr zu vergreifen scheint, ruft Aggressionen hervor. So kann der Eindruck entstehen, dass sich diese »identitäre« Form der Identitäts-Wahrung eher in der Ablehnung des Infragestellenden als in konkret gelebter Auslegung und Evaluierung dessen realisiert, wozu man sich bekennt und wofür man stehen will. Sie tendiert zu Gefühle-dominierter Selbst-Behauptung und einer Selbst-Verabsolutierung, die andere Identitäts-Darstellungen nicht würdigen will, weil sie das eigene Selbst-Gefühl verletzen. Die wechselseitige Relativierung individuell geprägter und gelebter Identitäten erscheint ihr als ein kaum erträglicher Relativismus, dem man durch Festhalten am als allgemeingültig Erkannten und als Lebens-bestimmend Anerkannten begegnet. Man will im »eigenen Haus« stabile Verhältnisse aufrechterhalten und »lästige Eindringlinge« – andere Weisen eines bedeutungsvollen In-der-Welt-Seins und Menschen, die sie leben – draußen halten.

Das Gegen-Modell nennt Ricœur *Ipse-Identität*: Identitäts-Bewusstsein im Immer-wieder-neu-auf-sich-Zurückkommen. *Ipse* wahrt Identität, indem es die Bedeutung meiner (unserer) Weise des In-der-Welt-Seins im Durchgang durch das mich (uns) jeweils Beanspruchende und Herausfordernde – auch durch die eigene unbewusste Begehrens- und Traumatisierungs-Geschichte – herauszufinden versucht und sich darauf einlässt, immer wieder neu zu identifizieren, was es bedeutet, an einer Selbst-Konsequenz zu arbeiten, die das ihr Mitgegebene wie das jetzt Herausfordernde als unabgegolten fruchtbar einzubringen versucht. Identität ist dann nicht Sinn-Bestand, sondern *Prozess*, ist die als sinnvoll erlebte Herausforderung, die mir (uns) zugänglich gewordene Weise des In-der-Welt-Seins und ihre Quellen mit anderen zu teilen, auch Anteil zu nehmen an dem, was sich ihnen an bedeutungsvollem In-der-Welt-Sein erschlossen hat – und so tiefer wahrzunehmen, was mir (uns) mitgegeben ist, wozu es herausfordert und wie es in die Lage versetzen kann, mit anderen gut zusammenzuleben.

Selbst-Konsequenz verwirklicht sich hier nicht im Festhalten des

---
101 Vgl. Paul Ricœur, Das Selbst als ein anderer, dt. München 1996, 151–153.

Immer-schon, sondern im Aufmerksam-Werden darauf, wohin es mich (uns) jetzt führt und welche Bedeutung es dabei für mich (und uns) gewinnt, wie es mich (uns) in die Lage versetzt, ein bedeutungsvolles Leben zu führen und zu bezeugen, was die sinngebende Mitte unseres Lebens ausmacht, sodass andere sich dazu in ein kommunikativ offenes Verhältnis setzen können. (Ich-)Identität bedeutet nicht ein fertig Vorliegendes, sondern das mithilfe entsprechend ausgebildeter (Selbst-)Beziehungs- und Kommunikations-Kompetenzen immer wieder neu Identifizierte und Elaborierte. Selbst-*Konsequenz* ist eine Weg-Kategorie; sie kann sich einstellen, wenn man in der jeweiligen »Gegend« mit seinem »Herkommen« wahrnehmen kann, wohin – religiös gesprochen – der Weg der Nachfolge in der Spur dessen, der unseren Weg initiiert und geöffnet hat, jetzt führt, wie er mein Selbst authentisch verwirklicht. Auf die Verschiedenheit der Situationen kann nicht immer in der *gleichen* Weise reagiert werden; Selbst-Konsequenz wird auf unterschiedliche Weise rekonstruiert, identifiziert, gelebt. Immer wird es darum gehen, Ipse-Identität als das Zusammenhaltende wahrzunehmen und narrativ-kommunikativ zu vergewissern, wie die Spannung »zwischen Konkordanz und Diskordanz« jeweils zu vermitteln ist.[102]

Die Alternative zwischen Idem- und Ipse-Identität markiert kein Entweder-Oder; sie macht eine Spannung auf. Ricœur spricht von der »Dialektik von *Gleichheit* und *Selbstheit*«, die in Identitäts-Narrativen und den darin erzählten »Synthese[n] des Heterogenen« zum Austrag kommt. Nimmt man Identitäts-Narrative als solche wahr und verkennt man sie nicht als Übermittlung Situations-enthobener, ewiger Geltungen, wird freilich »die völlige Inadäquatheit der Kategorie der Substanz und ihres Schemas, der Beharrlichkeit in der Zeit, in Bezug auf die Problematik des Selbst deutlich.« Selbstbewusstsein ist Selbst-Beziehung, der das ihr Gegebene nicht als in ihrer Bedeutung schon erkannte und gesicherte Selbst-Voraussetzung, sondern nur im Vollzug der Selbstauslegung zugänglich wird.[103] Einer Selbstauslegung, so darf man mit Ricœur hinzufügen, die des Gegebenen im Medium narrativer Selbst-Vergewisserungen inne wird, im Medium narrativ gestalteter Bezeugungen dessen, was mich jeweils in Bewegung setzt, der Bedeutung meines Daseins auf die Spur zu kommen. Identitäts-Bewusstsein ist das Bewusstsein dessen, was mich nicht spannungslos mit mir eins sein lässt; ein Bewusstsein davon, wie es doch dazu

---

[102] Vgl. Paul Ricœur, Narrative Identität, a. a. O., 214.
[103] Vgl. ebd., 222–225 (ich übersetze statt »Inadäquation« Inadäquatheit).

kommen kann, zu sein und zu leben, was ich bin, unterwegs zu sein zu einem Leben, das ich als *mein* Leben erkennen und anerkennen kann. Selbstbewusstsein vollzieht *ursprünglich* eine Identität, zu der die Menschen immer schon aufgebrochen sind: mit sich versöhnt zu sein, mit der eigenen Grundlosigkeit, mit der Relativierung durch die vielen anderen Selbstbezogenen neben mir in der Welt, in einem All, das mich in meinem Dasein nicht bemerkt, noch weniger auf mich Rücksicht nimmt, mit meiner tödlichen Endlichkeit, die jeder Selbstbeziehung ein Ende setzt und das *Davor* womöglich nur zu Ende sein lässt.

Die elementare Bedürftigkeit, mit mir versöhnt zu werden, bricht mit der im Selbstbewusstsein gesetzten Differenz auf: Ich bin – *grundlos mir selbst gegeben*. Im Identitäts-Bewusstsein soll dieser Grund irgendwie »eingeholt« sein: im Durchgang durch glaubwürdige Zeugnisse eines verlässlichen Getragen-Seins und von ihnen her: im Bejahen-Können meines so beliebig erscheinenden, grundlosen Lebens, das mir – gegen die Zufälligkeit meines Daseins – in gelebter Selbst-Konsequenz bedeutungsvoll und bejahenswürdig wird. Mein Leben *ist* gelebte Identitäts-Behauptung: dass ich nicht verlorengeben muss, mich nicht immer schon verloren habe, sondern finden kann, was ich nicht immer schon habe: den guten Grund für mein Dasein, für das Ja zu meinem Dasein.

Ist mein Dasein dann in seiner abgründigen Tiefe zuerst und zuletzt und auch dazwischen nichts anderes als die Sorge um mich selbst; ein Seiendes, dem es in seinem Dasein nur (?) um sein je eigenes Sein geht?[104] Ist ihm gar eine Selbst-*Verwirklichung* zugemutet, die dafür aufkommen muss, dass mein Dasein nicht grundlos ist? Die es fertigbringt, dass mein durch und durch zufälliges Dasein für mich und für andere eine mehr als ephemere Bedeutung gewinnt? Wie ist die Bedeutungs-Zuschreibung, zu der es im Identitäts-Bewusstsein und seinen narrativen Vergewisserungen kommt, verlässlich legitimierbar? Das sind anthropologische Fragen, zu denen die Theologie einen Glaubens-Horizont anbietet, aber nicht aufdrängen darf. Man wird sie darin nicht einfach beantwortet, sondern in einen weiteren Zusammenhang gestellt sehen. Die Theologie wird daran arbeiten, die hier angesprochenen Bezüge als bedeutungsvoll und weiterführend zu erschließen.

---

[104] Vgl. Martin Heidegger, Sein und Zeit, Tübingen [10]1963, 42: »Das Sein, *darum* es diesem Seienden in seinem Sein geht, ist je meines.«

4.9 Selbst-Legitimation? Selbst-Transzendenz?

Identitäts-Bewusstsein oszilliert zwischen Selbst-Legitimations-Bedarf und der Erfahrung, von einer Mitte her zu leben, die mir bedeutungsvolle Quellen meiner Identität zugänglich gemacht haben. Die Ambivalenz zwischen Selbst-Rechtfertigung und der Evaluation dieser Quellen scheint alltagsweltlich, auch Identitäts-theoretisch, unabwendbar. Narrative Auslegungen und lebensweltliche Bezeugungen dessen, woraus und wofür man lebt, sind durchdrungen von der Interesse-bedingten Behauptung einer sinnhaften Selbst-Kontinuität und Selbst-Berechtigung. Das Arbeiten an einer Ipse-Identität wird oft dominiert von der Wiederkehr des Verdrängten, eigener Frustrations- und Traumatisierungs-Geschichten. *Selbst-Sorge* wird zum *Selbstrechtfertigungs-Zwang*; Selbst-Behauptung und Selbst-Verwirklichung gegen das Eingezwängt-Werden in Rollen-Erwartungen oder die Entfremdung durch soziale Mechanismen erweist sich dann als eine Form der Selbst-Behauptung, der es um die Modellierung einer Lebens-Erfolgs-Geschichte geht, um die »Biographie« eines in sich gerechtfertigten Lebens.

Die Ambivalenz von Selbstrechtfertigungs-Narrativen wird in ihrer ganzen, mitunter zerstörerischen Dramatik sichtbar, wenn man sie an geschichtlichen Selbst-Auslegungen sozialer Identitäten wahrnimmt. Soziale Identitäts-Narrative haben die Tendenz, exklusive Berufungs-, ja Heils-Geschichten zu modellieren, die uns *vor allen anderen* privilegieren: An uns zeigt sich, wie Menschen leben sollen! Wir sind unterwegs mit einer Berufung, die andere nicht haben, die uns über sie erhebt und berechtigt, sie die Wahrheit über Gott und die Welt zu lehren. Unsere Geschichte ist der Rechtstitel auf eine Besonderheit, die wir uns nicht streitig machen lassen. So bleiben wir auch bei dem, was da auf uns gekommen ist und uns auszeichnet. Jede Abweichung wäre Verrat. *Idem-Identität*: Privilegierte Identität, Privilegierungs-Geschichte, Geschichte, die unsere geschichtliche, religiöse Mission rechtfertigt.

Berufungs-Geschichten sind nicht nur, aber wohl immer auch Selbstbehauptungs-Geschichten – und dann mitunter Geschichten voller Hass und Gewalt, voller Abwertung, Verachtung und Unterdrückung der Anderen, voller Selbst-Überhebung; Geschichten mit einem Gott, der exklusiv *mit uns* sein soll, Geschichten mit *unserem* Gott. Gilt das nicht auch für die biblische »Heils-Geschichte«, für die Geschichte der christlichen Kirchen mit dem Gott Jesu Christi? Und wäre dann nicht theologisch soviel religiöse Selbstkritik zu mobilisieren, dass man die guten Erfahrungen des Unterwegs-Seins mit Gott in der Geschichte mit den Selbstbehauptungs-

und Unterdrückungsgeschichten kontaminiert, mitunter auch durch sie verdorben sieht?

Der Gott der Bibel wird als der Gott bezeugt, der für die *Seinen* da ist. Für die Seinen: für die, die sich von ihm auf den Weg der Gottesgerechtigkeit in die Gottesherrschaft hinein rufen lassen; der so da ist, wie er von sich aus für sie da sein will (vgl. Ex 3,14). Er lässt sich nicht von Legitimations-Bedürfnissen vereinnahmen und will kein *Deus ex machina* sein, der in der Geschichte erscheint, wenn man ihn nötig zu brauchen meint. Dieser Gott entzieht sich religiösen Vereinnahmern und ihren Legitimations-Strategien; er lässt sich nicht in ihren Idem-Identitäts-Konstruktionen verorten. Er initiiert von sich aus Geschichte, Geschichten mit denen, die sich ihm in besonderer Weise verbunden wissen, Geschichten auch mit denen, die ihm fernzustehen schienen oder in anderen Überlieferungen nahekamen und ihn unter anderem Namen anrufen. Davon geben die biblischen Überlieferungen selbst Zeugnis. Er rechtfertigt nicht die Selbst-Rechtfertiger, sondern die Suchenden und Irrenden, Sünder und Umkehrbedürftige, Ungehorsame und in Identitäts-Not Geratene. Seine Rechtfertigung will und kann den Zwang zur Selbstrechtfertigung und Selbst-Privilegierung brechen. So ist es in den Glaubensgeschichten Israels und der Kirchen erfahren worden. Das könnten sie in das Ringen um Identität und Gerechtfertigtsein einbringen. Martin Walser, der Agnostiker, weiß davon auf seine Weise: »Rechtfertigung ohne Religion wird zur Rechthaberei. Sachlich gesagt: verarmt zum Rechthaben.« Oder zum Bestätigt-Werden durch Wohlergehen. »Heute genügt es« – so Martin Walser weiter –, »dass es einem gut geht, dann ist sein Rechtfertigungsbedarf schon gedeckt.«[105] Dem ist hinzuzufügen, dass auch Religion zur Rechthaberei verkommen kann.

Welche Quellen und Horizonte erschließt die christliche Rechtfertigungslehre, um über solche Selbstrechtfertigungs-Zwänge oder Rechtfertigungs-Trivialisierungen hinauszukommen, sie wenigstens in Schach zu halten? Sie anerkennt eine Instanz, die für meine Rechtfertigung »zuständig« ist und mir das Identitäts-Pensum abnimmt, mein Leben selbst zu rechtfertigen. Die relativiert alle meine – unsere – Selbst-Bedeutungs-Behauptungen und lässt sich das »Urteil« über den Sinn meines Daseins und unserer Geschichte nicht aus der Hand nehmen. In diesem Sinne *richtet* sie uns. Ihr *Gericht* dient nicht einer Verurteilung, vor der man sich

---

[105] Martin Walser, Über Rechtfertigung. Eine Versuchung, Reinbek bei Hamburg ²2012, 32 f. und 41.

verteidigen oder rechtfertigen müsste, sondern der eschatologisch-*end*gültigen Aufrichtung des Sinnes, den Gott unserem Dasein zuspricht.

Sein Urteil muss nicht die eigenen Anstrengungen verurteilen, das Leben und die eigene Geschichte als bejahenswert zu begreifen, oder die Selbst- und Identitäts-Sorge desavouieren, sich von Welt-Instanzen unabhängig zu halten, die ihrerseits über den Sinn meines Lebens entscheiden wollen. Recht verstandene Selbst-Sorge stärkt die Widerstandskraft, mit der ich mich gegen ihr Urteil wehre. Sie kann sich an der Gestalt des Messias Jesus aufrichten, der einen Weg zum bejahenswerten Leben bezeugt, in dessen Spur Menschen unabhängiger und hoffnungsvoller werden können. Aber sie gerät im christlichen Rechtfertigungsglauben an ihre eigene Grenze, an der sie von sich lassen muss; an die Grenze der Einsicht, dass sie die Gewährleistung für den guten Grund, zu meinem und deinem Leben Ja zu sagen, nicht übernehmen kann. An dieser Grenze bliebe das Zutrauen zu einem ausschließlich gutwilligen Gott, der mich – uns – »sieht« und »hört«, wie immer diese personal-kommunikativen Metaphern bei Gott und durch ihn Wirklichkeit werden mögen. Er wird aus unserem fragmentarischen, vielfach verfehlten und scheiternden Leben das Beste machen, was aus ihm gemacht werden oder ihm widerfahren könnte, weit besser und gewiss auf andere Weise besser, als es menschlichem Vorstellungsvermögen möglich erschiene.

Selbst- und Identitäts-Sorge ernst zu nehmen und sie zu transzendieren, von ihr zu lassen und in diesem Sinne Selbsttranszendenz zu wagen, ist religiös kein Widerspruch, sondern eine Spannung, die in der Hoffnung auf den eschatologisch Rechtfertigenden gestaltet werden kann; so bezeugen es die Traditionen des Christlichen wie anderer Religionen vielfach, mehr oder weniger überzeugend. Wo diese Spannung auseinanderbricht, verabschiedet man sich entweder aus den Selbstbehauptungs-Kämpfen dieser Welt und macht einen das Gottvertrauen wehrlos gegen die Anmaßung derer, die über mich urteilen. Oder man verliert die wohltuende Distanz gegenüber der Anmaßung, über sich selbst das Urteil zu sprechen. An der Grenze der Selbst-Sorge müsste man – dürfte man – sein Selbst-Interesse relativieren lassen, weil für uns gesorgt ist. So könnte man in die Selbstvergessenheit hineinfinden: in die freie Aufmerksamkeit für das, was auf uns zukommt und geschieht, uns unendlich über uns hinauszuführen. Selbsttranszendenz lässt die Selbst-Sorge und jede Selbstrechtfertigung hinter sich, weil Menschen darauf vertrauen, so da sein zu dürfen, wie es gut ist: für sie selbst, die anderen, für Gott, der es gut mit ihnen sein lässt, sie nicht übersieht, sondern würdigt.

Über die Grenze eines Daseins in der Selbst-Sorge kann diese Hoffnung sich wagen, wenn Menschen sie im Einsatz dafür bezeugen, dass ihre Mit-Menschen nicht übersehen und als bedeutungslos missachtet werden. Über die Grenze wagen sich die in vielen religiösen Traditionen lebendigen mystischen Praktiken der Selbst-Relativierung, indem sie Erfüllung im vollkommenen Von-sich-Absehen erwarten und womöglich auch erfahren. In den Traditionen des Christentums verbinden sich personalisierte und mystische Wege der Selbst-Relativierung, da sie auf eine göttliche Wirklichkeit hin bzw. in sie hinein führen wollen, die zugleich als personale Wirklichkeit und als Wirklichkeit des All-Einen geglaubt wird.

Solche Selbst-Relativierung befreit vom Zwang des Sich-Verabsolutierens, vom falschen Überlegenheits-Bewusstsein selbst-privilegierender Identitäts-Narrative. Dass die Kirchen diese Freiheit selbst wenig bezeugen, schädigt ihre Glaubwürdigkeit unabsehbar. Es geht ihnen in den Identitäts-Narrativen, die ihr »offizielles« Selbstverständnis ausmachen, offensichtlich vor allem um sie selbst, ihren Bestand, ihr Rechthaben, ihre *Idem*-Identität. Das Drama: Sie missbrauchen die Quellen ihrer Identität zur Legitimation eines fragwürdigen Status quo, statt ihre Glaubens- und Lebens-Fruchtbarkeit zu bezeugen. So kommunizieren sie eher ihr Selbst-Interesse als die Selbstvergessenheit der Diakonie in der Nachfolge des Diakons Jesus, der gekommen ist, mit der Hingabe seines Lebens zu dienen, damit die Menschen aus Not und Zwang – auch religiösem Zwang – frei kämen (vgl. Mk 10,44–45parr.).

Selbstvergessenheit macht frei. Das Selbstlegitimations-Interesse macht die Kirchen unfrei im Verhältnis zu dem, was ihnen an Herausforderung und Verheißung mit auf ihren Weg gegeben ist: Es soll sie ins Recht setzen und bleibt gefangen in einem Lehrbegriff, auf den man sich festgelegt hat und nun nicht mehr in Zweifel ziehen lassen will. Das verstellt den Blick auf die »Zeichen der Zeit«[106], die es erforderlich machen, die Quellen neu zu lesen, vielleicht anders zu verstehen, damit sie *jetzt* zur Herausforderung und Verheißung werden. Man bindet sich an das Gestern und Immer schon, an eine aus Selbst-Angst festgehaltene Idem-Identität, vertraut auf Unfehlbarkeit, je mehr »alle anderen« die kirchlichen Selbstverfehlungen wahrnehmen und ans Licht ziehen – und verdoppelt nur die Selbstrechtfertigungs-Anstrengungen. Kirchen-Absolutismus verhindert jene Selbst-Relativierung, die die Identität des Christlichen ausmacht und kirchliche

---

[106] Von ihnen spricht das Zweite Vatikanische Konzil; vgl. etwa *Gaudium et spes* 4 und 11.

Identität ausmachen müsste: die wohltuende Relativierung des »Urteils« über uns; das Sich-relativieren-Lassen durch den Herrn der Kirche, der sie durch seinen Geist zu einer Ipse-Identität herausfordert; der sie dazu herausfordert und befähigt, immer wieder neu und anders auf ihre Herkunft zurückzukommen, um Wege in die Zukunft zu finden.

Religion, die nicht selbst absolutistisch wird, *ist* Selbst-Relativierung. Christlich heißt das: nicht Selbst-Auslöschung, sondern sich – mit seinem Begehren, seiner Selbst- und Identitäts-Angst, seiner Bedürftigkeit, seinen Verirrungen und Selbst-Verfehlungen – in eine Verlässlichkeit hineingeben dürfen, die mich aufnimmt und gerechtfertigt da sein lässt; die es mir erlaubt, mein Begehren und mein Ungenügen wahrzunehmen, zu leben und über es hinauszuleben, in Gott und seine Wirklichkeit hineinzuleben: Mein Intendieren und Begehren, meine Selbst-Besorgnis dürften zur Ruhe kommen, weil mir weit mehr geschieht, als ich intendieren könnte und begehre. Die Mystik kennt dieses selbstvergessene Zur-Ruhe-Kommen im Geschehen des Jetzt, in dem »Ich« berühren darf, woraus ich bin, was mich unverlierbar da sein lässt. In der Liebe zwischen Menschen kündigt es sich an, werden die Erfahrungen und Hoffnungen des Relativiert-Werdens gehütet – oder verdorben. Wie schwer tat und tut sich gerade die römische Kirche damit, die Liebe in all ihren Dimensionen wahrzunehmen und zu bejahen! Wie dramatisch ist sie da herausgefordert, ihre kleinmütige Sorge um das »rechte« Lieben relativieren zu lassen!

5. Lieben: Worüber Größeres nicht erlebt werden kann

5.1 Selbstgenuss oder Selbsthingabe?

»Liebe und tu, was du willst (ama et quod vis fac)«: So wird Augustinus zitiert und als Stichwortgeber geliebt. Offen bleibt erstmal, was da unter »Lieben« zu verstehen ist. Diese Frage gewinnt an Dringlichkeit, wenn man darauf aufmerksam wird, dass die zitierte Stelle bei Augustinus im Original anders lautet: »Dilige et quod vis fac«.[1] Das Lateinische hat wie das Griechische unterschiedliche Worte für Liebe, neben *amor* etwa *dilectio* oder *caritas*. Deren Sinn-Zentren sind nicht eindeutig zu bestimmen und im Deutschen eher umständlich wiederzugeben. Die semantische Bandbreite reicht vom Hingerissen-Sein und sinnlichen Begehren bis zur selbstvergessenen Hingabe für Menschen auch da, wo es Selbst-Überwindung kostet und die Lust eher aus dem Spiel bleibt. Leicht kommt es dazu, dass man eine selbstlose, wertvollere Liebe von der niederen, leibhaft-lustorientierten, selbstbezogenen Liebe unterscheidet.

Augustinus selbst teilt die Auffassung, dass amor, dilectio und caritas biblisch im Grunde das Gleiche meinen.[2] Er ist aber nicht frei von der Neigung, eine Sinn- und Wertehierarchie des Liebens geltend zu machen. Die zitierte Bemerkung könnte freilich davor warnen, zu schnell über das »Niedrigere« hinwegzugehen und beim »Höheren« ankommen zu wollen, zu schnell zu wissen, was die wahre und höchste Liebe einschließt, verwirklicht und überschreitet – was sie deshalb ausschließt. Die über Jahrhunderte dominierenden kirchlichen Überlieferungen bieten da ein bedrückendes Anschauungsmaterial, was nicht heißt, dass es keine Versuche gegeben hätte, über solche Hierarchisierungen und Ausschließungen hinauszukom-

---

[1] Tractatus in epistolam Ioannis I, 7,8.
[2] So in De civitate Dei 14,7; vgl. Josef Pieper, Über die Liebe, 27.

men.[3] In die lebensweltlichen und anthropologischen Diskurse darüber, was das Lieben entscheidend ausmacht, dringen kirchlich-lehramtliche Wortmeldungen kaum noch vor. Zu stark hat sich der Eindruck festgesetzt, dass zu viel von der Umgrenzung des der Liebe Erlaubten – vom *Ordo amoris*[4] – und zu wenig vom Faszinierenden der Liebe die Rede ist, das viele Menschen heute in ihr suchen, was auch immer sie darunter verstehen. Anthropologisch wie lebensweltlich aber scheint unbestritten, dass menschliches Leben in der Liebe nicht nur seine »Höchstform« findet, sondern aus der Liebe überhaupt erst in seiner ihm eigenen Menschlichkeit gelebt wird. Theologisch unbestritten ist, dass von der Gott-Mensch-Beziehung gesagt werden darf, sie sei ein In-der-Liebe-Sein und – weil Gott Liebe ist (vgl. 1 Joh 4,8.16) – ein In-und-aus-Gott-Sein auch in dem Sinne, dass an Gott Anteil gewinnt, wer die Liebe wagt.

Das macht die Frage unausweichlich, was man als die Liebe zu verstehen hat, die Gott ist und an der er Anteil gibt; im 1. Johannesbrief ist von *Agape* die Rede. Folgt man Augustinus, so ist zunächst dies zu sagen: Das Lieben kommt vor dem Wollen. Es ist in seinem Ursprung ein Zulassen, in dem der Wille entsteht, sich dem Bewegt-Werden zu öffnen, das zur Liebe herausfordert. Von der Liebe ergriffen werden: darin »erwacht« das Wollen. Wenn es ein solches ist, das sich von der Liebe erfüllen lässt, will es das, was schlechthin gut ist und nur in der Liebe gefunden wird. So sieht es Augustinus; es ist die Sicht der Dinge, auf die man sich noch heute ohne große Überzeugungsarbeit einigen wird. Zur Liebe herausgefordert, zu ihr eingeladen zu werden, ist nach dem 1. Johannesbrief eine Gottesgabe: Gott hat mit der Liebe angefangen und uns zuerst geliebt (1 Joh 4,19). Das wird anthropologisch strittig bleiben. Unstrittig könnte sein, dass sich das Anfangen oder das Angefangen-Werden der Liebe keineswegs von selbst versteht, dass es etwas Geheimnishaftes an sich hat[5], das nach weiterer Klärung verlangt.

Faszination ist offenbar das, was die Liebe in Bewegung bringt. Dass darin Göttliches geschieht, sagt schon der Wortstamm, aus dem das Wort Faszination gebildet ist: Fas ist das altlateinische Wort für das Göttliche. In der Faszination ist man ganz vom Faszinierenden *eingenommen*. Es hat

---

[3] Als eindrucksvolles Beispiel aus unseren Tagen sei genannt: Papst Franziskus, Nachsynodales Schreiben *Amoris laetitia* vom 19. März 2016.
[4] Der Ordo amoris ist, das lässt ja schon die zitierte Stelle aus dem Kommentar zu 1. Johannesbrief vermuten, die Richtschnur der Tugend, des menschlichen Richtig-Seins (vgl. De civitate Dei 15,22).
[5] Vgl. Josef Pieper, Über die Liebe, 81.

mich gewissermaßen mühelos, meist kampflos, aber keineswegs folgenlos erobert. Sein Dasein und Bei-mir-, ja In-mir-Sein macht mir Freude, macht mich glücklich, erfüllt mich. Es ist gut und schön für mich, dass es da ist. Ich bin hingerissen, bin nicht nur bei mir, vielmehr »in« der Gutheit und Schönheit des Faszinierenden. Die ist ihm – so die biblische Schöpfungs-Überlieferung – von Gott mitgegeben: Das Geschaffene, allem voran der Mitmensch, ist *tov*, gut und schön in sich (vgl. Gen 1,8–31). Das geht der Liebe auf; sie lässt es sein, freut sich daran, genießt es. Aber sie vergreift sich nicht daran. Die Freude und Faszination des Liebenden hat Augen dafür, wie gut und schön die Geliebte ist, verlangt nach ihr – scheut sich, dieses Gut- und Schön-Sein durch Zugreifen zu mindern oder zu missbrauchen, es ins bloße Gut-Sein für mich, mein Verlangen, meine Vorhaben zu verfälschen. Das Göttliche in der Faszination bewirkt diese Scheu vor dem Zugriff, der ein Fehlgriff wäre und der Liebe alle Göttlichkeit austriebe: die Scheu vor der *Selbst*-Vergötterung, die mich zum Willkür-Gott der Geliebten oder des Geliebten machen und die Liebe zum bloßen Selbstgenuss erniedrigen würde. »Ihr werdet sein wie Gott«, werdet Götter sein, die erkennen und bestimmen, worin die Tauglichkeit des euch Gegebenen liegt (vgl. Gen 3,5[6]): So lautet die dämonische Verheißung eines schrankenlosen Zugreifens und Vereinnahmens für die eigene Lebens-Steigerung, die die Gutheit und Schönheit des Geschaffenen zerstört. Solches Zugreifen vergreift sich am Göttlich-Unverfügbaren, das Gott ins Faszinierende hineingelegt hat, damit es seinen guten Schöpferwillen bezeuge.

Sind diese im Mythos überlieferte Wahrheit und die ihr innewohnende Ambivalenz-Erfahrung von gestern? Treten sie nicht heute in ihrer ganzen Dramatik vor Augen? Dass die Freude in der Liebe am unverfügbaren Geschenk der anderen, des anderen, lebendig wird, deren Gutheit und Schönheit mir aufgeht und anvertraut wird; dass ich sie zerstöre, wenn ich dieses Geschenk nicht gut und schön in sich sein lasse? Die Dramatik: dass wir dabei sind, uns an der Gutheit und Schönheit der ganzen Schöpfung zu vergreifen – soweit sie uns anvertraut ist?

Es liegt nahe, es lag gerade in religiösen Überlieferungen nahe, die Ambivalenz liebenden Begehrens in der Liebe durch die Alternative *selbstlose Liebe vs. erotisches Begehren* aufzuheben: Nur die Liebe ohne das im Kern doch verbrauchend-zerstörerische Begehren könne wahre Liebe sein, die höhere Liebe, in der menschliches Leben zu seiner Fülle käme. Aber will man da der unauflösbaren Spannung in der Liebe nicht durch eine über-

---

[6] Hier folge ich der Auslegung von Claus Westermann, Schöpfung, 132 f.

scharfe Alternative Herr werden? Provoziert man nicht den Gegenschlag, der ein Begehren ins vermeintliche Recht setzt, das sich den Spaß an der Freude nicht länger und schon gar nicht religiös verbieten lässt? Das scheint – anthropologisch wie theologisch wahrgenommen – das Geheimnis der Liebe zu sein: dass in ihr die Erfüllung wie die Überschreitung des Begehrens geschieht, das worüber Größeres nicht geschehen und erlebt werden kann.

5.2 Was in der Liebe geschieht

Macht man sich in der Liebe nicht die ausschweifendsten Illusionen – in der Liebe, wie sie konkret geschieht, uns gefangen nimmt und mitreißt, mitunter unsanft auf dem Boden der Tatsachen ankommen lässt? Vielleicht sind es weniger Illusionen über »die« Liebe, eher solche über mein und unser Lieben jetzt. Nietzsche trifft hier unter die Gürtellinie; man wird für einen Augenblick geradezu Argumentations-unfähig, wenn er mit Georg Christoph Lichtenberg sagt: »Man liebt weder Vater, noch Mutter, noch Frau, noch Kind, sondern die angenehmen Empfindungen, die sie uns machen«.[7] Aber bleiben wir auch im Lieben unentrinnbar bei uns selbst? Täuscht uns das Selbstbewusstsein, wenn es uns annehmen lässt, wir könnten nur wirklich bei uns selbst sein, wenn wir uns nötigen lassen oder damit beschenkt werden, uns dem anderen unserer selbst *ausgesetzt* zu sehen und – in der Liebe – das Miteinander mit ihm zu wagen?

Dass die Liebe nicht mehr, letztlich nichts anderes sein kann als durch eine(n) andere(n) ermöglichter Selbstgenuss, darin sind sich alle Liebes-Entmystifizierer einig. Eine illusionslos-realistische Selbst-Sorge scheint sich darauf richten zu müssen, in dem, was sich mit dem Label *Liebe* abspielt – Intimität und Sexualität, gemeinsame Lebensgestaltung und Lebensbewältigung, Füreinander-Einstehen, wenn es hart kommt – auf seine Kosten, jedenfalls nicht zu kurz zu kommen. Eine nüchterne Kosten-Nutzen-Analyse scheint die Stabilität von Beziehungen eher zu gewährleisten als überschwängliche Gefühle des Miteinander-Verschmelzens, in denen die Selbst-Abgrenzung auf der Strecke bleibt. Und es ist ja keineswegs ausgeschlossen, dass die guten Gefühle füreinander die »ungutеn Gefühle« überwiegen und sich eine Beziehung so womöglich als stabil, weil als emotional rentabel erweist. Es ist leicht, diese »Liebes«-Kalkulation in alltäg-

---

[7] Menschliches, Allzumenschliches I, Aphorismus 133, KSA 2, 127.

lichen Liebes-Geschichten und auch in der eigenen zu entdecken. Sie ist nicht unehrenhaft. Aber man ist beschämt, wenn man sich bei ihr entdeckt. Irgendwie scheint es beziehungsfremd zu sein, den Fortbestand einer »Liebes«-Beziehung davon abhängig zu machen, ob man erwarten darf, dass sie sich emotional und in der Lebensbewältigungs-Perspektive bis auf Weiteres rentiert. Soviel Egoismus in der Liebe erscheint tadelnswert.

Ist die Liebe in dem, was sie sein soll, nicht etwas *ganz anderes?* Ist Nietzsches Sicht nicht eine unerträgliche Herabwürdigung dessen, was in ihr geschieht, jedenfalls geschehen kann und geschehen soll? Sie sollte, so wird vielfach geltend gemacht, selbstlos sein, nicht von dem hervorgerufen oder motiviert, was ich von ihr habe oder mir erwarte. Insbesondere die christliche, als Gottes-Teilhabe geglaubte Liebe müsse an Gottes selbstloser Selbstmitteilung teilnehmen und Agape sein, über alles erotische, gar sexuelle Begehren erhaben. Selbstlos, ja motivationslos zugewendete Agape kennzeichne das neutestamentlich-christliche Verständnis der Liebe. In ihr, die der Mensch von sich aus gar nicht aufbringen kann, liebt Gott selbst im begnadeten Menschen. Das ist die These, die Anders Nygren und Emil Brunner mit Entschiedenheit vorgetragen haben.[8] Josef Pieper hat ihr energisch widersprochen.[9]

Nygrens und Brunners These setzt voraus, dass jedes Auf-sich-selbst-aus-Sein die Liebe verdirbt, sie nicht sein lässt, was sie aus Gott in den Menschen sein will und von ihnen den Mitmenschen zugewendet werden soll. Selbst- und Nächsten- bzw. Gottes-Liebe schließen sich dann gegenseitig aus. Es scheint so, als habe Augustinus dieses Gegeneinander und die Diskreditierung der Selbstliebe mit zu verantworten. *Civitas Dei* und *Civitas terrena* (diaboli) sind bei ihm durch die einander entgegengesetzten, in ihnen jeweils maßgebenden Weisen des Liebens bestimmt, die »irdische durch Selbstliebe, die sich bis zur Gottesverachtung steigert«, die »himmlische durch Gottesliebe, die sich bis zur Selbstverachtung erhebt.«[10] Man wird das aber so zu verstehen haben, dass nur eine in der Sünde gewissermaßen entgleiste, sich verabsolutierende Selbstliebe sich zur Gottesverachtung steigert. Die Liebe ist hier zur Selbstsucht geworden, zur *Superbia,* in der die »Liebenden« ihre eigene Vortrefflichkeit und ihr Wohlwollen genießen, so tatsächlich bei sich bleiben. Sie verdrängen Gott bzw. Christus

---

[8] Vgl. Anders Nygren, Eros und Agape. Gestaltwandlungen der christlichen Liebe, 2 Bde., dt. Gütersloh 1930 und 1937 bzw. Emil Brunner, Eros und Liebe, Berlin 1937.
[9] Josef Pieper, Über die Liebe, 96–105.
[10] De civitate Dei 14,28.

von dem Ort, den sie im Menschen innehaben wollen: die in ihnen ursprünglich Liebenden zu sein, die die Menschen zur Mitliebe inspirieren, sie – wie Johannes Duns Scotus sagen wird – als »Mitliebende« hervorbringen.[11] Die Wurzelsünde der Superbia verdrängt Gott und seinen Christus aus ihrer Herrschaft über Wollen und Tun der Menschen, macht die Civitas terrena zur Civitas diaboli. Damit Gott und sein Christus wieder zur Herrschaft kommen, muss sich der Sünder unter Gottes Herrschaft demütigen, aus Gott mit Christus den Nächsten lieben und darin sein Genüge finden, die Liebe, die aus Gott in ihm wirkt, zu lieben, es zu lieben, sich von ihr ergreifen zu lassen. Diese »Demütigung« fügt in den *Ordo amoris* ein, der die Nächstenliebe wie die Selbstliebe der Gottesliebe in der rechten Weise zuordnet, ohne sie in dieser untergehen zu lassen.[12] Dass sich die Gottesliebe in der Civitas Dei bis zur Selbstverachtung des bekehrten Sünders »erhebt«, mag in diesem Zusammenhang nachvollziehbar werden. Asketische Traditionen des Christentums haben die Demütigung des sich vergötternden Sünders aber mitunter bis zur Selbst-Destruktion treiben wollen, damit es zu einer radikal *selbst-losen* Liebe käme, die nur gebotene Christenpflicht wäre, niemals aber auch als Steigerung meines Selbstgefühls erlebt werden dürfte.

Dass Selbstbewusstsein im Sinne eines emotional gesteigerten Selbstgefühls *selbstherrlich* macht, trägt der Selbstliebe Christentums-geschichtlich den Verdacht ein, dem Selbst-Interesse Tür und Tor zu öffnen und die wahre, sich hingebende Liebe an der Wurzel zu verderben. Dass die Philosophie und Theologie des Mittelalters sie als menschlich-kreatürliche Selbstbejahung ins Recht setzt[13], findet Askese-geschichtlich wenig Resonanz. Übermächtig ist der bußpädagogische Impuls, die Selbstherrlichkeit und Selbst-Verherrlichung der Sünder einzudämmen und ihnen die Unterwerfung unter die Herrschaft Christi, mehr noch seiner kirchlichen Stellvertreter abzunötigen. Der Ordo amoris – die Ordnung, in der das Lieben legitim ist – verlangt hier, dass die Selbstliebe den letzten Platz einnimmt, damit die selbstlose Gottesliebe und die selbstvergessene Nächstenliebe unverfälscht sie selbst blieben und in ihnen nicht auch der Selbstgenuss gesucht werde.

---

[11] »Deus vult condiligentes«; vgl. Johannes Duns Scotus, Opus Oxoniense III, d. 32, q. 1, n. 6.
[12] Ich folge der Augustinus-Interpretation in: Christian Tornau, Eros versus Agape? Von Plotins Eros zum Liebesbegriff Augustins, in: Philosophisches Jahrbuch 112 (2005), 271–291, vor allem 281–288.
[13] Das belegt überzeugend Josef Pieper, Über die Liebe, 106–138.

Je ausschließlicher man die Liebe der Menschen schon von der Sünde heimgesucht und verdorben sah, desto weniger konnte die Freude gewürdigt werden, die die Liebe als Selbstvollzug des Menschseins mit sich führt. Der Mensch liebt es zu lieben[14], da es ihm Freude macht, auf das über alles Maß Bejahenswerte zu treffen und es bejahen zu können. Die Liebe lieben: Da meldet sich der theologische Verdacht, man könne die Liebe – verstanden jetzt als die leibhaft-sinnliche Liebe – zu sehr lieben, in ihr die Erfüllung des Menschseins suchen, sogar finden, die dem Menschen nur in Gott und seiner Liebe offenstehe. Wenn also vom erotischen Entzücken in der Liebe geredet wird, ist man da nicht auf der »schiefen Ebene«, den Selbstgenuss der Selbstlosigkeit vorzuziehen, die der Agape eignet und die Gott im Menschen hervorrufen will? Ist die Genuss-freie Liebe christlich nicht die eigentliche Liebe, Liebe in Reinkultur?

Hier sind offenkundig Differenzierungen fällig. Sie sind vielfach angemahnt und theologisch eingefordert worden. So können die nun anzustellenden Überlegungen kaum originell sein. Aber sie sind anthropologisch unerlässlich. Zunächst sollen sie dem Versuch gelten, vielleicht nicht das »Wesen« der Liebe, wohl aber das allen Vollzügen, die man mit einiger Berechtigung der Liebe zurechnet, Gemeinsame zu umschreiben. Josef Pieper wird recht haben, wenn er feststellt: »In jedem denkbaren Fall besagt Liebe soviel wie Gutheißen. Das ist zunächst ganz wörtlich zu nehmen. Jemand oder dieses Etwas ›gut‹ nennen und, zu ihm gewendet, sagen: Gut, dass es das gibt; gut, dass du auf der Welt bist!«[15] Lieben heißt, das von mir als bejahenswert Wahrgenommene mit mehr oder weniger hoher, emphatischer innerer Beteiligung bejahen – und sich daran freuen, auf etwas gestoßen bzw. jemand begegnet zu sein, was bzw. den oder die ich »für mein Leben gern habe«. Darin meldet sich nicht notwendigerweise ein Besitzverlangen, sondern zunächst ein mehr oder weniger tiefes *Wohlgefallen*. Es »ruht« auf dem Geliebten, freut sich, dass es da ist – ehe es dazu herausfordert, ihm noch näher zu kommen, sich ihm (oder ihr) tiefer zu verbinden, auch: noch mehr von ihm zu haben. Freude und (erotisches) Begehren mögen einander benachbart sein, sind aber nicht das Gleiche. Die Freude des Liebens entzündet sich primordial daran, gefunden zu haben, was meine von Herzen gern gegebene – »ganzherzige« (Harry Frankfurt) – Zustimmung hervorlockt und mir so die Erfahrung einer bedeutsamen Lebens-Steigerung vermittelt.

---

[14] Vgl. Augustinus, De trinitate 8,10.
[15] Josef Pieper, Über die Liebe, 38 f.

Es ist ein Glück, theologisch: eine Gnade, es gefunden zu haben, inmitten einer oft enttäuschend-verheißungslosen, von Alltags-Notwendigkeiten bestimmten und von Fehlgriffen eingetrübten Lebenswelt. Dass mir ein ganzherziges Ja möglich wird, das mir aus dem Herzen kommt: Das ist Freude in Reinkultur, zunächst ganz abgesehen davon, ob das Geliebte bzw. die Geliebten auf Dauer die sein werden, die ich ganzherzig und mit Freude bejahe. Von dieser Freude kann und darf nicht abgesehen werden, wenn von der Liebe die Rede ist. Und es dürfte theologisch nicht von vornherein unterstellt werden, dass diese Freude der Bejahung in einer erlösungsbedürftigen Welt und einem tiefreichend erlösungsbedürftigen Leben eigentlich nicht vorkommen kann. Vielmehr darf umgekehrt – vielleicht in der Spur des Augustinus – die theologische Deutung angeboten werden: Wo in mir die Herausforderung zu diesem von Herzen kommenden Ja entspringt, da wohnt Gott mit seinem Christus darin; da fängt er an, mich zum Mitlieben zu bewegen. Dann wäre die Liebes-Freude – dem Wortsinn gehorchend – das Faszinosum des *Göttlichen* im Lieben-Können und Lieben-Dürfen. Man hätte es theologisch nicht kleinzureden, sondern aus der Alltags-Verborgenheit hervorzuholen.

Dass Gott sich schenkt, indem er mir die verheißungsvolle, hoch erfreuliche Herausforderung zum ganzherzigen Bejahen mitten im Leben schenkt, wo mich die Freude der Liebe, die Liebe zur Liebe, anrührt: Ist das zu gefühlsbetont geredet? Erscheint die Liebe biblisch nicht als *Gebot*. Wird sie Christentums-geschichtlich als wahre Liebe nicht daran identifiziert, dass man sie sich auf Gottes Gebot hin abnötigt? Wenn aber die Pflicht-Liebe höher steht als die Neigungs-Liebe, ist die Liebe dann, wenn es mit ihr Ernst wird, nicht eher eine Sache willentlicher Selbst-*Überwindung?* Das würde man einräumen müssen, wenn es mit der Alternative Pflicht- *oder* Neigungs-Liebe sein Bewenden hätte: entweder das Eine oder das Andere. Dazu darf es nicht kommen. Wer nur pflichtgemäß »geliebt« wird – der notleidende Nächste, die Vielen, die an vielen Orten dieser Welt unserer hilfreichen Aufmerksamkeit anvertraut sind –, der wäre als Objekt unserer Fürsorglichkeit allenfalls von uns hingenommen, aber – auch im weitesten Sinn des Wortes – nicht geliebt, als Mitmensch in seinem Dasein bejaht und in seinem Gutsein wertgeschätzt.

Aber es gehört zum Lieben hinzu, dass sie nicht zur *folie à deux* wird, in der man sich aus der Wirklichkeit dieser Welt herauszieht, zum Cocooning, das in die Privatheit der zu zweit genossenen Liebe einschließt. Die Lebens-Steigerung durch das Lieben dürfte nicht zu einer Lebens-Einschränkung führen, zu einer Liebe »si pereat mundi«. Die Freude über das Ja-sagen-

Können zu dem, was uns jetzt geschieht, wäre dann begleitet von einer Gleichgültigkeit gegenüber dem, was bei dieser »exklusiven Liebe« draußen bleibt. Das würde diese Liebe zum Insel-Ereignis machen, zum Selbstgenuss der beiden exklusiv füreinander Daseienden. Wenn die Liebe nicht auf das ganze In-der-Welt-Sein ausstrahlt, bleibt sie ein Egoismus zu zweit oder zu dritt. Man kann darin einen ambivalenten Wesenszug der Liebe erkennen: »Gern« realisiert sie sich als auswählend-erwählende Vorzugs-Liebe, die ihre Exklusivität »eifersüchtig« hütet. Nur hier scheint sie zu jener Gefühls-Intensität zu kommen, in der den Menschen das Höchste geschieht, was ihnen das Leben zu bieten hat. Doch ist klar: Diese Gefühls-Intensität offenbart nicht alles, nicht einmal das Entscheidende über die Liebe; darüber, wie in ihr Menschsein zu seiner Fülle kommt. Die in der Liebe erlebte, mir geschenkte, unendlich verheißungsvolle Herausforderung ist reicher, führt in weitere Verwirklichungen der Liebe hinein, die zur emotional erfüllten Partner(innen)-Liebe nicht in Konkurrenz treten müssten, ihr weder übergeordnet noch untergeordnet, sondern im Sinnzusammenhang mit ihr gesehen werden sollen.

Die Liebe lieben heißt, sich an ihr freuen und immer mehr an ihr teilhaben, für sie da sein wollen. Sie ist nicht allein für uns zwei oder drei da, damit wir sie exklusiv genießen. Wir dürfen und sollen ebenso *für sie* da sein, damit sie Macht gewinnt – nicht nur über uns, die wir dieses Macht-Gewinnen an uns lustvoll genießen; damit sie Macht gewinnt, jener tödlichen Macht der Rücksichtslosigkeit standzuhalten, die Menschen vom Reichtum des Lebens ausschließt und zur Bedeutungslosigkeit verurteilt. Die Liebe lieben heißt, sie zu fühlen, mit ihr zu fühlen und es nicht gleichgültig geschehen zu lassen, wenn sie unter Menschen im Großen wie im Kleinen keine Chance gegen die Macht der Verhältnisse zu haben scheint. Es entspricht der Liebe nicht, wenn man sie im exklusiven Miteinander hegen und pflegen und genießen will. Sie will und kann geteilt, mitgeteilt werden, Liebes-produktiv werden. Dass gerade die im Geschlechtsakt leibhaft-ekstatisch vollzogene Liebe Mitmenschen hervorbringen kann, die elementar in der Liebe zum Leben und zur Welt kommen dürfen, ist ein bewegendes Zeichen für diese Mitteilsamkeit der Liebe; gewiss nicht das Einzige.

Die Liebe ist nicht dazu da, dass man sie für sich behält. Sie ist nicht nur Begehren, das befriedigt werden will, um neu wach zu werden und nach Erfüllung zu verlangen. Sie ist Begehren nach der Lust des Miteinander und Ineinander; sie genießt es, das Leben zu teilen und den größeren Lebens-Reichtum zu erleben. Sie genießt es, zu diesem Menschen und zu dem

Leben, das wir teilen, aus ganzem Herzen ja zu sagen. Liebe ist in diesem Sinne Selbst-erfüllend, womöglich die höchste Steigerung des Selbstgefühls im lustvollen Miteinander. Und sie ist unendlich mehr. Wer es nur darauf abgesehen hätte, würde sich kaum als einen Liebenden, allenfalls als den »Liebe-Machenden« ansehen.

Das Ja zum Dasein des oder der Geliebten und zur Liebe, die uns verbindet, kann nur »von Herzen« kommen, wenn sie die verbindliche Bereitschaft einschließt, sich auf die Wirklichkeit der anderen, die man dankbar und freudig bejaht, einzulassen, ihr nicht auszuweichen, sich von ihr auf Leben und Tod zur Fülle des Lebens herausfordern zu lassen. Liebende werden das erfüllte Leben nicht an der oder dem Geliebten vorbei suchen wollen und finden können. An ihrer (seiner) Wirklichkeit erlebt und bejahen sie die Selbst-Transzendenz, die Selbst-Sein und Selbstbestimmung durchgreifend relativiert – immer wieder neu mit der Frage konfrontiert, ob und wie weitreichend sie das mit sich geschehen lassen wollen.

Liebe ist Leidenschaft und Passion im mehrfachen Wortsinn: Sie setzt der Wirklichkeit der (des) Geliebten aus, ist bereit, sie zu erleiden, und beseelt von der liebevollen Entschlossenheit, zusammen mit der (dem), der (dem) man sich aussetzt, erfüllter, tiefer, leidenschaftlicher zu leben. Liebe ist deshalb alles andere als Wirklichkeits-Verweigerung; sie ist Wirklichkeits-Bereitschaft: Bereitschaft, die Wirklichkeit der (des) Geliebten zu wagen im Vertrauen darauf, dass es eine Wirklichkeit ist, die ich immer wieder neu dankbar werde bejahen können. Das Selbst-sein-Wollen transzendieren, sich hinzugeben, damit es von der Geliebten dankbar als Geschenk entgegengenommen werden kann; das Geschenk dankbar anzunehmen, das die (der) Geliebte mir sein will, und zugleich mit ihr (ihm) darum zu ringen, was wir einander bedeuten und wie wir einander den Weg zu erfülltem Leben bahnen können: Das ist eine Herausforderung, wie sie größer kaum sein kann. Dabei ein Selbst zu werden, das sich seines Begehrens und seiner Bedürftigkeit nicht schämt und in Selbst-Sorge darauf aus ist, das Dasein und Miteinander-Sein lustvoll zu erleben: Das ist die Verheißung, die die Herausforderung nicht mindert, sondern menschlich lebbar macht. Liebe führt an die Grenze des Selbst, an der es gilt, der Selbsttranszendenz die Selbstwerdung und Selbsterfüllung zuzutrauen – und an der das in der Liebe schon leidenschaftlich er-lebt werden kann.

Religiöse Menschen können dahin kommen, Gott als den zu glauben, der an diese Grenze führt und sich dafür verbürgt, dass die Wirklichkeit, die in der Liebe gewagt wird, uns zuletzt und im Ganzen nicht rücksichtslos überrollt, sondern liebend annehmen wird, da es seine eigene Wirklichkeit ist, die wir hier berühren. Noch einmal fällt von hier aus der Blick darauf, dass Liebe nicht Wirklichkeits-Verweigerung bedeuten darf: dass sie sich in der liebenden Zuwendung zur Wirklichkeit der (des) Geliebten nicht gleichgültig von der Wirklichkeit des Nächsten wie der von unserer Selbst-Sucht an den Rand Gedrängten abwenden darf. Das ist eine Zumutung, die die Liebe, wie sie alltäglich unter den Menschen vorkommt, vielfach überfordert und ihr doch nicht erspart bleiben kann, damit sie nicht letztlich doch nur um einen Schonraum fürs eigene Wohlfühlen besorgt bleibt.

Schnell ist der Verdacht zur Stelle, dass die Liebe hier moralisiert wird und man ihr so die Freude austreibt, das »bloße« Genießen eines erfüllten Miteinanders in Misskredit bringt. Dieser Verdacht findet in der Geschichte der kirchlichen Verkündigung und der mit ihr einhergehenden Disziplinierung der Sexualität reichlich Nahrung. Aber er dürfte sich nicht der Einsicht verweigern, dass eine Liebe, die es vor allem auf den lustvollen »Kuschelfaktor« der Liebe abgesehen hätte, eskapistisch bliebe: eine Ausflucht, Rückzug in eine Lebens-Exklave, in der man sich nicht nur der Wirklichkeit »draußen«, sondern auch der Wirklichkeit der (des) Geliebten und schließlich ebenso der eigenen Wirklichkeit verweigert, um unbeschwert genießen zu können. Wir sind ja nie nur die jetzt in der Liebe Entflammten und Glücklichen. Wir sind die von der Wirklichkeit »draußen« Heimgesuchten und Beschenkten, von ihr in das Geschehen der Rücksichtslosigkeit wie eines gedeihlichen Miteinanders hineingezogen. Wer das nicht in das Lieben mit- und einbringt, bleibt damit allein. Wer *sich* nicht mitbringt und einbringt, ins Spiel bringt, aufs Spiel setzt, bleibt draußen. Ohne Selbst(hin)gabe kein Beschenkt-Werden, ohne Selbsttranszendenz keine Selbsterfüllung, ohne die Bereitschaft, das Leben zu teilen – zuerst mit dem Liebes-Partner, aber auch mit denen, die unsere Welt mit bewohnen –, kein Teilhabendürfen am Leben der Anderen, kein Lebens- und Wirklichkeits-Gewinn. Nur Hingabe macht empfänglich und fruchtbar. Das ist das Gesetz des Weizenkorns, das in der Passion des »Sohnes« seine tiefste Wahrheit offenbart: »Wenn das Weizenkorn nicht in die Erde fällt und stirbt, bleibt es allein, wenn es aber stirbt, bringt es reiche Frucht« (Joh 12,24). »Sterben« ist für die, die in die Nachfolge gerufen werden, Metapher für Über-das-eigene-Leben-Hinausleben. Die Nachfolge kann äußerstenfalls dahin führen, nicht mehr um jeden Preis am eigenen Leben festzuhalten, damit es fruchtbar werde. Es wäre menschlich jedoch gefährlich, die äußerste Hingabe des Lebens zum Gesetz zu machen, sein Leben »gering zu achten«, um es »zu bewahren bis ins ewige Leben« (Joh 12,25). Den Menschen will nicht mehr einleuchten, dass das »Gering-Achten« des Lebens in dieser Welt das Tor zum wahren (ewigen) Leben öffnet.[16] Ein Christentum, das sich auf diese Spur setzte, hat seine Überzeugungs- und Lebenskraft eingebüßt. Es kann einem aber sehr wohl einleuchten, dass erst die liebende Lebens-Hingabe – das Hergeben- und Teilen-Wollen, der Lebens-Einsatz – zur Fülle des Lebens führt. In diesem Sinne wird man das Jesus-Wort in Lk 17,33 hören dürfen: »Wer sein Leben zu bewahren sucht, wird es verlieren; wer es dagegen verliert, wird es erhalten.«

Erfahrungen mit dem Lebensfeindlich-Werden religiöser Traditionen haben die Zeitgenossen für die Ambivalenz der eben zitierten Evangelien-Verse sensibilisiert. So muss die Theologie deutlich machen, dass es für die an Gott als den Schöpfer des Lebens Glaubenden keinen Grund gibt, das Leben in dieser Welt zu entwerten. Die Liebe zum Leben gilt diesem Leben, will in ihm erleben, was das Leben so erfreulich macht, dass die Hoffnung lebendig werden kann, am Ende des Lebens in dieser Welt werde es uns nicht genommen, sondern in Gott hinein gerettet und vollendet. Die Geringschätzung des endlich-menschlichen Lebens kann nicht der beste oder überhaupt ein Weg sein, ins vollendete Leben *danach* zu gelangen.

Und doch bleibt anthropologisch – nicht erst theologisch – wahr: Wer Freude und Lust der Lebens-Steigerung hier und jetzt sucht und sein Leben für sich behalten, es nicht teilen und in der Begegnung mit der Wirklichkeit der anderen finden will, der wird sich der Liebe verweigern, in der das erfüllte Leben erlebt wird. »Angenehme Empfindungen« und Lustgefühle, die die Liebe mit sich bringen will, lassen sich nicht wie Rosinen aus dem Kuchen picken. Sie faszinieren, wenn man in der Liebe für die unendlich-verheißungsvolle Herausforderung des oder der Geliebten empfänglich geworden ist. Sie werden zum bloßen Kick, wenn man sich nicht in die Verheißung dieser Herausforderung hineinziehen lässt, sondern an dem festhalten will, was man schon ist und hat, es nur noch reicher, aufregender haben will. Darauf hinzuweisen bedeutet keine Moralisierung der Liebe, ist vielmehr vom Geschehen der Liebe selbst gefordert – wenn man sie das sein lässt, worüber den Menschen nichts Größeres geschehen kann.

---

[16] Vgl. aber die djihadistische Märtyrer-Ideologie unserer Tage.

5.3 Liebes-Lust als Lebens-Gewinn

Sucht man die Lust in der Liebe, ohne sich auf ihre Verbindlichkeit einzulassen, so liebt man nicht. Man unterwirft sich einem Begehren, das nicht ein Du begehrt und sich darin überschreitet, sondern nach Selbst-Befriedigung verlangt, die sich die Befriedigung des (der) »Geliebten« vielleicht noch angelegen sein lässt, insoweit sie die Selbst-Befriedigung steigert (»War ich gut?«). Lust-Gewinn als Selbstzweck; Lust als die höchst erfreuliche Erlebnis-Innenseite, vielleicht nur das Epiphänomen eines biophysischen Vorgangs, des Aufbaus und der Entladung einer Trieb-Spannung: Das Bedürfnis-Wesen Menschen lebt ganz (?) in seiner Trieb-Natur, erlebt in ihr Lebens-Intensivierung, mitunter auch Frustration, lebt sich in ihr aus, sucht unablässig nach diesem Erleben. Dürfte man überhaupt von einem Erleben der Lust sprechen, wenn man darin doch nur von Hormonen manipuliert und einem biophysischen Prozess unterworfen wird, für den die Lust funktional, aber als Erleben bedeutungslos ist? Hat das Erleben hier eine nennenswerte Eigen-Bedeutung über die biophysischen Prozesse der Triebspannung und Triebabfuhr hinaus, die es – bei der sexuellen Lust im engeren Sinn – dazu kommen lassen, dass menschliches Leben sich fortpflanzt?

Wenn man dem Lust-Erleben eine Eigenbedeutung zuschreibt und es als Bewusstseins-Gegebenheit verstehen will, tut sich diese Alternative auf: Lust ist eine gesteigerte Lebens- und Selbsterfahrung, in der ich – wenn auch nur vorübergehend – zu dem komme, was ich gern sein *oder* haben will. Die Alternative von Haben oder Sein[17] steht für eine Spannung, die in der Lust mehr oder weniger bewusst erlebt wird: Lust als das »Kriegen«, das ekstatische Genießen dessen, was man im Erwachen der Lust begehrt, *einerseits* und das lustvolle, nicht nur folgenlos vorübergehende Erleben eines reicheren, gar erfüllten Da-Seins *andererseits*. Lust erlebt beides, in sehr unterschiedlichen Mischungen: Die hingerissene Lust des Begehrens, Ergreifens und des ekstatischen Überschwangs ist – wie es scheint – triebhaft-elementare Lust. Sie baut sich immer wieder auf, findet mehr oder weniger, wonach sie verlangt, wird frustriert, wenn es die Triebabfuhr nicht bringt. Die Lust des reicheren Daseins ist – mehr oder weniger – unabhängig vom aktuellen Genießen-Können, freut sich an dem, was da neu in mein Leben gekommen ist oder es schon länger erfreulich macht. Die Psycho-

---

[17] Exemplarisch ausformuliert und bedacht von Erich Fromm, Haben oder Sein. Die seelischen Grundlagen einer neuen Gesellschaft, dt. Stuttgart 1976.

analyse spricht von sublimierter[18] Lust. Sie wird durchaus leibhaft-sinnlich erlebt, verlangt aber einen Befriedigungs-Aufschub, der Raum und Zeit für eine Verfeinerung der Triebziele bietet. So ist sublimierte Lust nicht mehr unabdingbar vom biophysisch Begehrens-Erfüllungs-Rhythmus determiniert.

In anthropologischen Diskursen wird diese spannungsreiche Lust-Alternative mitunter so aufgelöst, dass man den Begriff *Lust* dem elementarsinnlichen Begehren zuordnet, das Wort *Freude* aber eher den sublimierten, »höheren« Formen des Lusterlebens. Die Gefahr ist dann groß, dass man Lust und Luststreben pauschal der Selbstsucht zurechnet, die gezügelt werden muss, während man in der Freude jene Steigerung des Lebens gegeben sieht, die im sinnlich-ästhetischen Vergnügen anhebt und sich – im Leben des Philosophen, im Christenleben – zu den geistig-geistlichen Freuden erhebt.

In der antiken Philosophie lässt sich diese begriffliche Differenzierung schon in einer elementaren Unterscheidung im Feld der Emotionen beobachten. *Chara* meint ursprünglich die Lustbefriedigung durch »Sättigung« wie auch die leib-seelische Erregung durch das Schöne und Gute, eben Erfreuliche. Über längere Zeit bildet sich dann eine begriffliche Eigenständigkeit der Hedoné heraus, in der der Mensch nicht so sehr die vernünftige Befriedigung und Erfüllung eines guten Lebens, sondern eher, wenn auch nicht ausschließlich, die Befriedigung seiner vernunftlosen Leidenschaft (pathé) erlebt.[19] Neutestamentlich gelten Hedoné wie Epithymia dann – etwa im Corpus Paulinum – als sündiges Begehren, in dem sich die gefallene Natur im menschlichen Eigenwillen gegen Gott auflehnt. Sie bringen »Werke des Fleisches« hervor. Denen wird die Frucht des göttlichen Pneumas gegenübergestellt, die in die Gottesherrschaft hineinführt: »Liebe, Freude, Friede, Langmut, Freundlichkeit, Güte, Treue, Sanftmut und Enthaltsamkeit« (Gal 5,19–23). Gottes Geist heiligt die Glaubenden, sodass sie »die Unzucht meiden« und in geheiligt-achtungsvoller Weise mit ihren Frauen verkehren, »nicht in leidenschaftlicher Begierde [epithymia] wie die Heiden, die Gott nicht kennen« (1 Thess 4,3–5). Das Begehren des Fleisches ist sündig; es richtet sich *gegen Gottes Tora,* solange es nicht durch den

---

[18] Vgl. Jean Laplanche – Jean-Bertrand Pontalis, Das Vokabular der Psychoanalyse, 478–481.
[19] Vgl. Godo Lieberg und Richard Hauser, Artikel Lust/Freude I. Antike, II. Die mittelalterliche Anschauung, in: J. Ritter – K. Gründer (Hg.), Historisches Wörterbuch der Philosophie, Bd. 5, Basel 1980, 552–558.

Geist geheiligt wird und sich Früchte des Geistes im Menschen einstellen können. Es unterwirft »eure Glieder« dem »Dienst der Unreinheit und Gesetzlosigkeit«, ist so darauf angewiesen, dass der Heilige Geist »eure Glieder in den Dienst der Gerechtigkeit [stellt], sodass ihr heilig werdet« (Röm 6,19). In Augustins Sicht der lustvollen Begierde (concupiscentia) durchdringen sich stoische mit biblischen Motiven, letztere fokussiert auf sein Verständnis der biblischen Urgeschichte als Sündenfall-Geschichte. Der Sündenfall des Ureltern-Paares äußerte sich danach im Erwachen der leibhaft-sinnlichen Begierde. Die wirkungsgeschichtlich einflussreichen Texte seien ausführlich zitiert:

> »Nachdem die Übertretung des Gebotes erfolgt und die göttliche Gnade von den Menschen entwichen war, setzte sie sogleich die Nacktheit ihrer Leiber in Verwirrung. Daher bedeckten sie mit Feigenblättern [...] ihre Schamteile. Es waren vorher dieselben Glieder gewesen, hatten aber noch nichts Beschämendes an sich. Jetzt spürten sie eine neue Regung ihres nun widerspenstigen Fleisches, gleichsam als strafenden Rückschlag ihres Ungehorsams. Denn die Seele, der ihre eigene, dem Bösen sich zuwendende Freiheit gefiel und der Dienst Gottes missfiel, verlor die frühere Herrschaft über ihren Leib, und da sie den Herrn über sich eigenwillig verlassen, vermochte sie den Diener unter sich nicht mehr unter ihren Willen zu beugen und besaß nun nicht mehr ein fügsames Fleisch, wie sie es immer hätte haben können, wenn sie ihrem Gotte fügsam geblieben wäre. Damals also fing das Fleisch an, ›zu gelüsten wider den Geist‹, und mit diesem Widerstreit sind wir geboren. Aus jener ersten Sünde stammt der Ursprung des Todes, daher auch sein Kampf und Sieg in uns, den wir in unseren Gliedern und unserer verderbten Natur zu spüren bekommen.«[20]

Die Sünde im Anfang bringt es mit sich, dass sich die Geschlechtsglieder selbstständig machen und nicht mehr dem Befehl der Vernunft gehorchen, dass sie selbstständig werden müssen, um die Zeugung menschlichen Lebens zu ermöglichen. Dieses Sich-selbstständig-Machen des Fleisches gegenüber der Herrschaft der Vernunft kann für Augustinus nicht dem ursprünglichen Schöpfungsplan entsprochen haben. In der Schöpfungsordnung des Urstandes hätte es wohl so ausgesehen:

> Die des »paradiesischen Glückes würdige Ehe [hätte], wenn es keine Sünde gegeben hätte, wohl liebenswerte Nachkommen erzeugt, aber keine beschämende Wollust gekannt [...]. Wie das hätte geschehen können, kann jetzt freilich durch kein Beispiel veranschaulicht werden. Aber es sollte uns nicht unglaub-

---

[20] De civitate Dei XIII, 13 (nach: Aurelius Augustinus, Vom Gottesstaat, aus dem Lateinischen übertragen von W. Thimme, eingeleitet und kommentiert von C. Andresen, München 1978).

lich vorkommen, dass auch jenes eine Glied ohne Wollust dem Willen hätte dienen können, dem jetzt so viele Glieder dienen. Wir bewegen ja Hände und Füße, soviel wir wollen, zu den diesen Gliedern obliegenden Verrichtungen, ohne jedes Hindernis mit größter Leichtigkeit [...]. So konnte auch der Mensch sich des Gehorsams der niederen Glieder erfreuen, der ihm dann freilich durch eigenen Ungehorsam verlorenging. Denn für Gott war es nicht schwer, ihn so zu schaffen, dass auch jener Körperteil, der jetzt nur noch durch Begierde erregt wird, bloß durch Willen bewegt wurde.«[21]

Nach dem Sündenfall hat die Wollust (voluptas) die Geschlechtsteile »dermaßen mit Beschlag belegt, dass sie nicht mehr bewegt werden können, wenn diese fehlt und nicht, sei es von selbst, sei es irgendwie angereizt, in Erregung versetzt ist.«[22] Wenn die Voluptas »auf ihrem Höhepunkte angelangt« ist, löscht sie »fast alles Denken und Wachbewusstsein aus [...].« Wer »ein Freund der Weisheit und heiliger Wonnen ist«, wird sich darüber schämen, dass das Fleisch dem vernünftigen Willen nicht gehorcht. Er möchte gewiss, »wenn's möglich wäre, ohne Wollust Kinder erzeugen, so dass auch bei diesem Akte die herzu erschaffenen Glieder, ebenso wie die übrigen Glieder bei den verschiedenen Verrichtungen, für die sie bestimmt sind, dem Geiste dienstbar wären und auf Willensgeheiß hin in Tätigkeit träten«.[23] Auch er hat freilich die Voluptas zu ertragen. Sie ist »ein aus der alten Sünde hinzukommendes Übel«, muss auch von den Frommen hingenommen werden, da sie für Gott ein Mittel ist, Menschen zur Zeugung von Nachkommenschaft zu motivieren, damit die Zahl der Heiligen in der Civitas Dei einst vollständig werde. Bei dem, der »den Beischlaf nur in der Zeugungsabsicht ausübt«, führt die Voluptas nicht zur Sünde. Wer »beim Beischlaf die Begierde des Fleisches begehrt«, aber auch die Zeugung von Nachkommenschaft intendiert, zieht sich eine »verzeihliche Schuld« zu.[24] Es ist also im Blick auf die Wollust den Menschen nach der Erbsünde eigentlich abzufordern, sich vom »Übel der Begierlichkeit (concupiscentia)« nicht besiegen zu lassen und in »ungeordneten und unehrbaren Regungen« zu glühen, diese vielmehr zu zügeln, ihnen nur insoweit nachzugeben, als das für die Zeugung unvermeidlich ist, sie keinesfalls um ihrer selbst willen anzustreben. Sie darf nicht als solche *genossen*, sondern – allenfalls – um eines anderen willen *gebraucht* werden.[25] Nur die Zeugung von Nachkom-

---

[21] De civitate Dei XIV, 23 und 24.
[22] De civitate Dei XIV, 19.
[23] De civitate Dei XIV, 16.
[24] Vgl. Aurelius Augustinus, De nuptiis et concupiscentia I, XVII,19 bzw. I, XV,17.
[25] Vgl. ebd., I, VIII,9. Im Hintergrund steht das augustinische Gegeneinander von *uti*

menschaft entschuldigt das Zulassen sexueller Lust; und diese verlangt nach der Ehe, in der sie ihren schöpfungsgemäßen Ort hat. Jede andere Erweckung sexueller Lust ist schwere Sünde. Sie nimmt sich etwas *heraus,* was nur um eines anderen – der ehelichen Lebensordnung und der in sie eingeordneten Zeugung von Nachkommenschaft – willen erlaubt ist.[26]

Das christliche Verständnis der sexuellen Lust wurde von Augustinus tief geprägt, auch wenn es ihm nicht in allem gefolgt ist. So sieht Thomas von Aquin die Lust eher als Schöpfungsgut, nicht als Sündenfolge. Sie soll hineingenommen und überstiegen werden in die Vervollkommnung der Lust zur Freude an den höheren Gütern, die nicht nur in leibhafter Delectatio, sondern mit der Vernunft erstrebt und genossen werden.[27] Der augustinische Lust-Pessimismus hatte gleichwohl vor allem die Sexuallehre der römischen Kirche bis in die Gegenwart hinein im Griff. Man kann erst neuerdings entschiedene Abgrenzungen gegen ihn beobachten[28], die sich auch an den konkreten Lehr-Konsequenzen abarbeiten, wie an den Verurteilungen von Empfängnisverhütung, gelebter Homosexualität und außerehelich gelebter Sexualität.

---

und *frui*. Frui meint hier das Genießen, »wenn uns etwas an sich und nicht nur um eines anderen willen erfreut«. Vom uti will Augustinus reden, »wenn wir etwas um eines anderen willen haben wollen«. So sollte man »alles Zeitliche mehr benutzen als genießen [...], um den Genuss des Ewigen zu gewinnen« (De civitate Dei XI, 25). Hier wird noch einmal deutlich, was nach Augustinus eigentlich geschieht, wenn man die sexuelle Lust genießt: Man setzt sie an Gottes Stelle.

[26] Augustinus formuliert in diesem Sinne die wirkungsgeschichtlich äußerst einflussreiche Lehre von den drei Gütern der Ehe: Treue, Nachkommenschaft und Sakrament. Treue bedeutet, »dass nicht außer der Ehe mit einem anderen oder einer anderen Verkehr gepflegt werde.« Die Ausrichtung auf Nachkommenschaft erfordert, »dass das Kind mit Liebe aufgenommen, mit herzlicher Güte gepflegt und gottesfürchtig erzogen werde.« Die sakramentale Dimension der Ehe schließt ein, »dass die Ehe nicht geschieden werde [...] Das hat als Grundsatz der Ehe zu gelten, wodurch die naturgewollte Fruchtbarkeit geadelt und zugleich das unbeherrschte Begehren in den rechten Schranken gehalten werde« (De Genesi ad Litteram 9, 7, 12).

[27] Vgl. Summa theologica I/II, q. 31, a. 3: »Nomen gaudii non habet locum nisi in delectatione quae consequitur rationem.«

[28] Dazu gehört das Nachsynodale Schreiben *Amoris laetitia* von Papst Franziskus. Hier wird von der Geschlechtlichkeit als »ein wunderbares Geschenk [Gottes] für seine Geschöpfe« gesprochen und die Vorstellung zurückgewiesen, sie sei bloß wegen des Gutes der Fortpflanzung zu dulden. Es dürfe deshalb in keiner Weise darum gehen, den Sexualtrieb »infrage zu stellen« (Ziffer 150). Vgl. auch das posthum erschienene Buch von Eberhard Schockenhoff, Die Kunst zu lieben. Unterwegs zu einer neuen Sexualethik, Freiburg i. Br. 2021.

Gerade im Blick auf die genannten, immer noch umstrittenen Lehr-Konsequenzen und Verurteilungen muss man sich die anthropologischen und theologischen Voraussetzungen vor Augen führen, die der Augustinismus in das kirchliche und abendländische Verständnis der Sexualität und der in ihr erlebten Lust so nachhaltig eingebracht hat, dass man sie in der offiziellen Lehre der römisch-katholischen Lehre nicht hinreichend verarbeitet zu haben scheint. Theologisch ist eine Erbsündenlehre zu nennen, die die »Wollust« (voluptas) als Konsequenz und Ausdrucksform des Ungehorsams des ersten Menschenpaares identifiziert: Der Ungehorsam gegen seinen Schöpfer zieht den *Ungehorsam* des sich selbst regenden Triebes gegen das vernünftige und so auch Gott-gemäße Wollen nach sich. Das Wollen des Menschen wird von einem Lust-Verlangen »gekapert«, das die zu Sündern Gewordenen der Konkupiszenz ausliefert und immer weiter vom Gottes-Gehorsam entfernt, in immer neue Formen des triebgesteuerten Verlangens nach dem Bösen hineintreibt; so scheint es die biblische Urgeschichte zu erzählen. Begehren und Lust sind hier paradigmatisch Ungehorsam. Sie sind theologisch zu tolerieren, wenn sie als bloßes Mittel zum Zweck der Fortpflanzung in der ehelichen Gemeinschaft gelebt und möglichst auch so erlebt werden.

Diese Sicht der Dinge wurde Augustinus auch von der stoischen Anthropologie nahegelegt. Sie ist ganz vom Idealbild der *Herrschaft* des Geistes und der Vernunft über den Leib und seine Strebungen bestimmt. Die unwillkürlichen Regungen des Leibes entziehen sich dieser Herrschaft. Wer sich ihnen ausliefert, verliert die Kontrolle über sich und verwirrt so die natürliche Herrschafts-Ordnung. Der Trieb muss in all seinen Äußerungsformen von der Vernunft *beherrscht* werden, damit er die Menschen nicht unterjocht und zu falschen Vorstellungen über das von ihnen zu erstrebende wahrhaft Gute verführt, sie nicht um die Lust betrügt, die der Dienst am wahrhaft Guten bereiten kann.[29]

Das Christentum hat im Westen entscheidend dazu beigetragen, dass diese Beherrschungs-Perspektive bis in die Gegenwart in Geltung geblieben ist, auch wenn in veränderten gesellschaftlich-ökonomischen Konstellationen andere Imperative der Einordnung und Zähmung in den Vordergrund traten. Der am Bild der Kernfamilie ausgerichtete *Ordo amoris* trat zurück und gab den Blick frei für die Bedingungen einer ökonomisch dominierten Kultur, die den Trieb- und Befriedigungs-Aufschub als Grund-Bedingung wirtschaftlichen Erfolgs einforderte.

---

[29] Vgl. etwa Seneca, De vita beata 9, 2.

5.4 Liebes-Kultur?

Die neuzeitlichen Diskurse um die Zivilisierung der Lust entwickeln sich weitgehend an kirchlichen Normierungen vorbei, auch wo man diese – etwa im Puritanismus – eng mit den gesellschaftlichen Erfordernissen in Zusammenhang bringt und so weiter tradiert. Es ist die Realität der natürlichen wie der gesellschaftlichen Bedingungen, die der Lust nur im engen Rahmen der Überlebens-Notwendigkeiten wie des bürgerlichen Aufstiegs-Strebens Raum gibt. Sigmund Freud formuliert das psychoanalytische Resümee: Das Lustprinzip, das den Menschen auf möglichst umfassende und schnelle Befriedigung seiner – nicht nur sexuellen – Strebungen aus sein lässt, muss vom Ich mit dem Realitätsprinzip zum Ausgleich gebracht werden. Das aus dem Es aufsteigende Begehren – die Libido – trifft auf die Realität, die vom Ich wahrgenommen und vom Über-Ich – dem Repräsentanten gesellschaftlicher Verbote und Wertsetzungen – als Einschränkung des elementaren Lustverlangens eingefordert wird. Das Ich muss seine Stärke daran ausbilden, dass es je neu zu einem Ausgleich zwischen Begehren und Realität findet, will heißen: das Lustverlangen unter den Bedingungen der Realität in eingeschränkter und veränderter Weise zum Zuge bringen kann.[30] Die der Realität abgerungenen, auch durch Sublimation in ihr erreichten Trieb-Befriedigungen bilden nach Freud das libidinöse Fundament der Kultur.

Herbert Marcuse sieht hier eine elementare Trieb-*Unterdrückung* am Werk, die das libidinöse Verlangen den Erfordernissen einer kapitalistischen Gesellschaft unterwirft und nur eine repressive Kultur hervorbringen kann. Seine neomarxistisch inspirierte Freud-Deutung lautet im knappen Resümee: »Die methodische Aufopferung der Libido, ihre strikt erzwungene Ablenkung auf sozial nutzbringende Tätigkeiten und Ausdrucksformen ist Kultur.«[31] Einer emanzipatorisch-gesellschaftskritischen Freud-Lektüre muss es darum gehen, der Befreiung der Libido aus den Zwängen der kapitalistischen Produktionsverhältnisse und einer entsprechend repressiven Kultur den Weg zu bahnen. Dieses Befreiungs-Projekt darf darauf bauen, »dass die Sexualtriebe, kraft ihrer eigenen Dynamik und unter veränderten

---

[30] Vgl. Sigmund Freud, Formulierungen über die zwei Prinzipien des psychischen Geschehens, sowie: Jenseits des Lustprinzips, in: A. Mitscherlich – A. Richards – J. Strachey (Hg.), Sigmund Freud Studienausgabe, Bd. III: Psychologie des Unbewussten, Frankfurt a. M. 1975, 13–24 bzw. 213–272.
[31] Herbert Marcuse, Triebstruktur und Gesellschaft. Ein philosophischer Beitrag zu Sigmund Freud, dt. Frankfurt a. M. [23]1969, 9.

sozialen und Daseins-Bedingungen, imstande sind, dauerhafte erotische Beziehungen unter reifen Individuen zu stiften.« Sie würden – das ist Marcuses Zuversicht – »nach der Behebung aller zusätzlichen [mehr als unabdingbaren] Unterdrückung eine ›libidinöse Vernünftigkeit‹ entwickeln«, die das Potential hat, »zu höheren Formen kultureller Freiheit« zu führen.[32] So entwirft Marcuse die Vision vom Einswerden der Agape mit dem Eros durch »nicht-repressive Sublimierung: die Sexualität wird weder abgelenkt noch in ihren Zielen gehemmt; vielmehr transzendiert sie, indem sie ihr Ziel erreicht, auf der Suche nach vollerer Befriedigung zu weiteren Zielen«, zur Selbstverwirklichung im produktiven kulturell-gesellschaftlichen Wirken. Das destruktive Ausleben der Triebnatur wäre allein darauf zurückzuführen, dass gesellschaftliche, auch religiöse Repression die Libido unterdrückt und/oder zu Formen repressiver Sublimierung zwingt. »Befreit aus der verstümmelnden Herrschaft des Leistungsprinzips« und religiöser Hemmung würde sich die Libido aus sich selbst verfeinern und »in einem System dauerhafter und sich ausweitender libidinöser Beziehungen« ausformen.[33]

Marcuses aus Freuds Triebtheorien hergeleitete These, Libido-Repression sei für pathologische Verformungen der sexuell-libidinösen Beziehungsfähigkeit verantwortlich, und seine Hinweise auf die gesellschaftlich-kulturelle, auch kirchliche Unterdrückungs-Realität, die es nicht zu einer organischen Selbst-Sublimierung der Libido kommen lasse, haben angesichts des in den letzten Jahren aufgedeckten, massenhaften sexuellen Missbrauchs eine bedrückende Aktualität gewonnen. Vor allem die katholische Kirche wird sich der Frage stellen müssen, ob der in ihr den Gläubigen und insbesondere den zölibatären Klerikern abverlangte repressiv-lustfeindliche, zumindest Lust-skeptische Umgang mit der eigenen Sexualität nicht für pathologische Entwicklungen in hohem Maße mitverantwortlich ist.[34]

Marcuses weiter greifende Zuversicht, die von den Fesseln eines Lustunterdrückenden Realitätsprinzips befreite Libido werde sich durch Selbst-Sublimierung zum Antrieb auf eine freien, liebevolle, jedenfalls gerechtere

---

[32] Vgl. ebd., 196 f.
[33] Vgl. ebd., 208 f.
[34] Man wird an Nietzsches bittere Bemerkung erinnert: »Das Christentum gab dem Eros Gift zu trinken – er starb zwar nicht daran, aber entartete, zum Laster« (Jenseits von Gut und Böse. Viertes Hauptstück, Aphorismus 168, KSA 5, 102). Das Erotische galt dem Christentum weithin als sündhaftes Laster; und – heute bedrückend deutlich geworden: Es wurde von einer verqueren Opfer- und Verzichts-Askese bei erschreckend vielen »guten Christen« auf lasterhafte Abwege geführt.

und kreativere Gesellschaft hin entwickeln, bleibt freilich spekulativ. Die therapeutisch verifizierbare These, dass unterdrücktes Begehren und »verteufelte« Lust dazu tendieren, destruktiv zu werden, trägt noch nicht die Zuversicht, dass sich eine umfassend befreite Libido von sich aus zum Segen der Menschen und ihres ungezwungen-freien Miteinanders entwickeln und »verfeinern« wird. Man kann kaum übersehen, dass die lustvolle Befriedigung sexuellen Begehrens nicht von sich aus ein liebevolles Miteinander stiftet. Die These, das liege nur daran, dass man solche Befriedigung gesellschaftlich, ökonomisch, moralisch und religiös behindere und das Begehren in falsche Bahnen lenke, bleibt bei Marcuse bloße Projektion einer in sich triftigen therapeutischen Erfahrung. Deutlich mehr spricht für die Annahme, dass die Ambivalenz libidinösen und insbesondere sexuellen Begehrens in Lebensformen und von Lebensdeutungen gesellschaftlich, kulturell, auch religiös eingehegt werden muss, damit es der Liebe und einem gedeihlichen gesellschaftlichen Miteinander zugutekommt. Dass dies in der Vergangenheit vielfach mit einem bedrückenden Übermaß an Repression versucht wurde, steht außer Zweifel. Dass sich das Christentum dabei unrühmlich hervorgetan und anthropologisch disqualifiziert hat, leider ebenso. Aber das muss nicht heißen, dass man seiner Liebesbotschaft jeden Kredit aufkündigt.

Die Ambivalenz des sexuellen Begehrens und der darin erstrebten Lust wahrzunehmen, heißt nicht, ihr im Tiefsten zu misstrauen, sondern nach Möglichkeiten zu suchen, sie Menschen-freundlich zu wagen: sie als Verheißung zu leben, in die Liebende sich hineingeben und zugleich wissen, zumindest ahnen, dass sie dabei scheitern und schuldig werden können. Die leibhafte Eigendynamik der Liebes-Lust nimmt mich mit, ergreift mich, zieht mich ganz in ein Begehren hinein, das zugleich Hingabe ist. Sich ihr zu überlassen und die Selbstkontrolle aufzugeben, sie wenigstens zu lockern, liefert mich meiner leibhaften Sehnsucht *und d*em (der) Geliebten aus. Ihm (ihr) vertraue ich mich in der Liebes-Gewissheit an, als das Geschenk angenommen zu werden, das ich ihm (ihr) sein will – ihn (sie) mit meinem leibhaften Dasein zu beglücken, so wie ich von seinem (ihrem) leibhaften Dasein jetzt beglückt werde.

Andere Verwirklichungen leibhaft-sinnlicher Lust – in der Hingabe an sinnlich Beglückendes, an Musik, Kunst, leibhaftes Sich-Ausdrücken, auch sportliches Sich-»Auspowern« – können mich ebenfalls zu einer faszinierenden Selbst-Hineingabe herausfordern, mitunter an eine Grenze führen, in der die Hingabe als Wagnis erlebt, auch verweigert wird, weil man darin mit der Gefahr konfrontiert wird, sich zu verlieren, gar zu zerstören. In der

Liebe wird die Gefahr jeden radikalen Sich-Aussetzens vom Vertrauen aufgefangen, sich dem (der) Geliebten anvertrauen zu dürfen, von ihm (ihr) nicht missbraucht zu werden. Wo dieses Vertrauen defizitär bleibt – wann ist es schon rein und radikal genug? –, wird man sich des (der) anderen zu bemächtigen versuchen. Selbst-Kontroll-Verlust muss dann durch Kontroll-Gewinn aufgewogen werden: dadurch, dass man das Für-mich-Dasein des anderen sicherstellt.

Liebe ist eine Vertrauens-Frage: Kann ich so viel Kontroll-Verlust, soviel Hingabe, so viel Anvertrauen wagen? Denn es ist ja klar: »In der Liebe gibt es kein Haben, das nicht der Hingabe entspringt«.[35] Ebenso klar ist: Vertrauen öffnet den Raum, in dem Liebes-Lust sich entfalten und angstfrei genossen werden kann. Wo Vertrauen durch Kontroll-Macht kompensiert werden soll, gerät die Lust unter das Diktat der Überwältigung, schließlich der Vergewaltigung; da fängt das Begehren an, zerstörerisch zu werden. Die gefährliche Nähe von Lust und Gewalt gehört zum evolutionären Erbe des Menschseins. Die sexuelle Vereinigung, die beim Menschen wohl weniger Instinkt- als Lust-bestimmt erlebt wird, schließt andere Sexualpartner weitgehend aus, wenn sie als in eine Liebes-Beziehung eingebettet gesucht wird. Die Rivalitäts-Kämpfe im Tierreich mögen im Mitmenschlichen in der Regel einigermaßen gezähmt vorkommen. Aber die Partnerliebe ist eben doch Vorzugs-Liebe, die andere als weniger liebenswert und attraktiv zurücksetzt, indem sie diesen Partner, diese Partnerin *auswählt*. Und die Gewalt, die hier im Spiel ist, kann jederzeit auch auf die einander Erwählenden durchschlagen, wenn sie einander nicht »sicher« sind und Rivalen (Rivalinnen) fürchten müssen. Sie kann auch auf das Selbstverhältnis durchschlagen, etwa wenn man dem eigenen Körper und seiner Attraktivität nicht traut, ihn mit chirurgischer Gewalt optimieren will.

Es war wohl von Anfang an eine gesellschaftlich-kulturelle Herausforderung, die gefährliche Nachbarschaft von Lust und Gewalt so einzuhegen, dass sie den Zusammenhalt der Gruppe nicht zerstörte und Räume eines verlässlichen, lustvollen Miteinanders geschützt wurden, in denen Nachkommen gedeihlich heranwachsen konnten. Die dabei zur Geltung gebrachten normativen Sicherungen waren vielfach von eigentumsrechtlichen Vorstellungen geprägt.[36] In patriarchalen Verhältnissen gehörte die Frau

---

[35] Eberhard Jüngel, Gott als Geheimnis der Welt, Tübingen 1977, 437.
[36] So ja auch im Dekalog nach Ex 20,17 bzw. Dtn 5,21. In Ex 20,17 wird die Frau zum Haus des Nächsten gerechnet, das man nicht begehren soll; in Dtn 5,21 wird die Frau zuerst genannt und das Begehrens-Verbot dann auf das Haus und alles, was es ausmacht,

dem Mann. Jeder Zugriff auf sein Eigentum war scharf sanktioniert. So konnte man sicher sein, dass die von der Partnerin zur Welt gebrachten Kinder von ihrem Mann abstammten und als Erben des Hauses angesehen werden durften.

Der Übergang von eigentumsrechtlichen Regelungen zu eher partnerschaftlichen Ehe-Vorstellungen ging häufig – auch in der Bibel – mit einer Verschärfung und religiösen Legitimation des Anspruchs auf die Ausschließlichkeit der ehelichen Verbundenheit einher: »Dem monotheistischen Gottesbild entspricht die monogame Ehe. Die auf einer ausschließlichen und endgültigen Liebe beruhende Ehe wird zur Darstellung des Verhältnisses Gottes zu seinem Volk und umgekehrt: die Art, wie Gott liebt, wird zum Maßstab menschlicher Liebe.«[37] Dass die theologische Würdigung der mitmenschlich-erotischen Liebe Christentums-geschichtlich vor allem den unabdingbaren Rahmen im Blick hatte, in dem sie allein als legitim gelten durfte, verkürzt die biblische Überlieferung freilich durchaus. Man denke nur an das alttestamentliche Hohelied und seinen über alle Grenzen gehenden Lobpreis der sinnlichen Liebe mit dieser bewegenden Glaubens-Zuversicht:

»Leg mich wie ein Siegel auf dein Herz, / wie ein Siegel auf deinen Arm,
denn stark wie der Tod ist die Liebe, / die Leidenschaft ist hart wie die Unterwelt!
Ihre Gluten sind Feuergluten, / gewaltige Flammen.
Mächtige Wasser können die Liebe nicht löschen, / auch Ströme schwemmen sie nicht hinweg« (Hld 8,6–7a).

In der augustinisch geprägten Überlieferung dominierte das funktionale Sprechen von der Lust: Sie war – allenfalls – hinzunehmen für die Erzeugung von Nachkommen; vielleicht noch als Energie der Zuneigung, die der legitimen Verbindung von Mann und Frau in der Ehe mehr Stabilität verlieh. Nur in exaltiert-alternativen Weisen religiösen Sprechens und Singens kam die Bedeutung der Liebes-Lust als Wert *in sich* zum Ausdruck, etwa in der an die Minne-Lyrik angelehnten Brautmystik des hohen Mittelalters. Was mit dem Lust-Erleben zusammenhing, verfiel einer »Sprach-Scham«; es hatte in der religiösen Kommunikation keinen selbstverständlichen Ort mehr, wie überhaupt das leibhaft-sinnliche Erleben seinen authentischen sprachlichen Ausdruck verlor. Das Entzücken über den schönen menschlichen Leib erschien als Einfallstor der Verführung zum Bösen. Man sah

---

ausgedehnt. Man mag darin einen Hinweis auf die kulturelle Höherstellung der Frau gegenüber dem Hauswesen sehen. Ihr gilt jedenfalls ein eigenes Begehrens-Verbot.
[37] Papst Benedikt XVI., Enzyklika *Deus Caritas est* vom 25. Dezember 2005, Ziffer 11.

ihm in der Verkündigung schon den späteren Zerfall an, der alle enttäuschen musste, die sich jetzt faszinieren ließen.[38] Die Rehabilitation des sinnlichen Genusses in den Künsten wie im sexuellen Erleben seit der Renaissance schien dann die Abwendung von der Sprach- und Vorstellungswelt des Christlichen zu erzwingen. Nur so konnte es offenbar zu einer Umwertung der »asketischen Ideale« kommen.[39]

Die (Wieder-)Gewinnung einer Sprach-Kompetenz für das sinnlich-leibhafte Erleben des Eros und der sexuellen Lust ist für religiöse Traditionen wie für gesellschaftliche Lebenswelten von elementarer Bedeutung. Es geht dabei religiös wie gesamt-gesellschaftlich um die Artikulation des kommunikativen Eigen-Sinns des Eros und der Sexualität in einer geschichtlichen Situation, in der es offenkundig einen ungebremsten Trend zur Digitalisierung aller Kommunikations-Verhältnisse gibt. Die zum äußersten abstrahierten, entsinnlichten Kommunikationsformen erweisen sich als beliebig und vielfältig zugänglich und damit für die Koordination gesellschaftlicher wie ökonomischer Praxis unvergleichlich geeignet. Das Sich-Einlassens auf analoge Kommunikation scheint auch im »Privaten« oft nicht mehr der Mühe wert, so sehr man sich noch nach den Schonräumen emotionaler Befriedigung sehnen mag. Aber auch hier nimmt die Bedeutung digitaler Koordination zu. Man fragt sich gerade noch in den Betroffenheits-Foren und Ratgeber-Rubriken des Netzes, wie die Restbedeutung analoger Gemeinsamkeit zu retten sei.

Zu sprechen ist religiös wie gesellschaftlich von der Eigen-Bedeutung des Eros und des sexuellen Erlebens als der elementaren Verwirklichung ganzmenschlicher Kommunikation, einer leibhaft-sinnlichen, personalen Kommunikation, die beglückend-herausfordernd mehr ist als Informations-Übertragung. Sexuelles Erleben kann die Tür öffnen zur Erfahrung eines Miteinander-Teilens, das gerade darin Freude macht, das Gut-, Schön- und Stark-Sein des (der) anderen wahrzunehmen und zu fördern: Wir teilen ein Miteinander, in dem es die höchste Freude ist, dich zu beglücken und vor dir beglückt zu werden. Dieses Glück stellt sich nur ein, wenn wir uns hingeben und empfangen, unser Geben als ebenso wertvoll erfahren, wie die Gabe des (der) anderen, die wir beglückt entgegennehmen. Dass dieses Erfahren das höchste aller Gefühle auslösen kann, in das

---

[38] Zur Tradition der makabren Ausmalung des verwesenden Leichnams seit dem hohen Mittelalter vgl. Philippe Ariès, Geschichte des Todes, dt. München – Wien 1980, 141–160.
[39] Als Protagonist dieser Umwertung verstand sich Friedrich Nietzsche; vgl. die Dritte Abhandlung seiner Genealogie der Moral, KSA 5, 339–412.

sich der ganze Körper einbringt, um es zu ermöglichen und uns miteinander leibseelisch zu verbinden, darf getrost als das zur Sprache kommen, worüber den Menschen Größeres nicht geschehen kann.

Von der Liebes-Lust spricht man armselig, wenn man sie in ihrer *Funktion für ...* zur Sprache bringt. Ja, sie kann es mit sich bringen, dass in dem, worüber den Menschen Größeres nicht geschehen kann, ein neues Menschenleben beginnt. Und es darf als das wunderbare Geheimnis wie als die verbindlichste Herausforderung des *menschlichen* Lebens dankbar bedacht werden, dass im ekstatischen Wirklich-Werden der gegenseitigen Bejahung und Beglückung ein Leben entstehen kann, das in unsere Bejahung hineingeboren werden und zur Welt kommen soll. Das menschliche Leben wird (mit-)schöpferisch, wo Menschen das leibhaft-sinnliche Miteinander und Füreinander feiern. Aber dieses Fest hat »Eigen-Sinn«; es ist nicht allein darin sinnvoll und dadurch gerechtfertigt, dass es Nachkommenschaft ermöglicht. Darin mag sich menschliche Sexualität von nichtmenschlicher unterscheiden, dass sie schon biologisch nicht auf die »fruchtbaren Zeiten« beschränkt und eine bloße Funktion der Fortpflanzung ist.

Der Eigen-Sinn dieses Festes liegt im Teilen: Was gut für dich ist, ist gut für mich; und – das erfahren wir darin mit – es ist gut über uns hinaus; nicht nur, nicht notwendigerweise, aber vielleicht auch für ein neues menschliches Dasein, mit dem wir unser Leben gern teilen wollen. Der Eigen-Sinn des Teilens lässt es nicht zu, dass Macht und Herrschaft sich hineindrängen; er ist in diesem Sinne *egalitär*. Es macht die Tragödie des neuzeitlichen Christentums mit aus, dass dieser Eigen-Sinn in christlicher Theologie und Lebenspraxis lange missachtet wurde und gegen das Christentum eingeklagt werden musste. Seine Herrschafts-Fixierung war vor allem in der römischen Kirche so überwältigend, dass man diese ureigene Herausforderung des Christlichen nicht erkannte, dass man vor ihr regelrecht Angst hatte.

Die originär christliche Gottes-Wahrnehmung ist, dass der Gott Jesu Christi teilt. Nicht erst neuzeitlich spricht die Theologie von Gottes *Selbstmitteilung* als dem schlechthin umfassenden Gott-Geschehen für die Menschen. In Jesus Christus teilt Gott das Leben mit den Menschen, damit sie durch seinen Geist an seinem Leben Anteil gewinnen und Menschen seien, die ihr Leben mitmenschlich teilen, auch in sexueller Lust miteinander teilen können. Darin berühren sie das Leben Gottes und nehmen sie an seinem Teilen ihrerseits teil; nehmen sie an der *Macht* einer Liebe teil, die nicht unterdrückt und draußen hält, sondern in sich vollenden wird, was in ihr und durch sie angefangen hat. So ist Gott Liebe, so lebt und teilt er sie.

Lieben: Worüber Größeres nicht erlebt werden kann

Unangemessen wäre es, im Leitsatz des 1. Johannesbriefs Subjekt und Prädikat umzukehren und mit Ludwig Feuerbach zu sagen: Die Liebe ist Gott.[40] Liebe ist in all ihren Dimensionen nicht nur eine anthropologische Wirklichkeit – zum Scheitern verurteilt, auf ewig unerlöst, zuletzt doch zu nichts führend. Sie ist christlich, nicht nur christlich, Gottes eigene Wirklichkeit, sein Wirken für uns, mit, in und durch uns. Sie hat die anspruchsvollste Hoffnung in sich, die sich nicht mit dem erschöpft, was schon zu gelingen scheint. Was jetzt geschieht und gefeiert wird als das, worüber Größeres den Menschen nicht geschehen kann, darf dem Glauben daran den Weg bereiten, dass noch Größeres geschehen wird: dass die Liebe zur »Herrschaft« kommt. Theologie ist nicht in Anthropologie zu überführen. Aber sie ist anthropologisch auszulegen und zu bewähren. Sie darf ja von einem Gott sprechen, der die Menschen an seiner Liebe und seinem vorbehaltlosen Ja zum menschlichen Leben – zu jedem menschlichen Leben – teilhaben lassen und so zur Menschlichkeit führen will. Menschliches Leben wird darin menschlich, dass es das Ja zum Leben sprechen und leben kann, zu deinem, zu meinem und ihrem, dazu, dass es gut und schön (tov) ist, dass es bei allem Scheitern und Leiden an ihm, noch in Schuld und Verfehlung, nicht abgelehnt werden muss. Damit ist eine unabsehbar anspruchsvolle Menschheits-Aufgabe genannt. Es ist alles dafür zu tun, dass die »Bitten der Kinder« nicht vergeblich bleiben und das Leben nicht als endlose Strafe erlebt werden muss.[41] Es ist aber auch alles dafür zu tun, dass Menschen sich Quellen der Bejahung ihres Lebens erschließen und zugänglich halten können. Die großen Erfahrungen der leibhaft-sinnlichen Liebe, die uns bezeugt und geschenkt werden, gehören unbedingt dazu. Sie können die Gewissheit stärken, dass es gut ist und gut tut zu leben, dass ich gut sein kann für die anderen und ihnen guttun kann, dass andere gut sind für

---

[40] Vgl. Ludwig Feuerbach, Das Wesen des Christentums, Werke in sechs Bänden, hg. von E. Thies, Bd. 5, Frankfurt a. M. 1976, 310–316. Feuerbach lehnt die theologische Intention ab, Gott als absolutes Subjekt der Liebe zu glauben, das den Menschen an seiner Liebe Anteil gibt. Ein göttliches Subjekt der Liebe müsste – so Feuerbach – als ein Außerhalb der Liebe gedacht werden. Nichts bleibe jedoch dem vollkommenen Geschehen der Liebe äußerlich. »Die wahre Liebe ist sich selbst genug [...] Die Liebe ist das *universale Gesetz der Intelligenz und Natur* – sie ist nichts andres als die Realisation der Einheit der [Menschen-]Gattung auf dem Wege der Gesinnung« (ebd., 313). Für dieses *Nichts-anderes-als* bleibt Feuerbach hier wie auch sonst in diesem Werk den Nachweis schuldig.
[41] Vgl. Bertolt Brecht, Bitten der Kinder, ders., Gesammelte Gedichte, Frankfurt a. M. 1976, 995.

mich und für das Miteinander, das uns und die Nächsten und noch manche andere trägt.

Man dürfte solche Quellen der Bejahung des Lebens nicht herabwürdigen, da man bestrebt ist, »wertvollere, reinere Quellen« der Bejahung hervorzuheben und zu schützen – etwa den Glauben an einen Gott, der mich mit seiner unvergleichlichen Güte umgibt und retten wird. Wieso müsste das Eine kleingeredet oder schamhaft beschwiegen werden, nur damit das Andere umso heller erstrahle und der Glaube daran als menschlich unabdingbar anerkannt werde? Wie kleinkariert ist dieses Liebes-Lust-Skepsis vor allem da, wo sie daran hindert anzuerkennen, dass die Liebes-Lust Gottes liebevolles Geschenk ist und uns Freude machen soll, damit wir das leidvoll-lustvolle Leben nicht nur ertragen müssen, sondern gern leben!

Wenn das alles so gesagt werden darf, muss auch dies zur Sprache kommen: Gottes Geschenk ist in der rechten Weise anzunehmen, zu hegen und zu pflegen, wertzuschätzen, damit es im Alltags-Leben nicht verkommt. Die wertvollsten Geschenke sind die verbindlichsten Herausforderungen. Im Blick auf die Lust der Liebe muss man nicht lange nach ihnen suchen. Lust wird zerstörerisch, wenn sie die Partnerin (den Partner) zum bloßen Sexualobjekt erniedrigt, das mir Befriedigung verschaffen soll, aber darüber hinaus »herzlich wenig« bedeutet. Die Feier des leibhaft-ekstatischen Miteinanders wird zur Lüge, wenn wir dieses Miteinander nicht begehen und die von Herzen kommende Bejahung des Geschenks, das mir der Partner (die Partnerin) darin sein will, nicht vollziehen wollen. Der Koitus wird zur Bemächtigung, schließlich zur Vergewaltigung, wenn er nicht unsere Hingabe begehrt, sondern mir die Verfügung über den oder die erlauben soll, der oder die dann nur dafür da sind, mir Lust zu verschaffen. Wo das frei gewährte Füreinander-Da-Sein, Füreinander-Gut-Sein, und das Wagnis des Sich-Öffnens einen geschützten Raum finden sollen, da hat es der Ich-Imperialismus aufs rücksichtslose Sich-nehmen abgesehen.

Liebe und Liebes-Lust vertragen sich nicht mit Egoismus und Unterwerfen-Wollen. Wo die das Feld beherrschen, ist Gott aus dem Spiel, ist sein Geschenk dem Missbrauch zum Opfer gefallen; da ist man auf die schiefe Bahn zum rücksichtslosen Menschen-Missbrauch geraten. Die moralisch-religiöse Einhegung der Liebes-Lust ist geboten, weil Lust, Unterwerfung, Missbrauch und Ausbeutung, Geringschätzung des (der) anderen und der Liebes-Verbindlichkeit einander gefährlich nahe sind. In dieser gefährlichen Nähe muss die Demarkationslinie sichtbar bleiben; Religion und Moral hätten sie zu ziehen. Das Christentum hat aus Angst vor der Lust weithin dabei versagt, sie menschlich und theologisch einfühlsam zu markieren. Es ist theologisch-anthropologisch unerlässlich, Demarkationslinien zu tilgen, wo sie aus Angst oder aus Missgunst gezogen wurden, und sie an den Lebenswirklichkeiten, die man in den Kirchen im Feld des schwer Sündhaften lokalisierte, neu zu vermessen. Zu nennen und in aller Kürze zu diskutieren sind hier die Themen verantwortete Elternschaft und sexuell gelebte Beziehungen zwischen gleichgeschlechtlichen Menschen oder zwischen Menschen, die sich nicht in die polaren Geschlechter-Identitäten männlich-weiblich einordnen lassen wollen.

5.5 Verbotene Liebe, geächtete Liebes-Lust

Die Einhegung des sexuellen Begehrens wurde und wird in der Tradition der römischen Kirche durch das Verbot aller Handlungen angestrebt, die gegen das natürliche Sittengesetz verstoßen, das – so die hier überlieferte Lehre – nach Gottes ewigem Schöpferwillen der Schöpfung als vom Menschen unbedingt zu befolgende, unveränderliche Norm eingeschrieben ist. Gegen die Natur zu handeln und die Auslegungen zu missachten, in denen das hierarchische Lehramt den Sinn und die daraus abzuleitenden Vorgaben des Schöpfer-Willens auslegt, ist deshalb verwerflich; in der Formulierung der Enzyklika *Humanae vitae* aus dem Jahr 1968: »[...] das natürliche Sittengesetz bringt den Willen Gottes zum Ausdruck, und dessen treue Befolgung ist [...] allen Menschen zum ewigen Heil notwendig.«[42] Mit ihm in seinem Handeln übereinzustimmen bringt die natürliche Logik der dabei jeweils gesetzten Akte zum Zuge: das, was in der Natur als das Ziel des jeweiligen Aktes angelegt ist. Für den liebevoll-lustvollen Koitus gilt nach der überlieferten kirchlichen Lehre, dass er nur in der ehelichen Verbindung seinen legitimen Ort haben kann und dem Sinn der ehelichen Liebe nicht widersprechen darf. Die eheliche Liebe ist »ihrem Wesen nach auf die Zeugung und Erziehung von Nachkommenschaft ausgerichtet.«[43] Die Verknüpfung von »liebende[r] Vereinigung und Fortpflanzung« darf nicht »eigenmächtig« aufgelöst werden. Damit ist die Konsequenz klar, die *Humanae vitae* zieht: »Wenn jemand daher einerseits Gottes Gabe genießt und anderseits – wenn auch nur teilweise – Sinn und Ziel dieser Gabe ausschließt, handelt er [...] im Widerspruch zur Natur des Mannes und der

---

[42] Papst Paul VI., Enzyklika *Humanae vitae*. Über die Weitergabe des Lebens, Ziffer 4.
[43] Ebd., Ziffer 9 mit der Pastoralkonstitution *Gaudium et spes* des Zweiten Vatikanischen Konzils, Ziffer 50.

Frau und deren inniger Verbundenheit; er stellt sich gegen Gottes Plan und heiligen Willen.« Der Mensch darf sich »keine unbeschränkte Verfügungsmacht über seinen Körper« anmaßen, »im besonderen auch nicht über die Zeugungskräfte als solche«, die ja »ihrer innersten Natur nach auf die Weckung menschlichen Lebens angelegt [sind], dessen Ursprung Gott ist.« Wer die naturgegebenen Bedingungen beachtet, denen diese »Zeugungskräfte« unterliegen, »verhält sich nicht, als wäre er Herr über die Quellen des Lebens, sondern er stellt sich [...] in den Dienst des auf den Schöpfer zurückgehenden Planes.«[44] So kann eine Praxis der Empfängnisverhütung erlaubt sein, die die natürlicherweise unfruchtbaren Tage im Zyklus der Frau ausnutzt, nicht aber die medikamentöse Herstellung unfruchtbarer Zeiten.

Im argumentativen Kern bleibt die Enzyklika bei Augustinus: Der Genuss sexueller Lust ist nur gerechtfertigt, wenn er der Fortpflanzung dient und in der auf Fortpflanzung ausgerichteten ehelichen Gemeinschaft gesucht wird. Wer diese Bedingungen missachtet, nimmt sich den Genuss heraus und missachtet die naturgegebenen Funktions-Zusammenhänge, die ihn rechtfertigen. Gott will die unauflösbare Verknüpfung von sinnlich-leibhafter Lust und der Bereitschaft zur Zeugung von Nachkommen. Gegen seinen heiligen Willen vergeht sich, wer die Lust sucht, die damit naturgemäß verbundene (mögliche) Zeugung von Nachkommenschaft aber gezielt verhindert. Der innere Eigen-Sinn der sexuellen Lust – die Freude der in ihr sich Vereinigenden und sich gegenseitig Bejahenden, die Freude am Leben selbst – legitimiert es nach überlieferter kirchlicher Lehre nicht, sie für sich allein zu suchen.

Religiös und moralisch alltagsweltlich ist die Lebenspraxis auch der Kirchentreuen mit großer Selbstverständlichkeit über diese Sicht der Dinge hinweggegangen. Das hat noch nicht dazu geführt, dass das hierarchische Lehramt die anthropologischen Voraussetzungen seiner Lehre neu bedacht hätte. Man nimmt hilflos hin, was man nicht mehr steuern kann, und weigert sich nach wie vor, die gravierenden Defizite der Steuerungs-Imperative zur Kenntnis zu nehmen. Die liegen in einem aus der Zeit gefallenen Verständnis der Menschennatur, aus dem sich unmittelbar das lehramtlich eingeschärfte Verständnis des göttlichen Schöpferwillens ergäbe. Es macht die Biologie des Menschseins aber wesentlich aus, dass beim Menschen der Zusammenhang von sexueller Lust und Zeugung von Nachkommenschaft gelockert ist, ja dass es vielleicht erst beim Menschen so etwas wie ein eks-

---

[44] *Humanae vitae*, Ziffern 12–13.

tatisch-sexuelles Lustempfinden gibt. Bei ihm ist biologisch die Möglichkeit gegeben, dass der sexuellen Lust ein nicht strikt auf die Zeugung bezogener Eigen-Sinn zukommt.[45] Dieser Eigen-Sinn kann kulturell mehr oder weniger deutlich als solcher wahrgenommen und realisiert werden. Er kann als solcher gesucht werden, wenn die Möglichkeit besteht, sexuelle Lust im konkreten Vollzug bewusst nicht mit der Ausrichtung auf die Zeugung von Nachkommen zu intendieren. Diese Intention müsste man theologisch nur dann als sündhaft ansehen, wenn man die geschlechtliche Lust als nicht in sich gerechtfertigt und gottgewollt, sondern allenfalls durch den mit ihr unabdingbar verbundenen Dienst an der Hervorbringung neuen Lebens »entschuldigt« ansieht.

Wenn sich das hierarchische Lehramt nicht von diesem augustinischen Syndrom löst, wird es keinen Zugang zur Erfahrung des Menschen heute und der Bedeutung finden, die sie mit der sinnlich-leibhaften Realität ihres Daseins verbinden. Eine naheliegende Möglichkeit, über das augustinische Syndrom hinauszukommen, läge darin, das Miteinander und Ineinander von eigenberechtigter sexueller Lust und Zeugung von Nachkommenschaft nicht mehr als vorgegebenen Natur-Zusammenhang zu verstehen, was ja auch kaum noch nachvollziehbar wäre, sondern als vom Menschen zu verantwortender und zu gestaltender *Sinn-Zusammenhang*. Dass es hier einen Zusammenhang mit Aufforderungs-Qualität gibt, ist schwer zu übersehen. Das Ja zum Leben, das in der sexuellen Lust erlebt und gefeiert wird, greift weiter als das Ja zum eigenen Leben und zum Dasein des Sexualpartners (der Sexualpartnerin). Es gilt der Schönheit und Gutheit des Menschenlebens, das hier zu seinem Höhepunkt kommt. Es ist ein Leben, das nach permanenter Erneuerung verlangt und sie durch die schöpferische Potenz der menschlichen Sexualität wie das ganzmenschliche Dasein der Eltern für die Nachkommen findet. Die Erneuerung des Lebens stellte sich in der Vergangenheit gewissermaßen naturwüchsig ein, wenn die sexuellen Akte mit einer gewissen Wahrscheinlichkeit zur Zeugung führten. Mit der Perfektionierung der Empfängnisverhütung wird es mehr und mehr der Entscheidung der Menschen anheimgestellt, ob und wie sie sich dem Dienst an der Erneuerung des Lebens widmen und dafür Mit-Sorge tragen, dass Familien,

---

[45] Die Enzyklika *Humanae vitae* gesteht den Eheleuten zu, in den »unfruchbaren Zeiten« des Zyklus sexuell zu verkehren. Das war als Zugeständnis, das irgendwie in den Rahmen der naturrechtlichen Argumentation passte. Heute erscheint dieses Zugeständnis skurril, weil es den Eheleuten einen Trick anbietet, um sich nicht ehrlich auf den Eigen-Sinn menschlicher Sexualität einlassen zu müssen.

Gruppen und Lebenszusammenhänge nicht im Gestern hängenbleiben, sondern eine Zukunft haben. Es wird eine Zukunft sein, an der die ihre Lust jetzt Genießenden nur noch begrenzt Anteil haben werden. Berechtigt sie das dazu, ihr Jetzt ohne Rücksicht auf diese Zukunft möglichst auszuschöpfen? Dürfen sie die Optimierung der Lust- und Erfolgsbilanz ihres Lebens über die Zukunftsfähigkeit der Gemeinschaft stellen, der sie ihre Lebensmöglichkeiten wesentlich verdanken? Würde sich darin nicht eine geradezu kapitalistische Lebens- und Gemeinschafts-Ausbeutungs-»Philosophie« Geltung verschaffen, die dazu ermuntert, aus dem Leben herauszuholen, was eben geht, um »glücklich« zu werden, die psychischen wie die sozialen Kosten aber unbesorgt weiterzureichen?

Der Mitverantwortung für die Zukunft des Lebens darf man sich nicht entziehen. Das lustvolle Ja zum Leben steht in einem Sinn-Zusammenhang mit der Erneuerung des Lebens. Aber dieser Sinn-Zusammenhang ist nicht am einzelnen sexuellen Akt »festgemacht«. Er nimmt die gesamte Lebensführung in Pflicht. Und dieser Pflicht stellt man sich nicht durch die Befolgung einer naturrechtlich legitimierten Norm, sondern in frei übernommener Verantwortung für eine Lebensgestaltung, die der Zukunft des Lebens tatsächlich dient[46]: sei es durch die konkret wahrgenommene Sorge für Nachkommen, sei es durch die Verantwortung für einen gesellschaftlichen Lebenszusammenhang, in dem menschliches Leben gedeihen kann, sei es auch durch den Einsatz für die Rettung der ernstlich bedrohten Lebensgrundlagen.

Sinnzusammenhänge sind selbstverantwortlich zu gestalten. Kirchen und andere Sinn-Gemeinschaften sind gefordert, die Verbindlichkeit herauszustellen, die mit ihnen gegeben ist. Es mag sein, dass sie sich effektiver durch die Verpflichtung zum Normen-Gehorsam zur Geltung bringen ließe. Wahrscheinlicher ist, dass man mit der kaum noch nachvollziehbaren Begründung der dann eingeforderten Normen jede Glaubwürdigkeit verspielt. Als Moral-Agenturen werden die Kirchen kaum überleben[47]; zumal dann nicht, wenn die von ihnen urgierte Moral eher auf den Gehorsam als auf die Stimulierung von Verantwortung abzielt.

---

[46] Entscheidend ist deshalb, so Hannah Arendt, »ob wir die Welt genug lieben, um die Verantwortung für sie zu übernehmen und sie gleichzeitig vor dem Ruin zu retten, der ohne Erneuerung, ohne die Ankunft von Neuen und Jungen unaufhaltsam wäre« (dies., Zwischen Vergangenheit und Zukunft. Übungen im politischen Denken I, dt. hg. von U. Ludz, Taschenbuchausgabe München ⁵2020, 276).
[47] Vgl. Hans Joas, Kirche als Moralagentur?, München 2016.

Die kirchliche Verurteilung jeder gelebten, in sexuellen Handlungen vollzogenen *Homosexualität* beruht ebenfalls auf der Verbindung des augustinischen Syndroms mit naturrechtlich-schöpfungstheologischen Vorstellungen, die eine positive Würdigung personal-geschlechtlicher Lebensausrichtungen und der in ihr gelebten Sexualität außerhalb der Ehe von Mann und Frau unmöglich machen.[48] Gelebte und sexuell vollzogene Homosexualität gilt als widernatürlich und damit als schwerwiegende Verfehlung gegen den göttlichen Schöpferwillen, der allein die Ehe mit ihrer polaren Zuordnung des männlich-aktiv zeugenden und des weiblich-empfangenden Parts als Realisierungs-Raum der menschlichen Sexualität vorgesehen habe. *Contra naturam* wäre ein Lust-Erleben, das sich andere Räume gelebter Sexualität erschließt und so dem mit der sexuellen Vereinigung vom Schöpfer verbundenen Zeugungs-Auftrag nicht nachkommen kann. Als schwer sündhaft wird auch hier das Streben danach beurteilt, sich sexuelle Lust zu verschaffen, ohne die Verbindlichkeiten zu übernehmen, die ihren Genuss allein rechtfertigen. Alle aus diesem Streben resultierenden Handlungen verstoßen nach dem *Katechismus der Katholischen Kirche* von 1993 »gegen das natürliche Gesetz, denn die Weitergabe des Lebens bleibt beim Geschlechtsakt ausgeschlossen. Sie entspringen« – so die lehramtliche Sicht – »nicht einer wahren affektiven und geschlechtlichen Ergänzungsbedürftigkeit«, sind deshalb »in keinem Fall zu billigen«.[49]

Die anthropologischen Einwendungen gegen die lehramtliche Verurteilung aller homosexueller Praktiken werden sich zunächst mit denen decken, die gegen die von Augustinus her überkommene Negierung des Eigen-Sinns sexuellen Erlebens vorzubringen waren. Sie haben darüber hinaus auf dramatische Verwerfungen in der hier geltend gemachten Schöpfungs-Theologie und dem darauf aufbauenden Naturrechts-Denken hinzuweisen. Die traditionelle Würdigung der Homosexualität ging davon aus, dass diese anthropologisch-sexuelle Lebens-Ausrichtung als eine krankhafte und/oder durch eine missglückte Sozialisation zugezogene Fehlform sexueller Orientierung anzusehen ist. Sie lasse sich, so nahm man an, in der Regel durch »Konversations-Therapien« heilen, weshalb die Betrof-

---

[48] Eberhard Schockenhoff beklagt in seinem Vortrag auf dem Studientag »Die Frage nach der Zäsur« bei der Frühjahrs-Vollversammlung der Deutschen Bischofskonferenz am 13. März 2019 in Lingen (publiziert in den Pressemitteilungen der Deutschen Bischofskonferenz am 13.03.2019, Seite 3), dass das hierarchische Lehramt »[i]n seinen normativen Einzelurteilen über bestimmte sexuelle Handlungen […] bis heute nicht aus dem Schatten des Augustinus herausgetreten« ist.
[49] Katechismus der Katholischen Kirche, Nr. 2357.

fenen für ihre Fehl-Orientierung verantwortlich seien, wenn sie sich einer solchen Therapie verweigern.[50] Inzwischen gilt es in Medizin und Genetik als ausgemacht, dass der Homosexualität womöglich nicht immer, aber häufig (auch) eine homosexuelle Veranlagung zugrunde liegt, die sich durch die inzwischen gesetzlich untersagten Konversions-Therapien nicht verändern, sondern allenfalls zum mitunter schweren psychischen Leid der Betroffenen unterdrücken lässt.

Wenn Menschen mit einem Genom geboren werden, das sie zur Homosexualität disponiert, müsste man theologisch annehmen, dass dies Gottes gutem Schöpferwillen für diesen Menschen entspricht und dass das kirchliche Lehramt nicht als widernatürlich ansieht, was schöpfungstheologisch auch auf Gott selbst zurückgeführt werden müsste. Wie lässt sich dann die traditionelle Lehre zur Homosexualität aufrechterhalten? Karl-Heinz Menke hat wohl den einzig möglichen Weg skizziert, auf dem man das versuchen kann. Er sieht das Vorkommen homosexueller Veranlagungen in der Schöpfung im Zusammenhang mit den Kontingenzen und Notwendigkeiten einer evolutionär sich ausdifferenzierenden Schöpfung, in der der Schöpfer nicht nur den menschlichen Freiheits-Missbrauch, sondern auch Leid-verursachende Unglücke und evolutionäre Irrwege, so auch verunglückte sexuelle Identitäten hätte hinnehmen müssen. Er konnte – so Menke – »die Verunglückung der Ausbildung sexueller Identität oder die Verunglückung des Kommunikationssystems der Zellen eines Körpers (Krebs) oder ein Erdbeben (die Kollision von Erdplatten) ebenso wenig verhindern wie die Sünde eines mit Bewusstsein und Freiheit begabten Menschen. Menschen, die von einem Unglück oder von den Folgen der Sünde eines Mitmenschen getroffen werden, sind die Opfer eines nicht selten grausamen Schicksals.«[51] Sie müssen – so folgert Menke – auch das »grausame Schicksal« ihrer verunglückten sexuellen Identität als das Kreuz tragen, das Gott ihnen zugemutet hat; und dies im Vertrauen darauf, dass er ihnen die Gnade nicht verweigern wird, die es ihnen ermöglicht, diesen Kreuzweg zu gehen. Auf keinen Fall dürfen sie sich dazu entschließen, ihre Homosexualität als positiv vom Schöpfer gewollt zu leben, und eine

---

[50] So sieht es offenkundig immer noch Willibrord Driewer, der zwar von »Konversionstherapie« spricht, wohl aber von einer Reparativtherapie. Die habe zum Ziel, das in der Tiefe jedes Menschen angelegte heterosexuelle »Potential« freizulegen (ders., Muss die katholische Kirche ihre Sicht auf Homosexualität verändern?, in: Forum Katholische Theologie 35 [2019], 290–306, hier 304).
[51] Karl-Heinz Menke, Macht die Wahrheit frei oder die Freiheit wahr?, 58.

»widernatürliche« sexuelle Identität ausbilden, die ihre Lebensform wie ihr Geschlechtsleben bestimmt.

Menke nimmt die Theodizee-Kategorie der Zulassung in Anspruch, die ein den Menschen durch die Schöpfung zugemutetes Übel durch das höhere Gut rechtfertigt, das von Gott auf keinem anderen Weg hätte erreicht oder ermöglicht werden können. Um der menschlichen Freiheit willen musste Gott die mögliche Entscheidung für das Böse zulassen. Um der evolutionären Bedingungen der Hominisation willen musste er geologische Bedingungen hinnehmen, die eine Erde ausmachen, auf der es zum Menschsein kommen konnte, aber auch zu Erdbeben kommen musste. Das Zulassungs-Argument mag im ursprünglichen Theodizee-Kontext mehr oder weniger überzeugend sein. Aber – so fragt man sich – welches Gut soll dadurch ermöglicht werden, dass Menschen eine genetisch mitbedingte Geschlechts-Identität unterdrücken? Wird nicht unendlich viel unnötiges Leid dadurch verursacht – bei denen, die sich unter dem Druck sehen, ihre Sexualität Gott zum Opfer bringen zu müssen, mitunter auch bei Menschen, denen von ihnen sexuelle Gewalt angetan wird?

Muss man nicht zu der Überzeugung kommen, dass eine Sexualmoral, die so verteidigt werden muss, nur falsch sein kann? Dann hätte die Theologie alles zu tun, in den Ruinen kirchlicher Lehre das weiterhin Bedenkenswerte zu retten, statt die letzten Reste der eigenen Glaubwürdigkeit mit dem Versuch zu verschwenden, zu retten, was nicht zu retten ist. Menke will mit seiner katastrophalen Argumentation viel zu viel retten; so auch eine glaubens-normative, polare Geschlechter-Typologie, die nicht nur schöpfungstheologisch verbindlich sei und an sich schon homosexuelle Beziehungen als widernatürlich ausweise, sondern auch eine sakramententheologische Bedeutung habe und ekklesiologisch vorausgesetzt werden müsse. Danach kommt dem Mann die aktiv-hervorbringende und der Frau die passiv-empfangende Rolle im ehelichen Miteinander zu. Das sei nicht nur am Vollzug des Geschlechtsakts und der Familienkonstellation als naturrechtlich-normative Gegebenheit erkennbar, sondern darüber hinaus Abbild des Heils-Verhältnisses zwischen Christus und der Kirche und durch dieses Heils-Verhältnis sakramental geheiligt. An der sexuellen Generativität lasse sich eine das Menschsein wesentlich bestimmende männlich-weibliche Komplementarität der Geschlechter ablesen. Sie sei vom Schöpfer so gewollt[52] und schließe die Legitimität sexueller Orientierungen aus, die sich nicht in dieser Komplementarität realisierten. Noch die Theo-

---

[52] Man beruft sich dafür auf Gen 1,27: »Männlich und weiblich erschuf er sie.«

logie der Priesterweihe hätte dieser Geschlechter-Typologie zu folgen: Der das Heilsgeheimnis aktiv repräsentierende und in der Gemeinde vergegenwärtigende Priester muss ein Mann sein. Die in der Nachfolge der Gottesmutter Maria als wesentlich empfangend »ausgezeichnete« Frau kann dieses Amt nicht übernehmen.[53] Ich sehe nicht, wie man mit solchen Argumentations-Ressourcen theologisch etwas retten könnte. Sie sind nicht nur latent, sondern offen sexistisch.

5.6 Sexuelle Identitäten: unverfügbar oder gestaltungsoffen? Sex und Gender

Sexismus ist ein starkes Wort. Man mag es in diesem Zusammenhang für übertrieben zugespitzt halten. Soviel lässt sich aber beim Blick auf lehramtliche Thematisierungen von Geschlechts-Identitäten kaum bestreiten: Sie arbeiten mit Geschlechter-Stereotypen und aus ihnen abgeleiteten Rollenzuweisungen, nach denen Frauen daran gehindert seien, mit kirchlicher Vollmacht ausgestattete Ämter zu übernehmen. Diese Stereotypen werden nicht nur faktisch Ausschließungs-relevant, sondern ausdrücklich als – etwa für den Weihe-Ausschluss – ausschlaggebendes Argument herangezogen.[54] Aus einem naturrechtlich verbindlichen Wesen der einander – wie im Zeugungsakt sichtbar – *funktional-ergänzenden* Geschlechter werden Geschlechts-Identitäten konstruiert, die es als Schöpfungs-widrig verbieten, Geschlechter-Rollen und entsprechende öffentlich-kirchliche Aufgaben anders zu bestimmen, als es der hier unterstellten funktionalen Dualität von männlich und weiblich entspräche.

Das schließt es nicht aus, die identitätsbestimmenden Charakteristika des »Fraulichen« gegenüber denen des Männlichen als besonders wertvoll und in der gegenwärtigen Menschheits-Krise rettend hervorzuheben. Papst Benedikt XVI. nennt die »Fähigkeit für die anderen«, in der die frauliche Intuition zum Tragen komme, »sich für das Wohl des anderen einzusetzen, für sein Wachstum, für seinen Schutz. Diese Intuition ist« – so der Papst – »mit ihrer physischen Fähigkeit verbunden, Leben zu schenken. Die gelebte

---

[53] Vgl. Erklärung der Kongregation für die Glaubenslehre *Inter insigniores* vom 15. Oktober 1976, 5. Kapitel und zuletzt das Apostolische Schreiben Papst Johannes Pauls II. *Ordinatio sacerdotalis* vom 22. Mai 1994.
[54] Alle anderen Argumente hatten sich nach dem Stand der exegetischen und historischen Klärungen erledigt. Vgl. mein Buch: Kirche. Ein ekklesiologischer Entwurf für Studium und Praxis, Freiburg i. Br. 1994, 207–214.

oder potentielle Fähigkeit zur Mutterschaft ist eine Wirklichkeit, die die weibliche Persönlichkeit zutiefst prägt.«[55] Die Physis der Frau disponiert sie zum Altruismus, während der Mann von seiner Physis her eher auf Selbst-Durchsetzung aus ist. Das Weibliche steht – so konnte Ratzinger noch prinzipienfreudiger feststellen – für eine Kultur der Empfänglichkeit, die einen Gegenpol bildet zur männlichen Kultur des Machens und Leistens, einer Kultur der »Aktivität, die selbst die Welt planen und hervorbringen kann, die nicht auf etwas warten will, von dem sie dann abhängig wird, sondern die allein auf das eigene Können setzt.«[56] In der Theologie und der Ekklesiologie der letzten Päpste ist Maria Prototyp einer weiblichen Kultur der Empfänglichkeit und der Hingabe, Prototyp der für das Wort empfänglichen Kirche, dem amtlich-aktiven Prinzip in der Kirche entgegengesetzt, das vom Prototyp Christus bestimmt ist und das der Kirche durch ihn Geschenktes repräsentiert, weshalb nur Männer berufen seien, sie vollmächtig zu leiten.

Statt von einer Prototypik des Weiblichen und Männlichen wird man von Weiblichkeits- und Männlichkeits-Klischees sprechen müssen, die in bestimmten Milieus ausgebildete Rollenmodelle in biologischen Gegebenheiten verankern, sie so zu metaphysisch-anthropologischer Geltung bringen wollen. Die Ideologie des Marianisch-Altruistischen stilisiert das Ideal der selbstlos sich Hingebenden und Unterwerfenden, die den männlich ihr Amt Führenden kaum ins Wort oder gar in den Arm fallen. Für die (Voll-) Macht-Ausübung in der Kirche sind sie zu schade. Ihr marianisches Charisma ist wichtiger als das oft im Machen und Leisten befangene Amt der Männer. Beides zusammen – das typisch Weibliche und das typisch Männliche –, das passt schon; es ergänzt sich »organisch« zum Ganzen.

Es fällt schwer, hier nicht sarkastisch zu werden und sich den analytischen Blick auf die entscheidenden Operationen dieser verqueren lehramtlichen Anthropologie zu bewahren. Es ist weiterhin ein naturrechtliches Denken, das an unbezweifelbaren Gegebenheiten der Menschennatur Gottes normativen Willen erkennen und noch für kirchliche Verfassungs-Prinzipien als maßgebend urgieren will. Die unbezweifelbare Gegebenheit: Allein Frauen sind durch ihr Geschlecht befähigt, Kinder zu gebären. Diese

---

[55] Papst Benedikt XVI., Schreiben an die Bischöfe der Katholischen Kirche über die Zusammenarbeit von Mann und Frau in der Kirche und in der Welt (Verlautbarungen des Apostolischen Stuhls 116, Bonn 2004), 18.
[56] Vgl. Joseph Ratzinger, »Mein Wort kehrt nicht erfolglos zu mir zurück«, in: ders. – Hans Urs von Balthasar, Maria – Kirche im Ursprung, Freiburg i. Br. 41997, 9–13, hier 11 f.

Befähigung wird – im Modell antiker Zeugungs- und Empfängnis-Vorstellungen – als reines Empfangen bzw. als bloß akzidentell-leibhaftes Mitwirken vorgestellt und so zu einem von Gott *genau so* gewollten Wesenszug des Weiblichen theologisiert. Dass der Mann den Samen und die Frau die Eizelle zur Entstehung des Genoms eines Embryos beiträgt, war in Antike und Mittelalter natürlich nicht bekannt. Allein schon *diese* biologische Gegebenheit hätte es unmöglich machen müssen, der Frau das Klischee der puren Empfänglichkeit anzuheften und die Geschlechter-Polarität nach dem Schema aktiv-hervorbringend und passiv-empfänglich zu konstruieren. Diese Konstruktion mag sich kulturell vielfach durchgesetzt und bis in Vorstellungen oder Praktiken des geschlechtlichen Zusammenkommens hinein als Verhaltens-prägend erwiesen haben. Aber sie entspricht eben nicht dem *natürlichen* Zusammenwirken von Mann und Frau bei Zeugung und »Empfängnis«. Ganz verquer wird es, wenn diese als Natur-Gegebenheit angesehene Modellierung theologisch-ekklesiologisch als Argument in Anspruch genommen wird. Dann ist *der Mann* Jesus *als Mann* das aktive göttliche Prinzip, der Logos, den die Menschheit in Gestalt Marias passiv empfängt und der in einem heranwachsenden Menschen darauf wartet, sein Offenbarer- und Erlöseramt öffentlich auszuüben. Unvermeidliche Konsequenz ist eine Christologie, die mit dem Menschsein Jesu wenig anfangen kann. Alles, was seine Sendung – modern gesprochen: seine Identität – ausmachte, stammte aus Gottes Geist; das Menschsein war eher das Gefäß bzw. das materielle Substrat, in dem es dem Menschengeschlecht eingepflanzt worden war – wie ja auch Maria eher als das menschliche Gefäß galt, dem die göttliche Logos-Wirklichkeit eingepflanzt wurde.[57] Fast müßig zu sagen, dass diese defizitäre Christologie eine Ekklesiologie nach sich zog, die die Menschlichkeit der Kirche ganz hinter der Vollmachts-Ausübung von Christus-Stellvertretern und Christus-Repräsentanten zurücktreten ließ. Diese bildeten das kirchlich aktiv-hervorbringende Prinzip – die lehrende, heiligende Hierarchie –, dem die hörend-empfangende Kirche der Nicht-Geweihten gegenüberstand.

Man sieht: Auch der theologische Preis, den man für diese anthropologisch-sexistische Ergänzungs-Ideologie[58] zu zahlen hat, ist hoch. Ekkle-

---

[57] Die Christologie der Antike hat dieses Missverständnis verhindern wollen, aber nicht verhindern können, dass es mit dem überlieferten Bild der Geistzeugung – bis in die Ikonologie des Barock hinein – das »normale« Glaubensbewusstsein prägte.

[58] Papst Johannes Paul II. formuliert sie als »Theologie des Leibes«. Sie ist in seinem Verständnis »eine Theologie sich wechselseitig ergänzender Männlichkeit und Weiblichkeit«

siologisch wird er zu Lasten der Frauen entrichtet: Sie sind aufs Passiv-Ergänzende festgelegt, aufs Empfangen dessen, was von den Männern ausgeht und bestimmt wird. Kein Wunder, dass sich auf allen Ebenen Widerspruch regt! Gegen das verquer-naturalistische Idealbild der organischen Ergänzung von Geben und Empfangen, Aktivität und Passivität, in dem man das Einführen des männlichen in das weibliche Geschlechtsorgan metaphysisch-anthropologisch »essentialisiert«, werden die Erfahrungen des konflikthaften Miteinanders, des Aushandeln-Müssens, der immer wieder neu zu klärenden Macht-Fragen und Pflichten-Verteilungen ins Feld geführt.

Feministische Interventionen dekonstruieren die mehr oder weniger ungebrochenen Ableitungen von geschichtlich geprägten und höchst Interesse-bedingten Männlichkeits- und Weiblichkeitsbildern aus biologisch-anthropologischen Gegebenheiten. Sie arbeiten mit der analytischen Unterscheidung von *Sex* und *Gender*, von biologischem Geschlecht und sozialdiskursiv produzierten und durchgesetzten, im Metaphysischen und Theologischen verankerten *Wesens*-Begriffen des Männlichen und des Weiblichen. Es geht ihnen um die Überwindung von »Essentialisierungen«, mit denen man eine durch die Biologie vorgegebene Unverfügbarkeit dessen, was als Mannsein und als Frausein gelebt wird, gegen die von Feministinnen geltend gemachte Gestaltungs-Offenheit des als Mann oder als Frau oder aber auch Angehörige(r) eines »dritten Geschlechts« gelebten menschlichen Daseins verteidigen will. Für Judith Butler, eine der Protagonistinnen der Gender-Debatte, ist schon die begriffliche Differenzierung in Sex und Gender ideologieverdächtig, scheint sie doch vorauszusetzen, dass es so etwas wie in sich feststehende Natur-Realität des Weiblichen (wie des Männlichen) gibt, von der sich dann die kulturell-diskursiv geprägten, konkret gelebten Geschlechts-Identitäten abheben ließen.[59] Was *Sex* (als »biologisches« Geschlecht) bedeutet, wird aber immer schon lebensweltlich interpretiert, in diskursiven Praktiken ausgehandelt[60], als *Gender* gelebt. Es ist

---

(ders., Die menschliche Liebe im göttlichen Heilsplan. Eine Theologie des Leibes, hg. von N. Martin und R. Martin, Kisslegg ²2008, 127).
[59] Vgl. Judith Butler, Das Unbehagen der Geschlechter, dt. Frankfurt a. M. 1991, 24. In der Darstellung wie in der Einordnung folge ich hier wie im ganzen Teilkapitel: Daniel Bugiel, Diktatur des Relativismus? Fundamentaltheologische Auseinandersetzung mit einem kulturpessimistischen Deutungsschema, Berlin 2021, 213–264.
[60] Diskursive Praktiken sind »Sprachhandlungen, die nicht etwa darin bestehen, eine der Sprache vorgängige Wirklichkeit zu benennen, sondern [darin,] qua Sprach- und Benennungspraxis Wirklichkeit allererst zu setzen, zu erzeugen (performative Akte). Demzufol-

nie als solches gegeben; man kann »von keiner Geschlechtsidentität behaupten, dass sie aus dem biologischen Geschlecht folgt.«[61] »Vernatürlichungen« kulturell-gesellschaftlich geprägter Wesensbestimmungen des Männlichen und des Weiblichen sind der eigentliche Angriffspunkt der Gender-Debatte. Es geht in ihr (meist) nicht darum, in der Physis des Menschen liegende Identifikations-Merkmale des Männlichen oder des Weiblichen zu leugnen, sie gewissermaßen als bloß gesellschaftlich gemacht darzustellen, sondern darum, die mit ihnen immer schon verbundenen bzw. sie artikulierenden Zuschreibungen als solche kenntlich zu machen und kritisch zu reflektieren. Auch Judith Butler bestreitet »keineswegs, dass es biologische Unterschiede zwischen den Geschlechtern gibt. Doch wenn wir sagen, es gibt sie, müssen wir auch präzisieren, was sie sind, und dabei sind wir in kulturelle Deutungsmuster verstrickt.«[62] Die diskursive Aushandlung und »Formierung« dessen, was das »biologisch« Vorgegebene bedeutet, ist »nicht gleichbedeutend mit der Behauptung, er [der Diskurs] erschaffe, verursache oder mache erschöpfend aus, was er einräumt; wohl aber wird behauptet, dass es keine Bezugnahme auf einen reinen Körper gibt, die nicht zugleich eine weitere Formierung dieses Körpers wäre.«[63] Eine elementare kulturell-diskursive Formierung aber ist die *binäre*, die nur zwei Realisierungen der menschlichen Geschlechtlichkeit kennt. Auch sie ist zu dekonstruieren. Dazu zwingt schon eine anthropologisch-biologisch-medizinische Forschungslage, die es unmöglich macht, am binären Code der Geschlechter-Diskurse festzuhalten.

Die kirchenamtliche Wahrnehmung der feministischen Gender-Debatte ist prekär. So nimmt Papst Franziskus in *Amoris Laetitia* die Unterscheidung von Sex und Gender zwar auf, spricht aber von einer Gender-Ideologie, die »den Unterschied und die natürliche Aufeinander-Verwiesenheit von Mann und Frau« leugne. Das biologische Geschlecht (sex) und die

---

ge gebe es [für Butler] keine natürliche Geschlechtsidentität (sex) im Unterschied zum kulturell bedingten Geschlecht (gender). So verbietet sich denn auch Butler zufolge jede Form der Identitätspolitik, die vom ›Frausein‹ oder einer ›weiblichen‹ Identität ausgeht« (Saskia Wendel, Gendersensible Theologie – Ein hölzernes Eisen?, in: Lebendige Seelsorge 66 [2/2015], 82–87, hier 83).
[61] Judith Butler, Das Unbehagen der Geschlechter, 22.
[62] Svenja Flaßpöhler – Millay Hyatt, »Heterosexualität ist ein Fantasiebild« – Interview mit Judith Butler, in: Philosophie Magazin 1/2013, im Netz zugänglich unter: http://philomag.de/heterosexualitaet-ist-ein-fantasiebild/ (von mir abgerufen am 24.11.2020).
[63] Judith Butler, Körper von Gewicht. Die diskursiven Grenzen des Geschlechts, dt. Frankfurt a. M. 1997, 33.

soziokulturelle Rolle des Geschlechts (gender) müssten unterschieden, dürften »aber nicht getrennt werden« – was hier heißen soll: Die Geschlechts-Identität sei als unverfügbar gegeben anzusehen. Sie dürfe nicht »einer individualistischen Wahlfreiheit ausgeliefert« sein, die über sie entscheide und sie »im Laufe der Zeit auch ändern« könne. Die Menschen sind deshalb daran zu erinnern, dass sie Geschöpfe und eben nicht allmächtige Schöpfer ihrer selbst sind: Die Schöpfung geht uns – so Papst Franziskus – »voraus und muss als Geschenk empfangen werden. Zugleich sind wir berufen, unser Menschsein zu behüten, und das bedeutet vor allem, es so zu akzeptieren und zu respektieren, wie es erschaffen worden ist.«[64]

Unter Gender-Ideologie versteht *Amoris Laetitia* – damit greift sie eine breitere kirchliche Meinungsbildung auf – die Vorstellung, der Mensch könne über seine sexuelle Identität mehr oder weniger nach Belieben verfügen und sich eine andere Identität wählen als die, in die er hineinerschaffen wurde. Damit ist die Intention der Gender-Diskussion nicht getroffen. Sie will Fixierungen von Geschlechts-Identitäten dekonstruieren, die den Menschen vorschreiben, wie sie sich als Mann und als Frau zu fühlen und wie sie dementsprechend zu leben hätten. Es geht ihr aber nicht darum, der Beliebigkeit in der »Wahl« einer Geschlechtsidentität Raum zu geben, sondern darum, gesellschaftlich-kulturelle und kirchliche Formierungen des Mann- und Frau-Seins als solche zu durchschauen.[65] Und man könnte das durchaus dahingehend deuten, dass so die Weite des Geschöpf-Seins gegen kulturelle und kirchliche Stereotypen neu entdeckt wird. Dass damit eine Kritik des kulturellen und kirchlichen Missbrauchs dieser Geschlechter-Stereotypen einhergeht und auch die Frage auf den Tisch kommt, ob der binäre Code der Geschlechtsidentitäten schöpfungstheologisch »vollständig« ist, das ist für die kirchenamtliche Wahrnehmung der Gender-Diskussion wohl das eigentlich Irritierende und Ärgerliche. Aber es führt kein Weg daran vorbei, sich dieser Irritation zu stellen. Sie lässt sich auch nicht aus der Welt und aus der Kirche schaffen, indem man in der Gender-»Ideologie« etwa mit Joseph Ratzinger/Benedikt XVI. eine Verfalls-Geschichte der Neuzeit hin zu einem anthropologischen Machbarkeits-Kult an ihr vor-

---

[64] Amoris Laetitia, Ziffer 56.
[65] Man wird aber kaum bestreiten können, dass die Gender-Sex-Debatte eine gesellschaftliche Atmosphäre mit geschaffen hat, in der man Geschlechts-Umwandlungen als Aspekt der freien Selbstbestimmung ansieht und schon vor der Pubertät hormonell und auch operativ angeht, wenn Kinder sich im »falschen Körper« fühlen. Zu den Gefahren, die mit der Parole »*Sentio ergo sum* – Ich bin das, als was ich mich fühle« verbunden sind, vgl. Christoph Türcke, Natur und Gender, 134–218, Zitat 218.

läufiges Ende gekommen sieht, der mit Giambattista Vicos Formel »Verum quia factum« einsetzt und die Wirklichkeit des Gegebenen ins von Menschen Gemachte aufheben wolle.[66] Nach diesem Neuzeit-Verfalls-Narrativ kommt in der Irritation durch die Gender-Diskussion die Alternative zum Vorschein, mit der Christsein und Menschsein heute konfrontiert ist: »Entweder nehmen wir die geschenkte Wahrheit unseres Wesens an, oder wir verfehlen uns in dem Wahn des eigenwilligen Machens.«[67] Aufschlussreich wäre Ratzingers »Analyse«, wenn sie nicht von einem Verfall ausginge, sondern eine anthropologische Spannung markierte, die in den letzten Jahrhunderten zweifellos kritisch wurde und im Ideal der *Selbstbestimmung* zum Ausdruck kommt: Dieses Ideal scheint darauf hinauszulaufen, dass jeder Mensch darüber bestimmen kann – bestimmen können soll –, was er *ist,* und sich die Anerkennung von unverfügbar Vorgegebenem allenfalls noch bis auf Weiteres abnötigen lässt. Das passive Hinnehmen scheint sich mit dem Gestaltungs-Imperativ der Selbstbestimmung nicht mehr gut zu vertragen. Immer wieder neu muss ausgehandelt werden, wie Selbstbestimmung und Anerkennung von Unverfügbarem miteinander abzugleichen sind. Immer wieder neu muss das Übergriffigwerden der »Seinshörigkeit« auf die Selbstbestimmung, aber eben auch das Übergriffigwerden der Selbstbestimmung auf unverfügbar Vorgegebenes zurückgewiesen werden.[68] Es scheint tatsächlich so, als werde diese konfliktträchtige Spannung in der Gender-Diskussion exemplarisch ausgetragen.[69]

Der lehramtliche Blick auf sie sieht vor allem die Gefahren. Sie zieht ja auch viel »selbstverständlich Katholisches« in Zweifel. Da wird nicht nur der Begründung für den Weihe-Ausschluss der Frauen der Boden entzogen und der organischen Ergänzungs-Ideologie im Blick auf das Verhältnis von Männern und Frauen wie der damit verbundenen binären Logik in der Bestimmung möglicher Geschlechtsidentitäten der Kampf angesagt. Es

---

[66] Diese Linie zeichnet Ratzinger schon in seiner Einführung in das Christentum (München [8]1968, 35).
[67] So Stephan Goertz zur Alternative, auf des es bei Ratzinger zuläuft; vgl. ders., Theozentrik oder Autonomie? Zur Kritik und Hermeneutik der Moderne bei Joseph Ratzinger/Benedikt XVI., in: Ethica 19 (2011), 51–83, hier 62.
[68] Im Roman *Der Brand* von Daniela Krien (Zürich 2021) sagt einer der Protagonisten: »Eine der großen Fehlannahmen unserer Zeit: Dass jeder Mensch bestimmen könne, wer er sei. Jeder Mensch ein kleiner Gott. Als gäbe es nichts Gesetztes. Als gäbe es kein Vorher« (258).
[69] Dass sie schon die Diskussionen um Empfängnisverhütung und Abtreibung »befeuerte«, liegt auf der Hand.

wird auch die hermeneutische Frage aufgeworfen, wie man mit entsprechenden Formulierungen umzugehen hat, die sich in biblischen Überlieferungen finden und als die erste Quelle für das kirchlich-normative Verständnis der Sexualität und das geschlechtlich geprägte Miteinander der Menschen in Anspruch genommen werden. Dürfen, müssen auch sie einer Gender-kritischen Dekonstruktion unterzogen werden?

5.7 Die Bibel als Norm?

Die Bibelstellen, die man als Belege für die Unabänderlichkeit kirchlicher Geschlechts-Stereotypen herangezogen hat, sind zahlreich und mitunter ärgerlich konkret. Am ärgerlichsten wohl die Mahnung des Paulus: »Wie es in allen Gemeinden der Heiligen üblich ist, sollen die Frauen in den Versammlungen schweigen; es ist ihnen nicht gestattet zu reden.« Die Begründung, die Paulus als selbstverständlich anführt, setzt dem die Krone auf: »Sie [die Frauen] sollen sich unterordnen, wie auch das Gesetz sagt. Wenn sie etwas lernen wollen, dann sollen sie zu Hause ihre Männer fragen; denn es gehört sich nicht für eine Frau, in der Versammlung zu reden« (1 Kor 14,33b–35). Darf man Paulus theologisch widersprechen und sein Frauenbild Gender-kritisch dekonstruieren? Und wie steht es mit den Festlegungen in anderen sexualethisch-anthropologischen Fragen: zur Homosexualität, zum Scheidungsverbot, zur Privilegierung der Ehelosigkeit um des Reiches Gottes willen? Wäre es legitim, hier kulturelle Prägungen oder – bei der Empfehlung eines ehelosen Lebens – in der Sache problematische Positionierungen zu erkennen und die entsprechenden Festlegungen hinter sich zu lassen?

Über diese Frage wird in den christlichen Kirchen mit hohem Einsatz gestritten; und der Streit ist keineswegs ausgestanden.[70] Soviel scheint in den Kontroversen immerhin mehr oder weniger konsensfähig: Das Bild

---

[70] Das Dokument der Päpstlichen Bibelkommission *Die Interpretation der Bibel in der Kirche* vom 15. April 1993 positioniert sich hier erfreulich eindeutig, wenn es feststellt: »Es genügt [...] nicht, eine bestimmte Position hinsichtlich der Moral im Alten Testament bezeugt zu finden [...] Das Wort Gottes hat sich im Werk menschlicher Autoren ausgedrückt [...] Daraus darf man jedoch nicht schließen, Gott hätte der geschichtlichen Erscheinungsweise seiner Botschaft einen absoluten Wert gegeben. Seine Botschaft ist der Interpretation und Aktualisierung fähig, d.h. sie kann von ihrer geschichtlichen Bedingtheit wenigstens teilweise losgelöst werden, um auf die gegenwärtigen geschichtlichen Bedingungen sinnvoll bezogen zu werden« (Kapitel III D 2; dt. Verlautbarungen

der Frau, die im Gottesdienst schweigen und sich zuhause von ihrem Mann über religiöse Dinge belehren lassen soll, wird kaum als unabänderliche Norm für das Miteinander von Männern und Frauen in den Kirchen angesehen. Die Autorität des Paulus reicht nicht so weit, dass man sich seine Begründungen noch zu eigen machen würde. Gilt das auch für andere Festlegungen und andere biblische Autoritäten?

Die Gender-kritische Rückfrage wird kirchlich ihre Grenze finden, wenn es um zentrale biblische Glaubens- und Hoffnungs-Perspektiven geht. Aber wer entscheidet darüber, ob man an diese Grenze geraten ist? Restriktive und theologisch unsensible Reaktionen des Lehramts etwa auf aktuelle Gender-Diskussionen nähren kaum die Zuversicht, es könne hier Schiedsrichter sein oder das letzte Wort sprechen. Es wird – so muss man vermuten – immer so weit vor der Kritik zurückweichen, als es unabdingbar ist, um den Kontakt zur Lebens-Realität der Menschen nicht ganz zu verlieren; mitunter nicht einmal so weit. So bleibt nur das Vertrauen darauf, dass die Auslegungs- und Lebens-Gemeinschaften der Kirchen nicht fehlgehen werden, wenn sie sich allen wichtigen Aspekten und Argumenten ernsthaft aussetzen und die Autorität der biblischen Zeugen gegen die Glaubens- und Lebens-Erfahrungen der Zeitgenossen abwägen. Die Bibel selbst ist als ein Zeugnis-Diskurs zu lesen, in dem sich neue Erfahrungen zu Wort meldeten und die »alten« Überlieferungen ins Gespräch zogen, auch kritisch befragten. Im Zeugnis-Diskurs der Christinnen und Christen werden deshalb auch die wohl erwogenen Erfahrungen der Menschen im 21. Jahrhundert ihre Stimme finden und ihre Autorität ausspielen dürfen. Wer das von vornherein ausschließt, macht sich eine fundamentalistische Bibel-Lektüre zu eigen, die »Menschliches und Göttliches vermengt und sogar das geschichtlich Bedingte in den menschlichen Ausdrücken für geoffenbarte Wahrheiten hält.«[71] Er – oder sie – wird sich dann nicht wundern dürfen, wenn man sie mit fundamentalistischen Koran-Leser(inne)n in einem Boot sieht.[72]

---

des Apostolischen Stuhls Nr. 115, hg. vom Sekretariat der Deutschen Bischofskonferenz, Bonn ⁵2017, hier 115 f.).
[71] *Die Interpretation der Bibel in der Kirche* III D 2 (a. a. O., 115).
[72] Damit ist eine zentrale Überlebensfrage religiöser Überlieferungen angesprochen. Sie ist vielfach und kontrovers bearbeitet worden. Ich darf auf eigene Beiträge verweisen, um die anthropologische Fragestellung hier nicht mit fundamentaltheologischen Reflexionen zu überfrachten: Das Medium ist die Botschaft. Über einige wenig beachtete Implikationen des Begriffs der »Selbstoffenbarung Gottes« – im Blick auf die Auseinandersetzung um die fundamentalistische Versuchung im Christentum, in: J. Werbick (Hg.), Offen-

6. Wirklichkeits-offen, Wahrheits-bezogen

6.1 Was ist wirklich?

»Meine Sicht der Dinge und meine Lebensweise lässt sich nicht von außen beurteilen! Wer das tut, missachtet meine Identität!« Übergriffigkeits-Kritik in einer eher platten Version; sie protestiert gegen die angemaßte Autorität, andere »objektiv« beurteilen zu wollen. Die Autoritäten jeglicher Couleur wollen das unabdingbar Richtige geltend machen, das unbestreitbar Wirkliche, an man sich ausrichten muss. Und davor haben sie Angst: dass schließlich alles Wirkliche als interessebedingt durchgesetzt, als bloß gemacht dekonstruiert wird. Die Gender-Kritik führt das ja exemplarisch vor! Verlust der Empfänglichkeit fürs Wirkliche, so auch fürs Göttliche, das ist dann die theologische Diagnose für einen kulturellen Trend, der die Geschichte der Neuzeit in die Sackgasse geführt habe. Man sollte sich nicht wundern, wenn man in dieser Sackgasse die Lügen-Experten antrifft, die nur als wirklich anerkennen, was den eigenen Macht-Interessen entspricht, und eine Medien-Maschinerie unterhalten, um alles andere als *Fake News* zu de-realisieren. Verliert der Mensch nicht seine Würde, wenn er sich von identitätspolitisch engagierten Diskurs-Fürst(inn)en auf der einen und Macht-Zynikern auf der anderen Seite seinen Wirklichkeits-Sinn entwinden lässt?

Es ist in der Geschichte der Menschheit wohl von früh an so gewesen, dass man in die Alltags-Wirklichkeit, auch in die Erfahrung sexueller Intimität, die den Bestand der Gruppe sicherte, imaginativ-alternative Wirklichkeiten einspielte. Die Wände von Wohnhöhlen, an denen Menschen sich vor über 30 000 Jahren verewigten, bezeugen das. Waren das Versuche,

---

barungsanspruch und fundamentalistische Versuchung, Freiburg i. Br. 1991, 187–245, sowie: Die fundamentalistische Option angesichts der »hermeneutischen Krise« des Christentums, in: G. Risse – H. Sonnemans – B. Theß (Hg.), Wege der Theologie: an der Schwelle zum dritten Jahrtausend (FS Hans Waldenfels), Paderborn 1996, 139–152.

den Welthorizont so auszuweiten, dass man die Alltags-Realität besser bestehen konnte? War es Wirklichkeits-Verweigerung oder eine Selbst-stabilisierende Verarbeitung der Erfahrungen mit einer übermächtigen Wirklichkeit?[1] Die Frage stellt sich an alle kulturellen Hervorbringungen, nicht zuletzt an die Religionen. Sie stellt sich verschärft mit der medialen Virtualisierung von Wirklichkeits-Wahrnehmung, mit den hier produzierten Cyber-Realitäten[2] und Gegen-Welten – Filter-Blasen –, in denen man sich wechselseitig bestätigt und gegen jede Irritation durch unpassende Realitäten immunisiert. Inszenierte Gegen-Welten, nicht selten Lügen-Welten, können aber höchst reale Folgen produzieren. Die Erfahrung des Trumpismus liefert ein bedrückendes Anschauungsmaterial und konfrontiert mit der zynischen These: Wirklich ist, was ich in den Köpfen und Herzen als *Wirkung* hervorrufen kann!

Die Erfahrungen in Zeiten der Covid 19-Pandemie mit den Einschränkungen der Kommunikation in der »wirklichen« Welt haben weitere Facetten hinzugefügt und Entwicklungen verstärkt, die lange unterwegs waren. Digitale Wirklichkeits-Arrangements nehmen mehr und mehr den Raum ein, den die stark reduzierte analoge Konfrontation mit der Realität »draußen« freigeben muss. Man verbringt viel Zeit mit Computer-Programmen, die »Wirklichkeiten« *einspielen,* in denen man sich spielerisch-gestaltend aufhält. Auch da gibt es noch die Konfrontation mit »Realem«. Sie ist von den Programmen und Zufallsgeneratoren hervorgerufen; gemachtes Schicksal, dafür arrangiert, dass man seine Reaktionsfähigkeit perfektioniert. Aber auch der Kommunikations- und Arbeits-Aufenthalt in Zoom-Räumen dimmt die Konfrontation mit der (sozialen) Außenwelt herunter. Man nimmt die Möglichkeit wahr, sich Umfang und Intensität der Teilnahme so einzurichten, wie einem das jetzt passt. Die weitgehende *Virtualisierung von Präsenz* erzeugt die Vorstellung der Arrangierbarkeit des Wirklichen. Mein Zugreifen und Zulassen, Online- oder Offline-Gehen wird Wirklichkeits-bestimmend. Ob das in Nach-Corona-Zeiten so bleibt?[3]

---

[1] Vgl. Christoph Türckes Herleitung: »Der mentale Innenraum öffnete sich als innerer Schonraum zur Nachbearbeitung unbewältigter Wahrnehmungen. Hier konnten sie ein eigenes bildliches Nachleben entwickeln [...] Halluzinatorische Realitätsüberformung war die mentale Initialleistung« (ders., Natur und Gender, 59).
[2] Über die sich hier aufdrängenden theologischen Fragen informiert kundig Klaus Müller, Endlich unsterblich. Zwischen Körperkult und Cyberworld, Kevelaer 2011, besonders auf den Seiten 90–105.
[3] Vgl. Jens Jessen, Wiedersehen mit der Wirklichkeit, in: DIE ZEIT Nr. 22 vom 27. Mai 2021, S. 51 f. Es liegt auf der Hand, dass die von mir hier herangezogene Innen-Außen-

Was also ist wirklich? Die analoge Alltags-Intuition richtet sich auf das nicht selbst Hervorgerufene, aufs *Unverfügbare,* an dem man »nicht vorbeikommt«. Man hat es zu würdigen, indem man es da *sein lässt,* sich ihm stellt, mit ihm Erfahrungen macht. Davon war im Blick auf die Liebe die Rede: die Wirklichkeit des (der) Anderen wagen, Selbsttranszendenz wagen, Selbst-Vergessenheit, damit der (die) Andere mir zur Wirklichkeit werden kann; darauf warten, wie er (sie) mir zur Wirklichkeit *wird,* ihm (ihr) die Zeit lassen, bei mir anzukommen; Zeit brauchen, um das zu *realisieren:* es »nicht vorwegnehmen können, alles erwarten müssen, mit dem Eigenen vom andern abhängig sein.«[4] Wirklich wäre das (der, die) von mir Unabhängige, mein Verfügen Begrenzende, meinem Verstehen Vorgegebene. Wirklich wäre es (er, sie) darin, dass ich nicht vorwegnehmen kann, wie es (er, sie) mir wirklich wird und dazu herausfordert, mich zu ihm (ihr) in Beziehung zu setzen, es (ihn, sie) gelten zu lassen. Wirklichkeit steht für eine Grenzerfahrung – im Ernstfall für eine tiefreichende Erfahrung der Selbst-Veränderung: »Wirkliches Verstehen geht stets mit einem kostspieligen Identitätsopfer einher«[5].

Im Kontext der methodischen Erforschung unserer Welt ist von Wirklichkeit anders die Rede: Mit der *Wirklichkeit* eines mir Gegebenen habe ich zu tun, wenn ich mir erklären kann, wie es ist und warum es so ist; wenn ich es in das Gesamt des als wirklich Anzunehmenden, weil Erklärbaren einordnen kann. Ich kann mir erklären, wie es ist, wenn es mir nicht mehr in die Quere kommt. Wenn ich vorwegnehmen kann, wie ich beim Umgang mit ihm dran sein werde, habe ich keine falschen Vorstellungen mehr von ihm; ich kann mich richtig auf es einstellen.

Unverfügbarkeit oder Verfügbarkeit, jedenfalls insoweit, als ich mich handelnd auf Wirkliches beziehen kann: Gibt es ein Gemeinsames, wenn

---

Differenzierung die Unterscheidung in digitale und analoge Wirklichkeits-Erfahrung nicht angemessen abbilden kann und ja auch schon die vordigitale Wahrnehmung des Wirklichen nicht trifft. Wenn ich mich hier auf sie beziehe, will ich damit nur den Corona-bedingten Rückzug in einen von den »eigenen vier Wänden« und der Beschäftigung mit digital vorgefertigten Erlebnis- oder Traum-Welten begrenzten »Innenraum« ansprechen.

[4] Franz Rosenzweig, Das neue Denken, in: ders., Gesammelte Schriften III, Haag 1984, 139–161, hier 151.

[5] Hubert Dreyfus – Charles Taylor, Die Wiedergewinnung des Realismus, 234. Der Schauspieler Jan Josef Liefers hat sich die Zeit genommen, seine kritische Sicht auf die Anti-Corona-Maßnahmen der Erfahrung eines Praktikums in einer Corona-Intensivstation auszusetzen. Härter kann die »Wirklichkeit« auf eine vorgefasste Meinung kaum zugreifen.

man da jeweils von Wirklichkeit spricht? Eins lässt sich sofort nennen: Unverfügbar bleibt das mir verfügbar, weil erklärbar Gewordene darin, dass es mir abnötigt, mich auf es einzustellen. Ich kann nur so über es verfügen, wie es über sich verfügen lässt. Ich muss warten, bis ich das herausgefunden habe und seine Eigen-Wirklichkeit adäquat würdigen kann. Es wird ein aktives Warten sein, mit vielen Versuchen, zu richtigen Ergebnissen zu kommen. Wenn sie vorliegen, kann ich mich so auf ein Gegebenes einstellen, dass es mit mir »kooperiert« und sich meinen Vorhaben fügt. Seine Eigen-Wirklichkeit hat mir eine Veränderung meiner Annahmen und Erwartungen zugemutet, eher selten, aber mitunter doch eine Umkehrung meines Selbstverständnisses, ein »Identitätsopfer«.[6]

Also doch: Die Rede von Wirklichem spricht von Erfahrungen der Passivität gegenüber einer – erstmal oder auf Dauer – hinzunehmenden *Eigen-Wirklichkeit*. Es ist freilich die Frage, wie ich diese Eigen-Wirklichkeit hinnehme. »Man muss die Dinge nehmen, wie sie kommen. Aber man muss dafür sorgen, dass sie so kommen, wie man sie nehmen will«: Das war in den Siebzigerjahren des vergangenen Jahrhunderts ein Wahlkampfslogan, könnte aber auch für die Entschlossenheit einer »Kultur« stehen, gegenüber dem, was da kommt, das letzte Wort zu behalten. Die Corona-Erfahrung hat dazu beigetragen, dass man es zurückhaltender sieht. Aber auch in ihr verlässt man sich darauf, dass man die Wirklichkeit dieser Krankheit umso besser beherrschen kann, je mehr valide Informationen man über sie und die Schädigungen hat, die sie verursacht. Als genügend Informationen beisammen waren, konnte man sich so auf sie einstellen, dass man sie durch Impfung in Schach hielt. Die anfängliche Passivität hatte einem gezielten Umgang mit dieser Krankheit Platz gemacht. Die Erfassung dessen, was uns zunächst zur Passivität verurteilte, ermöglichte uns, irgendwie sinnvoll mit ihr »weiterzukommen«. Das wird – in engeren Grenzen – auch für interpersonale Erfahrungen gelten: Mich auf die Wirklichkeit des anderen einzulassen, ihm und mir Zeit zu lassen, damit er (sie) mir wirklich werden kann, wird uns handlungs- und kommunikationsfähiger werden lassen. Wir kommen einander *näher* – kommen dem näher, was sich uns zunächst entzog, da wir mehr voneinander »wissen«: Es (sie, er) ist uns *wirklicher* geworden. Aber dürfte man sagen, wir seien bis zu seiner (ihrer) Wirklich-

---

[6] Das bedrückende Gegen-Bild: Die anderen sollen das Opfer für die Aufrechterhaltung und Darstellung meiner/unserer Identität bringen. »Unsere« Identitäts-Politik missbraucht sie als Figuren des Abgelehnten, weil »unsere« Identität Gefährdenden; opfert sie deshalb der eigenen Identität – mit nicht selten dramatischen Folgen.

keit »vorgedrungen«? Oder sind wir noch in dem Vorhaben befangen, mit ihm möglichst effektiv umzugehen?

Es bleibt die Frage: Wird mir ein Begegnendes, ein auf mich zukommender Mensch, eher darin zur Wirklichkeit, dass ich es (ihn, sie) *sein lasse*, oder darin, dass ich mehr über ihn »herausbekomme« und dann etwas mit ihm (ihr) *anfangen* kann? Oder: Wie geht das ineinander; wie geschehen *Rezeptivität* und *Spontaneität* miteinander, ineinander? Das neuzeitlich-cartesianisch geprägte Wirklichkeits-Verständnis rückt die Wirklichkeits-*Bemächtigung* in den Vordergrund: Wir nehmen nicht das Wirkliche als solches – *an sich* – wahr, sondern als ein solches, das dafür da ist, von uns angeeignet und in der Bedeutung erkannt zu werden, die es nun für uns hat, so auch den Zwecken unterworfen zu werden, die wir mit ihm verfolgen können – oder als Randbedingung unserer Vorhaben in unserer Rechnung vorzukommen. Mit unseren Möglichkeiten der Einordnung und der Konsolidierung von Sach-Zusammenhängen entwickeln wir ein »inneres« Erkenntnisbild; wir gleichen es ab mit anderem gesichertem Wissen, erarbeiten uns so eine Perspektive, in der wir sinnvoll mit ihm umgehen können. Aber was hat das uns Widerfahrende *wirklich* mit dem zu tun, was wir eingeordnet haben – was dann im Rahmen unserer Bedeutungszuweisungen bis auf Weiteres »mitspielt«?

Im Weltverhältnis wird diese Frage weitgehend marginalisiert. Auch im Bereich des Interpersonalen verhalten wir uns weitgehend so, dass wir das Mitspielen einigermaßen zu sichern und die Spielregeln mitzubestimmen versuchen. Wir gehen von uns aus, machen uns auf den Weg »nach draußen«, müssen es offenlassen, wie weit wir da kommen, ob wir tatsächlich bei der Wirklichkeit des anderen (der anderen) ankommen. Wir können das offenlassen, solange das Spiel funktioniert. Wir machen uns Vorstellungen von der Wirklichkeit, die uns ein bis auf weiteres tragfähiges Verhältnis zu ihr ermöglichen sollen. Wir müssen sie ändern, wenn sie sich als nicht zielführend erweisen. So sind wir unterwegs zur Wirklichkeit und können die Verfahren perfektionieren, mit denen wir auf diesem Weg möglichst weit kommen. Ankommen werden wir nie, jedenfalls nicht in dem Sinne, dass wir uns die Frage schlüssig beantworten könnten, was das uns Gegebene wirklich – *in sich* – ist.

Aber wie klärungsbedürftig ist diese Frage? Kann man nicht pragmatisch von diesem Verständnis von Wirklichkeit ausgehen: Wirklich sei, was rebus sic stantibus *unbestreitbar* da ist? Unbestreitbar da könnte etwas nur sein, wenn es im Zusammenhang alles anderen Daseins da sein kann und tatsächlich da ist. So verweist auch dieser pragmatische Begriff von *wirklich* auf die Herausforderung, das Wirkliche in seinem Zusammenhang zu verstehen. Nur so könnten Wirklichkeits-Behauptungen ausgeschlossen werden, die sich auf Unmögliches richten: Im Gesamtzusammenhang alles Wirklichen ist es unmöglich. Der Gesamtzusammenhang ist nicht in gleicher Weise gegeben – daseiend – wie das in ihm enthaltene Einzelne. Er wird *interpretierend* hergestellt – in der Konkurrenz von Interpretationen, die jeweils beanspruchen, die verschiedenen Arten des Gegebenen in den bestmöglich nachvollziehbaren Zusammenhang einzuordnen. Da wird ein Diskurs ausgetragen, den man metaphysisch nennen kann. In der Metaphysik geht es »um das Ganze der Wirklichkeit« und seinen Zusammenhang.[7]

Es gibt eine Sicht der Wirklichkeit im Ganzen, die sich nicht als Interpretation, schon gar nicht als Metaphysik versteht und doch beansprucht, *Alles* in dem zu beschreiben, was es wirklich ist. Alles ist ihr – so die hier erhobene Behauptung – im Prinzip zugänglich. Alles Wirkliche ist nichts anderes als die Summe aller möglichen aufschlussreichen Beobachtungen bzw. des darin Erfassten. Da gäbe es keinen Interpretationsspielraum, sondern nur Fakten, deren Gegeben-Sein nicht geleugnet werden dürfte. Die hier vertretene These wäre also diese: Alles ist das – und insofern wirklich –, als was man es sich erklären bzw. als erklärbar ansehen kann bzw. als Bedingung der Erklärbarkeit annehmen muss. Es erfüllt diese Wirklichkeitsbedingung, wenn es sich in quantitativen Bestimmungen und Relationen formulieren lässt. Was sich dieser Bedingung nicht fügt, ist nicht wirklich, in seinem Wirklich-Sein zumindest problematisch.

Das wäre die *naturalistische Basis-These*, die mit der Behauptung verbunden ist, es sei zu klären, was als hinreichende Erklärung anzusehen ist, und eine vollständige Erklärung, die sich auf alles ausdehnen ließe, sei prinzipiell erreichbar. Als Kandidatin für eine *Erklärung von allem* gilt eine hinreichend facettenreiche Theorie der Evolution, die keine Fragen nach dem So-Sein des Daseienden offenließe. Diese Theorie steht zwar nicht zur Verfügung, fungiert aber als regulative Idee für einen empirisch belangvollen Begriff von allem Wirklichen.

Was müsste eine solche umfassende Theorie der Evolution an Annahmen über Grund und innere Bestimmtheit der evolutionären Dynamik enthalten, um *alles* integrieren zu können. Hier spielen sich gegenwärtig heiße Diskussionen ab: zwischen *reduktiven Naturalisten,* für die alles aus physisch-naturgesetzlichen Zusammenhängen resultiert und vollständig erklärt werden kann, und Reduktivismus-Kritikern, die nachzuweisen wollen,

---

[7] Holm Tetens, Gott denken, 18.

»warum die materialistische Konzeption der Natur so gut wie sicher falsch ist.«[8] Der kann man entgegenhalten, es gelinge ihr nicht, verständlich zu machen, »wie materielle Dinge und Prozesse und zugleich erlebnisfähige selbstreflexive Ich-Subjekte zusammen ein und dieselbe Welt bilden«[9]. Es gelinge ihr *noch* nicht, kann man entgegnen. Aber das ist eine Behauptung von geradezu metaphysischer Dignität; eine Behauptung freilich, die unmittelbar auf die Umgrenzung dessen durchschlägt, was sie als wirklich anzuerkennen bereit wäre.

Das zeigt sich etwa daran, ob man die menschliche Willensfreiheit als wirklich oder als Selbst-Täuschung ansieht, die mit modernen bildgebenden Verfahren verfolgbare bio-elektrische Vorgänge in die Sprache selbstreflexiver Erlebnisse übersetzt, ohne dass diese Übersetzung etwas darüber aussagen würde, was wirklich passiert. Ist Freiheit wirklich? Zuletzt geht es hier um die Frage geht: *Was ist wirklich?* bzw. *Was ist Wirklichkeit?* Was macht das Wirkliche zum Wirklichen? Hier warten auch theologische Fragen: Ist Gott – in welchem Sinne ist er gegebenenfalls – *eine* Wirklichkeit? Was würde daraus folgen, dass er wirklich ist bzw. nicht als wirklich angesehen wird? Was würde das jeweils ändern?[10]

Die Wucht dieser Fragen scheint menschliche Antwortmöglichkeiten zu überfordern. Sollte man den Streit um das Wirkliche nicht auf empirisch zugängliche Fakten konzentrieren und im Übrigen einräumen, dass es unterschiedliche aufschlussreiche Zugänge zur Wirklichkeit gibt, die mehr oder weniger weit führen, deren Lebens-Bedeutung größer oder geringer sein kann, vernachlässigt werden darf oder zu problematisieren ist, wenn sie in die Irre führen?

6.2 Perspektivismus, Relativismus?

Wir kommen nicht darüber hinaus, Dinge und Zusammenhänge, auch Menschen perspektivisch zu sehen. Tatsachen, die bei uns ankommen, wie sie von sich aus – *wirklich* – sind, gibt es nicht. Das schrieb Friedrich Nietzsche denen ins Stammbuch, die sich nur auf empirisch gegebene Tatsachen

---

[8] Vgl. Thomas Nagel, Geist und Kosmos.
[9] Holm Tetens, Gott denken, 21.
[10] Ich greife hier auf einen Text zurück, den ich unter dem Titel: Wirklich wirklich? Oder alles nur Interpretation? Was die Theologie von Nietzsches inkonsequentem Perspektivismus lernen kann (in: V. Hoffmann [Hg.], Wirklich? Konzeptionen der Wirklichkeit und der Wirklichkeit Gottes, Stuttgart 2021, 165–182) publiziert habe.

verlassen wollen. Es ist nach Nietzsche gerade nicht so, dass sich die Erkenntnis so lange von Subjektivismen und Verfälschungen lösen müsste, bis man »vor dem Thatsächlichen [stünde], dem factum brutum«[11]. Unser Erkennen ist immer Lebens- und Interesse-gebunden. Über lange Zeit sedimentierte, auf unterschiedliche Einstellungen und Interessen zurückgehende Interpretationen arbeiten sich aneinander ab und ringen um die gültige Interpretation der Wirklichkeit. Deshalb gilt:

> »nein, gerade Thatsachen giebt es nicht, nur Interpretationen. Wir können kein Factum ›an sich‹ feststellen: vielleicht ist es Unsinn, so etwas zu wollen [...]. Unsere Bedürfnisse sind es, die die Welt auslegen: unsere Triebe und deren Für und Wider. Jeder Trieb ist eine Herrschsucht, jeder hat seine Perspektive, welche er als Norm allen übrigen Trieben aufzwingen möchte.«[12]

Das »Verzichtleisten auf Interpretation überhaupt (auf das Vergewaltigen, Zurechtschieben, Abkürzen, Weglassen, Ausstopfen, Ausdichten, Umfälschen und was sonst zum Wesen des Interpretirens gehört)«[13], verkennt die Lebensbedeutung des Erkennens, die »Perspektiven-Optik des Lebens«[14]. Die Welt insgesamt erscheint in ihr als das Feld des lebensdienlichen Zugriffs, der in je eigener Weise aneignet und realisiert, was sich ihm als das Wirkliche bietet. Die Vielfalt der Perspektiven geht auf eine Vielfalt der Absichten, Wertsetzungen und Ziele zurück, die den Zugriff motivieren und lenken. Die Macht, mit der die jeweilige Perspektive den Interpretierenden bestimmt und auf das Gegebene interpretierend zugreift, scheint unentrinnbar; man kann die eigene perspektivische Eingebundenheit nicht als solche sehen und distanzieren. Und sie ist es doch nicht, *nicht mehr*. Für Nietzsche zeichnet sich die Möglichkeit ab, eigene Wertsetzungen und davon bedingte Perspektiven bewusst »aus- und einzuhängen«[15]. Das gegenwärtige Zeitalter habe seine Bedeutung darin, »dass in ihm die verschiedenen Weltbetrachtungen, Sitten, Culturen, verglichen und neben einander durchlebt werden können«.[16] Und je mehr Perspektiven eingenommen werden, »*je mehr* Affekte wir über eine Sache zu Worte kommen

---

[11] Vgl. Zur Genealogie der Moral, Aphorismus 24, KSA 5, 399.
[12] Nachgelassene Fragmente Ende 1886–Frühjahr 1887, KSA 12, 315.
[13] Zur Genealogie der Moral, Aphorismus 24, KSA 5, 400.
[14] Vgl. Jenseits von Gut und Böse, Vorrede und Aphorismus 11, KSA 5, 12 und 26.
[15] Zur Genealogie der Moral. Dritte Abhandlung, Aphorismus 12, KSA 5, 364. In *Ecce homo* sieht es Nietzsche als seine eigene längste Übung an, »*Perspektiven umzustellen*: erster Grund, weshalb für mich allein vielleicht eine ›Umwerthung der Werthe‹ überhaupt möglich ist« (Ecce homo. Warum ich so weise bin 1, KSA 6, 266).
[16] Menschliches, Allzumenschliches I, Aphorismus 23, KSA 2, 44.

lassen, *je mehr* Augen, verschiedne Augen wir uns für dieselbe Sache einzusetzen wissen, um so vollständiger wird unser ›Begriff‹ dieser Sache, unsre ›Objektivität‹ sein.«[17] Und vielleicht trägt man überhaupt erst so der Unendlichkeit einer Welt Rechnung, die »*unendliche Interpretationen in sich schließt.*«[18]

Diese friedlich-summierende Perspektiven-Optik spielt für Nietzsche aber nur eine Nebenrolle.[19] Im Vordergrund steht der Konflikt der Perspektiven und Interpretationen, in dem der Streit der Wertsetzungen als Streit um die Wirklichkeit ausgetragen wird: als was man sie interpretiert und lebt, wie man ihr Wirken auf mich lebt. Das Wirkliche ist für Nietzsche das *Wirkende*, »das auf uns Wirkende, das *durch sein Wirken Sich-Beweisende*« – und unser Interpretieren, in dem wir das Uns-Angehende als in (von uns) bestimmter Weise uns angehend auslegen, sodass es – je nach Auslegung – anders auf uns wirkt.[20] Verschiedene Interpretationen dieses Wirk-Zusammenhangs bringen je andere Weisen des Sich-darin-Lokalisierens zum Tragen, die für Nietzsche keineswegs gleichwertig sind. Es gilt vielmehr *Partei zu nehmen*: gegen »das Frevelhafte« einer Dekadenz-Perspektive des »niedergehenden, des geschwächten, des müden, des verurtheilten Lebens«[21], für die Perspektive des aufsteigenden, machtvollen

---

[17] Zur Genealogie der Moral. Dritte Abhandlung, Aphorismus 12, KSA 5, 365.
[18] Die fröhliche Wissenschaft, Aphorismus 374, KSA 3, 627.
[19] So wird von ihm auch nicht weiter gewürdigt, dass der Perspektivismus kommunikative Verständigungsprozesse über das als wirklich Geltende und mehr oder weniger sozial Anerkannte geradezu erzwingt. In diesem Sinne gewinnt er etwa für Hannah Arendt Bedeutung: »[N]iemand [kann] all das. was objektiv ist, von sich her und ohne seinesgleichen adäquat in seiner vollen Wirklichkeit erfassen [...] weil es sich ihm immer nur in einer Perspektive zeigt und offenbart, die seinem Standort in der Welt gemäß und inhärent ist. Will er die Welt, so wie sie ›wirklich‹ ist, sehen und erfahren, so kann er es nur, indem er sie als etwas versteht, was Vielen gemeinsam ist, zwischen ihnen liegt, sie trennt und verbindet, sich jedem anders zeigt und daher nur in dem Maß verständlich wird, als Viele miteinander *über* sie reden und ihre Meinungen, ihre Perspektiven miteinander und gegeneinander austauschen« (dies., Was ist Politik? Fragmente aus dem Nachlass, hg. von U. Ludz, München ⁴2010, 52).
[20] Vgl. Nachgelassene Fragmente Sommer 1886–Herbst 1887, KSA 12, 192; vgl. ebd., 191 f.: »[...] den Begriff ›wirklich, wahrhaft vorhanden‹ haben wir erst gezogen aus dem ›uns-angehn‹; je mehr wir in unserem Interesse berührt werden, um so mehr glauben wir an die ›Realität‹ eines Dinges oder Wesens. ›Es existiert‹ heißt: ich fühle mich an ihm als existent. – Antinomie.« Es ist für Nietzsche klar, dass sich die Vorstellung einer uns angehenden Wirklichkeit nicht auf eine »objektiv« wirkende Kausalität der Dinge beziehen kann.
[21] Götzen-Dämmerung. Moral als Widernatur 5, KSA 6, 86.

Lebens.²² Die Menschen des »freien Geistes« gewinnen ihre Freiheit, indem sie sich von engen Ressentiment-Perspektiven losmachen und sich einer Lebens-Wirklichkeit öffnen, die sie mit ihrer erschreckenden Abgründigkeit zum Übermenschlichen herausfordert.

Man kann in Nietzsches Analysen und Imperativen den gegenwärtig digital ausgetragenen Streit um die Wirklichkeit vorweggenommen sehen. Es ist noch dramatischer und trivialer, noch zynischer gekommen, als er es voraussehen konnte. Die Interesse-geleiteten Perspektivierungen werden gezielt herbeigeführt und mit einem gewaltigen Medien-Einsatz gegen andere Wahrnehmungen »durchgedrückt« – im klaren Bewusstsein davon, dass man lügt und die Lüge so lange wiederholen wird, bis sie genug sozialen Druck entwickelt hat, die von ihr urgierten Konsequenzen herbeizuführen. Die sind nun das *wirklich* Wirkliche, das performativ durch Ent-Wirklichung aller anderen Wahrnehmungen als Wirkliches Durchgesetzte. Auf eine überprüfbare Realitäts-Angemessenheit der eigenen Behauptungen kommt es nicht an. Entscheidend ist die Frage, ob man die Mittel hat, die eigene Seh- und Fühl-Anweisung für das »Wirkliche« im Meinungskampf sozial und kognitiv zu verankern. Diese »Kommunikations«-Mittel versetzen einen in die Lage, die Wahrnehmungen der Wirklichkeit und die darin wirksamen Ziele bewusst »aus- und einhängen«²³. Man tut das zielbewusst, um den eigenen Prioritäten im Kampf um die Wirklichkeit zum Sieg zu verhelfen.

Die Medien kommen immer schon *dazwischen*. Sie vermitteln uns Bilder und Vorstellungen der Wirklichkeit, die ihren Zielsetzungen – den Zielsetzungen ihrer Auftraggeber und Finanziers – dienen. Sie bestimmen unsere Wahrnehmung auch noch, wenn wir versuchen, uns über die Angemessenheit dieser – nun *unserer* – Bilder und Vorstellungen zu vergewissern. Es sieht so aus, als wären wir in die Perspektiven eingesperrt, in die sie uns hereingeholt haben. Nur die Vielfalt und Konkurrenz der Medien scheint deren Vorstellungs-prägende, Wirklichkeits-setzende Macht noch zu begrenzen. Aber der Medien-Pluralismus zerfällt oder er gerät unter die Dominanz der kapitalkräftigsten und innovativsten Meinungsmacher. Wo er sich recht und schlecht behauptet, leistet er einem kaum gebremsten Relativismus Vorschub: Man kann alles auch anders sehen.²⁴ Wir haben ja

---

[22] Vgl. Nachgelassene Fragmente November 1887–März 1888, KSA 13, 71.
[23] Vgl. Zur Genealogie der Moral. Dritte Abhandlung, Aphorismus 12, KSA 5, 364.
[24] Gut verständlich, ja unbedingt notwendig ist da der Einspruch »der Wissenschaft«, der wenigstens gut begründete wissenschaftliche Konsense nicht meinungs-relativistisch zur

Meinungs-Freiheit, und meine Meinung wird so viel wert sein, wie deine! Konkurrieren am Ende nur Influencer(innen) um Marktanteile?

Man sollte sich vom Mythos der absolut gewordenen (medialen) Vermittlungen nicht in die Kultur-pessimistische Resignations-Perspektive einsperren lassen. Aber die Gefahren liegen auf der Hand. Von den Ressourcen, ihnen zu begegnen, darf man sich nicht durch die Ergebung in einen ungebremsten, vielfach zynisch ausgebeuteten Relativismus abschneiden lassen. So wird man sich nicht darüber wundern, dass derzeit philosophische Konzepte von sich reden machen, die einen neuen Realismus propagieren. Sind sie so überzeugend, dass sie die Frage nach dem *wirklich* Wirklichen neu auf die Tagesordnung setzen können?

6.3 Neuer Realismus?

In Deutschland ist es Markus Gabriel, der sich mit der Parole des Neuen Realismus gegen den postmodernen (De-)Konstruktivismus wie gegen den naturalistisch-reduktiven Wirklichkeits-Monopol-Anspruch in Stellung gebracht hat.[25] Die Postmodernen haben mit den Naturalisten gemeinsam, dass es ihnen letztlich nicht darum geht, ins Blickfeld zu rücken, *was* wir sehen und als real hinnehmen, sondern *wie* wir sehen: wie wir das Gesehene unter dem Druck gesellschaftlicher Mächte und Formierungen als das uns Gegebene selbst »konstruieren«, so die Postmodernen; wie das Gehirn kognitive Repräsentationen der Außenwelt herstellt, die uns im Umgang mit »dem Wirklichen« hinreichend gut funktionieren lassen, so die Naturalisten. Es geht dabei primär um die Methoden der Wissens-Produktion, die zu dekonstruieren sind – weil sie immer schon zu einer perspektivisch verzerrten Wahrnehmung führen, oder als biophysisch ablaufende Prozesse der Anpassung an eine »Wirklichkeit« durchschaut werden müssen, die nicht anders wahrgenommen werden kann, weil unser Gehirn darauf programmiert ist, uns *so* auf sie einzustellen.

Der Neue Realismus will den Primat der Vermittlung hinter sich lassen und beansprucht die *Realität* des Erkannten, Ausgesagten, Imaginierten.

Disposition gestellt, sondern als »kleinste gemeinsame Wirklichkeit« gewürdigt sehen will, von der in gesellschaftlichen Diskursen immer auszugehen ist. Vgl. Mai Thi Nguyen-Kim, Die kleinste gemeinsame Wirklichkeit. Wahr, falsch, plausibel?, München 2021, 315–343.

[25] Vgl. Markus Gabriel (Hg.), Der Neue Realismus, Berlin 2014.

Sie ist nicht das in unendlichen Vermittlungsprozessen Produzierte oder Verdeckte, sondern die Denk- und Wahrnehmungs-unabhängige Realität, in der und mit der der Mensch lebt, der er nicht entfliehen kann. Das bedeutet auch, dass es nicht nur eine Art von Wirklichkeit gibt, etwa die vom Naturalismus präsentierte, sondern unterschiedliche Regionen und Dimensionen des Realen, in denen jeweils anderen Arten von Gegebenheiten Realität zuerkannt wird. Sie existieren in unterschiedlichen »Sinnfeldern«[26]: Hier gibt es sie, da sie in einem Sinnfeld oder in mehreren vorkommen und eine Rolle spielen. Es gibt Harry Potter – im Sinnfeld der Bücher und Filme, die von ihm handeln, der von ihm Begeisterten, die sich im *Harry-Potter-Universum* bewegen, indem sie Quidditch spielen, sogar an Meisterschaften teilnehmen. So wird Harry Potter wirklich, im Harry-Potter-Universum, und wo man sich auf ihn bezieht, es ihn deshalb gibt.

Wir leben in unterschiedlichsten Sinnfelder, die es nebeneinander gibt, sich berühren und überschneiden, in denen es Imaginäres, Verbrechen oder Erdbeben gibt, Religionen, Philosophien, Theorien, Freunde, Feinde. Was es nach Markus Gabriel nicht gibt, ist die Welt als Inbegriff oder als das Umgreifende alles Wirklichen, alles dessen also, was es in den verschiedenen Sinnfeldern gibt. Sie müsste das Sinnfeld aller Sinnfelder sein, als solches aber – sollte sie tatsächlich vorkommen – selbst in einem Sinnfeld vorkommen, was in einen Regress ad infinitum führen würde.[27] Es gibt nur unendlich viele Sinnfelder und entsprechend viele Bedeutung von *Es gibt*; die Vorstellung einer Gesamtheit alles Wirklichen ist für Gabriel inkonsistent; sie führt zu einer im Ansatz sinnlosen Metaphysik.[28] Die ist durch eine Sinnfeldontologie zu ersetzen, in der die Behauptung eingelöst wird, »dass es nur dann etwas und nicht nichts gibt, wenn es ein Sinnfeld gibt, in dem es erscheint«[29].

Man kann sich um den Welt-Begriff Gabriels streiten und über die von ihm behauptete Selbst-Widersprüchlichkeit eines alles umfassenden *Es gibt*, das es nur geben können soll, wenn es selbst nicht alles wäre, sondern sei-

---

[26] Sinnfelder sind nach Markus Gabriel »die ontologischen Grundeinheiten [...] sie sind die Orte, an denen überhaupt etwas erscheint. Meine Antwort« – so Gabriel weiter – »auf die Frage, was Existenz ist, lautet vorweggenommen: Existenz ist der Umstand, dass etwas in einem Sinnfeld erscheint« (ders., Warum es die Welt nicht gibt, Berlin ⁴2018, 68).
[27] Vgl. ebd., 101 f.
[28] Vgl. ebd., 69: »Unter Metaphysik verstehe ich die systematische Beantwortung der Frage, was die Welt ist und was der Ausdruck ›Welt‹ bedeutet. Die Metaphysik setzt die Existenz der Welt voraus.«
[29] Ebd., 87.

nerseits in einem Sinnfeld vorkommt. Gabriel setzt voraus, dass die von ihm abservierte Metaphysik Welt als einen Sinn-Container versteht, von dem man behauptet, er weise allem Einzelnen und allen Sinnfeldern ihren Sinn zu, könne das aber nur, wenn er selbst in einem »Worin« erschiene. Das trifft zwar für die klassische Metaphysik insofern zu, als es dieses »Außerhalb der Welt« hier tatsächlich gibt: Gott, den Schöpfer der Welt. Aber Gott und die Welt stehen nicht nur oder überhaupt nicht in einem Container-Verhältnis des Darin-Seienden zu einem das Darin-Seiende Zusammenfassend-Einbegreifenden. Gott geschieht in der Welt und die Welt ist – in präzisierungsbedürftigem Sinne – das von ihm in ihm selbst Gewirkte. Und das gilt noch strikter für die Realität der Sinnfelder wie des in ihnen Erscheinenden und die Realität der Welt: Das Einzelne kommt nicht nur in der Welt vor, sondern die Welt realisiert und bestimmt sich im Einzelnen. Es gibt sie nicht im Sinne eines umfassenden Containers, wohl aber als die – womöglich Gott-bezogene – Realität aller Realitäten. So gibt es sie auch als ontologische Leit-Kategorie, die zu klären fordert, was das Wirkliche im Ganzen ist und welches Wirklich-Sein dem in unterschiedlichen Sinnfeldern Vorkommenden zukommt. Es ist eine sinnvolle Frage, wie sich die »Wirklichkeit« der im Sinnfeld des AFD-Selbstverständnisses vorkommenden »Umvolkung« durch massenhafte Einwanderung »volksfremder« Elemente zur statistisch erhebbaren Wanderungsbilanz Deutschlands in den Jahren 2016 bis 2020 verhält. Ja, es gibt das AFD-Selbstverständnis und die entsprechende Vorstellung von der Umvolkung, wie es den Wahlbetrug der Demokratischen Partei bei der Präsidentenwahl 2020 in den USA im Sinnfeld des Trumpismus gibt. Aber ist damit die Frage nach der *Wirklichkeit* schon beantwortet?

Es ist kontraintuitiv, den Wirklichkeitsbegriff so inflationär zu verwenden, dass er die Unterscheidung zwischen *imaginär, illusionär* und *unabweisbar* nicht mehr trägt. Zugegeben: die Wirkungen der AFD-Propaganda, Trumpscher Wirklichkeits-Behauptungen, der literarischen Ausarbeitung des Harry-Potter-Kosmos sind real: Menschen wählen AFD, demonstrieren gegen den Wahlbetrug in den USA, spielen Quidditch und nehmen darüber hinaus an einem gigantischen Merchandising-Rummel teil. Aber es stellt sich die Frage, wie sie das, woran sie da teilnehmen, mit anderen, vielleicht unabweisbaren Dimensionen der Wirklichkeit – von mir aus auch Sinnfeldern – abgleichen und es in seinem »Realitätsgehalt« gewichten. Wenn sie das tun, kommen sie nicht an der Notwendigkeit vorbei, das *Es gibt* jeweils daraufhin zu befragen, wieviel und welche Wirklichkeit jeweils darin »steckt«. Wer da nur auf Pluralismus plädiert, hat sich mit der

Unwidersprechlichkeit der Meinung *Das kann man aber auch ganz anders sehen!* abgefunden.

Einen anderen Weg zur Wiedergewinnung des Realismus gehen Hubert Dreyfus und Charles Taylor. Wie Gabriel wenden sie sich gegen den cartesianischen Repräsentationalismus, der sich an dem Problem abarbeitet, wie gedanklich-geistigen Repräsentationen des in der Welt »draußen« Vorkommenden mit dieser »äußeren« Welt-Wirklichkeit übereinstimmen können. Diese Übereinstimmung ist nie zweifelsfrei zu sichern, allenfalls durch die Optimierung der Erkenntnis-Instrumente – durch selbstreflexive Vergewisserung ihrer Funktionsweise – zu verbessern. Nur in der Selbstreflexion ist mir in meinem »Inneren« eine vorreflexive Übereinstimmung zwischen subjektivem Wahrnehmen und quasi-objektiver Gegebenheit – hier des Ich bzw. Mich – erreichbar. Die Beziehung zur Außenwelt ist nach Descartes notorisch problematisch, weil ich von meinem Wahrnehmungsbild des Äußeren ausgehen muss und nie genau bestimmen kann, inwieweit ich *durch es hindurch* einigermaßen unverzerrt wahrnehme, was es abbildet und repräsentiert.[30] Wenn ich von dem ausgehe, was in mir ist – an Begriffen, Ideen, Wahrnehmungsbildern –, weiß ich nie, wie weit ich damit in die »äußere« Wirklichkeit hineinkomme; die Vermittlung des Äußeren durch innere Repräsentanzen bedarf fortwährender kritischer Aufmerksamkeit; die zieht schließlich alle Aufmerksamkeit auf sich, wird so zum beherrschenden Erkenntnis- und Bewusstseins-theoretischen Thema.

Gegen cartesianische Vermittlungstheorien formulieren Dreyfus und Taylor mit Heidegger, Merleau-Ponty und Wittgenstein eine *Kontakttheorie* der Wahrnehmung. Wirklichkeit ist nicht das »Draußen«, auf das der Geist bzw. das Gehirn sich durch innere Repräsentationen beziehen, ohne sie je erreichen zu können, sondern das, worauf das Lebewesen Mensch leibhaft-ursprünglich bezogen ist: »*die Welt in der Beziehung zu uns,* den Wahrnehmenden«[31], gegeben im »Kontakt lebendiger, tätiger Wesen, zu deren Lebensform es gehört, dass sie in einer Welt handeln und sich an dieser Welt,

---

[30] Der moderne Repräsentationalismus richtet seine Aufmerksamkeit auf Gehirnprozesse, durch die »manche Biosysteme innere Beschreibungen von Teilbereichen der Wirklichkeit erzeugen« (Thomas Metzinger, Subjekt und Selbstmodell, Paderborn 1999, 47). Metzingers Sicht kann man so zusammenfassen: »Unsere Wahrnehmung ist [...] eine Online-Simulation der Wirklichkeit, die unser Gehirn so schnell und so unmittelbar aktiviert, dass wir diese fortwährend für echt halten« (so: Werner Siefer – Christian Weber, Ich – Wie wir uns selbst erfinden, Frankfurt a.M. 2006, 259). Zur Kritik vgl. Thomas Fuchs, Das Gehirn – ein Beziehungsorgan, 60f. und 182f.
[31] Thomas Fuchs, Das Gehirn – ein Beziehungsorgan, 48.

die ihrerseits auf sie einwirkt, abarbeiten.« Dieser ursprüngliche Kontakt liefert »einen Wahrnehmungs*boden*, einen Untergrund meines Lebens, ein allgemeines Milieu der Koexistenz meines Leibes und der Welt.« So stellt er »den sinnstiftenden Kontext für alle ihre Erkenntniskonstruktionen [bereit], die – egal, in welchem Maße sie sich auf vermittelnde Abbildungen verlassen – in puncto Sinn von dieser ursprünglichen und unauflöslichen Involviertheit in die sie umgebende Wirklichkeit abhängen.«[32]

Vermittlungstheorien müssen sicherstellen, dass der »Weg nach draußen« zielführend ist: dass er von den inneren Repräsentanzen der Außenwelt zu dieser selbst führt. Das scheint nur zu gelingen, wenn man möglichst alles Subjektive aus den Repräsentanzen entfernt, damit sie uns ein *objektives* Bild des Repräsentierten vermitteln, mit dem wir zielführend umgehen wollen. Es geht hier nicht um mein Involviertsein, vielmehr darum, von ihm abzusehen, damit es uns mit all dem, was es mit ausmacht – Gefühle und Stimmungen, Erwartungen, Hoffnungen, Frustrationen –, nicht bei uns festhält, sondern in *objektiver* Erkenntnis bei den Objekten sein lassen kann. Wirklichkeitsbezug fordert hier das Absehen von mir, die Loslösung von meinem Befangen-Sein in der Ersten-Person-Perspektive, erfordert den Blick von nirgendwo, die Dritte-Person-Perspektive; mit Dreyfus und Taylor gesprochen: *Desengagement*. Ihre eigene These behauptet dagegen mit Heidegger und Merlau-Ponty, »dass die ›engagierte‹ Form, in deren Rahmen sich die Dinge in ihrer Bedeutung für uns kundtun, der desengagierten Form [des Wahrnehmens und Erkennens] vorausgehen muss.«[33]

Desengagiert-objektivierende Erkenntnis ist eine anthropologische Abstraktion, die Subjektivität und Objektivität auseinanderdividiert, um Objektivität zu gewährleisten, und sie nicht mehr zusammenbringt. Sie kann die im Subjekt – im Gehirn – sich bildenden Repräsentanzen mit dem von ihnen Repräsentierten nur so koordinieren, dass zuletzt offenbleibt, was das Repräsentierte in seinem An sich, nicht nur als das von mir Objektivierte, wirklich ist. Das objektivierende Absehen setzt voraus, wovon es (methodisch) absieht: das Involviertsein in das mir Gegebene, die Beziehung, in der ich mit ihm, auch von ihm lebe. Nicht die objektivierende Distanzierung erschließt Wirkliches ursprünglich, sondern mein Einbe-

---

[32] Hubert Dreyfus – Charles Taylor, Die Wiedergewinnung des Realismus, 41 und 118 mit Bezugnahme auf Maurice Merlau-Ponty, Phänomenologie der Wahrnehmung, dt. Berlin 1966, 292.

[33] Hubert Dreyfus – Charles Taylor, Die Wiedergewinnung des Realismus, 72.

zogensein in es mit allem, was mein leibhaft-engagiertes, fühlendes Darin- und Dabeisein ausmacht.

Es ist aber nicht so, dass man aus dem ursprünglichen Involviertsein des Menschen folgern dürfte, »die entscheidende Funktion [seiner] Wahrnehmung« sei »nicht die Erkenntnis einer ›objektiven‹ Realität, sondern die überlebensfördernde Verhaltenssteuerung«, für die »ein Wissen um objektive Sachverhalte völlig unerheblich« ist.[34] Menschlicher Wissenserwerb dient dazu, das Involviertsein in Weltzusammenhänge so zu optimieren, dass man besser zurechtkommt. Aber es kann Menschen auch darum gehen, das Involviertsein *besser,* nicht nur nützlicher zu gestalten und so zu einem Miteinander-Dasein zu finden, das Gegebenes und Begegnendes soweit möglich *es selbst* sein lässt: in der Begegnung mit anderen Menschen, im Umgang mit natürlichen Gegebenheiten[35], auch in der ästhetischen Wahrnehmung. Involviertsein kann bedeuten: sich erschüttern und verändern lassen, Vorkommnisse und Dimensionen des In-der-Welt-Seins an sich heranzulassen, die das Leben reicher, erfüllter, nicht unbedingt Überlebens-tüchtiger machen – und mein Interesse wecken, dem auf die Spur zu kommen, womit das mir Widerfahrende mich mit seinem Dasein konfrontiert, wozu es mich herausfordert. Menschliches (Selbst-)Bewusstsein setzt die »kontinuierliche Einbettung [des menschlichen Organismus] in einen Umweltzusammenhang« voraus[36], geht aber nicht darin auf, diese leibhafte Einbettung zu leben.[37] Es begleitet sie vielmehr, um bewusster zu »realisieren«, worin es eingebettet und wovon es involviert ist.

Man kann von einer konstitutionellen Wirklichkeits-Offenheit des menschlichen (Selbst-)Bewusstseins reden, von einer Welt-Beziehung und Welt-Offenheit, die jede Umwelt-Eingebundenheit transzendiert und mehr wahrnehmen lässt als zur Optimierung des Überlebens als Lebewesen im

---

[34] Gerhard Roth, Die Selbstreferentialität des Gehirns und die Prinzipien der Gestaltwahrnehmung, in: Gestalt Theory 7, 1985, zitiert nach Thomas Fuchs, Das Gehirn – ein Beziehungsorgan, 48.

[35] Hier kann die Einsicht in das *Es selbst* Bedingung dafür sein, dass man auf Dauer mit den Gegebenheiten zurechtkommt.

[36] Thomas Fuchs, Das Gehirn – ein Beziehungsorgan, 75.

[37] Von »Verkörperung« und »Einbettung« des Wahrnehmens, Erlebens und Erkennens sprechen Dreyfus und Taylor wiederholt. Sie verstehen darunter die »direkte Begegnung mit der Wirklichkeit in der gesamten Interaktion zwischen Organismus und Welt«, der man nur gerecht werde, wenn man »die Kognition zurück ins Gehirn verlagern [würde], das Gehirn zurück in den Körper und den Körper zurück in die Welt« (Hubert Dreyfus – Charles Taylor, Die Wiedergewinnung des Realismus, 188 f.). Damit liegen sie auf einer Linie mit Thomas Fuchs.

Blick sein muss. Zuletzt und immer schon richtet es sich – kann es sich richten – auf die *Conditio humana* selbst, die Endlichkeit und Bedürftigkeit des Menschen, seine Sehnsucht, sein Gebundensein an eine Vorstellung davon, was und wie menschliches Leben sein muss, wenn es bejahenswert sein soll. Zuletzt ist es von der schwer abzuweisenden Frage heimgesucht, ob sein elementares Involviertsein nur das Mitgerissenwerden von einer alles umgreifenden evolutionären Dynamik ist oder etwa doch das Eingebundensein in die Gottes-Wirklichkeit der Liebe, die vollendet, was sie ergriffen hat.

Unbestritten bleibt bei alldem die phänomenologisch grundlegende Einsicht eines nicht vom Subjekt hervorgebrachten In-und-mit-der-Welt-Seins, das dem Subjekt immer schon ermöglicht und es dafür engagiert sein lässt, sein Da-Sein zu leben und zu gestalten – es so auch dazu herausfordert, kritisch zu fragen, wie es damit und darin besser oder am besten zurechtkommt. Die Praxis des Zurechtkommens ist für das (Selbst-)Bewusstsein das Erste; Denken ist in diesem Sinne »in unser aktives Handeln eingebettet« und darauf bezogen, wie wir unser Mit-und-in-der-Welt-Sein wahrnehmen, ergreifen, optimieren können und wie wir uns dabei erleben. Der »körperliche Austausch mit unserer Welt« bindet uns ein in die elementaren Bedingungen unseres Lebens und die Bedeutungen, die uns von ihnen aufgezwungen sind.[38] Er öffnet aber auch das Feld engagierter »Koproduktionen«, in denen wir Ressourcen nutzen und auf Angebote eingehen, die die Welt uns macht und sie so für uns bedeutsam machen, *realisieren*.[39] Er erlaubt es darüber hinaus, das lebenspraktische Umgehen mit dem uns Herausfordernden zu unterbrechen, um es eher mit dem »Blick von nirgendwo« in dem wahrzunehmen, was es in sich ist und worin es immer und überall Beachtung – Würdigung – verlangt.

Beachtung verlangen zunächst Bedingungen, auf die wir uns einstellen müssen, wenn es zu produktiven Kooperationen mit den Welt-Gegebenheiten kommen soll. Nach Dreyfus und Taylor spricht viel für einen »robusten Realismus« in dem Sinne, dass es gelingen kann, diese Gegebenheiten in ihren Zusammenhängen und Strukturen mit dem Fortschreiten naturwis-

---

[38] Vgl. Hubert Dreyfus – Charles Taylor, Die Widergewinnung des Realismus 127 und 133.
[39] Wenn dieser »Austausch« und diese »Kooperation« einseitig und auf Dauer zu Lasten der natürlichen oder auch mitmenschlichen und sozialen Gegebenheiten gehen, geschieht Ausbeutung, riskiert man, dass das ignorierte Für-sich-Sein des Wirklichen sich zur Geltung bringt, indem es mein In-der-Welt-Sein erschüttert, gar bedroht.

senschaftlicher Forschung immer genauer zu begreifen und sich der »Struktur des Universums« – wenn auch eher asymptotisch – anzunähern.[40] Der resignative Relativismus ist für sie keine Option. Zuviel spricht naturwissenschaftlich wie in der hermeneutischen Annäherung des Fremd-Verstehens dafür, dass es valide Kriterien gibt, nach denen man das Vorankommen auf dem Weg zur Erkenntnis des uns Gegebenen, auch unabhängig vom uns *Wirklichen*, beurteilen kann. Man ist nicht in Perspektiven eingesperrt, sodass man in jedem Fall sagen müsste: Es kann genauso gut auch anders sein! Naturwissenschaftliche Forschungsprozesse belegen das deutlicher als hermeneutisch orientierte, die weniger Beobachter-perspektivisch vorgehen können. Aufs Ganze geschehen scheint es so zu sein, dass menschliche Erkenntnisbemühungen rationale Ergebnisse hervorbringen können, die helfen, sich besser auf Potentiale und Naturbedingungen wie mitmenschlich-gemeinschaftliche Bedingungen des In-der-Welt-Seins einzustellen, weil sie über Strukturen und Zusammenhänge aufklären, die diese Bedingungen tatsächlich kennzeichnen, nicht nur perspektivisch in sie hineingesehen werden.

6.4 Wahrheitsfähig

Die Wissenschaften verfügen über hinreichend erprobte Prüfprozesse, die es ihnen mehr oder weniger gut erlauben, eher zutreffende Behauptungen über Wirkliches von weniger zutreffenden oder falschen Behauptungen zu unterscheiden. Die menschliche Vernunft ist das Vermögen, diese Entscheidung mit möglichst guten Gründen herbeizuführen und die Güte der jeweils beigebrachten Begründungen und Argumente zu wägen. Gute sind von schwachen Argumenten zu unterscheiden, sachlich einschlägige Begründungen von Begründungen, die nicht begründen, was sie begründen wollen, Begründungen mit »Leerstellen« von Begründungen, die zu viel wissen wollen usf. Wissenschaften sind geschützte Räume – sollten es sein –, in denen der Entscheidungsdruck, der *jetzt* die bessere Handlungs-Alternative braucht, aufgehoben oder wenigstens gelockert ist. Es muss Zeit und die Geduld da sein, sich die Dinge genauer anzuschauen und Lösungswege zu prüfen, nicht auf die nächstbeste Idee abzufahren, die Dinge in den Griff zu bekommen.

---

[40] Vgl. Die Wiedergewinnung des Realismus, 271.

Es liegt aber auf der Hand, dass Vernunft nicht erst in den geschützten Räumen der Wissenschaften ausgebildet wird und zum Einsatz kommt. Sie ist schon am Werk, wenn Menschen lebensweltlich-alltäglich davon ausgehen oder zu dem Urteil kommen, mit den Gegebenheiten ihres In-der-Welt-Seins relativ gut zurechtzukommen und mit ihnen gedeihlich zu kooperieren: Es ist schon schlechter gegangen und es könnte schlechter gehen. Wir sind *weiter* gekommen! Man kann sich da täuschen, weil man zu wenig auf kritische Einwände gehört hat. In den *Krisen* des Zurechtkommens müssen Vernunft-Potentiale des Unterscheidens und Beurteilens ausgebildet werden und zum Einsatz kommen. Solche Krisen erschüttern die handlungsleitenden Gewissheiten im alltäglichen Umgehen mit der »Wirklichkeit« und machen die ihnen zugrunde liegenden Basis-Selbstverständlichkeiten problematisch. Sie stellen in Frage, worauf man sich beim Zurechtkommen mit der Wirklichkeit verlassen hat. Dieses Fragwürdig-Werden verlangt nach diskursiver Prüfung, in der beim Austausch und der Gewichtung sachbezogener Argumenten herauskommen muss, ob man am bisher Vorausgesetzten festhalten, es modifizieren oder revidieren muss. »Gestörte Handlungsgewissheiten verwandeln sich« – so Jürgen Habermas – »auf argumentativer Ebene in kontroverse Geltungsansprüche für hypothetische Aussagen; diese werden diskursiv geprüft und gegebenenfalls eingelöst, so dass die akzeptierten Wahrheiten in den Handlungskontext zurückkehren«, als womöglich tiefer begründete, bewährte Überzeugung handlungsleitend bleiben können. Oder sie erweisen sich als nicht verlässlich, sodass nach einer solideren Basis für ein besseres Zurechtkommen gesucht werden muss bzw. die bisherigen Basisgewissheiten so modifiziert werden müssen, dass ihre Tragfähigkeit wieder gegeben ist.[41] Im Wettbewerb der Argumente geht es um die »Entstörung von problematisch gewordenen Handlungsgewissheiten«[42], die durch gut begründbare Rückkehr zu den problematisierten Gewissheiten ebenso erreicht werden kann wie durch ihre Modifikation oder durch den Rekurs auf besser begründete Gewissheiten.[43]

---

[41] Die Pragmatik des Zurechtkommens ist freilich ihrerseits irrtumsanfällig. So bleibt die vernünftige Klärung von Verlässlichkeit immer herausgefordert, Prozesse kritisch zu analysieren, in denen man etwa höchst interessebedingt gesellschaftliche Narrative durchsetzt, mit dem man gut zurechtkommt und so auch Wahlen gewinnt.
[42] Jürgen Habermas, Wahrheit und Rechtfertigung. Zu Richard Rortys pragmatischer Wende, in: ders., Wahrheit und Rechtfertigung. Philosophische Aufsätze. Erweiterte Ausgabe, Frankfurt a. M. 2004, 230–270, hier 254 f.
[43] Es ist nicht so, dass die Philosophie nach Habermas auf Wahrheitsansprüche verzich-

Diskursiv kommt man meist nur zu *besseren* Überzeugungen, die sich mit stärkeren Argumenten gegen schwächere durchsetzen und in diesem Sinne als *vernünftiger* gelten. Im Diskurs ist man – allenfalls – *unterwegs* zu Überzeugungen, die man als wahr bezeichnen dürfte: wenn man die jeweils bessere Überzeugung als solche rational auszuweisen und mit ihr verbundene Geltungsansprüche argumentativ hinreichend rechtfertigen kann. Man wird »unterwegs« annehmen dürfen, dass »sich der Rechtfertigungsprozess an einer *zwar rechtfertigungstranszendenten, aber im* [lebenspraktischen wie diskursiven] *Handeln immer schon operativ wirksamen* Wahrheit« orientiert und teilnimmt. Wir nehmen Wahrheit für Überzeugungen und Geltungs-Behauptungen in Anspruch, die sich bis jetzt bewährt oder als gut begründet herausgestellt haben und von denen vernünftigerweise angenommen werden darf, dass sie sich auch künftig gegen alle Einwände behaupten werden. Was wir in diesem Sinne *jetzt für* zutreffend halten, wird mit der Erwartung verbunden, dass es sich »mit überzeugenden Gründen nicht nur in einem anderen Kontext, sondern in allen möglichen Kontexten, also jederzeit gegen jedermann verteidigen lassen [wird]. Davon lässt sich die Diskurstheorie der Wahrheit inspirieren: Eine Aussage ist wahr, wenn sie unter den anspruchsvollen Bedingungen eines rationalen Diskurses allen Entkräftungsversuchen standhält«[44], wenn die besten erreichbaren Gründe dafür sprechen, dass sich der Vorgriff auf ihre definitive Bewährung *jetzt schon* hinreichend verlässlich rechtfertigen lässt. Wahr sind sie, weil sie – rebus sic stantibus, nach Ausweis stichhaltiger Argumente wohl weiterhin – zu einem guten, in möglichst vielen Dimensionen Realitäts-adäquaten Zurechtkommen in und mit der Welt beitragen.

Dieses pragmatische Wahrheitsverständnis orientiert sich – fast möchte man sagen: gut biblisch[45] – an der Verlässlichkeit als wahr angesehener handlungsleitender und lebensbegleitender Gewissheiten. Verlässlichkeit gerät immer wieder in die Krise. Dann gilt es zu prüfen, wo mitgebrachte Selbstverständlichkeiten als fehlerhaft oder irrtümlich – nicht mehr verlässlich – zu beurteilen sind, wie sie modifiziert oder ersetzt werden müssen.

---

ten müsste, die »Raum und Zeit transzendieren«, oder Wahrheit aus dem *hic et nunc* erreichten Konsens ableiten würde (so behauptet es Karl-Heinz Menke, Macht die Wahrheit frei oder die Freiheit wahr?, 114, Fn. 211). Aber es gibt eben »keinen Null-Kontext [keine Überzeitlichkeit] für Wahrheitsansprüche«, weshalb sie – als jetzt erhobene – »auf Kritik angelegt« sind (vgl. Jürgen Habermas, Der philosophische Diskurs der Moderne. Zwölf Vorlesungen, Frankfurt a. M. ⁵1996, 246f., Fn. 74).
[44] Jürgen Habermas, Wahrheit und Rechtfertigung, 264 und 259.
[45] Alttestamentlich ist die Verlässlichkeit das Verstehens-Umfeld der *emet*-Wahrheit.

Menschliche Vernunft tut das Ihre, wenn sie sich als Prüfinstanz an den ins lebensweltliche Zurechtkommen bisher eingebrachten und nun problematisch gewordenen Selbstverständlichkeiten abarbeitet, dabei kritisch nachvollzieht, woran sie gescheitert sind; wenn sie verlässlich begründen kann, warum man es auf einem anderen, weiterführenden Weg versuchen sollte. Die von der Vernunft dabei in Anspruch genommene, »operativ wirksame« Wahrheits-Bindung urgiert immer wieder neu den Komparativ: *Bessere* Argument, tragfähigere Begründungen, führen zu einem besseren Zurechtkommen, sprechen für eine Verlässlichkeit, die »anderswo« weniger oder überhaupt nicht gegeben ist. Dabei wird aber auch zur Frage, was Verlässlichkeit für das leibhaft-soziale Dasein in der Welt überhaupt bedeuten kann und wie eine Wirklichkeit beschaffen sein müsste, dürfte man ihr Verlässlichkeit *im Letzten und Umfassenden* zutrauen. Der diskursiv-lebenspraktisch erzielte Wahrheits-Gewinn im Einzelnen sollte begreiflich sein als das Vorwegnehmen-Dürfen einer Verlässlichkeit, in der definitiv wahr würde, was wir jetzt mit den besten erreichbaren Gründen vorwegnehmen.[46] So wird man der Frage wohl nicht ausweichen können, wie man mit der Wirklichkeit im Ganzen dran ist, auch wenn man sie wie Markus Gabriel als metaphysischen Restbestand entsorgen möchte.

Nach christlicher Glaubensüberlieferung wird man auf Gott zu sprechen kommen, wenn es darum geht, wie man mit der Wirklichkeit im Ganzen dran ist; Gott kommt zur Sprache als pure Verlässlichkeit. Das Alte Testament nennt ihn JHWH, den schlechthin Verlässlichen. Er ist der *Ich bin für euch da*, freilich so für euch da, *wie ich für euch da sein will* (Ex 3, 14). Die biblischen Zeugnisse sind von Anfang bis Ende ein Ringen um das Glauben-Können an diese Verlässlichkeit in Lebenssituationen und geschichtlichen Katastrophen, in denen sie unglaubwürdig zu werden droht und außer Kraft gesetzt scheint. Ist die Wirklichkeit Gott entglitten? Hat er dabei seine eigene Wirklichkeit eingebüßt? Muss dann, wenn man fragt, wie man mit der Wirklichkeit im Ganzen dran ist, Gott aus dem Spiel bleiben? Das war Nietzsches These. Er hat sie bis in letzte Konsequenzen zu durchdenken versucht. Für ihn war die Alternative klar: Das Ja zur Wirklichkeit

---

[46] Da geht es um die *Wahrheit* des Gottesglaubens. Die ist nicht schon dadurch verbürgt, dass das Geglaubte in der Bibel steht. Sie *erweist* sich, indem sie menschlichem Leben einen verlässlichen und ins Gute hineinführenden Horizont aufschließt. Dass etwas – bei fachgerechter Auslegung – der Bibel zu entnehmen ist, begründet es nicht als wahr, sondern als verbindlich und maßgebend für einen biblischen Glauben. Eine Glaubens-Verbindlichkeit kann in die Verlässlichkeits-Krise geraten. Dann muss gefragt werden, ob und in welchem Sinne sie wahr ist.

im Ganzen schließt das Ja zur Wirklichkeit Gottes aus. Die Wirklichkeit ohne Gott ist freilich nicht durch eine Verlässlichkeit gekennzeichnet, in der Menschen sich geborgen fühlen könnten, sondern eine geradezu mörderische Herausforderung, in die definitive Ungeborgenheit hinein zu bestehen. Mit ihr kann man nicht *zurechtkommen;* sie ist größer, fordernder, tödlicher als alles, womit man alltäglich-lebenspraktisch umgehen könnte. Genau darin und nicht in lebenspraktischer Verlässlichkeit erweist sich ihre wirkliche »Wahrheit«.

6.5 Die Herausforderung durch das Wirkliche

Dass Nietzsche nach Kants Einsicht in die Grenzen der Erkenntnis erneut die Frage nach der *wirklichen* Wirklichkeit stellt, mag Nietzsche-Leser überraschen, wenn sie ihn als Vordenker des postmodernen Relativismus mit seinem angeblichen Abschied von einer alle bindenden Wirklichkeit verstanden haben. Das war aber nicht die Pointe seiner Experimental-Philosophie. Ihr ging es darum, Wirklichkeit als Wirk-Zusammenhang zu denken, in dem Subjektivität und Objektivität letztlich nicht mehr voneinander geschieden sind. Das als wirklich Gegebene und Begriffene ist das Ergriffene; aber auch: die Ergreifenden sind letztlich nichts anderes als ihr Ergreifen, ihr Ergriffen*werden* vom alles Ergreifenden. Ergriffenwerden und Ergreifen sind verschiedene Aspekte des allumfassenden Willens zur Macht. Nietzsche entwirft so tatsächlich eine Subjekt und Objekt übergreifende Ontologie[47]:

> »Gesetzt, dass nichts Anderes als real ›gegeben‹ ist als unsre Welt der Begierden und Leidenschaften, dass wir zu keiner anderen ›Realität‹ hinab oder hinauf können als gerade zur Realität unserer Triebe – denn Denken ist nur ein Verhalten dieser Triebe zu einander –: ist es nicht erlaubt, den Versuch zu machen und die Frage zu fragen, ob dies Gegeben nicht *ausreicht,* um aus Seines-Gleichen auch die sogenannte mechanistische (oder ›materielle‹) Welt zu verstehen?«[48]

Nietzsche kommt in seinem experimentellen Denken nicht los von der Herausforderung, ein »Inneres« zu konzipieren, aus dem alles Seiende gewirkt ist, *sich wirkt.* Sie war ihm von Schopenhauer mitgegeben und lässt ihn

---

[47] Vgl. Bernhard H. F. Taureck, Nietzsches Alternativen zum Nihilismus, Hamburg 1991, 139–259.
[48] Jenseits von Gut und Böse. Zweites Hauptstück, Aphorismus 36, KSA 5, 54.

auch nicht los, als er sich von ihm lossagt. Das Innere, das intelligible Ding an sich, war für Schopenhauer Urwille. Er wirkt sich in den Einzelphänomenen unendlich, gerät mit sich in Konflikt, ruft das Unheil der allgegenwärtigen Zwietracht hervor, dem durch die Zurücknahme des Wollens ein Ende zu setzen wäre. Nietzsche widerspricht auf gleicher ontologischer Ebene, indem er bejaht, wovon nach Schopenhauer die Welt erlöst werden soll. Er bestimmt »*alle* wirkende Kraft eindeutig [...] als: Wille zur Macht. Die Welt von innen gesehen, die Welt auf ihren ›intelligiblen Charakter‹ hin bestimmt und bezeichnet – sie wäre eben ›Wille zur Macht‹ und nichts ausserdem. –«[49]

Ist das ein Einblick in das wahre Sein, den Nietzsche doch immer wieder dekonstruiert? Oder die umfänglichste Perspektive eines »aufsteigenden«, machtvollen, dem Willen zur Macht hingegebenen, in ihn einstimmenden Lebens? Ist es die realistischste Perspektive – weil die ultimativ herausfordernde; dadurch herausfordernde, dass sie über die Illusion eines Menschen-dienlichen Wozu des Wirklichen hinauszusehen zwingt? Diese Perspektive zu wagen tötet jedenfalls die Illusionen eines wahren, an einem höchsten Zweck mitwirkenden Lebens. Das wirklich Wirkliche ist nicht das Absolut-Göttliche, der höchste Zweck, auf den hin alles sein soll und sein wird. Es setzt die Menschen der »Qual des ›Umsonst‹« aus.[50]

Nihilismus ist die erste Reaktion, ist selbst die Qual des Umsonst. Er ist zu überbieten durch den Blick des Übermenschen, der es mit dieser Wirklichkeit aushält, sich mit ihr identifiziert. Er verlangt das »Entbehrenkönnen von heilenden tröstlichen Illusionswelten«[51], setzt den Erkennenden der Gefahr aus, dass er »sich an der erkannten Wahrheit verblute«[52]. Womöglich haben wir »*die Lüge nöthig*, um über diese Realität, diese ›Wahrheit‹ zum Sieg zu kommen, das heißt, um zu *leben* ...«[53] Metaphysik, Moral, Wissenschaft und Religion sind Formen der Lüge, Ausgeburten eines Erträglich-Machens der Realität.[54] Das ist das *Experimentum vitae* des Übermenschen, der der Lüge abgeschworen hat: den Nihilismus durch das große Ja zu überwinden, über den »grosse[n] Überdruss am Menschen«

---

[49] Jenseits von Gut und Böse. Zweites Hauptstück, Aphorismus 36, KSA 5, 55.
[50] Nachgelassene Fragmente November 1887–März 1888, KSA 13, 46 und 48.
[51] Nachgelassene Fragmente Herbst 1887, KSA 12, 368
[52] Menschliches, Allzumenschliches I, Aphorismus 109, KSA 2, 108.
[53] Nachgelassene Fragmente November 1887–März 1888, KSA 13, 193.
[54] Die akzeptiert Nietzsche allenfalls in der Kunst, die sich als diese Verschönerung weiß (vgl. Nachgelassene Fragmente November 1887–März 1888, KSA 13, 193).

mit seiner Gewissheit: »Alles ist gleich, es lohnt sich Nichts«[55] hinauszuleben – und zu genesen.[56]

Wirklichkeit begriffen als (Sich-)Wirken: Nietzsche geht zurück auf die in der Mystik des Mittelalters sichtbaren Wurzeln des Begriffs *Wirk*-lichkeit. Aber er begreift sie als ein Sich-Wollen und Wirken, das keinen anderen Sinn hätte als sich zu wollen. Gegen Schopenhauer, der heraus will aus dem Wollen; gegen das Christentum, das die Wirklichkeit als Sündenwirklichkeit verleumdet; gegen den Nihilismus, der vor dieser Wirk-lichkeit im Abscheu verharrt, ist Nietzsches Zarathustra der Prophet des großen Ja zu dem, was ist, geschieht und sich wirkt. Nietzsche bekennt sich zu Zarathustras Wirklichkeits-bejahender Perspektive: »Alles in Allem und Grossen: ich will irgendwann einmal nur noch ein Ja-sagender sein!« – bejahen, was geschieht, weil es geschieht; »Amor fati: das sei von nun an meine Liebe!«[57]

Keinen Gott, keinen Zweck zu brauchen, keinen guten Gotteswillen in dieser Wirklichkeit zu erkennen, der einem dieses Ja ermöglicht, das würde den Übermenschen ausmachen. Er würde der Wirklichkeit gewachsen sein, wie und was sie nun einmal ist: alle Illusionen Lügen strafend, alle Idealisierungen ad absurdum führend. Das ist neuzeitliches Helden-Pathos der Erkenntnis in Reinkultur, »heroische Moderne«[58] mit philosophischem Letzt-Anspruch: Wahrheit wird erkämpft gegen alle Illusionen; die Opfer sind kaum zu ertragen. Wirklichkeit erweist sich als wirklich, indem sie zwingt, sie anzuerkennen, koste es, was es wolle. Wer sich ihr aussetzt, muss »alles Tröstliche, Heilige, Heilende, alle Hoffnung, allen Glauben [...] an zukünftige Seligkeiten und Gerechtigkeiten opfern« und die Augen aufmachen »für das entgegengesetzte Ideal [...] für das Ideal des übermüthigsten, lebendigsten und weltbejahendsten Menschen, der sich nicht nur mit

---

[55] Also sprach Zarathustra III, Der Genesende 2, KSA 4, 274.
[56] Nietzsche kann sich kaum selbst schon als den Genesenden sehen; vgl. die dramatische Notiz im Nachlass: »Ich will das Leben nicht *wieder*. Wie habe ich's ertragen? Schaffend. Was macht mich den Blick aushalten? der Blick auf den Übermenschen, der das Leben *bejaht*. Ich habe versucht, es *selber* zu bejahen – Ach!« (Nachgelassene Fragmente November 1882–Februar 1883, KSA 10, 137).
[57] Die fröhliche Wissenschaft. Viertes Buch, Aphorismus 276, KSA 3, 521. Vgl. Ecce homo. Warum ich so klug bin 10, KSA 6, 297: »Meine Formel für die Grösse am Menschen ist amor fati: dass man Nichts anders haben will, vorwärts nicht, rückwärts nicht, in alle Ewigkeit nicht. Das Nothwendige nicht bloss ertragen, noch weniger verhehlen – aller Idealismus ist Verlogenheit vor dem Nothwendigen –, sondern es lieben ...«
[58] Die Formel stammt von Heinz D. Kittsteiner (Wir werden gelebt. Formprobleme der Moderne, Hamburg 2006). Nietzsche selbst spricht von denen, die den »Heroismus in die Erkenntniss« tragen (Die fröhliche Wissenschaft, Aphorismus 283, KSA 3, 526).

dem, was war und ist, abgefunden und vertragen gelernt hat, sondern es, *so wie es war und ist,* wieder haben will, in alle Ewigkeiten hinaus, unersättlich da capo rufend, nicht nur zu sich, sondern zum ganzen Stücke und Schauspiele«[59].

6.6 Das leibhaft-fühlende Eingebundensein ins Wirkliche

Wogegen Nietzsche hier angeht, ist das Sich-Herausnehmen des Menschen aus dem Wirk-Zusammenhang des Wirklichen. Die Vernunft maßt sich an, eine Instanz zu sein, die sich zu ihm in eine selbstbestimmte Beziehung setzen könnte. Gegen diesen Autonomie-Anspruch lenkt Zarathustra den Blick auf die »grosse Vernunft« des Leibes: »[...] der Erwachte, der Wissende sagt: Leib bin ich ganz und gar, und Nichts ausserdem«. Menschliches Selbst-Bewusstsein gründete sich bisher auf die Herrschaft des Geistes über den Leib, geheiligt durch die Herrschaft Gottes, des absoluten Geistes, über das leibhafte Leben. Den Geist-Herrscher gilt es zu entthronen, um dem wahren Herrscher die Ehre zu geben: »Hinter deinen Gedanken und Gefühlen, mein Bruder, steht ein mächtiger Gebieter, ein unbekannter Weiser – der heißt Selbst. In deinem Leibe wohnt er, dein Leib ist er«[60]; die Vernunft ist sein Werkzeug.

Leibhafte Leben geschieht als Willen zur Macht. Lebensbejahung ist Leib-Bejahung, Bejahung seines Involviertseins in ein Machtgeschehen, das von der Illusion einer menschlichen Selbst-Wirksamkeit verdeckt wird. In ihr bleibt verborgen, »was einer Handlung *vorhergeht*«, warum und wofür geschieht, was in ihr geschieht. So ist eine »*Bescheidenheit des Bewusstseins*« angezeigt, eine Relativierung des *sich* verwirklichenden Menschen: »*Zuletzt handelt es sich gar nicht mehr um den Menschen: er soll überwunden werden.*«[61]

Die »große Vernunft des Leibes« ist das lustvoll-bejahende Lebens-Gefühl des Einsseins mit dem Willen zur Macht.[62] Wer für die Lebens-Zustimmung Gott braucht, leidet an der Welt, wie sie ist, und setzt auf eine andere, »wahre« Wirklichkeit, in der es bei Gott gut sein *wird*. Die »Phan-

---

[59] Jenseits von Gut und Böse. Drittes Hauptstück, Aphorismen 55 und 56, KSA 5, 74 f.
[60] Vgl. Götzendämmerung. Die »Vernunft« in der Philosophie 5, KSA 6, 78 und Also sprach Zarathustra I. Von den Verächtern des Leibes, KSA 4, 39 f.
[61] Vgl. Nachgelassene Fragmente Winter 1883–1884, KSA 10, 654–656.
[62] Götzen-Dämmerung. Was ich den Alten verdanke 5 (KSA 6, 160) spricht von der »ewige[n] Lust des Werdens«.

tasmagorie« eines Gottes und eines durch ihn zugänglichen »›anderen‹, eines ›besseren‹ Lebens« sind für Nietzsche »Ausdruck eines tiefen Missbehagens« am Wirklichen, einer »*verunglückte[n] Wirklichkeit*«.[63] »Das Irdische genügt [ihr] nicht«; so flüchtet sie sich in die unglückliche Sehnsucht nach dem alles durch seine Liebe heilenden Gott. Dieser Gott muss »geopfert« werden; es giebt [...] keinen Verbesserer letzter Hand mehr – es giebt keine Vernunft in dem mehr, was geschieht, keine Liebe in dem, was dir geschehen wird – deinem Herzen steht keine Ruhestatt mehr offen, wo es nur zu finden und nicht mehr zu suchen hat«[64].

Das Lebens-Gefühl des Christlichen ist das Ressentiment, von Nietzsche verstanden als *Re*-Sentiment, als Inversion und Verleumdung des Hochgefühls eines sich entfaltenden Lebens. »Sich [...] als Menschheit (und nicht nur als Individuum) ebenso *vergeudet* zu fühlen, wie wir die einzelne Blüthe von der Natur vergeudet sehen, ist ein Gefühl über alle Gefühle.– Wer ist aber desselben fähig?«[65] Die Christen sind es nicht. Das ist nach Nietzsche die Kernwahrheit einer »Psychologie des Christenthums: die Geburt des Christenthums aus dem Geiste des Ressentiments, *nicht*, wie wohl geglaubt wird, aus dem ›Geiste‹, – eine Gegenbewegung ihrem Wesen nach, der große Aufstand gegen die Herrschaft *vornehmer* Werthe«[66], die den Willen zur Macht zur Geltung bringen. Der Christenglaube verführt zur »Todfeindschaft gegen die Sinnlichkeit«; sein Gott ist der »*Feind des Lebens*«.[67]

Da ist viel Polemik im Spiel, Selbst-Stilisierung, zweifelhafte, durchzweifelte. Und doch ist anthropologisch Entscheidendes in die Frage hinein verdichtet: Wie lassen Christen sich in die Wirklichkeit dieser Welt involvieren? Wie lassen sie sich auf den Wirk-Zusammenhang ein, dem Menschen sich verdanken und dem sie als das Geschehen der Welt ausgesetzt sind? Der »Psychologe« Nietzsche richtet seinen Entlarvungsblick auf die Gefühle als Ursprungs-Ort eines Ressentiment-Glaubens. Es sind Gefühle der Schwäche und der Angst, der Selbst-Demütigung unter eine Übermacht, die man durch Sich-klein-Machen gewogen stimmen will, zuerst und zuletzt durch Identifikation mit dem Aggressor.

---

[63] Der Antichrist, Aphorismus 15, KSA 6, 182.
[64] Die fröhliche Wissenschaft, Aphorismus 285, KSA 3, 527.
[65] Menschliches, Allzumenschliches I, Aphorismus 33, KSA 2, 53.
[66] Ecce homo. Genealogie der Moral, KSA 6, 352.
[67] Götzen-Dämmerung. Moral als Widernatur, Aphorismen 2 und 4, KSA 6, 83 und 85.

Ob Nietzsche die Gefühls-Welt des Glaubens zutreffend analysiert, sei zunächst dahingestellt. Dass er den Blick auf elementare Gefühle und Gegen-Gefühle – auf das Ressentiment – lenkt, dass er so die »große Vernunft des Leibes« in ihrer Menschheits- und Wirklichkeits-Bedeutung rehabilitiert, bringt anthropologisch wie theologisch Entscheidendes ein.[68] Gefühle erschließen Wirklichkeit, sind die elementaren Weisen, in die Wirklichkeit involviert zu sein und sich wertend auf sie zu beziehen. Vernunft erwacht gewissermaßen in der Herausforderung, sie zu distanzieren, ihnen auf den Grund zu gehen und ihre Zuverlässigkeit zu prüfen, sich von ihnen nicht gefangen nehmen zu lassen. Sie überholt nicht den unmittelbaren Wirklichkeits-Kontakt der Gefühle, differenziert und korrigiert ihn vielmehr, macht ihn verlässlicher, »handhabbarer«. In Gefühlen berührt uns das In-der-Welt-Sein[69], durchdringt es uns bis in die Tiefen des Vor- und Unbewussten, steigt es in spezifischer Tönung daraus auf, ist es unsere Situation, bevor wir uns bewusst in ihr bewegen. Gefühle sind ursprüngliche Selbst-Wahrnehmung, wertende Einfärbung meiner Situation, primäre Motivation – das ursprünglich Bewegende – menschlichen Sich-Verhaltens und Handelns. Nietzsche-Zarathustra Rede von der großen Vernunft des Leibes bringt das freilich einseitig zur Geltung. Die »kleine« Vernunft des menschlichen Geistes ist nicht nur Instrument, sondern Reflexions- und Prüfinstanz, die sich freilich nicht Leib-unabhängig *von außen* auf die Leib-Gefühle bezieht, sondern – ursprünglich in der Teilnehmer-Perspektive – kritisch mit ihnen umgeht.

Nietzsches Herausforderung liegt darin, dass er die leibhafte Gefühls-Motivation in der scheinbar autonomen Selbstbestimmung des menschlichen Geistes aufdeckt und so die Leibhaftigkeit des Christenglaubens sichtbar macht. Christlich ist sie – dafür steht der Begriff *Ressentiment* –

---

[68] Er ist nicht der Erste, dem es darum zu tun war. Zu nennen wären die wirkungsgeschichtlich bedeutsamsten Theoretiker des moralischen und des ästhetischen Gefühls Shaftesbury und Schiller.

[69] Das kommt im Bild des Atmosphärischen zum Ausdruck, das in der Gefühlstheorie der »Neuen Phänomenologie« von Hermann Schmitz begegnet (vgl. ders., Der Leib, der Raum und die Gefühle, Ostfildern 1998). Vgl. als Kommentar: Anna Blume – Christoph Demmerling, Gefühle als Atmosphären? Zur Gefühlstheorie von Hermann Schmitz, in: H. Landweer (Hg.), Gefühle – Struktur und Funktion, Deutsche Zeitschrift für Philosophie, Sonderband 14, Berlin 2007, 113–133. Eine verwandte Theorie entwickelte Gernot Böhme, Atmosphäre. Essays zur neueren Ästhetik, Frankfurt a. M. 1995. Aufgegriffen wird das Motiv von Martin Hailer, Das Subjekt und die Atmosphäre, durch die es ist. Ein religionsphilosophischer Vergleich, in: [Baseler] Theologische Zeitschrift 60 (2004), 165–183.

eine sich verleugnende und so vergiftende Leibhaftigkeit, die den Wirk-Zusammenhang des machtvollen Lebens in dieser Welt in die Gegen-Richtung der Delegitimierung des Lebenswillens dreht. Das Christliche fühlt nach Nietzsche zuinnerst das Nein zur Wirklichkeit des Lebens. So ist es zuletzt für ihn der eigentliche *Nihilismus*.[70]

Das »nihilistische« Gegen-Fühlen der Christen soll im dionysischen Fühlen rückgängig gemacht und dionysischer Lebens-Feier zugewendet werden: »*Dionysos gegen den Gekreuzigten*«.[71] Diese Alternative mag grundfalsch sein. Aber sie ist darin aufschlussreich, dass sie den Blick auf das elementare Lebens-Gefühl lenkt, in dem der Mensch tief in einen leibhaft erlebten Wirklichkeits-Wirkungs-Zusammenhang eingelassen ist, sich in ihn einlässt, einstimmt.[72] Nietzsches Entlarvung sollte das abendländische Christentum mit der Frage behelligen, wie tiefreichend es sich von Nein-Gefühlen tragen ließ, damit Gottes Ja zu den von »schmutzigen« Gefühlen heimgesuchten Sündern umso unverdienter erschiene. Die anthropologische Selbstprüfung des Christentums müsste seinen Umgang mit Schuldgefühlen, mit Schicksals- und Straf-Angst, mit den »positiven« Affekten der Freude am Dasein in dieser Welt und so auch mit den erotischen Affekten und den darin vollzogenen Wertungen zum Gegenstand haben. Es würde einer religiösen Verneinungs-Energie auf die Spur kommen, die über weite Strecken der Christentums-Geschichte die grundfalsche Alternative *Gottesliebe oder Weltliebe* befeuerte. Erst vor diesem dunklen Hintergrund wäre Nietzsche zu widersprechen.

Das dionysische Gefühl ist für Nietzsche die Feier der Wirklichkeit, wie sie ist und wirkt, als Wille zur Macht alles bewirkt und durchwirkt, *Amor fati*, in dem das Wirkliche angenommen wird, wie es ist: als das eigentlich Göttliche. Es ist angenommen, wenn es als das *alternativlos Notwendige* eingesehen und als *Fatum* willkommen geheißen wird. Alle anderen Perspektiven mögen mehr oder weniger lebensdienlich sein und helfen, mit den Gegebenheiten zurechtzukommen. Wenn sie Alternativen zu dem, was ist, imaginieren und die Menschen verführen, an diese *andere* Wirklichkeit ihr Herz zu hängen, sind sie zu überwinden. Sie verehren nicht das Fatum, sondern falsche »Götter«; so beleidigen sie seine Göttlichkeit. Amor

---

[70] Sie sind als die Gut-Menschen Gegen-Figur zum Leben- und Macht-bejahenden Übermenschen: sie »und andere [...] Nihilisten« (Ecce homo. Warum ich so gute Bücher schreibe 1, KSA 6, 300).
[71] Ecce homo. Warum ich ein Schicksal bin 9, KSA 6, 374.
[72] Vgl. Martin Heideggers phänomenologische Rede von der *Gestimmtheit* des Daseins (ders., Sein und Zeit, Tübingen [10]1963, 134–148).

fati ist die Unterwerfung unter das Notwendige und das Herr-Werden über es, das Ja-Gefühl par excellence; *amor:* Leben steigerndes, rechtfertigendes Begehren dessen, was ich als Element des Notwendigen bin, Begehren des als notwendig Geschehenden, das mich selbst sein und bejahenswert sein lässt. Nur so kommt menschliches Leben in seine Wahrheit. Nietzsches Gedanke führt bis an den Rand des Pantheismus. Er zielt darauf, »triumphirend jeden Augenblick des allgemeinen Daseins gutzuheißen.« Gott ist dafür »eine viel zu extreme Hypothese.«[73] Und sie würde die Wirklichkeit wieder auseinandernehmen in das zu Bejahende und das Abgelehnte, das Gute, weil Gottgewollte und den verderblichen Willen zur Macht.

Aber gibt es nicht gute Gründe, am religiösen Vorbehalt gegen das, was geschieht, und dagegen, wie es geschieht, festzuhalten? Gute Gründe, sich mit Gottes gutem Willen zu verbünden, wie er in Jesus Christus Mensch geworden ist, und mit ihm in die Gottesherrschaft aufzubrechen? Diesen guten Willen zu lieben, mit ihm zu fühlen, sich von ihm ergreifen zu lassen, damit er in dieser Welt geschehe? Warum sollte man das als Option eines geschwächten, Lebens-verneinenden Menschseins ansehen? Der Aufbruch in die Gottesherrschaft nimmt den Kampf auf mit dem, was nicht so bleiben darf, wie es ist. Er unterwirft sich nicht dem Geschehenden als Fatum, besteht auf seiner *Kontingenz*. Es ist nicht Gott, nicht *tale quale* hinzunehmen, sondern Herausforderung zu mehr Menschlichkeit und Gerechtigkeit, zu mehr Menschen-Entfaltung, zu mehr Widerstand gegen eine Welt-Wirklichkeit, die sich rücksichtslos über die Leiden und das Menschsein-Wollen der Vielen hinwegwälzt; Herausforderung zu einer Hoffnung, die diesen Einsatz nicht verlorengibt, sondern in Gottes guter Herrschaft gerettet sieht; prophetische Herausforderung durch einen Glauben, der das jetzt Gelebte nicht entwertet, sondern bewahrt, gerettet und vollendet sehen will.[74]

Das ist eine verwegene Hoffnung, die ins Leere geht, wenn es den nicht gibt, in dem sie sich festmacht. Aber ist es nicht eine Hoffnung, die ein Menschsein lebendig und als sinnvolles Wagnis lebbar machen kann? Warum sollte es authentischer sein, ein Fatum zu lieben, in dem die Unabänderlichkeit des Wirklichen vergöttlicht und die Sehnsucht des Men-

---

[73] Vgl. Nachgelassene Fragmente Sommer 1886–Herbst 1887, KSA 12, 212–214.
[74] Vgl. Reinhold Schneider, Winter in Wien, Freiburg i. Br. 1958, 163: »Wahrheit, als essentieller Widerspruch zur Welt, ist Prophetie.« Aber, so fährt Reinhold Schneider negativ-theologisch fort: »[A]uch sie wird nicht bestehn vor dem, der Seine, nicht unsre Gedanken denkt.«

schen, mitschöpferisch zu werden, auf die Oberflächen-Veredelung durch die Kunst verwiesen ist? Es mag heldenhaft erscheinen, sich der ehernen Notwendigkeit des Seins zu stellen. Ist es menschlicher – oder eine Übermenschen-Illusion, wie sie gefährlicher nicht sein könnte? Das Fatum lieben heißt bei Nietzsche, sich mit ihm, dem Göttlich-Notwendigen, zu identifizieren. Wenn aber Gott nicht das Schicksal ist, sich nicht mit ihm identifiziert, sondern von ihm unterscheidet? Dann stellt es vor die Entscheidung, ihm den Kampf anzusagen oder sich mit ihm auszusöhnen. Es ist die fast übermenschliche Herausforderung für den Menschen, ihm nicht seinen Lauf zu lassen, oder die Menschen-überfordernde, »fatale« Gegebenheit, gegen die zu rebellieren sinnlos ist. Die Frage ist, was das jeweils von den Menschen fordert. Biblischer Glaube klärt nicht, was das Schicksal ist. Er entgöttlicht es.

Wenn er nichts erklärt, nicht einmal das Leidenmüssen, und wenn man bei dem Versuch, es doch zu erklären, den Gott diskreditiert, mit dem hier etwas erklärt werden soll, warum braucht man ihn dann? Nimmt man ihn *hypothetisch* an, weil sich so besser leben ließe? Ist Gott etwa nur eine *Option?* Man ist da mitten in den Diskussionen um Säkularisierung und Optionalisierung des Gottesglaubens, wie sie von William James angezettelt, von Charles Taylor und Hans Joas weitergeführt wurden.[75] Wenn man von Gott als Hypothese spricht, bleibt man freilich im Argumentativ-Funktionalen, in der Sachverhalts-Erklärungs-Sprache: Man braucht eine Hypothese, um diskursiv oder lebenspraktisch zurechtzukommen. Braucht man sie wirklich, *um* ... sich eine Erfahrung zu erklären und sich auf sie einzustellen? Man sollte vernünftigerweise darauf achten, die sparsamste Hypothese zu wählen, die mit den am wenigsten anspruchsvollen Voraussetzungen.[76] Die Gottes-Hypothese ist für Nietzsche zu voraussetzungsreich. Es geht »billiger«, auch wenn das die Menschen mit der weit anspruchsvolleren Herausforderung zum Übermenschen konfrontiert, der die Gottes-Hypothese ausweicht.

Wie aber, wenn es gar nicht darum geht, Gott als Hypothese in die Erklärungs-Sprache einzuführen, wenn er vielmehr in der Sprache der Bedeutungen von Bedeutung wäre, in der man sich darüber verständigt, was das Leben in dieser Welt und was bestimmte Lebens-Phänomene für mich,

---

[75] Vgl. etwa Hans Joas, Glaube als Option. Zukunftsmöglichkeiten des Christentums, Freiburg i. Br. 2012.
[76] Da kommt bei Nietzsche die »lex parsimoniae« ins Spiel, die dazu nötigt, die jeweils »sparsamste« Hypothese zu wählen, um sich Gegebenheiten zu erklären.

für uns bedeuten? Gott käme nicht mehr wie in metaphysischen Zeiten als Hypothese zur Erklärung von Phänomenen in Betracht, sondern als förderliche Bezugnahme für ein menschlich erfülltes Leben, als Sinn-Ressource: Nicht dass es beim pragmatischen Umgehen mit erklärungsbedürftigen Phänomenen ohne Gott »nicht geht«, aber mit Gott hätte man mehr Möglichkeiten, im Gesamt der Wirklichkeit gut zurechtzukommen und sich so zu orientieren, dass einem Räume der Selbstwirksamkeit und Solidarität bleiben.

Gott ist da keine Hypothese, wie er es für Laplace war, der sie Hypothese »nicht brauchte«[77], sondern eine Option. Option meint nicht nur das probabilistische Kalkül, der Glaube an Gott sei die Annahme, mit der es im Leben am besten »geht«. Im Begriff der Option steckt vielmehr eine als durchaus gewagt empfundene, *affektiv* getragene Entscheidung dafür, das eigene Leben auf Gott hin zu leben, weil ich mich so zur Fülle und zur unverlierbaren Güte meines Daseins unterwegs weiß. Glaubende können heute wissen, dass ihr Glaube ein Wagnis ist und auch ins Leere hinein geglaubt sein kann. Wir leben »in einer stärker ›geistbetonten‹ Zeit«, in der man das Göttliche nicht mehr selbstverständlich gegenwärtig sieht, in der vielmehr »die Verbindung mit Gott eher dadurch vermittelt ist, dass man strittige Interpretationen bejaht«[78]. Glaubende realisieren wenigstens hintergründig, dass ihr Glaube Interpretation ist und sich nicht einfach auf Fakten stützt. Sie sehen in einer säkularisierten Lebenswelt Gott nicht mehr unmittelbar als innerweltlich Handelnden am Werk, sondern wissen sich gefordert, die Wirklichkeit dieser Welt so auszudeuten, dass Gott ihnen darin wirklich wird, sie ergreift und angeht. Sie wissen, dass diese Bedeutungs-Beilegung falsch im Sinne von irreal sein kann. Sie gehen das Wagnis ein, sich auf eine »tiefere« Wirklichkeit einzulassen als die erklärbaren Gegebenheiten dieser Welt, auf eine Wirklichkeit, die sie erfüllt, ihnen Hoffnung gibt; und sie wissen mehr oder weniger ausdrücklich um dieses Wagnis. Auf diesen komplexe Glaubens-Sachverhalt bezieht sich der Begriff *Option*, in dem das lateinische Wort für Wünschen mitklingt. Der Wunsch spricht mit, der Affekt, das Ja-Gefühl: So soll es sein, so wird es gut! Ich werde mich nicht davon abbringen lassen, mich an das Wirklichwerden des guten Gotteswillens zu halten, in dem nicht verloren gehen wird, was ich als

---

[77] Von Laplace ist die auf Napoleons überraschte Frage, ob er denn für sein Weltmodell nicht auch Gott brauche, gegebene Antwort überliefert: Nein, Sire, den habe ich nicht nötig.

[78] Charles Taylor, Ein säkulares Zeitalter, 922.

das schlechthin Gute erahne: die Liebe, die uns untereinander und mit Gott, in Gott, verbindet und vollendet.

Der Glaube optiert für die Alternative: dass nicht alles so bleiben wird, wie es unabwendbar über uns und durch uns zu kommen scheint. Er lebt von der menschlichen *Einbildungskraft*, der wahrscheinlich typisch menschlichen Fähigkeit des Menschen, sich vorzustellen, wie es anders, »besser« kommen könnte, und sich im Handeln daran zu orientieren. Einbildungskraft revoltiert gegen Alternativlosigkeit, optiert für die »kleine Freiheit«, dem scheinbar Zwangsläufigen Freiheitsräume abgewinnen zu können. Das ist freilich die große Versuchung der Einbildungskraft: Man kann sich immer vorstellen, dass es anders besser (gewesen) wäre, und sich in illusionäre Alternativen flüchten, in eine phantastische Existenz (Søren Kierkegaard).[79] Ist Gott mehr als die Flucht der Einbildungskraft aus einer bedrückend-leidvollen Wirklichkeit? Ist er die Quelle der Kraft, angesichts des unabweisbar Wirklichen nicht zu resignieren, dem wirklich Möglichen auf der Spur zu bleiben und darin immer wieder neu aufs wirklich Gute hin aufzubrechen? Kierkegaard hat auf die Verzweiflung der bloßen Phantasie-Existenz hingewiesen, auf den verzweifelten Eskapismus der Ausflucht ins »Phantastische« und Grenzenlose, der nie dazu kommt, sich mit den Notwendigkeiten des Daseins jetzt auseinanderzusetzen. Ihr hat er die Verzweiflung an einer Begrenztheit gegenübergestellt, in der die Notwendigkeit alle Möglichkeit verschlungen hat. Im Gottesglauben hat er den Zugang zu einer lebbaren Synthese von Notwendigkeit und Möglichkeit gesehen.[80]

Nach Nietzsche spricht nicht genug dafür, eine Wunsch-kontaminierte Einbildungskraft gegen die Macht des Notwendigen stark zu machen. Eine Wirklichkeit anzunehmen, der die anspruchsvollsten Hoffnungen des Menschen auf der Spur wären und die diese Hoffnungen in den Menschen wecke, käme Nietzsche nie in den Sinn. Aber warum sollte seine eigene Vorentscheidung *realistischer* sein? Hoffnungen mit hinreichend guten Gründen mobilisieren den *Möglichkeitssinn* der Menschen. Auf Gott zu

---

[79] Die digitale Virtualisierung trägt zum Unkenntlichwerden der Grenze zwischen Wirklichkeit und Phantasie heute Entscheidendes bei.
[80] Vgl. Søren Kierkegaard, Die Krankheit zum Tode, 26–33. Alltagsweltlich wird diese Synthese im Spielen gesucht und ja auch weithin gefunden. Es gibt unabsehbaren und unverfügbaren Möglichkeiten Raum und bindet sich zugleich an Regeln, die das Mitspielen erlauben (vgl. Johan Huizinga, Homo Ludens. Vom Ursprung der Kultur im Spiel, Hamburg 1956). Der Hybris, die Spielregeln selbst bestimmen zu können, öffnen die Echokammern des Netzes »Tür und Tor«. Immer werden sich Follower finden, die sich *meine* Regeln zu eigen machen.

hoffen öffnet der Einbildungskraft einen Möglichkeits-Raum, den man *jetzt* zu nutzen hätte; für den man seinen Möglichkeits-Sinn entwickeln müssten, um in ihn hineinzuleben und Menschsein in seiner Fülle zu entdecken.

Die biblische Glaubens-Option setzt gegen Nietzsche darauf, dass das Innerste der Wirklichkeit nicht der ewig-notwendig geschehende Wille zur Macht ist, sondern schöpferische Liebe, die alles ergreifen und die Menschen daran beteiligen will, dass die höchsten *Möglichkeiten* all dessen, was faktisch ist, wirklich werden. Was spricht für diese Option? Dass sie auf das Beste setzt, was geschehen kann; auf das, worüber Besseres nicht geschehen kann.[81] Was spricht gegen sie, was macht sie jedenfalls unübersehbar riskant? Dass sich das, worüber Besseres nicht geschehen kann, an der Wirklichkeit so wenig abzeichnet; dass Gott, der hier im Spiel sein soll, mit dem, was er seiner Schöpfung mitgegeben habe, wenig von dem Guten erreicht hat, das er ihr zudachte; dass also der Wunsch der Vater des Gedankens sein könnte.[82]

Die biblisch-christliche Glaubensoption lebt davon, dass sie einsehen und *mitfühlen* kann: Worauf der Glaube seine Hoffnung setzt, ist das Beste, was geschehen kann. So hegt er eine »vernünftige Hoffnung«[83], die ins Leere gehen, aber den Menschen auch von einem gutwilligen Gott mitgegeben sein kann, damit er dem Besten, was geschehen kann, auf der Spur bleibt und sein Leben einsetzt, sodass es zu geschehen anfängt. Wenn man sich im Glauben in dieses Beste einleben dürfte, wäre es Verrat an der Wirklichkeit, nicht darauf zu setzen, dass ihre höchsten Möglichkeiten wirklich werden. Man würde verloren geben, was Wirklichkeit werden kann. Man würde nicht an die Wirklichkeit glauben, die mich ergreifen will, um mit mir und an mir die Liebe, die Er (oder Sie) *ist,* zur alles bestimmenden Wirklichkeit

---

[81] Vgl. Friedrich Wilhelm Joseph Schelling, Philosophie der Offenbarung, Bd. 2, 27.

[82] An dieser Achillesverse will Nietzsche die Religion treffen: »Der Hunger beweist nicht, dass es zu seiner Sättigung eine Speise *giebt* [...] man hat nur den inneren Wunsch, dass es so sein *möge,* – also dass das Beseligende auch das Wahre sei« (Menschliches, Allzumenschliches, Aphorismus 131, KSA 2, 124 f.). Dieses Ur-Misstrauen gegen den Wunsch ist freilich ambivalenter, als man es sich meist eingesteht. Vgl. Theodor W. *Adorno,* Minima moralia, 138 f. (Aphorismus 79): »[W]ohl versagt Erkenntnis, wo ihre vergegenständlichende Leistung im Bann der Wünsche bleibt. Sind aber die Triebe nicht im Gedanken, der solchem Bann sich entwindet, zugleich aufgehoben, so kommt es zur Erkenntnis überhaupt nicht mehr, und der Gedanke, der den Wunsch, seinen Vater, tötet, wird von der Rache der Dummheit ereilt.«

[83] Vgl. Holm Tetens, Gott denken. Ein Versuch über rationale Theologie, 10. Hier weist Tetens einer rationalen Theologie die Aufgabe zu, den Gottesglauben »als vernünftige Hoffnung zu rechtfertigen«.

zu machen. Biblisch ist die Liebe, die Gott ist, das Geheimnis der Wirklichkeit, in das sich der Glaube einlebt, um auf es hoffen zu können. Christlich weitergefragt: Offenbart sich dieses Geheimnis in Jesus Christus, von dem Schelling sagen konnte, in ihm sei es Wirklichkeit geworden – als das, worüber Größeres nicht geschehen kann, damit es auch mit uns und durch uns geschehe?

Wer dafür optiert, dass Gott in der Liebe geschieht und nachhaltig Hoffnungs-befreiend in dem geschehen ist, der seine Liebe mit den Menschen-Geschwistern und für sie gelebt hat, der wird erleben, dass unendlich viel gegen diese Option spricht. Der Zweifel ist ihr unstillbar mitgegeben. Sich in dieser Option zu vergewissern wird kaum heißen können, zu einer Alltags-Verlässlichkeit im Glauben zurückzukehren, in der einen die Gewagtheit des Glaubens nichts anginge. Zur Wahrheits-Fähigkeit des Glaubens gehört die Bereitschaft, sich an den Glaubens-Irritationen argumentativ und existentiell immer wieder neu abzuarbeiten. Die im Glauben wahrgenommene Wahrheit wird nur frei machen (Joh 8,32), wenn sie nicht durch Wirklichkeits-Verdrängung »gewonnen« und stabilisiert wird. Sonst ist sie nicht *verlässlich*. Wahrheit macht so frei, hinschauen zu können auf das, was ist; sie verpflichtet dazu, hinzuschauen auf das, was ist. So ist sie nicht verwechselbar mit einem Geheimwissen, das die Wege der Vorsehung kennen will oder aber hinter der medial zurechtgelogenen Oberflächen-Wirklichkeit die »wahren« Zusammenhänge aufdeckt und Mächte identifiziert, die hier ihre finsteren Interessen verfolgten. Mit dem verschwörungstheoretischen Revival der Apokalyptik haben Glaube und Theologie nichts zu schaffen. Sie reklamieren für sich nicht den privilegierten Bezug zu einer hintergründig-wirklichen Wirklichkeit, wohl aber die Orientierung an der Grund-Situation eines Menschseins im Spannungsfeld zwischen radikaler Kontingenz und Endlichkeit und dem Verlangen nach Menschlichkeit – dem Verlangen danach und der Hoffnung darauf, etwas anfangen zu können, was nicht immer schon zum Scheitern verurteilt ist.[84]

---

[84] In diesem Verlangen und der Behauptung, »Ursache von [erlösenden] *Ereignissen* zu sein«, liegt für Emil M. Cioran freilich das Verheerende eines fanatisierten Christentums, das sich weigert »die Wirklichkeit als das anzusehen, was sie ist: tödliche Fiktionsgier« (ders., Lehre von Zufall. Übertragen von Paul Celan, Stuttgart [10]2018, 9 und 11). Dem sei die Überzeugung entgegenzusetzen, »dass alles eitel« und nichts zu erwarten ist (ebd., 60). Adel liegt für Cioran »allein in der Verneinung des Daseins«, in der Gleichgültigkeit, die alle Hoffnungen als Selbsttäuschungen durchschaut und nichts mehr anfangen will (vgl. ebd., 20 und 9). Nietzsches übermenschliche Bejahung des Daseins nimmt Cioran in ein Nein zum Leben zurück, die ihm wenigstens nicht durch den Wahn, ihm etwas von

6.7 Gott und die Wirklichkeit

Dann stellt sich dem biblischen Glauben die Frage aller Fragen in den Weg, die Theodizeefrage: Wie ist das Gottes-Geheimnis der Wirklichkeit zusammenzubringen mit ihrer Erbarmungslosigkeit? Genauer hingesehen ist das die Frage danach, wie der Glaube an einen barmherzigen Gott, der gleichwohl *Gott* und so die »alles bestimmende Wirklichkeit« wäre, angesichts des Ausgeliefert-Seins an eine überaus grausame Weltwirklichkeit zu rechtfertigen ist. Die Wirklichkeit, die wir Menschen mit den anderen Kreaturen zu ertragen haben, spricht gegen die Wirklichkeit eines Gottes, dessen guter Wille seinen Geschöpfen gilt und der in der Lage wäre, seinem Willen Geltung zu verschaffen. So zog man seit dem 18. Jahrhundert den »Schluss von der Güte Gottes auf seine Nichtexistenz«; »unter dem Druck der radikalisierten Erfahrung des Schlimmen der Welt [schien] die Theodizee nur noch durch einen Atheismus ad maiorem Dei gloriam möglich«: Die Gottes-Idee ist nur zu retten, wenn man Gott die Verantwortung für die üble Wirklichkeit abnimmt. Damit ist er aber – so die Religionskritik des 19. Jahrhunderts – so sehr »ent-wirklicht«, dass man mit seinem Dasein nicht mehr rechnen sollte. Wenn er es nicht gewesen ist, müssen es Menschen gewesen sein, »die anderen, die das menschlich gewollte Gute verhindernden Menschen: also die Gegner, die Feinde.«[85] Die *Warum-Frage* hat – so scheint es vielen – den Glauben an einen guten und der Wirklichkeit dieser Welt gewachsenen Gott ums Leben gebracht. Nun findet sie nur eine Antwort, wenn man unter den Menschen die Schuldigen findet und sich an ihnen schadlos, schuldlos, zu halten versucht.

Gott und die Menschen scheinen der Leid-getränkten Insistenz der Warum-Frage nicht mehr gewachsen. Die Ur-Frage »Warum ist überhaupt etwas und nicht vielmehr nichts?«[86] konnte noch in Gott ihre Antwort fin-

---

Bedeutung abzugewinnen, Gewalt antut. Die christliche Heils-Hoffnung darauf, dem Leben Güte abzugewinnen – an ihr Anteil zu haben –, könnte gegen Ciorans Invektive nur gerechtfertigt werden, wenn sie nicht vom soteriologischen »Terror« übermannt wird, dafür selbst aufkommen zu wollen. An dieser Hoffnung mehr oder weniger angefochten teilzuhaben, ermächtigt nicht dazu, sie anderen fanatisch aufzuzwingen (vgl. ebd., 9).

[85] Odo Marquard, Wie irrational kann Geschichtsphilosophie sein?, in: ders., Schwierigkeiten mit der Geschichtsphilosophie. Aufsätze, Frankfurt a. M. 1973, 69, 71, 78 f.

[86] Es ist die Frage nach dem *zureichenden Grund* der Wirklichkeit, so zuerst von Gottfried Wilhelm Leibniz formuliert (»Pourquoi il y a plutôt quelque chose que rien«; ders., Prinzipien der Natur und der Gnade, n. 7, in: ders., Die philosophischen Schriften, hg. von C. I. Gerhardt, 7 Bde., Nachdruck Hildesheim 1978, Bd. VI, 602). Martin Heidegger sieht in ihr die »Grundfrage der Metaphysik« »nach dem Grunde dessen, dass Seiendes *ist*

den.[87] Die Frage »Warum ist die Welt überhaupt *so*, wie sie ist?« nimmt Gott nicht mehr als Antwort hin. Ersatz-Antworten sind gefährlich, weil Unfrieden-stiftend, und/oder unbefriedigend, weil das So-Sein der Welt, wiewohl naturwissenschaftlich weitreichend aufgeklärt, ein unbegreifliches Übermaß an Kontingenz aufweist, das nun nicht mehr auf Gottes Willen zurückgeführt werden kann. Das So-Sein der Welt ist von Gottes Wollen unabhängig geworden, so selbstständig geworden, dass die These zwingend erscheint, Gott können da keine Rolle mehr spielen und habe wegen erwiesener Bedeutungslosigkeit seine Existenz eingebüßt – »und das sei besser so«[88], für Gott wie für die Menschen, denen er nun nichts mehr bedeuten müsse. Ist es für die Menschen aufs Ganze gesehen wirklich *besser so*? Für ihre Selbstwahrnehmung, ihre intellektuelle Selbstachtung?

Ein Gott, der wirklich Gott ist, kann nicht bedeutungslos sein. Er kann nicht weniger sein als die »alles bestimmende Wirklichkeit«. Wenn man ihn deshalb für die schlimmsten Menschheits-Katastrophen zur Verantwortung zieht, scheint es nur die Alternative zu geben: Entweder kann er nicht anders; dann ist er nicht die alles bestimmende Wirklichkeit, sondern eigentlich unmöglich. Oder er will nicht anders, dann wäre er nach dem Maßstab, den Menschen an ihr eigenes Handeln anlegen wollen, moralisch unmöglich. Theodizee-Argumente rekurrieren auf eine dritte Möglichkeit: Gott musste all das in Kauf nehmen, weil er es auf die freie Zustimmung der Menschen zu seiner Liebe abgesehen hat und ihre Verweigerung riskiert; das wäre zu sagen im Blick auf die *moralischen Übel*, die auf menschliche

---

und was es *ist* und vielmehr nicht Nichts ist« (ders., Einführung in die Metaphysik, Tübingen ²1958, 1 und 24).

[87] Oder scheitert auch hier schon die Warum-Frage an/in Gott? Genauer genommen fragt sie ja nach einem zureichenden Grund im absolut Grundlosen. Sie kann nicht im Mindesten ermessen, was es bedeuten würde, dass nichts wäre. Wenn geantwortet wird, Gottes Liebe habe alles ins Dasein gerufen, so meldet sich hier schon die Theodizeefrage an. Hätte er es – so Schopenhauer – angesichts dessen, was geschehen ist und geschehen soll (dass die Welt »zum Teufel geht«), nicht lieber bleiben lassen sollen (vgl. Arthur Schopenhauer Parerga und Paralipomena II, Sämtliche Werke, hg. von Wolfgang Freiherr von Löhneysen, Taschenbuchausgabe Frankfurt a. M. 1986, Bd. V, 431)? Aber was wäre »für Gott« die Alternative gewesen, die Alternative des *Nichts*? Anderseits: Welche Gründe hat die Liebe? Sie ist allenfalls selbst der zureichende, aber unermessliche Grund, der alles Warum in seinem Abgrund untergehen lässt und die »Leichtfertigkeit« jeder Erklärung als solche desavouiert (vgl. Hans Blumenberg, Matthäuspassion, Frankfurt a. M. 1988, 89).

[88] Bertolt Brecht, Hymne an Gott, in: ders., Gesammelte Gedichte, Frankfurt a. M. 1976, 54.

Schuld zurückgehen. Für *Natur-Übel* – Naturkatastrophen, Epidemien – würde gelten, dass Gott sie hinnehmen musste, weil sie in einem Schöpfungsplan nicht vermieden werden konnten, der auf freie und liebesfähige Menschen hinführte. Einwände gegen diese Argumentations-Strategie wurden vor allem gegen die Entschuldigung Gottes angesichts der moralischen Übel laut: Sollte Gott keine Möglichkeit gehabt haben, in den Menschen so viel Unterscheidungs- und Liebes-Kraft zu erwecken, sodass sie sich nicht hätten hinreißen lassen, am absolut Bösen mitzuwirken!

Wie man es dreht und wendet: Die Argumente, die Gott entschuldigen sollen, sind zu klein für den Skandal der Wirklichkeit. Sie sind der *Warum-Frage* der an ihm Leidenden nicht gewachsen. So bleibt nur diese Alternative: Entweder sieht man Gott, den allmächtigen und grundgütigen, als definitiv erledigt an. Oder man spricht ganz anders und doch menschlich vernünftig von diesem Gott: ganz anders von seiner Allmacht, von seiner Wirklichkeits-Macht.

Ganz anders von Gott sprechen? Die klassische Metaphysik hat Gott zur Sprache bringen wollen als umfassende Antwort auf die unersättlichen Menschen-Fragen nach dem Warum des Daseins und des Soseins alles Wirklichen. In nachmetaphysischen Zeiten ist kaum zu verkennen, dass es ein Missverhältnis zwischen diesen Fragen und vernünftig nachvollziehbaren Antwortmöglichkeiten gibt. Die Warum-Frage ist so viel größer als alle erreichbaren Antworten, dass auch der Rekurs auf Gott nicht ausreicht, das Missverhältnis auszugleichen. Sie ist prinzipiell beantwortbar, soweit Antworten Möglichkeiten bereitstellen, besser mit unserer Lebenswelt zurechtzukommen. Dazu gehören auch Antworten auf die Frage nach den Prozessen der Entstehung des Kosmos und auf vergleichbare Fragen, die zunächst keine besseren Handlungs-Möglichkeiten eröffnen, aber dazu beitragen, das Selbstverständnis des Lebewesens Mensch in einem evolutionären Gesamtzusammenhang alles Wirklichen zu verorten.

Die Warum-Frage greift darüber hinaus. Sie will nicht nur wissen, *wie* es im Großen und Ganzen gekommen ist und so kommen konnte, sondern warum es in diesem Fall, auch mit mir, mit dir, mit ihr, mit den verfolgten Juden, mit dieser Kirche, in der politisch-gesellschaftlichen Entwicklung des 20. Jahrhunderts so gekommen ist, wie es kam. Es ist nicht so, dass es nicht auch darauf Antworten gäbe. Aber wiederum lautet der Befund: Sie sind zu klein für die Frage.[89] Und doch taugen sie – wenn es einigermaßen

---

[89] In den Worten von Gottfried Wilhelm Leibniz: »Bei kontingenten Sätzen [Sätzen über kontingente Sachverhalte] geht der Fortschritt der Analyse über die Gründe der Gründe

überzeugende Antworten sind – dafür, mit dem, was gekommen ist, irgendwie zurechtzukommen. Für den Fragen-Überschuss steht seit der Antike eine zwiespältige Kategorie oder Metapher zur Verfügung, die zwar keine Antwort bietet, aber das Fragen zur Ruhe kommen lassen will: das *Schicksal*.[90] Wenn vom Schicksal die Rede ist, ist man zum Achselzucken verurteilt – oder zum antwortlosen Schmerz. Vielleicht wäre er lebbarer mit einer Antwort auf die Warum-Frage.[91] So glaubte man den monotheistischen Allein-Gott in die Rolle dessen hinein, der das Schicksal zuschickt. Er war der einzige Adressat, an den Warum-Fragen und Warum-Klagen gerichtet werden konnten.

Schicksal ist kein biblischer Begriff. Aber im Alten Testament setzt sich mit der Konsolidierung eines reflektierten Monotheismus der Glaube daran durch, dass JHWH es ist, der das *Ergehen* der Menschen und Völker, insbesondere seines erwählten Volkes ordnet oder so geschehen lässt, wie es ihrem Handeln – nach einer elementaren Tun-Ergehen-Äquivalenz – entspricht. Für ein übles Ergehen trägt man selbst oder tragen Vorfahren die Verantwortung. Das böse Tun setzt eine »schicksalwirkende Tat- bzw. Sündensphäre« frei, die das in die Welt bzw. ins erwählte Volk hineingebrachte Böse über die Verursacher oder ihre Nachfahren kommen lässt – wenn Gott nicht dazwischentritt.[92] Man kann ihn bitten oder durch Sühne-Riten bewegen wollen, das Böse aufzuhalten, ihn aber auch bitten, es an den Übeltätern heimzusuchen. Der Tun-Ergehen-Zusammenhang geschieht nicht schicksalhaft. Aber Gott lässt ihm seinen Lauf bzw. stellt ihn her, wenn die Sünder sich nicht bekehren.

Die Exilspropheten machen in diesem Sinne Jerusalems religiös-politische Elite für den Untergang des Tempels und die Wegführung ins Exil verantwortlich. Sie forcieren das Tun-Ergehen-Konzept bis dahin, dass JHWH selbst es ist, der die Feindesheere gegen Jerusalem führt, um sein

---

ins Unendliche, so dass man niemals einen vollen Beweis besitzt, obwohl immer ein Grund für die Wahrheit besteht und von Gott allein vollkommen eingesehen wird, der allein mit einem Geistesblitz die unendliche Reihe durchläuft« (ders., Kleine Schriften zur Metaphysik, hg. und übersetzt von H. H. Holz, Darmstadt 1965, 180 f.).

[90] Vgl. die theologisch-kritische Einordnung bei Stefan Peitzmann, ... damit es nicht nur Schicksal ist. Hermeneutiken des Unverfügbaren im Spiegel theologischen Denkens, Münster 2012.

[91] Friedrich Nietzsche veranlasst das zu dem Sarkasmus: »Hat man sein *warum?* des Lebens, so verträgt man sich fast mit jedem wie?« (Götzen-Dämmerung. Sprüche und Pfeile 12, KSA 6, 60 f.).

[92] Vgl. Klaus Koch, Sühne und Sündenvergebung um die Wende von der exilischen zur nachexilischen Zeit, in: Evangelische Theologie 26 (1966), 217–239.

Volk zu bestrafen. So wird das Ergehen immer eindeutiger zu Gottes eigenem Wirken. Was in Welt und Geschichte geschieht, ist im Entscheidenden das, was er zufügt – oder aber das, was gegen seinen Willen ist, die Sünde, und was er durch sein Strafen beantwortet, wie die Sünder es verdienen. Gott und das Ergehen in der Wirklichkeit von Welt und Geschichte sind so eng zueinander gebracht, weil es Gottes Ehre und Gott-Sein ausmacht, dass er sich das Weltgeschehen nicht aus der Hand nehmen lässt. So geraten sie in die äußerste Spannung zueinander, wenn Gott in dem, was einem widerfährt, als übermäßig strafend erlebt wird und sich die Klage Luft macht, wie lange er noch zürnen will und ob er seinen Zorn nicht über die ausgießen will, die das Volk bedrängen.[93] Die *Wie lange noch-Klage* ist hier die *Warum-Klage,* die ungetröstete Warum-Frage. Sie fragt hart am Rand des Vorwurfs, weil sie die Antwort unterstellen muss: *Weil Gott es so will!* – und mit dieser Antwort nicht leben kann.

Es ist die Gestalt Ijobs, an der dieses Nicht-Zurechtkommen als Gottes-Anklage laut wird und zur Abwendung von der Selbstverständlichkeit des Sünde-Unheils-Zusammenhangs führt. Ijob steht für den Widerspruch gegen ein prophetisch-weisheitliches Konzept, das die Leidenden für ihr Leiden verantwortlich macht, weil der »gerechte« Gott dafür nicht verantwortlich sein kann. Die Figur des *leidenden Gerechten* bringt diesen Widerspruch ins weisheitlich-apokalyptische Denken ein: Zuletzt wird Gott ihn nicht verlorengehen lassen, sondern retten und in sein Recht wiedereinsetzen. Jesus von Nazaret wird als der exemplarische leidende Gerechte gesehen. Das Buch Ijob aber formuliert eine andere, auf dem Hintergrund des Monotheismus Israels irritierende Pointe: JHWH distanziert sich am Schluss des Buches von der ihm theologisch zugewiesenen All-Verantwortlichkeit. Die Welt-Wirklichkeit hat ihre eigene Dynamik und immer noch ungezähmte Wildheit.[94] Sie ist nicht in dem Sinne von Gottes Willen beherrscht, dass der in ihr überall einen »gerechten« Tun-Ergehen-Zusammenhang herstellen würde.

In der Apokalyptik, wie sie im Buch Daniel, daneben in etlichen zwischentestamentarischen Schriften greifbar wird und den Hintergrund für die Verkündigung Jesu bildet, wird diese Eigenwirklichkeit der Welt als Un-

---

[93] Vgl. etwa Jes 64,9; Ps 79,5 und 80,5.
[94] Für die elementare »Wildheit« stehen die Ungeheuer, die JHWH untertan sind, aber in der Welt mehr oder weniger unkontrolliert ihr (Un-)Wesen treiben; steht aber auch die Unermesslichkeit der Welt selbst, von der sich Ijob nicht im Entferntesten einen Begriff machen kann (vgl. Ijob 38–39).

heils-Herrschaft des Satans und seiner Mächte gezeichnet, die sich mit der hellenistischen Kultur und ihren Jerusalemer Statthaltern bis in den Tempel hinein breit macht und die Frommen bedrängt. Die sehnen Gottes endzeitliche Herrschaft herbei, in der Satans Herrschaft gebrochen wäre. Die Unheils-Welt würde von einem neuen Himmel und einer neuen Erde abgelöst, in der die jetzt Leidenden gerettet und vollendet werden. Jesu eigene Verkündigung sieht Gottes Herrschaft schon befreiend gegenwärtig, wo Menschen sich von ihm für den Dienst an der Gottesherrschaft gewinnen und in sie hineinführen lassen.

Nur am Rande spielt dabei die Frage eine Rolle, warum diese Welt vom Satan und seinen Satrapen beherrscht wird. Jesu Verkündigung richtet den Blick darauf, dass ihre Herrschaft an ihr Ende gekommen ist[95] und es jetzt gilt, in Gottes Herrschaft hineinzuglauben, hineinzuleben. Wer sich in der Weg-Gemeinschaft mit dem Messias und »Weg-Bahner« Jesus von Nazaret darauf einlässt, der wird – so die nachösterliche Gemeinde – auch durch Leid und Tod hindurch den Zugang in die Gottesherrschaft finden. Die Frage nach dem *Warum* des Todes Jesu am Schandpfahl der Gottverlassenen[96], hat viele Deutungen herausgefordert. Dieser Tod durfte nicht die Widerlegung der Gottverbundenheit Jesu bedeuten; er »musste« im Sinnzusammenhang seiner Sendung gesehen werden, den Menschen Gottes Herrschaft zu öffnen. Aber dieses Warum erschloss sich erst im *Wie* des neuen Lebens, das den mit Jesus Christus im Glauben Verbundenen geschenkt und als das Leben in seinem Geist möglich wurde.

Die Warum-Frage lässt einen nicht los, gerade angesichts des Kreuzes. Aber sie führt nur zu Mutmaßungen und muss neutestamentlich zurücktreten hinter die Wie-Frage: Wie »geht« das Hineinleben mit dem Auferstandenen in die Gottesherrschaft mitten in dieser Welt-Wirklichkeit der Heimsuchungen und Verfolgungen? Der Glaube macht sich fest in dem, was jetzt *möglich* geworden ist; er ist im Sinne Jesu Gottes-Zukunfts-Glaube, für den es mitten in dieser vom Vergangenen und Vergehenden beherrschten Welt gilt, den Anfang zu ergreifen, der nicht aufhört anzufangen, bis er sich in Gottes Zukunft erfüllt. Das *Warum* bindet ans Vergangene; das Wie führt in diese Zukunft. Es ist im Blick auf den Messias Jesus zu bestimmen, dem es gegeben war, diese Zukunft zu vergegenwärtigen. Gott wird allen-

---

[95] Vgl. die in Lk 10,18 überlieferte »Vision« Jesu: »Ich sah den Satan wie einen Blitz vom Himmel fallen.« Mit ihm sehen das die Kleinen. Ihnen gilt sein Wort: »Selig sind die Augen, die sehen, was ihr seht« (vgl. Lk 10,21.23).
[96] Vgl. Dtn 21,23 und Gal 3,13.

falls am Rande dafür in Anspruch genommen, die Warum-Frage zu beantworten. Viele Mächte wirken an dem mit, was als Weltwirklichkeit geschieht – und wie es geschieht. Gott ist der, der rettet und die Glaubenden nicht in der Todes-Wirklichkeit dieser Welt verloren sein lässt. Hier und jetzt lässt er das neue Leben mit Jesus Christus möglich werden.

Es ist aber unverkennbar, wie sich die Warum-Frage wieder in den Vordergrund drängt: Die Gottes-Zukunft entzieht sich in die Unabsehbarkeit. Das Jetzt will gelebt und gedeutet sein. Warum erscheint es so Gott-los? Erkennen wir nur nicht, wie Gott schon Herr ist und alles so ordnet, wie es am besten ist? Platonisch-stoische Vorstellungs-Ressourcen kommen gerade recht nachzuvollziehen, wie Gott die Welt-Wirklichkeit in der Geschichte ihrer Vollendung entgegenzuführen sich anschickt. Der Preis für diese theologische Warum-Kompetenz wird von der Aufklärung eingefordert: Die Welt ist nicht so, dass sie einen gutwilligen Weltenlenker erkennen, auch nur erahnen ließe. Muss man nicht an ihm verzweifeln?

Die theologische Selbstreflexion beginnt am Allmachts-Begriff zu zweifeln. Er ist so abstrakt, wie die Warum-Frage unersättlich ist. Der Allmächtige sollte alles Möglichen mächtig sein; mühsam schränkt man ein: all dessen, was er in seinem guten Willen wollen kann. Und die Warum-Frage stellt – wenn sie wirklich fragt – Gott zur Rede, warum er nicht von seinen Möglichkeiten Gebrauch gemacht habe, diese Welt-Wirklichkeit vor viel »sinnlosem« Leid zu bewahren. Wer so nach dem Warum fragt – Warum ist nicht wirklich geworden, was Gott vielleicht doch möglich gewesen wäre? –, der verabschiedet sich von der Beantwortbarkeit der Warum-Frage. Sie kann nur zum Ziel führen, weiterführen, wenn es darum geht, zu entscheiden, warum es bei verschiedenen, konkret als solchen nachvollziehbaren Abläufen so und nicht anders gekommen ist. Wenn sie angesichts des Geschehenen nur imaginiert, dass es auch anders hätte kommen können, kommen müssen, taugt sie nur dazu, dem Vorwürfe zu machen, der dafür verantwortlich sein soll: Wie konntest du nur! Leidende mögen dazu das Recht haben. Die Fragenden werden sich eingestehen müssen, dass sie keine Antwort finden werden, weil sie nicht wissen können, ob die von ihnen geltend gemachte Alternative – »Du hättest doch auch anders handeln können!« – real möglich war.

Theodizee-*Frage* und Allmachts-Vorstellung lösen sich vom Wirklichen ab, so auch vom *wirklich* Möglichen. Das war die prekäre Einsicht, mit der Leibniz sich Voltaires Spott zuzog.[97] Er hat sie missverstanden, weil er so-

---

[97] In seinem *Candide ou l'optimisme* aus dem Jahr 1759.

fort auf den Ironie-Modus umschaltete: Wir leben in der besten aller möglichen Welten – hatte Leibniz unterstellt.[98] Man hatte gehört: in der besten aller denkbaren Welten. Heute mag man Leibniz und seine Theodizee eher problematisierend reformulieren: Wir können nicht ausschließen, dass die Welt, in der wir leben, unter den *real möglichen* noch die beste ist. Die Warum-Frage kann Gott nicht am imaginären Maßstab von allem Möglichen zur Rechenschaft ziehen, wenn sie sich eingesteht, dass sie vom konkret Möglichen kaum etwas weiß. Das konkret Mögliche ist das *miteinander* Mögliche, Leibniz spricht von der *Compossibilitas*.[99] Wenn sie von irgendjemanden beurteilbar sein sollte, so bestimmt nicht vom Menschen. Er wird sich des Urteils darüber enthalten müssen, was Gott konkret möglich war und jetzt möglich ist, was er deshalb als gütiger und allmächtiger Gott nicht hätte unterlassen dürfen. Er wird allenfalls darauf hoffen können, dass es Gott möglich sein wird, die Wirklichkeit dieser Welt und jedes einzelnen Menschenlebens nicht dem Verderben zu überlassen.

Leibniz' Argument erscheint allzu schlicht und ist doch kaum zu widerlegen: Von Gott, so wie die christliche Überlieferung ihn versteht und die Vernunft ihn denken muss, kann nur die Rede sein, wenn sich in ihm höchste Weisheit und Güte verbinden und er nach seiner höchsten Weisheit und Güte handelt. Er hat unter den möglichen Welten nur die beste ins Dasein rufen können, »da er nichts tut, ohne der höchsten Vernunft [wie der höchsten Güte] gemäß zu handeln.« Da aber »in jeder der möglichen Welten alles eng miteinander verknüpft ist« darf man annehmen, dass die Übel – auch für Gott unumgänglich – in die beste aller möglichen Welten hineingehören, denn wenn ihr »das geringste Übel […] fehlte, so würde sie nicht mehr diese Welt sein, die, alles in Rechnung gestellt, von dem Schöpfer, der sie erwählt hat, als die beste befunden worden ist.« Menschen können »nicht im einzelnen zeigen«, warum die vielen an sich kontingenten Ereignisse und so auch die in dieser Welt zu erleidenden Übel unvermeidlich vorkommen, damit sie die besten aller möglichen Welten sein kann.

---

[98] Vgl. Gottfried Wilhelm Leibniz, Die Theodizee von der Güte Gottes, der Freiheit der Menschen und dem Ursprung des Übels, 2 Bde., hg. und übersetzt von H. Herring, Darmstadt 1985, Bd. 2, 260–263 (§ 414).

[99] Zur Herleitung des Begriffes bei Leibniz, der auch schon bei Thomas von Aquin und Wilhelm von Ockham vorkommt (vgl. die Hinweise bei Hermann Weidemann, Artikel *Modalanalyse* in: J. Ritter – K. Gründer [Hg.], Historisches Wörterbuch der Philosophie, Bd. 6, Darmstadt 1984, 3–7, hier 6f.). Von Leibniz vgl., Kleine Schriften zur Metaphysik, 176–187 sowie: Die Theodizee, Bd. 1., 124f. (§ 34).

»[W]ie könnte ich Unendlichkeiten kennen, darstellen und miteinander vergleichen? Man muss es vielmehr mit mir *ab effectu* schließen, da Gott diese Welt gewählt hat, so wie sie ist.«[100]

Der Nerv des Arguments liegt im Aufweis der Unmöglichkeit, mit der endlichen Vernunft nachzuvollziehen, *warum* dem Schöpfer nur die von ihm verwirklichte Möglichkeit eines Welt-Zusammenhangs mit den darin vorkommenden Übeln als die beste aller möglichen Welten wählbar war. Die Kontingenz seiner Wahl ist menschlich nicht zu rechtfertigen. Sie kann von menschlicher Vernunft auch nicht als unverantwortlich überführt werden. Der Widerspruch zwischen Gottes Güte und Weisheit und der von ihm realisierten, von den Menschen zu erleidenden Welt besteht nicht *notwendigerweise*, sodass man von ihm auf die Unmöglichkeit dieses Gottes schließen müsste.

Unbefriedigend mag einem dieses Argument darin vorkommen, dass es die Theodizee-Frage nicht beantwortet, sondern allenfalls offenhält. Als skandalös wird es empfunden, da es wenig empathisch ist und sich nicht mit der Theodizee-*Klage* solidarisiert. Weiterführend ist es aber darin gewesen, dass es die modalen Bestimmungen *möglich* und *wirklich* bedeutsam präzisiert hat. Denkbar ist alles Mögliche; so kann man auf der Basis des bloß Denkbaren Gott vorhalten, er hätte – wenn er eine gute Schöpfung gewollt hätte – eine Welt ins Dasein rufen müssen, in der es weniger Leid, weniger Katastrophen, wenigstens nicht Auschwitz und Hiroshima und und und … gegeben hätte. Menschliches Denken aber kommt nicht hinterher, die zureichenden Gründe für das Kontingente zu ermessen und das wirklich Mögliche vom bloß Denkmöglichen abzuheben. Hier gibt es im Bereich des Physischen, der Lebens-Voraussetzungen und Lebens-Bedingungen, *notwendige* Interdependenzen, die den Raum des wirklich Möglichen einschränken und von menschlicher Vernunft eher ansatzweise – in empirischer Forschung freilich immer mehr[101] – nachvollziehbar werden.

Der Raum des wirklich Möglichen verengt sich nicht nur durch solche Interdependenzen, sondern auch durch *Möglichkeits-vernichtendes* mensch-

---

[100] Die Theodizee, Bd. 1, 219–223 (§§ 8–10).
[101] So kann die geologische Einsicht in die Dynamik der Schollen-Verschiebung die Einsicht nahelegen, dass eine Erde ohne Erdbeben nicht mehr die Erde hätte sein können, auf der menschliches Leben möglich wurde. Diese Einsicht war der Antike nicht zugänglich. Erdbeben waren deshalb eine elementare Herausforderung für den Schöpfungsglauben und konnten – in der Tradition Augustins – nur eingeordnet werden, indem man sie als Sündenstrafe verstand, die gerechterweise auch über unmündige Kinder kam, da sie an der Erbsünde teilhatten.

liches Handeln. Die ökologische Krise führt neu vor Augen, dass menschliche Schuld wesentlich darin besteht, Möglichkeits-Spielräume enger zu machen, statt sie durch kreatives Handeln zu erweitern. Schuldhaftes Handeln trägt dazu bei, dass es kommt, wie es kommen muss. Es war menschlicher Einsicht erschwinglich, dass es so kommen musste. Und doch lässt man die Dinge laufen. Man »importiert« überschüssige *Notwendigkeit*, zusätzliche Zwangsläufigkeiten in die Möglichkeits-Räume und provoziert schließlich die Resignation angesichts des Übermaßes an Notwendigkeit, zu dem das schuldhafte Handeln entscheidend beigetragen hat. Möglichkeits-Vernichtung erscheint als das Negativ kreativer Möglichkeits-Ausweitung, Resignation als Gegenbild zum Glauben, der – so Kierkegaard – »verrückt für Möglichkeit kämpft. Denn Möglichkeit ist das Eine, was rettet.« Der Glaube setzt mit dem höchsten Einsatz auf das Mögliche, nicht auf alles Mögliche, wie die bloße Phantasie es tut, sondern auf das wirklich Mögliche, zuletzt und im Entscheidenden auf das, was von Gott her möglich und durch ihn wirklich wird. Kierkegaard kann noch sagen: »Gott [ist] dies, dass alles möglich ist.«[102] Alles? Jedenfalls das Rettende, die Überwindung der Sünde, die Auferstehung. So kämpfen die Glaubenden gegen eine Vernunft, die sich fatalistisch ans zwangsläufig Kommende bindet und nicht über es hinauszuglauben wagt – an das für die Menschen durch Gott wirklich Mögliche: daran, dass in den eng gemachten Möglichkeits-Räumen das Rettende anfangen kann, jetzt anfangen kann, was nicht aufhören wird anzufangen, bis es in Gott vollends Wirklichkeit wird.[103]

Wenn man sich so auf Kierkegaard beruft und unterstellt, den Glaubenden sei »das ewig sichere Gegengift gegen Verzweiflung zu eigen: Möglichkeit«, das in Gott, als Gott Mögliche, wird man von Gott anders sprechen, als es der Glaube an den Schicksals-Gott getan hat. Der zielte darauf ab, ja zu sagen zu dem, was fatalerweise kommt, zum göttlichen Fatum, in dem Gottes Vorsehung das Beste für die Menschen wirke. Nietzsche hat das Fatum ohne Gott zu denken versucht und wollte nicht zum Fatalisten werden. Der Fatalismus aber hat sich unter Christenmenschen wie unter Nicht-Glaubenden verbreitet. Kierkegaard empfiehlt ihnen das Beten als das

---

[102] Søren Kierkegaard, Die Krankheit zum Tode, 35 und 37.
[103] Gott glauben hieße, anders als Emil Cioran »die ganze Wirklichkeit als eine Kette von Anfängen wahrnehmen [können], als Folge unverfügbarer Augenblicke, Schöpfungssilben, die das Ganze bergen und alles anders werden lassen können« (Christian Lehnert, Ins Innere hinaus. Von Engeln und Mächten, Berlin 2020, 162).

Atemholen aus dem Heiligen Geist, aus dem, was er möglich macht; »die Möglichkeit ist [ja] für das Selbst, was der Sauerstoff für die Atmung ist.«[104]

6.8 Gottes Wirklich-Werden in und unter den Menschen

Ein Schöpfungs- und Vorsehungsglaube, für den das kontingent Wirkliche im Wesentlichen, weil von Gott gewollt, so ist, wie es sein soll, provoziert die Theodizee-gestützte Gottes-Kritik. Er findet keinen Zugang zu Jesu Verkündigung vom Ende der diabolischen Zwangsläufigkeiten und von der jetzt zugänglichen Gottesherrschaft. Der Gott dieser Herrschaft ist der Gott, der wirkliche Möglichkeit schafft. An ihr gibt er Anteil. Er teilt sich in seinem Geist denen mit, die in der Gemeinschaft seines Sohnes um die Möglichkeit kämpfen, sich von der zur fatalen Notwendigkeit verengten Welt-Wirklichkeit nicht den Atem nehmen lassen.

Gott schafft wirkliche Möglichkeit. Nach biblischem Glauben beruft er die Menschen, *seine* Möglichkeiten auszuschöpfen: dass sie so das wirklich Mögliche Wirklichkeit werden lassen. Sie haben die Verantwortung dafür zu tragen, wenn sie der Verbreitung von Unmöglichkeit Vorschub leisten, statt von den Möglichkeiten der Schöpfung einen Zukunfts-offenen Gebrauch zu machen. Vielfach verbauen sie Wege in der Illusion, sich so zu verwirklichen. Dann dienen sie dem Ungeist der Ausbeutung und des Missbrauchs, den die Bibel in der Gestalt des Satans oder des Diabolos personalisiert, und sabotieren Gottes Kreativität.

Gott wird als der *Ermöglicher* geglaubt, der darauf setzt, dass durch kon-kreative Menschen Wirklichkeit wird, was seinem guten Willen entspricht. Er fordert ihren Glauben heraus, damit unendlich mehr Wirklichkeit werden kann als das, was kommen wird, wenn die Menschen den Dingen ihren Lauf lassen. *Verwirklicher* des durch Gott Ermöglichten sein zu können, macht biblisch die Würde des Menschen aus.

In christlicher Perspektive kommt das in einem trinitarisch geprägten Gottesverständnis zum Ausdruck: Gott ist der schlechthin kreative Ermöglicher *im Anfang* und in allen guten Anfängen, die den Menschen in ihrer Geschichte möglich werden. Er begegnet den Menschen in seinem *Sohn*, den die Christen als den Gottes-Verwirklicher in der Geschichte verstehen; in seinem Leben und Wirken geschieht exemplarisch Verwirklichung des

---

[104] Søren Kierkegaard, Die Krankheit zum Tode, 37.

von Gott Ermöglichten – Gottes Herrschaft, wird Gott den Menschen wirklich. Gottes *Heiliger Geist* ist die Gottes-Gegenwart in den Menschen, die »neue Wege anregt und auslöst«[105], das von Gott Ermöglichte Wirklichkeit werden zu lassen; er ist Gottes Welt-Gegenwart, wozu er »der Mitwirkung des Geschöpfes bedarf«[106] und um sie wirbt. Der Mensch hat die Macht, darüber mitzuentscheiden, was ihm zur Wirklichkeit wird und durch ihn wirklich wird. Was er auf sich wirken lässt, dessen Wirklichkeit wird er und realisiert er. Wie oft kann er sich dem Mitwirken am Wirklichwerden des »Unmöglichen« kaum entziehen! Dann wird er zur willenlos-geistlosen Wirklichkeit eines Ungeistes, der ihn nur benutzt. Gottes Geist aber ruft das Sich-Identifizieren-Können der Zeuginnen und Zeugen mit dem Geschehen hervor, das sie in die tiefste, innerste und hoffnungsvollste Wirklichkeit ihres Lebens hineinführt: an der Liebe teilzuhaben, in der Gott ihnen wirklich wird und sie zur Wirklichkeit seiner Liebe werden.

Diese theologische Würdigung der Menschen als Mit-Wirkende an Gottes Wirklich-Werden in Welt und Geschichte kann nicht davon absehen, dass sie auf die ihnen ermöglichten, ihnen geschenkten Anfänge verwiesen und davon in Anspruch genommen sind, zu verantworten, was aus diesen Anfängen wird. Sie werden selbst angefangen und sind ein Leben lang dazu unterwegs, die Möglichkeiten zu entdecken, die ihnen darin erschlossen sind, dass sie sich mitschöpferisch auf sie einließen[107]; aber eben auch dazu unterwegs, um neue Anfänge zu ringen, wenn sich ihnen verheißungsvolle Anfänge verschlossen haben. Menschen leben in diesem Dazwischen; sie leben es – mehr oder weniger einfühlsam für das ihnen Mitgegebene wie für das ihnen dadurch möglich Gewordene. Sie leben es mehr oder weniger fatalistisch oder kämpferisch-leidenschaftlich gegen das Unmöglich-Werden und Unmöglich-Machen von Möglichkeiten der Gottes-Vergegenwärtigung in dieser Welt engagiert. Sie sind gewürdigt, als Hermeneut(inn)en der Anfänge die Fortsetzer(innen) dessen zu werden, was Gott mit ihnen angefangen hat, damit es zur Vollendung komme. In diesem Sinne dürfen sie sich von Paulus angesprochen wissen: »Ich vertraue darauf,

---

[105] Vgl. Papst Franziskus, Enzyklika *Laudato si'*, Nr. 238.
[106] Simone Weil, Schwerkraft und Gnade, dt. München 1989, 56.
[107] Man darf sich für diese theologische Perspektivierung auf Hannah Arendts Wort berufen: »Mit der Erschaffung der Menschen erschien das Prinzip des Anfangs, das bei der Schöpfung der Welt noch gleichsam in der Hand Gottes und damit außerhalb der Welt verblieb, in der Welt selbst und wird ihr immanent bleiben, solange es Menschen gibt« (dies., Vita activa oder Vom tätigen Leben, 216).

dass er [Gott], der bei euch das gute Werk begonnen hat, es auch vollenden wird bis zum Tag Christi Jesu« (Phil 1,6). Dieses Vertrauen lässt der Warum-Frage, auch der Warum-Klage, ihr Recht und weigert sich doch zu resignieren, wenn sie in die Aporie führen. Immer wieder neu versucht es, dem Fragen eine neue Richtung zu geben. Toni Morrison erzählt, was nur vertrauend gewagt werden kann: »[M]it dem Warum ist schwer umzugehen, darum muss man seine Zuflucht zu dem Wie nehmen.«[108] Es ist zuletzt die einzige Zuflucht, die das ratlose Warum finden kann: Wie – und wohin – jetzt aufbrechen in eine bessere Welt? Wenn man im Glauben fragt: in die Gottes-Wirklichkeit, die mit mir, mit uns, unter uns angefangen hat, damit sie uns immer mehr zur Lebens-Wirklichkeit wird.

Es ist kaum begreiflich, dass Gott es auf die Menschen ankommen lässt, ihr Scheitern riskiert – und erträgt; dass sein Wirklich-Werden in und unter den Menschen Menschen-Wirklichkeit ist; dass sein Wirken im Wirken von Menschen geschieht, die sich seinem Geist öffnen und so zu seiner Kreatur werden.[109] Es ist das nicht aufzulösende Geheimnis, das Christinnen und Christen im Glauben zu wagen mitgegeben ist: dass Gott im menschlich Unmöglichen wirklich wird und die Menschen so für das in Anspruch nehmen will, was nur ihm und aus ihm möglich wird. Man muss »das Unmögliche berühren«, um aus dem Traum zu erwachen, alles menschlich Erstrebenswerte liege im Horizont des menschlichen Vermögens zur Selbstvervollkommnung. Die Erfahrung des Menschen-Unmöglichen kann dahin führen, Gottes Wirklich-Werden zuzulassen. Noch einmal Simone Weil: »Und Er, wie sollte er zu uns kommen, ohne herabzusteigen? […] Die Inkarnation macht diese Unbegreiflichkeit offenbar. Sie ist die konkreteste Form, unter der dieser unmögliche Herabstieg gedacht wird. Warum also sollte sie nicht die Wahrheit sein?«[110]

Dass Gott so zu den Menschen kommt, unter ihnen da zu sein und in ihnen wirklich zu werden, macht ihr elementares Verlangen aus einer »nutzlosen Leidenschaft« zur Verheißung eines Gott-erfüllten Menschsein. Das Bewusstsein des menschlich Unmöglichen »nötigt uns zu dem unaufhörlichen Verlangen, durch alles, was wir begehren, erkennen und wollen,

---

[108] Dies., Sehr blaue Augen. Roman, dt. Reinbek ²²2019, 16.
[109] Das kaum Begreifliche ist gleichwohl theologisch zu buchstabieren. Gott handelt, wo sein guter Wille geschieht: Diesen Leitsatz habe ich wiederholt auszulegen und theologisch plausibel zu machen versucht; vgl. etwa: Gott verbindlich. Eine theologische Gotteslehre, Freiburg i. Br. 2007, 323–329.
[110] Simone Weil, Schwerkraft und Gnade, 134f.

hindurch das Unergreifbare zu ergreifen«[111]; es kann der Ort der Hoffnung darauf und des Glaubens daran werden, dass der Unergeifbare sich ergreifen lässt, damit die Menschen an seinem Leben Anteil haben und sich von seinem Geist erfüllen lassen.

Ob dieses hoffende Verlangen in die höchste und letzte Wirklichkeit in und »hinter« allem Lebensweltlich-Wirklichen hineinführt oder nur in eine mythische »Hinterwelt«, der sich schon die frühe Menschheit verschrieben hat, um in der Welt zuhause sein und ihr Miteinander durch die Bindung an unabdingbare Verbindlichkeiten koordinieren zu können? Viel spricht paläo-anthropologisch dafür, die »Suche nach Ursachen und Bedeutungen hinter der Wirklichkeit« als evolutionär zukunftsweisende Fähigkeit anzusehen, Menschen-Populationen in der Pflege und Beachtung unabdingbarer Gültigkeiten zu sammeln.[112] Es erscheint dann ausgemacht, dass man es dabei mit einer »irreale[n]« Wirklichkeit, mit »phantastische[n] ›Theorien‹ über die Ordnung hinter der Wirklichkeit«[113] zu tun hat, denen eine sozial-funktionale Bedeutung, aber keine Relevanz für die Erschließung von Wirklichkeit zukommt. Nietzsche wollte die hinterweltlerisch-mythische Bindung an unsichtbare Wirklichkeiten aufkündigen und den »neuen Stolz« lehren: »Nicht mehr den Kopf in den Sand der himmlischen Dinge zu stecken, sondern frei ihn zu tragen, einen Erden-Kopf, der der Erde Sinn schafft!«[114] Oder ist es doch so, dass das menschliche Bewusstsein früh zu Bedeutungen unterwegs war, die das Leben bejahenswert machten; zu Wirklichkeits-Dimensionen, in denen sich keine Lebens-pragmatischen Problemlösungen finden ließen, sondern Lebens-Orientierungen, denen man auf der Spur bleiben durfte?

---

[111] Ebd., 135.
[112] Vgl. Jost Herbig, Im Anfang war das Wort. Die Evolution des Menschlichen, Taschenbuchausgabe München 1986, 174–192
[113] Vgl. ebd., 175, 178, 180.
[114] Also sprach Zarathustra I, Von den Hinterweltlern, KSA 4, 36 f.

7. Leibhaft: geburtlich und sterblich

7.1 Endlich leben, in Gemeinschaft leben

Das Dasein des Menschen ist ein Dasein in Zeit und Raum; leibhaft begrenzt auf ein Da in der Welt, nicht dort oder überall, begrenzt durch ein *Vorher nicht* und *Nachher nicht*. Zeitlich wie räumlich ist es ein *Dazwischen:* zwischen Geborenwerden und Sterben; ein Sich-Aufhalten inmitten *dieser* Mitmenschen an *diesem* Ort, so sehr man heute die Möglichkeit hat, seinen Ort und seine sozialen Bezüge freiwillig oder von Umständen gezwungen zu wechseln. Es macht einen Unterschied, wo und wann, in welchen raumzeitlichen Koordinaten Dasein stattfindet. Es entscheidet über die Lebensbedingungen der Menschen, wo sie geboren sind und leben können, von wem sie geboren sind, wessen Erbe sie antreten. Es macht einen Unterschied, wie lange sich ihr Dazwischen erstreckt, ob sie früh sterben oder lange leben. Diese Bedingungen ihres Daseins können die Menschen nicht selbst bestimmen und nur begrenzt verändern; sie sind ungleichen, unvergleichbaren Lebenssituationen unterworfen. Die Realität des In-der-Welt-Seins teilt Lebens-Qualität ungerecht zu und verurteilt die Menschen dazu, mit unterschiedlichen Start- und Verlaufsbedingungen zurechtzukommen bzw. ihr Miteinander so zu stabilisieren, dass man sich miteinander und mit dem Skandal unterschiedlicher Lebens-Qualitäten arrangiert, da man ihn in vielerlei Hinsichten nur begrenzt lindern kann. Jede, jeder hat ein unvergleichlich eigenes Leben. Zugleich aber haben manche »mehr«, viele »weniger« vom Leben. Und man kann meist nicht sagen, das sei verdient oder sonst wie zu rechtfertigen.

Die Endlichkeit des Menschenlebens steht – neuzeitlich mehr denn je – unter dem Vorzeichen der *Knappheit:* an Lebensmitteln, Lebens-Ressourcen, an Lebens-Zeit. Der Mensch ist »ein Wesen mit endlicher Lebenszeit« geworden, dem »immer weniger Zeit für immer mehr Möglichkeiten und

Wünsche« zur Verfügung zu stehen scheint.¹ Das treibt ihn nicht nur dazu an, die Zeit immer intensiver zu nutzen. Es dramatisiert auch die Erfahrung der Abhängigkeit von Unverfügbarkeiten, die die Lebensqualität fördern oder einschränken – und damit die Frage nach der Gerechtigkeit bei der Verteilung oder dem Zugänglichwerden von Lebenschancen.

Die Menschen der Frühzeit mögen das anders erfahren haben. Unverfügbarkeiten werden ihnen als im Wesentlichen unveränderlich gegeben erschienen sein, auch wenn man versuchten konnte, durch Einflussnahme auf übermenschliche Mächte einigermaßen schadlos zu bleiben. Man erfuhr das Leben im Generationen-übergreifenden Zusammenhang, der die Frage nach individueller Lebensqualität und dem Grund für die Unerfüllbarkeit vieler Wünsche ans Leben nicht in den Bewusstseins-Vordergrund treten ließ. Man wuchs – so das Bild, das man sich von dieser Frühzeit macht – in Lebens-Gemeinschaften hinein, in denen das Leben *miteinander geteilt*, ertragen, geschützt, weitergegeben und fruchtbar gemacht wurde. Schwächen und Stärken, Fertigkeiten und Defizite mögen in Familien- und Stammes-Solidarität genützt oder ausgeglichen worden sein.² Der Lebenszyklus der Einzelnen war in die Generationen-Folge eingebunden, sodass man in ein überdauerndes Miteinander hineinstarb, in ihm weiter mitlebte. Das leiblich-endliche Dasein war das Dasein als Lebewesen unter den Bedingungen des natürlichen Daseins, das man im Miteinander lebte und nutzte und auch nicht verlorenging, wenn man aus der Lebensgemeinschaft in dieser Welt ausschied.

Dieses Miteinander wird man sich nicht als gewaltfreie Idylle vorstellen dürfen; im Binnenraum des Clans nicht, noch weniger nach außen. Gewalt kommt ins Spiel, wenn die Überlebensnot die Verteidigung der eigenen Überlebens-Bedingungen erforderlich macht; zudem überall da, wo das Rivalisieren um bessere Lebenschancen nicht mehr von der Bindekraft eines solidarischen Miteinanders gezügelt werden kann. Unterschiedlich konzipierte Theorien der menschlichen Frühzeit beschreiben die früh-religiöse

---

[1] Hans Blumenberg, Lebenszeit und Weltzeit, Frankfurt a. M. ³1986, 71–73.
[2] Soziobiologische Konzepte sehen das auszeichnend Menschliche darin, dass Menschen Kulturen des Teilens entwickelten; vgl. Jost Herbig, Im Anfang war das Wort, 37–69 und 268–304. Ansätze dazu gibt es auch in der Tierwelt, etwa bei den Schwertwalen. Unverkennbar ist aber, dass die Soziobiologie heute nicht eine Sicht der Evolution favorisiert, in der vom Übergang zum Menschlichen gesagt werden müsste: Am Anfang war der Kampf um knappe Güter. Offenbar gilt ebenso oder gar eher: Am Anfang war das Teilen.

Sorge für diese Bindekraft[3] und machen auf soziale Kommunikationsformen aufmerksam, mit denen das soziale Miteinander Stammes-übergreifend initiiert oder gepflegt werden sollte, so exemplarisch nach den ungeschriebenen Gesetzen des Gabetauschs.[4] Man kann Evolution und Entwicklungsdynamik des Sozialen entlang einer Achse beschreiben, die zu immer differenzierteren und umfassenderen Formen führt, in denen man jeweils Dissoziation durch Einbindung zu bearbeiten versucht, dabei immer wieder scheitert und nach neuen Formen suchen muss. Es ist die Durkheimsche Perspektive; in ihr kommt religiösen Praktiken eine entscheidende Funktion für die Gewährleistung sozialer Kohäsion zu, insofern sie die gemeinschaftlichen Idealisierungen, »die Kollektivgefühle und die Kollektivideen in regelmäßigen Abständen zum Leben zu erwecken und zu festigen« vermögen. In diesem Sinne ist die »Idee der Gesellschaft« nach Durkheim gewissermaßen genetisch die »Seele der Religion«, so wie umgekehrt die Religion die Seele der Gesellschaft nährt und bewahrt, ihr Miteinander inspiriert und Kraft zu solidarischem Handeln gibt. Religion ist hier das, was die Menschen zu sozialen Wesen macht, das Leben gemeinschaftlich bestehen lässt. »Der Gläubige, der mit seinem Gott kommuniziert hat, ist nicht nur ein Mensch, der neue Wahrheiten sieht, die der Ungläubige nicht kennt: er ist ein Mensch, der mehr *kann*. Er fühlt mehr Kraft in sich, entweder um die Schwierigkeiten des Lebens zu ertragen oder um sie zu überwinden. Er scheint über der menschlichen Not zu stehen, weil er sich über den Zustand der Menschen erhoben hat. Er glaubt, vom Übel, unter welcher Form er es auch auffassen mag, befreit zu sein.«[5] Religiöse Überzeugungen und religiös-rituelle Praktiken verarbeiten die dissoziativen Fliehkräfte in einer Gesellschaft, die von den Chaos-Erfahrungen bedrängt wird und doch von der Zuversicht lebt, der Lebensnot letztlich nicht hilflos ausgeliefert zu sein. So wird die Religion auch bewusst einsetzbar als Opium für das Volk, das sich im Opiumrausch der religiös Getrösteten mit ihrer realen gesellschaftlichen Ausbeutung eher abfindet und nicht nach deren wahren Ursachen fragt.[6]

---

[3] Vgl. die Theorie von René Girard; ders., Das Heilige und die Gewalt, dt. Neuausgabe Ostfildern 2011.
[4] Grundlegend: Marcel Mauss, Die Gabe. Die Form und Funktion des Austauschs in archaischen Gesellschaften, dt. Frankfurt a. M. 1968.
[5] Emile Durkheim, Die elementaren Formen des religiösen Lebens, 571, 561 und 558.
[6] Karl Marx spricht von der Religion als dem »Opium des Volkes« und hört in ihr eben auch den »Seufzer der bedrängten Kreatur« (ders., Zur Kritik der Hegelschen Rechtsphilosophie. Einleitung, in: Marx-Engels-Werke, Bd. 1, Berlin 1970, 378–391, hier 378). Von

Durkheims sozial-funktionalistische Theorie der Religion versteht diese nicht als Unterdrückungs-Instrument, das durch Emanzipation funktionslos werden soll, sondern als Integrations-Wirklichkeit, die sich mit der gesellschaftlichen Entwicklung tiefreichend verändert und zu neuen Formen finden wird. Es gibt – so Durkheim – »keine unsterblichen Evangelien; aber nichts rechtfertigt den Glauben, dass die Menschheit unfähig wäre, in der Zukunft neuen zu erschaffen. Welches die Symbole sein werden, unter denen sich der neue Glaube ausdrücken wird, ob sie jenen der Vergangenheit gleichen oder nicht, ob sie der Wirklichkeit, die sie ausdrücken werden, angepasst sind oder nicht, ist eine Frage, die das menschliche Fassungsvermögen überschreitet«[7]. Je nach den desintegrativen Herausforderungen, denen Gesellschaften ausgesetzt sind, wird Religion ihre sozialintegrative Energie mobilisieren und ausdrücken.

Im Blick auf die biblischen Überlieferungen wird man Durkheims Sicht einseitig finden. In den prophetischen Überlieferungen des Alten wie des Neuen Testaments erkennt man deutlich desintegrative Interventionen und Provokationen. Sie erfolgen, wenn sich politische oder ökonomische Integrationsformen als gewaltförmig erweisen. Propheten ergreifen Partei für die Unterdrückten; sie klagen das Los derer ein, die im Konsens der politisch, ökonomisch und religiös Maßgebenden nicht vorkommen. In Not Geratene oder von den wirtschaftlichen Dynamiken an den Rand Gedrängte dürfen nicht weiter ausgebeutet werden. Ihnen das Wenige, das sie haben, zu nehmen, ruft Gottes Zorn hervor; es zerstört die Gottes-Gerechtigkeit und Gottes-Atmosphäre im erwählten Volk. Religion wird zum *Raum der Individualität:* Hier darf sie vorkommen; hier kommt ihr Elend zur Sprache, die Ungerechtigkeit, mit der Eliten sich bereichern. JHWH wird es »sehen«; er wird den Leidenden Recht verschaffen. Aber wann endlich wird er zu ihren Gunsten eingreifen und die Verhältnisse zurechtrücken? Die nachprophetische Apokalyptik hat es aufgegeben, darauf noch in dieser Unheils-Geschichte zu hoffen, die Israel und die ganze Welt heimsucht. Erst wenn es mit dieser Welt und ihrer Geschichte zu Ende sein wird, kommt Gott machtvoll, um das Recht aufzurichten; und das wird dann heißen: allen das Verdiente zuzuteilen.

Das war der Ungerechtigkeits-Skandal, den das Buch Ijob schon thematisierte: als biographisch-leibhafte Katastrophen-Existenz. Aber Ijob steht

---

Religion als dem »Opium für das Volk« spricht erst Wladimir Iljitsch Lenin, Über die Religion. Eine Auswahl, dt. Berlin 1981, 39–44.
[7] Emile Durkheim, Die elementaren Formen des religiösen Lebens, 572 f.

repräsentativ für das geschundene Gottesvolk. Eine »weltimmanente« Gerechtigkeit, die jedem ein Ergehen äquivalent zu seinem Tun bereiten müsste, steht nicht zu erwarten. Gottes Gerechtigkeit ist theologisch nur zu retten, wenn ihr Horizont über diese Welt und über das individuelle Leben zwischen Geburt und Tod hinausreicht. In *diesem* Leben bleiben viele Rechnungen offen, bleibt so viel Leiden ungetröstet, dass es mehr geben muss als dieses Leben, damit Leidenden nicht auf ewig vorenthalten wird, was die Gerechtigkeit fordert.

Es ist nicht mehr das Eingebundensein in den leibhaft-familiären Lebenszyklus oder die Geschichte des Volkes, das den Horizont für Gottes zurechtbringendes Handeln abgibt. Mit zunehmender Dringlichkeit kommt die Forderung in den Blick, dem individuellen Leben möge Gerechtigkeit widerfahren. Gott kommt nun in den Blick als der, der es nicht verloren gibt, er, der »Liebhaber des Lebens«, deines, meines Lebens, jeden Lebens (vgl. Weish 11,26). Er wird, was im Erdenleben geschah, was ungerechterweise vorenthalten geblieben oder im Übermaß genossen wurde, nicht stehen lassen. Sein Gericht am Ende der Zeiten wird ausgleichen, was im Leben hier empörend unausgeglichen blieb; er wird die Kleinen und Unterdrückten in seiner Herrschaft vollenden, die Übeltäter aber dem anheimgeben, was sie »verdient« haben.

Wo das menschliche Selbstbewusstsein das menschliche Dasein als je Einzelnes begreifen lernt, nimmt es sich in seiner Abgründigkeit und seiner geradezu skandalösen Zufälligkeit wahr. Zufall ist, dass ich bin, wo und wie lange ich bin, unter welchen Bedingungen ich lebe. Ich bin ein Spielball zufälliger Überkreuzungen und Kollusionen, weiß nicht um mein Warum, bin einer Welt ausgeliefert, in der die Zufalls-Mächte regieren. Die Apokalyptik verleiht diesem Selbstbewusstseins-Skandal einen dramatischen, weltgeschichtlich-politisch dimensionierten Ausdruck, indem sie den endzeitlich handelnden Gott gegen die als gefräßige Untiere imaginierten Weltmächte aufruft, ihm allein die Erlösung von ihrer Chaos-Herrschaft anheimstellt und im Endgericht die Wiederherstellung seiner guten Ordnung kommen sieht.

Die Predigt Jesu hat diesen Individualisierungs-Schub der Apokalyptik aufgenommen und Gott als den Vater gezeichnet, der den Seinen mit und in Christus »ewiges« Leben geben wird. Ihr grundloses Dasein ist ihm so wichtig, dass sein Messias keines von ihnen verloren gibt, noch den »Verlorensten« nachgeht, sie aus dem Gestrüpp ihres Daseins zu retten (vgl. Lk 15,1–7). In seinen Tod sind sie hineingetauft; mit ihm werden sie auferstehen (vgl. Röm 6,1–7). Mit der Taufe beginnt das neue Leben hier und jetzt. Es kann nicht ums Leben gebracht werden, wenn es mit Christus und aus seinem Geist gelebt ist. Die Gerichts-Thematik lenkt den Blick hier auf die Lebensführung der Einzelnen in der Gemeinschaft der Glaubenden.[8] Vor Gott und mit Christus, dem endzeitlichen Gerichtsherrn, bereitet man das Leben in dieser Welt auf seine Endgültigkeits-Perspektive vor. Das Zurücktreten der apokalyptischen Naherwartung machte den Raum frei, in dem sich diese Konzentration auf das gute Leben hier und jetzt mit platonischen und stoischen Philosophien einer guten Lebensführung verband und eine asketisch eingefärbte Selbstsorge-Praxis ausbildete. Das Leben zwischen Geburt und Tod blieb noch eingebettet in eine Biographie, die nicht mit dem Tod enden, sondern in eine ewige Vollendung oder in ewige Gottlosigkeit hineinführen würde, je nachdem ob das Leben vor dem Tod in der Gemeinschaft der Glaubenden zu einer für die Übernatur offenen, Gotterfüllten Lebens-Qualität ausgebildet war oder in sich verschlossen blieb.

Wo diese Einbettung an Plausibilität verlor, erwiesen sich Sterben und Tod als die harte Realität der Endlichkeit, an der das leibhafte Leben als verletzlich erfahren wurde und schmerzlich unvollendet blieb, sein organisches Ende fand, »ganz« wurde oder als das dramatische Ende des Selbstseins zu ertragen war. Der Streit darum, was der Tod für das Leben bedeutet, erwies sich mit der europäischen Aufklärung als die Herausforderung, mit der die Anthropologie als philosophische Perspektivierung eines endlichen Lebens Bedeutung gewann.

7.2 Sein zum Tode

Wie damit fertigwerden, dass das Leben »Sein zum Tode« ist?[9] Die über lange Jahrhunderte kaum in Frage gestellte Antwort des christlichen Glaubens: Glaubende werden damit fertig, weil sie über das Leben in diesem

---

[8] Emil Durkheim hat diese individualisierende Dynamik des Christentums durchaus gewürdigt. Es habe »die persönliche Überzeugung des Individuums als wesentliche Voraussetzung für die Frömmigkeit aufgezeigt [...] Das Zentrum des moralischen Lebens selbst ist so von außen nach innen verlegt und das Individuum zum souveränen Richter seines eigenen Verhaltens erhoben worden, ohne anderen außer sich selbst und seinem Gott Rechenschaft ablegen zu müssen« (ders., Der Individualismus und die Intellektuellen [im Original 1898], dt. in: H. Bertram [Hg.], Gesellschaftlicher Zwang und moralische Autonomie, Frankfurt a. M. 1986, 54–70, hier 64). Vgl. Hans Joas, Die Sakralität der Person. Eine neue Genealogie der Menschenrechte, Berlin 2011, 81–90.
[9] Vgl. Martin Heidegger, Sein und Zeit, 235–267.

sterblichen Leib hinaus bei Gott Zukunft haben. Mit dem Tod ist für sie *nicht alles aus*. Und diese Zuversicht bildet, so mochte es ihnen vorkommen, geradezu den zentralen Inhalt ihres Glaubens. Als es damit beginnt, dass der Glaube an ein Leben nach dem Tod an den Rand des Glaubens-Bewusstseins wandert, setzen die Verkünder der Kirchen noch einmal forciert auf das Unerträgliche eines Sterben-Müssens ohne Auferstehungs-Hoffnung. Auf den Höhepunkten eines bürgerlich-erfolgreichen Lebens mag man diese Zukunfts-Perspektive des Alles-Verlierens im Tod noch abblenden können. Aber es kommt in jedem Leben der Zeitpunkt, wo sie erschreckend ins Bewusstsein einbricht. Bei Bernhard Groethuysen zu Wort kommende Prediger im vorrevolutionären Frankreich des 18. Jahrhundert setzen energisch auf dieses *argumentum ad hominem morientem*.[10]

Man zeichnet die Schrecken des Todes in makabrer Exaltierung nach: wie der Leichnam im Grab den Würmern zur Nahrung dient. Aber was sind diese Schrecken angesichts der Bedrohung durch ewige Sündenstrafen, denen man entgegengeht, wenn man im diesseitigen Leben dem ewigen Heilsschicksal zu wenig Aufmerksamkeit schenkte! Den Aufgeklärten mochte dieses Arbeiten mit Todesangst und Sündenfurcht kläglich, geradezu verachtenswert vorgekommen sein. So verlor ein auf Straf-Angst und Todes-Furcht gegründeter Glaube seinen öffentlichen Kredit. Er baut, so sah man es vielfach, auf ein »niederes Gefühl«, das eines selbstbewussten Bürgers nicht würdig erschien. Wer *so* glaubt, dem fehlt es an Mut. Michel de Montaigne spricht es unverblümt aus: »[W]as für ein Glaube muss das sein, welchen Verzagtheit und Schwäche des Herzens in uns pflanzen und gründen? Das muss mir eine saubere Religion sein, worin man nur glaubt, weil man nicht das Herz hat, daran zu zweifeln.«[11] Die Todes-Furcht ist – so machen es die Aufklärer vor allem in Frankreich geltend – überhaupt nur eine von der Höllenpredigt hervorgerufene Angst vor einer ewigen Qual, auf die das Sterben wahrscheinlich hinführe. Nimmt man den Menschen diese Angst, werden sie den Tod nicht länger fürchten, da er – so die Encyclopédie – »etwas ebenso Natürliches ist wie das Leben [...] Die Menschen fürchten sich vor dem Tode, wie die Kinder sich vor der Dunkelheit fürchten und nur deswegen, weil man ihre Phantasie mit ebenso eitlen wie

---

[10] Vgl. Bernhard Groethuysen, Die Entstehung der bürgerlichen Welt- und Lebensanschauung in Frankreich, 2 Bde., Neuausgabe Frankfurt a. M. 1978, Bd. 1, 93–142.
[11] Michel de Montaigne, Gesammelte Schriften, 8 Bde., hg. von O. Flake und W. Weigand, München – Leipzig 1908–1911, Bd. 3, 87.

schrecklichen Gespenstern angefüllt hat«.[12] Zum Übel wird der Tod für die Menschen, wenn er ihr Leben *vorzeitig* abbricht und sie hindert, den Reichtum des Lebens auszuschöpfen. Man muss also alles dafür tun, dass der Tod »erst nach Erschöpfung aller Lebenskräfte eintritt und dann auch willkommen ist.«[13]

Das Bild des *natürlichen Todes* konsolidiert sich im 19. Jahrhundert als Gegenentwurf zum christlichen Verständnis des Todes. Ludwig Feuerbach hat es in seiner Frühschrift »Gedanken über Tod und Unsterblichkeit« mit wachem Sinn für die Plausibilitäts-stiftende Funktion evokativer Todes-Metaphern ausgestaltet. Leitend bleibt das Ideal des »rechtzeitigen« und dann auch willkommenen Todes. In den »Xenien« heißt es dazu in poetischer Verknappung:

»Leistete dies Medizin, dass stürbe der Mensch nicht zur Unzeit,
Sondern der Ordnung gemäß, welche bestimmt die Natur,
Dann verlangte der Mensch nicht mehr nach dem Leben noch Leben,
Und es verschwände der Grund, drauf sich der Pfaffe jetzt stützt.«

Und:

»Angenehm ist der Tod, kommt er zur gehörigen Zeit an,
Kommt er aber zu früh, ist er ein lästiger Gast.
s'ist kein Wunder, es fällt zur Last uns der teuerste Gast selbst,
Kommt er zu uns in das Haus, ehe fertig das Mahl.«[14]

Der Tod sollte der Gast sein, der einen nach genossenem Mahl lebenssatt mitnimmt: »Der naturgemäße, der gesunde Tod, – der Tod, der im hohen Alter erfolgt, dann erfolgt, wann der Mensch das Leben satt hat, wie es im Alten Testament von den Erzvätern und anderen gottgesegneten Männern

---

[12] Encyclopédie, Artikel »Mort«, zitiert nach Bernhard Groethuysen, op. cit., 139.
[13] So referiert Jacques Choron (Der Tod im abendländischen Denken, dt. Stuttgart 1967, 140) Condorcet. Bacon nimmt den Gedanken vorweg; er ist der Auffassung, »der Tod sei das geringste der Übel für den, der ein arbeitsreiches und nützliches Lebens geführt hat.« Ein Mensch, »der würdige Ziele und Hoffnungen erreicht hat«, könne gelassen das »nunc dimittis servum tuum, Domine« singen (so Choron, Der Tod im abendländischen Denken, 115 mit Bezugnahme auf Francis Bacon, Über den Tod, in: ders., Essays, hg. von L. L. Schücking, Leipzig 1940, 9).
[14] Ludwig Feuerbach, Gedanken über Tod und Unsterblichkeit, in: Werke in sechs Bänden, hg. von E. Thies, Bd. 1: Frühe Schriften, Frankfurt a. M. 1975, 77–349, hier 329 f. Der zweite Text wird wohl auf den Dialog zwischen Faust und Mephistopheles in Goethes Faust, Erster Teil, Studierzimmer anspielen:
»Faust: Und so ist mir das Dasein eine Last, / der Tod erwünscht, das Leben mir verhasst.
Mephistopheles: Und doch ist nie der Tod ein ganz willkommner Gast.«

heißt, ist selbst der letzte Wille und Wunsch des Menschen, so lange er wenigstens in seinen Wünschen und Vorstellungen der menschlichen Natur getreu bleibt.«[15] Im hohen, erfüllten Alter das Leben »satt haben«, dann auch »gern« sterben, den »gesunden Tod« sterben? Es ist das Idealbild eines befriedigten Sterbens, da man der Fülle des Lebens teilhaftig geworden ist, der Leib des Lebens müde geworden ist und nicht länger nach »noch mehr Leben« verlangt; Bild eines Todes, in dem man seine Bestimmung erreicht – und »ausruhen« darf. Das Leben verlöscht wie die Kerze, die sich verzehrte und das Beste aus ihrem Dasein gemacht hat. Die Schlaf- und Auslöschungs-Analogie schaffte bei den Aufgeklärten »das grässliche Gerippe aus den Augen, den alles entwertenden Anführer mittelalterlicher Totentänze«[16].

Diese ästhetisierende Übermalung mag geholfen haben, mit den theologischen Schreckensbildern fertig zu werden. Dem leibhaft-definitiven Erschöpfungs-Vorgang des Sterbens war sie kaum gewachsen. »Lebenssatt« ist kaum mehr als die idealisierende Umschreibung von *Lebens-überdrüssig*: Man kann nicht mehr; deshalb will man nicht mehr. Die Schönfärberei des Todes bleibt angestrengt dem Ziel verpflichtet, dem christlichen Auferstehungsglaubens die emotionale Sehnsuchts-Basis streitig zu machen. Am Ende steht für das Lebewesen die kraftlose Erschöpfung. Es mag sein, dass dann – Reinhold Schneider weiß sich von dieser Erfahrung berührt – die Kraft fehlt, einer Auferstehung noch entgegenzuhoffen: »[M]eine Lebenskraft ist so sehr gesunken, dass sie über das Grab nicht hinauszugreifen, sich über den Tod hinweg nicht zu sehnen und zu fürchten vermag. Ich kann mir einen Gott nicht denken, der so unbarmherzig wäre, einen todmüden Schläfer unter seinen Füßen, einen Kranken, der endlich eingeschlafen ist, aufzuwecken. Kein Arzt, keine Pflegerin würde das tun, wieviel weniger Er!«[17]

Was bleibt, wenn man die christliche Auferstehungs-Hoffnung als narzisstisch-egoistische Selbst-Fixiertheit durchschaut haben will? Zu welcher Ent-Skandalisierung des Todes kann man noch seine Zuflucht nehmen? Gegen die Lebens-Erschöpfung am Ende, die dem Leibwesen Mensch nicht erspart bleiben kann, wird die Lebens-Opulenz aufgeboten, zu der Men-

---

[15] Ludwig Feuerbach, Die Unsterblichkeitsfrage vom Standpunkte der Anthropologie, in: Ludwig Feuerbach's Sämtliche Werk, hg. von W. Bolin und F. Jodl, Stuttgart 1903–1911, Bd. 1, 91–262, hier 236 f. So wird von Abraham gesagt, dass er lebenssatt starb (Gen 25, 8).
[16] Ernst Bloch, Das Prinzip Hoffnung, Frankfurt a. M. 1959, Bd. 3, 1345.
[17] Reinhold Schneider, Winter in Wien, 79.

schen es bringen können, wenn sie zu leben verstehen. Die Verheißung: Wer sein Leben zur Blüte bringt, kann sich mit seinem Lebewesen-Sein aussöhnen, seinem endgültigen Verlöschen am Ende zustimmen. Er kann einsehen und akzeptieren: »Tod kommt aus natürlichen Ursachen, bedeutet Aufhören der biologischen Lebensprozesse, mit denen als ihrer Voraussetzung alle anderen Lebensprozesse gleichfalls enden. Was bleibt, ist ein Ding, die Leiche.«[18] Die biologische Natur setzt sich nun als die *alles bestimmende Wirklichkeit* durch. Wo die biologischen Funktionskreise des Lebens zusammenbrechen, überdauert nichts. So ist die Selbstverständlichkeit eines Gott-losen Todes, eines Lebensendes ohne Auferweckung der Gestorbenen in Gott hinein, für ein wissenschaftlich aufgeklärtes menschliche Selbstverständnis geradezu überwältigend geworden. Die Neuropsychologie lässt keinen Zweifel daran, »dass ohne Hirnfunktion keine unserer Fähigkeiten, Empfindungen, Erfahrungen und nichts, was unser Bewusstsein sonst ausmacht, existieren kann.« Daraus folgert Reinhard Werth ebenso selbstverständlich: »Der Annahme einer wie auch immer gearteten Bewusstseinsform, die nach dem Erlöschen aller Gehirnfunktion weiter bestehen könnte, widersprechen alle neurobiologischen und psychologischen Erkenntnisse. Die Hoffnung nach einem Weiterleben nach dem Tod ist zwar psychologisch nachvollziehbar, doch sie entbehrt jeder wissenschaftlichen Grundlage.«[19] Kein *Weiter*leben, keine Empfindungs- und Beziehungsfähigkeit mehr nach Erlöschen aller Gehirnfunktionen. Wie könnte es anders sein! Wer sich anderes vormacht, der verfällt – so Emil Cioran – einem »narzisstischen Größenwahn«[20].

---

[18] Werner Fuchs, Todesbilder in der modernen Gesellschaft, Taschenbuchausgabe Frankfurt a. M. 1973, 71.
[19] Reinhard Werth, Die Natur des Bewusstseins. Wie Wahrnehmung und freier Wille im Gehirn entstehen, München 2010, 210 f.
[20] Darin gipfelt Ciorans Anklage des christlichen Glaubensbewusstseins: »Ihr glaubt im Namen des Glaubens euer *Ich* zu besiegen; in Wirklichkeit wollt ihr es in alle Ewigkeit fortsetzen, die irdische Dauer genügt euch nicht [...] Allein das Jenseits ist geräumig genug für eure Begehrlichkeiten; Erde und Erdenzeit erscheinen euch zu kurzatmig. Der Größenwahn der Klöster übertrifft alles, was jemals der Fieberprunk der Paläste sich ausdachte [...] Ich versage mich dieser verderblichen Verführung durch ein unbegrenztes Ich« (ders., Lehre vom Zerfall, 110 f.).

7.3 Am Ende der Tod? Theologisch-kritisches Zwischenspiel 1

Das Todesbild der empirischen Wissenschaften erlaubt keine Übermalungen. Am Ende steht der physische Zusammenbruch eines Systems, mit dem alle seine Teilsysteme zu funktionieren aufhören. Was das menschliche Leben bedeutungsvoll macht, muss vorher erreicht worden sein. Aber ist es jetzt nicht komplett bedeutungslos geworden? Die »Hinterbliebenen« werden womöglich herausstellen wollen, wie der oder die Verstorbene in ihrem Herzen, ihrer Liebe oder in seinen Taten weiterlebt. Biologisch gesehen wird auch die gute Erinnerung irgendwann erlöschen. Es bleibt das genetisch Fortgepflanzte und in den Lebensprozess Eingebrachte. Mitunter fällt – in einer dezidiert materialistischen Sicht – der Blick darauf, dass die Materie des Leichnams sich in Humus umsetzen und neues Leben auf der Erde nähren wird.

Kann man mit der Fast-Vergeblichkeit eines Menschenlebens menschlich leben? Verschwindet sie, wenn der Tod nicht vorzeitig eintritt, weil alle denkbare medizinische und soziale Vorsorge getroffen ist? Muss ihr nicht mehr entgegengesetzt werden, wenn man nicht am »Sinn« des Lebens verzweifeln und in die Versuchung geraten soll, das eigene Leben wie das Leben der Anderen als *quantité negligeable* anzusehen – mit all den Konsequenzen, die solche Geringschätzung mit sich bringen kann?[21] Man mag versuchen, den Sinn dieser Fragen zu dekonstruieren; niemand hat das so gründlich in Angriff genommen wie Nietzsche. Und man kann sich darum bemühen, eine Welt-immanente Antwort zu finden. Mit beiden Strategien soll der ins Abseits geratene christliche Auferstehungsglauben endgültig gegenstandslos gemacht werden. So müsste sich die christliche Theologie von beiden gefordert wissen, den Beitrag des christlichen Glaubens an die Auferweckung der Gestorbenen zum Sich-selbst-Verstehen des Menschen überzeugender und »zeitgemäßer« zu artikulieren.

---

[21] Papst Franziskus hat solche Folgen drastisch zum Ausdruck gebracht: wenn der Mensch »wie ein Konsumgut betrachtet [wird], das man gebrauchen und dann wegwerfen kann. Wir haben die ›Wegwerfkultur‹ eingeführt, die sogar gefördert wird. Es geht nicht mehr einfach um das Phänomen der Ausbeutung und der Unterdrückung, sondern um etwas Neues: Mit der Ausschließung [aus elementaren Lebenszusammenhängen] ist die Zugehörigkeit zu der Gesellschaft, in der man lebt, an ihrer Wurzel getroffen, denn durch sie befindet man sich nicht in der Unterschicht, am Rande oder gehört zu den Machtlosen, sondern man steht draußen. Die Ausgeschlossenen sind nicht ›Ausgebeutete‹, sondern Müll, ›Abfall‹« (Apostolisches Schreiben *Evangelii gaudium*, Nr. 53).

Nietzsche geht es bei seinen Dekonstruktions-Anläufen darum, die Lehren vom Zweck oder Wert des Daseins und seine Lehrer zu desavouieren. Dieser Wert soll »für den gewöhnlichen, alltäglichen Menschen [darauf beruhen], dass er sich wichtiger nimmt, als die Welt.« Damit vergeht man sich an der Welt, an ihrem zwecklos-absichtslosen Werden. Dieses natürlich-unschuldige Werden und Vergehen aber ist es, das den Menschen herausfordert, sich ihm absichtslos hinzugeben und darin seine Bestimmung zu finden: »Sich [...] als Menschheit (und nicht nur als Individuum) ebenso *vergeudet* zu fühlen, wie wir die einzelne Blüthe von der Natur vergeudet sehen, ist ein Gefühl über alle Gefühle. – Wer aber ist desselben fähig?«[22]

Religiöse und ethische »Lehrer vom Zweck des Daseins« sehen sich gesandt, »*den Glauben an das Leben* [zu] *fördern*«, indem sie den Menschen glauben machen, sein Leben diene einer übergeordneten Bestimmung. Er muss »von Zeit zu Zeit glauben, zu wissen, *warum* er existiert, seine Gattung kann nicht gedeihen ohne ein periodisches Zutrauen zu dem Leben! Ohne Glauben an die *Vernunft im Leben!*«[23] Dieser Glaube sieht die Vernunft als etwas, was noch erreicht werden muss und noch nicht geschieht, die Vernunft einer besseren, wahren, »jenseitigen« Welt. So verleumdet er das Jetzt, das absichtslos-zwecklose Werden. Erst durch ein Wofür wäre es nach dem Glauben an eine bessere, vernünftigere Welt *gerechtfertigt*. Mit geradezu ontologischer Entschiedenheit setzt Nietzsche dagegen: »[D]as Werden muß gerechtfertigt erscheinen in jedem Augenblick [...]; es darf absolut nicht das Gegenwärtige um eines Zukünftigen wegen oder das Vergangene um des Gegenwärtigen willen gerechtfertigt werden.«[24]

Das ist die gedankliche Operation, mit der Nietzsche den Nerv neuzeitlicher Metaphysik trifft und die auch seinem Konzept von der ewigen Wiederkunft des Gleichen zugrunde liegt: Die Figur der *Selbstzwecklichkeit* und Selbstbezüglichkeit, die in der Metaphysik allein dem Absoluten bzw. – ausdrücklich bei Kant – der einzelnen menschlichen Person zukommen sollte, wird nun für jeden Augenblick und so für das Werden als dem ewigen Übergang von Augenblick zu Augenblick in Anspruch genommen. Nichts, was geschieht, hat seine Rechtfertigung – seinen »Sinn« – in einem anderen. Es ist augenblicklich *es selbst* und sonst nichts. Damit wäre der Frage nach dem »Sinn« des menschlichen Daseins so radikal wie nur mög-

---

[22] Menschliches, Allzumenschliches I, Aphorimus 33, KSA 2, 53.
[23] Vgl. Die fröhliche Wissenschaft, Aphorismus 1, KSA 3, 371f.
[24] Nachgelassene Fragmente November 1887–März 1888, KSA 13, 34.

lich die Legitimation streitig gemacht. Leben ist immer zweck- und sinnlose Selbstverschwendung, der es nur darum geht, dass das Leben als es selbst – für Nietzsche: als Willen zur Macht – in jedem Augenblick geschieht. Daraus ist vielfach die fernöstlich inspirierte, mitunter auch in der Mystik gefundene Aufforderung abgeleitet worden: Lebe augenblicklich! Erfülle jeden Augenblick und hüte dich, ans Danach zu denken, es dir gar vorzustellen! Endlich leben: zwecklos leben wollen; sich von der Frage nach dem Warum und Wofür befreien, frei werden, diesen Augenblick zu leben, ihn gewissermaßen zu vergöttlichen, da in ihm genau das geschieht, was mein Leben ausmacht. Er ist dann nicht mehr nur das »Material«, aus dem ich etwas zu machen hätte, sondern Fatum: mein eigenes göttlich-zweckloses Geschehen.

Es mag überraschen, wie nahe Nietzsche hier der mittelalterlichen Mystik kommt und doch gerade hier von ihr geschieden bleibt: In ihr ist es Gott, der dem Menschen im *Nun* augenblicklich wirklich wird, in ihm »geboren« werden will, *damit* dieser Mensch zur Wirklichkeit seiner Liebe wird und sie in der Welt wirkt, *damit* sie Gottes Welt wird. Meister Eckhart ist seinerseits an der Überwindung des *Um-zu* gelegen: an der Abkehr vom kalkulierenden Handeln, mit dem man mit Gott etwas erreichen will. Das darf nicht die Leidenschaft des Glaubenden sein. Er soll *jetzt* Gott und seinen Christus ganz in seine Leben einlassen, damit er es zu seiner Wohnstatt mache – und es seine Wohnstatt *bleibe*.[25] Gott also gehört das Um-zu; und ich darf unverlierbar ihm gehören. So ist jedes Augenblicklich-Werden Gottes freilich auch die Verheißung eines »Höheren«. Von dieser sich je und je erneuernden, steigernden Verheißung will Nietzsches Annäherung an die Mystik nichts wissen. Der Über-Mensch lebt nicht von der Verheißung, sondern in der Erfüllung. Er hat das Vertröstet-Werden hinter sich, da er sich dem Jetzt hingibt, es als Selbstzweck unendlich bejaht.

Die Karriere eines Sinn-Begriffs zwischen Erfüllung im Jetzt und Verheißung hat die Umkehrung der Metaphysik durch Nietzsche im Rücken – aber auch entdramatisiert: Mein Leben soll Sinn »haben«, Sinn *in sich,* nicht in einem anderen, einem Leben danach; freilich auch nicht (nur) im revolutionär herbeizukämpfenden Reich der Freiheit, das der real existierende Kommunismus als einzig legitime Sinn-Ressource zuließ. Sinn in sich: *selbstbestimmter* Sinn: »Das menschliche Leben hat [...] dann einen Sinn,

---

[25] Vgl. etwa Meister Eckeharts Predigt 1 *Intravit Jesus in templum et coepit eicere vendentes et ementes*, in: Meister Eckehart, Deutsche Predigten und Traktate, hg. und übersetzt von J. Quint, München ⁵1978, 153–158.

wenn der Mensch in der Lage ist, ihm einen solchen zu geben. Mehr wollen wäre Fiktion, Idealismus und Selbsttäuschung.« Dem Leben einen Sinn geben heißt nach Milan Machovec, »ihm eine tiefere Aufgabe im Rahmen überindividueller Beziehungen, Erfahrungen und Perspektiven zuschreiben können.«[26] Aber woher kommt einem diese »tiefere Aufgabe« zu, die dem Leben eine mehr als augenblickliche Bedeutung geben kann? Wer verbürgt den Sinn des »Sinnvollen«? Der, der den Sinn frei wählt, für den er da sein will? Oder ist er darauf angewiesen, dass sich ihm ein Sinn erschließt, der ihn so »ergreift«, dass er für ihn da sein kann und da sein will?

Über den Sinn verfüge ich nicht. Wenn er sich mir erschließt, kann ich daran teilhaben, mich in ihn einbringen. So bleibt die Frage: Wer gibt zuletzt Sinn bzw. wie gibt sich ein Sinn, dem ich mein Leben anvertrauen kann? Wer verbürgt, wie verbürgt sich seine Verlässlichkeit? Und was folgt daraus für seine »Qualität«? Das dürfte nicht in der Grauzone einer Lebenskunst bleiben, die Anleitung dazu sein will, meinem Leben jetzt einen sinnvollen Inhalt zu geben, damit es mir nicht un-spannend vorkommen muss. Dann wird sich auch die Frage stellen, ob es sinnvoll sein kann, dem endlichen In-der-Welt–Sein dadurch Sinn *beizulegen,* dass man es als die einzig mögliche, mir mögliche, Sinn-Erfüllung ansieht, über die hinaus Größeres zu erhoffen weder sinnvoll noch begründbar wäre.

Der Sinnbegriff scheint Grauzonen-affin zu sein und neuzeitlich den Sinn zu haben, »letzte«, insbesondere theologische Fragen gar nicht aufkommen zu lassen. Man wird ihm in der Theologie nur vorsichtig Raum geben dürfen und sich an Dietrich Bonhoeffers Wort erinnern: »Der unbiblische Begriff des ›Sinnes‹ ist ja nur eine Übersetzung dessen, was die Bibel ›Verheißung‹ nennt.«[27] Wenn von einer *vernünftigen* Verheißung die Rede sein darf, der man sich mit guten Gründen öffnen und von der man sich herausfordern lassen dürfte, der Fülle des Lebens entgegenzuleben: Wäre einer Gottes-Verheißung zu trauen, die größer ist als mein Lebens-Horizont, einer Verheißung, die mich in Gottes Horizont hineinholt, in sein Vorhaben mit den Menschen und mit mir, das nicht an der Begrenztheit meines Lebens seine Grenze hat? Dürfte da von einem Gott die Rede sein, der mit dem, was er mit den Menschen und so auch mit mir anfängt, nicht am Ende ist, wenn mein Dasein in dieser Welt zu Ende ist? Ist das Menschsein, mein Dasein, ein Versprechen, das nur ein Gott es erfüllen könnte?

---

[26] Milan Machovec, Vom Sinn des menschlichen Lebens, dt. Freiburg i. Br. 1971, 25.
[27] Ders., Widerstand und Ergebung, 426. Vgl. den Kommentar von Gotthard Fuchs, Sinnfalle und Gottesfrage, in: Diakonia 15 (1984), 303–312, hier 308–312.

Oder muss man sich eingestehen, dass mit dieser Gottes-Hoffnung das leibhafte Dasein in dieser Welt menschlich unerträglich relativiert und entwertet würde?

Relativiert schon, aber entwertet? Radikal entwertet würde es, wenn es *vergeblich* wäre. Vergeblich ist es nicht, sagt auch Nietzsche, sondern eine selbstzwecklich bedeutsame, notwendige Gestaltung des Willens zur Macht. Und: Es kann nichts außerhalb dieses ewigen Geschehens geben, von dem her oder auf das hin es »Wert« haben könnte. Aber dieses Geschehen wäre mein Untergang und wird in meinem Tod mein Untergang sein. – Was bedeutet das schon, da es ewig geschieht, auch in meinem Untergang geschieht? Mein Leben ist kein Versprechen, das sich noch erfüllen müsste. Es ist seine Fülle, da *das* Leben in ihm geschieht. Es könnte sein, dass Nietzsches anti-mystische Vision nicht nur über-menschlich ist, sondern unmenschlich, unerträglich, vielleicht für ihn selbst unerträglich war. Sie streicht das Versprechen des Menschseins durch, etwas Gutes anfangen zu können, den Lauf der Dinge verändern, sich selbst bedeutungsvoll verändern zu können – und die Hoffnung, dafür eine *Resonanz* zu finden, die das alles nicht vergeblich sein lässt.

Der Glaube relativiert das endliche menschliche Leben, da er es nicht nur als *in sich selbst* bedeutsam ansieht, seine Immanenz aufbricht, Transzendenz zulässt. Es ist unendlich mehr wirklich als das, was ich wahrnehmen, zuordnen und als sinnvoll auf mich beziehen könnte. Aber diese Wirklichkeit ist – so die Hoffnung der Christen – so wirklich, dass sie mich in diesem *Unendlich Mehr* nicht zum *Beinahe Nichts* entwertet, mich vielmehr *bei sich* da sein, an sich teilhaben und so lebendig werden lässt, weit über das hinaus, was mir als mein leibhaftes Leben zwischen Geburt und Tod möglich geworden ist, von mir verdorben oder zur Entfaltung gebracht wurde. Warum sollte das entwertet sein, wenn in ihm doch das Versprechen lebendig werden konnte für das *Unendlich Mehr* und *Unendlich Schöner*; wenn ich dieses Versprechen leben und mich dafür in Dienst nehmen lassen kann, dass das Menschsein ein Versprechen ist, das jetzt schon Wirklichkeit zu werden beginnt; wenn ich mich berufen lasse, nach meinen Kräften denen zu widerstehen, die das Versprechen durchstreichen, das jedem Menschen gegeben ist und der Welt mit jedem Menschen gegeben ist? Es ist eine religiös merkwürdige Vorstellung, die Hoffnung auf die Rettung des Menschenlebens über den Tod hinaus deshalb ablehnen zu müssen, weil das Leben zwischen Geburt und Tod in ihr seine Eigenbedeutung verlieren würde; eine im Blick auf Jesu Reich-Gottes-Ansage merkwürdige Vorstellung, die in der Christentums-Geschichte allerdings Verbreitung gefunden hat.

Aber ist diese Hoffnung mehr als die Ausgeburt sehnsuchtskranker Menschen, die ihrem Leben nicht genug an Befriedigung und Schönheit abgewinnen können? Ist sie nicht schon deshalb unrealistisch, weil die wissenschaftlich aufgeklärte Vernunft sich ein Leben und Erleben nach dem Zusammenbruch der physischen Basis allen Erlebens im Tod nicht mehr vorstellen kann? Die moderne Neurobiologie räumt mit vielen Vorstellungen einer menschlichen Fortexistenz jenseits der Todesgrenze auf. Kein *Weiter*leben, keine Empfindungs- und erst recht keine Beziehungsfähigkeit mehr nach Erlöschen aller Gehirnfunktionen, nach dem endgültigen Zerfall der Leib-Organisation. Macht das die Fortdauer einer individuell-menschlichen Identität, wie sie im Gedanken von der Unsterblichkeit der menschlichen Seele impliziert scheint, nicht definitiv unmöglich?

Was *muss* biblisch-christlicher Auferstehungsglaube dazu sagen, um sich rational und als Auferstehungsglaube ernstnehmen zu können. Erfordert das nicht mindestens eine »Entplatonisierung des Christentums«, seiner Vorstellung von der Auferweckung der Gestorbenen? *Eberhard Jüngel* hat sie gefordert; *Joseph Ratzinger* hat widersprochen. Jüngels Fazit: »Durch den Tod zur Unsterblichkeit, per aspera ad astra – das ist die Zwangsvorstellung, die ein platonisierendes Christentum beherrscht hat und von der ein sich entplatonisierendes Christentum [...] Abschied nehmen muss.«[28] Jüngel will stattdessen den Tod des *ganzen* Menschen theologisch denken und die Auferweckung der Gestorbenen als völlige Neugründung der menschlichen Existenz in Gottes beziehungsmächtiger Liebe verstehen. Die christliche Hoffnung angesichts des Todes richtet sich dann nicht auf ein *Weiter*leben. Sie wäre nur begründbar, wenn Gott den zunichtegewordenen – zu Nichts gewordenen – Menschen als den von ihm Geliebten zu Gott-erfülltem Leben erweckt. Darauf hofft der christliche Glaube: Gottes Liebe vermag es, dem Zunichtegewordenen als *ihm selbst* in Gott eine neue, vollendete Existenz zu geben: »Alle werden so, wie sie waren, in Gott versammelt sein. In Gott, der selber das *Leben* ist.«[29]

Diese »Ganztodhypothese« kommt in ihrer konsequent theozentrischen Deutung des christlichen Auferweckungsglaubens mit der von Reinhard Werth geltend gemachten neuropsychologischen Selbstverständlichkeit eher zurecht als platonisch kontaminierte Unsterblichkeitsvorstellungen.

---

[28] Eberhard Jüngel, Tod, Stuttgart 1971, 73; vgl. Joseph Ratzinger, Jenseits des Todes, in: Internationale katholische Zeitschrift *Communio* 1 (1972), 231–244, bes. 241 f. und: Eschatologie – Tod und ewiges Leben, Regensburg 1977, 14.
[29] Eberhard Jüngel, Tod, 152 f.

Aber gibt sie das Leben im »Diesseits« nicht doch dem Nichts preisgibt? Lässt sie die Hoffnung für das in dieser Welt gelebte Leben aufgehen in der apokalyptisch geprägten Hoffnung auf die kommende Welt, auf das endgültige Versammelt-Werden in Gott, seinem Leben und seiner Liebe? Wenn Gott in Jesus Christus in diese Welt gekommen ist und durch seinen Heiligen Geist den Menschen in ihr verwandelnd gegenwärtig werden will, darf man dann das in dieser Welt Geschehende theologisch dem Zunichtewerden anheimgeben? Vielleicht bleibt dem christlichen Glauben nach dem Ikonoklasmus, mit dem die modernen Biowissenschaften die Glaubensbilder eines jenseitig-himmlischen Lebens und des Glaubens-Weges dahin heimgesucht haben, nur eine vorstellungsarme, spracharme Glaubenshoffnung an der Grenze zum Verstummen. Sie mag sich festmachen an der Hoffnung auf den barmherzigen Gott und Vater Jesu Christi. Wenn es ihn gibt, wenn er so ist, wie sein Messias ihn verkündigte, wird er sich des gelebten Menschenlebens, auch meines Lebens, so annehmen, wie es das Beste ist. Er wird uns das *Bestmögliche* geschehen lassen. Die Liebe mag eine Ahnung davon vermitteln, was und wie das sein wird. Aber diese Ahnung gibt keine Auskunft darüber, wie Gott »es anstellt«. Christlicher Auferstehungsglaube glaubt nicht an ein bestimmtes Procedere der »letzten Dinge«. Er macht sich an der göttlichen Wirklichkeit fest, von der er glaubt, dass sie alles so gut »machen« wird, wie es besser nicht sein und gedacht werden kann. Ihr sich anzuvertrauen heißt, es ihr zu überlassen, was das Beste für uns ist – es ihr zuzutrauen.

Ist die dem christlichen Auferweckungsglauben von den Plausibilitäten der modernen Lebenswelten und Wissenschaften aufgezwungene Sprach-Armut aber nicht verantwortlich dafür, dass er an Lebens-Kraft eingebüßt hat und kaum noch zur Sprache kommt? Hat er verloren, weil er gegen die *Selbst*-Verständlichkeit eines selbstbewusst-diesseitigen Lebens nicht ankommt? Aber wie ist es um dieses Selbstbewusstsein bestellt? Wie legt es sich aus, welche Lebens-Selbstverständlichkeiten nimmt es für sich in Anspruch? Mit diesen Fragen gerät die zweite der oben genannten Delegitimierungs-Strategien in den Blick.

7.4 Die Fülle des Lebens im Hier und Jetzt. Theologisch-kritisches Zwischenspiel 2

Ins Spiel gebracht wird hier diese Lebens-Selbstverständlichkeit: Wer die leibhaften Verheißungen des Lebens vor dem Tod zu leben und das, was es zu bieten hat, auszuschöpfen versteht, der wird sich nicht mehr nach einem Leben jenseits der Todesgrenze sehnen. Man würde gar keine Vorstellung davon haben, was es zusätzlich bringen könnte – außer unendlicher Langeweile. Darum also ginge es: Leben zu *können*, so zu leben, dass die Freude am Leben aufkommen kann; dass man zum Leben hier und jetzt so vorbehaltlos und restlos ja sagen kann, dass für ein Jenseits gar nichts *zusätzlich* Bejahenswertes mehr übrig bleibt. Nur wer der Wirklichkeit seines Lebens nicht genügend abgewinnt, glückliche Momente liegen lässt, nicht fähig ist sie zu erleben; wer deshalb dieses Leben nicht wirklich liebt, der braucht *mehr* und ersehnt sich ein *ganz anderes* Leben, das ihm nicht mehr vorenthält, was er jetzt entbehrt. So sprechen die Lebens-Könner über Lebens-Versager, Unlebendige, Blutleere, Langweilige. *Lebens-Könnerschaft,* Cleverness, kaum etwas sieht und fühlt man bei sich lieber als das: darin gut zu sein und zu können, woran andere scheitern, den leibhaften Lebens-Genuss zu können und ihn auszuschöpfen, darin so viel besser zu sein als die anderen, so viel besser, dass man nicht braucht, woran die sich klammern.

Da sind viele Vorurteile im Spiel, der »Religiösen« über die Areligiösen, der Areligiösen gegen die Religiösen. Sie bestimmen den »Luftraum« gegenseitiger Nicht-Wertschätzung, mehr oder weniger geheimer Verachtung. Die Diesseits-Relativierer: Sie vermissen das Glück, weil sie nicht zu leben verstehen! Man wird theologisch fragen dürfen, ob das endliche Leben so gelebt werden soll, dass es in ihm ausschließlich um dieses selbst und um seine *Selbstoptimierung* geht. Das irgendwann auch genetisch optimierte, zu seiner höchstmöglichen Fülle und Dauer gesteigerte Leben wird es dann bringen müssen. Es ist dazu verurteilt, sich selbst zu rechtfertigen, sich »eschatologisch« als die Wirklichkeit zu erweisen, die nichts schuldig bleibt und jeden Sinnlosigkeitsverdacht aus dem Feld schlägt, ohne auf ein jenseitiges Leben »danach« verweisen zu müssen. Leben *lohnt* sich, muss sich lohnen, wird sich lohnen, wenn es – clever gelebt – glücklich macht. Wenn es die »letzte Gelegenheit«[30] ist, hat es die Bringschuld, sich zu loh-

---

[30] Vgl. Marianne Gronemeyer, Das Leben als letzte Gelegenheit. Sicherheitsbedürfnisse und Zeitknappheit, Darmstadt 1993.

nen. »Wo das endliche Leben die religiösen Ewigkeiten für sich beansprucht«, da provoziert es dazu, »Ewigkeiten vom endlichen Leben zu erwarten: ewige Jugend, ewiges wirtschaftliches Wachstum, anhaltenden technischen Fortschritt.« Es provoziert die »ausbeuterische Erwartung an das Leben«[31], aus ihm ließe sich so viel herausholen, in ihm ließe sich – wenn man sich darauf versteht – so viel erleben, dass es sich lohnt, zu leben[32]; dass es sich tendenziell für alle lohnen wird, wenn der Schritt zu gezielter Optimierung des menschlichen Lebens gewagt würde. Sind es nicht diese Versprechen einer jede Daseinskontingenz wie alles Scheitern überholenden Steigerung des Menschenlebens und der Erschließung ungeahnter Er-Lebensressourcen, die auch den Träumen der Gentechnologen eine so unerhörte gesellschaftliche Resonanz verleihen, dass man dem semantische Potential religiöser Verheißungen keine Aufmerksamkeit und keine Verstehens-Bemühung mehr zu schulden meint?

Die humanen Kosten dieses Bildes eines erfüllten, zur Erfüllung zu bringenden Lebens müssten zumindest im Blick bleiben. Es entwirft eine Lebensoptimierungs-Perspektive, in der das Leben als ein Unternehmen erscheint, das – nach welchen Kriterien auch immer – zum Erfolg werden muss. Lebensgenuss ist das Minimal-Ziel. Wer es dazu nicht bringt, ist eine »verunglückte Wirklichkeit« (Nietzsche), von der man sich mit dem eigenen Lebens-Entwurf energisch abgrenzt. Hie und da mag sich das Scheitern nicht vermeiden lassen. Dann gilt es, auch daraus das Beste zu machen. Anleitungen dafür werden von Lebensoptimierungs-Berater(inne)n vielfältig angeboten.[33] »Erfolglos« Scheiternde sind abgeschrieben. Sie bleiben im Lebensbilanz-Defizit. Die Erfolgreichen, die auch im Scheitern gewonnen haben, sind auf ihre Kosten gekommen. Es hat sich gelohnt. So fügt man sich einigermaßen zufrieden ins Unvermeidliche.

Diese »Einsicht« mag triumphierend selbstgewiss oder weise resignierend daherkommen: War ich nicht per saldo ein erfolgreicher Lebens-Unternehmer! – oder: Mehr war eben nicht drin. Sigmund Freud empfahl die lebenskluge Ausrichtung des Lebens, »welche die Liebe zum Mittelpunkt nimmt, alle Befriedigung aus dem Lieben und Geliebtwerden er-

---

[31] Tiemo Rainer Peters, Tod wird nicht mehr sein, Zürich – Einsiedeln – Köln 1978, 33 und 35.
[32] Das ist ja die Verheißung der »Erlebnisgesellschaft«; vgl. Gerhard Schulze, Die Erlebnisgesellschaft.
[33] Vgl. etwa: Charles Pépin, Die Schönheit des Scheiterns. Kleine Philosophie der Niederlage, München 2017.

wartet«[34], sich nicht infantil *alles* von ihr erwartet, sondern eben dies, dass sie die Realität ertragen lässt.[35] Mit einem Lebens-triumphalistischen Blick auf das Leben wird man das Leben so gelebt haben wollen, dass man es ausgeschöpft und ihm so einen Sinn *gegeben* hat, der vom Sterben nicht in Frage gestellt werden kann. Wem das nicht gelingt, der stirbt in die Sinnlosigkeit hinein, an die er sein Leben verschwendet hat. Oder er hat er einfach kein Glück gehabt.

Aber wie ist so viel Unverfügbarkeit zu ertragen, so viel Ungerechtigkeit in der Verteilung der Lebenschancen und Lebensqualitäten? Wie ist die Selbstgerechtigkeit der Erfolgreichen zu ertragen, die davon ausgehen, dass sie das Gelingen ihres Lebens selbst in der Hand haben? Wie kann man hinnehmen, dass der Lauf der Dinge in dieser Welt die Macht hat, über Sinn und Bedeutung eines Menschenlebens zu entscheiden, als letzte Instanz, gegen die kein Rekurs an eine höhere zugelassen ist? Man kann mit Freud achselzuckend den Bescheid geben, es gehöre zur menschlichen Reife, sich damit abzufinden und die Illusion einer allerletzten Instanz fahren zu lassen. Oder man kann unbeeindruckt über solche Fragen hinweggehen, die sich beim Erleben eines in sich selbst gerechtfertigten, erfüllten Lebens nicht stellen würden. Aber hat der Protest, der sich mit alldem nicht abfindet, nicht seine eigene menschliche Würde? Sozialrevolutionäre nehmen ihn ernst – und machen ihm das Versprechen, im endlich erkämpften Reich der Freiheit würde er nicht mehr laut werden müssen. Wie aber steht es um die, die auf der Strecke blieben; und um die, die ihren *metaphysischen* Protest nicht sozialrevolutionär überholen lassen wollen?

Man darf (sich) keine falschen Hoffnungen machen! Aber wäre es die falsche Hoffnung, darauf zu setzen, dass das innerste Verlangen des Menschen nicht ins Leere geht, das Verlangen, in dieser Welt und über sie hinaus *willkommen zu sein*, teilnehmen zu dürfen? Muss man sich damit abfinden, dass die elementar enttäuschende, an der Menschenwürde nagende Erfahrung, ausgeschlossen zu sein, die im Sterben geschehende letzte Wahrheit meines Lebens ist? Darf man realistischerweise nicht daran glauben, dass das Willkommen-Sein die Wahrheit ist, in die wir hineinleben dürfen? Eine vernünftige Hoffnung wäre es allemal. In ihr wäre die Erfahrung lebendig, der wir die Ahnung von Menschlichkeit noch in allen

---

[34] Vgl. ders., Das Unbehagen in der Kultur, in: Sigmund Freud Studienausgabe, Bd. IX, 197–270, hier 213.
[35] Es gehört eben für Freud zur seelischen Reife, dass man sich der »Erziehung zur Realität« unterwirft; vgl. ders., Die Zukunft einer Illusion, ebd., 139–189, hier 182 f.

Erfahrungen des Zurückgewiesen-Werdens verdanken. In ihr würde das elementare Verlangen des Menschen als Versprechen genommen – und dagegen protestiert, dass man die große Hoffnung aufs Willkommen-Sein als gegenstandslos entlarvt.

Aber wie ginge das: diese Hoffnung vernünftig, in rechter Weise zu hegen und zu pflegen, von ihr als Christ(in) im Sinne Jesu von Nazaret als von »Unserer Hoffnung« zu sprechen? Das von Johann Baptist Metz inspirierte Bekenntnis der Würzburger Synode der Bistümer der Bundesrepublik Deutschland spricht von der Hoffnung darauf, dass die Seligpreisungen wahr werden. Von der Entschlossenheit, ihr Wahrwerden nicht aufs Jenseits zu verschieben. Es ist christlich so von ihr zu sprechen, dass man dem welt- und lebensgeschichtlichen Erfolg und Misserfolg nicht die Ehre erweist, letzte Instanz zu sein; dass man auf eine »Revision« der Verhältnisse hofft und an sie zu glauben versucht, an Gottes Revision. Wie ist dann von dem Gott zu sprechen, der den Menschen in seinem Christus vor Augen geführt und erlebbar gemacht hat, dass er keine und keinen verloren gibt, dass niemand für niemand *quantité négligeable* sein darf und sein muss? So jedenfalls, dass das keine bloße Vertröstung aufs Jenseits wäre.

Von diesem religiös unmusikalischen Verdacht dürfte man sich nicht einschüchtern lassen. Es geht um der Menschlichkeit des Lebens willens vielmehr darum, die Hoffnung entdecken, die in uns rumort und darauf wartet, lebendig zu werden: die Hoffnung darauf, dass das Leben und seine elementare Sehnsucht nicht verlorengegeben werden müssen, die Hoffnung auf erfülltes Leben *jetzt;* und die Hoffnung darauf, dass im Jetzt anfängt, was nicht aufhört anzufangen. Die Hoffnung bleibt lebendig, wenn sie sich von dem, was gegen sie spricht, nicht austreiben lässt; wenn glaubende und ums Glauben-Können ringende Menschen nicht verlorengeben, was sie als der »großen« Hoffnung wert erleben.

Nicht verlorengeben, was ich als wertvoll erfahre, als das Anfangen eines Lebens in Fülle (vgl. Joh 10, 10); die Anfänge schützen wollen, die sich als unbedingt schützenswert ausweisen lassen, nicht verlorengeben, was vielfach dem Streben nach kurzfristigem Gewinn preisgegeben wird: So wird diese Hoffnung zur Herausforderung in ein gutes, Gott-erfülltes und Menschen-erfüllendes Leben hinein. Gott-erfüllt *und* Menschen-erfüllend? Das *und* ist alles andere als selbstverständlich; es steht immer wieder neu auf der Kippe, muss immer wieder neu erfasst, erhofft, *bezeugt* werden: dass das Leben-Erfüllende keine Leistung der Lebens-Könner sein kann, die es eben verstehen und keine gravierenden Fehler machen; dass mehr erhofft werden darf als eine immer perfektere Lebensleistung. Ich kann mich und mein Leben nicht selbst erfüllen. Das ist vielleicht die tiefste narzisstische Frustration – und Quellgrund der Hoffnung, dass mir geschieht, was mich in die Fülle des Lebens hereinruft und für sie verbindlich in Anspruch nimmt, mich beschenkt mit der tragfähigen Ahnung, warum und wofür ich da sein darf – und dass es um Gottes und der Menschen willen nicht umsonst sein wird, sich davon in Anspruch nehmen zu lassen. Jede(r) Glaubende ist herausgefordert, mit dem Messias Jesus, der fleischgewordenen Gottes-Hoffnung, dafür einzustehen, dass diese Ahnung und Hoffnung nicht ins Leere geht; dass sie konkrete Perspektiven öffnet, in denen Menschen sich ermutigt fühlen können, ihr verantwortliches Handeln als Weg zu einem Leben in Fülle, als Mitgenommen-Werden ins Gott-erfüllte und das Menschsein erfüllende Leben zu glauben.

Wer diese Hoffnung hegt, lebt anders als der, der sie als Illusion durchschaut haben will und den physischen Zusammenbruch im Tod als das illusionslos hinzunehmende Ende des Daseins ansieht. Es ist also nicht so, dass man den Tod als für das menschliche Leben bedeutungslos »menschenfreundlich« marginalisieren könnte. Schon Epikur hatte es versucht. Sein Gedanke hat bis in moderne Vorstellungen eines natürlichen Todes hinein Resonanz gefunden. »Das schauerlichste Übel«, als das die Menschen den Tod ansehen, geht uns danach »nichts an, denn solange wir da sind, ist der Tod nicht da, und wenn der Tod da ist, sind wir nicht mehr da.«[36] Es geht Epikur um die Bewältigung der Angst: dass sie einem nicht die Lebensfreude verdirbt. Es geht ihm ums Ausblenden-Dürfen, ums Verdrängen-Können. Aber die Frage, woraufhin man lebt und was das für mein Leben bedeutet, lässt sich so nicht zum Schweigen bringen. Es ist die Frage, ob mein Leben ein Versprechen ist, auf dessen Einlösung ich hoffen darf, wie auch immer sie Wirklichkeit wird; oder ob dieses Versprechen gebrochen, allenfalls insoweit eingelöst wird, als sein Wirklich-Werden in diesem Leben zwischen Geburt und Tod »Platz hat«. Mein Dazwischen-Leben – zwischen unverfügbarem Anfang und unverfügbarem Ende – stellt eine Frage, deren Beantwortung ich lebe, auch wenn ich die Frage selbst für sinnlos halte. Und diese Antwort verlangt nach Auslegung.

---

[36] Epikur, Brief an Menoikeus, 125. Lukrez gründet dieses Urteil – geradezu modern – auf die Sterblichkeit auch der fühlenden und der Erschütterung ausgesetzten Seele. Weil also mit dem leibhaft-körperlichen Dasein auch die Seele im Tod stirbt, deshalb geht der Tod »uns nichts, geht [er] uns nicht das Geringste« an (De rerum natura, 127; abgedruckt im Quellenanhang von: Bernd Janowski, Anthropologie des Alten Testaments. Grundfragen – Kontexte – Themenfelder, Tübingen 2019, 673).

7.5 Sein zum Tode – Sein zum Leben?

Der Tod gehört zum Leben. Das ist, so scheint es, eine triviale, nicht weiter erläuterungsbedürftige These. Aber der Eindruck täuscht. Schon Epikurs Argument lässt sich als Gegen-These verstehen: Wo der Tod geschieht, ist das Leben nicht da; wo Leben geschieht, ist der Tod nicht da. Das kann heißen: Im Leben soll es ums Leben gehen und nicht um Sterben und Tod. Nun leben die Menschen aber im Bewusstsein der Endlichkeit ihres Daseins. Sie können nicht leben, ohne sich zu ihrem Tod zu verhalten. Das Konzept des natürlichen Todes empfiehlt ihnen, auf den Tod als das natürlich-organische Ende ihres Lebens zuzugehen. Organisch ist es darin, dass es den Lebenszyklus des Lebewesens Mensch *natürlich* abschließt, so leibhaft-organisch wie bei jedem anderen Lebewesen, das seine Bestimmung erreicht, wenn es Frucht gebracht oder seinen Beitrag zum Fortbestand der Gattung geleistet hat und dann den Raum für die Erneuerung des Lebens freigibt. Das Leben hat eine Funktion für das Weiterleben – für das Überleben der Gattung, das Hervorkommen neuen Lebens –, die es nur durch das (Ab-)Sterben erfüllen kann. So also soll auch der menschliche Tod zum Leben gehören.

Nun erfüllt der mit Selbstbewusstsein begabte oder auch geschlagene Mensch nicht nur bewusstlos eine Funktion im Lebenskreislauf. Er muss sich bewusst dazu verhalten, verstehen lernen, was es bedeutet, dass er in absehbarer Zeit nicht mehr da ist. Er muss ein Bewusstsein seines Nichtdasein-Könnens und Nicht-mehr-dasein-Werdens ausbilden. Sein Selbstbewusstsein ist aber zuinnerst heimgesucht von der Nicht-Vorstellbarkeit und Nicht-Denkbarkeit seines Nicht-Seins. Freud mag recht haben, wenn er unterstellt, dass kein Mensch wirklich mit seinem Ableben rechnet.[37] Es ist freilich gerade sein psychoanalytischer Aufklärungsimpuls, der ihn sagen lässt: »Wenn du das Leben aushalten willst, richte dich auf den Tod ein.«[38] Er gehört zum Leben in dem Sinne, dass es kein menschliches Leben wäre, sich dem unvorstellbaren Dazugehören des Todes nicht zu stellen und sein Leben entsprechend einzurichten.

---

[37] Im Originaltext: »[I]m Grunde glaube niemand an seinen eigenen Tod oder, was dasselbe ist: im Unbewussten sei jeder von uns von seiner Unsterblichkeit überzeugt«; und so seien wir unbewusst bestrebt, »den Tod von einer Notwendigkeit zu einer Zufälligkeit herabzudrücken« (ders., Zeitgemäßes über Krieg und Tod, in: Sigmund Freud Studienausgabe, Bd. IX, Frankfurt a. M. 1974, 35–60, hier 49 f.).
[38] Ebd., 60.

Man kann es phänomenologisch so sagen: Wer sich dem Bewusstsein des eigenen SterbenWerdens entziehen wollte, würde eine entscheidende Dimension seines menschlichen In-der-Welt-Daseins verleugnen und ein defizitäres Selbstverständnis leben. Das hat niemand so eindringlich reflektiert wie Martin Heidegger. Der Tod ist in seiner phänomenologischen Daseins-Analytik kein bloßes Ereignis am Ende des Lebens, sondern »eine Weise zu sein, die das Dasein übernimmt, sobald es ist.« So ist auch das Sterben »keine Begebenheit, sondern ein existenzial zu verstehendes Phänomen«[39], das in den Blick kommen muss, wenn es darum geht, menschliches Dasein in seiner Gänze zu verstehen. Ein solches Verstehen kann sich nicht allein an der alltäglich-lebensweltlichen Bewältigung des Daseins in der Welt orientieren. Es hat zu würdigen, dass sich in allem welthaft auf das Dasein Zukommenden eine ausständige Zukunft anmeldet, die nicht mehr zu »besorgen« ist, sondern die Sorge wachruft, wie es sich zur »Möglichkeit des Nicht-mehr-dasein-können« verhalten, wie es sich dazu verhalten kann, dass es ein »geworfenes«, sich selbst schlechthin unverfügbares Dasein zu sein hat. Diese Sorge wird im alltäglichen Besorgen der Weltgegebenheiten verdeckt, in dem sich das Dasein nicht von seinem Sein zum Tode beunruhigen lassen will, so aber *uneigentlich* existiert. Die mit der Sorge andrängende und in der Angst sich erschließende Unverfügbarkeit des Daseins im Ganzen ruft dazu auf, dieser äußersten, jederzeit gegenwärtigen Selbst-Unverfügbarkeit »nicht aus[zu]weichen« und sie nicht durch die Flucht in das uneigentliche Existieren des Man zu »verdecken«, sondern im »Vorlaufen in den Tod« nach einer existenziell tragfähigen Möglichkeit zu suchen, wie sie in »Eigentlichkeit« gelebt werden kann. In Heideggers eigenen Worten: »Das Vorlaufen enthüllt dem Dasein die Verlorenheit in das Man-selbst und bringt es vor die Möglichkeit, auf die besorgende Fürsorge primär ungestützt, es selbst zu sein, selbst aber in der leidenschaftlichen, von den Illusionen des Man gelösten, faktischen, ihrer selbst gewissen und sich ängstenden *Freiheit zum Tode*.«[40]

Dass die Angst Freiheit erschließt und die Freiheit Angst auslöst, hat Heidegger bei Kierkegaard gelernt. Angst entsichert von falschen Absicherungen, bringt sich als Ungesichertheit zur Erfahrung, in der es mit der Freiheit ernst werden muss. Freiheit zum Tode meint: So frei sein, sich nicht im uneigentlichen Existieren ans alltägliche Besorgen zu binden, um das Sein zum Tode nicht realisieren zu müssen; frei für die Wirklichkeit des

---
[39] Sein und Zeit, 245 und 240.
[40] Ebd., 250 f. und 266.

Todes als des unausweichlichen Bevorstands meines Daseins; frei sein dafür, sich die existentiellen Möglichkeiten nahegehen zu lassen, die das Dasein aufrufen, sich in Eigentlichkeit zum eigenen Tod zu verhalten.

In anthropologischer Verkürzung des von Heidegger fundamentalontologisch Entwickelten darf man seine Rede vom *Sein zum Tode* vielleicht so auslegen: Sie bringt das Sich-verhalten-Müssen zum absolut Unverfügbaren zur Sprache, das zum Leben »gehört«, aber nicht in es *integriert* werden kann. Integrieren- und Hereinholen-Wollen machen das alltägliche Umgehen mit den zugemuteten und mehr oder weniger zugänglichen Lebensbedingungen aus. Dabei zielt man womöglich auf eine von der Lebenskunst oder durch Therapie angebahnte »Ganzheitlichkeit« ab, die etwa bei C. G. Jung auch das Verdrängte und das kollektive wie das individuelle Unbewusste in den Vollzug des Lebens hereinholt. Mit Heidegger würde man auf das Scheitern solchen Integrierenwollens zu sprechen kommen, mit dem menschliches Dasein immer schon leben muss. So wird das »Vorlaufen in den Tod« zum phänomenologisch ausgezeichneten, Daseins-hermeneutischen Ort, an dem sich die jede »Ganzheitlichkeit« übergreifende Ganzheit des Daseins in ihrer radikalen Unverfügbarkeit erschließt. Die kündigt sich – so wird man phänomenologisch deutlicher herausstellen – mitten in der beglückenden, liebenswerten Unverfügbarkeit der Nächsten an, mit der die Unverfügbarkeit des Zukünftigen zur schlechthin verheißungsvollen Herausforderung werden kann; zur *Heraus*-Forderung aus dem bloßen Besorgen-Wollen und aus der unabdingbaren Sorge angesichts des Unsicher-Zukünftigen, aus der bloßen Selbst-Sorge angesichts des unabdingbar bevorstehenden Nicht-sein-Werden des Selbst.

Heidegger neigt in *Sein und Zeit* dazu, die schlechthinnige Unverfügbarkeit des Daseins mit der Metapher der *Geworfenheit* (in ein Sein zum Tode) zur Sprache zu bringen. Der Mensch kann sich herausgefordert sehen, sie »entschlossen« zu übernehmen: in der Aufgeschlossenheit für einen Existenz-Entwurf, der das Sein zum Tode bestehen lässt, ohne in das alltägliche Besorgen der Weltgegebenheiten auszuweichen. Man hat darauf hingewiesen, dass damit die Verheißungs-Dimension der schlechthinnigen Unverfügbarkeit kaum angemessen in den Blick kommt. Hannah Arendt, Heidegger über tiefgehende Entfremdungen hinweg menschlich verbunden, hat mit ihrem phänomenologischen Aufweis der *Natalität* (Geburtlichkeit[41]) des menschlichen Daseins einen anthropologisch wie theologisch

---

[41] Die in deutschen Übersetzungen gewählte Formulierung *Gebürtlichkeit* erscheint mir unnötig befremdlich.

bedeutsamen Gegen-Akzent zu setzen versucht. Man kann ihren Entwurf als »alternative Konzeption des Endlichkeitsdenkens«[42] verstehen, mit der das Miteinander, ja Ineinander von Unverfügbarkeit und Selbst-Realisierung deutlicher in den Blick kommt als in Heideggers auf das Sein zum Tode fokussierender Entschlossenheits-Phänomenologie.

Hannah Arendt geht es in *Vita activa* um Bedingungen, Bedingtsein und interpersonal-politische Dimensionen menschlichen Handelns. Handeln heißt recht verstanden (etwas) beginnen und ist deshalb »an die Grundbedingung der Natalität enger gebunden als Arbeiten und Herstellen. Der Neubeginn, der mit der Geburt in die Welt kommt«, ist darauf ausgerichtet, in der Welt als solcher leibhaft in Erscheinung zu treten. Dazu kann und soll es kommen, »weil dem Neuankömmling die Fähigkeit zukommt, selbst einen neuen Anfang zu machen, d. h. zu handeln. Im Sinne von Initiative – ein initium setzen – steckt ein Element von Handeln in allen menschlichen Tätigkeiten, was nichts anderes besagt, als dass diese Tätigkeiten eben von Wesen geübt werden, die durch Geburt zur Welt gekommen sind und unter der Bedingung der Natalität stehen.«[43] Die existentiale Bestimmung der Geburtlichkeit ist reicher als die des Geworfenseins ins Sein zum Tode.[44] In ihr wird ein Angefangen-Werden greifbar, das zum Selbst-Anfangen ermächtigt und herausfordert: »Weil jeder Mensch auf Grund des Geborenseins ein *initium*, ein Anfang und Neuankömmling in der Welt ist« – und sich in diesem Sinne einem principium verdankt –, »können Menschen die Initiative ergreifen, Anfänger werden und Neues in Bewegung setzen.«[45] Sie werden ungefragt zur Welt gebracht, um in die Welt hineinzukommen und ein sozial interagierendes Wesen zu sein, das sich die Freiheit nimmt, in der Menschen-Welt – mehr oder weniger – als es selbst vorzukommen. Peter Sloterdijk spricht vom »angefangenen Anfangenkönnen«[46], von einem Angefangen-Werden, das uns ungefragt zuge-

---

[42] Andreas Luckner, Mortalität, Natalität, Pluralität – die fundamentalontologische Erschließung des Politischen bei Hannah Arendt, in: C. Baumann – J. Müller – R. Stricker (Hg.), Philosophie der Praxis und die Praxis der Philosophie (FS Michael Weingarten), Münster 2014, 32–50, hier 47. Als Kommentare zu Arendts Natalitäts-Denken lassen sich heranziehen: Ludger Lütkehaus, Natalität. Philosophie der Geburt, Zug 2006; Katja Springer, Natalität als Grundstruktur des Daseins in der Philosophie Hannah Arendts, philosophische Dissertation Stuttgart 2018.
[43] Hannah Arendt, Vita activa oder Vom tätigen Leben, 25.
[44] Menschen sind »nicht von ungefähr in die Welt geworfen« (ebd., 253).
[45] Ebd., 242.
[46] Ders., Zur Welt kommen – Zur Sprache kommen. Frankfurter Vorlesungen, Frankfurt a. M. 1988, 41.

mutet wird – wenn es gut geht mit uns leibhaft bezeugten Versprechen, es sei gut, zur Welt zu kommen und in ihr zu leben. Nach Sloterdijk sind sie »der Labilität irdischer Verhältnisse wegen dazu prädestiniert [...], gebrochen zu werden.« Die Neuankömmlinge in der Welt würden sich fast von Anfang an herausgefordert und damit überfordert erfahren, diese Versprechen zu übernehmen und sich auf das »Abenteuer der Selbsterzeugung« – eher noch: Selbstbegründung – einzulassen: mit dem, was sie anfangen, die Haltbarkeit der ihnen im Anfang gegebenen Versprechen selbst zu bewähren.[47]

Hannah Arendt hätte die Herausforderung der Geburtlichkeit nicht als tragische Überforderung angesehen. Aber sie hat die Selbstbewusstseins-Aporie des Mit-sich-als-grundlos-Angefangenem anzufangen nicht übersehen. Die liegt in der mit der Geburt gegebenen, innersten Unmöglichkeit der »Selbsterzeugung«: Selbstsein geschieht als ein mir zugefügtes Ins-Dasein-Treten, für das es keinen Grund und keine Rechtfertigung gibt und das so dahin kommen müsste, seinem Dasein diesen Grund zu geben oder zu finden. Etwas, »was nicht existiert, [muss] *zu sich geboren werden*, kraft seines Anfangs, es muss zu sich kommen, ohne von irgendwo auszugehen«[48] und es sich selbstbewusst voraussetzen zu können. Hannah Arendt sieht den Menschen in diesem Sinne von Anfang an in der Lage und herausgefordert, das mit ihm Angefangene selbst anzufangen und darin zur Welt bzw. in die Welt hineinzukommen. Er wird initiativ, indem er in die Kommunikations- und Handlungs-Zusammenhänge der Welt hineinspricht und hineinhandelt. »Sprechend und handelnd schalten wir uns in die Welt der Menschen ein, die existierte, bevor wir in sie geboren wurden, und diese Einschaltung ist wie eine zweite Geburt, in der wir die nackte Tatsache des Geborenseins bestätigen, gleichsam die Verantwortung dafür übernehmen.«[49] Wie aber kann diese Verantwortung übernommen werden, wenn der Mensch »grundlos« zur Welt kommt? Indem er an den Versprechen teilzunehmen beginnt, die ihm das Willkommen-Sein und darin einen Grund seines Daseins bezeugen. Er antwortet auf diese Zeugnisse, verantwortet *auf je seine Weise* die Versprechen, die mit dem Dasein in der Welt

---

[47] Vgl. ders., Eurotaoismus. Zur Kritik der politischen Kinetik, Frankfurt a. M. 1989, 177 f. und 185.
[48] So Emmanuel Levinas, Von Sein zum Seienden, dt. Freiburg i. Br. – München 1997, 94 (Hervorhebung von mir). Vgl. den Kommentar von Ulrich Dickmann, »Wo warst du, als ich die Welt schuf?« Emmanuel Levinas' Deutung der primordialen Erfahrung von Gebürtigkeit, in: I. Bocken – ders. (Hg.), Geburt (Felderkundungen Laienspiritualität 2), Schwerte 2010, 63–85, hierzu 69–72.
[49] Hannah Arendt, Vita activa oder Vom aktiven Leben, 241.

und den verschiedenen Weisen verbunden werden, in der Welt da zu sein. So erweist er sich als ein spezifisches Wer, macht er sich als solches kenntlich: »Handelnd und sprechend offenbaren die Menschen jeweils, wer sie sind, zeigen [sie] aktiv die personale Einzigartigkeit ihres Wesens, treten [sie] gleichsam auf die Bühne der Welt«, treten sie »als ein Jemand im Miteinander in Erscheinung«. Zu sich selbst geboren werden heißt, ins verantwortliche *Teilnehmen* hineingeboren werden und es übernehmen, darin ein Selbst zu sein.

Das Woran der Teilnahme lässt sich als ein Gewebe verstehen, das von sozialen – averbalen und verbalen, kooperativen oder konfrontativen, herstellenden und/oder darstellenden – Interaktionen geknüpft wird. Dieses »Bezugsgewebe menschlicher Angelegenheiten [geht] allem einzelnen Sprechen und Handeln voraus, so dass sowohl die Enthüllung des Neuankömmlings durch das Sprechen wie der Neuanfang, den das Handeln setzt, wie Fäden sind, die in ein bereits vorgewebtes Muster geschlagen werden und das Gewebe so verändern, wie sie ihrerseits alle Lebensfäden, mit denen sie innerhalb des Gewebes in Berührung kommen, auf einmalige Weise affizieren.« Handeln und Sprechen – sprechendes Handeln, handelndes Sprechen – lassen sich als das Mitweben, Mit-*Wirken* an einem Gewebe verstehen, »das man nicht selbst gemacht hat«, aber mitgestaltet.[50] Handelnd und sprechend wächst den Heranwachsenden die Verantwortung dafür zu, wie sie Handlungs-Zusammenhänge mitgestalten und ihr In-der-Welt-Sein verstehen, es in die Kommunikations-Zusammenhänge hinein artikulieren, in denen sie auf sich selbst angesprochen sind, wie sie es in ihrem Leib-Dasein *ausdrücken*. Im »Mit-Weben« des Netzes, das einen aufnimmt, webt man den Halt mit, der einen in der Grundlosigkeit des Daseins hält, wird man mitverantwortlich dafür, dass es hält.

Die Metapher des Webens und Wirkens führt wie von selbst zu einem Verständnis menschlicher Freiheit, das die libertarische Intuition des Neu-Anfangens mit der Kompatibilismus-näheren Vorstellung des Sich-Einfädelns in einen vorgegebenen Wirkungs- und Handlungs-Zusammenhang verbindet. Anfangen heißt teilnehmen; im Teilnehmen wird das Anfangen herausgefordert, wird es getragen und – womöglich – zur *Selbst*-Manifestation, zum Selbst-Ausdruck des Handelnden und Sprechenden, zum selbstbestimmten Sich-Einbringen ins menschliche Miteinander. Im Miteinander-Weben und -Wirken zeigt sich das initiativ Beigetragene, zeigt sich und versteht sich der Beitragende und Mitwirkende in seiner Identität.

---

50 Ebd., 246 f. und 253 f.

Noch einmal darf die Metapher der Geburtlichkeit bemüht werden: Freiheit fängt sich nicht aus sich selbst an; sie hat sich nicht in der Hand, wird je neu zu sich geboren, als Angefangene angefangen.

Das Anfangen im Teilnehmen-Dürfen hat mitmenschlich eine spezifische Signatur; und dies schon deshalb, weil das Hineinwachsen ins Teilnehmen beim Menschen extrem lange andauert. Der Menschen-Säugling ist – so Adolf Portmann – eine physiologische Frühgeburt, die während eines »extrauterinen Frühjahrs« die Endphase seiner embryonalen Entwicklung im sozialen Umfeld erlebt und hier körperliche wie kommunikative Fähigkeit entwickeln muss, mit denen Säugetiere geboren werden.[51] Er ist ein »sekundärer Nesthocker«, bleibt lange in seinem »Nest«, in dem er ganz aus der Fürsorge der Eltern und anderer Älterer lebt, von ihnen als Teilnehmer an der sozialen Welt hervorgebracht wird, freilich von Anfang an – so ist zu hoffen – im Sinne des Empowerments, des Hervorrufens der Kompetenzen, die es ihm ermöglichen, Teilnehmer zu sein. Menschen wachsen in diesem Sinne über viele Jahre aus der Vormundschaft der Älteren heraus und in die Mündigkeit hinein. *Emanzipation* ist neuzeitlich das Emblem für ein Mündig- und Eigenständig-Werden, das sich aus der »Bürgschaft« der »Großen« entlässt und zum selbstverantwortlichen Dasein ermächtigt weiß, sich seiner Identität in der Unterscheidung, in der Identifikation mit wie der Abgrenzung von den Anderen bewusst geworden, *selbst*bewusst und so auch Solidaritäts-fähig geworden ist. Identität ist gleichwohl nicht selbsterzeugt oder souverän selbst gestaltet, sondern ein kontextuelles Teilnahme- und Mitwirkungs-Geschehen[52], in dem das Wer sich *sozial-leibhaft* herausbildet und manifestiert, in neuen Kontexten transformiert, forciert, auch undeutlich und diffus werden kann, sich nicht definieren, sondern nur fortweben und mit seinen vielfältigen Kontingenzen erzählen lässt: als die »wirkliche Geschichte, in die uns das Leben verstrickt«.[53]

---

[51] Vgl. etwa Adolf Portmann, Biologische Fragmente zu einer Lehre vom Menschen, Basel ²1951, 46–50. Die Rede von einem »sozialen Uterus« mag missverständlich sein, weil sie den Emanzipations-Charakter des Heranwachsens zu einer eigenständigen Identität nicht deutlich artikuliert. Arnold Gehlen hat Portmanns Einsichten anthropologisch weiter auszuwerten versucht; vgl. ders., Der Mensch, 44–46.

[52] Ausdrücklich hingewiesen sei darauf, dass das Wort Kon-Text vom lateinischen Wort *texere* für weben oder flechten (Partizip Perfekt: *textum*) hergeleitet ist, das ja in den Lehnworten *Textil* und *Textur* hörbar blieb.

[53] Vgl. Vita activa oder Vom tätigen Leben, 259. Die Parallele zum Konzept der narrativen Identität nach Ricœur, aber auch nach Wilhelm Schapp (vgl. ders., In Geschichten

Für Arendts Konzept der Natalität ist also nicht das In-der-Welt-Sein als Sein zum Tode die phänomenologisch elementare Erfahrung der Endlichkeit, sondern das Zur-Welt-Kommen, das in der Initialität menschlichen Handelns und Sprechens aufgenommen und mit dem Sich-Hineinhandeln und -Hineinsprechen in die soziale Welt gleichsam wiederholt wird. Das heißt nicht, dass das Sein zum Tode aus dem Blick geriete, sondern dass es vom Zur-Welt-Kommen her anders gewürdigt wird: als Zerreißen des Lebens-Gewebes, in das man nicht länger eingewebt ist; als das Herausfallen aus dem sozialen Miteinander, an dem man nun nicht länger teilnehmen kann, sodass einem definitiv aus der Hand genommen wird, was man beim Sich-in-die-Welt-Hineinhandeln oder »Einfädeln« angefangen hat oder anfangen wollte. Dass man das Sein zum Tode »überhaupt aushalten« kann, mag nach Arendt »damit zusammenhängen, dass wir jeweils in eine spannende Geschichte verstrickt sind, deren Ausgang wir nicht kennen«[54] – den glaubende Menschen Gott anheimstellen wollen.

Arendt akzentuiert das Mit-Sein des Teilnehmens und Mitwirkens, das in Heidegger fundamentalontologischer Phänomenologie des Daseins am Rande blieb. Mit Hannah Arendt von der Geburtlichkeit des Daseins zu sprechen bedeutet, das Menschsein phänomenologisch elementar als Sein zum Leben auszulegen und seine Eigentlichkeit nicht zuerst in der Freiheit zum Tode, sondern in der Freiheit zum Leben bzw. in der Freiheit zu leben gegeben zu sehen. Menschsein heißt bei Arendt neu anfangen können – in der Verantwortung des Anfangs, der mit mir gemacht wurde, und der Herkunft, in die ich eingewoben bin und mich *auf meine Weise* einweben lasse. Ich bin durch mein Angefangen-Werden gerufen und herausgefordert, sprechend und handelnd mein Wer so zum Ausdruck zu bringen, dass im Entscheidenden, im Miteinander mit Lebens- und Schicksals-Genoss(inn)en, dies herauskommt: *Es ist gut und nicht gleichgültig, dass ich lebe.* Es macht einen Unterschied; ich darf diesen Unterschied als für mich selbst unendlich bedeutsam, aber auch für das Miteinander, in das ich mich einknüpfen darf, als bedeutsam ansehen. Und ich stoße doch in all dem, was ich initiiere, darauf, dass ich zuletzt nicht der sein kann, der dieses Urteil spricht,

---

verstrickt. Zum Sein von Mensch und Ding, Frankfurt a. M. ⁵2012) liegt auf der Hand. Die Ambivalenz der Verstrickungs-Metapher darf nicht außer Betracht bleiben: Die (Selbst-)Fesselung durch Verstrickung kann bis zur subtilen oder auch brachialen Entmündigung gehen.
[54] Vita activa oder Vom tätigen Leben, 268.

das Gut-Seins meines In-die-Welt-Kommens verifiziert, für das Zum-Guten-Führen meines Anfangens einsteht.

Hannah Arendt spricht die philosophisch-anthropologisch auch nicht zu rechtfertigende eschatologisch-theologische Dimension der Geburtlichkeit kaum direkt an. Aber die öffnet sich zwanglos in den Bezügen, die sie für ihr Denken selbst nennt. Lässt man sich von Arendts Natalität-Denken in sie hineinführen, verbindet sich mit dem Menschen als dem zum Geborenwerden, zum *Sich*-in-die-soziale-Welt Hinein-Handeln und Hinein-Sprechen Geborenen, die Glaubens-Hoffnung, ein Teilnehmen finden zu dürfen, aus dem man auch mit dem eigenen Tod nicht ausgestoßen sein wird. Gott ist der, der diese Teilnahme bereitet und eröffnet, der seine Schöpfer- und Versöhner-Kraft investiert, damit niemand »draußen« verlorengehen muss. Und er fordert dazu heraus, die endliche menschliche Freiheit dafür einzusetzen, dass das Menschsein im Zeichen des Teilnehmen-Dürfens und nicht des Ausgeschlossen-Werdens gelebt wird. Jesus von Nazaret hat diese Herausforderung nach dem Glauben der Christen exemplarisch gelebt und als das Anfangen der Gottesherrschaft bezeugt: als die Gottes-Dimension, in die hinein die Anfänge gewagt werden dürfen, in denen wir die Verantwortung für das Gut-Sein unseres Zur-Welt-Kommens übernehmen.

7.6 Endlich frei

Das Bild des Sich-Einfädelns ins Gewebe des sozialen Miteinanders rückt die leibhafte Bedingtheit der Freiheit ebenso in den Blick wie die Herausforderung und die Chance sich einzubringen: mit seinem Teilnehmen herauszubringen, wer man in diesem Leben ist und sein will, wie man in ihm der/die wird, mit dem/der man sich identifiziert (identifiziert sehen will) – oder gegen den/die man mitunter oder gar zeitlebens ankämpft. Die Freiheit, initiativ zu werden, ist nicht voraussetzungslos. Sie kann nur als situierte Initiative Wirklichkeit werden, verdankt sich konkreten Handlungs-Spielräumen, die meine Initiative für das freigeben, was aus ihr in den Interaktionen wird, in die sie sich einfädelt. Das *Beginnen* ist die mir in meiner Natalität zugespielte Herausforderung; das *Vollbringen* geschieht – wenn es dazu kommt – im Gewebe des Sozialen, über das hinaus, was ich wollte; mitunter direkt gegen das, was ich wollte.[55]

---

[55] Hannah Arendt verweist auf diese Differenz im griechischen Wortgebrauch, die im

Man kann deshalb mit Arendt sagen, »das Dulden [sei] die Kehrseite des Handelns«[56]; in anderer Weise ist das »Dulden« – Hinnehmen-Müssen – auch die »Kehrseite« des Sprechens. Die anderen erdulden meine Initiative, so sehr sie darüber mitbestimmen, was aus ihr wird. Ich habe zu ertragen, dass sie mir enteignet wird, anders weitergeht und so vielleicht zu ihrem Ziel kommt. Wenn man die Metapher *Geburtlichkeit* genügend ernst nimmt, kommt mit ihr ein anderes Ertragen zutage: das Austragen dessen, was aus mir und durch mich zur Welt kommen soll, und das Mittragen, Ertragen dieses Zur-Welt-Kommens. Das Initium, das ich bin und hervorbringe, ist Empfängnis- und Gebärens-förmig.[57] Der Mensch ist nicht Creator *ex nihilo*; er muss sich der Mühe des (Mit-)Schöpferischen unterziehen. Gerade so kennzeichnet *das (Mit-)Schöpferische, (Kon-)Kreative* endliche menschliche Freiheit. Menschlich schöpferisch sein bedeutet, eine neue Möglichkeit des Menschseins *gefunden* haben, nicht aufs Bisherige festgelegt sein, neue Zusammenhänge verstehen, aus dem Gefundenen etwas Neues, Zukunftsfähiges anfangen, sich neu einbringen und den sozialen wie den Lebens-Zusammenhängen eine vielleicht nur minimal veränderte Ausrichtung geben zu können.

Es kommt nicht nur aufs Finden an, sondern auch aufs Herausbringen, aufs mitunter leidvolle Ertragen des Neuen. Das wäre in idealisierende Selbstbestimmungs-Diskurse einzubringen: Ich kann mich nur selbst bestimmen, indem ich mehr oder weniger mühsam und in leibhafter Arbeit zur Welt bringe – *verwirkliche* –, was sich mir als Möglichkeit meines Daseins erschlossen hat und wer ich jetzt sein will. Freiheit wird real als in Handlungs-Freiheit übergehende Willens-Freiheit, als Herausbringen dessen, wozu ich mich bestimme, als ein Vollbringen, das mich ins soziale Gewebe einfädelt, anders werden, anders wollen, anderes vollbringen lässt als das in den gewohnten Bahnen Gewollte. Freiheit verwirklicht sich in diesem Sinne als mein, dein, unser folgenreiches Intervenieren, Dazwischenkommen.

---

deutschen Wort Handeln nicht mehr mitgehört wird: *archein* und *prattein*. Der Wortstamm prattein (durchführen, Zu-Ende-Bringen) wird schließlich bestimmend für Praxis, so dass das Durchführen semantisch in den Vordergrund tritt und den im archein angesprochenen initiativen Aspekt zurückdrängt (vgl. Vita activa oder Vom tätigen Leben, 263 f.).
[56] Ebd., 265.
[57] Das arbeitet Katja Springer in der Spur Hannah Arendt heraus (op. cit., 146–148). Sie beruft sich auf die Etymologie von Gebären, die die Assoziation *tragen* und *aushalten* einspielt; vgl. Karin Ulrich-Eschemann, Vom Geborenwerden des Menschen. Theologische und philosophische Erkundungen, Münster ²2002, 82–87.

Aber richtet sich das Freiheits-Konzept des Intervenierens nicht an einem Idealbild des Handelns aus, das in den spätmodernen Lebensverhältnissen kapitalistisch geprägter Konsumgesellschaften zur Ideologie wird? Die sind vielfach durch Exklusion und Manipulation geprägt. So hindern sie an selbst-relevanter Partizipation wie am kreativen Etwas-anfangen-Können. Reduzieren sie das Sich-Einfädeln ins soziale Miteinander nicht aufs bloße Mit- und Weitermachen in den Produktions-, Distributions- und Konsum-Strukturen, die zum Reagieren verurteilen und es zu folgenreichem Intervenieren nicht kommen lassen? Michel de Certeau hat in seiner Studie »Kunst des Handelns«, die man als Pendant zu Hannah Arendts »Vita activa« lesen kann, auf »Taktiken« hingewiesen, mit denen Menschen, die von durchgreifenden gesellschaftlichen Dispositiven und Konsum-Möglichkeiten auf Passivität festgelegt scheinen, eigenständige Weisen des Damit-Umgehens entwickeln. Solche Taktiken bilden »ein Gegengewicht zu den stummen Prozeduren, die die Bildung der soziopolitischen Ordnung organisieren«, ohne ihnen entrinnen zu können. Man kann in ihnen – so de Certeau – die »Findigkeit des Schwachen« wahrnehmen, »Nutzen aus dem Starken«, ja Übermächtigen zu ziehen[58] und sich einen Freiraum zu erhalten, in dem sie darüber bestimmen können, wie sie sich ihr unentrinnbares Verwickeltsein für sich doch noch einigermaßen vorteilhaft einrichten. Da wird man nicht von Partizipation sprechen und diese Taktiken doch für identitätsrelevant halten dürfen: Noch bin ich es, der auf seine Weise »mitmacht«. Noch besteht die Möglichkeit für eine Art Alltags-Subversivität, die sich den Anpassungs-Zwängen *ein wenig* (?) entzieht und der Selbstverabsolutierung sozialer Systeme etwas entgegensetzt. Wie wenig sich diese Subversivität durch noch mehr Homogenisierungs-Druck ausschalten lässt, dafür bietet die Katholische Kirche ein aufschlussreiches Beispiel: Man versuchte, die Gläubigen auf die Rolle der religiösen Konsumenten des »in Rom« produzierten Sinnes festzulegen und kam doch nicht dagegen an, dass die Menschen schließlich selbst entscheiden, was sie »damit anfangen«, welche Bedeutung sie dem ihnen als unbedingt normativ Aufgedrängten *gaben*.

Man mag die alltagssubversiven Taktiken für einen kümmerlichen Restbestand von Selbstbestimmung halten, der durch digitale Überwachungs- und Manipulations-Techniken zusätzlich unter Druck gerät. Man kann in ihnen aber auch die nicht zu verachtende Möglichkeit erkennen, Partizipation immer wieder neu zu »mobilisieren«. Menschlichkeit wird real im Ini-

---

[58] Michel de Certeau, Kunst des Handelns, 16 und 21.

tiativ-werden- und Sich-einbringen-Können, in immer wieder neu entdeckter und gelebter Geburtlichkeit. Da hat man die Mühe des Initiativ-Werdens und Intervenierens zu ertragen, zu ertragen, *was daraus wird*, darf es sich auch zueignen und die eigene Identität darin ausgedrückt verstehen. Und man darf, muss das selbst Gewollte im Sinne des Zu-sich-geboren-Werdens immer wieder neu herausbringen und es freigeben, damit andere sich darauf beziehen, mit und von ihm leben und sich einbringen, damit wechselseitiges Teilnehmen und Anteilgeben möglich werden. In der Welt realisierte Freiheit gewährt Partizipation und nimmt sie in Anspruch; sie webt sich ein in das Gewebe der sozialen Welt und der gesamten Schöpfung.

Der Teilhabe- und Teilnahme-Horizont hat sich ausgeweitet. Die Menschheit des 21. Jahrhunderts beginnt zu realisieren, dass Selbstbestimmung nicht nur sozial Partizipations-offen sein muss, sondern darüber hinaus verantwortliches Teilnehmen an der Natur bedeutet und nichtmenschlichen Geschöpfen die Teilhabe am gemeinsamen Leben einräumen muss. Das Bewusstsein dafür ist gewachsen, dass menschliche Selbstverwirklichungs-Initiativen nicht nur auf soziale, sondern auch auf natürliche Ressourcen zugreifen, mit denen Ressourcen-gerecht umgegangen werden muss. Menschliche Freiheit ist auch in dieser Hinsicht endliche, geburtliche Freiheit, bedingt durch all das, wodurch und worin sie sich verwirklicht und ihren welthaften Verwirklichungs-Raum gestaltet – sich ins Gewebe der Schöpfung einfädelt und es nicht zerreißen darf; mit der Last der Sorge dafür beladen, dass das Miteinander der Schöpfung nicht im Übermaß von menschlichen Partikular-Interessen dominiert, von rücksichtslosen Interventionen bestimmt und so vom Schöpfungs-Missbrauch gezeichnet bleibt.

Die Menschen-Herrschaft über die Schöpfung war immer schon Hybris. Sie ist als eine Anmaßung offenkundig geworden, von der die Lebens-, Freiheits- und Partizipationsmöglichkeiten der Menschen nachhaltig in Mitleidenschaft gezogen werden: die Anmaßung, selbst bestimmen zu wollen, wozu der Lebenszusammenhang da ist, dem wir uns verdanken, die *absolutistische*, vom solidarisch-schöpferischen Miteinander *abgelöste* Herrschafts- und Freiheits-Anmaßung, sich der Ergebnisse des eigenen Wollens und Handelns versichern zu können. Den Anfang souverän setzen, mit meinem Projekt die Umwelt rücksichtslos dominieren und das Ende als das Resultat meines Anfangens sicher erreichen zu können, dieses illusionäre Vorhaben degradiert alle von meinem Übergriff Betroffenen und alles, worauf er zugreift, zur Ressource für mein Vorhaben. Christlicher Glaube weiß um das leibhafte *Dazwischen* des menschlichen Daseins, um ein Dazwischen-Sein, das sich nicht rücksichtslos überall hineindrängen und breit machen darf. Sein Anfangen ist ein Anfang aus Gottes schöpferischem Anfangen mit jedem Menschen, mit jeder Kreatur: *Gott-ebenbildlich*.[59] Sein Ende darf als Vollendung erhofft werden, wenn man Gott die Macht des Vollendens über alle Abbrüche hinaus zutraut.

7.7 Macht. Welche Macht?

Die Erfahrung der Endlichkeit ist tief ambivalent, beglückend und ängstigend. Das Sein zum Leben verwirklicht sich im kon-kreativen Austausch mit Mitmenschen und Mitgeschöpfen; es erlebt und initiiert in der Teilhabe an einem leibhaften Miteinander die Erneuerung des Lebens, darf ihr lustvoll dienen und sich von ihr in Anspruch nehmen lassen. Es ist zugleich Sein zum Tode, Daseins-Befristung. Das bedeutet, ein Ende des Leib-Daseins hinnehmen zu müssen, das für die Wenigsten als Lebens-Vollendung willkommen ist. Es scheint die skandalös ungerechte Verteilung von Lebens-Chancen und Lebens-Erfolg *endgültig* zu machen und das Ausgeschlossen-Werden als die letzte Wahrheit des Lebens stehen zu lassen. Geburtlichkeit und Sein zum Tode sind Macht-Erfahrungen, Erfahrungen mit unterschiedlichen Dimensionen und Dynamiken von Macht.

Unterdrückende Macht schließt aus, macht Partizipations- und Lebensmöglichkeiten unzugänglich – im familiären, gesellschaftlich-politischen Bereich. Zuletzt erfährt man die lebensbegrenzende Macht, die vom Miteinander der Weiterlebenden ausschließt. Sie herrscht in der Unverfügbarkeit all dessen, was das Leben lebendig machen und erhalten sollte. Wo sie von Menschen rücksichtslos ausgeübt oder so erlebt wird, bewirkt sie das Zu-Ende-Bringen, den Abbruch, das Durchstreichen: Sie verfügt, dass mein Lebens-Wille, meine Sehnsucht, meine Anfänge *zu nichts führen*. Im gesellschaftlich-politischen Alltagsbetrieb fordert sie die Einordnung in größere Zusammenhänge, in denen nur begrenzt erreichbar ist, was mir (Lebens-)wichtig wäre. Sie exekutiert die Notwendigkeiten, die sich mit der Knappheit der Ressourcen auferlegen, verschärft sie, wenn sie Lebens- und Einfluss-Interessen der Eliten vorrangig bedient.

Den elementaren Erfahrungen der Geburtlichkeit aber zeichnet sich – wenn es gut geht – eine andere Dimension der Macht ein: freisetzende

---

[59] Vgl. Erwin Dirscherl, Grundriss Theologischer Anthropologie, 113–155.

Ermächtigungs-Macht, Empowerment. Sie ermächtigt dazu, ins Leben hineinzufinden und von dem, was einem unverfügbar zuwächst, einen guten Gebrauch zu machen. Sie initiiert und stärkt das Anfangen-Können, sie fordert heraus und stimuliert Potentiale zum Selbst-Werden in lebensförderlichen Beziehungen. So befreit sie dazu, sich in Lebens-Perspektiven hineinzuwagen, in denen mein Leben Frucht bringen und als wertvoll erlebt werden kann – von mir selbst und von anderen.

Zur Endlichkeit des Daseins wird gehören, dass diese gegensätzlichen Macht-Erfahrungen sich durchdringen, dass es immer wieder darauf ankommt, der unterdrückenden Macht zu widerstehen – und sich der schöpferischen Macht da, wo sie mich anrührt, zu öffnen, mit ihr zu wirken, mir selbst und den anderen zugute. Dass darin die Kreativität als wirksam erlebt werden darf, die die Theologie Gott als ebenso gründende wie stärkende und vollendende *All*-Macht zuerkennt, ist eine Deutung, mit der der Glaube sich über die Zwiespältigkeit endlich-welthafter Macht-Erfahrungen weit – zu weit? – hinauswagt.[60]

Unter den Bedingungen des menschlichen Lebens »dient« die Macht dem Hineinbringen, oft aber auch Verwickeln in die Netze des Miteinanders oder dem Überwältigen durch Herrschafts- und Verteilungs-Systeme, die den Meisten das Meiste schuldig bleiben. Das Hineingebracht-Werden ins Leben kann dahin führen, dass die Heranwachsenden sich gut ins Gewebe sozialer Interaktionen und natürlicher Gegebenheiten einfädeln können. Es kann aber auch als Unterwerfung unter ungerechte, Teilhabeverweigernde Lebensbedingungen erfahren werden, in denen die »Macht-Haber« sich auf Kosten der Vielen durchsetzen und bereichern. Wenn soziale Systeme Menschen und Menschengruppen keine Möglichkeiten bieten, dazwischenzukommen, teilzunehmen und gedeihlich mitzuleben, mag es ihnen als notwendig erscheinen, Entfremdungs-Netze zu zerreißen, Freiheit und Partizipation zu erkämpfen, wie illusionär ihre Versuche auch immer bleiben mögen. Das Leben im Miteinander zwischen Geburt und Tod kann unendlich viel schuldig bleiben; es steht unabwendbar unter dem Vorzeichen der Knappheit, elementar ungleicher Partizipationschancen. Manchen gewährt es so viel mehr; manche nehmen sich unverschämt viel aus den Ressourcen eines guten Lebens heraus. Die Metapher des Gewebes wird einem da allzu harmonistisch vorkommen.

---

[60] Vgl. meine Ausführungen in: Gegen falsche Alternativen. Warum dem christlichen Glauben nichts Menschliches fremd ist, Ostfildern 2021, 197–226.

Es müsste »gerechter« zugehen! Gerechtigkeit sollte dem Machtmissbrauch wenigstens Grenzen setzen. Ist Gott nicht dafür zuständig? Dieser Glaubens- und Hoffnungs-Impuls bewegt monotheistische Religionen. Aber was sollte das für eine Gerechtigkeit sein, die gegen die Willkür des »Glücks«, des Lebens, des Schicksals, der Übermächtigen etwas ausrichtet? Das menschliche Miteinander sollte die mittragen, denen das Leben allzu viel schuldig bleibt; und die zurückhalten, die sich notorisch zu viel herausnehmen. So sollte ein Grundbestand gerechter Verhältnisse unter den Bedingungen einer elementaren Knappheit sozial gesichert werden. Das ist Gottes guter Wille für sein Volk Israel, dem es in dieser Welt Raum zu geben hat. Die Hoffnung der Gottgläubigen aber ist die, dass bei Gott und durch ihn daraus noch unendlich »mehr« Gerechtigkeit wird. Ein Minimal-Pensum an Gerechtigkeit soll das Recht gewährleisten und sanktionieren: »Jedem das Seine«, das ihm Zustehende; so soll es von Rechts wegen zugehen. Der Glaube denkt und hofft weiter. Er sieht das Dasein der Menschen und ihrer Mit-Geschöpfe in einem umfassenden Schöpfungs-Gewebe gegeben, in dem sie füreinander da sind und doch nicht ihre Eigen-Bedeutung verlieren. Die Menschen sind berufen, in diesem Gewebe oder – so die technomorphe Metapher – in diesem Netzwerk Gottes schenkende Schöpfer-Güte wahrzunehmen und es dagegen zu schützen, dass es zerreißt, weil Menschen es ruinieren. Dieser Glaubensblick provoziert zum prophetischen Einspruch. Papst Franziskus hat ihn vehement angemeldet und eingefordert, alle Menschen an den positiven Wechselwirkung-Zusammenhängen teilhaben zu lassen, die dieses Netzwerk aufrechterhalten und entwickeln. Wer Menschen, auch andere Geschöpfe, willkürlich oder im Eigen-Interesse aus diesem Füreinander ausschließt, sabotiert die Gutheit und Schönheit der Schöpfung. Er handelt elementar *ungerecht* und wirkt an der Sünde mit, die das Schöpfungs-Gewebe zerreißt. Wer der Sünde Raum gibt, bestreitet konkret das Daseins-Recht der Geschöpfe, da er Daseins-Zusammenhänge missachtet, in denen es zur Geltung käme.

Wer diesen prophetischen Einspruch vom biblischen Glauben dringlich gemacht sieht, wird das Gerechtigkeits-Pathos insbesondere des Alten Testaments im Blick haben. Gerechtigkeit meint biblisch elementar Daseins- und Lebens-Gerechtigkeit. Sie geht vom Schöpfer aus, der sie gestiftet und den Geschöpfen, insbesondere den Menschen, zugedacht hat.[61] JHWH, Israels lebensfreundlicher Gott, tritt für sie ein, wo sie von den Mächtigen

---

[61] Gerechtigkeit muss herkömmlich im Blick auf die Menschen gewahrt werden. Biblisch wird der Blick auch auf andere Geschöpfe geweitet, wobei – bis in die Gegenwart – noch

missachtet oder nicht geschützt wird. Was Gott den Menschen schenkt, da er sie in die Lebens-begründenden Wechselwirkungs-Zusammenhänge der Schöpfung einbezieht, darf ihnen von den Mächtigen nicht genommen werden. So gibt JHWH seinem Volk die Tora, die ihm verbindlich macht, wie *seine* Gerechtigkeit unter den Menschen geschieht: als Respektierung des Schöpfungswerks, in dem allen zukommen kann, was ihr Leben vor Gott und mit Gott trägt und nährt. Die Tora öffnet die Augen für das Schützenswerte und Schutzbedürftige, fordert diesen Schutz ein, fordert Gerechtigkeit ein: dass man teilt, was Gott schenkt[62], und niemand vorenthält, was er braucht, um als Gottesgeschöpf ein menschenwürdiges Leben führen zu können. Ihre Gebote fordern »ein Tun des Gerechten unter den Menschen, das niemanden ausschließt«.[63]

Gott erweist seine Gerechtigkeit, indem er sie *schenkt*. Sie ist die Gabe, »die dem Menschen das Leben mit Gott und dem Mitmenschen ermöglichen soll [...] Weisung zum Leben«, die »wirkliche umfassende Lebensfreude« schenkt.[64] Gerechte Verhältnisse herrschen, wo Menschen in die guten Schöpfungszusammenhänge eingewoben sind und sich darauf *verlassen* dürfen, dass ihrem berechtigten Verlangen nach dem Lebensnotwendigen und Lebensförderlichen Rechnung getragen wird. Ungerecht sind Verhältnisse, die Gottes hereinholende Gerechtigkeit sabotieren; Lebensbedingungen, die Menschen aus der Partizipation an Gütern und Lebensmöglichkeiten ausschließen, in denen sie sich verwirklichen könnten; die sie ausschließen von der Mitgestaltung der Lebenszusammenhänge, in denen sie ihr Leben führen. Wer *draußen* ist, muss sich in dieser oder jener Hinsicht vom Leben abgeschnitten erfahren. Ihm geschieht nicht die Gerechtigkeit, die von Gott ausgeht und den Menschen zugutekommen soll: einbindende, Partizipation gewährende, ins Leben hereinholende, lebensdienliche Gerechtigkeit, die dem Geschenk des Schöpfers entspricht und allen gewährt sein soll.

---

nicht hinreichend deutlich wird, inwiefern bzw. mit welchen Einschränkungen hier von »Subjekten« zu sprechen wäre, denen Gerechtigkeit widerfahren soll.
[62] Vgl. Enzyklika *Laudato sì*, Ziffer 71.
[63] Tiemo Rainer Peters, Entleerte Geheimnisse. Die Kostbarkeit des christlichen Glaubens, Ostfildern 2017, 85.
[64] Gabriele Obst – Frank Crüsemann, Müssen sich Christinnen und Christen an das Gesetz des Alten Testaments halten?, in: F. Crüsemann – U. Theismann (Hg.), Ich glaube an den Gott Israels. Fragen und Antworten zu einem Thema, das im christlichen Glaubensbekenntnis fehlt, Gütersloh 1993, 11–118, hier 115.

Gerechtigkeit geschieht biblisch – von Gott her durch die Menschen – im *Zugänglichmachen* und *Zugänglichwerden* der das Leben tragenden und das gute Leben ermöglichenden Verhältnisse. Das Kriterium der Verhältnismäßigkeit ist hier nicht primär als formale Äquivalenz im Sinne des »Jedem das Seine«[65] in Anschlag gebracht, sondern von der Verhältnis-Dienlichkeit her begriffen: Gerechtigkeit dient der Wahrung eines Lebenszusammenhangs, in dem alle ihr Auskommen haben und sich entfalten können, in dem der von Gott gewährte *Schalom* herrscht. Um seinetwillen gewinnt das Kriterium der formalen Verhältnismäßigkeit erst seine unverzichtbare Bedeutung: als Bedingung des freien und auskömmlichen Miteinanders, in das Gott sein Volk hineinruft. In dieses Ursprungsgeschehen von Gerechtigkeit, mit dem Gott inmitten seines Volkes wohnt, müssen sich die Glieder seines Volkes einbringen, dürfen sie sich *einbinden* lassen. Es kann den Menschen nur zum Geschenk werden, wenn sie sich dieser Herausforderung öffnen und ihr Leben von ihm in den Verhältnissen eines gerecht geordneten Miteinanders bestimmen lassen. Das von Gott, dem *ursprünglich* Gerechten, Empfangene, heilvoll Einbindende bindet die Beschenkten, das Empfangene in rechter Weise zu empfangen und zu teilen. Diese soziale Bindung durch das *Recht* muss gegebenenfalls nach dem Maßstab eines verhältnismäßigen Gebens und Nehmens erzwungen werden, damit der Schalom Bestand hat und auch die Zu-kurz-Gekommenen erlangen, was ihnen *von Rechts wegen* zusteht, es ihnen nicht von denen streitig gemacht wird, die auf ihre Kosten reich geworden sind.

So ist die *Verteilungs-Gerechtigkeit* eine Schutz-Institution, die gesellschaftlich Schwächere bei der Zuteilung knapper Ressourcen für ein gutes Lebens mit zwingender Macht vor dem Zugriff der Mächtigeren schützen soll. Sie lässt nicht zu, dass die sich mehr herausnehmen und für die Machtlosen weniger übrigbleibt als sie jeweils *verdienen*. Das Verdiente soll Maßstab der Verhältnismäßigkeit sein. In ihm überliefert sich die antike Vorstellung des Tun-Ergehen-Zusammenhangs in die moderne, »liberale« Leistungs-Gesellschaft: als Aufwand-Entlohnungs-Zusammenhang. Aufwand und Anstrengung sollen äquivalent entlohnt werden. So soll hinreichend Motivation entstehen, sie auf sich zu nehmen, und eine hinreichende Sanktionsdrohung aufgebaut werden für alle, die sie verweigern. Es wird sich lohnen: Darauf baut die Leistungs-Gesellschaft. Das Leben soll sich

---

[65] Die »klassische« Formulierung dieses Prinzips begegnet bei Domitius Ulpianus, Corpus Iuris Civilis, Digesten 1,1,10 (»Iustitia est constans et perpetua voluntas ius suum cuique tribuendi«).

lohnen, wenn man genug einsetzt und es recht zu leben versteht: So wird eine »jenseitige« Entlohnung für das hier Vorenthaltene oder Entgangene funktionslos gemacht und als imaginäre Kompensation entlarvt. Statt auf das Versprechen des großen eschatologischen Ausgleichs zu setzen, sollte man das Versprechen glauben, das mit dem endlichen Leben in dieser Welt zwischen Geburt und Tod verbunden ist – wenn man sich in es einbringt: Es wird sich lohnen, so wie man es verdient, ohne jede Zusatz-Gratifikation.

Aber was ist verdient? Die Kategorie des Verdienten ist längst im Nebel eigensüchtiger Interessenvertretung und eines aggressiven Anspruchs-Denkens ungreifbar geworden. Eine gerechte Entlohnung ist die, die auf dem Arbeits-Markt für die aufgewandte Leistung zu erzielen ist. Soviel Ehrlichkeit muss sein. Alles andere ist Übermalung durch System-Apologeten. Das Verdiente wird zur Besitzstands-Kategorie: Man ist nicht reich und mächtig geworden, ohne es verdient zu haben! Jeder Zweifel daran entspringt primitivem Sozialneid! Wo kämen wir denn hin, wenn wir nicht davon ausgehen dürften, dass die »unsichtbare Hand« des Marktes es so einrichtet, dass es jedem in etwa so ergeht, wie er es verdient!

Das ist als pure Ideologie längst durchschaut. Aber das Konzept Leistungs-Gerechtigkeit ist eine mächtige Selbstrechtfertigungs-Ideologie geblieben, unvergleichlich geeignet, die eigenen Zugriffs-Chancen zu verteidigen. Chancen-Gerechtigkeit ist die zentrale Legitimations-Vokabel und der liberale Anspruch an den Staat. Er hat sie durch die Pflege der sozialen Infrastruktur wie der allgemeinen Lebensbedingungen zu wahren. Immer aber, wenn auf die strukturelle Ungleichheit der Chancen hingewiesen wird, die mit der Kumulierung der Lebens- und Aufstiegs-Möglichkeiten bei den seit Generationen Begünstigten hingewiesen und ein ernsthafter Ausgleich ins Auge gefasst wird, werden die Systemveränderer in die Schranken gewiesen. *Meritokratie* ist das neue Stichwort.[66] Michael E. Sandel verweist auf die extreme Spreizung der Qualifikations-Zugänge in den USA und anderen westlichen Ländern, die den »ererbten« Chancen immer größere Bedeutung zukommen lässt. Was man – an monetärem, sozialen oder Bildungs-»Kapital« – mitbekommen hat, definiert den Ort, von dem aus das »Wettrennen« um den Lebens-Erfolg startet. Der Vorsprung der anderen ist oft viel zu groß, als dass man ihn von den hinteren Startpositionen aus

---

[66] Eingeführt hat den Begriff Michael Dunlop Young (The Rise of the Meritocraty, London 1958). Die Diskussion bezieht sich gegenwärtig von allem auf: Michael J. Sandel, Vom Ende des Gemeinwohls (Originaltitel: The Tyranny of Merit). Wie die Leistungsgesellschaft unsere Demokratie zerreißt, dt. Frankfurt a. M. 2020.

aufholen könnte. Die Gewinner verstehen sich als eine Leistungs-Elite, die mehr aus ihrem Leben gemacht und sich ihre Position redlich verdient hat. Die »Verlierer« fühlen sich einer mehr oder weniger latenten Verachtung und dem Urteil ausgesetzt, sie hätten sich nicht genug angestrengt und landeten verdientermaßen auf den hinteren Plätzen. Sie fühlen sich nicht gewürdigt und vielfach ihrerseits genötigt, den Vorsprung, der ihnen vor den Allerletzten zu bleiben scheint, aggressiv zu verteidigen. Die Selbst-Aufwertungs-Dynamik, der die Erfolgreichen sich hingeben, setzt eine Abwertungs- und Verachtungs-Dynamik in Gang, die mit immer größerer Wucht die trifft, die »eigentlich nicht dazugehören«, mit deren Qualifikationen und Leistung man nichts anfangen kann, nichts anfangen will. Gesellschaftliche Geringschätzung provoziert eine Selbst-Abwertung, die sich in Fremd-Abwertung Luft verschafft. Der Erfolg bestimmt den Wert eines Menschenlebens. Und die Erfolgreichen bestimmen die Parameter des Lebens-Erfolgs, auf die sich die Meisten nur noch imaginär – über eine medial inszenierte Schein-Teilhabe am Lebens-Erfolg anderer – beziehen können. In der Ideologie der Leistungsgerechtigkeit verdichtet sich vielfach eine Abwertungs- und Ausschließungs-Gewalt, der die Abgewerteten nichts oder nur ihre Selbstbehauptung gegen die »hinter« und »unter« ihnen entgegensetzen können.

Sandel rückt aber nicht nur die notorisch ungerechte Verteilung der Lebens- und Qualifikations-Chancen und die Unglaubwürdigkeit gängiger Leistungs-Bewertungen in den Blick. Er stellt die soziale Maßgeblichkeit der Größe *Leistung* selbst in Frage. Weshalb sollte Leistung »gerechterweise« über die Zugänglichkeit von Lebenschancen und die Wertschätzung eines Menschenlebens entscheiden, wenn doch schon Leistungsfähigkeit und Begabungen den Menschen unverdient mitgegeben wurden und nur begrenzt durch eigenen Einsatz »optimiert« werden können? Weshalb sollte es als legitim angesehen werden, dieses manifest Unverdiente in das einzurechnen, was man verdient hat? Liegt darin nicht eine meritokratische *Selbst*-Gerechtigkeit, die – jedenfalls auch – auf die selbstbewusste »Verdiesseitigung« des Werturteils über ein Leben zurückgeht?

Gott wird das Urteil aus der Hand genommen. Weltlichen Herrscher-Autoritäten traut man es nicht mehr zu. Wo es nach den bürgerlich ausgebildeten Leistungs-Kriterien gesprochen wird, ist es der Zustimmung oder dem Widerspruch der jeweils Betroffenen ausgesetzt. Sie werden sich bestätigt fühlen, wenn ihr Besitzstand als berechtigt angesehen wird, und Berufung anmelden, wenn sie nach dem eigenen Urteil zu schlecht wegkamen. Die Leistung bleibt das Kriterium. Auf sie sich berufen zu dürfen, macht das Selbstbewusstsein des Bürgers aus; sie sich ohne Weiteres selbst zuzuschreiben seine Selbstgerechtigkeit. Ich-Identität soll sich auf Leistung und entsprechende Wertschätzung gründen können. Schätzungs-Konflikte sind unausweichlich; sie gehören zu einer kapitalistischen Marktgesellschaft, zu der auch Sandel keine irgendwie vorstellbare Alternative kennt. Aber sie haben ihren Preis. Der Leistungsvergleich kennt nun einmal Verlierer und Zurückbleibende; und er hält die eher Erfolgreichen in Lebens-Unsicherheit darüber, wie lange sie noch dazugehören werden – und wieviel Anstrengung ihnen das Erfolgreich-sein-Wollen im öffentlichen wie im privaten Bereich abverlangen wird. Und vor allem: Wenn der dauernd angestellte und immer wieder revidierte Leistungsvergleich sich als Werturteil über ein Leben aufdrängt, wird die Hoffnung darauf untergraben, dass der kaum auf Dauer zu sichernde Lebens-Erfolg nicht die »letzte Instanz« sein wird, die über den Sinn des Lebens entscheidet, und wird die Einbildungskraft darin geschwächt, sich eine Gerechtigkeit jenseits des Äquivalenz-Prinzips und des danach Verdienten vorstellen zu können.

7.8 Unterwegs zu einer anderen Gerechtigkeit

Die Forderung nach Verteilungs-Gerechtigkeit klagt Äquivalenz ein: Was ein Mensch an Lasten mitträgt und an Einsatz aufbietet – sein »Verdienst« –, soll sich äquivalent auszahlen. Es fördert die Stabilität eines sozialen Verbands, wenn das einigermaßen gewährleistet ist oder auch nur der Anschein erzeugt werden kann, es sei so. Ausnahmen mögen zugelassen sein, wenn das *per saldo* allen zugutekommt. Da stehen alle möglichen Legitimations-Hintertüren offen; man nutzt sie in modernen Gesellschaften ausgiebig. Das Versprechen der Verteilungs-Gerechtigkeit ist nach wie vor der Kitt, der ein Mindestmaß an gesellschaftlicher Solidarität sichert. Er bröckelt, wenn dieses Versprechen offensichtlich gebrochen wird.

Man wird freilich nicht immer die Gesellschaft dafür verantwortlich machen können, dass man im Leben zu kurz kommt. Schicksalhafte Faktoren spielen eine entscheidende Rolle. Sie bereiten den Benachteiligten ein unverdient belastendes Ergehen. Und der Protest über so viel Inadäquanz zwischen Tun und Ergehen findet mitunter noch – wie bei Ijob – als Adressaten Gott. Das scheint für viele Menschen die einzige Gottes-Adressierung zu sein, zu der sie sich noch herausgefordert sehen. Alltäglich tritt sie in den Hintergrund bzw. wird sie abgelöst von der Forderung, der Staat bzw. die Gesellschaft müsse die entstandenen Unverdientheiten so weit als möglich ausgleichen. Da geht es dann um die Umverteilung der gemeinschaftlich erarbeiteten Beträge, die in höherem Maße denen zugutekommen müssten, die unverdient in Nachteil geraten sind. *Kompensation* ist das hinter vorgehaltener Hand ausgesprochene Stichwort – und die Aufreger-Vokabel für die »Leistungsträger«, die ihren Lebens-Erfolg nicht beschnitten sehen wollen. Der Streit um das Ausmaß sinnvoller Kompensationen gehört zum gesellschaftlichen Alltag. Neoliberale ziehen ihnen enge Grenzen und pochen auf Selbstverantwortung, ohne sich etwa auf die Frage einzulassen, wieviel Selbstverantwortungs-Räume denen bleiben, die ohne Kranken- und Arbeitslosen-Versicherung dastehen.

Verteilungs-Gerechtigkeit ist anthropologisch eine ambivalente Größe, meist von denen in Anspruch genommen, die ihr Recht auf *Mehr* durchsetzen wollen. Sie soll meine Ansprüche als in meinem Verdienst begründet legitimieren, Äquivalenz-Beziehungen stabilisieren, die nach meinem Urteil zu meinen Ungunsten aus dem Gleichgewicht geraten sind. Zu langsam geraten die in den Blick, die keine Leistung in die Waagschale legen und ihre berechtigten Ansprüche nicht anmelden können, weil sie »draußen« sind: von den Voraussetzungen abgeschnitten, sich in gesellschaftliche und globale Wertschöpfung einzubringen; von Umweltkatastrophen oder von Großkonzernen heimgesucht, die ihre Ressourcen zerstören oder ausbeuten; von regionalen Eliten ausgepresst, die sich schamlos auf ihre Kosten bereichern. Ihre Antlitze werden schemenhaft sichtbar hinter den Netzen globaler Äquivalenzen, die von Profiteuren geknüpft wurden. Ihr Verlangen nach einer Gerechtigkeit, die ihrer Situation gerecht würde und ihr Ausgeschlossensein als schreiende Ungerechtigkeit offenkundig machte, wird kaum gehört. Das müsste eine Gerechtigkeit sein, die verbietet, Menschen als unbeachtlich anzusehen[67] und in ihrem Recht auf ein menschenwürdiges Leben zu vernachlässigen; eine Gerechtigkeit, die *Lebens- und Menschen-gerechtes Teilen* einfordert, wie Israels Tora es verbindlich machte: das Teilen des allen Geschenkten und keinem zu beliebiger Verfügung Überlassenen.

---

[67] Die Metapher des Antlitzes verweist über die Gerechtigkeits-Dimension hinaus auf eine ethische Verantwortlichkeit, die von der Not und der Bitte des Anderen unendlich in Anspruch genommen ist. Emmanuel Levinas steht für die radikalste Ausarbeitung einer Phänomenologie des In-Anspruch-genommen-Seins durch das Antlitz des Anderen. Er versteht es als »die heimliche Geburt des Subjekts«, *heimlich* deshalb, weil das zu sich geborene Subjekt sein »Geborenwerden« nicht rational einholen kann (vgl. ders., Jenseits des Seins oder anders als Sein geschieht, dt. Freiburg i. Br. 1992, 306).

Diese Gerechtigkeits-Dimension wird in gegenwärtigen Diskussionen um Beteiligungs- oder Befähigungs-Gerechtigkeit angesprochen.[68] Hier kommen Bedingungen dafür in den Blick, dass Menschen am gesellschaftlichen und ökonomischen Miteinander partizipieren, sich fruchtbar einbringen, anerkannt teilnehmen und an den Erträgen teilhaben können. Maßnahmen für mehr Beteiligungs- und Befähigungs-Gerechtigkeit arbeiten gegen Exklusionsmechanismen, die die Bedürfnisse, Interessen und Intuitionen der mehr oder weniger Ausgeschlossenen im Gesellschafts-Geschehen nicht vorkommen lassen. Verteilungsgerechtigkeit und die in ihr vorausgesetzte Chancengerechtigkeit greifen mit ihrem Anspruch zu kurz, wenn zu viele von vornherein chancenlos sind. Ihr Draußenbleiben-Müssen ist vermutlich ungerecht, weil die Gesellschaft eine Bringschuld hat, ungerechtfertigte Ausschließungen aus der gesellschaftlichen Solidarität möglichst zu vermeiden oder zu überwinden.[69] Gerechtigkeit realisiert sich nach diesem Konzept nicht erst in einer zur erbrachten Leistung äquivalenten Entlohnung, sondern schon in der Sorge dafür, dass Menschen so ins gesellschaftliche Miteinander einbezogen werden, dass sie in ihrem Streben nach einem guten Leben darin vorkommen und die Chance haben, ihm Geltung zu verschaffen. Gerechtigkeit bedeutet dann: in dem, was ich für mein Dasein in der Welt brauche, Berücksichtigung zu finden, und in dem, was ich ins gesellschaftliche Miteinander einbringen kann, anerkannt und gestärkt zu werden, sodass ich mein Dasein selbstverantwortlich gestalten kann.

Befreiungstheologische Entwürfe, auch Schlüsseltexte von Papst Franziskus, haben dieses Konzept aufgegriffen und in der Perspektive biblischer Gerechtigkeits-Vorstellungen weiter profiliert. Für sie wird der Gerechtigkeit elementar darin Wirklichkeit, dass Exklusion überwunden und Teilhabe möglich ist. Geltend gemacht wird hier die und in der Prophetie erinnerte Erfahrung des erwählten Gottesvolkes, das JHWH dazu berufen und darauf verpflichtet hat, das Geschenk des Landes zu teilen und auch die aufzunehmen, die als Fremdlinge im Land Not leiden. JHWH hört den Schrei der Armen (vgl. Ps 22,25; 34,7), wie er Not und Unterdrückung der

---

[68] Man bezieht sich dabei meist auf das Capability-Konzept, das Amartya Sen und Martha Nussbaum entwickelt haben; vgl. Amartya Sen, Commodities an Capabilities (second impression), New Dehli – Oxford 1999; Martha Nussbaum, Gerechtigkeit oder das gute Leben, Frankfurt a. M. 1999.

[69] Vgl. H. Bude – A. Willisch (Hg.), Das Problem der Exklusion. Ausgegrenzte, Entbehrliche, Überflüssige, Hamburg 2006 sowie Heinz Bude, Solidarität. Die Zukunft einer großen Idee, München 2019.

Seinen in Ägypten »gesehen« hat. Er macht sich das Leiden der aus den guten Lebens-Wechselseitigkeiten Ausgeschlossenen zu eigen und fordert ihr Leben-Können von den Unterdrückern ein. Er will, dass unter den Menschen – zuerst in seinem erwählten Volk – Gerechtigkeit *geschieht;* er fordert von seinem Volk das Teilnehmen an seiner Gerechtigkeit. Diese Gerechtigkeit geschieht nicht schon, wenn vor Gericht dem Äquivalenz-Prinzip Geltung verschafft wurde. Sie geschieht im Gerecht*werden:* wenn Menschen das Gerechtwerden abbilden, das Israel als Grundvollzug des Menschen-Verhältnisses seines Gottes kennenlernen darf. Gerechtwerden geht tiefer als das Streben nach Äquivalenz: »Gott sieht [...] nicht auf das, worauf der Mensch sieht. Der Mensch sieht, was vor Augen ist, der HERR aber sieht das Herz« (1 Sam 16,7). Er sieht »das Innere«, sein tiefstes Verlangen, seine Verwundungen. Er nimmt Anteil, will teilen, will, dass Menschen miteinander und mit ihm teilen. Sie gewinnen so Anteil an seiner schöpferischen Macht, die leben und eine Gerechtigkeit »blühen« lässt, die nicht mehr erzwungen werden muss, sondern aufgerichtet wird, wenn sie den Bedürftigen zugutekommt. Sie erweist ihre ermächtigend-befähigende Macht darin, dass das Verlangen nach Miteinander-Teilen nicht mehr übergangen wird, dass es gut mit ihm wird, zunächst im sozialen Gewebe des Mitmenschlichen; dann aber – wo die apokalyptischen Dimensionen des Gottesverhältnisses in den Blick kommen – eschatologisch-endgültig bei und durch Gott selbst, dessen Gerechtwerden es wirklich vermag, Menschen in ihrer Suche und Not wie mit dem, was sie mitbringen, willkommen zu heißen und unabsehbar »fruchtbar« zu machen.

Der apokalyptische Gerechtigkeits-Impuls ist in den religiösen Überlieferungen Israels und des Christentums bei Weitem nicht immer so wahrgenommen worden. Häufig hat man Gottes eschatologische Gerechtigkeit doch nach dem Schema der Äquivalenz-Gerechtigkeit verkündigt und auch zum Schreckbild ausgemalt, noch die Sterbenden damit konfrontiert, damit sie »rechtzeitig« ihre Sünden bereuen, um nicht seiner schrecklichen Gerechtigkeit anheimzufallen. In der Spur des Augustinus war man ja über Jahrhunderte davon überzeugt, dass der endzeitliche Richter nur wenige in den Himmel einlassen würde.

Die christliche Eschatologie-Geschichte belegt das Menschlich-Allzumenschliche religiöser Überlieferungs-Prozesse. Sie schlagen nicht etwa eine gradlinige Schneise durch das Dickicht menschlicher Ängste und Hoffnungen, Verirrungen und Ausweglosigkeiten. Religiöse Bilder und Überzeugungen sind vielmehr in es verwickelt; sie werden Glaubens-»pädagogisch« und machtpolitisch in Dienst genommen und entsprechend verformt. Sie sind ja selbst in einer Glaubens- und Zeugnisgeschichte geprägt worden, in der sich unterschiedliche Akzentsetzung und Intuitionen in jeweils unterschiedlichen Situationen herausbildeten, überlagerten und miteinander in Konflikt gerieten. So musste und muss sich immer wieder herausstellen, welche Weiterbildungen jeweils als inspirierend erlebt werden, im Kontext welcher geschichtlichen Herausforderungen und Mentalitäts-Veränderungen welche Glaubensweisen Gemeinschafts-bildend werden, Sondermeinungen bleiben oder ausgegrenzt werden. Der Glaube verändert sich mit dem geschichtlichen Selbstverständnis des Menschseins, in dem er menschliche Relevanz und Prägekraft gewinnt, dessen Wandlungen er mitunter inspiriert, aber allenfalls in seltenen Ausnahmesituationen autonom bestimmt. Religiöse Überlieferungs-Gemeinschaften müssen immer wieder einen Weg finden, auf dem das Geglaubte in neuer Weise als glaubwürdig erlebt und ein mitunter dramatischer Lebensrelevanz-Verlust durch die Artikulation neuer Bedeutungs-Dimensionen überholt werden kann. Auch Glaubensformationen sterben; neue Glaubens-Ausprägungen werden unverhofft »geboren«, da es inspirierenden Menschen gelingt, aus der Vielfalt der Glaubens-Überlieferungen neue Lebens-Antworten zu finden und Glaubens-Impulse zu formulieren, die bezeugen, was es heißt, hier und jetzt zu glauben.

So konnte in einer Zeit, der das mit der Leistungs-Gerechtigkeit verbundenen gesellschaftliche Versprechen zweifelhaft geworden ist, auch ein biblischer Überlieferungs-Strang neu zur Inspiration werden, in dem gegen die Gerechtigkeit eines umfassenden Vergeltungs-Zusammenhangs die Hoffnung auf einen Gott artikuliert wurde, der jedem Menschen gerecht wird und keinen verlorengibt. Die Utopie des Gerechtwerdens ist so tief in die menschliche Sehnsucht eingegraben, dass sie religiös aktualisiert werden und herausfordern kann, Räume des Gerechtwerdens zu gestalten und zu erweitern, wo dazu die Möglichkeit – christlich: die Gnade – gegeben ist. Es sind, so kann in lebendiger Erinnerung der Botschaft Jesu gesagt werden, Räume der unter uns ankommenden Gottesherrschaft, Lernräume dafür, sich in Gottes größere Gerechtigkeit einzuleben; E-Laboratorien, in denen sich zeigen kann, was es heißt, seiner größeren Gerechtigkeit in den Irrnissen und Wirrnissen je unserer Zeit auf der Spur zu bleiben.

Gerade an den eschatologisch-apokalyptischen Überlieferung des Christlichen kann man sehen, wie sich Glaubens- und Hoffnungs-Gehalte immer wieder neu und anders in das Ringen um ein zeitgemäßes menschliches Selbstverständnis einfädeln, in diesem Ringen mitunter eine dominierende Rolle spielen, dann wiederum zu einer Relecture der eigenen

Quellen und zu einer Erneuerung des Glaubens-Verständnisses herausgefordert werden, sich so aber auch fruchtbar in die Auslegung des wahrhaft Menschlichen einbringen.

Religiöse Akteure haben nicht selten beansprucht, das Selbstverständnis des Menschen aus den Quellen des Glaubens normativ vorgeben zu können, so dass nur als legitim gelten konnte, was von diesen Quellen hervorgebracht wurde. Am Beispiel der Menschenrechte kann man sich verdeutlichen, wie diese Selbstdeutung in die Krise geriet, was dann – auf dem Zweiten Vatikanum – eine vielleicht Zukunfts-fähige Revision nicht nur kirchlicher Lehre sondern des kirchlichen Selbstverständnisses insgesamt erzwungen hat, deren Folgen und Dimensionen noch nicht abzusehen sind. Kirche muss sich nun als eine der Akteurinnen verstehen, die sich in den Selbstverständigungs-Prozessen über das Menschen-Wichtige und menschlich Unabdingbare einbringen und dabei selbstkritisch wahrnehmen, was aus den eigenen Traditionsbeständen wird, wenn man sich dieser Herausforderung stellt. Man wird die anderen Akteure nicht daran messen dürfen, ob sie in etwa Dasselbe sagen wie man selbst, sondern das von ihnen Eingebrachte kritisch zu würdigen haben. So werden vielleicht auch sie wahrnehmen, dass das von Christen Eingebrachte für sie bedeutsam werden kann oder dass sich die Säkularisierungs-Geschichte religiöser Gehalte auch als Verlust-Geschichte erwiesen hat, dass also etwas verloren ging, als sich etwa »Sünde in Schuld, das Vergehen gegen göttliche Gebote in den Verstoß gegen menschliche Gesetze« verwandelte und der eschatologische Ausblick auf die erlösend-versöhnende Gottes-Begegnung sich ins Vage verflüchtigte. Jürgen Habermas gibt in diesem Sinne zu bedenken: »[M]it dem Wunsch nach Verzeihung verbindet sich immer noch der unsentimentale Wunsch, das anderen zugefügte Leid ungeschehen zu machen. Erst recht beunruhigt uns die Irreversibilität *vergangenen* Leidens – jenes Unrecht an den unschuldig Misshandelten, Entwürdigten und Ermordeten, das über jedes Maß menschmöglicher Wiedergutmachung hinausgeht. Die verlorene Hoffnung auf Resurrektion hinterlässt eine spürbare Leere.«[70] Wird eine anthropologisch reflektierte Theologie ihrerseits wahrnehmen lernen, wie Glaubensüberlieferungen *leerlaufen*, wenn sie nicht an solchen Erfahrungen teilnehmen und sich von ihnen zu einer Relecture ihrer Quellen herausfordern lassen?

---

[70] Jürgen Habermas, Glauben und Wissen. Friedenspreis des Deutschen Buchhandels 2001, Frankfurt a. M. 2001, 24 f.

Wenn sie ihre Zeugnisse in heutige Selbstverständigung über das Menschliche und seine Gefährdungen einbringen und hineinerzählen – von dem Gott des Lebens, der das ins *immer Weniger* verrinnende Menschenleben nicht der Vergeblichkeit preisgibt, es auferweckt, für sich selbst bedeutsam sein lässt –, können sie eine Ahnung davon vermitteln, was verloren ginge, wenn man sich von diesen Quellen des Glaubens und der Hoffnung abschneiden würde. Quellen müssen nicht dadurch ins Recht gesetzt werden, dass man die Maßgeblichkeit des uns daraus Zufließenden gegen andere Quellen und Überzeugungs-Geschichten stark macht. Quellen überzeugen, indem sie fließen und Menschen mit dem, was sie ihnen spenden, inspirieren können. Man kann Menschen nicht zu ihnen überreden, wenn sie das nicht spüren. Aber man kann dafür Mitsorge tragen, dass bei den Menschen heute ankommt, was die Quellen uns zufließen lassen und was sich dann womöglich in einer Weise als nährend erweist, die sich dem Glaubensbewusstsein zuvor *so* nicht erschlossen hatte.

7.9 Das Erbe der Apokalyptik

Die Quelle der biblischen Apokalyptik scheint seit Langem versiegt; zuvor hat sie trübe Gewässer gespeist. Die Drohbotschaft vom Jüngsten Gericht ist noch nicht verklungen. Die eher säkularisierte Botschaft vom großen Umsturz, in dem die »Verdammten dieser Erde« endlich über ihre Unterdrücker triumphieren werden, stachelt noch Rachegefühle revolutionär Gestimmter an und verführt sie zu der Hoffnung, zu gegebener Zeit aus dem fatalen Lauf der Dinge aussteigen zu können. Aber auch diese Hoffnung hat sich für viele als Illusion erwiesen. Vielfach weicht sie einem mehr oder weniger glücklichen Fatalismus: der demütig-demütigenden Einsicht in die Unendlichkeit des Raumes und der Zeit, in der jedes von Menschen ins Werk gesetzte, erhoffte oder befürchtete Geschehen zu folgenlosem Verschwinden unterwegs ist und das menschliche Gerechtigkeits-Verlangen bedeutungslos wird. Wo man die Endlichkeit alles Menschlichen in ihrer Abgründigkeit wahrnimmt, öffnen sich unvorstellbare Zeit-Räume, in denen man sich verloren vorkommt: vom Urknall bis zum Verlöschen »unserer« Sonne, mit der das Universum keineswegs am Ende sein wird. Ist es nicht unendliche Ausdehnung, ein unendliches Nach-vorne, hinter dem schließlich alles folgenlos zurückbleiben wird?

Die Menschen sind unterwegs zu einem radikal veränderten Raum- und Zeitbewusstsein. Die Folgen für ihr Sich-selbst-Verstehen sind kaum absehbar. Am Anfang war die Zeit der Lebewesen zwischen Geburt und Sterben, die Zeit ineinander verschränkter Lebenszyklen, miteinander verbrachte, füreinander aufgebrachte Zeit, Zeit der Aussaat und der Ernte, des Heranwachsens und des Verlassenwerdens, des Zurückbleiben-Müssens; Zeit des Genügens, des Auskommens, wenn nichts Übles dazwischenkam; Zeit des Schalom. Am Anfang war die Umgebung, der Raum zum Überleben und Wohnen, der Raum zum Kultivieren, der kooperativen oder konfliktreichen Beziehung zu den Nächsten, den Nachbarn, dann auch den Ferneren. Nun steht Menschheits-geschichtlich der Schritt ins Unvorstellbare an: die Ausweitung der Zeiträume in Millionen Lichtjahre, in denen wir nichts weiter als winzige Größen darstellen. Wie sollten menschliche Aufbrüche und geschichtliche Umbrüche da noch etwas bedeuten! Wie können die Fast-Unendlichkeiten des Raumes und der Zeit etwas anderes bedeuten als die Bedeutungslosigkeit des Menschlich-Endlichen?[71]

Menschlich gesehen zeichnet sich die Perspektive eines erhabenen Umsonst ab, mit Nietzsche gesprochen: eines Nihilismus, der realisieren muss, dass das alles zu nichts führt; der »lähmendste Gedanke« einer unendlichen Dauer »ohne Ziel und Zweck«. Denken wir – so Nietzsche – »diesen Gedanken in seiner furchtbarsten Form: das Dasein, so wie es ist, ohne Sinn und Ziel, aber unvermeidlich wiederkehrend, ohne ein Finale ins Nichts: ›die ewige Wiederkehr‹.«[72] Sollte man den Nihilismus überwinden können, indem man die ewige Wiederkehr unendlich bejaht, sie als das unendliche Geschehen des Willens zur Macht bejaht, dem man sich eingefügt weiß und bewusst hingibt? Das ist Nietzsches eigener Versuch gewesen.

Geschichts-mächtiger wurde der titanische Versuch, doch einen Richtungspfeil des Geschehens zu bestimmen und sich mit ihm zu identifizieren, sich in den Dienst dessen zu stellen, was kommen muss – auch *durch mich* kommen wird. Das 19. Jahrhundert trotzt der schon aufklaffenden, haltlosen Unendlichkeit des Raums und der Zeit diese Perspektive geradezu ab: Der Mensch ist berufen, sich der Evolution nicht nur zu verdanken, sondern sie zu machen, sie zu seinem Projekt zu machen. Zwei spannungsreiche Intuitionen verbinden sich: der Trend zu einer evolutionären Höher-

---

[71] Es war am Beginn der Neuzeit Blaise Pascal, der vom Schauder der Unendlichkeit und von der Unfähigkeit des Menschen gesprochen hat, »das Nichts zu fassen, aus dem er gehoben, wie das Unendliche, das ihn verschlingt« (ders., Pensées. Über die Religion und über einige andere Gegenstände, dt. hg. von E. Wasmuth, Gerlingen ⁹1994, Aphorismus 72, 41–50, Zitat 41).

[72] Nachgelassene Fragmente Sommer 1886 – Herbst 1887, KSA 12, 213.

Entwicklung des Lebens und die schöpferische Initiative, diesen Trend zu gestalten, zu beschleunigen, mitzubestimmen.

Die *Selbstbehauptung* mit und gegen den evolutionären Lauf der Dinge generierte ebenso erschreckende wie faszinierende Zukunfts-Konzepte, Züchtungs-Programme, emanzipatorische Entwürfe. Sie sollten die Herrenmenschen hervorbringen, die sich gegen die Flut der Degenerierten behaupten, eine Technologie perfektionieren, die die Menschen schlussendlich von der Last der Lebensnot und der Begrenztheit seiner Möglichkeiten befreit, den sozialen Fortschritt zum Durchbruch bringen, sodass Gerechtigkeit und Selbstbestimmung nicht länger Utopie blieben. Die Fortschritts-Idee erwies sich – rebus sic stantibus – als geschichtsmächtigster Motivations-Faktor gegen den Nihilismus, auch wenn sie die ökologische Krise heraufbeschworen hat. An ihr wird die »Meta-Erzählung« greifbar, in der sich das weltumspannende Selbstbewusstsein der Menschheit noch am ehesten wiedererkennt.[73]

Walter Benjamin hat die Metapher des Fortschritts auf die des *Mitschwimmen*-Wollens zurückgeführt: Man fühlt getragen von einer Erweiterung und Optimierung menschlicher Möglichkeiten, die das Menschsein fast von selbst auf ein immer höheres Niveau hebt. Man wird mitgenommen, ja mitgerissen von einem technomorphen Fortschritt, dessen Kehrseite freilich immer die Ausbeutung ist: die Ausbeutung der Natur wie die der (mit-)menschlichen »Ressourcen«.[74] Nur hier – an der Perfektionierung der Naturbeherrschung und der für sie erforderlichen Steigerung der Arbeits-Effektivität – drängt sich der Raum-Zeit-Pfeil des Immer-Mehr und Immer-Höher auf. Hier manifestiert sich auch der »dogmatische Anspruch«, den nicht nur der von Benjamin hier kritisierte sozialdemokratische Reformismus mit der Vorstellung des Fortschritts verbunden hat. Er unterstellte »ein[en] Fortschritt der Menschheit selbst (nicht nur ihrer Fertigkeiten und Kenntnisse)«, verstand ihn als einen unabschließbaren, »einer unendlichen Perfektibilität der Menschheit entsprechende[n]«. Und er galt ihm auch noch »als ein wesentlich unaufhaltsamer (als ein selbsttätig eine grade oder spiralförmige Bahn durchlaufender).« Hinter diesen Zuschrei-

---

[73] Vom beginnenden Zerfall solcher Meta-Erzählungen, auch von der Notwendigkeit, sie zu dekonstruieren, handelt Jean-François Lyotard, Das postmoderne Wissen. Ein Bericht, dt. Bremen 1982.
[74] Vgl. Walter Benjamin, Über den Begriff der Geschichte, in: ders., Erzählen. Schriften zur Theorie der Narration und zur literarischen Prosa, ausgewählt und mit einem Nachwort von A. Honold, Frankfurt a. M. 2007, 129–140, hier 134f. (These XI).

bungen zeige sich die Vorstellung vom Fortschritt des Menschengeschlechts als eines »eine homogene und leere Zeit durchlaufenden Fortgangs«.[75]

Der Prozess in die unabsehbare Zukunft und unermessliche Weiten hinein legitimiert sich selbst; und dies schon deshalb, weil es zu ihm keine Alternative zu geben scheint. Man kann ihn nicht anhalten, weil sonst »alles« instabil würde oder in sich zusammenfiele. Alles muss zum Brennstoff für den Raketenmotor der Evolution werden, die wie ein Projektil auf die Unendlichkeiten in Raum und Zeit zurast und die Erden-schweren Bedingtheiten hinter sich lässt. Die Metapher mag sich – gegenüber der des Mitschwimmens und Sich-tragen-Lassens – ungebührlich dramatisch anhören. Aber sie dekonstruiert einigermaßen »sachgerecht« die Illusion von der Steuerbarkeit dieses Prozesses. Wo man es etwa in der Perfektionierung der Netz-Kommunikation auf die Steigerung der Kommunikations- und Partizipations-Möglichkeiten abgesehen hatte, da überholen uns die Überwachungs-, Desinformations-, Diskreditierungs- und Manipulations-Möglichkeiten mit immer größerer Geschwindigkeit. Und es ist nicht absehbar, in welche Richtung die nicht beabsichtigten »Nebenfolgen« den Prozess drängen werden. Noch weniger absehbar sind die ruinösen Folgen des überall ansteigenden Ressourcen-Verbrauchs, die man – Benjamin hatte schon darauf hingewiesen – von Anfang an vernachlässigte. Man dreht ein immer größeres Rad und muss immer mehr dafür aufwenden, dass nicht alles auseinanderfliegt. Je größer die Reichweiten, je unabsehbarer die Eingriffs-Tiefen werden, desto unkalkulierbarer, womöglich unbeherrschbarer wird, was sich an Folgeproblemen aufbaut, desto dramatischer, was auf der Strecke bleibt.

Das bürgerliche Ideal der Selbstbestimmung scheint leerzulaufen neben den Steuerungsproblemen, in denen wir uns individuell und global vorfinden. Von Neuem werden apokalyptische Szenarien bemüht, um den Zeitgenossen die Folgen ihres Tuns und Unterlassens vor Augen zu führen; halbierte Apokalypsen ohne Rettungs-Versprechen, ausgemalt, um die rettende Umkehr noch zu stimulieren. Der Fortschritt und die selbst vorangebrachte Evolution haben deutlich an Kredit verloren. Das menschheitliche Selbstbewusstsein wird sich an solche Bezugs-Größen kaum aufrichten können. Da zeigt sich vielleicht noch unübersehbarer, wie ortlos sich das individuelle Selbstbewusstsein in den unendlichen Weiten des Raumes und der Zeit vorkommen muss, in denen sich das kollektiv-menschheitliche Selbstbewusstsein mit seiner Fortschritts-Orientierung rettungslos

---

[75] Vgl. ebd., 136 (These XIII).

überanstrengt. Es erfährt sich eingezwängt in sich steigernde Dynamiken der Beschleunigung wie der Reichweiten-Vergrößerung, bei denen es nicht dazwischenkommen kann. Die Erfahrung der Selbstwirksamkeit kommt ihm mehr und mehr abhanden. Es sei denn, man sucht sie im Privaten, auch in einer privatisierten Religion. Johann Baptist Metz' Anstoß, Religion als *Unterbrechung* zu verstehen und in seiner apokalyptischen Zuspitzung politisch ernst zu nehmen[76], erscheint da ebenso überzeugend, wie er viele ratlos macht. Was sollte man sich von dieser Unterbrechung versprechen dürfen? Wie sollte sie folgenreich dazwischenkommen können? Sie sollte Distanz gewinnen lassen von der Selbstverständlichkeit eines Zeit-Regimes, das den Menschen – und Gott – die Zeit enteignet.[77]

Zeit-Enteignung: Die Zeit ist nicht mehr meine Zeit und Gottes Zeit, ist uns und ihm weggenommene Zeit, Zeit eines unendlichen Fortschritts, einer evolutionären Selbst-Steigerung ohne Selbst oder eines unendlich sich selbst durchsetzenden Willens zur Macht. Biblische Apokalyptik war Protest gegen diese Zeit-Enteignung. Gott lässt sich die Zeit nicht aus der Hand nehmen, bestimmt selbst die Zeit des umwälzend-neuen Anfangs. Den Juden war es verboten, sich der Zukunft bei Wahrsagern zu versichern. Damit hätte man sich an Gottes Zeit vergriffen und Gott die Herrschaft über die Zukunft bestritten. »Denn in ihr war jede Sekunde die kleine Pforte, durch die der Messias treten konnte.« Der Messias aber würde zurechtbringen, zum Ziel bringen, was der Geschichte zum Opfer fiel und in ihr auf der Strecke blieb, was das schöpferisch-widerständige »Eingedenken« nicht verloren gab.[78]

Benjamin hat diese messianische Überlieferung historisch-materialistisch reformulieren und den Eintritt des Messianischen im Sinne der aus dem Eingedenken entspringenden revolutionären Initiative denken wollen. Christliche Messianologie kann dieses Motiv nicht ihrerseits christologisch beanspruchen. Aber sie würde sich ihrer Wurzeln erinnern, ließe sie sich von Benjamins messianischem Zeitverständnis zu denken geben. Sie würde dann auf die »Sekunden« und die »Pforten« achten, durch die Gottes messianische Initiative in die Welt eingetreten ist, eintreten will, mit den Menschen seine gute Herrschaft anzufangen. So könnte man die Bereitschaft,

---

[76] »Kürzeste Definition von Religion: Unterbrechung«; Johann Baptist Metz, Glaube in Geschichte und Gegenwart, Mainz 1977, 150.
[77] Vgl. ders., Gott. Wider den Mythos von der Ewigkeit der Zeit, in: T. R. Peters – C. Urban (Hg.), Ende der Zeit? Die Provokation der Rede von Gott, Mainz 1999, 32–49.
[78] Vgl. Walter Benjamin, Über den Begriff der Geschichte, a. a. O., 139 f. (Anhang B).

auf die Anfänge einzugehen, in denen anfangen kann, was den Opfern Gerechtigkeit schafft und den hoffnungslos Zurückgebliebenen Zukunft gäbe, womöglich mit Juden und Adepten eines historischen Materialismus teilen.

Dass Gott sich die »Herrschaft« über die Zeit nicht aus der Hand nehmen lässt, bedeutet christlich, dass der Zeit die Macht genommen ist, über alles hinwegzugehen und alles Vergangene gleichgültig zu machen, weshalb alle Anfänge nur der Anfang vom Ende sein könnten. Wenn Gott die Macht zuerkannt werden darf, den messianischen Anfang zu setzen, den die Zeit nicht zur Vergangenheit machen kann, so darf an diese schlechthin schöpferische Macht des Anfangen-Könnens die Hoffnung geknüpft werden, dass sie jedem Menschen zugutekommen kann. Das ist eine Hoffnung, die entschieden über den Horizont des Evolutionären, aber auch der sozialrevolutionären Aktion hinausgreift. Auch die muss ja alle verlorengeben, die auf dem Weg bleiben, kann sie allenfalls beerben. Ob man sie damit in ihrer Menschenwürde so würdigen kann, wie es menschlich wäre?

7.10 Menschen-Würde

Das Menschenleben als endliche, vorübergehende Wirklichkeit wahrzunehmen, die in der Perspektive empirisch-wissenschaftlich wahrgenommener Unendlichkeit in Raum und Zeit ein Fast-Nichts ist, erwies sich seit der Aufklärung als Herausforderung für das menschliche Selbstverständnis. War der in eine unendliche Leere hineingehaltene Mensch nicht konstitutionell überfordert von einer Selbst-Relativierung, die ihn zur *Quantité negligeable* macht – von den »Wissenden« und den Mächtigen, den Repräsentanten der im 19. Jahrhundert zum Höchstwert aufsteigenden Nation auch so angesprochen und behandelt? Blieb ihm anderes als sich mit den elitären Verwaltern des Geschichts-Sinnes – des Fortschritts, der selbst gemachten Evolution, der Menschheits-Emanzipation – zu identifizieren oder sich zu einer pragmatisch-hedonistischen Lebens-Einstellung zu bekennen, die alles, auch die Mitmenschen, als Ressource ansah, um ein möglichst lustvolles Leben zu führen, ein Leben wenigstens, das auf seine Kosten kommt?

Die Wertschätzung des endlichen menschlichen Lebens verlor ihre Selbstverständlichkeit. Sie mochte angesichts der unermesslichen Raum-Zeit-Dimensionen, in denen menschlicher Forschergeist das Menschsein *marginalisierte*, als lächerliche Anthropozentrik erscheinen.[79] Oder ist die

---

[79] Es ist nicht zu weit hergeholt, wenn man eminent wichtiggenommene Gegenwarts-

Menschen-Vernunft doch imstande, diese Total-Relativierung zu relativieren, da sie es vermag, ihrer ansichtig zu werden und sie zu bedenken? War sie es nicht auch, die sich dagegen sperrte, den konkreten Mitmenschen bis zur Bedeutungslosigkeit zu relativieren. Sie konnte von Traditionen zehren, die christlich im Gebot der Nächstenliebe, allgemeiner noch in der goldenen Regel wurzelten. Danach sollte das eigene Handeln immer auch in der Perspektive der anderen und ihrer Bedürfnisse gesehen werden. Diese Traditionen verbanden sich mit dem ureigenen Vernunft-Glauben, der das vernünftig legitimierte Allgemein-Geltende gegen das nur aufs Eigene gerichtete Wollen einforderte. Du bist so wenig *Quantité negligeable* wie ich oder wie der Eingeborene in Amazonien. Menschen müssen ausnahmslos in ihren unveräußerlichen Rechten – wurzelnd in ihrer Menschen-Würde – gewürdigt werden. Das erschien mehr und mehr als selbstverständlich und wurde bald auch gegen die Entwürdigung von Menschen in unwürdigen Sozial- und Produktions-Verhältnissen wie gegen ihre Bevormundung in repressiven politischen Verhältnissen geltend gemacht.

Mit dem Geltendmachen der Menschenwürde und daraus erfließender Menschenrechte hat sich die katholische Kirche im 19. Jahrhundert schwer-

---

Phänomene auch als narzisstische Reaktionen auf diese Marginalisierung versteht. Sigmund Freuds Hinweise auf den psychischen Kompensationsbedarf angesichts der drei elementaren Kränkungen des Menschen durch Kopernikus, Darwin und die Lehre vom Unbewussten (vgl. ders., Eine Schwierigkeit der Psychoanalyse, in: Imago. Zeitschrift für die Anwendung der Psychoanalyse auf die Geisteswissenschaften 5 [1917], 1–7) ließen sich in die Jetzt-Zeit verlängern, wenn man auf die Lebenswelt-konstitutiv gewordene Bedeutung der Internet-Kommunikation schaut. Da wird eine »alles« einbeziehende Unendlichkeit erfahren, die den Einzelnen nicht »verschluckt«, sondern ihm eine individuelle Stimme gibt und als User eine unvergleichliche Bedeutung verleiht. Hier findet er eine Bühne für seine Self-Performance, auf der man ihn im Prinzip ewig und überall sehen und hören kann. Das Netz lässt alle vorkommen, schließt alle ein, achtet auf jeden Post, jeden Klick. Das ist die Würde des Users: dass man sich universell zu Wort melden kann, im unendlichen Raum, in dem man potentiell ewig vorkommt – und doch total kontingent ist, zufällig, absolut ignorierbar. Man kann sich dagegen wehren, indem man laut wird, sich hemmungslos empört. Das kann doch niemand überhören und übersehen! Man wird sich verheißungsvoll präsentieren, Erstaunliches oder Abartiges ins Netz stellen, Identifikationsfähiges in Gang bringen, um in der Unendlichkeit des Netzes vorübergehend »jemand« zu sein – Follower zu generieren und viele »Gefällt mir«-Daumen einzuheimsen. *Esse est percipi*, Sein ist Wahrgenommenwerden: Ganz anders, als George Berkeley diesen Satz im 18. Jahrhundert gemeint hat, scheint er im Netz wahr zu werden. Dieses Wahrwerden hat eine abgründige Dimension: Wahrgenommenwerden kann auch heißen: verächtlich gemacht, einem Shitstorm ausgesetzt werden oder auch nur ohne Follower zu bleiben, doch unbeachtet (vgl. Christoph Türcke, Digitale Gefolgschaft. Auf dem Weg in eine neue Stammesgesellschaft, München 2019, 7–47 und 111).

getan.[80] Wie die Menschenrechte das einzelne Leben geschützt und gewürdigt sehen wollen, schien mit einem autoritären Konzept unvereinbar, das – jedenfalls für den kirchlichen Bereich – jegliche »Demokratisierung« ausschloss: dass die Einzelnen in ihren Partizipations-Ansprüchen ins Recht gesetzt wurden und ihnen Möglichkeiten offenstehen sollten, ihren Erfahrungen und Interessen eine Stimme zu geben, dass sie Organisations- und Entscheidungs-Freiheit besitzen und diese im Sinne einer demokratisch verstandenen Volks-Souveränität sollten ausüben können. Christliche Glaubens-Überlieferungen gehörten gleichwohl zum »Quellgrund« des Menschenrechts- und Menschenwürde-Gedankens; und sie gingen maßgeblich ein in die Artikulation, die er nach den traumatischen Erfahrungen mit Totalitarismen im 20. Jahrhundert gefunden hat.

Eine wirkungsgeschichtlich höchst bedeutsame Herleitung der Idee der Menschenwürde verzichtet freilich auf jede ausdrückliche christlich-religiöse Bezugnahme; sie wird bei Immanuel Kant greifbar. Er spricht dem Menschen angesichts seiner Fähigkeit zu vernünftiger sittlicher Selbstbestimmung die Würde eines Zweckes an sich selber zu. Würde ist hier der Gegenbegriff zu Preis: »Was einen Preis hat, an dessen Stelle kann auch etwas anderes als *Äquivalent* gesetzt werden; was dagegen über allen Preis erhaben ist, mithin kein Äquivalent verstattet, das hat eine Würde.« Wo der Mensch als käuflich oder verkäuflich angesehen wird, etwa im Blick auf seine Arbeitskraft, wird ihm seine Würde aberkannt. Hier ist er ersetzlich; anderes, ein(e) Andere(r) kann an seine Stelle treten. Er hat »bloß einen relativen Werth«, der zu anderen (käuflichen) Gütern ins Verhältnis gesetzt wird. Aber wodurch transzendiert der Mensch die Ordnung der quantifizierbaren Wertigkeiten, die gegeneinander abgemessen werden können? Nicht durch seine jeweils erbrachte und mehr oder weniger adäquat wertgeschätzte Leistung. Leistungen können geschätzt, auch gewürdigt werden. Aber sie sind nicht der Grund, weshalb einem Menschen Würde zuerkannt wird. Hier mag – für den zweiten Blick – die *Rechtfertigungslehre* der Reformatoren als Kontext des Menschenwürde-Konzepts sichtbar werden:

---

[80] Papst Gregor XVI. hat in der Enzyklika *Mirari vos* vom 15. August 1832 die Einforderung der Gewissens- und Meinungsfreiheit im Bereich des Religiösen als »Wahnsinn«, »pestartigen Irrtum« und »allerhöchste Unverschämtheit« bezeichnet (DH 2731). Und bis in die Gegenwart hinein verschließt man sich vor dem gleichberechtigten Menschsein von Mann und Frau, wenn es um das priesterliche Amt in der Kirche geht. Vgl. den offiziellen römischen Kommentar zur Erklärung der Kongregation für die Glaubenslehre *Inter insigniores* zur Zulassung der Frauen zum Priesteramt vom 15. Oktober 1976, in: Verlautbarungen des Apostolischen Stuhls Nr. 117, S. 54.

Nicht die Leistung macht das aus, worin der Mensch letztlich gewürdigt ist, sondern die Gottesbeziehung, in der die Gerechtfertigten von Gott *unbedingt angenommen* sind. Kant übersetzt das Motiv ins Säkulare: Dem Menschen kommt als ihm selbst Unbedingtheit zu, da er der Autonomie fähig ist. Das macht »die Bedingung aus […] unter der allein etwas Zweck an sich selbst sein kann«; es »hat nicht bloß einen relativen Werth, d. i. einen Preis, sondern einen innern Werth, d. i. *Würde.*« Diese Bedingung ist die Unbedingtheit, derer der Mensch fähig ist, da er sich frei von allen endlichen Bedingungen seines Wollens allein der Unbedingtheit der Vernunft unterwerfen, mit ihr identifizieren und so autonom sein kann: »Autonomie ist also der Grund der Würde der menschlichen und jeder vernünftigen Natur«. Diese Würde gründet nicht in einem messbaren Wert; sie ist ist über die in der Festsetzung von Preisen sich realisierende Äquivalenz-Logik erhaben; sie kann mit ihr »nicht in Anschlag oder Vergleichung gebracht werden […], ohne sich gleichsam an der Heiligkeit derselben zu vergreifen.«[81]

Diese Heiligkeit und Würde wird nicht mehr an der Gottebenbildlichkeit und der unsterblichen Seele des Menschen festgemacht, die selbst dem grausamsten Zugriff entzogen sei und das Mit-Gott-sein-Können jedes Menschen ausmache.[82] Sie kommt dem vernunftbegabten Menschen zu, der kraft seiner Freiheit in der Welt der Bedingtheiten Anfänge setzen und daran von nichts und niemandem gehindert werden kann. Hans Joas spricht in Anlehnung an Durkheim von einer *Sakralisierung der Person.*[83] Es ist eine Heiligung aufgrund eines das Menschsein ausmachenden und es von allen anderen Naturwesen unterscheidenden Vermögens, nicht mehr aufgrund des von Gott Gesetzten und Verbürgten. Personalität und Selbstsein werden als selbstbezüglich und so in ihrer Unbedingtheit erfasst. Mitmenschliche Interpersonalität, aber auch der Gottes-Bezug treten zurück. Seine Erwähnung wird schließlich in Verfassungstexten, die Menschenrech-

---

[81] Immanuel Kant, Grundlegung zur Metaphysik der Sitten, in: Kants Werke. Akademie Textausgabe, Bd. IV, Berlin 1968, 385–464, hier 434–436.
[82] Der Einfluss des Imago Dei-Gedankens auf die Ausbildung der Menschenwürde-Vorstellung bleibt freilich bis in die Gegenwart bedeutsam. Schon die Theologen der alten Kirche sehen in der unmittelbaren Gottesbeziehung des Menschen, der Gottes Wirklichkeit in der Welt abbilden darf, seine wesenhafte Überlegenheit über alle Kosmosmächte und Kosmoswirklichkeiten gegeben; vgl. Rémi Brague, Die Weisheit der Welt, 209–211.
[83] Vgl. Hans Joas, Die Sakralität der Person, 204–250. In der Vorgeschichte dieser Sakralisierung gehört sicher die Anthropologie der Renaissance, insbesondere die des Pico della Mirandola (vgl. oben Kapitel 3).

te und Menschenwürde kodifizieren, als in einer pluralistischen Gesellschaft unpassend angesehen.

Man darf mit Hans Joas fragen, welche Begründungs-, Erläuterungs- und Motivations-Kontexte abgeblendet werden, wenn sich die Sakralität der Person allein säkularen Herleitungen verdanken soll. Das heißt nicht, religiöse Begründungen und Motive als unabdingbar für Menschenrechte und Menschenwürde einzuklagen, sondern nur dies: Kontexte hinzuzunehmen, die womöglich nicht bedeutungslos dafür sind, die Unverletzlichkeit der Menschen- und Personwürde wie die Verbindlichkeit der Menschenrechte in ihrer »Heiligkeit« unverkürzt zu erfassen und zu motivieren. Man kann mit Joas darauf hinweisen, dass ein rein Fähigkeits-basierter Begriff von Menschenwürde die beunruhigende Frage aufwirft, warum und in welchem Sinne Menschenwürde menschlichen Lebewesen zuzuerkennen sei, denen die humanen Fähigkeiten Reflexivität und Autonomie nicht in vollem Umfang zu Gebote stehen.[84] Lässt sich da nicht in der religiösen Legitimierung der Menschenwürde – Menschen sind, welche Einschränkungen ihr Leben auch immer heimsuchen, Gottes Ebenbild und zur Gottes-Gemeinschaft berufen – ein Begründungs-»Mehrwert« erkennen? Ist womöglich nur religiös zu begründen, dass mit *jedem* Menschen ein Anfang gemacht ist, der von nichts und niemand zur Bedeutungslosigkeit verurteilt werden darf?

Dieser Begründungs-Mehrwert würde sich nur ergeben, wenn man die Todesgrenze nicht als Ende der Gottesbeziehung ansähe. Diese Glaubens-Perspektive wird heute als so weitgreifend angesehen, dass man sie für die Basis des Menschenwürde-Gedankens lieber nicht geltend macht. Auch die Christen weichen ihr aus, solange sie können, zumal wenn damit die Rede über eine unsterbliche Seele verbunden ist. Da kommt offenbar ein Seele-Körper-Dualismus ins Spiel, der weder mit der modernen Gehirnforschung vereinbar scheint noch auch mit der biblischen Rede vom Menschen – speziell der alttestamentlichen[85] – viel zu tun hat. Wahrscheinlich muss man sich von den üblichen Anmutungen des Leib-Seele-Dualismus freimachen. Seele kann nicht mehr als unzerstörbarer Restbestand menschlichen Lebens gedacht werden, der den Tod überdauert und dann nach dem universalen Endgericht entweder mit einem pneumatischen Leib überkleidet in den Himmel eingeht oder in einem ewigen Leiden einer gleichsam leibhaften Qual ausgesetzt ist. Der Tod ist das Ende menschlichen Lebens, aber nach

---

[84] Vgl. Hans Joas, Die Sakralität der Person, 224f.
[85] Vgl. Bernd Janowski, Anthropologie des Alten Testaments, 75–92.

dem Glauben der Christen – wie auch der späten Überlieferungen des Alten Testaments – nicht das Ende der Gemeinschaft mit Gott. Der gibt mein und dein und ihr Leben nicht verloren; er lässt es nicht vergeblich sein. Er »vollendet« es, darf heißen: macht aus ihm, sehr menschlich gesprochen, das Beste, was überhaupt und auch nur ihm möglich ist. Er gibt ihm eine Zukunft, in der sich erfüllt, wozu es unterwegs und berufen war.

Der christliche Auferstehungsglaube ist eine Option gegen die Vergeblichkeit. Die Würde des Menschen liegt nach ihm auch und nicht zuletzt darin, dass kein Menschenleben vergeblich gelebt ist. »Heilig« ist es nicht nur als der vernünftigen Selbstbestimmung und der darin gesetzten guten Anfänge fähig, sondern als zu einem Gelingen berufen, das nicht gleichbedeutend ist mit dem Erfolg-Haben zwischen Geburt und Tod, vielmehr in Gott und durch ihn erreicht wird. Aus *seinem* Anfangen entspringt das Anfangen-Können der Menschen. Er begleitet und initiiert es immer wieder neu, so dass es auch im geschichtlichen und existentiellen Scheitern noch neu anfangen kann. Er vollendet die Geschichte eines jeden Menschenleben auf seine Weise, gegen das Schlussmachen und Abschneiden, mit dem die Mächtigen dieser Welt andere ihre Macht spüren lassen und sie so *entwürdigen*, gegen die Macht des Todes, einem Menschenleben jede Zukunft zu nehmen. Gott gibt Zukunft, wo Menschen Zukunft zerstören, sie anderen und sich selbst nehmen. Um Gottes Willen sind Menschen Zukunfts-fähig, auch über ihren Tod hinaus. Die Sakralisierung des Menschen und seiner Würde im Geist der Bibel behauptet seine Zukunftsfähigkeit, behauptet sie angesichts des permanenten Scheiterns seiner Zukunfts-Entwürfe, gegen das in dieser Welt am zerfallenden Körper Offensichtliche. Sie ist eine Behauptung, die der Mensch selbst nicht wahr machen kann.

Dieser Behauptung im Ausblick auf das gute Ende korrespondiert die Glaubensbehauptung im Rückblick auf den Anfang: dass das Leben ein Geschenk ist und als solches gewürdigt zu werden verdient, dass es ein Anfang ist, der seine Verheißung nie verliert. Kann man sie angesichts dessen, wie das Leben den meisten Menschen mitspielt, überhaupt verantworten? Elias Canetti erschien »[d]ie Vorstellung, dass einem das Leben *geschenkt* worden ist, [...] ungeheuerlich.«[86] Und doch bleibt es für unendlich Viele die das ganze Leben tragende Herausforderung und Verheißung, ihr Leben als gute Gabe zu erleben; für Glaubende: als *Gottes* gute Gabe, dazu gegeben, dass sie sich dem sie Empfangenden wie seinen Mitmen-

---

[86] Elias Canetti, Die Provinz des Menschen. Aufzeichnungen 1942–1972, München 1973, 309.

schen als gut erweise. So entspringt aus ihr für die jeweils anderen die verheißungsvolle Verpflichtung, das Leben eines jeden Menschen als gute Gabe zu entdecken und zu würdigen. Dass jeder Mensch eine gute Gabe – Gottes Gabe – an uns alle ist, auch konkret an diesen oder jene, kann nur geglaubt und gegen unendlich viele Gegen-Erfahrungen festgehalten werden. Es ist die Würde eines jeden Menschen, dass sein Leben ein Geschenk an die anderen ist, dass es wert ist, als Geschenk dankbar angenommen und fruchtbar zu werden. Wenn es nicht Geschenk wäre, dürfte es als bedeutungslos angesehen, schließlich aus dem Weg geräumt werden. Dagegen steht in letzter Konsequenz nur dies: Keinem Menschen darf die Würde einer guten Gabe an uns verweigert bleiben, so sehr sich diese Gabe als abgründige Zumutung erweisen kann. In diesem Sinne gilt unabdingbar – ist aber womöglich nur als Glaube unabdingbar zu bejahen: »Es ist uneingeschränkt gut, dass ein Mensch da ist, und das gilt von jedem Menschen, der da ist, und konstituiert seine Würde, die ihm keiner nehmen kann.«[87] Wenn es gut ist, dass jede und jeder da ist – und man es gut sein lassen soll –, müsste auch jede und jeder teilnehmen dürfen an dem Lebens-Austausch, in dem wir das Gute, Lebensfördernde miteinander teilen.

So gesehen ist die Menschenwürde keine harmlose Sonntagsreden-Vokabel, sondern eine Herausforderung, die bis an die Grenzen des Erträglichen und des Hinnehmbaren führen und sogar die Höchst-Schätzung der freien Selbstbestimmung erschüttern kann.[88] Christlicher Auferstehungsglaube sieht Gott selbst als den, dem die gute Gabe deines, ihres, meines Lebens willkommen sein wird. So ist den Menschen geboten, sich an ihr nicht zu vergreifen: an der Gabe des eigenen Lebens wie an der des anderen Menschenlebens. Dass der Andere *seine* und *Gottes* gute Gabe an die Mitmenschen, so auch an mich, sein will und sein kann, macht mit ganz besonderer Verbindlichkeit für das rechte Empfangen dieser Gabe verantwortlich. Die (sich) Gebenden sind uns elementar ausgesetzt und darauf angewiesen, dass ihre (Selbst-)Gabe gut angenommen wird, dass wir mit ihr »etwas anfangen« wollen. Immer wieder geraten Menschen in die Not, in dem, was sie sein und geben wollen, missverstanden und missbraucht zu werden. Sie leben und sie sind, was sie sind, nicht allein aus sich selbst, sondern immer auch aus dem, was andere mit ihnen teilen, mit ihnen an-

---

[87] Ingolf U. Dalferth, Sünde. Die Entdeckung der Menschlichkeit, Leipzig 2020, 125.
[88] Das mag man sich an den Schriften von Emmanuel Levinas verdeutlichen; vgl. etwa: Die Spur des Anderen. Untersuchungen zur Phänomenologie und Sozialphilosophie, dt. München – Freiburg ³1992.

fangen und leben wollen. Dieses Ausgesetzt- und Angewiesensein macht Menschen im Innersten leibseelisch verletzlich. Verletzlichkeit an Leib und Seele – Vulnerabilität[89] – gehört zum Menschen-Dasein; verletzendes Abgewiesen-Werden wird kaum jemand erspart bleiben. Vulnerabilität anzunehmen, sich von ihr nicht in die Opferrolle einsperren zu lassen, gehört zur Reifungsgeschichte eines Menschenlebens. Es gehört elementar zur Wahrung der Menschenwürde, sorgsam und achtungsvoll mit der Bedürftigkeit und insbesondere der Verletzlichkeit des Mitmenschen umzugehen, ihm nicht ohne Not Verletzungen zuzufügen. Als Gabe ist er uns *in Obhut* gegeben. So ist es nicht zu viel behauptet, wenn Hans Joas feststellt: »Das Leben selbst als Gabe aufzufassen, stellt dann einen der stärksten Schutzwälle gegen seine Instrumentalisierung dar. Insofern steckt im Gedanken des Lebens als Gabe der Gedanke universaler Menschenwürde und unveräußerlicher Menschenrechte.«[90] Wo das Leben als Gabe erfahren wird, steht es unter dem Vorzeichen des Teilens: des Anteil-Findens wie des Teilnehmen-Dürfens, des Miteinander-, Voneinander- und Füreinander-Lebens.

Wo man die Menschenwürde im Verständnis eines jeden menschlichen Lebens als nicht nur *für mich* zu nutzende, sondern für sich selbst zu würdigenden und in Obhut zu nehmende gute Gabe verankert sieht, sind der willkürlichen Verfügung über diese Gabe enge Grenzen gesetzt. Und es ist denen, die ihr eigenes Leben bei all der in ihm erlebten Zwiespältigkeit als Gabe verstehen, der Horizont eröffnet, sich der Erneuerung und Steigerung des Lebens in der Liebe hinzugeben, die eigenen Lebensmöglichkeiten also nicht wie einen Besitz zu verwalten, sondern zu veraugaben, um in die Welt Gutes, Lebensfreundliches hineinzubringen. Der Glaube an den Gott Jesu Christi setzt darauf, dass diese Hingabe nicht vergebens ist, dass in ihr vielmehr die Veraugabung des Lebens in Gott und seine gute Herrschaft hinein geschieht.

Was es bedeutet, die Würde jedes einzelnen Menschenlebens zu würdigen, und welche konkreten rechtlichen Verpflichtungen daraus im Kon-

---

[89] Die anthropologische Bedeutung der Vulnerabilität ist in den letzten Jahren umfassend herausgearbeitet worden. Vgl. Florian Pistrol, Vulnerabilität. Erläuterungen zu einem Schlüsselbegriff im Denken Judith Butlers, in: Zeitschrift für Praktische Philosophie 3 (2016), 233–272. In theologischer Wahrnehmung: H. Keil (Hg.), Theologische Vulnerabilitätforschung. Gesellschaftsrelevant und interdisziplinär, Stuttgart 2020.
[90] Hans Joas, Die Sakralität der Person, 249. Joas kontextualisiert diese These in den sozialwissenschaftlichen und philosophischen Gabe-Diskursen. Vgl. Veronika Hoffmann, Skizzen zu einer Theologie der Gabe, 27–189.

fliktfall abzuleiten wären, ist in hohem Maße interpretationsbedürftig. Es ist abhängig davon, was man jeweils als Geltungs-Kontext im Blick hat. In diesem Sinne ist die Menschenwürde eine offene rechtliche Norm, die immer wieder neu herausfordert, die Gerechtigkeit des Rechts zur Geltung zu bringen – und seine Gerechtigkeit auf die Menschen- und Schöpfungs-Gerechtigkeit auszurichten. Sie ist nicht abzulösen von der moralischen Verpflichtung, den Menschen und seinen Mitgeschöpfen soweit als möglich gerecht zu werden. Von Menschenwürde könnte keine Rede sein, wenn sie keine Beziehung hätte zu der Forderung, allen Menschen ein *menschenwürdiges Leben* zu ermöglichen[91] und sie nicht von der Nutzung der gemeinschaftlichen Ressourcen auszuschließen, die es dafür braucht. Diese Forderung ist der Horizont, in dem das Recht seine Funktion erfüllen soll, den im gesellschaftlichen Konsens als unabdingbar definierten Grundbestand des Menschenwürdigen und Menschen-Gerechten verbindlich einzufordern. Wer dieser Verbindlichkeit zuwider handelt, begeht einen in der Regel sanktionierbaren Rechts-Verstoß und hat eine nach dem jeweiligen Rechtsverständnis als adäquat angesehene Bestrafung zu gewärtigen. Wer sich gegen den Sinn des Rechts vergeht, wie er – wohl nicht ausschließlich – in der Forderung bestimmt werden kann, die Menschenwürde eines jeden Menschen zu würdigen, der lädt moralische Schuld auf sich. Er verweigert die Herausforderung, die Güte des Lebens nachzuvollziehen, die ihm im Leben der anderen Menschen und Mitgeschöpfe wie im eigenen Leben zugänglich wird und die nach dem Glauben der Christen wie der Juden im guten Willen des Schöpfers ihren Ursprung hat.

---

[91] Vgl. Ingolf U. Dalferth, Sünde, 29.

8. Das Mysterium des Bösen – und seiner Überwindung

8.1 Selbstbejahung?

Wer die Menschenwürde nicht nur formal achtet, sondern erlebt, öffnet sich dem schlechthin Bejahenswerten deines, ihres, meines Daseins auch da, wo ich dir und deiner Weise, dein Leben zu führen, jetzt nicht zustimme; auch da, wo ich mir selbst eingestehen muss, verwerflich gehandelt zu haben. Wie kann das Ja zu mir, zu dir, gültig bleiben, wenn ich mir das Nein zu meinem verfehlten Handeln um meiner Selbstwertschätzung willen nicht verhehlen darf; wenn ich das Nein zu deinen Verfehlungen nicht verschweigen darf, weil ich dich dann nicht einmal meines Widerspruchs für wert hielte? Die Menschenwürde darf auch dem aufs Schlimmste sich Verfehlenden nicht bestritten werden; auch mir nicht, wenn ich mich schändlich verhalten habe. Person und Werk zu unterscheiden gehört zu den Errungenschaften der Humanisierungs-Geschichte, nicht nur im Westen. Hier gelang das mehr oder weniger nachhaltig unter dem Einfluss der biblisch-christlichen Rechtfertigungslehre.

Aber wie kann doch beides so zusammengehalten werden, dass das Eindringen des Bösen in mein Selbstbewusstsein wahrgenommen und ernstgenommen wird: dass es mein Selbstwertbewusstsein in Mitleidenschaft zieht und verletzt, ohne es zu zerstören? Das Selbstbewusstsein des sich Verfehlenden und darum Wissenden ist zugleich ein Selbst-Unwert-Bewusstsein; in westlicher Philosophie und Theologie wird es als *Gewissen* bezeichnet: con-scientia, Mit-Bewusstsein einer Verfehlung, einer Schuld, die mir einen Selbst-Unwert zugezogen hat. Der »Spruch« des Gewissens ist der Einspruch gegen *Selbst-Gerechtigkeit* und *Selbst-Verabsolutierung*, gegen die alltäglich-mitmenschlich oder gesellschaftlich-politisch gern in Anspruch genommene »Unschuld« einer als Selbstverwirklichung getarnten Selbstbehauptung, die sich mit Umständen und Notwendigkeiten entschuldigt.¹ Gerade der Gewissens-Einspruch erinnert aber daran, dass die Schuld mein Selbstbewusstsein nicht zerstört hat, sondern zur Rückgewinnung seiner Integrität, zur Verantwortung vor *sich selbst* und den anderen herausfordert.

Diese Dramatik des Selbst(wert)-Bewusstseins ist in den westlichen und orientalischen, von Judentum, Islam und Christentum geprägten Kulturen über lange Jahrhunderte im Kontext religiöser Erfahrungen und Überzeugungen artikuliert worden. Neuzeitlich wurde die religiöse Artikulation der Gewissens-Erfahrung als Ausbeutung von Schuld-Gefühlen attackiert, mit der man das Selbstgefühl der Menschen sabotieren bzw. von religiöser »Zufuhr« – von Gnade und Erlösung – abhängig halten wollte.² Menschen sollte die Erfahrung aufgedrängt werden: Ich fühle mich nur bejahenswert in der unverdienten Gnade, die meine Selbst-Verurteilung aufhebt. Der historisch genauere Blick in die religiösen Quellen kann zeigen, dass sich die Artikulation des Schuld-Erlebens hier vielfältiger, gleichwohl als hoch ambivalent darstellt. So wird man in anthropologischer Perspektive der Frage nachgehen, ob es noch aufschlussreich sein kann, auf diese Artikulations-Ressourcen mit ihrer zwiespältigen Wirkungsgeschichte zurückzugreifen oder ob man sie als Mythologisierungen hinter sich zu lassen hätte, die nichts Hilfreiches zum Verständnis der von ihnen ausgelegten Phänomene beitragen.

Sollte man nicht auf die natürlichen Gegebenheiten, auf evolutionäre Konstellationen und Prozesse zurückgehen und die Krise des Selbst(wert)-Bewusstseins naturalistisch verstehen: empirisch-wissenschaftlich als in ihnen angelegt erklären und so auch von ihnen her als evolutionäre Herausforderung bestimmen? Evolutionsbiologisch legt es sich nahe, von einer tief

---

[1] Leicht überhört man, dass diese Selbstbehauptung *Behauptung* bleibt: dass das von ihr in Anspruch genommene Recht der Selbst-Verabsolutierung mit gesteigerter Entschiedenheit gegen die innere Logik des Selbstbewusstseins behauptet werden muss. Wolfhart Pannenberg versteht dieses Selbstwidersprüchlich-Werden mit Helmut Plessner als die Aufhebung der menschlich elementaren Spannung zwischen Selbst-Zentriertheit und Exzentrizität in die Egozentrik; vgl. ders., Anthropologie in theologischer Perspektive, 77–139 mit Bezugnahme auf Helmuth Plessner, Conditio humana, Pfullingen 1964, 47.

[2] Einschlägig sind nach wie vor die Kritiken Friedrich Nietzsches und Sigmund Freuds. Nietzsche legt sein ganzes Pathos in Zarathustras Sendung, die Menschen von ihrem Erlöser zu erlösen, ihnen ihre Unschuld zurückzugeben (vgl. Also sprach Zarathustra II, Von den Priestern, KSA 4, 117), damit die Menschheit sich »*aus einer moralischen [...] in eine weise [...] umwandeln könne*«, allen das gute Gewissen zurückgibt, weil man einsieht: »Alles ist Nothwendigkeit [...] Alles ist Unschuld« (Menschliches, Allzumenschliches I, Aphorismus 107, KSA 2, 105).

ambivalenten menschlichen Selbsterfahrung auszugehen. Darin spiegelt sich – so wird man geltend machen – die Mitgift eines evolutionären Erbes, das die Entwicklung vom vormenschlichen zum menschlichen Dasein als einen gehirnphysiologischen und sozialen Differenzierungsprozess begreiflich macht. Seine Dynamik resultierte aus der Herausforderung, die durch ein enormes Hirnwachstum zugänglich gewordenen, stark erweiterten Überlebens- und Lebens-Möglichkeiten sozial differenzierter zu bewohnen: in der um Überlegenheit kämpfenden und die Fortpflanzung der Stärkeren begünstigenden Eroberung von Lebensräumen wie durch Ausbildung von Kooperations- und Kommunikations-Möglichkeiten, die nicht nur den Überlebens-Erfolg der Gruppe optimierten, sondern auch immer weitere Bereiche eines koordinierten Miteinanders und der emotionalen Lebens-Vertiefung bereitstellten. Es scheint die elementare Herausforderung des Menschlichen zu sein, Konkurrenz und kooperative Kommunikation, Eroberung von Lebens-Ressourcen und Teilen von Lebens-Möglichkeiten miteinander zu vereinbaren, Räume des Miteinanders zu sichern und auszuweiten, die Dynamik des Gegeneinanders aber zu zivilisieren. Dass nur fragile Arrangements gefunden werden und man im Zusammenbruch solcher Arrangements wie in Krisen der Anpassung an rasch wechselnde Lebensbedingungen immer wieder neu herausfinden muss, wie die Auskömmlichkeit im Inneren mit weniger Aggressivität gegenüber denen außerhalb der eigenen Gruppe erreicht, wie die eigene Identität mit möglichst wenig Abwertung und Unterdrückung des Andersseins der Anderen stabilisiert werden kann, das liegt noch für die Gegenwart bedrückend deutlich auf der Hand. Das scheint als Phänomen-Basis auszureichen, um die moralische, gesellschaftliche und politische Herausforderung zu mehr Menschlichkeit sinnvoll zu markieren. Worin könnte der humane Mehrwert bestehen, den religiöse Artikulationen der Daseins-Ambivalenz gegenüber dieser erfahrungswissenschaftlich orientierten Kurzbeschreibung einzubringen hätten?

8.2 Warum nicht alles »sehr gut« ist?

Die Erfahrung *Es ist nicht in Ordnung* blickt zumindest implizit auf eine gute Ordnung zurück, die aus den Fugen geraten ist. Das ist nicht als selbstverständlich hinzunehmen, wie es eine evolutionsbiologische Erklärung menschlich-sozialer Ambivalenz nahelegen könnte. Es erheben sich Fragen, Anfragen zumal an einen Monotheismus, der Gott als den Schöpfer und Wahrer einer guten Ordnung im Ganzen annehmen müsste. Sein guter

Wille gerät ins Zwielicht, weil man die Welt, wie sie ist, beim besten Willen nicht *gut* nennen kann. Es wird an bösen Mächten liegen, die das Gute verderben, oder am Menschen, der mit dem ihm Anvertrauten nicht gut umgeht. Religiöse Narrative stellen dar, wie das Böse ins ursprünglich Gute hineinkommt. Es ist nicht die selbstverständliche Gegebenheit, die die Menschen »erbten« und die es erst zur Hominisation kommen ließ. Es ist das Nicht-Selbstverständliche, ja Empörende, dass man nicht im Guten wohnen kann. Diese Nicht-Selbstverständlichkeit verlangt danach, ätiologisch erzählt zu werden: in einem Mythos, der nichts erklären will, nichts erklären kann. Seine religiöse »Leistung« ist nicht die, nachzuzeichnen, wie es gekommen ist, sondern zu Bewusstsein zu bringen, *wie es kommt, wie es dabei zugeht*. Es geht »nicht um die Herleitung und ›Erklärung‹ des Bösen, vielmehr um eine Annäherung an seine Faktizität«.[3]

Die Paradiesgeschichte Gen 3 sammelt theologisch reflektierte Erfahrungen damit ein, wie das zugeht: Menschen (aner)kennen ihre Grenzen nicht, wollen selbst Herren der Weltordnung sein, in der es erst gut sein wird. Es geht tatsächlich darum, wer diese Ordnung als eine gute begründen und gewährleisten kann: Gott oder Menschen. Die priesterschriftliche Schöpfungs-Erzählung sieht das als Gottes Schöpfer- und Souveränitäts-Recht an: Er setzt die elementaren, Ordnung stiftenden Unterscheidungen und würdigt das so Geordnete Schritt für Schritt als sehr gut und schön (tov). Die Versuchung der Menschen geht dahin, sich das schöpferisch-unterscheidende Ordnungsvermögen Gottes anzueignen und so seine Souveränität in Anspruch zu nehmen, Gott gleich zu werden. Gut und Böse zu erkennen, zu unterscheiden: gemeint »ist die *umfassende Erkenntnis, also die Fähigkeit* [...], *zwischen Lebenszuträglichem und Lebensabträglichem zu unterscheiden*«[4]. Genau darin liegt die Vollmacht des Herrschers: die Welt so zu ordnen und verbindlich zu machen, dass die Beherrschten seinen Unterscheidungen in Lebens-zuträglich und Lebens-feindlich folgen. Wo sich »der Mensch« im Großen wie im Kleinen nach dieser Vollmacht ausstreckt, gehen ihm die Augen auf. Er verzehrt sich nach dem Lebens-Förderlichen und erleidet das Lebens-Feindliche. Nackt ist er der Welt und sich selbst ausgeliefert, schließlich auch denen, die hier und jetzt Götter sein

---

[3] Peter Hünermann, Peccatum originale – ein komplexer, mehrdimensionaler Sachverhalt. Entwurf eines geschichtlichen Begriffs, in: Theologische Quartalschrift 184 (2004), 92–107, hier 106.
[4] Bernd Janowski, Anthropologie des Alten Testaments, 417, Fn. 47.

wollen und die Macht usurpieren, die Unterscheidungen zwischen gut und böse zu setzen.

Das ist so gut erzählt, dass es noch im Blick auf gegenwärtige Potentaten und ihre Diktatoren-Praxis eine analytisch-entlarvende Kraft mobilisiert. Nichts geht menschlich-allzumenschlich über die Definitions-Macht. *Das ist gut – das ist böse:* Wer seine Definitionen durchsetzen kann, hat die Macht über den Blick, die Motivationen und die Leidenschaften der Menschen. Skrupellos darauf hinzuarbeiten, diese Macht in Anspruch nehmen zu können, potenziert Menschen-Macht ins Ungemessene. Damit aber ist das Böse in der Welt, nicht mehr nur das Ambivalente. So geschieht Böses; so verdirbt es die guten, nährenden Wechselwirkungs-Zusammenhänge, in denen die Menschen »wohnen« dürften, um an ihnen teilzunehmen. So greift Ausbeutung um sich. Sie akkumuliert »alles Gute« bei denen, die *ihr* Gutes maßgebend machen, und schiebt das Schlechte auf die ab, die nichts Besseres verdient haben.

Die Erzählung vereinfacht. Auch die theologische Profilierung dessen, was hier erzählt wird, vereinfacht noch bis an die Grenze zum Schrecklichen, das den *terribles simplificateurs* nachgesagt wird. Aber eins kommt dabei heraus: wie exemplarisch *Böses* geschieht, nicht nur das unvermeidlich Ambivalente. Böses geschieht im Menschen- und Macht-Missbrauch. Den wird man nicht damit entschuldigen können, dass es evolutionär so zugehen muss, damit die guten Gene zueinanderkommen und so ein evolutionär höheres Differenzierungs-Niveau erreicht wird. Das Böse ist *abzulehnen,* nicht mit dem weiteren Blick auf evolutionäre oder gesellschaftliche Notwendigkeiten hinzunehmen, gar zu rechtfertigen. Das bringen religiöse Artikulationen in das Verständnis des menschlich-allzumenschlich Ambivalenten ein; das klagen sie ein. Abzulehnen ist, dass menschliche Macht-Vollkommenheit im Großen wie im Kleineren die guten Wechselwirkungs-Zusammenhänge der Schöpfung eigensüchtig pervertiert. Genau so kommt das Böse in die Welt, immer wieder; so geht es dabei zu. Dieser Befund muss sich nicht hinter den weitgreifenden, Wissenschafts-gestützten Analysen verstecken, die viele Modifikationen und Differenzierungen einführen und dadurch mehr Objektivität gewinnen wollen.

Soweit mag man sich mit den Erzählungen der Bibel noch abgeben. Wenn dann aber die sozialen und weltanschaulichen Kontexte einer antikmittelmeerischen Überlieferungs- und Erzähl-Gemeinschaft in den Blick treten, wird man die eher als archaisch ausscheiden wollen. Da begegnet die Vorstellung einer guten, göttlichen Ordnung, in der alles Lebens-förderlich abläuft, wenn man den vom Schöpfer gesetzten und vom Herrscher geschützten Grund-Unterscheidungen folgt und – auch vom Zwang der Gesetze – davon abgehalten wird, sich »zu viel herauszunehmen« oder sonst wie Grenzen zu überschreiten, die das Lebens-Widrige einhegen, das Reine vom Unreinen abgrenzen. Wer sich verfehlt, zieht sich oder den Seinen Unglück zu. Er lässt das als zwiespältig oder gefährlich Eingehegte ins soziale Miteinander eindringen. Das Verfehlen initiiert – ob bewusst gehandelt oder »unbewusst« begangen – eine Unheils-Sphäre, die sich wie durch Ansteckung verbreitet. »Missetat und Missgeschick« werden noch nicht getrennten Sphären zugeordnet; »die ethische Ordnung des Übeltuns« scheint nicht klar »unterschieden [...] von der kosmobiologischen Ordnung des Übelbefindens: Leiden, Krankheit, Tod, Zusammenbruch.«[5]

Das Böse und das Gefährliche liegen so nahe beieinander, dass das Eine gewissermaßen ins Andere übergeht – und dem Einhalt geboten werden muss durch klare Grenzziehungen und die Unterscheidung des Reinen, Ungefährlichen, vom Unreinen und Gefährlichen, mit dem man sich nicht »kontaminieren« darf – wie etwa mit Körpersäften und -Ausscheidungen oder auch Speisen, die gefährlich unrein machen. Bewusste, aber auch nicht bewusste Übertretungen der einhegenden Grenzen sind Furcht-besetzt. Man hat für sich wie für die Seinen die Auswirkungen des so eingelassenen, Ansteckungs-potenten Bösen zu gewärtigen und Gegenmaßnahmen zu treffen, um die Grenzziehungen wieder »dicht« zu machen und dem Übel der Grenz-Überschreitung zu begegnen: die Grenzziehungen zu erneuern und das eingedrungene Böse unschädlich zu machen, den »Makel abzuwaschen« und so die Furcht vor dem fast Unabwendbaren zu bannen. Es sind im Wesentlichen religiöse Riten, die das leisten und das Böse möglichst folgenlos machen, es nun wieder *draußen* halten sollen.

Das Archaische an dieser Logik und Symbolik der Befleckung scheint unvereinbar mit einem modernen Verständnis des Bösen und der moralischen Verantwortung. Ricœur hat aber sichtbar gemacht, was der bewusste Rückgang in diese Symbolik reflexiver Selbstverständigung zu denken gibt, womit er das Aufklärungs-bewusste Selbstbewusstsein heimsucht, ja verletzt. Dass das Böse in die Lebenswelt eindringt, wenn es nicht eingedämmt und wirksam ausgegrenzt wird, dass es uns mit sich kontaminiert, uns in seine Unheilsdynamik involviert: In dramatischen Gegenwarts-Erfahrungen scheint diese Artikulation des Umgehen-Müssens mit dem Bösen

---

[5] Paul Ricœur, Symbolik des Bösen. Phänomenologie der Schuld II, dt. Freiburg/München 1971, 35. Ricœur zeichnet die »Logik« und Symbolik der Befleckung und des Makels anschaulich nach: ebd., 33–56.

bedrängende Aktualität zu gewinnen, freilich auch eine Ambivalenz zu offenbaren, die sich als sozial kaum noch beherrschbar darstellt. Man setzt jetzt eher auf das Ideal der *Deregulierung* in allen Lebensbereichen. Der menschlich-unternehmerischen Initiative sollen möglichst keine Grenzen gesetzt werden. Die (Selbst-)Unternehmer(innen) sollen sich weitgehend daran orientieren dürfen, was ihnen am meisten Erfolg verspricht: Lebens-Erfolg, Selbstverwirklichungs-Erfolg, wirtschaftlichen Erfolg. Die Grenzen, die Menschen vor der Übergriffigkeit der Mächtigen schützen sollten, werden geschleift. Und das Übergriffig-Werden kann kaum noch in Grenzen gehalten werden. Wir erleben ein ungehemmtes Eindringen der Medien-Mächtigen, ihren Zugriff auf das Innerste, ihr Gefühls-Management, mit dem sie unseren Emotionen die Richtung geben, unser Bedürftig-Sein ausbeuten, unsere Aufmerksamkeit kapern, um sich in unserer Lebenswelt breit zu machen. Die Möglichkeiten, uns zu involvieren und mit den jeweils gesetzten Unterscheidungen von gut und böse zu synchronisieren, sind mit dem Internet exponentiell gewachsen. Der Manipulation unserer Gefühle, der Wut und des Zorns, der Verachtung, auch des Erwählungs-Bewusstseins, sind kaum noch Grenzen gesetzt, da technologisch perfektionierte Einflussnahmen gänzlich verdeckt bleiben. Die Schleusen sind geöffnet. Man kann nicht mehr eindämmen, was da auf uns einstürzt, kann es kaum *draußen halten.* Wir sind von ihm nicht nur *befleckt,* sondern bis auf die Haut beschmutzt.

Die Kehrseite der Medaille: Es sind gerade die Übergriffigen, auf unsere Affekte Zugreifenden, die uns dieses Angst-Bild und darin eine Erfahrungsweise aufdrängen, für die das Böse von außen herandrängt, als Flut, die alle Dämme überspült. Und da sind – so ihre warnende Botschaft – ja unter uns Viele, die die Stabilität der Dämme untergraben, die hereinlassen, was man unbedingt draußen halten müsste. Vor ihnen und dem Herandringenden muss man sich unbedingt schützen; man zieht für sich die Grenzen hoch, dichtet die Filterblasen und Echoräume ab. Man fordert klare Unterscheidungen ein zwischen drinnen und draußen, zwischen gut und böse, zwischen rein und unrein, zwischen erlaubt und hassenswert. Und man exekutiert sie. Man mobilisiert und missbraucht die Gefühle, um die Menschen hoch effektiv zu involvieren und der eigenen Definitionsmacht soziale Dynamik zu verleihen.

Diese »Zeichen der Zeit« werden sich nicht sofort in den archaischen Erfahrungen wiedererkennen lassen, die uns die antiken Zeugnisse mit ihrer Befleckungs- und Kontaminations-Logik vermitteln. Aber der reflexive Durchgang durch diese Zeugnisse erschließt uns Heutigen nicht wenig über die Logik der Deregulierung und des Übergriffig-Werdens, so auch über eine Erfahrung des Bösen, die sich nicht schon im »schlechten Gewissen« des moralisch Verantwortlichen anmeldet, wie es uns ein aufgeklärtes Selbstbewusstsein zeichnet. Die moralische Vereinzelung im Gewissen wurde in der westlichen Reflexions- und Religionsgeschichte zu einem Gewinn, dessen Wert nicht hoch genug zu veranschlagen ist. Und sie hat doch zugleich die Ansteckungs- und Involvierungs-Erfahrungen in den Schatten gestellt, in denen das Böse »mehr« und mächtiger erscheint, »radikaler« auf die Einzelnen zugreift und sie zugleich »innerlicher« bestimmt, als es der moralischen Selbstreflexion wahrnehmbar ist. Damit stellt sich aber die Frage, wie dieses Böse überwindbar, wenigstens »bearbeitbar« sein kann, wenn es sich der moralischen Selbstbestimmung nicht selbstverständlich fügt.

Die religiösen Artikulationen der Antike haben *Opfer- und Sühne-Riten* im Blick, wenn es um das Unschädlich-Machen des Bösen geht, das die Verfehlungen gegen die gute Ordnung und die um ihretwillen (von Gott) gesetzten Unterscheidungen in die Welt bringen. Hier erscheinen sie uns noch fremder als in ihrer Kontaminations-Logik, die auf den zweiten Blick ja durchaus aufschlussreich werden kann. Aber auch die Opfer und Sühne-Riten Israels und des Jerusalemer Tempels verdienen einen zweiten Blick. Auf den ersten scheint der befremdliche Befund eindeutig: Das sind religiöse Bestechungsversuche, in denen man beabsichtigt, von Gott in Notsituationen Gutes zu erlangen oder ihn davon abzuhalten, die Strafe für das Böse zu vollstrecken, die man verdient hätte. Speziell bei Sühne-Riten scheint eine Rückerstattungs-Logik vorzuherrschen, nach der man mit einem mehr oder weniger wertvollen Opfer für das zu zahlen hätte, was man sich zu viel herausgenommen und womit man Gottes gute Ordnung aus dem »gerechten« Gleichgewicht gebracht hat.

Der religiöse Impuls, durch Opfer einen üblen Ausgang abzuwenden und sich durch eine vielleicht nur symbolische Gabe an Gott aus dem drohenden Verhängnis gewissermaßen freizukaufen, ist auch biblisch vielfach greifbar. Und er wird in den Opfer-Riten zugleich bearbeitet; das heißt hier: Die im Opfer angezielte »Pflege« der Gottesbeziehung wird aus der Handlungslogik der Ersatzleistung herausgenommen und gewissermaßen verinnerlicht. Das lässt sich nirgends deutlicher nachvollziehen als in einer vom Propheten Micha imaginierten Gerichtsszene, in der JHWH sein götzendienerisches Volk zur Rechenschaft zieht (Micha 6, 1–8). JHWH stellt ihm den Einsatz vor Augen, mit dem er es befreite und Bestand gewährte. So erscheint die Abkehr des Volkes doppelt unentschuldbar; das Volk bietet ihm eine geradezu unendliche, für sein Überleben ruinös erscheinende Ersatzleistung, selbst seine Erstgeborenen an, um dem Unheil zu entgehen. Aber darauf legt JHWH keinen Wert. Sein Rechtsbescheid lautet:

> »Es ist dir gesagt worden, Mensch, was gut ist / und was der HERR von dir erwartet:
> Nichts anderes als dies: Recht tun, Güte lieben / und achtsam mitgehen mit deinem Gott.«

Der Gott Israels »hat nichts« von den Opfergaben, die ihm da offeriert werden. Er schätzt es nicht, dass man sich so seiner Gnade vergewissern will, wenn man sich von ihm entfernt hat. Ihm geht es allein um die Umkehr zu dem, was dem Volk als Gottes guter Wille bekannt ist. Das allein erwartet er von ihm. Was haben dann die Opfer auf dem Altar zu bedeuten? Im Altargesetz des Bundesbuches nach Ex 20,24–26 wird der Sinn der Opfer in einem Gottes-Spruch geradezu kodifiziert. Das Opfer lädt Gott ein, in die Mitte seines Volkes zu kommen. Es ruft seine Gegenwart herab, gedenkt »seines Namens«. Und es gilt ihm Gottes Zusage: »An jedem Ort, an dem ich meines Namens gedenken lassen werde, werde ich zu dir kommen und dich segnen.« Der Altar ist hier als »der Ort des Kommens Gottes [gezeichnet], und zwar des Gottes, der – nachdem er vom Himmel zu seinem Volk gesprochen und so seine Transzendenz bekundet hatte (Ex 20,22) –, ›jetzt seine Bereitschaft ankündigt, auf die Erde hinabzusteigen, um zu seinem Volk zu kommen, und dies jedes Mal, wenn es ihn darum bittet, indem es ein Opfer darbringt‹«.[6] Das Opfer ist die von JHWH gewährte Form der erhörungsgewissen Bitte um Gottes segnende Gegenwart. Und es ist in diesem Handlungs-Zusammenhang »Zeichen der Gastfreundschaft gegenüber Gott«[7], wenn man so will: Beziehungspflege, mit der das Volk sich für Gottes Gegenwart bereitet und empfänglich macht. In den Sühne-Riten bedeutet das die neue Sammlung des in die Irre gegangenen Volkes in diese Gegenwart und in das lange schon ergangene Wort Gottes hinein, damit JHWHs Segen zu ihm gelangen kann. Beziehungspflege meint hier nicht, Gott etwas geben zu müssen, damit er sich wieder zuwendet, sondern ihm einen Ort zu bereiten, dem Volk einen Ort bereiten, an dem es mit ihm in einen heilvollen Kontakt kommt und das Gute in Gestalt des Segens neu in es einströmt. Dass Gott inmitten seines Volkes wohnt und

---

[6] Bernd Janowski, Anthropologie des Alten Testaments, 302 bzw. Alfred Marx, Opferlogik im alten Israel, in: B. Janowski – M. Welker (Hg.), Opfer. Theologische und kulturelle Aspekte, Frankfurt a. M. 2000, 129–149, hier 133.
[7] Bernd Janowski, Anthropologie des Alten Testaments, 303.

ihm die heilvolle Lebensgemeinschaft mit sich eröffnet, das ist nicht nur priesterliche Theologie aus der Zeit des Zweiten Tempels. Es ist auch die Sehnsucht eines seiner Identität weitgehend beraubten und so von den Quellen des Lebens mit Gott entfremdeten apokalyptischen Bewusstseins. Es ist das Bild, das für die ersten Christen im Messias Jesus endlich Wirklichkeit wird, da in ihm der Gott-Logos »Fleisch geworden« ist und unter dem Menschen »gezeltet« hat: Er, das neue, menschlich durchlebte Zelt der Begegnung, in dem die Glaubenden Gottes Herrlichkeit schauen, »die Herrlichkeit des einzigen Sohnes vom Vater, voll Gnade und Wahrheit« (Joh 1,14).

Das also ist hier die Wirklichkeit, die gegen das Böse aufkommt, ihm den Raum streitig macht, das Leben neu heiligt, »reinigt«: Gott selbst, der inmitten der Menschen Wohnung nimmt und sie mit seiner Gegenwart segnet. Dieser Kult und die mit ihm verbundenen Metaphern mögen so fremd geworden sein, dass sie keine Erfahrungen mehr aufrufen. Oder ist es doch anders? Haben wir nicht jede Menge Erfahrungen mit Kulten und Verehrungen, die das Leben zentrieren, für sich in Anspruch nehmen, verbrauchen, mitunter auch mit Leben, Kraft und Motivation erfüllen, zum Guten oder zum Bösen? Haben wir nicht Erfahrungen mit »Götzendienst«, bei dem man sich Kraft holen will für ein erfülltes Leben und Opfer dafür bringt, um an dieser höchsten Motivations-Energie Anteil zu erhalten? Und machen wir nicht genug Erfahrungen mit dem Kampf der Verehrungen gegeneinander, ihren Ansprüchen, allein diese Opfer verlangen und allein die Quelle erfüllten Lebens sein zu dürfen? Die Entsprechungen zu biblisch bezeugten Kulten mögen einem weit hergeholt vorkommen. Aber kein Geringerer als Nietzsche hat auf die tiefe Ambivalenz der Verehrungs-Dynamik hingewiesen – und zugleich das menschlich Unvermeidliche des Verehrens erwogen. Da spricht zunächst der Entmythologisierer: »entweder schafft eure Verehrungen ab oder – *euch selbst!*« Wer verehrt, macht sich abhängig, gibt sich aus der Hand, wird in Nietzsches Terminologie Nihilist, da er sich auf Nichtiges zentriert. Also: dieses »Letztere wäre der Nihilismus; aber wäre nicht auch das Erstere [die Abschaffung der Verehrungen] – der Nihilismus? – Dies ist *unser* Fragezeichen.«[8]

Soviel sollte man Nietzsche abnehmen: Wer die »Verehrungen« ernstlich abschafft, schneidet sich von den Quellen ab, aus denen einem womöglich die Lebendigkeit und Güte des Lebens zuströmt. Es kann aber auch so sein, dass einem da das Gift – der Ungeist – zuströmt, an dem das Leben in

---

[8] Die fröhliche Wissenschaft, Aphorismus 346, KSA 3, 581.

einer Atmosphäre des Bösen zugrunde geht. Die biblisch eingeforderte Unterscheidung zwischen der Verehrung des wahren Gottes und der Götzen-Verehrung ist nicht einfach Merkmal eines religiös intoleranten JHWH-allein-Kultes, sondern – bleibend – die Herausforderung, den eigenen, tatsächlichen Verehrungen und Kulten und der in ihnen gefeierten Hingabe auf die Spur zu kommen und die Frage auszuhalten, ob die abgeschafft werden müssen oder doch auf dem Weg sind zu dem »Kult«, auf dem *Segen* liegt. Emil Durkheim hat die Verehrung als Mitte aller Religion, schließlich jeder Gesellschaft ausgemacht und die Transformation, nicht aber das Verschwinden des Kultischen für wahrscheinlich gehalten.[9]

Es ist – so Durkheim – kaum vorwegzunehmen, in welchen Formen und Symbolen dieses Bedürfnis sich seinen Ausdruck verschaffen und welches »Evangelium« zukünftig damit verbunden sein wird. Dass mit dieser Zukunfts-Offenheit auch die herausfordernde und unabdingbare Aufgabe verbunden sein muss, Verehrungen auf ihre Menschlichkeit hin zu prüfen, mag vielleicht in religionssoziologischer, kann aber nicht in anthropologischer, noch weniger in theologischer Perspektive in den Hintergrund treten. Verehrung kann befreien und dem Bann des Bösen unterwerfen; wer wüsste das nach den Verehrungs-Orgien des 20. und des 21. Jahrhunderts nicht. Sich devot – in selbst-entfremdeter Devotion – den Spaltern, Unterdrückern und Zerstörern eines guten Miteinanders zu unterwerfen und so dem Bösen Raum zu geben, darin haben sich viele schuldig gemacht und als mitschuldig erfahren. Immer wieder waren es Rituale, die das zerstörerische Weitermachen mitunter gefeiert, es aber auch unterbrochen und eine Zäsur gesetzt haben. Die *Unterbrechung*, die da begangen wurde, beschwor die Erneuerung des Miteinanders, sollte seine Verheerungen aus den Quellen des guten Lebens heraus heilen, sollte ihm Zukunft aufschließen, Versöhnung initiieren, gute Ordnungen aufrufen und erneuern.[10] Der Ritus war nicht dazu da, die Arbeit an der Heilung des Verheerten zu ersetzen, sondern dazu, sich in die Kraft und die Motivation hinein zu sammeln, die einem *jetzt* aus anderen als den verdorbenen und vergifteten Quellen zufließen konnte.

---

[9] Vgl. Emil Durkheim, Die elementaren Formen des religiösen Lebens, 572 f.
[10] Charles Taylor spricht von »Zeremonien der Wiederherstellung« und »Wiederanknüpfung«, die dazu dienen, »uns von neuem mit dem Ganzen in Verbindung zu bringen.« Es sind »Augenblicke der neuerlichen Zueignung«, der »Erneuerung unseres Treueverhältnisses zu der als normativ anerkannten Ordnung«. Taylor sieht in ihnen ein »Merkmal unseres Lebens, von dem man sich kaum vorstellen kann, dass wir ihm je entrinnen werden« (ders., Das sprachbegabte Tier, 530 und 646).

Dass der Unterbrechungs-Ritus Gnade zugänglich, geradezu be-*greiflich* gemacht hat, ist eine Wahrnehmung, die weit über die Grenzen verfasster Religionen hinaus geteilt wurde. Sie ist aus dem Religiösen ausgewandert. Ist sie nicht immer noch *auch* in ihm zuhause? Sollte man ihrer (zivil-)religiösen Artikulation nicht geduldiger nachspüren, als es den üblichen säkularistischen Abgrenzungen gegen die in solchen Ritualen weiter »wabernder«, mitunter eher diffuse Religiosität entspräche?[11]

Das Stichwort *Unterbrechung* erinnert an die berühmt gewordene Formel von Johann Baptist Metz: »Kürzeste Definition von Religion: Unterbrechung«.[12] Sie ist seinen »unzeitgemäße Thesen zur Apokalyptik« entnommen. Diese wollen Jesus von Nazaret als Apokalyptiker ernst nehmen, der auf die radikalste Unterbrechung setzt, die Menschen denken, schon nicht mehr denken können: Gottes Unterbrechung, die aus dem Tod das Leben hervorgehen lässt. Metz wendet sich gegen theologische Hermeneutiken der Kontinuität. Nach ihnen sei es Jesus darum gegangen, dass es in dieser Welt etwas anders weitergeht: etwas mehr Gottesherrschaft, Gottes-Gegenwart, Gerechtigkeit, neuer Wein in den Pokalen der alten Welt. Apokalyptik schreibt die alte Welt ab; sie hat schaudernd ihr Unheil gesehen. Vom Weiter-so in all seinen Varianten erwartet sie nichts. Walter Benjamin erschließt Metz das Apokalyptische: »Dass es ›so weiter‹ geht, ist die Katastrophe«.[13] Die jüdische Apokalyptik setzt die brennende Hoffnung dagegen, dass etwas dazwischenkommen und das Weitergehen folgenreich unterbrechen, es durchbrechen wird. Das Vertrauen auf die Selbstwirksamkeit der Rituale am Tempel hat sie verloren. Gott müsste und wird »selbst« kommen und dem sich fortwälzenden Elend ein Ende machen, einen neuen Himmel, eine neue Erde schaffen. Die neutestamentliche Rezeption der Apokalyptik sieht Jesus Christus als Gottes Hineinkommen und Dazwischenkommen an. In ihm ist er gekommen – und mit ihm wird er wiederkommen am Ende der Zeiten. Das Gekommen-Sein aber ist schon die Wen-

---

[11] Ich entwerfe diesen Abschnitt am Tag nach der Amtseinführung von Joe Biden als 46. us-amerikanischer Präsident. Im WDR hat die Moderatorin des »Morgenechos« den amerikanischen Gesprächspartner heute zu dessen spürbarer Überraschung auf die durch Bidens Rede »hindurchwabernde« Religiosität angesprochen. Der interviewte Journalist hat sie ungerührt auf die tief verwurzelte, katholisch geprägte Religiosität Bidens angesprochen, die – so darf man seine Antwort verstehen – durch seine Rede nicht nur »waberte«.
[12] Ders., Glaube in Geschichte und Gegenwart, 150.
[13] Walter Benjamin, Gesammelte Schriften, Frankfurt a. M. 1991, Bd. V/1, 150.

de. Sie muss und darf immer wieder neu vergegenwärtigt werden, damit heilsame Unterbrechung *jetzt* geschieht.

Der Ritus kehrt zurück, wird zum Versprechen, soll die Hoffnung darauf stärken, dass dieses Versprechen nicht gebrochen wird: dass das Böse seine alles bezwingende, unabwendbar Menschen-verderbende Macht verloren hat; dass es *jetzt* möglich ist, aus der Gottes-Zukunft zu leben, sie schon zu leben, da dieser Gott entschlossen ist, in seinem Christus unter uns zu wohnen und seinen Geist zu senden, damit der Ungeist der Lügner, Zyniker und Zerstörer wirksam eingedämmt wird – damit es nicht so weiter geht. Christen feiern ein neues Sühne-Ritual. Sie feiern das ihnen gegebene Versprechen, dass Gott in seinem Christus unter und in ihnen wohnt, damit es zur heilsamen Unterbrechung komme; sie feiern *ihr* Versprechen, sich für das Wirklichkeit-Werden dieses Versprechens in Anspruch nehmen zu lassen.

Vielleicht sollte man nicht fragen, was von solchen religiösen Riten der Unterbrechung »noch« übriggeblieben ist in den säkularen Riten eines mehr oder weniger hoffnungsvollen neuen Beginnens. Es wäre vielmehr die Herausforderung der Religionen heute, ihre Erfahrungen mit ritueller Unterbrechung mitzubringen und einzubringen, damit die gesellschaftlich begangene, beschworene Sehnsucht nach der Unterbrechung des Unheils mehr Glaubwürdigkeit und Hoffnungskraft gewinnt. Zu diesen Erfahrungen gehört auch die Wahrnehmung einer fast (?) übermenschlichen Macht des Bösen, der Sünde, die die Menschen auf Leben und Tod dazu herausfordert, sie nicht geschehen zu lassen, sich von ihr nicht vereinnahmen und instrumentalisieren zu lassen – und Gott herbeizurufen, dass er die Menschen mit seiner Kraft segnet, das Gute folgenreich zu wollen, im Miteinander mit ihm das menschliche Miteinander zu schützen und zu heilen. Die Reinigung der »Atmosphäre«, des Geistes, der das Miteinander beseelen und vom guten Gottesgeist genährt werden soll: So geht biblisch Sühne, Unterbrechung des zwangsläufig scheinenden Sünde-Unheils-Zusammenhangs. Dann gilt aber auch: Mit und in solcher Unterbrechung beginnt die »Arbeit« am In-Ordnung-Bringen des aus den Fugen Geratenen, beginnt die Wiederherstellung gerechter Lebens-Verhältnisse und wo das sein muss: die Rückerstattung dessen, was Menschen sich zu viel herausgenommen haben. Das übernimmt der entsühnende Gott nicht für die in Sünde und Schuld Geratenen.

Zur biblischen, vielleicht generell zur religiösen Artikulation dieser Verschuldungs-Zusammenhänge gehört, dass sie sich der Festlegung auf klare Zuordnungen und Rollenverteilungen entzieht. Wer ist woran schuld, wofür verantwortlich? Schon die Paradies-Erzählung beseitigt nicht jede Unklarheit. Versuchung, Versuchtwerden, der Versuchung nachgeben: Der Übergang ist narrativ dramatisiert, nicht moralisch geklärt. Aber der Verantwortung können sich die Menschen nicht entziehen, wenn sie ihnen gezogene Grenzen missachten. Darum geht es. Deshalb können die ein wenig im Unklaren bleibenden Übergänge stehen bleiben, können unterschiedliche Worte die mächtig gewordene Sünde und die Übertretungen bezeichnen[14], derer man sich schuldig macht, wenn die Wohngemeinschaft mit Gott dem Miteinander der Menschen nicht mehr den verlässlichen Rahmen bietet. Sollte es nicht doch zu schärferen Unterscheidungen kommen, die das Verhältnis der Sünder zur Sünde und so auch ihre Verantwortlichkeit vor Gott eindeutiger bestimmen? Wäre das nicht ein anthropologisch-ethisches Pensum, dem sich das religiöse Bewusstsein nicht entziehen darf?

8.3 Verfehlungen und die Macht der Sünde

Da wäre zunächst klarzustellen, was die religiöse Artikulation mithilfe der Kategorie des Sündigens, die in der Bibel terminologisch ja nicht eindeutig festgelegt ist, über den Sachverhalt des Sich-Verfehlens oder Schuldig-Werdens hinaus eigentlich meint. Zunächst sicher dieses: dass man dem schöpferisch-ordnenden, das Leben schützenden guten Willen Gottes zuwiderhandelt. Aber was bedeutet es konkret, Gottes guten Willen zu missachten. Es bedeutet, die zu missachten, für die er in besonderer Weise engagiert ist. Das sind offenkundig die, die unterdrückt oder in Not und Krankheit geraten sind. Die biblischen Überlieferungen bezeugen, wie Gottes guter Wille sich mitmenschlich darin realisiert, ihnen beizustehen, damit sie am Leben teilhaben können. Dass sie nicht ausgegrenzt bleiben, sondern Zugang zum guten, *heilen* Leben finden, das kennzeichnet nach der Verkündigung Jesu von Nazaret das Nahekommen der Gottesherrschaft.[15] Die Glaubenden bereiten Gott den Ort für sein Kommen und Wohnen nicht mehr auf den Altären, sondern in der Nachfolge Jesu und seiner Zuwendung zu den Ausgegrenzten. So können die nicht mit Gott in seiner »Herrschaft« zusammenwohnen, die sich darauf nicht einlassen und seinem

---

[14] Vgl. den Überblick bei Ingolf U. Dalferth, Sünde, 64–79.
[15] Repräsentativ für diese Sicht Jesu sind die »Seligpreisungen« nach dem Lukasevangelium (Lk 6,20–23).

menschgewordenen Sohn nicht in den Armen und Ausgegrenzten begegnen. Sie verfehlen den Zugang zur Gottesherrschaft, weil sie sich der Barmherzigkeit Jesu verweigern.[16] Die vom bevollmächtigten Ausrufer der ankommenden Gottesherrschaft Angeredeten sind in die Entscheidung gerufen. Und sie können das Gute, Gerechte, verfehlen, das in die Gottesherrschaft hineinführt. Dann handeln sie gegen die Tora – nicht in ihren vielfältigen Einzelbestimmungen, sondern in ihrer menschgewordenen, das Menschenherz anfordernden Gestalt; dann handeln sie schuldhaft gegen Gottes Willen.

So muss die Rede sein von den vielen Verfehlungen, mit denen man die Gottesherrschaft verfehlt, weil sie das Beziehungs-gerechten Miteinander zwischen Gott und den Menschen verweigern, das der Messias Jesus lebt und das in Gottes Herrschaft end-gültig Wirklichkeit werden soll. Es muss von Jesu Umkehrforderung die Rede sein, von der Bekehrung der Herzen, von der im Innersten vollzogenen Hinwendung zur Güte des Willens Gottes, die sein Sohn bezeugt und in der Vollmacht des Vaters handelt. Wo es nicht zur Bekehrung kommt, leben die Menschen im Herrschaftsbereich der Sünde. Die vielfältig von den Menschen getanen Verfehlungen – die Sünden – sind also das Eine. Die Sünde im Singular – hamartēma – ist das Andere, die Wirklichkeit fern der Gottesherrschaft, in der es nicht zur Bekehrung kommen kann.

Es ist Paulus, der das Zuerst der Sünde im Singular herausstellt, ohne das eigenverantwortliche Sündigen der Menschen zu verkennen. Die Sünde kam mit der Verfehlung im Anfang – durch Adam, den »Menschen« – in die Welt. Er war gewissermaßen das Einlasstor, durch das sie in die Welt hineindrängte und ihre Herrschaft über alle Menschen aufrichtete: da sie sich ihr unterwarfen und sündigten – und so dem Tod verfallen waren: zu Agenten der tödlichen Beziehungs-Feindlichkeit wurden, ihr selbst zum Opfer fielen.[17] Paulus stellt dem Macht- und Herrschafts-Charakter der alle

---

[16] Das ist vom Matthäusevangelium in der Endgerichts-Erzählung Mt 25,31–46 dramatisch ausgestaltet: Die »Gerechten«, die Anteil an der Gottesherrschaft haben, sind in sie eingegangen, weil sie Gemeinschaft mit ihrem Herrn hatten, der ihnen – ohne dass sie es bemerkt haben – in den Notleidenden begegnete.

[17] Vgl. den Zusammenhang der als Adam-Christus-(Gegen-)Parallele in die Theologie eingegangenen Argumentation in Röm 5,12–12. Dass der Tod »der Sünde Sold« ist (vgl. Röm 6,23; auch hier liegt der Akzent auf der Gegen-Parallele: auf der in Jesus Christus gegebenen Gnadengabe des ewigen Lebens), wurde christlich seit der Antike so verstanden, dass das Sterbenmüssen die Strafe für die Sünde im Anfang ist, die auf allen Menschen liegt, weil alle in und mit Adam sündigen (so die Synode von Karthago im Jahr 418;

Menschen versklavenden Sünde die befreiende Herrschaft Gottes entgegen, die mit Christus in die Welt kam und durch ihn die größere Gerechtigkeit Gottes zur Geltung bringt. Mit ihr werden alle, die sich ihr im Glauben öffnen, zu *Gerechtfertigten*: zu solchen, die mit ihren Übertretungen nicht mehr im alten Sünden-Äon festhängen, sondern in die Gottes-Zukunft der Gerechtigkeit hineingehen dürfen.

Die komplexen Argumentations-Voraussetzungen, die hier ins Spiel kommen, können nicht im Einzelnen nachverfolgt werden. Es soll jetzt eher darum gehen, die Ausgangsbedingungen einer höchst kontroversen Wirkungsgeschichte und die Herausforderungen in den Blick zu nehmen, die sie allen Versuchen, die Selbstverfehlung des Menschen christlich-religiös zu artikulieren, mit auf den Weg gab. Die liegen vor allem in der unaufgelösten Spannung zwischen *der* Sünde, ihrer Herrschaft, und *den* Sünden, die den Sündern zuzurechnen sind und in der die Herrschaft der Sünde sich konkret-welthaft zur Geltung bringt. Ihre theologisch-anthropologische Brisanz haben sie darin, dass sie die Macht-Frage aufwerfen: Wie übermächtig ist die Macht der Sünde, wenn ihre Herrschaft vom Anfang der Menschengeschichte an auf allen Menschen wie ein Zwang zu liegen scheint, der sie ausnahmslos zu Sündern gemacht hat? Kann man da noch von der Entscheidungs-Macht des Menschen sprechen, ohne die das Sündigen nicht als seine *eigene* Entscheidung angesehen werden dürfte? Es war Augustinus, der diese Herausforderung aufzunehmen versuchte und zu einer ebenso umfassenden wie prinzipiellen Antwort kommen wollte. Es ist bei ihm die Frage *Unde malum?*, die hier nach einer Klärung verlangt und dann auch die wahre Bedeutung der Sünde hervortreten lassen kann.

8.4 Erbsünde und persönliche Sünden?

Will man die Herkunft des Bösen aufklären, stellen sich zwei unterschiedliche Fragen: Zuerst die, wie das Böse überhaupt *möglich* ist, wenn die Schöpfung auf den guten Willen des Schöpfers zurückgeht. Dann aber die für das Verständnis der Sünde bei Augustinus entscheidende, wie das von

---

DH 222). Es versteht sich von selbst, dass ein zeitgenössisches Verständnis der Sterblichkeit des Menschen dieser Spur nicht folgen kann; das würde heute heißen, eine genetische Umprogrammierung des Menschen nach dem »Sündenfall« anzunehmen.

Gott her Mögliche und Zugelassene in der Schöpfung Wirklichkeit wird. Ich folge hier zunächst der Skizze, die das »Handbüchlein«[18] zeichnet.

Dafür, dass der gute Gott das Böse als Möglichkeit zugelassen haben kann, spricht nach Augustinus zunächst das Argument des hervorhebenden Kontrastes, wonach das Böse, »wenn es in die Gesamtheit hineingefügt und an seinen Platz gestellt ist, im Weltall das Gute nur noch mehr hervor (hebt), so dass es im Vergleich mit dem Bösen gefälliger und lobenswerter erscheint« (10). Dieses Argument ist im Blick auf die auch Augustinus nicht verborgen gebliebenen katastrophischen Erfahrungen böser und zerstörender Kräfte in der Geschichte als eher schwach empfunden worden. Muss es die Schattenseiten geben, damit gute Erfahrungen und Lichtgestalten strahlender hervortreten? Wird das Gute höher geschätzt, wenn es nicht selbstverständlich ist und von Erfahrungen des Bösen kontrastiert wird? Auch Augustinus scheint diesem Argument nicht viel zuzutrauen. Er legt sofort nach.

Der Schöpfer würde es niemals »zulassen, dass irgendetwas Schlechtes in seinen Werken ist, wenn er nicht so allmächtig und gut wäre, um auch aus dem Bösen Gutes schaffen zu können« (11). Darin zeigt sich seine Schöpfermacht – und seine Liebe, die den Sünder erlöst –, am eindrücklichsten, dass denen, die er liebt, alles zum Guten mitwirken muss (vgl. Röm 8,28).[19] Aber braucht es das Böse wirklich, um Gottes Liebes-Macht gebührend hervortreten zu lassen? Warum ist das Geschaffene nicht von vornherein so, dass es zum Bösen nicht kommen kann? Das Böse kann eintreten, es muss nach Augustinus möglich sein, weil die kreatürlichen Wirklichkeiten – im Unterschied zum Schöpfer, der seinem Wesen nach »der im vollkommensten Maße Gute ist« – nur auf endliche Weise gut sind, weshalb »das Gute in ihnen auch vermindert und vermehrt werden« kann. Das schöpfungsgemäße Gutsein der Kreatur macht sein *Sein* aus: Insofern es *ist*, ist es gut. Aber das endliche Sein der Kreatur muss sich als endliches gegen das Nichtsein behaupten und ist vom Mangel an Sein heimgesucht. So ist das Böse zunächst nichts »anderes als ein Mangel des Guten« (privatio boni), eine Einbuße in der Realisierung dessen, was das Geschöpf an sich sein – an schöpfungsgemäßer Güte erreichen – könnte, so wie die Krank-

---

[18] Hier zitiert nach der Übersetzung von Paul Simon, Das Handbüchlein. De Fide, Spe et Charitate, Paderborn ²1962. Die Nachweise im Text beziehen sich auf die arabische Bezifferung der Abschnitte.
[19] Vgl. die Zuspitzung des Arguments in Ziffer 27: »denn für besser erachtete er (Gott) es, aus dem Bösen Gutes zu schaffen, als Böses überhaupt nicht zuzulassen.«

heit ein Gesundheits-Mangel ist, die den Körper nicht so bei Kräften sein lässt, wie es seinen Möglichkeiten entspräche (vgl. 11). Das gilt in besonderer Weise vom Menschen, der in seiner geschöpflichen Freiheit dafür mitverantwortlich ist, ob er sein ihm vom Schöpfer mitgegebenes Gutsein ergreift oder verfehlt. Menschsein bedeutet die Herausforderung, die dem Menschen mitgegebenen Möglichkeiten zu verwirklichen, gut zu sein.

Das »metaphysisch Böse« besteht also darin, dass endliches Sein nicht vollkommen sein kann und hinter der Fülle des Gutseins zurückbleibt, sie nie umfassend innehaben kann. Der Mensch kann sich nun aber selbst – gewissermaßen darüber hinaus – in freier Entscheidung des Guten berauben, das ihm vom Schöpfer mitgegeben ist. Er kann sündigen. Wenn er sündigt, ist die Möglichkeit des Bösen durch ihn *Wirklichkeit* geworden. Er wird zum Urheber des Bösen, da er seine Möglichkeiten, gut zu sein, nicht ergreift, sie gar verdirbt und dem Nichtsein eine das Gutsein der Geschöpfe mindernde, wenn auch nie völlig zerstörende Macht verleiht. Für Augustinus gilt der Grundsatz, »dass die Ursache alles Guten, das uns betrifft, nur die Güte Gottes ist, die Ursache alles [moralisch] Bösen hingegen der von dem unveränderlichen Guten abfallende Wille eines der Veränderung fähigen guten Geschöpfes, zunächst der des Engels, dann der des Menschen« (23). Alles wirklich Böse hat *den Menschen* zum Urheber. Es resultiert entweder direkt aus den Sünden des Menschen – als Realität oder Auswirkung des *Malum morale*, in dem die Gutheit der Schöpfung durch die Sünde konkret verdorben wird. Oder es geht zurück auf Gottes gerechte Strafverfügung, die die Sünden der Menschen in den Schicksalsschlägen der *Mala physica* vergilt.[20]

Aber wie kann man es als gerechte Strafe ansehen, wenn unmündige Kinder von den grausamsten Mala physica wie Erdbeben und Seuchen heimgesucht werden? Auch sie sind nach Augustinus strafwürdig. Denn auch sie haben in Adam, dem ersten Menschen, gesündigt.[21] Durch seine Sünde im Ursprung (peccatum originale) hat er dem Menschengeschlecht

---

[20] So in Contra Adamantium 26, Patrologia Latina 42, 169.
[21] Der Gedanke wird bei Augustinus von einer sinnentstellenden lateinischen Übersetzung des Verses Röm 5,12 getragen, der dem griechischen Wortlaut nach die Vorstellung assoziiert, über Adam oder von ihm her sei die Sünde in den Menschen zur Herrschaft gekommen. Der lateinische Text spricht von Adam, »in quo omnes peccaverunt«: in dem alle gesündigt haben (vgl. De peccatorum meritis et remissione et de baptismo parvulorum I,18,23). Die korporativen Vorstellungen, die diese ansonsten nicht nachvollziehbare Vorstellung für Augustinus denkbar gemacht haben könnten, machen die Argumentation insgesamt aber kaum erträglicher.

eine verdorbene menschliche Natur hinterlassen, ihm das Leiden- und Sündigen-Müssen, aber auch das Schuldig-Sein von Anfang an vererbt,[22] es so in eine Unheils-Solidarität hineingezogen, die alle Menschen vor Gott ungerecht und strafwürdig macht. Diese Vererbung geschieht *propagatione, non imitatione:* Die Wollust der Zeugung überträgt die Begierde (concupiscentia) auf die Nachkommen; die treibt sie alle zum Sündigen an, sofern sie nicht durch Gottes Gnade in der Taufe aus der Knechtschaft der Sünde errettet werden.[23] Aus eigenem Vermögen kann der Sünder sich nicht mehr zum Wollen des Guten bestimmen, denn er hat seinen Willen in der Sünde zugrunde gerichtet. So ist er nun auf Gottes Gnade angewiesen, in der er – von der Sünde befreit – »anfängt, ein Knecht der Gerechtigkeit zu werden« (30). Gottes Gnade aber kann siegreich sein, weil das Böse nicht ebenso unendlich ist wie Gottes Güte, vielmehr als die von den endlichen Geistwesen verschuldete *privatio boni* durch die Seins- und Liebesmacht des Guten überwunden werden kann.

Augustins Erbsündenlehre ist auf die Soteriologie ausgerichtet. Die erfordert bei ihm – wie schon bei Paulus –, dass die Menschen der Rettung aus der Macht der Sünde und des von ihr verursachten Bösen nicht von sich aus fähig sind, obwohl sie für diese Unfähigkeit die Verantwortung tragen. Die Frage *Unde malum?* findet nach Augustinus nur eine Antwort, wenn dem Menschen die Schuld für das Böse auch da zugewiesen wird, wo er sie sich nicht durch eigene bewusste Übertretung zugezogen hat. So kann Gott von jedem Verdacht, das Böse von sich aus *gewollt* zu haben, freigehalten werden. Die Theodizee-Problematik wie das Festgelegtsein auf die Strafwürdigkeit und Erlösungsbedürftigkeit des ganzen Menschengeschlechts zwingen Augustinus in eine Artikulation des Bösen hinein, die die Herrschaft des Bösen unentrinnbar macht und die Menschen doch für sie in Haftung nimmt.

Man wird die von ihm urgierte Konsequenz theologisch wie anthropologisch als verheerend ansehen, sollte sich aber seine Plausibilisierung des *non posse non peccare* der unter die Macht der Sünde versklavten Menschen genauer ansehen.[24] Was bedeutet es, dem Bösen unentrinnbar unter-

---

[22] Vgl. De diversis quaestionibus ad Simplicianum I,20,20. Von einem *peccatum hereditarium* ist ausdrücklich die Rede in Retractationes I,13,5.
[23] Vgl. Contra Iulianum III,24,54.
[24] Augustinus unterscheidet drei heilsgeschichtliche Phasen: Im Paradies galt für das Urelternpaar das *posse peccare aut non peccare.* Für postlapsarische Menschheit gilt das *non posse non peccare.* Für die eschatologische Vollendung wird das *non posse peccare* gelten; vgl. Handbüchlein 28.

worfen zu sein? Man ist ihm mit dem Herzen und im Fühlen verfallen, sodass man mit ihm fühlt und »Freude an der Sünde findet«. Es mag so scheinen, als sei man »aus freiem Willen Knecht [des Teufels], der den Willen seines Herrn gerne erfüllt.«[25] Das gilt aber im Vollsinne nur für Adam, der sich die Zugehörigkeit zu diesem Herrn frei gewählt hat. Er hat sich darauf eingelassen, sein *Komplize* zu werden.[26] Ihm gefällt, was seinem Herrn gefällt; und was dem Sklaven gefällt, das tut er gern, dem stimmt er in Sklaven-Freiheit innerlich zu. Das gilt nun aber für jeden Sünder. Als von der Komplizenschaft mit dem Teufel Verdorbener ist er zum freien Tun des Guten unfähig. Ihm gefällt das Böse; das Gute kann ihm nicht gefallen. In der Sünde kann er es nicht mitwollen, nicht als Gutes fühlen. Daraus folgt nach Augustinus: Er wird »nur dann frei sein zu gerechtem Tun, wenn er, zunächst befreit von der Sünde, anfängt, ein Knecht der Gerechtigkeit zu werden. Denn darin besteht die wahre Freiheit, in der Freude am rechten Tun; und darin die gottwohlgefällige Dienstbarkeit, im [willigen] Gehorsam gegen das Gesetz. Aber woher soll diese Freiheit zum rechten Tun dem geknechteten und verkauften Menschen kommen, wenn nicht der ihn zurückkauft, der das Wort sprach: ›Wenn der Sohn euch frei macht, dann seid ihr wahrhaft frei‹ (Joh 8, 36)?«[27]

Von seiner Verdorbenheit, die ihn gerade darin beherrscht, dass er das Böse gernhat und gern tut, muss der Verdorbene zu wahrer Freiheit, zu einem neuen Fühlen, befreit werden: dass ihm fortan das Gute gefällt und er es *gern* tut. Der Sünder wird in der affektiven Knechtschaft der *Concupiscentia* gehalten, die ihn nach Augustinus unfähig macht, anders zu fühlen und zu wollen als sein Herr. Es muss in ihm ein stärkerer Affekt geweckt werden, damit er – nun im Glauben – zu einem anderen Gefallen-Finden fähig wird. »In wessen Macht steht es«, so fragt Augustinus, »dass sein Denken von etwas, das er gesehen hat, derart beeindruckt wird, dass sein Wille sich dem Glauben zuwendet? Wer wendet sich mit ganzer Seele einer Sache zu, die ihn nicht erfreut? Oder in wessen Macht liegt es, dass ihm etwas begegnet, was ihn erfreuen kann bzw. dass ihn erfreut, was ihm begegnet?«[28] Nicht in der des Menschen selbst, sondern in der Macht dessen, der den Menschen das Glauben- und Mit-Gott-fühlen-Können schenkt:

---

[25] Handbüchlein 30.
[26] Das Wort Komplize ist aus *complacere* abgeleitet: Dem Komplizen gefällt, was seinem Spießgesellen gefällt.
[27] Handbüchlein 30.
[28] De diversis quaestionibus ad Simplicianum 1,2,21.

»Wenn uns also erfreut, was uns zu Gott bringt, wird auch das durch Gottes Gnade eingegeben und geschenkt.«[29] Gott muss uns so begegnen – will uns so begegnen –, dass wir in dieser Begegnung zu neuen Menschen werden und das Gute, zu dem er uns beruft, mit ihm als solches erfühlen und mitwollen können. Er ist zu preisen, da er durch die Sendung seines Sohnes und das Wirken seines Geistes in der Gnade Satan und Sünde überwindet, die Menschen dem Mitfühlen mit Satan entwindet und für die Erfahrung wie für das Tun des Guten öffnet.

Augustinus bringt die »affektive Einbettung« der menschlichen Selbstbestimmung pointiert zur Geltung. Diese setzt – postlapsarisch – die freie Entscheidung des Sünders außer Kraft. Sie ist dominiert von der Vor-Entschiedenheit gegen Gott und das von seinem guten Willen Beabsichtigte, von der Vor-Entschiedenheit, dem Begehren und damit der Selbstliebe Raum zu geben. Von ihr kann der Sünder befreit werden, da Gott mit seiner Gnade die Herrschaft über den menschlichen Willen übernimmt und ihn in den höchsten Affekt – die Gottesliebe – hineinzieht. Er involviert den Sünder in seine Liebe, um ihn so von seinem Involviert-Sein ins sündige Begehren – in die *Concupiscentia* – und damit in die Sünden-Knechtschaft befreien. Die Gnade wirkt diese Bekehrung; sie ist nicht nur eine Hilfe zum guten Leben, wie Pelagius es anzunehmen scheint.

Die Großkirche hat die antipelagianische Entschiedenheit des Augustinus nur moderat übernommen und sich in der mittelalterlichen Scholastik unter dem Einfluss der aristotelischen Tugendlehre faktisch wieder den Anliegen des Pelagius angenähert. Dagegen wendet sich der Augustiner-Mönch Martin Luther, nach dem Verlassen des Ordens mit noch größerer Entschiedenheit. Auch für ihn ist Glaubens-entscheidend, dass der Mensch nicht Herr seines Gern-Wollens ist und in dieser Hinsicht nicht über Entscheidungs-Freiheit verfügt. Die affektive Hinwendung zum Guten ist nicht sein Werk, sondern Gottes Werk; er bewirkt die Bekehrung des Herzens und gibt ihr Beständigkeit: »[W]enn wir unter dem Gott dieser Welt sind, ohne die Einwirkung und den Geist des wahren Gottes, werden wir gefangen gehalten (Eph 2,2 f.) nach seinem Willen [...] Und das tun wir willig und gern, entsprechend der Natur des Willens, der kein Wille mehr wäre, wenn er gezwungen würde.« Wenn aber »Gott in uns wirkt, will und handelt [...] der durch den Geist Gottes gewandelte und freundlich eingeblasene Wille wiederum aus reiner Lust und Neigung [...] er fährt fort das Gute

---
[29] Ebd.

zu wollen, gern zu haben und zu lieben, so wie er vorher das Böse wollte, gern hatte und liebte.«[30]

Der Sünder ist von der affektiven Geneigtheit zum Bösen in Besitz genommen und auf das Wirken des Gottesgeistes angewiesen, damit er die Neigung zum Guten, zur Gottesliebe, neu in ihm hervorrufe, vom Menschen Besitz ergreife und so dem Besessen-Sein vom bösen Geist ein Ende setze. Menschliches Dasein ist ein »ausgerichtetes Dasein [...] entweder auf Gott oder einen Abgott bezogen«. Dieses Bezogenseins ist er selbst so wenig mächtig wie der sein Leben bestimmenden tiefsten Geneigtheiten, zu denen er sich auch nicht wählend verhalten kann.[31] Wo der Mensch sich im Glauben vom guten Geist ergriffen weiß, kann er nicht genug darüber staunen, dass er aus der Knechtschaft des sündig verdorbenen Wollens gerettet und dazu bekehrt ist, das Gute als solches wertschätzen zu können und gern zu tun.

Philipp Melanchthon hat die Bekehrung zum Glauben in diesem Sinne als »Affektwechsel« verstanden.[32] Alles kommt darauf an, was bzw. wer *das Herz* beherrscht. Herz ist für Melanchthon »der Sitz aller Affekte, der Liebes- und Hassgefühle, der Gotteslästerung und des Unglaubens.«[33] Das Herz des Sünders ist nach dem Zeugnis der Schrift unrein. Ihm sind Erbsünden-bedingt »Unreinigkeit, Verkehrtheit (Verkrümmung) und Nichtswürdigkeit« »angeboren«. Sie verderben die »natürlichen Kräfte« des Menschen, die dem »Fleisch« zuzurechnen sind. So kann er mit seinen natürlich-fleischlichen Kräften und den in ihnen lebendigen Affekten »nur sündigen«.[34] Nur Gottes Geist kann den Sieg über die Affekte der Sünde erringen, indem er dem Sünder die Affekte der Gnade eingießt. Wie der Mensch durch seine Affekte des Fleisches von Natur aus zum Bösen hingerissen wird (»rapitur ad mala«), so wird er durch den ungleich stärkeren, entgegengesetzten Affekt der Gnade »zum Guten hingerissen [...]. Dieser Affekt ist durch Christus verdient worden und er wird Gnade genannt.«[35]

---

[30] Vom unfreien Willen, in: Luther deutsch, hg. von K. Aland, Bd. 3, Stuttgart – Göttingen 1961, 195 f., nach: WA 18, 634 f.
[31] Vgl. Christoph Markschies, Wie frei ist der Mensch? Einige vorläufige Thesen zu einem großen Thema, Martin Luther nachgedacht, in: Cardo 3 (2005), 15–18, hierzu 17.
[32] Ich folge hier der Darstellung bei Ingolf U. Dalferth, Sünde, 194–203.
[33] Philipp Melanchthon, Loci communes 1521. Lateinisch-Deutsch, übersetzt von H. G. Pöhlmann, Gütersloh 1993, 94 f. (2, VIII. 125).
[34] Vgl. ebd. (2, V. 122–XII. 129) und 96 f. (2, XX. 137).
[35] So Melanchthons Institutio von 1519, zitiert nach Pöhlmanns Ausgabe der Loci communes (S. 45, Fn. 83).

Die Gewalthaltigkeit der Sprache ist hier der rechtfertigungstheologischen Zuspitzung geschuldet: Der Sünder ist hilflos dem Bösen ausgeliefert und verfügt nicht über die geringsten »Freiheits-Reste«, mit denen er sich von seinen sündigen Affekten distanzieren kann. Allein in der Gnade wird der stärkere Affekt erweckt, die ihn zum Guten antreiben. Die Gnade allein kann sein Herz aus einem in sich selbst verkrümmten – dem *cor incurvatum in se ipsum* – zu einem liebenden verwandeln. Gott entreißt die Sünder der Knechtschaft unter Satan[36] und gewinnt ihn für die Freiheit der Kinder Gottes.

An der Schwelle zur Neuzeit wird hier eine Artikulation des Sünder-Seins erneuert, die sich auf elementare Erfahrungen des Überwältigt-Werdens vom bösen Willen und des Involviert-Seins in eine Situation des Sündigens bezieht, in der die Menschen ihre Ohnmacht erfahren, noch in irgendeiner Weise selbst an einem guten Ausgang mitzuwirken. Dass sie aber im gnadenhaft-rettenden »Affektwechsel« zum bloßen Objekt des Gnadenhandelns Gottes zu werden scheinen, setzt diese Redeweise außerhalb der konfessionellen Binnen-Perspektive dem Verdacht aus, das aufkeimende Selbstbewusstsein freier, Gestaltungs-froher Bürger aus durchsichtigen dogmatischen Gründen untergraben zu wollen. Nach den Erfahrungen des 20. und 21. Jahrhunderts mit der Verführungsmacht von Ideologien und politischen Schwerverbrechern wie mit den ökonomischen Zwängen einer weithin dehumanisierenden Weltwirtschaft knüpfte man befreiungstheologisch an die augustinische Sicht einer im Innersten zugreifenden Herrschaft satanisch-dämonischer Mächte an und entwickelte Konzepte einer sozialen bzw. *strukturellen Sünde*.[37] Die augustinische Überzeugung von einer Vererbung der Sünde in der Begehrens-Wirklichkeit der Zeugung spielte aber keine Rolle mehr.[38] Die Lehre von der Erbsünde fand sich in

---

[36] Luther kann hier zu der rabiaten Metapher vom Zugtier und den um es kämpfenden Reitern greifen. Der menschliche Wille ist – so Luther – in die Mitte zwischen Gott und Satan gestellt wie ein Zugtier. »Wenn Gott sich darauf gesetzt hat, will er und geht, wohin Gott will […] Wenn Satan sich darauf gesetzt hat, will und geht er, wohin Satan will. Und es steht nicht in seiner freien Entscheidung, zu einem von beiden Reitern zu laufen oder ihn sich zu verschaffen zu suchen, sondern die Reiter selbst kämpfen miteinander, um ihn zu erlangen und zu besitzen« (Vom unfreien Willen, in: Luther deutsch, Bd. 3, 196; WA 18, 635).
[37] Vgl. José Ignacio Gonzáles Faus, Sünde, in: I. Ellacuria – J. Sobrino (Hg.) Mysterium liberationis. Grundbegriffe der Theologie der Befreiung, Bd. 2, dt. Luzern 1996, 725–740.
[38] Sie hat sich definitiv als »monströse[s] Mischgebilde« erwiesen, »das einen juridischen Begriff der Zurechnung, der das Willentliche wahren soll, mit einem biologischen Vererbungsbegriff vereint, der dem Unwillentlichen, Erworbenen, Übernommenen Rech-

einer Hermeneutik der Freiheits-Erfahrung reinterpretiert, nach der »der Wille eine passive Konstitution mit sich trägt«. Die Symbolik der Erbsünde verweist dann auf das »*bereits vorfindliche Böse* außerhalb des Bösen, das wir setzen« und kann »das letzte Geheimnis der Sünde« zur Sprache bringen: »Wir beginnen das Böse, durch uns kommt es in die Welt, aber wir beginnen es nur von einem bereits vorhandenen Bösen aus, wofür unsere Geburt das undurchdringliche Symbol bildet«. Es öffnet diese Erfahrung zugleich auf die Überfülle der Gnade hin, in der das uns »mitgegebene« Böse unendlich überholt ist.[39]

8.5 Auf dem Weg zur Säkularisierung der Sünde

Die augustinisch-reformatorische Rechtfertigungslehre geriet neuzeitlich ins Abseits, weil sie – entschiedener und radikaler als die Lehre des Trienter Konzils – die Wahlfreiheit des Menschen im Bereich der moralischen Selbstbestimmung bestritt. Augustinus war sich je länger desto deutlicher im Klaren darüber, dass der in die Sünde Geratene ihr gegenüber nicht mehr so frei ist, sie in jeder neuen Entscheidungssituation zu begehen oder zu lassen. Wer sündigt, gibt dem Bösen Herrschaftsraum und Herrschaftsmacht, weil er dem Leben eine falsche Richtung und einen falschen Horizont gibt – und alles, was er nun zu tun sich entschließt, ihm in diesem falschen Horizont erscheint. Das Sündigen hat – so Augustinus – seine Urdynamik im Hochmut purer Selbst-Verwirklichung, der die Unterwerfung unter das der Schöpfung eingeschriebene und in Christus erneuerte Gesetz Gottes verweigert und danach strebt, »vom Urgrund sich zu lösen, dem der Geist eingewurzelt sein soll, um gewissermaßen sein eigener Urgrund zu werden und zu sein«.[40] Der Hochmütige missachtet »die Ordnung der Naturen vom höchsten zum geringeren Sein«. Er liebt die »niedrigeren Dinge« in verkehrter Weise, so dass ihm das Höhere verloren geht; er sucht den Genuss – das um seiner selbst willen Gute und Erfreuliche –, wo nur das Gebrauchen statthaben darf: im Endlichen. Und er gebraucht für selbst-

---

nung trägt«; Paul Ricœur, Die Erbsünde – eine Bedeutungsstudie, in: ders., Hermeneutik und Psychoanalyse. Der Konflikt der Interpretationen II, dt. München 1974, 140–161, hier 161.

[39] Vgl. ebd. Ricœur verweist auf Röm 5,20: »Wo aber die Sünde mächtig geworden ist, da ist die Gnade viel mächtiger geworden.«

[40] De civitate Dei XIV, 13.

süchtige Zwecke, was nur als das in sich Wertvolle geachtet und »genossen« werden darf: Gott.[41] Die Gottesliebe wird der ungeordneten Selbstliebe untergeordnet, in der der Mensch das Eigene »gegen die Gesetze des Schöpfungsganzen zu betreiben sich plagt«.[42] Der Hochmut macht den Hochmütigen – so könnte man sagen – zum Herrn der Wertehierarchie, von der bestimmt wird, was zuerst zu erstreben ist und was nur um dieses Höchsten willen erstrebt werden darf. Das Böse gewinnt Macht, da der selbstherrliche Mensch das, was er um seiner selbst willen erstrebt, zum Höchstwert einsetzt und anderes nur erlangen will, insoweit sich darin seine Selbstliebe realisiert.

Dieser Gedanke findet noch in der Praktischen Philosophie und der Religionsphilosophie *Immanuel Kants* Widerhall, freilich mit einer signifikant abweichenden Intention. Kant ist dabei, den Gedanken des radikal Bösen aus dem schöpfungstheologisch-soteriologischen Kontext der christlichen Dogmatik herauszulösen. So kommt er nicht mehr auf den sündigen Hochmut zu sprechen, der das von Gott gegebene Schöpfungsgesetz und die in ihm sich manifestierende, absolut gültige Wertehierarchie von der Sünde im Anfang her missachtet. Nach ihm entspringt das Gute wie das Böse der vernunftgemäßen oder verfehlten Bestimmung des menschlichen Willens im je aktuellen Willens-Vollzug: Es ist – so der geradezu emblematische Anfang seiner *Grundlegung zur Metaphysik der Sitten* – »überall nichts in der Welt, ja überhaupt auch außer derselben zu denken möglich, was ohne Einschränkung für gut könnte gehalten werden, als allein ein guter Wille.«[43] Zur Wirklichkeit des Bösen in der Welt *macht sich* der Mensch, indem er seinen Willen nicht von dem bestimmen lässt, was ihn vernünftigerweise bestimmen sollte: von dem, was nach dem Urteil der reinen praktischen Vernunft um seiner selbst willen gewählt werden muss, weil es kategorisch – in jeder denkbaren Situation und für jeden Wählenden – seine Pflicht ist. Der böse Wille ordnet es dem unter, was nur gewählt werden darf, wenn es mit dem Vernünftig-Verpflichtenden nicht kollidiert. So resultiert das Böse aus einer Verkehrung der Maximen, in der der Mensch »die Triebfeder der Selbstliebe und ihre Neigungen zur Bedingung der Befolgung des moralischen Gesetzes macht«, obwohl doch letzteres »als die *oberste Bedingung* der Befriedigung der ersteren in die allgemeine Ma-

---

[41] Vgl. ebd., XII, 8 und XI, 25.
[42] Ebd., XII, 9.
[43] Grundlegung zur Metaphysik der Sitten, in: Kants Werke, Bd. IV, 387–463, hier 393.

xime der Willkür als alleinige Triebfeder aufgenommen werden sollte.«[44] Der Gedanke ist im Motiv des *Um seiner selbst willen* Augustinus nachempfunden. Aber er löst sich Vernunft-theoretisch aus dem theologischen Rahmen, in dem er bei Augustinus Bedeutung gewann. Selbstliebe und Selbstsucht erscheinen nicht mehr als sündige Missachtung Gottes, sondern als *Missachtung der Vernunft*.

Und doch: Ist die Wurzel des Bösen tatsächlich nur die verkehrte, vernunftwidrige Selbstbestimmung, in der der Mensch die Selbstliebe statt des moralischen Gesetzes absolut setzt? Einerseits ist für Kant ist klar, dass der Mensch dadurch böse wird, dass er das pflichtgemäß Gewollte nicht bedingungslos will, sondern die Selbstliebe zur ersten Bedingung seines Wollens macht. Dieses Böse »ist *radikal*, weil es den Grund aller Maximen verdirbt.« Es ist aber – wie Kant einräumt – ein Hang »zum Bösen in der menschlichen Natur« und als solcher »durch menschliche Kräfte nicht zu *vertilgen*, weil dieses nur durch gute Maximen geschehen könnte, welches, wenn der oberste subjektive Grund aller Maximen als verderbt vorausgesetzt wird, nicht stattfinden kann; gleichwohl aber muss er zu *überwiegen* möglich sein, weil er in dem Menschen als frei handelndem Wesen angetroffen wird.«[45]

Der Mensch findet in sich – ohne dass er ihn »vertilgen« könnte – den natürlichen Hang zum Bösen vor, findet aber keinen »begreifliche[n] Grund [...], woher das moralische Böse in uns zuerst gekommen sein könne«. Es kommt – so Kant – gar nicht darauf an, einen solchen Grund zu kennen, denn es geht für den Menschen einzig darum, diesen Hang durch sein moralisches Wollen zu »überwiegen«, »was ihm sehr wohl möglich ist: »[...] ungeachtet jenes Abfalls [aufgrund dessen sich der Mensch vom natürlichen Hang zum Bösen bestimmt erfährt] erschallt doch das Gebot: Wir *sollen* bessere Menschen werden, unvermindert in unserer Seele; folglich müssen wir es auch können, sollte auch das, was wir thun können, für sich allein unzureichend sein und wir uns dadurch nur eines für uns unerforschlichen höheren Beistands empfänglich machen.« Der Mensch wird von der praktischen Vernunft auf das angesprochen, was er leisten kann: Es wird ihm kein Wissen darüber erschlossen, woher der Widerstand der Natur gegen das pflichtgemäße Sollen kommt und ob der Mensch sich – damit seine moralische Selbstbestimmung an ihr Ziel komme – eines

---

[44] Vgl. I. Kant, Die Religion innerhalb der Grenzen der bloßen Vernunft, Kants Werke, Bd. VI, 31 und 36.
[45] Ebd., 37 und 28.

gnadenhaften Beistands erfreuen darf.»Wie es möglich sei, dass ein natürlicherweise böser Mensch sich selbst zum guten Menschen mache, das übersteigt alle unsere Begriffe; denn wie kann ein böser Baum gute Früchte bringen?«[46]

Diese *Moralisierung des Bösen* macht es zu einer Sache des sich selbst bestimmenden menschlichen Wollens. Sie behält aber ein Überhangproblem. Kant spricht eher abstrakt von einem natürlichen Hang zum Bösen und von der Möglichkeit des Menschen, ihn durch moralische Selbstbestimmung zu beherrschen. Wissen muss der Mensch nur, *dass* er dies vermag, nicht *was* es um diesen Hang ist und *wie* er die Kraft findet, ihn zu beherrschen. Das übersteigt »alle unsere Begriffe«. So übersteigt auch der Natur-Charakter bzw. die geschichtlich-gesellschaftliche Realität der Macht, die sich im Hang zum Bösen zeigt, alle Begriffe, derer Kants praktische Philosophie sich bedienen kann. Das ist in den Reaktionen auf und den Anknüpfungen an Kants Religionsschrift als unbefriedigend empfunden worden. So hat Schelling Kants Lehre vom radikal Bösen in einer »genetischen Theorie« der Freiheit neu zu fassen versucht und er rekurriert nicht auf einen unerklärlichen Hang der menschlichen Natur zum Bösen.

Auch nach Schelling geschieht das Böse nicht grund-los, wie die Freiheit selbst nicht grund-los ist. Freisein bzw. Frei-*Werden* bedeutet: Aneignung des »dunklen« Natur-Wollens – des Grundes – zum sittlich verantworteten Willen, dem Wollen des Geistes bzw. der Liebe. Dem freien guten Wollen liegt sein Grund voraus; es ist der Wille zur Selbstsetzung und Selbsterhaltung.[47] Diese »dunkle, vernunftlose Seite ist« – so Schelling – »von Ewigkeit an mit erregt im Menschen, da er nur auf diese Weise sich als eigen gewinnen kann. Als erregter sucht er sich und nur sich, er sträubt sich gegen die Vernunft, die ihn als endlichen einordnen will in das Allgemeine.«[48] Die »Verbindung des allgemeinen Willens mit dem besondern Willen im Menschen« – des vernunftgemäß Sittlichen mit dem Selbstbehauptungs-Willen – erweist sich als »ein Widerspruch, dessen Vereinigung schwer, wenn nicht unmöglich ist.« Die Aufhellung oder Einbindung des »finstern Princips« in das »Licht« vernünftig freier Selbstbestimmung

---

[46] Ebd., 43–45.
[47] Hier wird Baruch Spinozas Konzept des Conatus essendi im Hintergrund stehen. Vgl. ders., Ethica ordine geometrico demonstrata, Pars III, prop. 7.
[48] So interpretiert Wilhelm G. Jacobs, Die Entscheidung zum Bösen oder Guten im einzelnen Menschen, in: O. Höffe – A. Pieper (Hg.), Friedrich Wilhelm Josef Schelling: Über das Wesen der menschlichen Freiheit (Klassiker auslegen, Bd. 2) Berlin 1995, 125–148, hier 146.

ist nur als Religion, als *Rückbindung* an das Göttliche bzw. durch das Göttliche denkbar.[49]

Schellings Freiheitsschrift sieht diese Entzweiung des Grund-Willens zur Selbstbehauptung mit dem Allgemein-Willen schon in Gottes Selbstsetzung vor aller Zeit gegeben; ein problematischer, durch theosophische Spekulationen angeregter Versuch, der hier nicht weiter interessieren muss. Wichtig bleibt die freiheitstheoretische Grund-Konstellation: Der von Augustinus provozierte Dualismus zwischen Selbstliebe und Gottesliebe wird *eingebunden* als die »religiös« zu überwindende bzw. zu gestaltende Spannung zwischen dem besonderen Willen zur Selbstsetzung bzw. Selbstbehauptung und dem Allgemeinwillen, der nichts will, was nicht nach den Kriterien der Vernunft als allgemeingültig gerechtfertigt werden kann. Dieser Begriff des Allgemeinwillens kann wohl mit dem Wollen der Liebe gleichgesetzt werden. Die Spitze des Arguments ist aber diese: Das Böse setzt sich gegen die sittliche Selbstbestimmung durch, wo Selbstbehauptung nicht mehr in das Wollen des für alle – und speziell für die von je meinem Handeln Betroffenen – Gute eingebunden ist, wo es sich verselbständigt und zu einem Konkurrenzkampf der »besonderen Willen« führt.[50] Deutlicher als in Kants Lehre vom »radikal Bösen« tritt hier die Unausweichlichkeit wie die Legitimität natürlicher Selbstbehauptung hervor. Deutlicher auch wird die sittliche Aufgabe konkretisiert: Einbindung und Relativierung, nicht Unterdrückung des Selbstbehauptungswillens.

Dass gerade die Unterdrückung des Selbstbehauptungswillens den Menschen böse macht, da er sich hier durch destruktive Aggression zu verschaffen sucht, was ihm im sozial-kooperativen Handeln nicht erreichbar erscheint, ist seit Nietzsche und Freud die selbstverständliche Voraussetzung der Moralkritik wie der Kritik an einem moralisierten Christentum. Moral selbst wird destruktiv – böse –, da sie den Lebenswillen unterdrückt und den Menschen so des einzigen Gutes beraubt, dem zu dienen und an dem teilzuhaben er als endlicher Mensch herausgefordert ist: dem vom

---

[49] Friedrich Wilhelm Josef Schelling, Philosophische Untersuchungen über das Wesen der menschlichen Freiheit. Ausgewählte Werke. Schriften von 1806–1813, Darmstadt 1976, 275–360, hier 325 und 336.
[50] Dieser Konkurrenzkampf der Willen bestimmt – so dann Arthur Schopenhauer – die Welt der Phänomene durchgreifend. Er ist nach Schopenhauer, der diese Perspektive im Buddhismus wiederfindet, nur durch das Zum-Versiegen-Bringen des Willens in den einander bekämpfenden Einzelwillen zu überwinden (vgl. ders., Die Welt als Wille und Vorstellung, Sämtliche Werke, hg. von W. Frhr. von Löhneysen, Bd. 1 u. 2, Frankfurt a. M. 1986).

christlichen Ressentiment als böse diskreditierten, ungezähmt kraftvollen, für die Steigerung der Lebenskraft sich hingebenden Lebens. Letztlich ist die Qualifikation als gut oder böse selbst nur eine Frage der Definitionsmacht. Das »sogenannte Böse«[51] geht auf die Fähigkeit konkreter Gruppen und Bewegungen – etwa des Christentums – zurück, Delegitimationen und Diskriminierungen sozial durchzusetzen.

Die Abwertung des vital-kraftvollen Lebens beginnt – so *Friedrich Nietzsche* – mit einem »Sklavenaufstand in der Moral«, dem Aufstand der vom Leben Benachteiligten und an den Rand Gedrängten; sie beginnt konkret damit, »dass das *Ressentiment* selbst schöpferisch wird und Werte gebiert«.[52] Es interpretiert die Leiderfahrung als Positivum: Leid resultiert aus Schuld; die Leidenden büßen ihre Schuld schon auf dieser Erde ab, sodass sie im Jenseits ein besseres Leben erwarten dürfen, während den Erfolgreichen und Starken das böse Ende im Jenseits bevorsteht. Wer die Schuld auf sich nimmt und sich klein macht, der ist also – nach der Predigt der »Priester« – denen gegenüber im Vorteil, die ihr Leben zu sinnlich vitaler, über-menschlicher Blüte bringen und Selbstbehauptung wie Selbsthingabe an die Macht des Lebens zu leben wagen. Zuletzt infizieren die Sklaven auch »die Herren« mit ihrer Diskriminierung des starken und rücksichtslosen Lebens. Die werden ihrerseits zu Sklaven, wenn sie nicht die Definitionsmacht zurückgewinnen und zu einer Moral des »aufsteigenden Lebens« – zur »Selbstverherrlichung« der »vornehmen Menschen« – zurückfinden.[53]

Nietzsche »liegt nur an den *Motiven* der Menschen«.[54] So kommt er zunächst zu der ja auch bei Schelling angedeuteten These, alle »bösen Eigenschaften« gingen »auf den Erhaltungstrieb des Einzelnen zurück, der doch gewiss nicht böse ist.«[55] Aber seine Motiv-Analyse greift weiter. Nietzsche entlarvt auch den guten (Allgemein-)Willen als Ausgeburt des Selbstbehauptungstriebs. Der »gute« Wille privilegiert Werte, die den Schwachen Schutz gewähren, ihre Unterlegenheit sittlich aufwerten und den Starken ein schlechtes Gewissen einflößen: Die Idealisierung unegoistischer Regungen ist »auf egoistische zurückzuführen«; sie dient der Selbstbehauptung derer, die sich gegen »Egoistisch«-Lebenstüchtige nur so behaupten können.[56]

---

[51] Vgl. Konrad Lorenz, Das sogenannte Böse. Zur Naturgeschichte der Aggression, Wien ⁵1964.
[52] Zur Genealogie der Moral I, Aphorismus 10, KSA 5, 270.
[53] Vgl. Jenseits von Gut und Böse, Aphorismus 260, KSA 5, 208–212.
[54] Nachgelassene Fragmente Sommer 1876, KSA 8, 300.
[55] Nachgelassene Fragmente Ende 1876–Sommer 1977, KSA 8, 377.
[56] Vgl. Nachgelassene Fragmente Oktober–Dezember 1976, KSA 8, 358.

Diese »Dekonstruktion« des sittlichen Bewusstseins hat Schule gemacht. Die Selbstverständlichkeit, mit der Gut und Böse unterschieden werden, erscheint in der Dekonstruktions-Perspektive als von tragenden, weithin tabuisierten, kritisch hervorzuholenden Motiven getragen. Nietzsche selbst kontrastiert die herkömmlichen Wertungen einer altruistischen Sklavenmoral mit einer »Herrenmoral«, in der das in der Sklavenmoral Böse – der »rücksichtslosen« Einsatz für die Steigerung des Lebens, der »Willen zur Macht« – als die eigentliche Herausforderung und das von der Sklavenmoral anempfohlene Gute als Sabotage am »aufsteigenden« Leben erscheint. Bei Nietzsche selbst wird nicht deutlich, ob diese Kontrastierung ein Experiment im Kontext seines experimentellen Philosophierens bleibt oder zur Begründung einer radikal umwertenden Herrenmoral dienen soll. Die Dekonstruktivisten des 20. Jahrhunderts wollten keine *Umwertung* durchsetzen, sondern Mechanismen und Methoden aufdecken, mit denen die jeweils herrschenden Unterscheidung zwischen Gut und Böse eine mehr oder weniger unbefragte soziale Geltung erlangten. Aber ist es wirklich nur eine Frage der in gesellschaftlichen Definitionsprozessen durchgesetzten oder sich durchsetzenden normativen Perspektiven, was als gut und was als böse anzusehen, als verwerflich zu sanktionieren und als um eines guten Lebens willen anzustreben wäre? Dass Definitions- und Sanktionsprozesse nicht einfach durch den Rückbezug auf »metaphysische Letztbegründungen« legitimiert werden können, sondern historisch kontingent bleiben, ist das Eine. Das bedeutet nicht notwendigerweise – das wäre das Andere –, dass es keine guten Argumente dafür gibt, das Gute gut und das Böse böse zu nennen und damit verbundene Wertungen als verbindlich anzusehen.

In der Naturalisierung der Moral im darin zu Ende gedachten Moral-Perspektivismus kommt die Säkularisierung der Sünde an ihr Ende. Die Umklammerung des Moralischen durch Religion und Theologie wird aufgesprengt. Das Gemachte im Vorgegebenen soll zum Vorschein kommen. Der Mensch soll nicht nur Herr seiner Selbstverwirklichung werden, sondern auch in die Lage kommen, sich reflexiv-kritisch zur Ausübung der moralischen Definitionsmacht und ihren jeweiligen Inhabern zu verhalten. Man soll selbst definieren können, was man für sich als moralisch verbindlich hinzunehmen bereit ist – und darf man sich jede Einmischung in die eigenen, »inneren« Angelegenheiten verbitten. Religionen und Kirchen haben sich in der Vergangenheit mit ihren Sünden-Katalogen und ihren Praktiken, den Menschen ein schlechtes Gewissen zu machen, missbräuchlich am moralischen Bewusstsein vergriffen. Dieser Zugriff ist als höchst interessebedingt zu delegitimieren. Wenn sich aber keine perspektivenübergreifend gültigen und konkretisierbaren Kriterien zur Unterscheidung von Gut und Böse mehr formulieren ließen, wäre – wie Nietzsche sagt – »der Wahrheit selbst der Glaube gekündigt« und die Folgerung kaum noch abzuwenden: »Nichts ist wahr, Alles ist erlaubt«.⁵⁷

Wenn nicht mehr schlüssig herzuleiten ist, wann und warum Handlungen schlechterdings – und das heißt: in jeder denkbaren Perspektive – verwerflich sind, zerfallen die Einspruchsrechte gegen jede denkbare Unmenschlichkeit, weil deren Legitimation, so bizarr sie auch anmuten mag, in ihrem perspektivischen Wahrheitsanspruch nicht mehr kategorisch bestritten werden könnte. Vor diesem Hintergrund ist zumindest verstehbar, weshalb sich die Moralenzyklika Johannes Pauls II. *Veritatis splendor* nachdrücklich für die »*Bekräftigung der Universalität und Unveränderlichkeit der sittlichen Gebote* und insbesondere derjenigen [einsetzte], die immer und ohne Ausnahme *in sich schlechte Akte* verbieten«⁵⁸.

Die Frage ist freilich die: Genügt es, einem schwer begrenzbaren Perspektivenpluralismus und dem daraus möglicherweise entspringenden Moralrelativismus eine naturrechtlich begründete, deshalb unabdingbar gültige Glaubens-Perspektive entgegenzuhalten, die – nach der Überzeugung der Glaubenden – des göttlichen Schöpfers eigene Perspektive ist: der Blick Gottes, in dem sich die Wirklichkeit darbietet, wie sie in sich *ist*? Genügt es, die Relativismus-Gefahr durch einen Glaubens-Dezisionismus abwenden zu wollen nach der Devise: Wer nicht glaubt, landet unweigerlich und ungebremst beim Fiasko eines Relativismus, für den nichts wahr und alles erlaubt ist? Soviel scheint ja klar: Der Verpflichtung zu einer argumentativen Vergewisserung zwischen verantwortbar und nicht mehr zu verantworten, letztlich zwischen Gut und Böse kann man sich nicht mehr durch die Berufung auf ein privilegiertes, naturrechtliches oder durch Offen-

---

⁵⁷ Zur Genealogie der Moral. Dritte Abhandlung, Aphorismus 24, KSA 5, 399. Nietzsche nennt diesen Satz ein Labyrinth und fragt: »Hat wohl je schon ein europäischer, ein christlicher Freigeist sich in diesem Satz und seine labyrinthischen Folgerungen verirrt?« Sich selbst schreibt Nietzsche zu, dass er sich als erster in die Höhle des Minotauros hineingewagt hat. Aber er nimmt diesen Satz nicht affirmativ für sein eigenes Denken in Anspruch.
⁵⁸ Enzyklika *Veritatis splendor* über einige grundlegenden Fragen der kirchlichen Morallehre vom 6. August 1993, Ziffer 115 u. ö.; vgl. auch die Enzyklika *Evangelium vitae* über den Wert und die Unantastbarkeit des menschlichen Lebens vom 25. März 1995 mit ihrem Szenario einer objektiven »Verschwörung gegen das Leben« bzw. einer geradezu endzeitlichen Auseinandersetzung zwischen der »Kultur des Lebens« und der »Kultur des Todes«.

barung erschlossenes Normwissen entziehen. Der Mehrwert einer religiösen Artikulation des moralisch Verpflichtenden kann nicht darin liegen, dass kirchlich Definitions-Berechtigte mehr über die Unterscheidung von Gut und Böse wissen als säkulare Diskurs-Teilnehmer.[59] Aber er kann darin liegen, theologisch gegen den Moral-Relativismus auf die Begründbarkeit moralischer Verbindlichkeiten zu setzen und in die Versuche zur Begründung ihrer Unabdingbarkeit spezifisch religiöse Kontexte und Perspektiven einzubringen. Das habe ich oben am Thema der Menschenwürde plausibel zu machen versucht.

Die weitgehende Säkularisierung der Moral-Diskurse wirft für religiöse Artikulationen des Bösen freilich eine weit dramatischere Frage auf. Besonders im Bereich des Christlichen waren Schuld-Erfahrungen ja immer auch und vor allem als Vergehen gegen den gesetzgebenden Willen Gottes verstanden. Darin schien der semantische Mehrwert des Wortes *Sünde* (peccatum) gegenüber dem Wort *Schuld* (culpa) zu liegen. Sünde galt als Beleidigung des heiligen Gottes, die der Mensch nicht von sich aus wiedergutmachen konnte. Die *Sünde* machte den Menschen in der Gottesbeziehung strafwürdig und erlösungsbedürftig, nicht die moralische Schuld als solche. Die Übergänge zwischen der Sünden- und der Schuld-Dimension menschlicher Verfehlungen blieben vielfach unscharf. So konnte es zu einer durchgreifenden Moralisierung des Redens von der Sünde kommen. Diese galt als moralisches Fehlverhalten, dem, sah man es als sündigen Ungehorsam gegen Gott an, eine zusätzliche Dramatik zukam. Gott würde es auf unabsehbare Weise sanktionieren; es stand die ewige Seligkeit auf dem Spiel, wenn man nicht die Möglichkeiten nutzte, an der durch das Kreuz Christi erwirkten Erlösung Anteil zu gewinnen. Die Säkularisierung des Schuld-Erlebens löste das Ineinander von moralischer Selbstwahrnehmung und der mit ewigen oder zeitlichen Sanktionen bewehrten Gottes-Beleidigung auf und schien so die Selbstverurteilung des Sich-schuldig-Fühlenden zu entlasten. Sie machte aber auch das Reden von Erlösung unverständlich und die Rechtfertigungslehre zum Relikt einer religiösen Überhöhung des Moralischen. War es nicht zutiefst menschlich, vernünftig, das moralische Fehlverhalten von der zusätzlichen Last und Sanktionierung des Sündhaften zu befreien und für es eine ausschließlich menschliche Zuständigkeit zu behaupten? Die Konsequenz wäre, dass man dem religiösen Reden von

---

[59] Vgl. Alfons Auer, Autonome Moral und christlicher Glaube. Mit einem Nachtrag zur Rezeption der Autonomie-Vorstellung in der katholisch-theologischen Ethik. Mit einer Einführung von Dietmar Mieth, Darmstadt 2016.

der Sünde definitiv keinen Mehrwert für die Artikulation moralischer Selbstwahrnehmung zubilligen dürfte und in ihm eine unnötige, ja belastende Dramatisierung des Redens von moralischer Schuld und Verantwortung sehen müsste. Das scheint die Lage zu sein, in die die kirchlichen Diskurse über Sünde, Versöhnung und Erlösung hineingeraten sind. Muss man nicht anthropologisch verlegen werden, wenn man ihnen in der Theologie »immer noch« Raum zu geben versucht?

8.6 Sünde nicht-moralisch?

Man sollte sich zunächst vergegenwärtigen, was mit der säkularen Dekontextualisierung des Moralischen und dem Absehen von seiner religiösen Artikulation in den Schatten gerät. Die moralische Thematisierung des Bösen rekurriert auf seine Ursache und auf individuelle Zurechnung des von menschlichen Entscheidungs-Subjekten in die Welt gebrachten Bösen.[60] So gerät sie diffus, wenn man sich in unüberschaubare Verantwortlichkeits- und polyzentrische Handlungs-Geflechte einbezogen weiß. Man fühlt sich *mehr oder weniger* schuldig, mehr oder weniger verantwortlich und entschuldigt sich mit Strukturen oder der Erstverantwortung der jeweils »Zuständigen«.[61] Das Selbstwert-mindernde Bewusstsein des Ursache-Seins im Bösen entschwindet in einem Sich-Involviert-Fühlen, in dem Verantwortlichkeit nicht nur geteilt, sondern nach Möglichkeit minimiert wird. Die erbsündentheologische Aporie, wie das Involviert-Sein in die geschehene, sich fortzeugende Sünde mit dem Verantwortlichsein für Einzelsünden vereinbar sein soll, erneuert sich, ohne dass sie noch in der Glaubens-Perspektive auf einen Gott, der sie in seiner Barmherzigkeit »überholt«, zusammengehalten würde. Die moralische Vertiefung des Schuldbewusstseins provoziert eine Tribunalisierung; das Gewissen wird zum inneren Gerichtshof, vor dem die Grade der Involvierung in das Geschehen des Bösen »gerecht« zu beurteilen sind, vor dem man sich deshalb nicht nur anklagt, sondern ebenso mit einer allenfalls geringen »Tatbetei-

---

[60] Vgl. Paul Ricœur zur Schuld-Ordnung des Moralischen und ihrer Individualisierungs-Dynamik, Symbolik des Bösen, 122.
[61] Die moralischen Katastrophen und Erschütterungen des 20. und 21. Jahrhunderts haben die Zuweisung einer *Kollektivschuld* provoziert. Wie wenig man damit im moralischen Diskurs ausrichtet, hätte man sich an den Aporien der Erbsündenlehre klarmachen können. Immerhin ist in diesen Diskussionen die Vorstellung einer Kollektiv-Verantwortung profiliert worden; auch sie ja ein Säkularisat der Erbsündentheologie.

ligung« verteidigt.⁶² So wirkt sich die Rationalisierung des Schuldgefühls immer wieder, ja fast »flächendeckend«, im unfruchtbaren Hin und Her der Beschuldigungen aus, das es zu Selbst-Verteidigungs-Reaktionen und Selbstgerechtigkeits-Demonstrationen, selten aber zu folgenreicher individueller oder gemeinschaftlich versuchter Umkehr kommen lässt. Das religiöse Bewusstsein der Unheils-Solidarität im Sündigen und einer Vergebungsbedürftigkeit, von der niemand ausgenommen ist, könnte dem »Unschuldswahn«⁶³ entgegenwirken, mit dem man sich in Entschuldigungs- und Beschuldigungs-Dynamiken verstrickt. Die religiöse Kontextualisierung der Schuld als Sünde rückt die Schuld in die Perspektive der Vergebungs-Bedürftigkeit. Sie setzt allen Versuchen, *sich selbst* zu entschuldigen, Grenzen, darf aber nicht dazu missbraucht werden, den moralischen Druck der Selbstverurteilung und Selbst-Entwertung ins Unermessliche zu steigern, um die Menschen zur Unterwerfung unter den vergebungsbereiten Gott regelrecht zu zwingen.

Das christliche Sündenverständnis thematisiert die Spannung zwischen Unheils-Solidarität und subjektiver Verantwortung, ohne sie aufzulösen. Alle Versuche, in ihr zu klaren Unterscheidungen und Zuordnungen zu kommen, führen angesichts der monströsen Konzeption einer Erbsünde in die Aporie. Anthropologisch fruchtbar bleibt diese Aporie da, wo sie den Blick auf die affektive Dynamik des Involviert-Seins ins Böse freigibt, wo diese Dramatik im Raum der Gottesbeziehung wahrgenommen und als immer wieder aktuelle Herausforderung angenommen wird, in der von der Gnade getragenen Umkehr handlungsfähig zu werden.

Augustins und Luthers Einsichten in die Affekt-Gebundenheit des Sünders und seiner Wahrnehmungs-Unfähigkeit für das Gute lassen sich anthropologisch einbringen in die Auslegung der elementar *passiven Dimension* moralischer Selbstbestimmung. Selbstbestimmung ist nicht in jeder Hinsicht selbst-ursprünglich. Sie ist darauf angewiesen, dass ihr das Gute widerfährt, das sie in verheißungsvoller Weise zur Selbstbestimmung auf das Gute hin herausfordert und bindet, ihr die Herauslösung aus dem Eingebundensein in menschlich-allzumenschlichen Vorstellungen des »für

---

⁶² Vgl. Paul Ricœur, Symbolik des Bösen, 163–165.
⁶³ Vgl. das von Johann Baptist Metz inspirierte Glaubensbekenntnis *Unsere Hoffnung* der Würzburger Synode der Bistümer der Bundesrepublik Deutschland von 1974: »Christentum widersteht mit seiner Rede von Sünde und Schuld jenem heimlichen Unschuldswahn, der sich in unserer Gesellschaft ausbreitet und mit dem wir Schuld und Versagen, wenn überhaupt, immer nur bei ›den anderen‹ suchen, bei Feinden und Gegnern, bei der Vergangenheit, bei der Natur, bei Veranlagung und Milieu« (I 5).

mich« oder »für uns« Guten ermöglicht und zumutet. Sie ist angewiesen auf *Quellen der Moralität*, aus denen ihr Inspirationen dafür zuströmen, wie man mit der Schuld leben, die Verantwortung für sie produktiv übernehmen und die Umkehr als das Sich-Bekehren zu einem Leben in Fülle ergreifen kann.

Man kann sich fragen, ob diese Hinweise nicht hilflose Versuche sind, die Säkularisierung des Moralischen doch wieder religiös zu überholen und etwa für das Christliche eine spezielle moralische Kompetenz zu beanspruchen. Solchen Versuchen begegnet man in Wortmeldungen der Kirchen auf Schritt und Tritt. Es scheint geradezu so zu sein, dass sie ihre schwindende spirituelle Überzeugungskraft durch ihr Engagement im moralisch Strittigen wettmachen und sich wenigstens als Werte-Garanten gesellschaftlich unentbehrlich machen wollen. Mit einer solchen *Selbst-Moralisierung* riskieren sie, nur noch als obrigkeitlich-fordernd, kaum als Lebens-hilfreich und als Dienerin an der Menschlichkeit und der Mitmenschlichkeit in der Sendung durch den mitmenschlichen Gott und Vater Jesu Christi wahrgenommen zu werden.[64]

Die Bezüge zwischen Moral und christlichem Sünden- bzw. Erlösungs-Verständnis sind offenbar komplex und problematisch. So kann man fragen, ob die Rede von der Sünde nicht auch *theologisch* gegen ihre Moralisierung in Schutz zu nehmen und in ihrer übermoralisch-humanisierenden Bedeutung zur Geltung zu bringen wäre? Das ist das Vorhaben, das Ingolf U. Dalferth verfolgt. Für ihn ist es ein Irrweg, Sünde als religiöse Kodierung des säkular Moralischen plausibilisieren zu wollen; ein Irrweg, der dahin führt, das Reden von der Sünde als semantisch unergiebige, schließlich belanglose Verdoppelung der moralischen Selbst-Verständigung erscheinen zu lassen. Dalferth schärft eine Grund-Unterscheidung ein, ohne deren Beachtung es zu dieser Auflösung des Sünden-Verständnisses im vollkommen säkularisierten moralischen Diskurs kommen müsste: die Unterscheidung zwischen dem im Glauben als Gabe gewürdigten *Dasein* und dem in moralischer Selbstbestimmung zu gestaltenden *Sosein* menschlichen Lebens. Sünde ist – so seine Klarstellung – »keine besondere Vollzugsform menschlichen Lebens (ein bestimmtes Tun oder Lassen neben anderen), sondern ein Modus menschlichen Daseins (eine bestimmte Weise menschlicher Existenz vor Gott und in der Welt).«[65] Es ist die Weise menschlichen Daseins vor Gott und in der Welt, die das Verdankt-Sein des menschlichen

---

[64] Zur Kritik an dieser Strategie vgl. Hans Joas, Kirche als Moralagentur?, 63 f. und 69.
[65] Ingolf U. Dalferth, Sünde, 41 f.

Daseins verkennt und in selbstbestimmtem Handeln menschlich gegenstandslos machen will. Dabei werden die beiden »Achsen« des Menschseins verwechselt: die Achse, auf der das Sosein des Menschen durch ein höheres Ethos gebessert werden soll, und die Achse, auf der eine falsche Orientierung im Blick auf die Unverfügbarkeit des eigenen Daseins und auf den, dem das eigene Dasein zu verdanken ist, zu einer angemessenen, rechten Orientierung zurechtgebracht wird. Das Verfehlen der rechten Orientierung an der Wirklichkeit Gottes – die falsche Einstellung zur »Tiefenpassivität« am Grund unseres Daseins – ist kein moralisches Fehlverhalten, sondern ein Verkennen der Grundbedingungen der menschlichen Existenz. Sie wird hier nicht als dem Schöpfer verdankt und in ihrer konkreten Wirklichkeit als von Gottes Gnadenhandeln getragen angesehen und gelebt, sondern als Projekt der Selbstverwirklichung in Angriff genommen, das sich – allenfalls – moralischer Normierung zu unterwerfen hat. Die Optimierung des Soseins verdeckt dann die Wahrnehmung des Daseins, das sich allein in der unverdienten Zuwendung Gottes gegründet verstehen kann. »Dafür blind zu sein, ist Sünde, von dieser Sünde frei zu werden, der Anfang der Entdeckung der Menschlichkeit«[66], der Mitmenschlichkeit, die alle Mitmenschen als Adressaten dieser Zuwendung sieht und würdigt.

Auf der Achse der Existenz-Bestimmung geht es darum, die eigene Existenz in der *rechten* Weise als freie Gabe zu empfangen – sie Gott zu verdanken und von der Selbsttäuschung zu lassen, »Herr seines eigenen Lebens« zu sein. Man kann das prinzipiell nicht sein, »weil man durchgehend davon lebt, dass einem mehr Gutes geschieht, als man selbst verdient oder sich verschaffen könnte. Wir sind mehr, als wir jemals aus uns machen können, weil wir uns nicht selbst ins Dasein zu bringen vermögen und im Dasein vom Zuspiel von Möglichkeiten leben, über die wir keine Verfügungsmöglichkeiten haben.« Es ist elementar menschlich, das zu würdigen und die Unverfügbarkeit des eigenen Daseins – seine Kontingenz wie seine Schicksalhaftigkeit – in Gottes unverdienter Zuwendung eingeborgen zu glauben. Wer das realisiert, sich auch den Blick darauf und das rechte Sich-Verhalten dazu von Gott schenken lässt, der *Vergebung der Sünde* teilhaftig wird; wer also im Glauben »weiß, dass er [selbst] von einer Vorgabe und einem Überschuss her lebt, auf die er keinen Anspruch hat, der hat keinen Grund, nicht auch anderen so zu begegnen, dass er ihnen mehr zugesteht als das, worauf sie einen Anspruch haben. Menschlichkeit als Mitmenschlichkeit zu vollziehen, ist nicht nur möglich, sondern nicht ver-

---

[66] Ebd., 380.

meidbar, wenn man sich und alle anderen in gleicher Weise als Nächste Gottes versteht und behandelt, weil in dieser Hinsicht keiner einem anderen etwas voraushat, obwohl jeder anders ist als der andere.«

Die Achse, auf der es um Schuldigbleiben oder Gewähren von Mitmenschlichkeit geht, ist eine elementar andere als die, auf der es ums Verkennen oder Würdigen des Geschöpf-Seins geht. Das heißt nicht, dass sie beziehungslos nebeneinander her liefen. Aber sie sind einander in der rechten Weise zuzuordnen. Wer sein Geschöpf-Sein als Gottesgabe wahrnimmt, ist herausgefordert, auf der Achse des moralisch normierten Soseins Mitmenschlichkeit zu verwirklichen – und er wird das eigene Wirken als Gegenwärtig-Werden der Wirklichkeit Gottes in der Welt glauben. Wir haben ja »nicht die Macht, das Gute, das wir wollen, auch selbst zu bewirken. Diese Macht steht allein Gott zu. Wer das ignoriert und Böses dadurch bekämpfen und eindämmen will, dass er nur Gutes tut, maßt sich an, was nur Gott zusteht, und bestätigt damit, was ›Sünde‹ meint: den verblendeten Anspruch, sein zu wollen wie Gott.«[67]

An Dalferths Konzept überrascht, wie prinzipiell er die Achse der Orientierung an der Wirklichkeit Gottes von der Achse des moralisch zu orientierenden Handelns abhebt. Sünde im *Singular* besteht im Verkennen des Gegründet-Seins in Gottes schöpferischer Zuwendung, nicht in den *vielfältigen* Übertretungen moralischer Normen und Grenzziehungen, die daraus resultieren mögen, dass der Sünder sich nicht auf den schöpferischen Gott bezogen und von seiner Vergebung erreicht weiß. Biblisch scheint hier eher ein je nach dem theologischen Hintergrund unterschiedlich gefasstes *Miteinander und Ineinander* greifbar zu sein als ein klar definiertes *Nacheinander*; so sind hier auch die terminologischen Übergänge zwischen Begriffen und Metaphern, die man eher dem Sünden- oder eher dem Schuld-Diskurs zuweisen würde, eher fließend. Moralische Verfehlungen können als Sünde zur Sprache kommen, und das Sündigen kann sich in moralischen Verfehlungen realisieren. In anthropologischer Reflexion wird man deshalb genauer darauf schauen, den Bedeutungs-Mehrwert herauszuarbeiten, der mit der Artikulation solcher Verfehlungen als Sünde biblisch gegeben ist und theologisch geltend zu machen wäre. Es wird sich dann zeigen müssen, ob und inwieweit man Dalferths Dimensionen-Unterscheidung nachvollziehen kann.

---

[67] Ebd., 393, 396 und 406.

8.7 Der theologisch-anthropologische Überschuss des Sünden-Diskurses

Der elementare Sachverhalt, den die Bibel mit unterschiedlichen Worten und Bildern umschreibt, die dann von der Theologie mehr oder weniger differenziert den Begriffen Schuld und Sünde zugeordnet werden, ist die Verweigerung bzw. die Schädigung der Lebensgemeinschaft der Menschen, speziell des erwählten Volkes mit Gott und den in diese Lebensgemeinschaft gleichfalls berufenen Mitmenschen. Menschen sündigen, wenn sie sich ihrer Berufung verweigern und die Berufung der Anderen missachten: wenn sie sich nicht in der Lebensgemeinschaft mit Gott einfinden und die Bestimmungen der Tora übertreten, die sie nach Gottes gutem Willen kennzeichnen soll. Sie tun dies, weil sie die mit der Schöpfung begründeten und durch die Tora geschützten, dem Leben zum gedeihlichen Miteinander dienenden Unterscheidungen in Gut und Böse nicht Folge leisten, vielmehr eigenmächtig die Unterscheidung in Lebens-dienlich und Lebens-abträglich vollziehen, sich damit selbst verabsolutieren. Menschen verstehen sich in der rechten Weise und sie handeln ge-*recht,* wenn sie ihre Berufung zum heilsamen, Leben-erfüllenden Miteinander mit Gott und ihren Mitmenschen in rechter Weise wahrnehmen und Gott als den anerkennen, der ihnen diese Lebensgemeinschaft eröffnet, ihnen die Fähigkeit wie die Verpflichtung zuerkennt, die gute Ordnung dieser Lebensgemeinschaft wahrzunehmen und zu befolgen.

Die apokalyptische Zuspitzung der Unheils-Erfahrung vom zweiten vorchristlichen Jahrhundert an sieht die Macht der Sünde im Volk so folgenreich zur Herrschaft kommen, dass man auf die endzeitliche Erneuerung der Lebensgemeinschaft mit Gott in seinem Volk hoffen muss – auf sie auch hoffen bzw. sogar von ihr schon wissen darf. Die Sünde ist zur Herrschaft gekommen. Sie sabotiert das Wollen und Können der Menschen, im Mitwirken mit Gott die Lebensordnung des heilvollen Miteinanders zu wahren. Sie bringt die Menschen dazu, von Gott und seiner heilvollen Lebensordnung abzusehen. So sind sie darauf angewiesen, dass Gott ihnen diese Lebensordnung neu erschließt und ihnen die rettende Gottesgemeinschaft neu nahebringt. Die Verkündigung Jesu von Nazaret wird von den an ihn als Messias Glaubenden als Neugründungs-Geschehen dieser Gottesgemeinschaft ausgelegt. Er verkündigt die nahegekommene Gottesherrschaft, begeht sie als in ihm schon angekommen und proklamiert eine Erneuerung der Tora, deren von seinem Vater jetzt initiierte Erfüllung die Herrschaft der Sünde entmächtigt. Gottesherrschaft geschieht, wo Hungernde gesättigt und Trauernde getröstet, wo der Hunger und der Durst nach Gerechtigkeit Menschen in Bewegung bringt, sodass sie sich mit weniger als der Gerechtigkeit der Gottesherrschaft nicht abspeisen lassen. Wo der Messias Jesus die Sünden vergibt, nimmt er die Vollmacht in Anspruch, die, denen er sie vergibt, in die Gottesherrschaft einzulassen. In seiner Nachfolge übernehmen Gemeinden und ihre »Evangelisten« den Auftrag, alle Menschen für die neue Gottesgemeinschaft zu gewinnen, ihnen ihre Berufung zu verkünden und die Sünden zu vergeben, damit unter ihnen die Lebensordnung der Liebe aufgerichtet werde, bis der Messias von Neuem kommt.

Im Blick auf diesen Sinn- und Verkündigungs-Zusammenhang verschränkt sich die Orientierungs- mit der Handlungsperspektive, ebenso die Dimension des Schuldigwerdens mit der des Sündigens. Das auf das Gute ausgerichtete Handeln ist das Zulassen der Wirklichkeit und des Handelns Gottes in der Welt. Es geschieht in der Einsicht, dass Gott es in den Glaubenden hervorbringt, um seiner Herrschaft durch seinen Geist in der Welt den Weg zu bereiten. Sünde ist die Weigerung, sich für dieses Werk in Dienst nehmen zu lassen. Sie wird darin Wirklichkeit, dass man sich dem menschlichen Miteinander verschließt, sich ihm gerade da verschließt, wo die Macht der Sünde ihr Werk der Menschen-Missachtung tut. Der Sünder *desolidarisiert* sich nicht nur gegenüber den Notleidenden und ins Abseits Gedrängten, sondern auch gegenüber dem Messias Jesus, der sich nach Mt 25,31–46 mit ihnen identifiziert, und gegenüber Gott, dem Vater, der in ihm und allen, die ihm auf seinem Weg nachfolgen, seinen guten Willen geschehen lassen und seine Herrschaft aufrichten will.

Wo sich dieses Ineinander von Schuld- und Sündendiskurs auflöst und es zur Verselbstständigung, schließlich zur Säkularisierung des Moralischen kommt, wird deutlich, dass von Sünde nur im Glauben bzw. in der Auseinandersetzung mit dem Glauben gesprochen werden kann. Sünde ist Glaubens-Verweigerung, ist – so Kierkegaard – *Unglaube*: das Nicht-Glauben daran, dass Gott sich mit den Menschen verbindet, damit sein guter Wille in der Welt geschehe; das verzweifelte Nicht-glauben-Können, Nicht-glauben-Wollen daran – wer kann das unterscheiden –, dass es möglich und verheißungsvoll ist, über die Sünde hinauszukommen, da Gott die Sünde vergibt und dem Sünder immer wieder neu Zukunft gibt, mit ihm immer wieder neu das Gute anfängt, in das der Glaubende sich auch im Ausgeliefertsein an die Abgründe und Katastrophen seines Leben hineingenommen glauben darf. Das Zutrauen, dass Gott das vermag und es auch will, ist der Gottesglaube, der die Sünde überwindet – in dem Gott die

Sünde überwindet, er, dem der Glaube zutrauen darf, dass ihm »alles möglich ist«.[68]

Vom Menschen her scheint es mehr als gewagt, ja unrealistisch, dieses Zutrauen aufzubringen. Es kann einem nur geschenkt werden, von dem, der es verdient, da er die Liebe ist, den Menschen aus seiner Liebe Dasein und Zukunft gibt, Anteil gibt an seiner Liebe, an ihren menschlich unabsehbaren Möglichkeiten. Menschen können an Gottes Möglichkeiten Anteil gewinnen, wenn sie darauf vertrauen, dass die Liebe nicht nur ihr fragiles Beginnen, sondern Gottes Werk auch in ihnen und durch sie ist. So kann man mit Thomas Pröpper resümieren: »Sünde ist die Bestimmung und Deutung ethischer Schuld von den Möglichkeiten Gottes her, sofern wir im Glauben Anteil an ihnen gewinnen könnten«[69] – und es nicht wagen, uns im Miteinander mit Gott und unseren Mitmenschen darauf einzulassen.

Die Glaubens-Rede von der Sünde bietet dem moralischen Reden von menschlicher Schuld einen Hoffnungs-Kontext, der mein Scheitern und Mich-Verfehlen nicht aufhebt oder entschuldigt, mir aber mit ihm Zukunft gibt, die Gottes-Zukunft, in der Gottes Möglichkeiten an mir, durch mich und unendlich weit über mich hinaus Wirklichkeit werden können; Wirklichkeit werden, wenn diese Hoffnung nicht trügt. Das macht für Paul Ricœur die Eigenständigkeit des religiösen Diskurses über das Böse aus: Er »hält sich voll und ganz im Umkreis der Verheißung und unter dem Zeichen der Hoffnung«. Das Böse wird in ihm *vor Gott* gestellt und in seinem Unwesen zur Sprache gebracht, als »die *Anmaßung* des Menschen, Herr des eigenen Lebens zu sein.« In der heilsamen Konfrontation mit Gott und seinem guten Willen erscheint die Anmaßung sinnlos, wird sie als sinnlos vergeben. Sofern man also im religiösen Diskurs das Böse als Sünde »vor Gott stellt, bringt man es in die Bewegung der Verheißung zurück«[70], darf man sich zusagen lassen, dass es in die Bewegung der Verheißung *zurückgeholt* ist.[71]

Die Rede von der Sünde errichtet keine das Moralische zusätzlich dramatisierende Drohkulisse. Sie entwirft einen Hoffnungs-, einen Ver-

---

[68] Vgl. Søren Kierkegaard, Die Krankheit zum Tode, 34–39.
[69] Thomas Pröpper, Theologische Anthropologie, 720.
[70] Vgl. Paul Ricœur, Hermeneutik und Psychoanalyse, 280 f.
[71] Oscar Wilde legt dem Lord Illingworth die Einsicht in den Mund: »Der einzige Unterschied zwischen einem Heiligen und einem Sünder ist, dass der Heilige eine Vergangenheit und der Sünder eine Zukunft hat« (Eine Frau ohne Bedeutung, 3. Akt). Ob sich Wilde des Vergebungs-Horizonts dieses Bonmots bewusst war?

gebungs-Horizont, in dem die *Umkehr* als ebenso dringlich wie verheißungsvoll erscheint. Hier geht es nicht nur um vielfältige und vielfältig scheiternde Versuche, ein besserer Mensch zu werden, »anthropotechnisch« sein Leben zu ändern.[72] In den Glaubens-Blick kommt vielmehr die Berufung in die Gottesherrschaft, in das Gottes-Projekt, die Liebe, die Gott ist, glaubwürdig zu bezeugen und ihr in dieser Welt und über sie hinaus Raum zu geben. Der Nicht-Glaube hält dieses Projekt für sinnlos, hält die Aufbrüche in die Zukunft dieses Gottes-Projekts für eine moralisch überspannte Illusion. Sie bringen nichts, müssen von vornherein verlorengegeben werden. Sünde ist in diesem Sinne Resignation: den Dingen ihren Lauf lassen, Gott, der Liebe, die er ist und verwirklicht, keine Zukunft geben, nicht an Gottes Möglichkeiten glauben und deshalb nicht an ihnen partizipieren wollen. Wo man christlich angemessen von der Sünde redet, wird dieser Resignation und der Macht der Sünde, die in ihr herrscht, der Kampf angesagt, wird ihnen, wenn diese Rede nicht nur religiöses Gerede bleibt, Widerstand geleistet; da wird die Berufung vor Augen gestellt, dem Wirklichkeit-Werden des guten Willens Gottes in der Welt zu dienen, es, wie dürftig und zweideutig auch immer, zu bezeugen. Da ist auch vom Scheitern der Umkehr zu sprechen, vom Scheitern der Zeugen, von der Schwerkraft der Sünde, die die Glaubenden »hinunterzieht«, sodass sie sich der »Schwerkraft der Gnade« (Simone Weil) nicht mehr aussetzen.

Scheitern und Schwäche sind keine Entschuldigung. Die Herausforderung, Gottes gutem Willen zu dienen und anders, d. h. in Gottes Berufung, zu leben, fordert *jetzt* Gehör, will *jetzt* zur Verheißung werden. Wo sie mich ergreift, ist das Zurückliegende vergeben. *Dass* sie mich ergreift, ist nicht mein Werk, sondern das Wirken dessen, der in mir das Sensorium für die Schönheit meiner Berufung erweckt; darin hat Augustinus Recht. Aber auch das ist keine Entschuldigung dafür, dieser Berufung nichts zuzutrauen. Sie gilt mir, geschieht nicht ohne meine Zustimmung. Es ist immer die Zeit, es öffnet sich immer die Möglichkeit für mich, meinem Berufen-Werden zu folgen.[73] Dann ist die Zeit, in Gottes und meine Zukunft aufzubrechen und der Verheißung zu trauen, dass dieser Aufbruch nicht sinnlos ist. Dann ist

---

[72] Vgl. Peter Sloterdijk, Du mußt dein Leben ändern. Über Anthropotechnik, Berlin 2009.
[73] Das Gleichnis vom Herrn des Weinbergs, der auch die zuletzt Gekommenen nicht hinter die zurücksetzt, die »von Anfang an dabei waren« (Mt 20,1–15), bringt diese Dynamik der Berufung ins Bild.

die Zeit der Vergebung, die mich mit all meiner Halbherzigkeit in diese Zukunft hinein sendet.

Diese religiöse Kontextualisierung der moralischen Herausforderung zum Guten liefert nicht nur eine »Motivations-Quelle« dafür, sich dieser Herausforderung zu öffnen. Sie profiliert diese Herausforderung auch in spezifisch christlicher Weise.[74] So findet sie sich in der Konkurrenz mit anderen Motivationsquellen und Profilierungen vor, ist darin gefordert, den spezifischen Sinn der Berufung zu artikulieren, die in den biblischen Quellen als Berufung zur Mitwirkung am Wirklich-Werden des guten Willens Gottes in dieser Welt erzählt und ausgelegt wird. Die Artikulation der in diesen Quellen bezeugten Verheißung eines im Miteinander mit Gott und den Mitmenschen sich erfüllenden Lebens kann herausfordern, sich von ihr ergreifen zu lassen und sie zu bezeugen. Die theologische Auslegung dieser Verheißung legt es aber nicht darauf an, andere Überlieferungen oder Quellen der Sittlichkeit in Misskredit zu bringen. Sie behauptet sich nicht als unabdingbare Voraussetzung eines menschlich-mitmenschlichen Lebens in dieser Welt, bringt sich *anthropologisch* vielmehr als Verheißungshorizont ins Spiel, in dem der Widerstand gegen die Missachtung des Menschlichen und der Einsatz dafür, dass die Menschen ihrem Leben unter den Bedingungen der Kontingenz und der Sterblichkeit das Bestmögliche abgewinnen, nicht als zuletzt verloren angesehen wird. So kommt in dieser Perspektivierung der Theologie die Orientierung am von Gott begründeten *Dasein* des Menschen und deren Verfehlung in der Sünde nicht als Voraussetzung für die moralische Ausrichtung des menschlichen *Soseins* zur Sprache, sondern als Verortung menschlicher Selbstbestimmung in der unendlich verheißungsvollen Herausforderung zu einem Leben im Miteinander mit Gott und den vom ihm zum Mitlieben berufenen Menschen.[75]

Theologie legt die Zeugnisse ihrer Glaubensüberlieferung als Quelle einer in Gott begründeten und im Diskurs mit den Zeitgenossen verant-

---

[74] Spätestens hier verlasse ich die Spur einer von Kants inspirierten Religionsphilosophie, die den »Glauben« daran artikuliert, dass moralisches Handeln auch tatsächlich zur Verwirklichung des höchsten Gutes beiträgt. Ich bin ihr über weite Strecken gefolgt. Aber sie führt – jedenfalls bei Kant selbst – zu einem religiös eher armen Verständnis Gottes und des von ihm herbeigeführten höchsten Gutes, wonach Gott im höchsten Gut das moralisch gute Leben zu einem Leben in höchster Glückseligkeit vollenden wird.

[75] Wenn Sünde die verschuldete oder unverschuldete Ausblendung des Kontextes bedeutet, in dem die moralische Herausforderung zu einem guten Leben gelebt werden darf, so ist sie auch – anders als Dalferth das sieht – eine Erfahrungs-Gegebenheit und auf dem Feld der Erfahrungs-Gegebenheiten theologisch aufzusuchen.

worteten *erlösenden* Hoffnung aus. *Wie* sie in Gott gründet, das ist ihr zentrales Thema, von dem sie anthropologisch nachvollziehbar zu sprechen hat. Es kann dabei nicht um den anthropologisch-»neutralen« Nachweis der Erlösungsbedürftigkeit des Menschengeschlechts gehen, mit man dann meint, das konkret-geschichtliche Geschehen der Erlösung in Jesus Christus als höchst glaubwürdig erweisen zu können. Theologisch anzuzielen wäre es vielmehr, die biblischen Zeugnisse vom Erlösungshandeln Gottes so zur Sprache zu bringen, dass Menschen sich in ihrer Endlichkeit und Kontingenz, ihrem Scheitern, ihrem Schuldigwerden und ihrer Sehnsucht nach einem unverkürzt menschlichen Dasein davon berührt und authentisch ausgelegt erfahren können. Theologie hat zu erläutern, was es für das menschliche Leben bedeutet, einer göttlichen Erlösung – der Erlösung, wie sie biblisch bezeugt ist – teilhaftig zu werden. Dass die Theologie auch verpflichtet ist, nachvollziehbar auszulegen, was es für den Gott der Bibel bedeutet, sich den Menschen erlösend zuzuwenden – wie das sein Dasein und sein Sosein mit ausmacht –, darf hier als vorausgesetzt werden[76], überschreitet aber die Zuständigkeit einer anthropologisch reflektierenden Theologie.

8.8 Erlösung?

Das Wort *Erlösung* ist anthropologisch »randständig«. Es hat seinen ursprünglichen Ort eher im kultischen und im juridischen Kontext, bevor es theologisch heimisch und zentral bedeutsam wurde. Die »anthropologische Wende« der Religionstheorie bzw. Religionsphilosophie zur Mitte des 19. Jahrhunderts entwickelte die Anthropologie – so programmatisch Ludwig Feuerbach[77] und Karl Marx – als Gegenentwurf gegen den christlich überlieferten Erlösungsglauben: Die Fülle des Menschseins wird den Menschen nicht erst im Jenseits als Gottes Geschenk und nicht nur den dazu Erwählten zugänglich. Sie ist das Menschheits-Projekt zur Befreiung aus der Selbst-Fesselung in einem mythischen Selbst-Verständnis wie aus den sozialen und ökonomischen Bedingungen eines entfremdeten Daseins. So kommt es darauf an, sich die ideellen und sozialen Ressourcen zurückzu-

---

[76] Dieser Aufgabe habe ich mich in meinem Buch *Gott verbindlich* longe lateque gewidmet.
[77] Vgl. Das Wesen des Christentums (1841), Werke in sechs Bänden, hg. von E. Thies, Bd. 5, Frankfurt a. M. 1976.

erobern, die dem Menschengeschlecht bzw. der arbeitenden Klasse vom Christentum und den Produktionsmittel-Besitzern vorenthalten werden.

Christentum und Theologie waren auf solche Emanzipations-Konzepte kaum vorbereitet und hatten ihnen wenig entgegenzusetzen, weil sich ihr Verständnis von Erlösung über Jahrhunderte zersetzt oder auf die Vorstellung eines himmlischen Heils für die gehorsam Glaubenden fokussiert hatte. Mit dem Menschsein in dieser Welt schien Erlösung allenfalls insofern zu tun zu haben, als man sich das jenseitige Heil durch Verfehlungen im Diesseits verscherzen konnte. So hatte die Anthropologie-gestützte Religionskritik leichtes Spiel, als sie versuchte, das Leben im Diesseits gegen die Hoffnungen auf ein Heil im Jenseits auszuspielen und die Jenseits-Hoffnungen als Ablenkung vom Emanzipations-Engagement in der Befreiungsgeschichte des Menschengeschlechts zu diskreditieren.

Die einfachsten Fragen, die in diesem Zusammenhang theologisch zu bearbeiten sind, hängen bis in die Gegenwart hinein im Dickicht wenig artikulierter und bedachter religiöser Selbstverständlichkeiten fest. So verlor und verliert der Erlösungsglauben mit seiner theologischen Prägnanz seine alltagsweltlich-religiöse wie auch seine anthropologische Relevanz. Dabei sollten doch einige vor den gröbsten Missverständnissen schützende Klarstellungen im Blick auf diese beiden elementaren Fragen erreichbar sein: *Wovon soll der Mensch* durch Gottes Erlösungshandeln in Jesus Christus *erlöst sein?* Und: *Wozu ist er m*it ihm *erlöst?* Zuerst also: Wovon? Von der Sünde und dem Unheil, von dem der Mensch als Sünder(in) heimgesucht oder bedroht ist. Aber was schließt diese Erlösung den erlösten Sündern auf? Die alttestamentlich vorherrschende Antwort: ein gedeihliches Leben im Miteinander mit Gott in seinem erwählten Volk. Von dieser Antwort ist auch neutestamentlich auszugehen. Hier treten zusätzlich die Fragen ins Blickfeld, die sich in der biblischen Apokalyptik anbahnten: Wie kann Gott *noch* in der Geschichte erlösend handeln, wenn man die Zuversicht aufgeben muss, dass er seinem Volk die schlimmsten sozialen und religiösen Katastrophen erspart? Und wie handelte er in seinem Messias Jesus zum Heil der Menschen, wenn dieser doch mit seiner Sendung geschichtlich scheiterte? Wird nicht schon neutestamentlich spürbar, dass sich das Verständnis von Erlösung unter dem Druck dieser Fragen und in der Erfahrung der ausbleibenden endzeitlichen Wiederkunft des Messias mehr und mehr aufs himmlische Jenseits ausrichtet?

Die Vielfalt der Fragen, die sich hier aufdrängen, zwingt dazu, auf das *Wovon* zurückzublicken und es differenzierter zu erläutern: Zum biblisch-alttestamentlichen Verständnis der Sünde und ihren Unheil-wirkenden

Folgen ist in diesem Kapitel Einiges gesagt worden; auch dazu, welche religiöse »Bearbeitung« der Sünde die religiöse Praxis Israels – jedenfalls nach dem babylonischen Exil – dafür vorsah. Die Akzent-Verschiebungen, die sich ergaben, als man neutestamentlich die Sendung des Messias Jesu und sein Kreuz als Gottes Erlösungshandeln auszulegen begann und die damit Auslöser für die Entwicklung eines christlichen Erlösungs-Verständnisses wurden, müssen genauer bedacht werden. Es liegt ja in der Tradition alttestamentlicher Frömmigkeit nicht auf der Hand, dass ein scheiternder »Messias-Prätendent« seinem Volk Erlösung schafft, wie seine Jünger es behaupten. Wie sollte diese Behauptung in den Augen gläubiger Juden nachvollziehbar sein, da sich am Los seines Volkes nichts änderte und die von den Apokalyptikern erwarteten letzten Dinge sich nicht ankündigten? Die Erlösung durch den Messias wurde und wird von Juden als »Erlösung der Welt« erhofft. Sie ist ihnen »unverbrüchlich eins mit der Vollendung der Schöpfung, mit der Aufrichtung der durch nichts mehr behinderten, keinen Widerspruch mehr erleidenden, in all der Vielfältigkeit der Welt verwirklichten Einheit, eins mit dem erfüllten Königtum Gottes.«[78]

Wie konnte man diese Hoffnung im Gekreuzigten als erfüllt ansehen und ihn als den Erlöser verstehen? Für den gelernten, durch die Begegnung mit dem Auferstandenen bekehrten Pharisäer Paulus war das nur bei einer tiefgreifenden Relecture der biblischen Überlieferungen möglich, aufgrund dieser Relecture aber geradezu notwendig. In der Sendung des Messias Jesus bis ans Kreuz und mit seiner Auferweckung geschieht die Rettung der Menschen aus einem falschen Leben, ihre Auferweckung zu einem Leben aus dem Geist, das auch im Tod kein Ende finden würde. Durch die Taufe sind die Glaubenden in Christus, seinen Kreuzestod und sein Auferstehungs-Leben hineingetauft; so werden sie mit ihm verherrlicht werden (vgl. Röm 6,1–11). Dieses Leben sollen und dürfen die Glaubenden – Juden wie »Heiden« – jetzt schon leben. Sie sind der Sünde »gestorben« und so aus der fatalen Dynamik des Scheiterns gerettet, die allen Anfang – gerade auch den moralisch gut gemeinten, auch das Befolgen-Wollen der Tora – zu einem sinnlos scheiternden Beginnen macht. Alle – Juden wie Heiden – sind von dieser Scheiterns-Dynamik erfasst, die auch den Tod zum sinnlosen Ende macht und als die Macht erweist, die das Leben in den Begierden dieser Welt von Anfang an im Griff hatte. Nur das »Eingepflanzt-Werden« in den Weg und das Leben Christi gibt Anteil an dem neuen Leben mit seiner pneumatischen Auferstehungs-Dynamik (vgl. Röm 7 und 8).

---

[78] Martin Buber, Der Jude und sein Judentum, Köln 1963, 562.

Erlösung heißt hier »Auslösung« aus einem falschen Leben, Ergriffen- und »Durchströmt-Werden« von der Geist-Dynamik des Auferstehungs- lebens, das sich nicht im Tod, sondern in der Gottes-Gemeinschaft der Liebe vollendet, die in Christus erschienen ist und von der die Glaubenden nichts mehr trennen[79] wird, auch nicht Sünde und Tod (vgl. Röm 8, 38–39). Dieses Erlösungsverständnis korrespondiert bei Paulus mit bzw. womöglich gewinnt er es überhaupt erst aus der Deutung des Kreuzes Jesu als eschato- logisches Sühneritual nach dem Vorbild des Jom Kippur. Sühne wirkt die Auslösung aus der Dynamik des unheilvollen Sünde-Ergehen-Zusammen- hangs, der sich so »erfüllen« müsste, dass das getane Böse auf den Übeltäter zurückschlägt. Das Sühnopfer bittet um die aus dieser Unheils-Konsequenz auslösende, versöhnend-segnende Gegenwart Gottes und begeht sie, da der Hohepriester sich mit dem Blut des Opfertieres der – längst verlorenen, in der kultischen Imagination noch im Allerheiligsten lokalisierten – Bundes- lade nähert, im Blut die Lebensgemeinschaft mit Gott erneuern und Gottes Heils-Gegenwart über der Kapporät, dem Deckel der Bundeslade, stellver- tretend für das Volk aufsuchen darf. Im Sühnopfer-Ritual *geschieht* nach dem Glauben Israels, was in jedem Opfer geschieht: Gottes segnendes Ge- genwärtig-Werden. Es geschieht inmitten der Sünde des Volkes, um es aus- zulösen aus der Macht des durch die Sünde in Gang gesetzten Bösen.

Paulus sieht dieses Ritual eschatologisch im »Opfer« des Kreuzes Jesu vollzogen und verwirklicht. Das blutige Kreuz ist die neue Kapporät, die nun »offen hingestellt« und für alle zugänglich geworden ist, sodass Juden wie Heiden Zugang finden zum Gnadenthron Gottes, von dem Versöhnung und Segen – Gottes *Gerechtigkeit* – ausströmen. Das Kreuz ist nicht der Schandpfahl der von Gott Verfluchten (nach Dtn 21, 23), sondern Gottes Heils-Gegenwart im Leiden und Sterben seines Erwählten, Gottes in ihm ein für alle Mal zugängliche Gegenwart, der sich auszusetzen bedeutet, aus der Macht der Sünde und des Todes ausgelöst zu sein.[80]

Diese Auslegung mag beim ersten Hinhören zutiefst befremdlich und für jüdische Ohren höchst provokant klingen. Es kann hier nicht darum gehen, diese Befremdlichkeit wegzuinterpretieren; eher darum, noch weit befremdlichere Interpretationen des »Kreuzesopfers« in der Christentums-

---

[79] Die Etymologie, die Sünde und Absonderung in Zusammenhang bringt, ist m. W. nur im Deutschen triftig.
[80] Vgl. Röm 3, 21–31 bzw. Gal 3, 13. Diese Zusammenhänge habe ich breiter ausgeführt in meinem Buch: Christlich glauben, 343–361. Dort finden sich Hinweise auf die exege- tischen Forschungen der letzten fünfzig Jahre, auf die ich mich stütze.

geschichte vom biblischen Befund her zu korrigieren. Bei aller Irritation durch diese den Kult Israels meditierende und in seiner Bedeutung eschatologisch öffnende Soteriologie des Paulus kann doch das »nervöse Zentrum« jeder christlichen Soteriologie sichtbar und verstehbar werden: Die Auslösung aus der Dynamik eines falschen Lebens, eines von der Sünde bestimmten unheilvollen Lebensentwurfs, geschieht durch das heilvolle Gegenwärtig-Werden und Nahekommen Gottes selbst. Es geschah am Kreuz Christi und geschieht fortwährend durch Gottes Geist in denen, die in der Spur des Archegos Christus den Weg ins Leben suchen (vgl. Apg 3, 15; 5, 30 f.), an diesem Leben durch den Geist schon teilnehmen und sich doch in der Gefahr wissen, den Geist auszulöschen (vgl. 1 Thess 5, 19) und die Sünde erneut an die Macht kommen zu lassen.

So verstanden steht die christliche Soteriologie nicht beziehungslos neben anthropologisch-ethischen Reflexionen zur Überwindung des Bösen im moralisch-selbstbestimmten Handeln. Sie bringt vielmehr die elementar religiöse Erfahrung ein, wonach das Gute zuerst und aufs Ganze gesehen nicht durch die Erfüllung moralischer Forderungen geschieht, sondern durch sein *Gegenwärtig-Werden*. Die Wahrnehmung der lebensverändernden, sanften Macht des Guten fordert heraus, sich den menschlich-allzumenschlichen Dynamiken der Selbst-Sicherung und Selbst-Behauptung zu entziehen, ihrer Macht wenigstens mehr Mut zur Alternative entgegenzusetzen. Zwischen Soteriologie und Anthropologie wird die Frage hin und her gewendet werden, wie solches Gegenwärtig-Werden geschieht und was in ihm geschieht. Die Glaubens-Interpretation sieht es in Gottes Zur-Welt-Kommen geschehen: In seinem Sohn nimmt er am endlichen, dem Bösen ausgesetzten Leben der Menschen teil, solidarisiert er sich mit ihrem Ringen um ein gutes Leben. Durch seinen Geist bricht er in und mit ihnen immer wieder neu aus der Sünden-Herrschaft aus und teilt er ihnen die Hoffnung mit, dass ihr Aufbruch ins gute, Gott-erfüllte Leben hineinführt.

Diese Interpretation wird einleuchten, wo man es mit Zeugen zu tun bekommt, die diesen Aufbruch wagen, vielleicht die ersten Schritte der Nachfolge wagen. Dass es anthropologisch gesehen *vernünftig sein kann*, die Herausforderung aus dem Umklammert-Werden von unheilvollen Lebens-Einstellungen in diesem soteriologischen Kontext anzunehmen, das wenigstens kann im gegenseitigen Sich-Befragen von Anthropologie und Theologie mitunter einleuchten.

Wozu aber sind die Menschen erlöst, wenn sie sich von Gottes Wirklichkeit durch den Gottesgeist herausfordern und in die Nachfolge Christi rufen lassen? Mit einer transzendentalen Theologie könnte man – auch in

Anknüpfung an Paulus – antworten: Zur Freiheit der Kinder Gottes werden sie befreit (Gal 5,1). Aber es wäre kaum im Sinne des Paulus, Freiheit hier neuzeitlich als Selbstbestimmung und Selbstursprünglichkeit zu denken. Den biblischen Quellen kommt es näher, von der Befreiung der in sich Gefangenen und »Verkrümmten«[81] zur Liebe zu sprechen, zu einem Leben, das die Menschen miteinander einigermaßen selbstvergessen teilen und so einander schenken, dass das Leben sich immer wieder erneuern und schließlich erfüllen kann. Da Gott dieses Leben mit ihnen teilt, ist es nicht dazu verurteilt, in der Zeit »immer weniger« zu werden. Es ist Zukunftsoffen, befreit von der Not, sich gegen das Vergehen wehren und seinen Bestand sichern zu müssen. Es ist frei zum Empfangen des unverfügbar und unverdient Erfüllenden, zum Leben-Können jener »Tiefenpassivität« menschlichen Daseins[82], die einem dann nicht mehr als unabwendbares Zunichte-Werden bedrängt, sondern als Beschenkt-werden-Können über den eigenen Tod hinaus verheißungsvoll wird. Frei werden die Glaubenden aber auch dazu, sich gegen Menschen-Missbrauch und Menschen-Missachtung zur Wehr zu setzen. Sie wissen, wozu jeder Mensch berufen ist. So nehmen sie es nicht hin, dass er ausgebeutet und um seine Würde gebracht wird.

Aber leben die Glaubenden, wozu sie erlöst sind? Bezeugen sie, wie Gottes Geist sie zur Liebe befreit? Leben sie aus den Quellen ihrer Hoffnung Gegenwarts- und Zukunfts-bereiter, selbstvergessener als andere, die ohne oder mit einer anderen Hoffnung unterwegs sind? Von der Statistik wird man keine Antwort erwarten. Man wird überhaupt keine Antwort verlangen können – aber den selbstkritischen Blick für das beschämende, mitunter katastrophale Zurückbleiben hinter der Herausforderung, der man das eigene Leben widmen wollte.

---

[81] Luther spricht mit Augustinus vom *cor incurvatum in se ipsum* der Sünder; vgl. WA 56, 302, 25–29.
[82] Vgl. Ingolf U. Dalferth, Sünde, 412–414.

9. Sprache und Kommunikation

9.1 Was leistet die Sprache?

Sprache und Sünde können so eng ineinander verwoben sein! Sprache als Waffe, Gegner zu vernichten, als Werkzeug der Verführung, mit dem man die schlimmsten Leidenschaften in Bewegung bringt: Sie lügt das Blaue vom Himmel, um Menschen »herüberzuziehen« und *Die auf der anderen Seite* zum Sündenbock zu machen. Donald Trumps Präsidentschaft hat Abgründe aufgerissen, die sich lange nicht schließen werden. Die Echokammern der neuen Medien bieten die abgeschlossenen Räume, in denen man nur *unter sich* kommuniziert und den Widerspruch der anderen oder die Einrede der Realität nicht hereinlässt.

Wo mit der Sprache so viel Schindluder getrieben wird, kann einem der Sinn nach »Sprachreinigung« stehen. Besonders entschieden wurde sie vor einem Jahrhundert von Ludwig Wittgenstein und den Mitgliedern des »Wiener Kreises« um Moritz Schlick, Ernst Carnap und Otto Neurath betrieben, die so auch in einer der unseren durchaus vergleichbaren politisch-gesellschaftlichen Situation Partei ergreifen wollten. Für den *logischen Empirismus* sollte die wissenschaftlich gesicherte Erfahrung allein das Fundament und das unbestechliche Kriterium einer sinnvollen Sprachverwendung abgeben. Die würde auf »Protokollsätzen« aufbauen, in denen ohne subjektive Beimischung Tatsachen und empirisch eindeutige Verknüpfungen und nichts weiter als sie festgestellt würden. Von ihnen ausgehend wäre eine Universalsprache der Wissenschaft zu gewinnen, die nur methodisch elaboriere, worauf die menschlich ursprüngliche Sprachverwendung immer schon abziele.[1]

---

[1] Vgl. Rudolf Carnap, Die physikalische Sprache als Universalsprache der Wissenschaft, in: Erkenntnis 2 (1931/32), 432–465.

Ludwig Wittgensteins *Tractatus logico-philosophicus* gilt als die Programmschrift dieses Tatsachen-orientierten Sprachverständnisses.[2] Sprache hat nach ihm ihren Sinn darin, dass sie feststellt, was der Fall ist, und sich so auf die Welt bezieht. Der Tractatus geht von diesen Sätzen aus: »Die Welt ist alles, was der Fall ist« (1.). Sie ist »die Gesamtheit der Tatsachen, nicht der Dinge« (1.1). Eine Tatsache »ist das Bestehen von Sachverhalten« (2.); ein Sachverhalt aber ist ein spezifisch bestimmter Zusammenhang von Gegenständen (vgl. 2.01 und 2.032), der in sinnvollen Sätzen ausgesagt wird. Sprache hat zu protokollieren, was vor sich geht bzw. – in der nach Wittgensteins *Tractatus* entwickelten Terminologie – Propositionen zu formulieren, in denen zutreffend davon die Rede ist, was nachweislich ist oder geschieht, was sich – alltäglich oder in den empirischen Wissenschaften – als tatsächlich verifizieren lässt. Die kleinste Einheit der Sprache ist der Name, mit dem Gegenstände genannt und anhand ihrer Merkmale identifiziert werden. Sätze formulieren den Zusammenhang der Gegenstände in Sachverhalten, wie er sich in der Empirie als (möglichst) zweifelfrei gegeben herausstellte. Sie sind nach diesem Konzept die elementaren Bestandteile einer Sprache, die der »Methode des Zerlegens und Zusammensetzens« folgt. Über die Realität angemessen zu sprechen heißt hier »sie in ihre Bestandteile zerlegen, um sodann abzubilden, wie sie sich zusammenfügen«.[3]

Sprache soll hier über Tatsachen informieren, die in fachgerechter Beobachtung als solche festgestellt, in ihrem empirisch aufweisbaren Zusammenhang begriffen und protokolliert wurden. Wissenschaftssprache baut auf dem Alltags-Sprachgebrauch auf. Mit ihm sind die Menschen in die Lage versetzt, Erfahrungen von anderen zu übernehmen – zu lernen; sie erspart es, den Umgang mit Sachverhalten selbst entwickeln zu müssen, und setzt Signale, die es den Empfängern ermöglicht, sich hinreichend informiert auf Sachverhalte einzustellen. Elementar und bis in die Spezialisierungen der Wissenschaftssprache hinein vollzieht sich menschliches Sprechen, wenn es von der Sprache einen sinnvollen Gebrauch macht, als *Beobachtungs- und Informationssprache*, die sich mit geeigneten empirischen Methoden der Genauigkeit ihres Gegenstandsbezugs vergewissert und darin ihrem eigenen Sprach-Ethos folgt.

---

[2] Tractatus logico-philosophicus, Frankfurt a. M. 2003 (London 1922). Ich zitiere nach den bezifferten Sätzen.
[3] Charles Taylor, Das sprachbegabte Tier, 199. Taylor ordnet diese Sicht des sprachlichen Verfahrens in eine Tradition ein, für Hobbes, Locke und Condillac stehen, die er deshalb die *HLC-Th*eorie nennt.

Dieses Konzept der Informationssprache scheint sich perfekt als Basistheorie *digitaler Kommunikation* zu eignen. Auch diese funktioniert nach der Methode des Zerlegens und Zusammensetzens. Komplexe Sachverhalte und Zusammenhänge werden durch Zerlegung in elementare Informationsquanten kommuniziert, die jeweils nur eine Ja-Nein-Entscheidung kommunizieren. Durch ins Unendliche wiederholte Ja-Nein-Operationen werden die Netzteilnehmer in die Lage versetzt, jedes Informationsquantum mit beliebigen anderen abzugleichen. Das ermöglicht einen gezielten Zugriff auf die als relevant angesehenen »Informationen«. Algorithmen organisieren die Suche nach aufschlussreichen Daten. Ihre Muster bringen Ordnung in die Überfülle der Einzelinformationen. So können Daten ausgelesen und in aufschlussreiche Zusammenhänge gebracht werden, die mir für mein Entscheidung dienlich sind und sich etwa dazu nutzen lassen, Adressaten passgenau anzusprechen. Das logarithmische Zusammenziehen von Einzeldaten erleichtert eine Situations-Einschätzung, auf die man zielführende Involvierungs-Strategien aufbauen und bei vermutlich Interessierten Aufmerksamkeit binden kann. Die jeweilige Zusammensetzung der Daten repräsentiert aber nicht – wie das die empiristische Beobachtungs- und Informationssprache anzielt – einen Ausschnitt dessen, was als Welt der Fall ist. Sie verdankt sich einer bestimmten Zugriffs-Absicht, soll Kommunikations-Prozesse in Gang setzen, in denen die jeweils anzusprechenden Adressaten erreicht werden. Da sich die Daten im Netz-Universum beinahe ohne Einschränkung aufeinander beziehen lassen, kann man mit ihnen unterschiedliche Kommunikations-Absichten verfolgen. So entstehen unterschiedliche »Realitäten« neben- und ineinander.

Der Wirklichkeits-Bezug der abgerufenen und ausgetauschten Daten lässt sich im Netz kaum empirisch sichern. Sie werden ja nicht in Protokollsatz-Folgen kommuniziert, sondern in komplexen Kombinationen unterschiedlicher Provenienz und Ausrichtung. Das Netz ist in diesem Sinne keine Abbildung einer von ihm unabhängigen Welt-Realität. Die Verlässlichkeit der in ihm ausgetauschten Daten geht vielmehr in ihrer Brauchbarkeit auf. So löst sich die digitale Sprache der Netz-Kommunikation von der Tatsachenfeststellung im Sinne der Protokollierung dessen, was jeweils der Fall ist, ab; das positivistische Ethos des genauen Gegenstands-Bezugs hat sich in ihr aufgelöst. Im Netz zirkulieren Informationen, Feststellungen und Beurteilungen, die darin zuverlässig – ihr Geld wert – sein sollen, dass man sie für selbst definierte Zielsetzungen dicht miteinander verknüpfen und so etwas mit ihnen anfangen kann. Sie können sogar unzutreffend sein – *Fake News*, grundlose Behauptungen –, wenn sie nur dazu dienen, mit ihnen anzufangen, was man mit ihnen anfangen wollte. Dann schaffen sie eine Wirklichkeit, ohne dass sie auf Wirklichem »beruhen«. Oder sie werden eingesetzt, um eine als bedroht empfundene Wirklichkeit zu stabilisieren, etwa die kollektiver und individueller Identitäten.[4]

Empirische Sachverhalts-Sprache und digitale Netz-Kommunikation setzen also in ganz unterschiedlicher Weise auf Objektivität: auf die unverfälschte Mitteilung dessen, was der Fall ist einerseits und andererseits auf die folgenreiche Verwendbarkeit, will heißen: möglichst umfassende und gezielte Kombinierbarkeit der verfügbaren Informationen, die »objektiv« bilanzierbare, erwünschte Effekte hervorbringen soll. Beiden gemeinsam ist der Sprach-Gestus der Feststellung und des Zusammensetzens von Einzelurteilen – mit freilich unterschiedlichen Intentionen: Die empiristische Sachverhalts-Sprache zielt die Idealsprache der Abbildung alles unbezweifelbar Wirklichen an. Die Netz-Kommunikation nutzt Feststellungen und Beurteilungen als Daten, um durch »intelligente« Aggregation zu besseren Lösungen zu kommen. Eher selten dient das Netz dazu, einem kommunikativen Austausch unterschiedlicher Erfahrungen, Leben-Ausrichtungen und Wertsetzungen Raum zu geben, um zu tragfähigen Verständigungen zu kommen. Die Kommunikationsform des Netzes tendiert eher zur (Selbst-)Präsentation und zur Stellungnahme. Resonanz-Räume des Diskurses und der Verständigung fallen meist der puren Masse, der Unverbindlichkeit des *Man kann alles auch anders sehen* oder aber einer binären »Logik« zum Opfer, nach der es allein auf Ja-/Nein-Stellungnahmen ankommt, im Letzten auf die Alternative *Emphatische Zustimmung vs. leidenschaftlicher Hass*. Die Zwänge zu virtueller Kommunikation in Pandemiezeiten hatten freilich auch zur Folge, dass das Netz intensiver zum wissenschaftlichen Diskurs genutzt und auch als Raum ergebnisoffener gesellschaftlicher Verständigung neu entdeckt wurde. Partizipative Verständigungs-Kommunikation kann sich nun gegenüber der Feststellungs- und Beurteilungs-Sprache mehr und mehr behaupten.

Sprachliche Verständigung setzt voraus, dass man sich auf möglichst allen Seiten an Kriterien orientiert, deren Beachtung man eine Verständi-

---

[4] »Informationen dienen [dann] weniger als Wissensressourcen, denn als Identitätsressourcen – und da spielt es keine Rolle, ob sie wahr oder falsch sind«; so Michael Seemann – Michael Kreil, Digitaler Tribalismus und Fake News, in: http://ctrl-verlust.net/ DigitalerTribalismusUndFakeNews.pdf, 17.05.2018, 15; zitiert nach: Michael Schüßler, Verflüssigung der Zeit – Verflüssigung der Wahrheit? Relationale Theologie des Ereignisses in digitaler Gegenwart, in: M. Seewald (Hg.), Glaube ohne Wahrheit? Theologie und Kirche vor den Anfragen des Relativismus, Freiburg i. Br. 2018, 159–177, hier 171.

gungs-fördernde Bedeutung beimisst, und sich Verfahren unterzieht, in denen diese Kriterien zur Anwendung kommen, darunter gewiss vorrangig das Kriterium der genauen und umfassenden Sachverhalts-Prüfung. Die Kenntnisnahme des Sachverhalts erledigt das Procedere der Verständigung aber nicht mit, zumal wenn es unterschiedliche, prinzipiell »realistische« Möglichkeiten der Reaktion auf einen Sachverhalt gibt. Bei einem Herzstillstand sollte die Information über diesen Sachverhalt die einzig mögliche Reaktion auslösen. Man wird sich nicht lange verständigen müssen, welche Ziele in dieser Situation vorrangig zu verfolgen sind und wie man nachrangige Ziele in Überlegung und Handlungsgefüge angemessen einbezieht. Und es wird für die Behandlung dieses klinischen Sachverhalts nützlich sein, über eine Datenbasis zu verfügen, die auch für spezielle Vorkommnisse eine zielführende Therapie nahelegt. Wenn es aber darum geht, adäquat auf eine Pandemie-Situation zu reagieren, wird man sich auch bei genauer Kenntnisnahme der Datenlage in oft quälend komplizierten Aushandlungs-Prozessen über Zielsetzungen und Einschätzungen, Zumutbarkeiten und Interessen-Abwägungen verständigen müssen. Und es erscheint dann unabdingbar, diese Prozesse *vernünftiger* zu gestalten, sie aber auch so zu gestalten, dass in ihnen relevanten Erfahrungen spezifisch betroffener Gruppen und Akteure eine angemessene Mitsprache eingeräumt wird.

Verständigung kann nur sprachlich erreicht werden. Sie soll ebenso verbindlich wie deliberativ-sachgerecht geschehen und kann nur gelingen, wenn sie nicht nur auf die Kenntnisnahme von Fakten abzielt, sondern auch auf das Verstehen der Mit-Betroffenen, ihrer legitimen Interessen und Absichten, der Bedeutungen, die sie Sachverhalten beilegen, der Gründe, die dabei eine Rolle spielen. Sprache hat hier nicht nur deskriptive und beurteilende, sondern ebenso kommunikative Funktionen. Um eines größeren Einverständnisses mit anderen willen kultiviert sie das Verstehen des von ihnen Erlebten, Eingebrachten und Geäußerten. Evolutionsbiologisch gesehen dient Sprache von Anfang an der Koordination gemeinschaftlicher Praxis und dem Sich-Einbringen bzw. Einbezogen-Werden der Einzelnen in Kooperation und Selbstverständnis der Gruppe. Welches Verständnis von Sprache und Kommunikation kann diese Verständigungsleistung würdigen und sie der Deskriptions- und Feststellungs-Sprache in der Beobachter- und Daten-Nutzer-Perspektive theoretisch befriedigend zuordnen?

9.2 Reproduktiver und kreativ-hervorbringender Sprachgebrauch

Eine Theorie, die auf die Deskriptions-Funktion der Sprache fokussiert, kann die Dimension der Verständigung nicht adäquat erläutern. Sie folgt dem Ideal, Sachverhalte anhand zutreffend bestimmter Merkmale und der Zusammenhänge, in denen sie vorkommen, richtig zu *bezeichnen* oder sie so zu »verdaten«, dass man sie nutzen kann. Es spielt eine untergeordnete Rolle, was die Sachverhalte für unterschiedliche Menschen oder Gruppen in ihren jeweiligen Situationen *bedeuten* bzw. es spielt nur eine Rolle, wenn man dieses Bedeuten nutzen oder beeinflussen kann. Dieses Bedeuten selbst zu artikulieren, es kommunikativ »herauszubringen« und ins Gespräch zu bringen, damit es in Beziehung zu anderen Wahrnehmungen in Betracht gezogen werden kann und in der Arbeit an einem handlungs- und entwicklungsfähigen Miteinander mit bearbeitet wird, das ist eine Leistung der Sprache, die sich nicht aus dem bloßen Abbilden von Sachverhalten ableiten lässt.

Menschliche Sprache *reagiert* nicht nur auf Sachverhalte, sie konstatiert nicht nur, was ist und genutzt werden kann, sondern *antwortet* auf Gegebenheiten. Das bloße sprachliche Abbilden wäre eine mentale Repräsentation, die es erlauben soll, adäquat auf das Repräsentierte zu reagieren, es zu nutzen und gegebenenfalls andere zu beteiligen. Sprache vermittelt – so verstanden – die Reaktions-Herausforderung des im Sprechen Repräsentierten; es kommt zum Ziel, wenn es ein adäquates Sich-Einstellen und Reagieren ermöglicht. Die sprachliche Repräsentation und so auch die digitale Verdatung sind gewissermaßen dazwischengeschaltet; sie vollziehen die Merkmals-Konstellationen und -Kombinierbarkeiten nach, auf die man sich einstellen muss bzw. die man nutzen kann, um das Reagieren zielführend anzulegen. Die sprachtheoretische Modellierung fügt das Sprechen und die Daten-Kommunikation hier in den Sinn-Zusammenhang der Problemlösung ein. Es differenziert den Gegenstandsbezug, damit man mit den jeweiligen Sachverhalten erfolgreich und koordiniert umgehen kann.[5]

---

[5] Dabei bleibt der Unterschied zwischen »Möglichkeiten, angemessen auf Merkmale der Situation zu reagieren, und (andererseits) der tatsächlichen Bestimmung dessen, worum es sich bei diesen Merkmalen handelt«, ungeklärt (Charles Taylor, Das sprachbegabte Tier, 22). Die Identifikation dessen, worum es sich jeweils handelt, kann sich dann in der Identifikation dessen erschöpfen, worauf man angemessen und erfolgreich reagieren kann oder eben nicht angemessen und erfolgreich reagiert.

Spricht man im Unterschied dazu von der Antwort-Leistung der Sprache[6], hat man im Blick, wie die sinnlich-leibhafte, zunehmend differenzierte Lautreaktion die unmittelbar-instinktgeleitete Reaktion auf Stimuli unterbricht und die Erfahrung der jeweiligen Situation zum Ausdruck bringt. Sie artikuliert mit, was es für mich bzw. für uns bedeutet, sich in dieser Situation zu befinden. Sprache antwortet auf die darin liegende Herausforderung und bringt die Antwort in die gemeinsame Situations-Bewältigung ein. Sie artikuliert und kommuniziert die Erfahrung mit diesem Sachverhalt, ist von ihm herausgefordert, ihn in seiner Relevanz für mich/für uns treffender zur Sprache zu bringen und den an ihm zugänglich gewordenen Bedeutungen einen klareren Ausdruck zu verleihen, der »ihnen wiederum die Möglichkeit gibt, in unserem Leben eine Rolle zu spielen.«[7] Sprache *verarbeitet* Erfahrungen, stellt Sinn-Zusammenhänge her bzw. vollzieht sie nach, ordnet eine Erfahrung in den Zusammenhang anderer Erfahrungen ein, arbeitet daran, die »Botschaft« des Erfahrenen herauszubringen. So können Bedeutungen in den Bewusstseins-Vordergrund treten und Unterscheidungen vollzogen werden, die bei einer eher unmittelbaren, etwa instinktgeleiteten Reaktion keinen Raum haben, »moralische oder sonstige Werte«, die sprachlich als *anerkennenswert* bestimmt und artikuliert werden können: als Gegebenheiten, die es verdienen, »in dieser oder jener Art und Weise behandelt [zu] werden«,[8] im Horizont gemeinschaftlicher Deutungen und Wertungen als solche Beachtung finden oder diesen Horizont selbst verändern sollten. Sprache ist in diesem Sinne ursprünglich responsiv, nicht zuerst Gegenstands-Sprache, in der wir über etwas sprechen, sondern sprachliche Artikulation dessen, was uns angeht und »worauf wir antworten«.[9] Sprechen heißt antworten. Wer souverän das Wort ergreifen will, löst sich von der Herausforderung ab, die sein Sprechen in Gang bringt und verpflichtet.

Geht man der responsiven Dimension der Sprache nach, wird man auf die Arbeit der Artikulation des uns jeweils Angehenden aufmerksam, die herausbringen will, was uns hier erreicht, und sagen will, wofür es spricht, wohin es führen kann. Artikulation ist nicht gleichbedeutend mit dem Nachvollzug empirisch gesicherter Wenn-dann-Beziehungen oder wofür

---

[6] Vgl. etwa Arnold Gehlen, Der Mensch, 200 f.
[7] Charles Taylor, Das sprachbegabte Tier, 358.
[8] Vgl. ebd., 60 f.
[9] Vgl. Bernhard Waldenfels, Sozialität und Alterität. Modi sozialer Erfahrung, Berlin 2015, 22 f.

auch immer nutzbarer Daten-Zugriffe; diese sind ein Spezial- oder Grenzfall der Artikulations-Arbeit an Erfahrungen. In der sprachlichen Artikulation kommt es auf den »richtigen Ausdruck« an, der die Bedeutung einer Erfahrung so ausdrückt, dass sie von Gesprächspartnern einigermaßen nachvollzogen und so auch *geteilt* werden kann. Das Teilen einer Erfahrung und der damit verbundenen Bedeutung setzt die möglichst genaue Artikulation des darin Geschehenen und die kommunikativ-expressive Übertragung der Antwort voraus, die darauf sprachlich gefunden und gelebt wird. Der »passende« Ausdruck wird *gefunden;* er steht nicht wie in einem Werkzeugkasten zur Verfügung. Gefunden ist er, wenn der bzw. die Sprechende das, wovon sie sprechen wollen bzw. sich selbst als die, die eigentlich nur so von ihm sprechen können, wiedererkennen. Häufig wird man dabei das Ungenügen spüren: Man hat, was man sagen wollte, noch nicht richtig *herausgebracht,* es nicht so gesagt, dass man die Aussage-Intention darin befriedigt sieht, sich den Kommunikationspartnern nicht so mit-geteilt, dass man das, worum es gehen soll, wirklich mit ihnen teilen könnte. Man ist dem nur mehr oder weniger nahegekommen, was zu sagen wäre, hat es »so ähnlich« sagen können. Die Sprache bleibt *analog,* Auslegungs-Sprache: im unabgeschlossenen hermeneutischen Vollzug des Herausbringens.[10]

Das Hermeneutische der Sprache – sie legt das zu Sagende so aus, dass es von anderen verstanden werden kann, wie ich es zu verstehen geben will –, kommt im Miteinander-Sprechen immer nur mehr oder weniger zum Ziel. Man will es so genau herausbringen, dass es in dem, was es bedeuten kann, in das miteinander geteilte, geschichtlich zugewachsene und schon vorformulierte Bedeutungs-Universum eingeht. Man kann es nur herausbringen, indem man es in dieses Bedeutungs-Universum hineinspricht. Man nimmt an ihm teil und kann die Bedeutungs-Innovation, die die eigene Erfahrung bedeutet, nur mithilfe geteilter Bedeutungen, als deren vielleicht nur marginale Modifikation, in diesem Sinne unaufhebbar analog

---

[10] Digitale Kommunikation ist *Entscheidungs-förmig.* Sie gehorcht einem binären Code, nach dem Informationen durch die Entscheidung zwischen ja und nein generiert werden. Das schlägt auf die Sprache durch, wie sie vom Netz begünstigt wird und in den Icons des nach oben gereckten oder gesenkten Daumens ihre »Vorbilder« hat. Man ist fertig mit den Dingen. Da geht es kaum noch um den analog angelegten Prozess des Herausbringens und Artikulierens, sondern darum, hic et nunc zu beurteilen, in einer gesellschaftlichen Realität ständigen Beurteilens und Beurteiltwerdens die Möglichkeit zu haben, selbst Beurteiler(in) zu sein und für sein Mögen oder Nichtmögen eine potentiell unendliche Resonanz zu finden (vgl. Christoph Türcke, Digitale Gefolgschaft, 36 f.).

kommunizieren.¹¹ Man fädelt sich ein ins Gewebe der Sprache und der in ihr geteilten Bedeutungen, webt es so zugleich selbst mit.¹² Das Herausbringen dessen, was man jetzt sagen will, vollzieht sich innerhalb des Ganzen der miteinander gesprochenen Sprache; es nimmt unendlich viele Bezüge in Anspruch, in denen man sich sprachlich vorfindet, wird nur so verständlich, und artikuliert womöglich doch eine spezifische Bedeutung, die sich innerhalb dieser Bezüge nicht von selbst versteht, vielmehr durch noch genauere Artikulation zum Verstehen gebracht werden muss, nur so kommuniziert – geteilt – werden kann.

Ein artikulationstheoretisch-analoges Verständnis der Sprache geht von einem Bedeutungs-Holismus aus¹³: Das Herausbringen einer Bedeutung bewegt sich immer im Gesamt geteilter, gemeinschaftlich erinnerter Bedeutungen und kann deshalb im Ausgreifen auf immer wieder neue Bedeutungs-Zusammenhänge zu noch größerer Signifikanz gelangen, aber auch in den überlieferten Sprachgebrauch »eingeebnet« werden. Hier wird die deutlichste Differenz zu einem bezeichnungstheoretischen Sprachverständnis greifbar, für das die Aussage-Intention exemplarisch erfüllt ist, wenn ein Sachverhalt protokolliert oder in einem Datensatz kondensiert ist. Damit ist hier gesagt und erfasst, was festzustellen ist; etwas ist als etwas *identifiziert*.

---

¹¹ Damit ist der *hermeneutische Zirkel* angesprochen, in dem das jetzt zu Verstehende im Kontext des schon miteinander Verstandenen ausgelegt, dieser Kontext aber durch das neu Verstandene modifiziert wird.

¹² Das Bild der Sprache als Gewebe stammt wohl von Wilhelm von Humboldt; vgl. ders., Einleitung zum Kawi-Werk, in ders., Schriften zur Sprache, hg. von M. Böhler, Stuttgart 1995, 30–207, hier 65: »Man kann die Sprache mit einem ungeheuren Gewebe vergleichen, in dem jeder Teil mit dem andren und alle mit dem Ganzen in mehr oder weniger deutlich erkennbarem Zusammenhange stehen. Der Mensch berührt im Sprechen, von welchen Beziehungen man ausgehen mag, immer nur einen abgesonderten Teil dieses Gewebes, tut dies aber instinktartig immer dergestalt, als wären ihm zugleich alle, mit welchen jeder einzelne notwendig in Übereinstimmung stehen muss, im gleichen Augenblick gegenwärtig.« Vgl. auch den Gebrauch der Metapher bei Hannah Arendt (vgl. oben Kapitel 7.5), mit der sie das Eingewoben-Werden und Sich-einweben-Lassen des neu zur Welt Gekommenen in das miteinander geteilte Leben anspricht. Dass das lateinische Wort für weben *(tegere)* Pate steht für das deutsche Lehnwort Text, wirft zusätzlich ein Licht auf die hermeneutische Potenz dieser Metapher.

¹³ Vgl. Charles Taylor, Das sprachbegabte Tier, 40; als Gewährsmann für das Bedeutungsholistische Konzept der Sprache wird hier Herder genannt. Das Sprachverständnis, das bei Taylor als umfassendes Rahmenkonzept fungiert und es auch erlauben soll, die deskriptiven Sprachverwendungen einzuordnen, leitet sich von Hamann, Herder und Humboldt her; Taylor spricht abkürzend von der HHH-Theorie (in Abhebung vom HLC-Konzept).

Dieses Sprachverständnis ist Bedeutungs- und Daten-atomistisch; es fügt fertige Bedeutungen so zusammen, wie sie – empirisch festgestellt und/oder nach jeweiligem Nutzungs-Interesse – miteinander zu verknüpfen sind. Der hermeneutische Sprachgebrauch greift auf immer weitere Zusammenhänge aus und kommt immer wieder neu auf das zu Sagende zurück, um es so herauszubringen, wie es jetzt verstanden werden will. In ihm ist das Identifizieren von etwas als etwas eigentlich immer aufgeschoben. Es ist noch nicht alles herausgebracht, was gesagt werden sollte. Der Sprecher, die Sprecherin sind noch nicht fertig damit, sind unterwegs, die Antwort zu finden und der Herausforderung des Erfahrenen zu genügen, angemessen auszudrücken, was es bedeutet, sich ihr zu öffnen.

Das Sprechen äußert sich hier in der Teilnehmer-Perspektive. Es nimmt teil am Erfahrenen, beobachtet es nicht nur, sondern drückt es aus, ist darin involviert. Das Expressive weicht nie restlos der unbeteiligten Feststellung von Sachverhalten oder der Orientierung an Daten; es ist auch ins Deskriptive und in die Daten-Nutzung »eingeflochten«[14] und wird zur kommunikativen Einladung an die Angesprochenen, sich in die Bedeutungs-Ermittlung einzubringen. Weil ich nicht damit fertig bin, kann ich dich mitnehmen – wenn du dich mitnehmen lässt. Wir sind Beteiligte, können uns in Mit-Leidenschaft ziehen lassen, wenn – weil – es um uns selbst geht, unser In-der-Welt-Sein, um sprachlich entworfene und im Gespräch zugespielte neue Möglichkeiten des In-der-Welt-Seins, unseres Stellungnehmens zu dem, was uns darin angeht und herausfordert. Sprache »befähigt uns dazu, zu den Dingen in ein neues Verhältnis zu treten und sie beispielsweise als Träger von Eigenschaften zu sehen, neue Emotionen zu empfinden, uns neue Ziele zu setzen, neue Beziehungen herzustellen [...] Man könnte auch sagen: Die Sprache transformiert unsere Welt«. Sie führt »neue Bedeutungen in unsere Welt ein«. Ihr darf die Kraft zuerkannt werden, unsere Welt und unsere mit ihr gegebenen Möglichkeiten umzugestalten und uns »eine (für uns) neue Art des Daseins« zu erschließen.[15]

Mit unserem Sprechen nehmen wir teil an einem weit her kommenden Gespräch über zugemutete Notwendigkeiten und zugespielte Möglichkeiten, Erfahrungen zu verstehen, zu dem darin Angehenden Stellung zu nehmen, auf es zu antworten. Das Gespräch ist der »primäre Ort der Sprache [...] und der ursprüngliche Ort des Gesprächs ist durch Austausch von

---

[14] Vgl. ebd., 86.
[15] Ebd., 77 f. und 94.

Angesicht zu Angesicht gegeben.«[16] Der ist mitbestimmt durch unsere Geschichte, unser sozial-kommunikatives Umfeld und biographische Beziehungsaspekte, auch durch körpersprachliche Faktoren. Sie bilden den kommunikativen Raum, im dem sich expressive Mitteilungen in der Sprache der Wörter aussprechen und andere ins Gespräch ziehen. Hier *geschieht* Sprache als Beziehungs-Ereignis und als Sprach-*Handlung*, in der Sprecher(innen) intendieren, die Angesprochenen in das Verstehen des Gesagten und in das Handlungs-Gefüge einzubeziehen, das ihre sprachliche Intervention aktualisieren, initiieren oder modifizieren will. Nur in diesem Sprach-Handlungs-Gefüge erfüllt das Sprechen alle Funktionen, die es als menschliches ausmachen. In ihm haben auch die reduzierten Verwendungen von Sprache wie die Deskriptions-Sprache oder die Daten-Kommunikation den Kontext, in dem sie anthropologisch zu würdigen sind. Sie abstrahieren vom Involviertsein in Kommunikation, blenden die Dynamik expressiv-dialogischer Verständigung aus, um Sachverhalte so genau wie möglich fixieren, erklären und nutzen zu können. Sie modellieren Sprache *monologisch:* als Anwendung der richtigen Bezeichnungen auf vorliegende Tatsachen und das richtige Beschreiben der zwischen ihnen festgestellten Beziehungen bzw. als das logarithmische Herstellen nutzbarer Beziehungen. Diese methodische Abstraktion wird auch der diskursiven Verständigung über die Richtigkeit bzw. Nutzbarkeit der hier vorgenommenen Identifikationen und der jeweils erreichten Erklärungen förderlich sein, sie überhaupt erst ermöglichen. Aber sie ist als Abstraktion zu begreifen, die nicht zu einer umfassenden Theorie der Sprache aufgeblasen werden darf.

Sprache ist menschlich-ursprünglich Praxis des Miteinanders in geteilter Aufmerksamkeit, Praxis der Verständigung über das Geschehene, das Wirkliche, dem Rechnung zu tragen ist, über Herausforderungen, die es jetzt zumutet und öffnet, über Ziele, die dabei verfolgt werden sollten, über Bedeutungen, denen Raum zu geben wäre.[17] Die Möglichkeiten der Sprache erschöpfen sich nicht in der begrifflichen *Reproduktion* oder Verdatung der Wirklichkeit; sie werden sprachtheoretisch nur umfassend wahrgenommen, wenn man den menschlichen Sinn der Sprache in ihren Möglichkeiten gegeben sieht, Wirklichkeit in gemeinsamer kommunikativer Praxis zu *reformulieren* und den Angesprochenen die Herausforderung zu kommunizieren, in ihr »mehr« zu sehen und zu verwirklichen. Sprache lässt

---

[16] Ebd., 98.
[17] Vgl. ebd., 99–101.

sehen[18], lässt das in ihr Artikulierte miterfahren, gibt Anteil an der Wirklichkeit der in ihr zur Sprache gebrachten Wahrnehmung[19] und kann so Möglichkeit kommunizieren: ein mögliches Umgehen mit dem in ihr Herausgebrachten. Sie ist in diesem Sinne *offenbarend* – oder aber verdeckend und unterdrückend: Sie kann über Mögliches hinweggehen und sein Wirklich-Werden sabotieren.

Mit ihrem Herausbringen und Identifizieren nimmt sie teil an sozialen Praktiken, in denen etwas *als etwas* qualifiziert, in Handlungs-Zusammenhänge eingeordnet, als bedeutsam oder irrelevant hervorgeholt oder zurückgestellt, gelebt und erlebt wird; bezieht sie sich auf in Sprache kondensierte Erinnerung an Identifikations-Weisen und Sprach-Handlungs-Anweisungen. *Mündig* wird, wer im Strom der Erinnerung nicht nur mitschwimmt, sondern die Angemessenheit der Identifikationen, die ihm aus den Quellen der Sprach-Überlieferung zufließen und mitnehmen wollen, kritisch prüft. Das wird nur ausschnittweise möglich sein und ist doch unabdingbar für das, was man Sprach-Verantwortung nennen darf: die Verantwortung dafür, wie ich mich in das sprachliche *Gewebe der Erinnerung* einweben lasse, wo und wie ich mitspreche, wann ich widersprechen, anders sprechen muss. Ich habe die gemeinsame Erinnerung mitzuverantworten, habe mitzuverantworten, ob sie mich zu fahrlässigem Weiter-Mitsprechen veranlasst und dem Vergessen anheimgibt, was jetzt bedeutsam wäre, oder ob sie mich sagen lassen kann, was ich einbringen will, weil es wahrgenommen zu werden verdient.

Das Gewebe der Erinnerung verstrickt mich auch in eine Verdrängungs- und Ausschließungs-Sprache, die Erfahrungen im Universum des sprachlich Gewürdigten nicht angemessen vorkommen lässt und repressiven Konsensen unterwirft, sie so zurechtmodelliert, dass sie sich herrschenden Selbstverständlichkeiten fügen.[20] Das Ausdrucksvermögen der Sprache,

---

[18] Vgl. Martin Heidegger, Sein und Zeit, 32: »Der *logos* lässt etwas sehen (*phainestai*), nämlich das, worüber die Rede ist, und zwar für den Redenden (Medium) bzw. für die miteinander Redenden.«

[19] Dies in charakteristisch anderer Weise als die digitale Netzkommunikation. Die kann Wirklichkeit schaffen durch Auswerten von Daten, mit der man in die Lage versetzt wird, Adressaten »richtig anzusprechen«: ihnen das Angebot zu machen, dem sie vermutlich am meisten zugeneigt sind. Kommunikative Verständigungs-Praxis arbeitet an Bedeutungen und versucht, (Selbst-)Verständigungs- und Handlungsmöglichkeiten zu eruieren, Erinnerungen zu mobilisieren, soziale Bezüge zu pflegen oder herzustellen und Motivationen zu entwickeln.

[20] Gegenwärtig sind etwa die Sprach-Verstrickungen in rassistische und androzentrische Sprechweisen im Blick.

mit dem sie etwas als etwas herausbringt, verwirklicht sich dann als Unterdrückungs-Macht: Es artikuliert mit Hilfe von Unterscheidungen, die die Ambivalenz und Vielfältigkeit, auch das Gewalthaltige des Erfahrenen nicht zum Ausdruck kommen lassen und denen keine Mitsprache geben, die es anders erfahren oder die Last des Erfahrenen stumm zu tragen haben. Begriffe sind auch Übergriffe.[21] Es bleibt eine nie definitiv abzuarbeitende Reflexions-Verpflichtung, diesem Übergriffig-Werden der Sprache auf der Spur zu bleiben.[22] Das sprachlich-begriffliche Herausbringen ist in diesem Sinne vielleicht nie unschuldig. Seine Klärungen bringen mitunter etwas ans Licht, indem sie anderes verdecken und ungesagt lassen. Zur-Sprache-Bringen produziert dann Verfälschen und Verschweigen als seinen »Schatten«.[23]

Die eigene Stimme muss laut werden, das Wort *ergreifen*, das Verschweigen zu durchbrechen, dem Übergriffig-Werden der Sprache zu wehren, zu sagen, was im Schatten bleibt, wenn man mit den gängigen Identifizierungen weitermacht und so über das nicht Herausgebrachte hinweggeht. Es droht der sprachlichen Homogenisierung anheimzufallen, ist nicht so wichtig, dass man ein Aufhebens davon macht. Man entwirklicht es. Dagegen ist Einspruch einzulegen: Wir halten das, worüber man hinweggeht, sprach-verantwortlich fest als das, worüber wir *anders* sprechen, so sprechen müssen, dass es uns etwas angeht.[24] Wir lassen es wirken und zur Herausforderung werden, die nach einer verantwortlichen Antwort verlangt. Wir elaborieren eine Sprache, die solche Herausforderungen hörbar

---

[21] Vgl. Friedrich Nietzsche: »Jedes Wort ist ein Vorurtheil« (Menschliches, Allzumenschliches II, 2. Der Wanderer und sein Schatten, Aphorismus 55, KSA 2, 577).
[22] Das hat Theodor W. Adornos *Negative Dialektik* eingeschärft: Es komme dem Denken allein darauf an, Perspektiven zu gewinnen, in denen »[o]hne Willkür und Gewalt, ganz aus der Fühlung mit den Gegenständen heraus«, gesprochen werden könne. In ihnen fiele das messianische Licht der Versöhnung auf Unterdrücktes und Zerstörtes, vom Zugriff der Sprache Entstelltes (vgl. Minima moralia, 283 [Aphorismus 153]). Diese Perspektiven sind, so Adorno, nicht dialektisch herbeizuholen. Man kann sich ihnen nur öffnen, indem man sich ins dialektisch aufdeckende Denken hineinziehen lässt (vgl. Aphorismus 152).
[23] Den sprachlichen Mechanismen, die dabei ins Spiel kommen, gehen Diskursanalysen nach, die in der Spur von Michel Foucault das Verstrickt-Sein in Diskurse und deren Selbstverständlichkeiten zu dekonstruieren versuchen.
[24] Zur Sprach-Verantwortung wird auch gehören, die Sprache nicht ohne wirkliche Not als Waffe einzusetzen, um Empörung und Verfeindung zu provozieren. Sprechen ist verständigungsorientiert. Wer ihr Verständigungs-Potential zerstört, wird dem Eindruck Vorschub leisten, dass man sowieso nichts erreicht, wenn man sich um sprachliche Angemessenheit müht. Das Wort zu »ergreifen« kann Herrschafts-Geste sein – oder Notwehr. Man wird es daran erkennen, ob es unterdrückt oder Gefährdetes rettet.

macht; wir vollziehen Sprech- und Identifikations-Handlungen mit, begeben uns in Kommunikationsräume, in denen man sich vom Erinnerten *neu* in Anspruch nehmen lässt.[25]

Dass Sprache Erinnerung mobilisiert und das Erinnerte vergegenwärtigt, ihm einen Sprachraum offenhält und ihm so Wirklichkeit gibt, kommt deutlicher in den Blick, wenn man neben dem gewissermaßen zeitlosen Behaupten – dem Formulieren von Propositionen, das in der Deskriptions-Sprache im Vordergrund steht – andere Sprachvollzüge in ihren Zeit- und Handlungs-Dimensionen genauer analysiert. Die von *John L. Austin* und *John R. Searle* erarbeitete Theorie der *Sprechakte*[26] betrachtet Worte im Kontext von Sprachhandlungen, die Beziehungen und Situationen erinnernd vergegenwärtigen, verändern, in sie intervenieren, sie mitunter initiieren, und so tatsächlich mit konkreten mitmenschlichen und gesellschaftlichen Folgen soziale Wirklichkeit artikulieren, erneuern oder entstehen lassen. Hier werden Sprechakte gesetzt, die in differenzierter Weise *realisieren*, wovon in ihnen die Rede ist. Sie *performen* eine Mitteilung, die die Angesprochenen in die Handlung, eine Geschichte, eine soziale Wirklichkeit einbeziehen und so ihre Situation modifizieren will oder gar grundlegend verändert. Man spricht hier von performativen bzw. illokutionären Sprechakten. Sie machen durch ihre Performance sozial oder mitmenschlich gültig, was in ihnen zur Sprache kommt und von den Beteiligten als gültig ausgesprochen anerkannt wird. Das Versprechen kann da als Musterbeispiel angeführt werden.[27] Es bedeutet eine Selbstfestlegung gegenüber einem Adressaten, der sich darauf verlassen können soll, dass der (die) Versprechende sein (ihr) Versprechen hält, und gegebenenfalls dazu angehalten ist, das eigene Leben darauf einzustellen, es u. U. vom Gegeben-Sein dieses Versprechens bestimmen zu lassen. Die Wirklichkeit transformierende Potenz eines Sprechakts kommt in besonderer Weise zum Tragen,

---

[25] Johann Baptist Metz hat das an einer solidarischen Leid-Erinnerung nachgezeichnet, die sich weigert, über das Leid der anderen hinwegzugehen oder es etwa aus dem religiösen Besprechen einer fromm-erlösten Gottesbeziehung herauszuhalten. Helmut Peukert spricht von der Herausforderung einer *anamnetischen, universal-solidarischen Existenz* angesichts des Skandals der Einebnung allen Leids in eine über alles hinweggehenden Geschichte und Geschichts-Erzählung; vgl. von ihm: Wissenschaftstheorie – Handlungstheorie – Fundamentale Theologie. Analysen und Status theologischer Theoriebildung, Neuausgabe Frankfurt a. M. 2009, 311–394.
[26] Vgl. John L. Austin, How to do Things with Words, Oxford 1962; John R. Searle, Sprechakte. Ein sprachphilosophischer Essay, dt. Frankfurt a. M. 1971.
[27] Vgl. John R. Searle, Sprechakte, 88–99; vgl. Charles Taylor, Das sprachbegabte Tier, 506.

wo sie eine Statusveränderung hervorruft: etwa im wechselseitig gegebenen Treueversprechen der Eheschließung, auch im Versprechen, die Pflichten eines Amtes verfassungsgemäß zu erfüllen, ohne welches eine rechtswirksame Amtsübertragung mitunter nicht zustande kommt. Die Erinnerung mobilisierende und aktualisierende Wirkung von Sprechakten mag man sich an Durkheims Beispielen für die solidarisierende Feier des »Geistes« einer Gemeinschaft verdeutlichen. Auch hier geschieht, was im Bekenntnis oder Gelöbnis gesagt wird.

Die Sprechakt-Theorie macht deutlich, dass das Sprechen überhaupt – nicht nur das sozial folgenreiche Setzen eines expliziten performativen Aktes – als Sprach-Handeln anzusehen ist und die Sprache selbst da, wo sie nur Sachverhalte festzustellen scheint, in einem Handlungs-Zusammenhang sprechend wird: Auch Feststellungen erfolgen nicht im kommunikativ-luftleeren Raum. Sie sollen in Diskurse intervenieren, Diskussionslagen klären, wissenschaftliche, auch soziale Konsequenzen haben. Wo Sprache gesprochen wird, lässt sich von ihrer Pragmatik nie vollständig, allenfalls methodisch, abstrahieren, denn Sprache hat immer *Mitteilungs-Charakter,* ist immer auch ein Mitteilungs-Geschehen. So will sie immer auf das Miteinander all derer einwirken, die in die jetzt in Gang kommende Sprech-Performance und die sprachliche Elaborierung der Bedeutungen, die dabei eine Rolle spielen, einbezogen sind.

9.3 Religiöser Sprachgebrauch

Religiöse Sprache »funktionierte« ursprünglich im Vollzug von Sprechakten, die auf ein Gegenwärtigwerden oder den Entzug des Göttlichen antworten, göttliche Mächte herbeirufen, verehren, gnädig stimmen, fernhalten, unschädlich machen sollten – und den Menschen die Gegenwart des Göttlichen auslegten, Gottes Hilfe zusagten, trösteten, auf Gott und seinen Willen verpflichteten, aber auch verfluchten, aus der »Menschengemeinschaft« ausschlossen oder wieder in sie aufnahmen. Es waren Macht-Worte, Wirkungs-Worte, die mitteilen und zur Auswirkung bringen wollten, offenbar mitteilen konnten, wovon sie sprachen. Geoffrey Wainwright sprach von der *first order language:* in religiös-lebensweltliche Praxis eingelagertes, ihr »einverleibtes«, ihren Sinn zum Ausdruck, zur Wirklichkeit bringendes Sprachhandeln. Was in ihm implizit bleibt, weil hier signifikant-selbstverständlich gehandelt werden kann, bedarf der ausdrücklichen Deutung und Kontrolle auf seine vom Göttlichen normierte Richtigkeit, wenn die Selbstverständlichkeit der Riten schwindet oder unter veränderten sozial-kulturellen Bedingungen reformuliert werden muss. Dann mag es sich auch als notwendig erweisen, den Zusammenhang verschiedener Praktiken zu erläutern, das selbst verehrte Göttliche in Unterscheidung von den Göttern der Anderen zu profilieren, den richtigen Umgang mit ihm zu begründen und die Beziehung zu ihm zu modellieren, neue Erfahrungen mit ihm zu deuten und ihnen in religiöser Praxis Raum zu geben, Lebens-Konsequenzen zu elaborieren, die im Miteinander mit dem Göttlichen beherzigt werden müssen. Es entsteht reflektierende Theologie als *second order language*[28], die nicht selbst Bestandteil religiös-performativer Praxis ist, sondern bespricht, was in ihr geschieht.

Der Unterschied zwischen beiden Sprachverwendungen ist fließend. Die unmittelbar kommunikative Intervention in der »ersten Ordnung« mag auch im Vollzug des Ritus selbst Begründungen nennen, weshalb die Priester diesen Ritus vollziehen und sich so Gott nähern dürfen. Die performative Praxis ist zumindest implizit »Theologie-haltig«; und die theologische Auslegung dient dem Ankommen-Können des Gehandelten bei den Adressaten. Aber es lassen sich doch religiöse Sprachverwendungen unterscheiden, in denen das Verlautbaren der Worte den Ritus oder andere als religiös empfundene Praktiken mit ausmacht, und solchen, in denen man sich reflektierend auf solche Riten bezieht, Erfahrungen mit dem Göttlichen bespricht und Krisen der religiösen Ordnung zu bewältigen versucht. In der *second order language* treten diskursive Sprachverwendungen in den Vordergrund, in denen Propositionen zu religiösen Sachverhalten eine zunehmend wichtige Rolle spielen. Es wird hier freilich immer auch darum gehen, Erfahrungen mit dem Göttlichen einen angemesseneren sprachlichen Resonanz-Raum zu geben, zu gültigeren Artikulationen des Gotteswillens und eines ihm entsprechenden menschlichen Verhaltens zu kommen. So bleibt die *second order language* hier Teilnehmer-Sprache. Eher selten versteht sie sich als Sachverhalts-Sprache in der Beobachter-Perspektive.

Ein Unterscheidungs-Aspekt ist nachzutragen: Religiöse *first order language* ist Vergegenwärtigungs-Sprache. Sie will der Selbstvergegenwärtigung des Göttlichen im Verehren oder Herbeirufen des Göttlichen dienen. So aktualisiert sie das Miteinander der religiösen Handlungs-Gemeinschaft

---

[28] Die Unterscheidung in *first* und *second order language* hat Geoffrey Wainwright im Blick auf religiöse Praxis und Theologie ausgelegt; vgl. von ihm: Doxology. The Praise of God in Worship, Doctrine and Life, London 1980.

mit ihrem Gott. Sie ist *esoterisch,* da sie den »Innenraum« dieser Handlungs-Gemeinschaft gestaltet und feiert. Im Herbeizitieren der Überlieferungen, der in ihnen artikulierten Erfahrungen mit dem Göttlichen, des »Geistes«, der die Menschen in ihnen ergriffen hat und jetzt ergreifen soll, begeht sie die Identität der religiösen Handlungs-Gemeinschaft. Davon ist bei Emil Durkheim schon ausführlich die Rede gewesen; weniger davon, dass das Herbeizitieren »unserer« Identitäts-Narrative und Traditionen, die damit verbundene Zuversicht, so den göttlichen Geist verlebendigen zu können bzw. von ihm *jetzt* neu ergriffen zu werden, eigentlich immer legitimitätsbedürftig war: vor den »Anderen« und vor denen, die zusammengerufen werden, die Identitäts-verlebendigenden Sprachhandlungen zu vollziehen oder sich in sie einbeziehen zu lassen. Es braucht Gründe, sich zu dieser Identität zu *bekennen,* zu dem Göttlichen zu bekennen, das sie trägt und inspiriert. Ich sollte eine Ahnung davon habe, warum ich mich dazu bekenne – und wer der Gott ist, an dem unsere Identität festgemacht ist. Auch deshalb spricht man im Kontext religiöser Sprachhandlungen die *second order language* mit ihrer Fähigkeit, Zusammenhänge herzustellen und der Selbstvergewisserung der (Mit-)Handelnden Gründe zuzuspielen.

Vielfach werden rituell in Anspruch genommene Zusammenhänge, Gottesmerkmale und Begründungen sich nur im rituellen Handlungszusammenhang als plausibel und selbstverständlich erschließen. Aber die *second order language* hat gewissermaßen das Zeug dazu, exoterisch zu werden: zu erklären, warum wir das tun und welche Zuversicht wir damit verbinden dürfen. Esoterische *Bekenntnis-Sprache* ist der herzeigenden *Zeugnis-Sprache* benachbart.[29] In ihr kommt zur Sprache, was es mit uns macht, miteinander und mit diesem Gott verbunden zu sein und das in konkreten Lebens- und Handlungs-Zusammenhängen zu erfahren. Und es kommt – vielleicht weniger deutlich – mit zur Sprache, warum es gut ist, dem Bezeugten anzugehören. Diese Aussage-Intention kann sich deutlicher profilieren und verselbstständigen: denen drinnen zur Selbstvergewisserung dienen, denen draußen einigermaßen nachvollziehbar, weil vernünftig mitteilen, was auch für sie wichtig, ja unerlässlich sein könnte.

Die noch weitgehend intern funktionierende, oft im Zusammenhang mit den Riten gesprochene *second order language* legt die Quellen der eigenen Identität aus und trägt so – als *Verkündigung* – zur Vergegenwärtigung des hier begangenen Miteinanders mit Gott bei. Wenn Kommunikations-

---

[29] Vgl. Edmund Arens, Bezeugen und Bekennen. Elementare Handlungen des Glaubens, Düsseldorf 1989.

räume sich immer mehr durchdringen, weiß Verkündigung sich auch exoterisch gefordert. Systematisch arbeitende Theologien widmen sich professionell – nach innen wie nach außen – der Nachvollziehbarkeit des im Bekennen wie im Bezeugen sprachlich Artikulierten; sie versuchen zu begründen, weshalb und in welchem Sinne es wahr ist. Sie arbeiten entweder hermeneutisch-erschließend, um den semantischen Reichtum und die lebenspraktische Relevanz der Glaubensquellen zu evaluieren. Oder sie sehen ihre primäre Aufgabe darin, den »richtigen« Glauben aus den Quellen zu normieren, in der Glaubensgemeinschaft zu kontrollieren und gegen Bestreitungen zu verteidigen.

Der jeweils vorherrschende Stil der religiösen Sprachverwendung korreliert mit der sozialen Realität religiöser Gemeinschaften. Er prägt das kommunikative Miteinander, das die religiösen Sprach-Verwendungen aufbauen und lebendig erhalten sollen. Religiöse Gemeinschaften leben ihre Kommunikation, sie leben aus ihr. Sie leben ihre Identität kommunikativ; und die jeweils vorrangigen Formen ihres Kommunizierens bestimmen ihre Identität mit. Das ist nicht überraschend, denn Sprache darf überhaupt als die erste Voraussetzung menschlicher Vergemeinschaftung und als elementare Bedingung von Menschlichkeit angesehen werden.[30] In ihr und mit ihr können Menschen zueinander finden, teilnehmen und Teilnahme gewähren, Selbstbewusstsein entwickeln. Es hängt von der Art der Kommunikation und den in ihr realisierten Sprachverwendungen ab, ob und wie das Miteinander der Kommunizierenden diesen humanen Sinn von Kommunikation realisiert, ob Sprache Menschlichkeit ermöglicht und fördert oder sozialen Deformationen des Menschseins den Weg bereitet.

9.4 Die soziale Realität der religiösen Kommunikation

Rituelle Sprachhandlungen setzen – wo sie nicht im familiären Nachbereich vollzogen werden – eine Differenzierung der Kommunikationsrollen voraus. Priesterlich-charismatische Kommunikator(inn)en ergreifen das Wort, das Göttliche zu vergegenwärtigen und die Wirkungen dieser Gegenwart

---

[30] Vgl. Immanuel Kants Hinweis, dass »Humanität einerseits das allgemeine *Theilnehmungsgefühl*, andererseits das Vermögen sich innigst und allgemein *mittheilen* zu können bedeutet; welche Eigenschaften, zusammen verbunden, die der Menschheit angemessene Geselligkeit ausmachen, wodurch sie sich von der thierischen Eingeschränktheit unterscheidet« (ders., Kritik der Urtheilskraft, Kants Werke, Bd. V, 355).

zuzusprechen. Die Einbahn-Kommunikation von den Kommunikations-Bevollmächtigten zu den Adressaten nimmt teil an der göttlichen (Selbst-) Kommunikationsmacht. Die, denen Gottes Gegenwart vollmächtig zugesprochen wird, reagieren kommunikativ mit dankbarem Empfangen, mitunter mit Erschrecken oder mit ausgelassener Freude.

Auch die *second order language* der Auslegung wird vielfach von Spezialisten gesprochen, die die Zuständigkeit erlangt haben, den Willen des Göttlichen, gemeinsame Erfahrungen mit Gott oder in Natur und Geschichte zu deuten und dafür in der religiösen Gemeinschaft Gehör beanspruchen zu dürfen. Es kann freilich geschehen, dass von Gottes Geist Ergriffene das Wort ergreifen, es nicht in Wahrnehmung einer religiös-sozialen Beauftragung, sondern aufgrund ihrer Inspiration bzw. ihrer Einsicht in religiöse Zusammenhänge an die Gemeinde richten und in Spannung geraten zu »amtlichen« Vollmachts-Trägern. So etwa bei den Propheten Israels, auch bei Jesus von Nazaret. Die charismatische Ansage will innovativ sein, selbst wenn sie Gottes »ursprünglichen« Willen gegen neuerlich aufgekommene Menschensatzungen geltend macht; sie fordert Bekehrung, mitunter Nachfolge auf einem neuen Weg, der aus dem religiösen Mainstream herausführt und neu an Gottes Nähe teilhaben lässt. Prophetische Verkündigung will für den neuen Weg gewinnen, setzt auf eine »innerlich« wirksame und folgenreiche Kommunikation, auf Jüngerschaft.

Die aufgrund ihres Amtes Kommunikations-Bevollmächtigen, in Israel später auch andere, als Ausleger hinreichend Professionalisierte und Anerkannte – Pharisäer und Schriftgelehrte –, wissen sich von solchen *Bewegungen* herausgefordert, die Angemessenheit prophetischer Botschaften zu kontrollieren, sie gegebenenfalls zu disziplinieren. Es bilden sich Sprachformen der Lehre heraus, die das »richtige« Verständnis der religiösen Praxis und des bei ihrem Vollzug Geglaubten verbindlich machen wollen. In der Christentums-Geschichte kommt es schnell zu einer Monopolisierung der Kommunikations-Kompetenzen bei denen, die als Geweihte auch die Riten-Kompetenz innehaben. So setzte sich die Einbahn-Kommunikation in der römisch-katholischen Kirche fast flächendeckend durch; weniger regulierte Kommunikations-Räume bildeten sich unter oft prekären Bedingungen in Orden und in Zirkeln der Volksfrömmigkeit. Die religiöse Kommunikation trocknete solange nicht aus, als es der Kirche gelang, sie im Umfeld gemeinsam gefeierter Riten zu verorten und mit der emotional lebendigen, Geborgenheit vermittelnden und Heilsangst abwehrenden Teilnahme an diesen Riten zu verinnerlichen. Sie litt Not, wo Kirchen und ihre

Veranstaltungen eher als Realitäten einer religiösen Anstalt wahrgenommen wurden, die »in sich« funktionierten und die Teilnahme der Gläubigen in ihrer kommunikativen Bedeutung marginalisierten.

Gegenüber der obrigkeitlich organisierten Anstaltlichkeit der Kirche regte sich das Bedürfnis nach erlebter Gemeinschaftlichkeit im Glauben. Die Reformation hat ihm Raum gegeben und das innere Beteiligtsein der Menschen an ihrem Glauben neu herausgefordert. Glauben ist keine anstaltlich eingeforderte Pflicht, sondern Existenz-verwandelnde, in die Gemeinschaft der Glaubenden hineinführende, von ihren kommunikativen Vollzügen getragene Neu-Ausrichtung des Lebens im Gott- und Christus-Vertrauen. Unter Neuzeit-Bedingungen geriet auch diese Glaubens-Vergemeinschaftung in die Krise, weil ihr der Rückhalt in einem klar identifizierbaren Glaubenswissen abhandenkam und das gegenkulturelle Festhalten am soteriologischen Christus-Bezug seine rituelle Basis-Selbstverständlichkeit einbüßte. Die Gemeinschaftlichkeit im Heilsglauben verlor ihre Eigen-Zentriertheit. Sie sah sich mehr und mehr gefordert, das alternativ Gott-bezogene Leben im Glauben durch den Einsatz für eine bessere Welt zu bezeugen. Die Identität der in der Gottesgemeinschaft sich Sammelnden wurde diffus und sollte als Identität der von Christus in die Welt Gesandten profiliert werden.

Im Feld der römisch-katholischen wie in dem der reformatorischen Kirchlichkeiten scheint es zu einer gewissen Auszehrung der esoterischen Glaubens-Kommunikation gekommen zu sein. Die exoterische, mitunter stark ethisch akzentuierte Sendungs-Kommunikation geriet in Gefahr, den Gottes- und Christus-Bezug der Sendung in die Welt den offensichtlichen und bedrängenden ethisch-politischen Herausforderungen unterzuordnen. Die römisch-katholische Option war angesichts der krisenhaften Zuspitzungen seit dem 19. Jahrhundert die einer entschieden-binären Abgrenzungs-Kommunikation. Im evangelischen Bereich war eher die exoterische, um gesellschaftliche Relevanz bemühte Sprache der Werbung für die Lebensbedeutung des Christlichen zu vernehmen. Mit der Auflösung abgeschlossener konfessioneller Milieus seit der Mitte des 20. Jahrhunderts verlieren diese selektiven Typisierungen an analytischer Prägnanz. Von der ekklesiologischen Herausforderung, die Spannung zwischen esoterischer und exoterischer Glaubens-Kommunikation zu gestalten, sind derzeit alle Kirchen in vergleichbarer Weise betroffen.

Die Verschiebung von der Sammlungs- zur Sendungs-Identität wurde von einer Verlagerung des jeweils vorherrschenden Sprachgebrauchs getragen. Kirchenmenschen fühlen sich zunehmend zur Überzeugungs-Kommunikation gefordert. Man will auch mit denen ins Einverständnis kommen, die an der religiös-esoterischen Kommunikation nicht teilnehmen. Das würde die Selbstvergewisserungs-Basis in einer Situation, in der esoterische Glaubens-Gewissheiten erodieren, spürbar verbreitern. Gegen dieses zivilgesellschaftliche Fraternisieren setzte und setzt die römisch-katholische Kirche auf interne Konsolidierung. Sie verteidigt Differenz-Marker, die sie aus der biblischen Offenbarung ableitet oder mit der ihr gegebenen Einsicht in das der Schöpfung eingeschriebene Naturrecht begründet. Die *Sammlung* der Gläubigen um das der Kirche von Jesus Christus Vorgegebene sollte gewährleisten, dass von diesem Glaubensgut nichts Wesentliches »wegkommt«. Diese soll der *Sendung* zugrunde liegen, die man sich als Neuevangelisierung vorstellt: als Rückholung der religiös Unwissenden in den Schoß einer die Glaubens-Wahrheit hütenden Mutter Kirche.

Das Lehramt der römisch-katholischen Kirche verstand sein Lehren bis zum Pontifikat des Theologen-Papstes Benedikt XIV. weitgehend präskriptiv. Es schrieb vor, was man als Christ zu glauben hatte, weil es den religiösen Tatsachen entsprach und nicht in mutloser Angleichung an die Plausibilitäten der Gegenwart aufgegeben werden durfte. Man sprach eine disziplinierende Entscheidungs-Sprache – *so nicht, sondern so* –, in der man das letzte Wort beanspruchte: *Roma locuta causa finita*. Entscheidungs-Sprache setzt die Adressaten dem Druck aus, die innere Artikulations-Dynamik auch der religiösen Sprache den durch lehramtliche Klarstellungen eingeschärften Fakten unterzuordnen. Entscheidungs-Sprache forciert die Feststellungs-Sprache: Lehramtlich gesicherte Tatsachen der Schöpfungsordnung und die Sachverhalte des Heilsplans Gottes bedürfen nicht einer immer weiter greifenden, immer unverbindlicheren Auslegung, sondern der Kenntnisnahme und des Glaubens-Gehorsams, den lehramtliche Verlautbarungen in präskriptiver Sprache einfordern.

Es ist eine Sprache des Drucks, die die Adressaten davor schützen will, die Geborgenheit im Wahrheitsbewusstsein der Kirche zu verlieren und auf Glaubens-Abwege zu geraten. Sie bleibt wirksam, wo der disziplinäre Druck mit einer existentiellen Bedrohung konfrontiert, die nur mit der Anerkennung des Eingeforderten abzuwenden ist. Es ist eine Kommunikation, die eher Angst mobilisiert als Hoffnung inspiriert. Sie wird hingenommen, solange man sich einer Gefahren-Situation ausgesetzt sieht, aus der nur klare Entscheidungen herausführen können. Die römisch-katholische Kirche hat das seit dem 19. Jahrhundert eingeschärft und sich auf dem Ersten Vatikanischen Konzil neue disziplinierende Entscheidungsmöglichkeiten geschaffen. Seit der Mitte des 20. Jahrhunderts geht diese kommunikative Entscheidungs-Zentrierung immer mehr ins Leere. Die Menschen entziehen sich mit weniger emotionalem Aufwand den Vorgaben kirchlicher Sprachregelungen und lassen sich weniger unter Druck setzen, sofern sie nicht – etwa als kirchlich Angestellte – von der Institution Kirche abhängig sind. Die Kirche ist selbst dem Druck ausgesetzt, nicht mehr nur anhand plakativer Ja-Nein-Alternativen die richtige Glaubensentscheidung abzuverlangen, sondern eine evaluative Glaubenssprache einzuüben, die den Menschen hilfreich wird, indem sie ihre Hoffnung stärkt.

Diese religiöse »Landschaftsbeschreibung« mag allenfalls für das europäische Christentum zutreffen und auch hier eher undifferenziert bleiben. Aber sie markiert einen religiös-kommunikativen Trend, den man kaum übersehen kann; er ist bis in die lehramtlichen Äußerungen des Franziskus-Pontifikats wahrnehmbar und bestimmte manche Texte des Zweiten Vatikanischen Konzils. Man spricht in einem »pastoralen« Tonfall: Die Adressaten sollen mit einer Sprache erreicht werden, die sie motiviert, weniger unter Druck setzt. Man will sie auch ins Gespräch ziehen, wo sich das Setting monologisch darstellt: in einer Verkündigung, die sich nicht mehr als hoheitliche Verlautbarung, sondern als Gesprächs-Eröffnung versteht. Man hat die Erfahrung gemacht, dass Zugriffs- und Überwältigungs-Kommunikation scheitert, wenn Menschen für sich die Möglichkeit sehen, sich dem Zugriff auf ihr Innerstes zu entziehen. Sie werden nur noch erreicht, wenn es religiöser Kommunikation gelingt, sie mit ihren Erfahrungen zu involvieren, sie auf ihre Selbst-Wirksamkeit anzusprechen und ihnen bei der Ermittlung der Glaubens-Perspektive für ihr Leben hilfreich zu werden. Kirche wird als Erfahrungs-, Erzähl- und Zeugnis-Gemeinschaft entdeckt, in der Glaubende wie nach dem Glauben Suchende sich *gegenseitig* des ihnen als Glaubens-Herausforderung Widerfahrenden vergewissern, aus dem Geist Jesu Christi stärken und ermutigen. Die Vorstellung der Weitergabe-Gesellschaft mit hierarchischen Zuständigkeiten für die Integrität des in ihr Weitergegebenen soll sich den anderen ekklesial-kommunikativen Grundfunktionen einordnen, sie nicht mehr dominieren.

Mehr als ein Trend ist das noch nicht. Er wird immer wieder ebenso ängstlich wie mutlos durchkreuzt. Es zeigt sich auch, wie inspirierend und unerlässlich lehramtlich Einsprüche gegen das Allzu-Selbstverständliche gesellschaftlich-ökonomischer Basis-Gewissheiten sein können. Das Alternative eines christlichen Lebens aus dem Glauben prophetisch zu markieren ist für christliche Identitäts-Kommunikation heute nicht weniger bedeutsam als in den Anfängen der Christentums-Geschichte. Aber zu dieser Alternative wird man nicht länger mit einer Kommunikation bekehren können, die auf Angst und Druck setzt. Man wird vielmehr dialogisch-involvierende Kommunikationsformen pflegen, die Menschen motivieren, die Sprache der Hoffnung zu erlernen und sich Räume zu erschließen, in denen sie sich mit ihren Erfahrungen und Hoffnungen einbringen können.

9.5 Gottes Wort in menschlicher Zeugnis-Rede

Religiöser Sprachgebrauch wird sich in Offenbarungsreligionen daran orientieren, wie Gott selbst *spricht*. *Dass* Gott spricht, ist hier selbstverständliche Voraussetzung. Aber es ist keineswegs selbstverständlich, was es bedeutet, Gott ein Sprechen zuzuschreiben. Das kann ja keinen empirisch nachweisbaren Vorgang in der Welt der Menschen meinen, allenfalls einen Sachverhalt, der menschlich-kommunikative Vorgänge als Gottes Verlautbarung ansehen lässt und die Glaubensgemeinschaft veranlasst, ihn als solche zu bezeichnen und etwa in Propheten Gottes Dolmetscher zu sehen. Oder ist die Formel *Gottes Wort* nur Metapher für menschliche Kommunikations-Ereignisse, die mit ihr als göttlich verbindlich hervorgehoben werden?

In den Offenbarungsreligionen gibt es unterschiedliche Vorstellungen zum Sprach-Charakter der Gottes-Mitteilung, auf das man sich jeweils mit dem eigenen religiösen Sprechen bezieht, aber auch vergleichbare Offenbarungs-Paradigmen und Paradigmenwechsel. Das katholisch geprägte Christentum hat im 20. Jahrhundert einen solchen Paradigmenwechsel erlebt, der sich gegenwärtig auch in der islamischen Theologie abzeichnet. Veränderungen in der kommunikativen Kultur führen dazu, andere Aspekte als die bisher bestimmenden in den eigenen Überlieferungen aufzufinden und zur Leitidee des Offenbarungs-Verständnisses zu machen.

Das Zweite Vatikanische Konzil hat in der Dogmatischen Konstitution über die göttliche Offenbarung *Dei verbum* die Abkehr von einem Offenbarungsverständnis besiegelt, das die Tradition über Jahrhunderte prägte.[31] Dieses war nach der Logik der autoritativen Information über von Gott gesetzte, übernatürliche Sachverhalte entworfen. Der Offenbarungsvorgang war als göttliche Belehrung über solche Sachverhalte modelliert, die sich die

---

[31] Vgl. meinen Beitrag: Offenbarung in offenbarender Rede. Zur Hermeneutik der Offenbarung im Anschluss an Paul Ricœur, in: M. Eckholt – H. El Mallouki (Hg.), Offenbarung und Sprache. Hermeneutische und theologische Zugänge aus christlicher und islamischer Perspektive, Göttingen 2021, 89–113.

Menschen nicht selbst sicher erschließen konnten, für ihren Glauben aber entscheidende Bedeutung hatten. Gott gab den Menschen durch Offenbarungsmittler bekannt, was sie zur Erlangung ihres ewigen Heils zu glauben hätten. Er offenbarte »sich selbst und die ewigen Ratschlüsse seines Willens« (*se ipsum ac aeterna voluntatis suae decreta*)[32], die sich auf das den Menschen von Gott zugedachte »übernatürliche Ziel«, den Weg zu ihm und die Heilsmittel beziehen, von denen sie auf ihrem Weg Gebrauch machen müssen.[33] Die Menschen, denen diese Dekrete vorgelegt werden, sind verpflichtet, ihr Leben an dem ihnen zur Kenntnis Gegebenen auszurichten.

Das Zweite Vatikanum nimmt eine Formulierung des Epheserbriefs (1, 19) auf; es spricht nicht mehr von ewigen Dekreten, sondern von Gottes ewigem Beschluss, in Jesus Christus den Menschen »das Geheimnis [sacramentum] seines Willens kundzutun«[34] (*Dei verbum* 2). Mit der Ersetzung von *decreta* durch *sacramentum* erhält das Offenbarungsverständnis ein anderes Vorzeichen, das seine Prägnanz durch den biblischen Sinn von *Sacramentum* (griechisch Mysterion) gewinnt: Mysterion meint im Epheserbrief das heilsam-kommunikative *Geschehen* des göttlichen Heilswillens in Jesus Christus, wie es den Glaubenden von seinen Gefährten bezeugt wird und in Schrift gewordenen Zeugnissen zur Sprache kommt. In ihnen wird Gottes guter Wille bezeugt, der den Christus zum Heils-Sakrament gemacht hat: indem er ihn als den menschgewordenen *Logos* in die Welt sandte, Gottes Herrschaft anzukündigen, sie mit den Menschen anzufangen und ihn am Kreuz zum Zeichen der erneuerten, gnädigen Gottesgegenwart werden ließ, ihn ins göttliche Leben auferweckte. Gottes Wort ist Mensch geworden; es geschieht den Menschen in Jesus Christus, damit sie glauben, was Gott ihnen zugedacht hat.

Dei verbum verschiebt den Akzent des Offenbarungsverständnisses deutlich: Gott offenbart nicht einen *göttlichen Text*, den die Autoren der biblischen Schriften zuverlässig, weil inspiriert, in eine präskriptive Sprache übersetzten, damit die Menschen sich danach richten. Gott offenbart vielmehr *sich selbst*, das Geschehen seiner versöhnend-befreienden Welt- und Menschen-Präsenz. Zuletzt bezeugt er sich im treuen Zeugen Jesus Chris-

---

[32] Denzinger – Hünermann 2004.
[33] Max Seckler nennt dieses neuscholastische Offenbarungsverständnis instruktionstheoretisch; vgl. ders., Der Begriff der Offenbarung, in: W. Kern – H. J. Pottmeyer – M. Seckler (Hg.), Handbuch der Fundamentaltheologie, Bd. 2: Traktat *Offenbarung*, Tübingen – Basel ²2000, 41–61, hierzu 45–47.
[34] Dogmatische Konstitution über die göttliche Offenbarung *Dei verbum* 2.

tus, dem »Erstgeborene[n] der Toten« (Offb 1,5), und im Parakleten, der die Jünger(innen) in alle Wahrheit einführt (vgl. Joh 16,13), sie am Geschehen dieser Wahrheit teilhaben lässt. Zentralkategorie ist das *Geschehen* der Selbstoffenbarung bzw. Selbstmitteilung Gottes. Damit wird die menschliche Wirklichkeit, in der Gottes Selbstoffenbarung geschieht, als Zeugnis qualifiziert: als Antwort-Geschehen. Jesus, der Christus, bezeugt das Geschehen des guten Willens Gottes unter den Menschen, da er ihn lebt, und mit den Menschengeschwistern, die sich dafür gewinnen lassen, in die gute Gottes-Zukunft aufbricht. Er ist das Gotteswort in Person; in ihm geschieht, wovon er spricht: Gottes rettend-befreiendes, in die Zukunft führendes Dasein für die Menschen. Der treue Zeuge Christus antwortet auf seine göttliche Sendung, und er findet die vom Geist Gottes hervorgerufene Antwort der Erstzeugen, die mit ihm waren. Diese Antwort ist so vielfältig, wie es die Schriften des Kanons sind und die Antworten der Zeugen über die Jahrhunderte sein werden; so »unfertig«, wie es Antworten sein müssen, die das Wort-Geschehen, das sie hervorrief, niemals definitiv »einholen«.

Die Kategorie des Zeugnisses weist die theologische Reflexion in zwei Richtungen. *Zum einen* öffnet sie den Blick auf eine Vielfalt von Zeugnisgestalten. Es sind unterschiedliche Weisen des Sprechens und Schreibens, in denen das Bezeugte idiomatisch zur Sprache kommt. Zuvor bezeugt es sich in einer Weise des Lebens, in der originär *ausgedrückt* wird, wovon der Zeuge so ergriffen ist, dass er nicht nur Sprachrohr, sondern lebendiges Instrument der Selbst-Mitteilung Gottes ist. Die höchste Verwirklichung des Zeugnisses geschieht im menschgewordenen Gotteswort, in dem das Bezeugte selbst gegenwärtig wird. Das Gottes-Zeugnis Jesu Christi ist das Geschehen der Selbstzusage Gottes in einem Menschenleben, in dem dieses Zusagewort durch Gottes Geist menschlich-leibhafte, geschichtliche Wirklichkeit wurde.

Zum anderen ist das Zeugnis auf *Überzeugung angelegt*. Es gewinnt seine mitmenschliche Bedeutung darin, dass die Zeugen das Vertrauen derer gewinnen, denen es Zeugnis ablegt. Hier ist die forensische Wurzel des Zeugnis-Ablegens noch greifbar. Der Zeuge muss zeigen können, wie er zu seinem Zeugnis gekommen ist, damit seine Adressaten sich vom Bezeugten überzeugen (lassen) können. Auch die vom Erstzeugen Überzeugten sind in ihrem eigenen Zeugnis gehalten, Rechenschaft zu geben von der Hoffnung, die in ihnen ist (1 Petr 3,15), weil sich in ihr anvertrauenswürdig der bezeugt, der das Erhoffte Wirklichkeit werden lässt. Die konstativ-präskriptive Prägung des Offenbarungs- und Glaubensverständnisses, wie sie die Texte des Ersten Vatikanum durchzieht, ist damit im Ansatz überwunden.

381

Sprache und Kommunikation

Mit den Abschiedsreden des Johannesevangeliums darf ja gesagt werden, dass der offenbarende Gott die Menschen wie Freunde und Freundinnen ins Vertrauen zieht[35], damit sie aus innerster Überzeugung mitwollen und mittun, was er ihnen zugedacht und in seinem Christus *gezeigt* hat. Die Überzeugungs-Dimension des Zeugnis-Gebens bleibt nicht esoterisch beschränkt. Sie öffnet sich der vernünftigen Prüfung, in der es immer wieder neu um die humane Verantwortbarkeit eines Glaubens an das in Jesus Christus gegebene Gotteswort geht. Christliche Selbstverständigung über die Glaubwürdigkeit des Wortes, dessen Geschehen-Sein und eschatologisch-endgültige Gültigkeit Christen glauben, geschieht im Horizont der vernünftigen Verständigung über den Sinn des Menschseins und die unabdingbaren Dimensionen eines *menschlichen* Lebens. Sie sollte geschützt sein gegen das Sich-Abschließen in einer Identitäts-Kommunikation, der es nur um die Stärkung des inneren Zusammenhalts geht, koste es, was es wolle.[36]

Gottes Wort »geschieht«, es kommt zur Sprache in menschlichem Zeugnis. Aber *wie* geschieht es da? Die Bibel kennt unterschiedliche Antworten auf diese Fragen. Sie enthält Gottes-Zeugnisse in unterschiedlichen Sprechweisen und literarischen Genera, deren offenbarungstheologischer Sinnzusammenhang nicht selbstverständlich auf der Hand liegt.

9.6 Das vielstimmige Geschehen des Gotteswortes

Die Vielfalt der biblischen Bezeugungsgestalten sollte – so Paul Ricœur – in einer Offenbarungs-Hermeneutik nicht zu schnell auf einen theologischen Allgemeinbegriff von Offenbarung gebracht, sondern im Sinne einer *Firstorder-theology* in ihren ursprünglich-offenbarenden Sprechweisen und

---

[35] Vgl. Joh 15,15: »Ich nenne euch nicht mehr Knechte; denn der Knecht weiß nicht, was sein Herr tut. Vielmehr habe ich euch Freunde genannt; denn ich habe euch alles mitgeteilt, was ich von meinem Vater gehört habe.«
[36] Dass Identitäts-Vergewisserung diese Richtung einschlagen kann, steht einem auch christentumsgeschichtlich bedrängend vor Augen. Man sollte meinen, dass es seit der Aufklärung unmöglich geworden ist, öffentliche Kommunikationsräume gegeneinander abzudichten und sich gegen die »Vernunft der Anderen« zu immunisieren. Die Geschichte des 20. und 21. Jahrhunderts hat uns eines Schlechteren belehrt. Gerade die Netz-basierte Vervielfältigung von Verständigungs-Räumen hat das Ethos der Verantwortung vor Fakten und Einreden der Anderen dramatisch geschwächt. Religionen dürften daraus keinen identitätspolitischen Gewinn ziehen wollen.

Sprachformen wahrgenommen werden, mit denen sie sehen lassen und kommunizieren, wovon sie sprechen.[37] In *prophetischer Rede* nehmen Prophet(inn)en Gottes eigenes Wort in Anspruch – freilich so, dass sie sich durch dieses Wort bis an die Grenzen ihrer Existenz in Anspruch genommen wissen. Nur so können sie Gottes Perspektive auf das jetzt und in naher Zukunft Geschehende gegen die Selbstgewissheit der Herrschenden, aber auch gegen die Verzweiflung des Volkes angesichts des hereinbrechenden Unheils zur Sprache bringen. Die prophetische Sprech-Initiative will den Lauf der Dinge *unterbrechen*, auch wenn sie ihn womöglich nicht aufhalten kann. Der Prophet interveniert in die »Diskurse« darüber, was das jetzt Geschehende im Letzten zu bedeuten hat, wie Gott darin ist und wirkt.

Was der Prophet *jetzt* ansagt, zeichnen die *narrativen Texte* der Bibel nach rückwärts als Gründungsereignisse des Volkes Israel nach, als Erwählungsgeschichte, in der JHWH sein Dasein für die Seinen zu erkennen gab. Narrative Offenbarungs-Texte erzählen »die Spur Gottes im [jeweiligen] Ereignis«[38], sind in diesem Sinne Prophetie im Blick auf eine Vergangenheit, in der JHWH sein Dasein für sein Volk auf je seine Weise bewährte. Es gilt auch umgekehrt: Die prophetische Intervention wird zur Erzählung, ist vielfach in Zusammenhängen lokalisiert, in denen erzählt wird, was sie bewirkte und wie sie sich »erfüllte«. Mit der Zukunfts-Erzählform der *Apokalyptik* wird Prophetie zum Voraus-Erzählen endzeitlicher Ereignisse, in denen Gottes erlösendes Dasein die Geschichte abbricht, statt sich *in ihr* als machtvoll zu beweisen.

Elementar-aufdeckend offenbarte sich JHWH schon in seiner *Tora-Weisung*, in der er dem Volk seinen guten Willen mitteilt, damit er mitgewollt werde und dem Volk die Freiheit bewahre, zu der JHWH es befreite. Die Gabe des Gesetzes ist »die Außenseite einer [freilich] viel konkreteren und umfassenderen Beziehung als derjenigen zwischen Befehlen und Gehorchen«, weit mehr als ein heteronomer Imperativ.[39] Die Tora ist Gründungs-Urkunde einer Solidarität, in der sich das Volk geborgen wissen darf, wenn es sich ihr verbindlich öffnet. Dass diese Urkunde mehr bedeutet als ein »gemusstes« Gesetz wird mit der Erneuerung des Bundes offenbar werden, die Jeremia und Ezechiel ankündigen.[40] Dann wird sich JHWH in sei-

---

[37] Ihr Offenbaren wurzelt in diesem Sinne im offenbarenden Charakter der Sprache selbst.
[38] Paul Ricœur, An den Grenzen der Hermeneutik, 47.
[39] Vgl. ebd., 50.
[40] Vgl. Jer 31,31–34; Ez 36,22–32.

ner Ruᵃch jeder und jedem Einzelnen, selbst den unmündigen Kindern, die noch nicht in die Schule der Gesetzeslehrer gehen, so mitteilen, dass ihnen sein Bundes-Wille zur *Herzens*-Angelegenheit wird.[41] Er wird sich in der Neigung des Herzens zum Guten offenbaren; mit der bei Paulus geltend gemachten Kehrseite, dass das Herz – als Gewissen – den Sünder der Sünde überführt.

Dass das Leben nach der so verinnerlichten Tora die Verlässlichkeit eines Lebens mit JHWH gewährt, erschließt sich den Frommen als Lebens-*Weisheit*, die auch da trägt, wo der Lauf der Dinge das Tora-gemäße Gutsein nicht mit Wohlergehen lohnt. Wenn der Gerechte vom Geschehen der Welt nicht bestätigt wird, gerät eine Schönwetter-Religiosität in die Krise; sie lohnt sich nicht mehr. In der Krise einer pragmatisch-erfolgsorientierten Lebensweisheit offenbart sich dem leidenden Gerechten, der sich in Ijob wiedererkennen kann, »die [Glaubens-]Möglichkeit zu hoffen ›trotz‹«.[42] Sie offenbart sich, indem sie in äußerster Anfechtung in Anspruch genommen und eingeklagt wird, jenseits eines Sich-geborgen-Wissens in einem umfassend von Gott geordneten Weltenplans. Hier wächst denen, die wie Ijob Gott im *hymnischen Lobpreis* zuwenden, die Kraft zu, an einem Gott festzuhalten, dessen Größe und Hoheit über alles menschliche Verstehen hinaus zu rühmen ist.

Ein »polysemisches, polyphones Konzept«[43] sperrt sich gegen die Dominanz des Allgemeinbegriffs *Offenbarung* und so auch gegen die Reduktion des Gottes-Wortes auf den Sprachgestus der Information über von Gott gesetzte Sachverhalte. Es nennt verschiedene Sprach-Vollzüge des Antwortens auf eine sich offenbarende Gottes-Gegenwart, die in ihrem spannungsreichen Miteinander unterschiedliche Dimensionen der Gottes-Kommunikation und der menschlichen Teilnahme an ihr zum Tragen bringen.[44] Die Spannungen zwischen diesen Sprechweisen und Beanspruchun-

---

[41] Als diese Herzensangelegenheit wird die Tora auch in dem Gesetzestext Dtn 6,5 f. angesprochen, als die Herausforderung des Herzens zur Gottesliebe, die »auf deinem Herzen geschrieben stehen« soll; vgl. Paul Ricœur, An den Grenzen der Hermeneutik, 51.
[42] Ebd., 54.
[43] Ebd., 58.
[44] Es ist aufschlussreich, diese Dimensionen mit den vier Seiten der Kommunikation nach Friedemann Schulz von Thun genauer zu korrelieren: Menschliche Äußerungen kommunizieren eine Sachaussage, eine Selbstkundgabe der Kommunizierenden, eine Beziehungsdefinition und einen Appell (vgl. ders., Miteinander reden 1, Reinbek bei Hamburg ²¹2011). So kommunizieren die Zeugnisse einen gedeuteten Sachverhalt, Gottes eigenes »emotionales« Beteiligtsein in der jeweiligen Kommunikation und im Verhältnis

gen eines im Geschehen der Welt sich kundgebenden Daseins Gottes halten die Bezeugungsweisen zueinander der Schwebe. Im Zusammenklang der im Kanon zusammengebundenen Sprachgestalten und Zeugnisse bzw. Zeugnisformen wird auch hörbar, wie sie miteinander darum ringen, treffend auszusagen, dass Gott da ist, *darin ist* – und wie er doch von dem, was geschieht, unterschieden werden muss. Sie wagen dieses Darin-Sein aufzudecken. Und sie relativieren sich gegenseitig, sodass – in der Weisheit dann ausdrücklich – eingestanden werden muss, wie wenig ihre aufdeckend-offenbarende Rede, so sehr sie von Gott initiiert sein mag, Gottes Verborgenheit aufhebt. Dieses Verborgen-Bleiben des sich zusagenden Gottes drängt dazu, immer wieder neu und anders von seinem Dasein und Darin-Sein zu sprechen, nie definitiv richtig. Er ist da, wie *er* da sein will. Man erkennt ihn in dem Versuch, seiner Spur zu folgen; in der Nötigung, angesichts neuer Glaubens-Herausforderungen immer wieder zurückzuschauen und zu prüfen, ob die fast schon zugewehten Spuren wirklich dahin führen, wo »wir« heute die Spur aufzunehmen hätten.

Neutestamentlich wird die Vielfalt biblischer Bezeugungsweisen der Gottes-Gegenwart auf den Messias Jesus fokussiert. Im Johannesevangelium geschieht das höchst reflektiert. Jesus Christus ist der treue Gotteszeuge; sein Leben und Sprechen aus Gottes Geist legt den Vater, den niemand je gesehen hat, gültig aus. Seine Gottes-*Exegese* (vgl. Joh 1, 18) kann die Lebens- und Liebesgemeinschaft mit diesem Gott eröffnen und verbürgen. Darin liegt die Wahrheit seines Zeugnisses.[45] Sie wird vom Vater beglaubigt, der sich in seinem Sohn bezeugt und über ihn – mit letzter Entschiedenheit in der Auferweckung des Gekreuzigten – seinerseits Zeugnis ablegt (vgl. Joh 5,36 f.). Im Sinne der johanneischen *Theologie* darf gesagt werden: Das Zeugnis des Sohnes bezeugt den Vater, der in seinem Sohn durch den Gottesgeist seinen guten Willen geschehen lässt und seine Herrschaft in der Welt zugänglich macht, damit die Menschen in ihr gerettet werden und ihre Vollendung finden. Das Zeugnis für den Vater ist Zeugnis für die Zugänglichkeit der Gottesherrschaft, Zeugnis dafür, dass die Umkehr zum Glauben alle, die sich auf dem Weg Jesu zum Vater mitnehmen und von der Lebensnot ihrer Mitmenschen berühren lassen, nicht verlorengehen, sondern ins Gott-erfüllte Leben eingehen (vgl. Lk 19, 10 und Joh 17, 12; 18, 9). Der Vater

---

zu ihren Adressaten sowie seinen Appell an sie, sich auf sein Vorhaben mit ihnen einzulassen.
[45] Vgl. Joh 18, 37: »Ich bin dazu geboren und dazu in die Welt gekommen, dass ich für die Wahrheit Zeugnis ablege«.

bezeugt den Christus als sein Mensch gewordenes Zusage-Wort. Er bezeugt, dass es verlässlich ist und auch am Kreuz nicht zum Schweigen gebracht werden konnte. Noch am Kreuz bezeugt er es als den Weg, der in Wahrheit zum Leben führt (vgl. Joh 14,6), da er ihn in sein göttliches Leben erweckt.

So finden die unterschiedlichen Bezeugungsweisen, die im Alten Testament zu Wort kommen, eine christologische Resonanz. Es ist der *prophetische Offenbarungsgestus* der Reich-Gottes-Verkündigung und der Reich-Gottes-Praxis Jesu, der in den Evangelien mit einer eher impliziten Propheten-Christologie profiliert wurde: Jesus kündigt ein neues Hineinkommen Gottes in diese Welt an. In seiner Verkündigung wie mit seinem prophetischen Handeln deckt er auf, wie dieses Hineinkommen die Glaubenden in Anspruch nimmt. Die Evangelien vergegenwärtigen es im Blick auf die Sendung Jesu *narrativ*: Sie erzählen an seiner Geschichte den Weg in die Gottesherrschaft als den von ihm angeführten, endzeitlichen Exodus aus der Beherrschung durch die Mächte und ihren Herrn, den Satan (vgl. Lk 10,18). Die Bergpredigt zeichnet Jesus Christus als neuen Mose, der mit seiner *Weisung* aufdeckt, wie die Freiheit der Gottesherrschaft das Leben jetzt bestimmen will. Das vertrauensvolle *Gebet* Jesu um das Kommen der Gottesherrschaft vertraut das Leben der Jünger(innen) in den Nöten dieser Welt dem Vater an, der das Gebet um sein rettendes Dasein nicht vergeblich sein lässt. Dass dieses Gebet den Vater in der Gottlosigkeit des Kreuzes nicht mehr zu finden scheint, macht den gekreuzigten Christus zum endzeitlichen leidenden Gerechten. In ihm erfüllt sich die Dramatik dieser Figur an der Grenze der alttestamentlichen *Weisheit*, die darauf setzen muss, dass Gott seinen Gesandten als den wahrhaft Gerechten erweisen wird: Der Vater offenbart den Gekreuzigten als seinen Sohn. An ihm und durch ihn wird Gottes Weisheit und Kraft offenbar, vor denen sich die Weisen und die Mächtigen dieser Welt in ihrer Torheit und Hilflosigkeit manifestieren (vgl. 1 Kor 1,20–25). Durch seinen Heiligen Geist erweckt er den Gekreuzigten aus dem Tod zum Türöffner und »Hineinführer ins Leben« (archegos; vgl. Apg 3,15; 5,30 f.).

Jesu offenbarende Rede hat neutestamentlich ihren Ort in seinem offenbarenden Dasein. In ihm ist Gottes in die Welt hineingesprochenes Zusagewort Fleisch geworden, eine mitmenschliche Kommunikationswirklichkeit in all ihren Dimensionen. Er ist das *mysterion* (Eph 1,19), in dem zu geschehen anfängt, was offenbart wird: Gottes guter Wille, in dem er sich den Seinen öffnet und sie rettet. Er ist das end-gültige Versprechen Gottes in Person, das noch am Kreuz gehalten und erneuert wird. In ihm ist »das Ja verwirklicht. Denn er ist das Ja zu allem, was Gott verheißen hat« (2 Kor

1, 19–20). Wer darauf im Heiligen Geist das *Amen* spricht, glaubt Gottes Wort, das der Christus ganzmenschlich lebte und das in den Zeugnissen vom offenbarenden Wort-Sein Jesu Christi vielfältig in das Menschenleben damals wie heute hineingesprochen wird, damit es sich ihm öffne. Die Öffnung des Lebens für das Mysterion (Eph 1, 19) – das Geschehen des guten Willens Gottes in Christus durch den Heiligen Geist im Leben der Glaubenden – ist im *christlich-theologischen* Verständnis das Ziel der Offenbarungsrede, in der Gott sein Zusagewort kommuniziert, die Menschen in seine Güte hineinzunehmen, wo sie sich ihm öffnen, und ihnen der Ort zu sein, an dem sie ewig lebendig sind.

Die Glaubenden glauben dem ihnen gegebenen Wort im mehr oder weniger ausdrücklichen Wissen darum, dass sie damit – in der Perspektive derer, die es (noch) nicht glauben – *voreilig* sind; aber auch im Wissen darum, dass man es *wagen* muss, in die Verlässlichkeit des Gottes-Versprechens hineinzuglauben – ohne letzte Sicherheit, nicht ins Leere hineinzuglauben. Ihr Glaube spricht sich schon neutestamentlich in Christus-Bekenntnissen aus, die das Offenbarwerden Gottes und seines guten Willens in die Herausforderungen eines von den »Mächten« bedrängten Lebens hineinsprechen.[46] Sie sind die Antwort auf die Zusage, die geglaubt werden darf, weil der Messias Jesus sie beglaubigt hat. Die Glaubenden sprechen das Amen, in dem sie dem ihnen im Logos Christus Aufgedeckten zustimmen, das den »Vätern« zuvor »vielfältig und auf vielerlei Weise« zugesprochen wurde, nun aber »am Ende dieser Tage [...] zu uns gesprochen [ist] durch den Sohn« (Hebr 1, 1). Gottes Wort kommt vielfältig zur Sprache und ins Leben. Es sind die Zeugen, es ist schließlich der *treue Zeuge;* es ist ihre, maßgeblich *seine* Zeugnis-Antwort, in der die Glaubenden das Wort haben.[47]

Sie haben es nicht »rein für sich«, als einen göttlichen Text. Es wird ihnen *responsiv* bezeugt, da Menschen – maßgebend der Gottesmensch Jesus – mit ihrem Leben und in ihrem verstehenden Wort beantworten, wie Gott sie ergriffen, gestärkt, gesendet hat, wie er sie teilhaben ließ an seinem guten Willen. Sie haben die Antworten, Jesu Antwort, um aus ihnen den Logos Gottes herauszuhören, ihn – im Anhauch des Gottesgeistes –

---

[46] Vgl. etwa Röm 8,38–39.
[47] Vgl. Hans Urs von Balthasar, Verbum caro. Skizzen zur Theologie I, Einsiedeln 1960, 98: »Ja, Gott sendet seinen Sohn, damit er den Vater auslege in menschlichen Gebärden: wir hören den Vater in seinem menschlichen Echo: im menschlichen Gehorsam bis zum Tode erfahren wir, wer der Befehlende ist: *an der Antwort haben wir das Wort.*«

lebendig auszulegen. Wie also *haben* sie das Wort? Das Glaubensbekenntnis könnte den Eindruck erwecken, sie hätten im Amen umfasst und vollumfänglich gültig beantwortet, was das Wort sagt. So können sie das Wort nicht haben, sondern nur so, *dass es sie hat*: aufschließt, ins Ungeahnte hineinführt, damit sie immer wieder neu verstehen, was es *ihnen* bedeutet. Gibt man der Neigung nach, es definitiv haben zu wollen, wird es – mit Paulus gesprochen – Gesetz, das heteronom vorschreibt, wie zu leben ist, weil Gott es so und nicht anders will; wird es Sachverhalts- und Präskriptions-Sprache, bleibt es *Buchstabe,* dem der Geist entwichen ist,[48] ist es eingesperrt ins Müssen, ins Glauben-Müssen. Die Forderung ist nicht mehr eingebunden in die Offenheit der Gottes-Herausforderung, die biblisch vielfältig bezeugt wird.

Wo es dazu kommt, wird das daran liegen, »dass wir [offenbarungstheologisch; J. W.] zu sehr an einen Willen denken, der sich unterwirft, und nicht genügend an eine Einbildungskraft, die sich öffnet«[49]; nicht mehr an die unendliche hermeneutische Herausforderung, die *Bedeutung* des Zusage-Wortes Gottes für heute neu zu verstehen, sich immer wieder neu vorzustellen, wie es sich erfüllt – und damit doch nie so ans Ende zu kommen, dass man es wüsste. Gottes Wort rührt an unsere Einbildungskraft, damit sie sich ihm über*antworte*, sich den Horizont des Vorstellens, Fühlens, Denkens, Leben öffnen lasse für das, »was kein Auge gesehen und gehört hat, was in keines Menschen Herz gedrungen ist, was Gott denen bereitet hat, die ihn lieben [vgl. Jes 52, 15; 64, 3]«, uns aber von Gott »enthüllt [wurde] durch den Geist«, der »alles [ergründet], auch die Tiefen Gottes« (1 Kor 2, 9–10).

---

[48] Die Erfindung der Schrift machte Gesprochenes zum Instrument festlegender Information, aber auch zur Vorgabe einer re-interpretierenden Wiederaneignung. Was früher geschrieben wurde, gilt zunächst nicht mir. Ich bin nicht der »geborene Adressat« einer damals ergangenen Verlautbarung. Aber sie kann mich womöglich erreichen und heute ins Gespräch ziehen. »Fundamentalisten« versuchen, diesen Interpretations-Impuls zu unterdrücken, indem sie die Bedeutung des Geschriebenen als präskriptive Information *festgeschrieben* sehen. Sie unterschätzen die geschichtliche Dialektik des Geschriebenen, das nur lebendig überliefert werden kann, wenn es zur Frage wird, wie es uns hier und jetzt *gesagt* sein kann.

[49] Paul Ricœur, *An den Grenzen der Hermeneutik*, S. 83.

9.7 Evangelium

Gottes Zusage-Wort *ist* der Christus und sein Evangelium, gesprochen, indem es geschieht. Es geschieht, indem es Menschen anrührt, sich der Verheißung zu öffnen, Gott werde sie in der Nachfolge Christi zur Vollendung ihres Daseins führen. Gottes Zusage-Wort geschieht in der Kommunikation Jesu, der es zuerst um die »Umkehr der Einbildungskraft« geht. Sie spricht – etwa in den Gleichnissen – eine Sprache, die »unsere Leitbilder auf einer nicht voluntaristischen Existenzebene zu verwandeln sucht«[50] und die Adressaten sich einfühlen lässt in ein Leben, das für Gottes Herrschaft offen ist; eine Sprache, die bewegen will, in Gottes Zusage zu leben, hineinzuleben in die Liebe, die Gott ist und in der er die Menschen vollenden wird.

Man wird das Evangelium nicht verstehen, wenn man es nicht als Kommunikation einer verheißungsvollen Herausforderung aufnimmt und beantwortet. Das Evangelium informiert nicht (nur), es *interveniert*, greift in konkrete Lebens-Situationen ein, will sie verändern, Einstellungen, Gefühle, Ängste, Hoffnungen verändern, Motivationen einpflanzen. Seine Intervention geschieht immer wieder neu und anders. So ist es nicht als solches gehört, wenn man ihm eine ewig zutreffende Information durch Gott oder seinen Sohn entnimmt. Es ist geschehendes Wort, *gesprochene Sprache,* »lebendige Stimme, Anrede, Aufruf des Menschen zur Umkehr, Umdenken fordernd und Aufbruch, Unruhe stiftend, drängend auf Wandlung. Das ›Wort Gottes‹, das sie [die Bibel] fortdauernd bezeugt, bricht aufscheuchend in die Menschenwelt ein, wie der Wolf in die Herde der Lämmer.«[51]

Kommunikative Interventionen geschehen situativ, in einer Situation, in der sie etwas bewegen wollen. Sie kommunizieren geschichtlich bedingt, in der Sprache, mit Vorstellungen, Provokationen, die hier ihren Ort haben und Wirkung entfalten können. Sie geschehen zeitlich-menschlich, *drinnen* in der Situation, nicht als »vom Himmel gefallene Wahrheit«.[52] Es ist die

---

[50] Vgl. Paul Ricœur, Stellung und Funktion der Metapher in der biblischen Sprache, in: ders – E. Jüngel, Metapher. Zur Hermeneutik religiöser Sprache. Mit einer Einführung von Pierre Gisel, München 1974 (Sonderheft der Evangelischen Theologie), 45–70, hier 70.

[51] Fridolin Stier, Vielleicht ist irgendwo Tag. Aufzeichnungen, Freiburg – Heidelberg 1981, 18 f.

[52] Für die Theologie nach dem 1. Vatikanum galten Dogmen als Offenbarungs-Inhalte, die vom Lehramt als zu glauben verbindlich gemacht wurden. Man sagte von ihnen nicht direkt, sie seien vom Himmel gefallene Wahrheiten. Im Dekret *Lamentabili* vom 3. Juli

kommunikativ-tiefe Einsicht der Christologie, dass Gottes Wort responsiv in einem Menschen geschieht, als menschlich-geschichtliche Intervention. So ist aber auch zu fragen, ob alle die Vorstellungen, in denen Jesus, der geschichtlich Mensch gewordene Logos, selbst als Jude »zuhause« war und mit deren Inanspruchnahme er die von ihm konkret Angesprochenen bewegen wollte, »ewige Wahrheiten« sein können, sein müssen.

Diese Frage ist alles andere als harmlos-akademisch. Sie verwickelt heute in das Dilemma, darüber urteilen zu müssen, ob, gegebenenfalls wie man etwa die Drohworte Jesu und ihren apokalyptischen Kontext als unabdingbaren Aspekt seines Evangeliums, gar als seine unerlässliche Kehrseite zu hören hat. Sind sie nur der Situation damals geschuldet? Oder bzw. wie müssen sie weiterhin ernst genommen werden? Dies auch im Glaubens-Widerspruch gegen apokalyptische Vorstellungen von der Verwerfung derer, die dem Evangelium nicht glauben? Wie können sie situativ anders gehört, aber dabei nicht verharmlost werden? Als Einspruch gegen die Harmlosigkeit und Folgenlosigkeit eines bürgerlichen Christentums, in dem man gelassen bleiben und sich nicht beunruhigen lassen will?

Die Folgewirkungen der Einsicht in den kommunikativen Charakter des von Jesus Christus als Evangelium verkündigten Gotteswortes sind noch nicht abzusehen. Es wäre keine theologisch verantwortliche Strategie, sich in ein Offenbarungsverständnis retten zu wollen, das sich auf ewigen Wahrheiten über die ewigen Dekrete Gottes zu den Bedingungen fixiert, die von den Gläubigen erfüllt sein müssen, damit sie in den Himmel kommen können. Offenbart ist im christlich-christologischen Verständnis nicht ein unveränderlicher göttlicher Text, der, so wie er »dasteht« – und vom römischen Lehramt verbindlich ausgelegt wird –, als Gottes Verlautbarung festzuhalten wäre. Offenbart ist vielmehr das geschichtliche Geschehen des Sich-Versprechens Gottes, das in der Bibel bezeugt ist und in der Sendung Jesu Christi »Person« geworden ist. Zu diesem Geschehen gehört die bedrängend-prophetische Mahnung, sein Leben nicht an andere Versprechen – andere Götter – zu verschwenden. Dieser Mahnung haben Christen sich zu stellen, auch wenn sie damit verbundene Straf- und Drohvorstellungen nicht mehr als Glaubens-verbindlich annehmen.

1907 wurde immerhin der »modernistische« Satz verurteilt: »Lehrsätze, die die Kirche als geoffenbart anführt, sind keine vom Himmel gefallenen Wahrheiten, sondern sind eine Auslegung religiöser Tatbestände, die sich der menschliche Geist in mühevollem Unterfangen zusammengestellt hat« (Denzinger – Hünermann 3422). Welchen Satz sollte diese unangemessenen Alternative wohl verteidigen?

Als authentisch anerkannte Offenbarungs-Zeugnisse und Offenbarungs-Zeug(inn)en, für Christen mit besonderer Verbindlichkeit der »treue Zeuge« Jesus Christus, sind die menschlichen Wirklichkeiten, in denen Gott durch die Antwort der Zeug(inn)en auf seine Zusage ins menschlich-geschichtliche Leben intervenieren, Menschen erreichen und in eine Menschen-umwandelnde Kommunikation – auch in die Auseinandersetzung – ziehen will. Die darin Angesprochenen dürfen eine Stimme haben. Sie sind nicht darauf reduziert, zur Kenntnis zu nehmen, sondern herausgefordert, immer wieder neu herauszubringen, was Gottes Wort für sie bedeutet. Damit ist ein christlicher Fundamentalismus ausgeschlossen, der die Offenbarungs-Zeugnisse als göttliche Text-Corpora verstehen wollte, in denen jeder Satz als zutreffende Sach-Information anzunehmen ist. Auch Judentum und Islam haben anti-fundamentalistische Lesarten der Offenbarungstexte entwickelt.[53] Sie haben es schwer, toleriert zu werden, wie sie es auch im Bereich des Christlichen – angesichts der schwerwiegenden religiösen Konsequenzen verständlicherweise – nach wie vor schwer haben.

9.8 Religiöse Sprache im Spannungsfeld von Bestimmtheit und Unbestimmtheit

Der fundamentalistische Impuls folgt einem elementaren Vergewisserungs-Bedürfnis. Offenbarung soll die Gläubigen in die Lage versetzen, zu wissen, wie sie in dieser Welt ihrem ewigen Heil entgegengehen können. In der Lehramts-fundamentalistischen Version verbürgt ihnen das hierarchische Lehramt dieses Wissen. Bibel- oder Koran-fundamentalistische Versionen wollen die sichere Kenntnis der Heils-Vorgaben Gottes über das Festhalten am Wortlaut der heiligen Texte erreichen, über das »wörtliche« Verständnis eines Zeit-enthobenen, nicht auslegungsbedürftigen, nur zu befolgenden Wortlauts. Sprachtheoretisch wird man notieren, dass das Evangelium hier kommunikativ defizitär verstanden und nicht im umfassenden Sinn als

---

[53] Vgl. etwa Mouhanad Khorchides Koran-Hermeneutik. Sie lässt sich von dem folgenden Grundsatz leiten: »Der Koran ist Gottes Menschenwort. Gott spricht durch den Menschen. Aber: Der Koran wurde diskursiv verkündet, also in Abhängigkeit von den Adressaten. Er ist das Resultat von Dialog, Debatte, Argumentation, Annahme und Zurückweisung [...] Und es ist die Herausforderung an uns heute, die Frage zu stellen, was der Koran uns heute sagen will. Wir dürfen keineswegs beim Wortlaut des Korans stehen bleiben« (Hamed Abdel-Samad – Ders., »Zur Freiheit gehört, den Koran zu kritisieren«. Ein Streitgespräch, Freiburg i. Br. 2016, 71 f.).

Herausforderung zu einer *Antwort* gesehen wird, in die der Mensch sich selbst einbringt.

Noch einmal wird deutlich, welchen Unterschied es macht, ob man Gottes Offenbarungswort informativ-präskriptiv versteht – im Schema »Vorschrift – Befolgung« –, oder ob man es mit Paul Ricœur nach der »Struktur von Anruf und Antwort« auslegt.[54] Für das christlich-fundamentalistische Offenbarungsverständnis ist das Wort Gottes und Christi präskriptiv-bestimmt und semantisch eindeutig festgelegt, im Glauben zur Kenntnis zu nehmen und gehorsam zu befolgen. Versteht man das Offenbarungsgeschehen nach dem Sprechakt *Anruf* bzw. *Herausforderung,* so sind die Angerufenen darauf angesprochen, die Bedeutung dieses Anrufs auszulegen und danach zu suchen, wie sie ihm in der jeweiligen Situation *am Besten* entsprechen, wie sie zu einer Antwort finden, die den Anruf mit der Hinwendung zum Anrufenden gültig beantwortet. Die Bestimmtheit des Anrufs hat nicht den Charakter eines zur Kenntnis zu nehmenden Sachverhalts, sondern eines In-Anspruch-genommen-Seins, dessen Bedeutung sich in Hinwendung und Nachfolge herausstellt. Der Anruf will beim Angerufenen Leben-verändernde Resonanz finden, *Antwort hervorrufen.* Christlich ist der Offenbarungs-Anruf ein Mensch. Er kommuniziert durch sein Leben und sein Reich-Gottes-Zeugnis Gottes Anruf, der die Menschen in sein Leben – seine Herrschaft – hineinrufen soll.[55]

Um es in der hermeneutischen Metapher der *Übersetzung* zum Ausdruck zu bringen: Christliches Offenbarungsverständnis geht davon aus, dass Gott sich und seinen guten Willen in ein Menschenleben übersetzte. Der Fleisch-gewordene Logos hat ihn ausgelegt, menschlich *kommuniziert,* sodass er die Menschen erreichen und heilvoll verwandeln konnte. Sendung und Leben Jesu sind Gottes Ankommen im Menschlichen, bei den Menschen. Dieses Ankommen verlangt nach dem vom Gottesgeist erwirkten Ankommen in jedem Menschenleben. Jedes Menschenleben kann und soll zur Auslegung der Auslegung werden, die Gott und sein guter Wille in Jesus Christus gefunden haben. Die Übersetzung der in Christi Menschenleben und Sendung übersetzten, in ihm zur Sprache gekommenen Selbstmit-

---

[54] Vgl. Paul Ricœur, An den Grenzen der Hermeneutik, 86 f.
[55] Hier wird der kommunikationstheoretische Sinn der Offenbarungs-Kategorie *Mysterion* deutlich: Offenbarung ist Gottes Sprachhandlung, *in* Jesus Christus und *von* ihm gehandelt. So wird er theologisch als das Ur-Sakrament bezeichnet, das in den kirchlichen Sprachhandlungen der Sakramente mit- und nachgehandelt wird: als prophetische Zusage der Gottes-Herrschaft in konkrete Lebens- und Entscheidungs-Situationen hinein.

teilung Gottes im Leben der Zeugen ist zuerst gelebte Übersetzung, ehe sie zu einer gesprochenen wird. Und das in Worten Ausgesagte bleibt zurückbezogen auf und eingebettet in die Antwort, die die Menschen auf den ins Menschenleben Jesu übersetzten Anruf Gottes *leben*.

Bleibt diese Selbst-Übersetzung Gottes ohne Bedeutungsverlust? Kommt Gott so bei den Menschen an, wie er sich mitteilt? Die im 20. Jahrhundert theologisch bestimmend gewordene Kategorie der *Selbstoffenbarung* Gottes will das zur Geltung bringen. Aber nicht so, dass sie eine Eins-zu-eins-Übersetzung unterstellt. Gott übersetzt den Logos ins Menschsein. Das kann ihn nicht in der Unendlichkeit seines Gott-Seins, aber in der unendlich bedeutsamen Aussage-Kraft eines Gott-erfüllten, Gott antwortenden Menschenleben zur Sprache bringen. Sein Geist ruft dieser Selbstaussage in den Gläubigen eine vielfältige menschliche, auch allzumenschliche Antwort hervor. Man wird da nicht von einem Bedeutungsverlust sprechen, weil Gottes Selbst-Übersetzung in der geschichtlichen Konkretion der Sendung Jesu und in den menschlich-allzumenschlichen Bezeugungen seiner Gläubigen eine situative Bestimmtheit gewinnt, die sie nur als situativ-menschliche Übersetzung erlangen kann. Darin erweist sie sich als *unendlich beziehungsreich*. Gottes Anruf und Zusage werden menschlich bedeutungsvoll in den Übersetzungen, in denen sie menschlich gehört, verstanden und dann auch beantwortet werden, zuerst in der Übersetzung, die sein Fleisch-gewordener Logos lebte.

Zugleich kommt in christlicher Offenbarungstheologie zur Geltung, dass der Beziehungsreichtum Gottes in keiner der Übersetzungen ausgeschöpft ist, dass er unendlich mehr bedeutet, als in menschlichen Übersetzungen und Vorstellungen bezeugt und ausgesagt werden könnte. Gott ist kein anderer als der von seinem »treuen Zeugen«, dem Logos, Bezeugte. Aber er ist unendlich *mehr* als all das, was in Menschensprache artikuliert werden könnte, sei sie noch so genau auf der Spur des im Gottes-Anruf durch den Logos Mitgeteilten. Schon das Sprechen vom *unendlichem Mehr* bleibt freilich dem menschlich-allzumenschlichen Sprechen verhaftet; es redet so, als sei das *unendlich Mehr* das Mehr zu einem Weniger, dessen die Menschen und die Menschen-Sprache nur fähig wären. Da kommt nicht zum Ausdruck, dass das Mehr nicht nur Steigerung meint, sondern auch ein *unendlich und unvorstellbar Anders* des Gottes, der gleichwohl kein Anderer ist als der, den Jesus, der Christus, gelebt und verkündigt hat. So gerät auch das *Anders* in die Schwebe. Es muss zugleich gesagt werden, dass es nicht das schlechthin Andere zum menschlich Gelebten und Vorstellbaren ist. Nikolaus von Kues hat in diesem Sinne von Gott als dem

Nicht-Anderen gesprochen.⁵⁶ Genau so und doch unvorstellbar anders: Menschensprache gerät an ihre Grenze. Das *unendlich anders* markiert keinen Bedeutungsmangel des *Genau so,* das der Gottes-Übersetzung des Logos im Menschen Jesus theologisch zuerkannt werden darf. Gottes-Übersetzungen bleiben immer unterwegs, *dazwischen:* zwischen dem unverfügbaren Auslösenden der Über-Setzung und ihrem Ankommen in der Bedeutungsfülle, die das menschlich-allzumenschlich Übersetzte in seinem unendlichen Beziehungsreichtum offenbaren wird. Religiöse Sprache ist christlich Unterwegs-Sprache, hervorgerufen von dem Anruf, der sie hervorruft, und dem, was nach ihr sein wird, herausbringen wird, was sie noch nicht sagen konnte und sie doch nicht als unzutreffend desavouieren wird. Religiöse Sprache ist christlich eine bestimmte Sprache, Antwort auf die Bestimmtheit, die Gottes Selbstmitteilung in der Konkretion der Erwählung Israels und der Sendung Jesu Christi gefunden hat. Sie weiß zugleich darum, dass diese Bestimmtheit über sich hinaus weist in den unendlichen, durch die Konkretheit der geschichtlichen Selbstmitteilung Gottes nicht begrenzten Beziehungsreichtum des Daseins Gottes für die Menschen.

9.9 Negative Theo-Logie?

Die Sprachverlegenheit religiösen Sprechens rührt daher, dass sie einerseits zum Ausdruck bringen will, wie Gott ihm zur konkreten Herausforderung wird, von ihm zu sprechen, und dass man andererseits um die Unangemessenheit allen Sprechens von Gott weiß. Es kann ihn nur anhand menschlich-allzumenschlicher Vorstellungen zur Sprache bringen. Die antike negative Theologie hat dem in apophatischer – verneinender – Rede Rechnung tragen wollen: Gott ist *nicht* das, was menschliche Worte bezeichnen. Er ist unendlich *über* dem, was sie aussagen, überwesentlich, überseiend, übergütig: »Nicht Eines, nicht Einheit, nicht Gottheit, nicht Güte, nicht Geist – so wie wir dies kennen. Nicht Sohnschaft, nicht Vaterschaft, noch irgendetwas sonst, was wir oder irgendein anderes Wesen kennen.« Aber auch nicht das in der Negation dessen, was wir kennen, Erfasste, denn das

---

⁵⁶ Nikolaus von Kues, de non-aliud, in: ders., Philosophisch-theologische Schriften, hg. von L. Gabriel, Bd. 2, Wien 1966, 443–565. Das Nicht-Andere ist nach Nikolaus dasjenige, welches »von nichts anderem definiert werden kann, sich [daher] selbst definiert« (ebd., 446).

Göttliche ist über unsere Verneinungen unendlich erhaben.[57] Nikolaus von Kues hat das apophatische Motiv in seinem *Non-aliud* sprachtheoretisch aufgegriffen: Gott ist der, der nicht durch ein Anderes ausgedrückt und begrenzt werden kann: durch das, was menschliche Kategorien an Ausdrucksmöglichkeiten bereitstellen. Theologen hätten – so der Cusaner – diese Unmöglichkeit so auszusagen versucht, dass sie Gott »als übersubstantiell, über jeden Namen erhaben und ähnlich bezeichnet[en].« »[M]it ihrem Über, Ohne, Un, Nicht und Vor [aber] haben sie nicht jeweils ein Anderes ausgedrückt«[58], das Gott in der Negation angemessen zur Sprache gebracht hätte.

Sprache rekurriert, wenn sie noch Unausgesprochenes, insofern Unbekanntes aussprechen will, auf vorausgesetztes Bekanntes, im »Vergleich« zu dem sie das Auszusagende differenzierend zur Sprache bringt, in Beziehung zu dem es als das Gleiche, Ähnliche oder als in dieser oder jeder Hinsicht doch Unvergleichliche ausgesagt wird. So ist sie in der Gefahr, übergriffig zu werden und an Vorurteilen zu haften. Gott aber kann in seiner »unbekannten« Unendlichkeit nicht zu einem Bekannten ins Verhältnis gesetzt und aus dieser Beziehung heraus – und sei es auch per Negation – angemessen erfasst werden.[59] Die Negation hat ja noch die Begrenztheit dessen an sich, was es negiert.

Negative Theologie versucht der Übergriffigkeit der Sprache zu wehren, da sie die *Begrenztheit* der Gottes-Zuschreibungen negiert, die die Grenze menschlicher Vorstellungskraft widerspiegelt. Menschen können sich nur endliche Attribute und Zuschreibungen vorstellen. Versuchen sie, deren Endlichkeit »herauszurechnen«, kommen sie doch nicht umhin, das Unbekannte – das Göttliche – vom Bekannten her auszusagen, so sehr sie sich

---

[57] Vgl. Dionysius Areopagita, Von der mystischen Theologie V, in: ders., Von den Namen zum Unnennbaren. Auswahl und Einleitung von E. von Ivánka, Einsiedeln ²1981, 89–97, hier 96 f.
[58] De non-aliud, a. a. O., 456 f.
[59] Vgl. Nikolaus von Kues De docta ignorantia I 1, in: ders., Philosophisch-theologische Schriften, hg. von L. Gabriel, Bd. 1, 191–517, hier 194 f.: »Alle, die etwas untersuchen, beurteilen das Ungewisse im Vergleich und gemäß seinem Verhältnis zu einem als gewiss Vorausgesetzten; also ist jede Untersuchung ein Vergleich, der sich eines Verhältnisses als Mittel bedient, so dass, wenn das zu Erforschende durch nahestehende, verhältnisbezügliche Rückführung mit dem Vorausgesetzten verglichen werden kann, das begreifende Urteil leicht ist […] Alles Untersuchte besteht also in einer leichten oder schwierigen vergleichenden Verhältnisbeziehung. Deshalb ist das Unendliche als Unendliches, da es sich jeder Verhältnisbeziehung entzieht, unbekannt.«

anheischig machen, das Bekannte ohne den Index Endlichkeit zu denken. Allmacht trägt noch immer die Züge von Macht; Unendlichkeit die Züge einer unendlichen Endlichkeit; unendliche Güte die Züge endlicher Güte; unendliches Sein die des in seiner Endlichkeit negierten Seins. Die Scholastik hat das Problem in einer differenzierten Analogie-Lehre zu beherrschen versucht. Aber selbst Thomas von Aquin hat vor ihm in gewisser Weise kapituliert, wenn er einräumt: »Wir können nämlich von Gott nicht erfassen, was er ist, sondern nur, was er nicht ist und wie anderes sich zu ihm verhält.«[60] Versucht man, die auch die in der Negation der Endlichkeit des Gott Zugesprochenen noch geschehende Eintragung endlicher Vorstellungen dadurch zu überwinden, dass man das Über-Sein, die Über-Güte Gottes als seine unendliche Erhabenheit über den Gegensatz von endlich und unendlich auszusagen versucht, so verlieren die Namen, die man Gott beilegt, ihre inhaltliche Bestimmtheit. Sie bleiben freilich *Namen,* die im Lobpreis ihren angestammten Ort haben. In der Sprache des Lobpreises, nicht in der des begrifflichen Denkens kann man authentisch vom Endlichen zum Unendlichen kommen, denn sie antwortet auf die Widerfahrnis Gottes inmitten menschlichen Nichtwissens.

Nach dem christlichen Inkarnationsglauben kommt Gott jedoch – *von sich aus* als der Unermessliche und Unendliche zum Endlichen. Sein Wort, sein Sich-selbst-Mitteilen, geschieht durch das Wirken des Gottesgeistes in einem endlichen Menschenleben. Es ruft in die Begegnung mit diesem Menschenleben, mit dem Fleisch gewordenen Logos, mit denen, in denen er den Menschen zum Anruf wird, sich der Verheißung der Liebe zu überlassen und so in Gott hinein zum Gott-erfüllten, Menschen-erfüllenden Leben zu kommen. Der Anruf, in dem der Unendliche im Endlichen geschieht, ruft nicht in die abstrakten Höhen eines grenzenlos-unbestimmten Daseins, sondern in die Unermesslichkeit eines konkreten menschlichen Gegenübers. Hier geschieht Unendlichkeit, Unausschöpfbarkeit. Jedes Menschenleben ist unendlich in der Tiefe und im Beziehungsreichtum seines Daseins, in der Unendlichkeit seines Geschenkseins und des Verlangens, beschenkt zu werden. So ist es – wie Gott – ineffabile, sprachlich, menschlich unerschöpflich, nicht auf den Begriff zu bringen. In seiner Un-

---

[60] Summa contra Gentiles I 30. Nikolaus von Kues sagt – eher in der Spur des Augustinus: »Ich weiß, dass alles, was ich weiß, nicht Gott ist, und dass alles, was ich erfasse, ihm nicht gleichkommt, dass er es vielmehr überragt.« Und: »Gering ist, was genannt wird. Er, dessen Größe unfasslich ist, bleibt unsagbar« (De Deo abscondito, Philosophisch-Theologische Schriften, Bd. 1, 299–309, hier 304 f.).

ausschöpflichkeit kann sich die Unerschöpflichkeit der Liebe erahnen lassen – und die Unendlichkeit eines Verlangens, das hier und jetzt Befriedigung immer nur finden kann, indem es sich neu regt.

Diese innere Unendlichkeit eines Menschenlebens spricht immer wieder neu, fordert heraus, die Botschaft zu verstehen, die ein Mensch *ist*. Nicht nur zu verstehen, was du – von mir – willst, sodass ich entsprechend reagiere; nicht nur biographisch, vielleicht psychoanalytisch zu verstehen, welche Erfahrungen dich zu der gemacht haben, die du nun für mich und uns eine Freude oder eine Last bist – sondern zu verstehen, was du uns *bedeuten* kannst: Das wird die elementare kommunikative Herausforderung der Sprache und des Sprachverstehens von Anfang an gewesen sein. Sie bringt die Herausforderung des Hermeneutischen mit sich, nur unvollkommen hinter dem zu Verstehenden »hinterherzukommen«, kaum angemessen sagen zu können, was mich als deine Botschaft erreicht, was sie mir zu bedeuten hat. Mit-*menschlich* nehmen wir uns wahr, wenn wir uns nicht übersehen und den Ruf nicht überhören, der du bist; wenn wir nicht vergessen, was wir gesehen und gehört haben; wenn wir *verstehen,* nicht sofort einordnen und erklären. Es ist klar: Mit jedem Überhören und Vergessen steht die Menschlichkeit einer Beziehung auf dem Spiel. Der im Kontext der antiken Trinitätslehre entwickelte Person-Begriff hat diese kommunikative Herausforderung über die Jahrhunderte hinweg bis in die Phänomenologie des dialogischen Personalismus als den originären Sinn des Redens auch von der menschlichen *Person* hervortreten lassen. Den Mitmenschen als Person würdigen heißt: sich von seinem Dasein und seinem Leben ansprechen lassen und auf angemessene Weise antworten wollen, ohne übergriffig zu werden; ihm zuzusprechen, dass er es verdient, in seinem Eigen-Sein vernommen und für mich bedeutsam zu werden.[61]

---

[61] Zur Herausarbeitung des Personbegriffs in der Antike und zu seinen modernen Ausprägungen vgl. meinen Artikel »Person« in: P. Eicher (Hg.), Neues Handbuch theologischer Grundbegriffe. Erweiterte Neuausgabe München 1991, Bd. 3, 193–204. Auch Kants Personbegriff lässt sich in diesem Sinne kommunikativ ausformulieren. Für Kant sind Personen »selbstzweckliche«, zu individueller Selbstbestimmung fähige Vernunftwesen und in dieser ihrer Würde zu achten: niemals »bloß als Mittel zum beliebigen Gebrauche für diesen oder jenen Willen« anzusehen (vgl. Grundlegung zur Metaphysik der Sitten, in: Kants Werke, 385–464, hier 428; vgl. den Kontext bis 429). Als individuelle Realisierung des Vernünftigen haben sie Anspruch darauf, für mich *als sie selbst* bedeutsam zu werden. Sachen sind für Kant dem menschlichen Gebrauch anheimgegeben. Man wird heute fragen, ob nicht auch ihnen eine Würde zukommt, die dem beliebigen Gebrauch nicht untergeordnet werden dürfte.

Es ist das schlechthin Erstaunliche, dass Gott sich in die Botschaft eines Menschenlebens hineinspricht, dass er seine Unendlichkeit in der unausschöpfbaren Konkretheit eines menschlichen Daseins und seiner Botschaft mitteilt. Es ist – so darf man sagen – die Pointe des Christlichen und seines Sprachverständnisses, dass die unerträgliche Konkretheit eines am Kreuz der Vernichtung preisgegebenen Menschen-Daseins Gottes »Innerstes« in seiner unermesslichen Unendlichkeit sagt. Hier tut sich der Abgrund auf, den die Selbst-Übersetzung – Selbst-Einbergung – Gottes in den Fleisch gewordenen Logos »durchschreitet«. Das inkarnierte Gotteswort *überträgt* das Unermessliche in eine Lebens-Konkretion, die es den dieses Wort Hörenden ermöglich, Gottes Dasein konkret zu verstehen und sich ihm auszusetzen, zu antworten. So darf man dieses Menschsein in seiner ganzmenschlichen Konkretion die *Metapher Gottes* in Person nennen.[62] Gottes metaphorische Selbstübertragung in den personalen Anruf, der sein Christus ist, will den Menschen nahegehen, sodass sie sich ihm öffnen, *mit sich antworten*, umkehren: sich gewinnen lassen für Gottes Vorhaben, sie in seine Herrschaft einzuführen und in ihr zu vollenden; sich hinwenden und öffnen für die, in denen Gottes eigenes Verlangen nach Aufgenommen-Werden und nach Gerechtigkeit in den Armen sichtbar und hörbar wird. So hat dieser Anruf den Charakter der Bitte[63], dem Anruf Gottes in Jesus Christus zu folgen und sich bewegen zu lassen, in der Spur Christi zur Gottesherrschaft aufzubrechen.[64]

Dass Gott, der Unendliche und Unermessliche, in dieser Bitte zum Menschen kommt, ist so überraschend, dass es seiner Göttlichkeit Hohn zu sprechen scheint. Gottes Bitte in Person ist überraschendes, herausforderndes Wort: Metapher. Die Metapher ist Überraschungssprache, die der übergriffigen Einordnung des Gehörten ins Gewohnte wehrt. Sie bringt zusammen, was nicht zusammenzupassen scheint. So geschieht, dass sich in-

---

[62] Eberhard Jüngel spricht – ausgehend von den Gleichnissen Jesu, in denen Gott und sein Aufruf zur Gottesherrschaft – von Jesus »als dem Gleichnis Gottes«, da »Gott in ihm *der Menschheit* näher gekommen ist, als diese sich selber nahe zu sein vermag« (ders., Gott als Geheimnis der Welt, Tübingen 1977, 407).

[63] Vgl. Eberhard Jüngel, Die Autorität des bittenden Christus. Eine These zur materialen Begründung der Eigenart des Wortes Gottes. Erwägungen zum Problem der Infallibilität in der Theologie, In: ders., Entsprechungen: Unterwegs zur Sache. Theologische Bemerkungen, München 1972, 179–188.

[64] Simone Weil hat diese Einsicht zu Ende gedacht; vgl. dies., Zeugnis für das Gute, 244: »Gott hat in dieser Welt das Gute und die Kraft getrennt und sich das Gute vorbehalten. Seine Gebote haben die Gestalt von Bitten.«

mitten der gewohnten Sprache neue Bedeutungen auftun. Jesu Gleichnisse sind ausgeführte Metaphern. Sie kommunizieren eine Überraschung, die nicht folgenlos bleiben kann: wenn Gott und seine Herrschaft im Bild des barmherzigen Vaters erzählt werden, wenn Sünder und Unterdrückte ihr am nächsten sein sollen, wenn das Wachsen der Gottesherrschaft wie das Aufkeimen des Senfsamens in der wenig repräsentativen Senfstaude dargestellt wird. Da werden keine ewig-notwendigen Wahrheiten geltend gemacht, für die vernünftiges Nachdenken oder das Herkommen die Gewähr übernähmen. Da werden Menschen damit überrascht, sich Gott und das Kommen seiner Herrschaft ganz anders vorstellen und ihr so auf die Spur kommen zu dürfen. Sie werden überrascht von der Gottes-Überraschung in Person: von ihm, in dem Gottes Wort eine Bitte ist und anders wirkt als in der am Anfang der biblischen Bezeugungen des Gottesworts stehenden Schöpfungsgeschichte, die vom schlechthin Wirklichkeits-schöpferischen Gotteswort Zeugnis zu geben weiß. Nun kommt der Unendliche in seinem Wort zu den Menschen, die schon da sind, sich der Herrschaft des Zwangsläufigen unterworfen haben, nicht mehr damit rechnen, dass Gottes Herrschaft eine ganz andere sein könnte, eine, die unendlich weit über das notwendig Ablaufende hinaus geschieht. In ihrer Welt muss es intervenieren, *dazwischenkommen;* ihnen müsste es mit seiner Gottes-Überraschung so nahekommen, dass sie in Gottes andere Herrschaft hinein aufbrechen, dass sie die schicksalhaften Welt-Notwendigkeiten geschehen, sich aber nicht von ihnen fesseln lassen. Gottes menschgewordene Bitte kann den Menschen nahe gehen, ihre Sehnsucht wachrufen, ihre Vorstellungskraft mobilisieren, ihr Wollen in Bewegung bringen, da sie nun von Gottes gutem Willen berührt sind. So ist dieses Gotteswort schöpferisches Wort, das Menschen lebendig macht in der Liebe, die in Gott hineinführt; so ist es der Anruf, der die ihm entsprechende Antwort möglich macht, Gottes Wille und Wirklichkeit geschehen zu lassen. Jesus, der Christus, die Gottes-Metapher in Person, spricht den Menschen die alles verwandelnde Gottes-Überraschung zu, ist selbst die den Menschen geschehende Gottes-Überraschung. Wo sie sich ihr aussetzen, beginnt die Auferweckung in das kaum vorstellbar Neue, das Gott ihnen bereitet hat.

Es geht für die Menschen nicht nur darum, Gottes Wort zur Kenntnis zu nehmen, sondern darum, es – endlich – aufzunehmen. Vielfach wurde es abgewiesen, obwohl die Menschen es als das ihnen zugutekommende neuschöpferische Wort hätten »erkennen« müssen. *Nun aber* wird es im Fleisch gewordenen Logos mit dem äußersten Selbst-Einsatz Gottes dafür gesprochen, in und mit den Menschen unterwegs zu sein als das neue Zelt der

Gottesgegenwart.[65] Die Menschen, die das Wort aufnehmen, werden zuinnerst mit Gott verbunden sein (vgl. Joh 1,10–16), seine Bitte in ihrer Mitte *wohnen*, sich von ihr mitnehmen und verwandeln lassen.

Im Sinne des Johannesprologs aufgenommen wird das Wort, wenn es seine heilende, in Gottes Zukunft führende Wirkung entfalten darf. Seinem Wirken-Wollen tragen Menschen nicht Rechnung, wenn sie das Wort als Mitteilung eines Sachverhalts abbuchen und mit anderen Informationen abgleichen. Man schneidet ihm die Wirkung ab, wenn man das Mitgeteilte in seinem *Was* identifizieren und in andere Informationsgehalte einordnen will. Es teilt ein *Wie* mit, realisiert es und will es in den Menschen zur Wirkung bringen: das Wie des Sich-Mitteilens Gottes an die Menschen, das den Vorgang ihres Antwortens provozieren will, in dem sie dem Wort die Möglichkeit geben, sie über sich hinauszuführen und zu befreien. Gottes Selbstmitteilung ist Wirkungs-Sprache, Sprechakt. So wird sie vielfältig metaphorisch bezeugt, als Erfahrungs-Angebot geteilt, das den Angesprochenen die Möglichkeit zuspielt, *mehr* zu erfahren, neue Zusammenhänge wahrzunehmen und sich darauf einzulassen: *wie* Gott nahekommt und seine Herrschaft geschieht. Gottes Wort öffnet Lebensräume. Es wird bezeugt von Menschen, die sich herausfordern lassen, in ihnen *mehr* zu sehen und auszuprobieren.

Das Wie ist ein Geschehen, das Was ein Sachverhalt. Im Geschehen des Gotteswortes teilt sich Gott mit, um den Menschen wirklich zu werden. Man kann das auch als Mitteilung eines Sachverhalts beschreiben. Dann hat man es nicht in seinem Geschehen wahrgenommen. Dazu kommt es nur in einer Antwort, die dem Anruf-Geschehen Raum gibt, sich von ihm in Gottes Unendlichkeit hineinführen lässt. Das Gotteswort kommt aus Gottes Unendlichkeit; es teilt sich mit in der Konkretheit des aus Gott und in Gottes Wirklichkeit gelebten Lebens seines »Sohnes«. Es erreicht die Menschen im Heiligen Geist als die Bitte, sich der Liebe zu öffnen, in der Gott den Menschen wirklich werden will.

Gottes Wort führt ins Weite, über all das hinaus, was man für sich festhalten will. So führt es in die Gottes-Zukunft: Es negiert nicht, was ist und woran man sich halten möchte. Es ruft über das Festhalten-Wollen hinaus, da es ein Beherrscht-Werden ist; auch über das Festhalten-Wollen an genau definierten Glaubensformeln. Die Glaubens-Vorstellungen, auch die Dogmen der kirchlichen Glaubenslehre, werden sich als die Leitern erweisen,

---

[65] Das Wort ist Fleisch geworden, hat unter uns/in uns gezeltet, hat so seine Herrlichkeit sehen lassen (Joh 1,14).

die man *dann* nicht mehr braucht.[66] Dann sind sie auf eine Weise wahr geworden, die nicht vorwegzunehmen ist, größer ist als alles menschlich Vorstellbare.

Jetzt haben die Glaubenden diese Leiter und sind weit besser dran, als wenn sie sie nicht hätten. Man soll sie nicht geringschätzen, aber im Blick haben, dass sie nicht die Sache selbst ist, sondern *hilft*. Denen, die sie intakt halten, gilt die kirchliche Solidarität; eine kritische Solidarität, wenn sie vergessen, dass sie selbst und die Leiter, die sie schützen wollen, zum Helfen da sind. Kirchliches Lehren darf sich von der biblischen Metaphern-Sprache helfen lassen, seiner Gottes-Übergriffigkeit auf die Spur zu kommen: von der Sprache des überraschenden *Wie,* die das Geschehen des Wirklich-Werdens Gottes und seiner Herrschaft zur Wirkung bringen will. Gottes Herrschaft ist (wie) …, Gott ist (wie) der barmherzige Vater, Gottes Pneuma ist (wie) das hoffnungsschwere Stöhnen der Gebärenden …, dem Tod ausgeliefert werden ist (wie) Aufstehen. Nicht davon ist die Rede, was es ist, sondern wie es (er) ist, vom unendlichen, unerschöpflichen, über die Grenzen des Begriffenen hinausdrängenden, hoffnungsvoll fragenden Wie. Wie also wird Gott uns zur Wirklichkeit? Als Gottes-Überraschung. Er wird mich nicht zum Bösen, sondern zum Guten, Befreienden hin überraschen, gebären, aufstehen lassen, sein gegebenes Wort einlösen.

---

[66] Die Assoziation zu »Wittgensteins Leiter« ist gewollt; vgl. den Satz 6.54 des Tractatus: »Meine Sätze erläutern dadurch, dass sie der, welcher mich versteht, am Ende als unsinnig erkennt, wenn er durch sie – auf ihnen – über sie hinaufgestiegen ist. (Er muss sozusagen die Leiter wegwerfen, nachdem er auf ihr hinaufgestiegen ist.).«

10. Leben in Fülle

10.1 Projekte und Tugenden

Die »normale« Sprache ist Gott nicht gewachsen. Sie wird *exzessiv,* wenn sie sich daran versucht. Da mag man im Zweifel sein, wohin sich der sprachliche Überschwang aufschwingt.[1] Jesus, der Christus, johanneisch die Gottes-Sprache in Person, bringt Gott anders zur Sprache: *provokativ,* in Metaphern und Gleichnissen. Sie kommunizieren ihn so, dass sie sprachlich übermittelte Assoziationen und Selbstverständlichkeiten aufsprengen. Hans Blumenberg sprach von »Sprengmetaphern«[2]: Sprengladungen an der geläufigen Rede von und zu Gott, am Reden vom Gott-gemäßen, Gotterfüllten Leben. Auch der Herausforderung zu einem Gott entsprechenden Leben ist die Sprache ja nicht gewachsen; sie kann allenfalls auf die Spur setzen, es zu suchen, die Sehnsucht nach Lebensfülle, Glück oder Menschlichkeit zu entfachen.

Die Fülle des Gott-erfüllten Menschseins wird gewiss unendlich übertreffen, was man von ihr sagen kann, wovon die Sehnsucht spricht, wenn sie sich der Sprache anvertraut und, wie Paulus sagt, in Seufzern endet (vgl. Röm 8,21–26). Es braucht die Sprache des Überschreitens, die zur Überschreitung herausfordert. Die geläufigen Formeln sind allenfalls Vorgriffe auf das menschlich Unergreifbare; nicht selten Übergriffe, die doch sagen wollen, was das ist: das Glück, die Seligkeit eines erfüllten Lebens, Menschlichkeit. Man will es zu sagen versuchen – und findet sich in der Sprach-

---

[1] Die Exzessivität der Kunst mag hie und da eine menschlich-allzumenschliche, aber authentische Sprache für das Unaussprechliche erschließen, authentisch wohl eher im Scheitern als im Gelingen. Exzessiv über die Grenze gehen: Wer will da entscheiden, ob im Gelingen oder im Scheitern? Wer will über die Berührung oder die Betroffenheit urteilen, die Bruckners Vierte in der Sagrada Familia in Barcelona am 18. September 2021 auslöste.
[2] Vgl. Hans Blumenberg, Ästhetische und metaphorologische Schriften. Auswahl und Nachwort von A. Haverkamp, Frankfurt a. M. 2001, 452.

verlegenheit einer Sehnsucht vor, die im Erreichten und Erreichbaren nicht zur Ruhe kommt.³ Wenn es gut geht, macht sich die Sehnsucht an Erfahrungen fest, die sie sagen lassen: So, aber unendlich mehr; und noch einmal ganz anders! Oder die sie darüber sprechen lässt, wie es sich anfühlt, es schon irgendwie zu erleben, sich als Lebens-tüchtig, zur Lebens-Steigerung fähig, mit Lebensfreude beschenkt zu erfahren.

Oder redet so ein theologisch imprägniertes, vormodernes Verständnis des menschlichen Lebens, das nicht zur Kenntnis nimmt, wie die digital aufgerüsteten Biowissenschaften dabei sind, eine Lebens-Tüchtigkeit zu ermöglichen, die keine überschießende Sehnsucht mehr kennen wird? Die Naturwissenschaften haben die Abhängigkeit der Menschen von der Natur weitgehend überwunden. Für die nächsten Jahrzehnte dürfe man doch erwarten, dass biologische Alterungsprozesse aufgehalten und Krankheiten durch Medikamente oder Impfungen unter Kontrolle gebracht werden. Die Möglichkeiten, das Leben als erfüllend zu erleben, werden – so rechnet man es sich aus – exponentiell zunehmen, sodass die verbleibenden Einschränkungen Randphänomene werden und die Menschen schließlich aus einem Leben scheiden, das ihnen nichts Bedeutsames verweigert hat. Was das 19. Jahrhundert schon ins Auge fasste, wird das 21, spätestens das 22. einlösen und noch überbieten:

> »Neue Technologie werden das Wirtschaftswachstum antreiben, und eine wachsende Wirtschaft kann noch mehr Geld in die Forschung stecken. Mit jedem neuen Jahrzehnt werden wir mehr zu essen, schnellere Verkehrsmittel und bessere Medikamente haben. Eines Tages wird unser Wissen so umfassend und unsere Technologie so fortgeschritten sein, dass wir das Elixier ewiger Jugend, das Elixier wahren Glücks oder jedes andere gewünschte Mittelchen zusammenmixen können – und kein Gott wird uns aufhalten.«⁴

---

³ Oder man hält sich an den nüchternen juristischen Begriff der Erfüllung. Der meint das Zum-Erlöschen-Bringen einer Schuld durch Bewirkung der geschuldeten Leistung (vgl. Abs. 1 des BGB). Anthropologisch findet man den Gedanken in der Vorstellung, das Leben könne die Ansprüche »erfüllen«, die man an ein *menschliches* Leben stellen dürfe es würde diese Ansprüche erfüllen, wenn es nicht entfremdet gelebt und biologisch optimiert würde. Hier ist die Logik der Äquivalenz bestimmend: Es soll geschehen, was eine vorgefundene Leere ausfüllt oder einen Mangel ausgleicht. Der Ausdruck Leben in Fülle impliziert aber eine »Logik der Überfülle« oder der unverdienten Fülle, die das jedes Maß Überschreitende zum Ausdruck bringen soll (vgl. Paul Ricœur, Hermeneutik und Strukturalismus, 208 f.).
⁴ Yuval Noah Harari, Homo Deus. Eine Geschichte von Morgen, München ¹⁵2018, 276. Vgl. Josef Römelt, Erfüllung im Diesseits. Wie Gegenwartsutopien die christliche Heilsbotschaft herausfordern, Freiburg i. Br. 2021, 22–113.

Man müsste, so Yuval Noah Harari, nur den Entwicklungspfeil der Technologien in die absehbare Zukunft verlängern, um sich dessen zu vergewissern, dass wir uns auf dem Weg zur Herstellung der Bedingungen für ein erfülltes Leben für immer mehr Menschen befinden und uns immer schneller »in Richtung des technologischen Paradieses« bewegen.[5] Immer schneller auch bewege sich die Menschheit von religiösen und philosophischen Konzepten weg, die alles Gewicht auf die ethische Vervollkommnung im Blick auf ein jenseitiges Paradies legen, ihnen etwa vom Bleiben auf dem Pfad einer Natur- und Lebens-genügsamen Tugend das Erreichen einer dann jenseitigen Erfüllung versprechen.

Ein genauerer Blick auf die Geschichte von gestern und vorgestern – auf »damals« gehegte Vorstellungen eines erfüllten Lebens und des Weges dahin – könnte Hararis berauschten Blick auf morgen ein wenig ernüchtern. Die antike Philosophie spricht von Tugend, von der *areté*, wenn es darum geht, wie die den Menschen gut im Leben »zuhause« sind und seiner Fülle teilhaftig werden. Wie ein Messer gut ist, wenn es gut handhabbar ist, so besitzt ein Mensch Tugend, wenn er das, wozu er da ist, gut vollbringt. Und das ist sein Glück; es ist der Weg zum Glück, Tugenden auszubilden und immer mehr dafür zu taugen, ein guter Mensch zu sein. Das Glück – die *eudaimonia* – stellt sich ein, wenn man da vernünftig unterwegs ist. Dazu hilft die Vernunft: die Mitte zwischen zu viel und zu wenig zu halten, nicht zu viel, auch nicht zu wenig Mut oder Freigebigkeit oder Leidenschaft; das rechte, gerechte Maß. Da kommt – schon in der Nikomachischen Ethik des Aristoteles – das vernünftige Sollen ins Spiel. Die »Kardinaltugenden« Klugheit oder Weisheit, Gerechtigkeit, Tapferkeit oder Mut und Mäßigung geben ihm das Ziel vor. Gut leben bedeutete nun: ein moralisch guter Mensch zu sein. Und das ging – nicht bei Aristoteles, dann aber in der Stoa und im Neuplatonismus – zu Lasten der Leidenschaften, die einem zuletzt ins bloße Lebewesen-Sein und den darin erstrebten Befriedigungen hinunterzogen. Das Wollen muss vom Sollen bestimmt sein; die Neigungen sollen von der Pflicht beherrscht werden: So hat es Kant gesehen, der die Tugend-Ethik als Pflicht-Ethik reformulierte. Der Mensch soll sich selbst so bestimmen, dass er sich von lust- und vorteilsorientierten Neigungen distanziert und sich in seinem Handeln von der Pflicht als dem von der Vernunft Vorgeschriebenen leiten lässt.[6] Wie das *Sollen* hier das *Wollen* dominieren

---

[5] Yuval Noah Harari, Homo Deus, 137.
[6] Vgl. Immanuel Kant, Kritik der praktischen Vernunft. Kants Werke, Bd. V, Berlin 1968, 86.

soll, so ist es das Unterpfand des *Könnens.* Der Mensch soll ein besserer Mensch werden, der das vernünftige Sittengesetz zur Grundbestimmung seines Menschseins macht. Dieses Gebot »erschallt […] in unserer Seele; folglich müssen wir es auch können.«[7]

Das Spannungsfeld zwischen Wollen, Sollen und Können, in dem Menschlichkeit gelebt wird, gerät bei Kant unter die Dominanz des Sollens. Der antike Tugendbegriff hat die Spannungspole ausgewogener aufeinander bezogen. Vom Wortklang her stand – im lateinischen *virtus* deutlicher als im Griechischen – das Können im Vordergrund, die Lebens-*Tüchtigkeit,* in der man sein Vermögen – seine menschlichen »Ressourcen« – einbringen, das eigene Leben zur Entfaltung bringen und so auch das gemeinschaftliche Leben fördern konnte. Die Leidenschaften boten dazu den Impuls und die Kraft, wenn sie gut eingebracht wurden. Es galt, das Können und das Wollen maßvoll auszuleben und es so für sich wie für die anderen fruchtbar zu machen. Tugend ist hier nicht allein das Gesollte, sondern ebenso das Gekonnte und das Gewollte: Da wirkt sich aus, was in mir steckt; es führt zum Gutem.

Mit der durchgreifenden Moralisierung der Tugenden seit der Stoa und dann in den christlichen Überlieferungen wird die Tugend der Disziplinierung unterworfen; sie soll geübt und zu Haltungen (habitus) ausgebildet werden, damit sie die Affekte beherrschen kann. Ja, sie muss die Affekte, die in der augustinischen Tradition zum Spielfeld der *Concupiscentia* geworden sind, heilen und zurechtbringen, damit der Mensch sich von den wahren Zielen seines Tugendstrebens nicht abbringen lässt. Das vermag der Mensch nicht aus sich selbst, sondern nur in der Gnade. Und das gilt a fortiori für die *habitus infusae,* die in ihm die übernatürlichen, »theologischen« Tugenden Glaube, Hoffnung und Liebe hervorrufen und lebendig erhalten.

Renaissance und Aufklärung setzen auf die Kräfte des zu sich selbst befreiten Menschen. Sie vermögen zur Glückseligkeit *(eudaimonia)* eines erfüllten Lebens zu führen. Wer vernünftig – maßvoll und gerecht, unter Ausschöpfung seiner Möglichkeiten – zu leben weiß, wird ein gutes Leben erlangen und zum Glück der anderen beitragen; so dann die englische Aufklärung. Kants Absage an den Eudämonismus bleibt unvollständig. Bei ihm darf Glückseligkeit nicht das Motiv, wohl aber der Horizont pflichtgemäßen Handelns sein. Seine Eudämonie-Skepsis ist immerhin so durchgreifend,

---

[7] Ders., Die Religion innerhalb der Grenzen der bloßen Vernunft. Kants Werke, Bd. VI, Berlin 1968, 45.

dass moralisches Sollen vom Wollen der Glückseligkeit gelöst erscheint und die Frage aufkommen lässt, woher dem Menschen die Kräfte zuwachsen, das moralisch-vernünftiges Wesen zu sein, das er sein soll.

Die vorherrschende Gegenwarts-Meinung darf man so deuten: Man sieht das menschlich-gute Leben in einer Lebens-Tüchtigkeit begründet und gegeben, in der ein Mensch die Potentiale und Ressourcen ausschöpfen kann, die sein Leben »interessant«, »spannend«, möglichst bis an sein Ende »lebenswert« erscheinen lassen oder ihm ein »sinnvolles« Leben ermöglichen. Tugenden sind – wenn man sich des Begriffs noch bedient – Teilaspekte der Lebens-Tüchtigkeit, in diesem Sinne auch Kraftquellen, die einem ein lebenswertes Leben ermöglichen. Gegen die moralische »Überspanntheit« eines Sollens-Idealismus wendet sich ein Ressourcen-orientierter Ansatz, der den Aufbau der *Fähigkeiten* in den Blick nimmt, die es braucht, um die Güter zu realisieren, die ein gutes Leben ausmachen. Der *capabilities approach* will Aspekte eines menschlichen *Könnens* ermitteln, die in das Wollen-Können von Lebensvollzügen eingehen, in denen Menschen die Realisierung eines guten Lebens sehen und für sich erstreben können.[8] Der mit diesem Ansatz verbundene Appell richtet sich nicht zunächst an einzelne Menschen, sondern an Institutionen, die auf die Lebenswelt der Menschen Einfluss haben. Ihr Handeln ist darauf zu verpflichten, der Ausbildung dieser Fähigkeiten zu dienen und einen Ausgleich zu schaffen, wo sie nicht ausgebildet werden können. Allen Menschen soll der Zugang zu einem guten Leben gebahnt werden, damit sie in den verschiedenen Lebensbereichen, in denen diese Capabilities entscheidungs- und handlungsfähig machen, Verantwortung für ihr Leben übernehmen und »nicht-relative Tugenden« ausbilden können.[9]

Ein Ressourcen-orientierter Ansatz müsste konkreter über die sozialen und individuell-biographischen, so auch elementar unverfügbaren Entstehens-Bedingungen solcher Tugenden orientieren. Tugenden und »Capabilities« sind auf Quellen angewiesen, ohne die sie nicht lebensbestimmend werden können. Das lässt sich an Tugenden nachvollziehen, die heute als zentral angesehen werden und sich auf dem Feld der Capabilities,

---

[8] Dabei kommen mit der leibhaften und psychischen Gesundheit verbundene, emotionale, kognitive und die selbstwirksame Lebenspraxis ermöglichende Capabilities in den Blick; vgl. Martha Nussbaum, Gerechtigkeit oder das gute Leben, dt. Frankfurt a.M. 1999; dies., Women an Human Development. The Capabilities Approach, Cambridge 2000.

[9] Vgl. dies., Nicht-relative Tugenden: Ein aristotelischer Ansatz, in dies.: Gerechtigkeit oder Das gute Leben, 227–264. »Nicht-relative« Tugenden meint hier: nicht nur kulturgebundene Tugenden.

das Nussbaum abschreitet, lokalisieren wie auch mit klassischen Kardinaltugenden in Zusammenhang bringen lassen.

Tapferkeit wird sich heute nicht auf Schlachtfeldern beweisen müssen, sondern in dem *Mut,* ein eigenständiges Leben im Widerspruch gegen vielfältige Zugriffs- und Manipulations-Versuche zu wagen und die damit verbundene Ungewissheit auszuhalten. Die in Erziehung und Bildungsprozessen mitgegebenen Capabilities wären dafür ebenso elementar wie Quellen des Mutes in signifikanten Erfahrungen mit Vorbildern und ethisch relevanten Traditionen, gewiss auch mit den Verheißungen, die in einem selbstständigen Leben Wirklichkeit werden können. Mir wird – hoffentlich – durch vielfältige *Ermutigung* geschenkt, Mut zu entwickeln und in konkreten Herausforderungen an den Tag zu legen. Aber damit ist nicht vorentschieden, ob ich hier und jetzt mutig bin und darin die Erfahrung machen darf, berührt zu haben, was ein gutes Leben ausmacht.

Kluges *Unterscheidungsvermögen* wächst aus dem Mut, Alternativen wahrzunehmen, sich Entscheidungssituationen einfühlsam auszusetzen und nach guten Entscheidungs-Gründen zu suchen, also aus der Bereitschaft, sich von Voreingenommenheiten und aus Selbstverständlichkeiten zu lösen. Unvoreingenommenheit setzt in diesem Sinne das Widerstehen-Können gegen Übergriffigkeiten jeder Art voraus, ist die Mitgift günstiger Lebensverhältnisse ebenso wie die konkret gelebte Tugend eines unbestechlichen Lebens.

In der Antike sprach man von Gerechtigkeit. Heute wird man geneigt sein, das *Gerechtwerden* als elementare Tugend anzusehen: anderen Menschen, auch der Natur nicht schuldig zu bleiben, was wir ihnen bzw. ihr jetzt schulden. Gerechtwerden setzt die Fähigkeit zur Einfühlung in die Perspektiven und – mitmenschlich – in die Erfahrungen anderer voraus: *Empathie.* Sie ist ebenso Befähigung wie Tugend, Geschenk wie unabdingbare Herausforderung. Wo sie nicht aufgebracht wird, ist der Zugang zu einem guten Leben versperrt.

Gerechtwerden schließt ein, dass Menschen bereit sind, zu anderen Menschen in eine Beziehung zu treten, die von *Wahrhaftigkeit* bestimmt ist. Nur so können sie verlässlich miteinander umgehen und Empathie als Beziehungs-Tugend leben, nicht als bloßes Mittel einer effektiven Manipulation der anderen. Diese Tugend scheint in einer überbordenden Kommunikations-(Un-)Kultur elementar bedroht und bedarf gesellschaftlicher, auch rechtlicher Stützung.

Maßvolles Umgehen mit sich wie den Gegebenheiten meiner (unserer) Lebenswelt steht heute vor der Herausforderung, Maßlosigkeit zu erkennen und entschlossen zu überwinden. Maßlose Ausbeutung seiner selbst wie der natürlichen und sozialen Ressourcen kann nicht zu einem guten Leben führen. Der maßvolle Umgang mit eigenen, fremden und natürlichen Ressourcen ist schließlich auch Bedingung für die »Erholungsfähigkeit« in Überforderungs-Zuständen; bei Krankheits-Zuständen spricht man von *Resilienz*. Die gesellschaftliche und psychische Verankerung der Maßlosigkeit in Sucht-Dispositionen mag viele Menschen daran hindern, die Tugend des Maßes hinreichend auszubilden. Aber damit ist ja nicht vorentschieden, wie weit jemand dabei kommen kann, das Maß zu finden und zu beherzigen, das ihm, den Mitmenschen und der Mitwelt gut tut und Vorbedingung für ein gutes Leben ist.[10]

Psychoanalytisch orientierte Konzepte führen die hier angesprochenen »Grund-Tugenden« im Konzept der *Ich-Stärke* zusammen. Diese bildet sich im Zusammenspiel mehr oder weniger förderlicher biographischer und sozialer Einflüsse und ist dabei auf kulturelle, auch religiös zugängliche Quellen angewiesen, aus denen dem Ich Lebens-bejahende Sinngehalte zufließen. Ich-Stärke ist in diesem Sinn Mitgift und zu nutzende Fähigkeit zur Selbstwirksamkeit; sie verkümmert, wenn sie nicht im Einsatz für ein gutes Leben Lebens-bestimmend und fortwährend erneuert wird. Aber wird hier nicht – wie auch in den gängigen tugendethischen Ansätzen – die Erfahrung des guten Lebens um die affektive Dimension verkürzt? Der eudämonistische Aspekt scheint »außen vor« zu bleiben: das Glück, das mit dem guten Leben verbunden und in ihm gegeben sein soll.

10.2 Und das Glück?

Das deutsche Wort *Glück* hat ein breites, spannungsreiches Bedeutungsspektrum zwischen *Glück haben* und *glücklich sein*. Im Altgriechischen unterschied man zwischen *Tyche* und *Eudaimonia*, im Lateinischen zwischen *Fortuna* und *Beatitudo* zum Vorschein.[11] Fortuna, die launische Göttin, beschenkt aus ihrem Füllhorn, wie und wen sie beglücken, schlägt mit Unglück, wen sie schädigen will. So personalisiert sie die Schicksals-Abhängigkeit menschlichen Lebens. Man ist bei der Fahrt des Lebens über unbe-

---

[10] Für diese Aufzählung vgl. die von Aristoteles her gewonnene Liste nicht-relativer Tugenden bei Martha Nussbaum, Nicht-relative Tugenden, a. a. O., 232 f.
[11] Vgl. Martin Rohner, Glück und Erlösung. Konstellationen einer modernen Selbstverständigung, Münster 2004, 32–40.

kannte Gewässer und in den Stürmen, denen man nicht ausweichen kann, in ihrer Hand, muss eben Glück haben und darauf bauen, dass Glück auf die Dauer nur der *Tüchtige* hat, der das Seine dafür tut, dass es gut ausgeht.

Aber Glück-Haben macht einen noch nicht zum glücklichen Menschen, der Anlass hat, sein Leben als *geglückt* anzusehen. Das wäre ein Leben, mit dem man zufrieden sein dürfte, weil es im Wesentlichen das Leben ist, das man sich hätte wünschen können; ein Leben, zu dem man mit innerer Überzeugung ja sagen kann, weil es so geworden ist, dass man es als »sinnvoll« erlebt und die Zuversicht hegt, auch kein Unglück, das einen noch treffen mag, werde diese Bejahbarkeit durchstreichen. Geglücktes Leben: ein *gutes* Leben – gut nicht nur gemessen am Maßstab der nutzbaren Lebensgüter, sondern der Zustimmungsfähigkeit auch von Seiten der Mitmenschen, die sich die Frage nach einem guten Leben stellen.[12] Das deutsche Wort Glück akzentuiert die affektiv-emotionale Qualität. Der Glückliche darf von sich aber nicht nur sagen, er fühle sich gut, sondern weit darüber hinaus: ihm sei so viel an Lebens-Freude und eine Lebens-Zufriedenheit geschenkt, dass das unvermeidliche Leid dagegen nicht entscheidend ins Gewicht fällt.

Und doch bleibt es bei dieser Spannung: Ins Glücklich-Sein spielt das Glück-Haben immer wieder hinein. Man kann sich das Glücklich-Sein letztlich nicht »erarbeiten«; es ist immer auch unverfügbar. Und im Glück-Haben meldet sich – wenn man von der Spielsucht absieht, die das Glück erzwingen will – das Streben an, mithilfe des mir jetzt glücklich Zufallenden zu einem Leben zu kommen, das mich von den Launen des Glücks unabhängiger macht und mich auf Dauer mit meiner Lebens-Situation einverstanden sein ließe. Die jetzt glücklich erlebte Lebenslust sollte nicht – zu schnell – vorübergehen, nicht nur ein glückliches *Ereignis* sein. Und die dankbar bezeugte Lebens-Qualität eines *andauernden* Glücklich-Seins steht meist doch unter dem Vorbehalt des Kommenden und gilt womöglich nicht für alle Lebens-Aspekte. Menschen bangen um ihr Glück; sie hoffen, dass

---

[12] Man kann zwischen einem glücklichen, einem gelingenden und einem guten Leben unterscheiden: »Ein *gelingendes* Leben hat, wem es gelingt, ein auf ungezwungene Weise selbstbestimmtes Leben zu führen. – Ein *glückliches* Leben hat, wem sich in einem selbstbestimmten Leben die wichtigsten eigenen Wünsche erfüllen. – Ein *gutes* Leben hat, wer ein mehr oder weniger glückliches und gelungenes Leben führt« (Martin Seel, Versuch über die Form des Glücks. Studien zur Ethik, Frankfurt a. M. 1995, 127). Mit diesen Markierungen werden eher formale Bestimmungen erreicht. Es bleibt offen, was es heißt, ein selbstbestimmtes Leben zu führen, und welche Wünsche als die jeweils »wichtigsten« angesehen werden dürften (vgl. Martin Rohner, Glück und Erlösung, 36–38).

ihnen nicht von einem grausamen Schicksal genommen wird, was ihr Glück jetzt ausmacht. Das Zeugnis, mit einem geglückten Leben gesegnet zu sein, klingt nach illegitimer Vorwegnahme. Könnte es nicht erst am Ende gewagt werden, wenn man auf ein Leben zurückschaut, in dem wirklich geworden ist, was man aus vollem Herzen bejahen darf? Oder gibt es das, dass man mitten im Leben den nicht mehr von Erschütterung bedrohten guten Grund gefunden hat, das eigene Leben als geglückt anzusehen?

Wie oft erscheint das Glück unter den »stets wieder gebrochenen Versprechungen«, das in der Realität dieser so vieles vorenthaltenden Welt keinen Platz fand. So sehr es »durch seine Widerruflichkeit entstellt«, als Versprechen gebrochen ist, bleibt es doch eine Verheißung, deren Einlösung nicht in der Resignation verloren gegeben werden darf.[13] Walter Benjamin öffnet diesem Festhalten am Glücks-Versprechen einen theologischen Horizont: Irdisches Glück kann allenfalls das Glück der Davongekommenen bedeuten und bleibt vom Unglück der auf der Strecke Gebliebenen in Mitleidenschaft gezogen – unerlöstes Glück. Es schwingt »in der Vorstellung des Glücks unveräußerlich die der Erlösung mit.«[14]

Die Unverfügbarkeit des Glücks hat zwei »Gesichter«: das des *Schicksals*, das sich der Einflussnahme entzieht; das der *Rettung* des Bedrohten und Fragmentarischen, um die man, soweit die Kräfte reichen, kämpfen wird, auf die man letztlich nur hoffen, um die man bitten kann, wenn man eine göttliche Instanz anerkennt, der man die Rettung zutraut. Wenn man das Göttliche in die Rolle des Schicksals – oder dessen, der über das Schicksal bestimmt – hineinglaubt, wird es selbst erschreckend unverfügbar. Man weiß dann nie, wie man mit ihm dran ist. Biblisch-christlich ist Gott der Rettende: für Geschlagene und Gescheiterte, für die Unglücklichen, die um das Ja zu ihrem Leben ringen, an ihm wie Ijob verzweifeln. So ist er eher kein Gott der Glücklichen.[15] Und doch wird er mit Erfahrungen eines geglückten Lebens zusammengebracht. In Erfahrungen der Gemeinschaft, der Freiheit, der Berufung, des Dienstes für das Leben-Können der Men-

---

[13] Vgl. Theodor W. Adorno, Negative Dialektik. Gesammelte Schriften, hg. von R. Tiedemann, Bd. 6, Frankfurt a. M. 1970, 396.
[14] Walter Benjamin, Über den Begriff der Geschichte, These II, a. a. O., 129.
[15] So Johann Baptist Metz: »War Israel etwa glücklich mit seinem Gott? War Jesus glücklich mit seinem Vater? Macht Religion glücklich? Macht sie ›reif‹? Schenkt sie Identität? Heimat, Geborgenheit, Frieden mit sich selbst? Beruhigt sie die Angst? Beantwortet sie die Fragen? Erfüllt sie die Wünsche, wenigstens die glühendsten? Ich zweifle«; Memoria passionis. Ein provozierendes Gedächtnis in pluralistischer Gesellschaft, Freiburg i. Br. 2006, 25.

schen, der Freude über das Gegenwärtig-Werden Gottes mitten unter denen, die ihn herbeirufen, erfahren Glaubende Gottes guten Willen, wird er ihnen zugänglich als das Unterpfand eines in Gott glückenden Lebens. Gott rettet die Unglücklichen und gibt ihrer Sehnsucht Recht gegen das Unglück wie gegen die, die an ihm mitwirken. Gott vollendet, was er in den guten Erfahrungen eines glückenden Lebens mit Menschen angefangen hat, damit sie sich rufen und stärken lassen, sich dem darin Erfahrenen hingeben und an ihm mitzuwirken, bis es in ihm seine Vollendung findet. Für biblisch Glaubende ist Gott der Liebhaber des Lebens (Weish 11,27), der jeden Menschen zu einem guten Leben beruft und kein Leben verloren geben will.

Verblasst oder entschwindet die Glaubens-Perspektive, so drängt sich eine Alternative auf, die man als Grund-Konstellation eines neuzeitlichen menschlichen Selbstverständnisses ansehen kann: Entweder muss der Mensch selbst zum Retter werden oder er unterwirft sich in Selbst-Bescheidung – fatalistisch – dem Geschehen des Wirklichen, das über ihn hinweggeht. *Selbst retten* heißt neuzeitlich: die eigene Verfügungsmacht so ausweiten, dass man des unkontrollierbar Bedrohlichen Herr wird. Die Natur hat ihren Schrecken weitgehend verloren; sie sollte ihn vollends verlieren, wenn der Tod seinen Schrecken verliert. Nun aber droht die Natur den Menschen anders zum Schicksal zu werden: Als ausgebeutete und zerstörte verweigert sie sich den Menschen, verweigert sie ihnen die Ressourcen dafür, so weiterzuleben wie bisher. Die Überlebens-Krise muss bewältigt werden; man muss auch ihrer noch Herr werden, gewiss auch durch ein »demütigeres« Verhältnis zu den natürlichen Gegebenheiten, auf die man nicht willkürlich zugreifen darf. Neue Tugenden sind gefragt, oder alte in neuen Dimensionen. Ob sie noch etwas bringen werden?

Resignation greift um sich, Trostlosigkeit, Fatalismus. Womöglich gibt es »für uns keinen wirksameren Trost gibt als die volle Gewissheit der unabänderlichen Notwendigkeit.« Nichts wäre – war sich Schopenhauer sicher – »wirksamer zu unserer Beruhigung […] als das Betrachten des Geschehenen aus dem Gesichtspunkte der Notwendigkeit, aus welchem alle Zufälle sich als Werkzeuge eines waltenden Schicksals darstellen und wir mithin das eingetretene Übel als durch den Konflikt innerer und äußerer Umstände unausweichlich herbeigezogen erkennen, also der Fatalismus.«[16] Glück ist nicht mehr vorgesehen, allenfalls das Glück der Wegschauenden,

---

[16] A. Schopenhauer, Die Welt als Wille und Vorstellung I, Sämtliche Werke, hg. von W. Frhr. von Löhneysen, Frankfurt a. M. 1986, Bd. 1, 421.

die sich zutrauen, in der überschaubaren Welt biographischer Selbstverwirklichung ihr Glück zu *machen*.

Ist es nicht an der Zeit, die neuzeitliche Ambivalenz im Glücks-Verständnis hinter sich zu lassen und im Blick auf heute verfügbare biochemisch-technologische Möglichkeiten das Menschheits-Glück entschlossen in die Projektperspektive der Menschen-Optimierung zu rücken? Davon ist Yuval Noah Harari überzeugt; ökologische Krisen-Szenarien können ihn nicht beirren. Biowissenschaftlich gesehen sind Glück und Leid – so Harari – »nichts weiter als unterschiedlich ausbalancierte körperliche Empfindungen«, die nicht ursächlich mit Ereignissen in der Außenwelt verbunden sind. Es liegt deshalb nahe, dieses körperliche Empfinden so einzustellen, dass die Menschen sich eher glücklich als unglücklich, jedenfalls aufs Ganze gesehen zufrieden fühlen. Wenn also »die Wissenschaft recht hat und unser Glück durch unser biochemisches System bestimmt wird, dann lässt sich dauerhafte Zufriedenheit allein dadurch garantieren, dass man dieses System beeinflusst. Vergessen Sie Wirtschaftswachstum, Sozialreformen und politische Revolutionen – um das globale Glücksniveau zu steigern, müssen wir die Biochemie des Menschen manipulieren.«[17]

Sein oder *das* Glück machen: niemals schien der Weg kürzer. Fortuna ist unter Kontrolle und das Selbstgefühl, ein geglücktes Leben zu führen, ist eine Sache biochemischer Konditionierung. Biographische Umwege über Erfolg, Selbstwert-Stabilisierung oder Liebe kann man sich sparen. Mit den entsprechenden chemischen Stoffen wird man sicherer das globale wie das individuelle Glücksniveau heben und das in Bhutans Verfassung allen Menschen zugesprochene Recht auf Glück garantieren können.

10.3 Lust? Erfüllung? Seligkeit?

Glück bleibt anthropologisch wie theologisch eine sperrige Kategorie. Unvermeidlich assoziiert man das sinnlich-leibhafte, »diesseitige« Lustgefühl im Gegenüber zu sinnlichen Erfahrungen der Frustration, der Angst oder der Unterdrückung. In der Theologie gerät die Lust in Verdacht, die Menschen Gott abspenstig zu machen. Eher selten galt die gnadenhafte Gottesbeziehung selbst als Quelle eigentlicher Lust.[18] Anthropologisch erscheint

---

[17] Yuval Noah Harari, Homo Deus, 53 und 58.
[18] Schaut man genauer hin, stellt sich der Sachverhalt differenzierter dar. Das wird damit zu tun haben, dass das Reden von der Lust lange nicht so eindeutig wie heute auf lustvolle

der Rekurs auf die Lust als Konsequenz eines eudämonistischen Utilitarismus, der es auf die *wirkliche* Verbesserung der Lage abgesehen hat, in der die Menschen ihr Leben fristen. Hararis Vision einer chemischen Beeinflussung und Stimulation menschlicher Stimmungen ist schon mit der Propaganda für die Selbst-Erweiterung menschlichen Erlebens mithilfe von Drogen in den 68er Bewegungen zu einer Perspektive für ein erfülltes Leben geworden.

Man sollte dieses utilitaristische Konzept nicht zu schnell abwerten. Es gebietet höchst nachvollziehbar, alles dafür zu tun, dass Menschen einigermaßen gleichberechtigt an den Quellen eines lustvollen Lebens partizipieren können und von vermeidbaren Schmerzen oder Frustrationen bewahrt bleiben.[19] Diese moralische Intuition wird freilich mit der Behauptung verbunden, dass das Streben nach Lust faktisch und auch legitimerweise der eigentliche Beweggrund allen menschlichen Wollens ist. Es bestimme als intrinsische Motivation menschliches Leben und Zusammenleben durchgreifend. Lust sei das in allem *um seiner selbst willen* Gesuchte – und dürfe es sein. In der Lust erlebe sich menschliches Dasein, könne es sich in höchs-

---

Bedürfnisbefriedigung bezogen wurde; für sie stand eher der Terminus *Wollust* (voluptas). Der Aspekt des affektiven Genießens blieb in der Tradition der antiken Stoa zwar erhalten. Aber der wahre Genuss war der von der Vernunft angeleitete, nicht auf die Augenblicks-Befriedigung reduzierte, sondern beständige, schließlich über den Tod hinausreichende, ewige Freude (laetitia) genießende. Leibniz unterscheidet die Augenblicks-Lust von der »beständige[n] Freude« zu, und traut ihr »Wissenschaft« zu »verstehen, was wahre beständige Freude bringe.« (ders., Von der Glückseligkeit, in: Gottfried Wilhelm Leibniz, Philosophische Schriften, hg. und übersetzt von H. H. Holz, Bd. 1: Kleine Schriften zur Metaphysik, Darmstadt 1965, 391–401, hier 394) Lust wird – so Leibniz – erweckt von der »Empfindung einer Vollkommenheit oder Vortrefflichkeit, es sei an uns oder an etwas anders« (ebd., 391 f.). Sie reagiert darauf, dass etwas als etwas wahrgenommen wird, das ist, wie es sein soll, und so jene Attribute aufruft, die man – untereinander verbunden – dem Erleben der Glückseligkeit beilegt: »Lust, Liebe, Vollkommenheit, Wesen, Kraft, Freiheit, Übereinstimmung, Ordnung und Schönheit« (ebd., 394). Gott ist der, der in höchstem Maße und unveränderlich vollkommen so ist, wie er sein soll, deshalb höchste Lust hervorruft; er hat seinen Werken seine vollkommene Geordnetheit mitgegeben und sie zum Anlass der Freude und Lust für die Menschen gemacht. Nur wer sich dieser Schönheit verschließt, wird seine Freude »in den Wollüsten« (vgl. ebd., 396–398) suchen und sich bloßer Augenblickslust zu überlassen. Leibniz steht in einer Tradition, für die das affektive Lusterleben sich über die Lust am Guten und Schönen zur höchsten Lust an Gott, seiner Gutheit und Schönheit führen lassen darf, und die im 20. Jahrhundert etwa von Hans Urs von Balthasar repräsentiert wurde.

[19] Man kann hier von einem »universellen Hedonismus« sprechen; vgl. Henry Sidgwick, The Methods of Ethics, New York ⁷2009 bzw. Jeremy Bentham, An Introduction to the Principles of Morals an Legislation, New York 2007.

tem Maße aktualisieren, sodass ihm nichts »außerhalb« seines Lusterlebens menschlich bedeutsam sein müsste.

Nun lässt sich kaum bestreiten, dass es gesteigerte menschliche Lusterfahrung auszeichnet, vom »ganzen Menschen« Besitz zu ergreifen und ihn in einen Zustand zu versetzen, aus dem man gar nicht mehr herausmöchte. Sollte es nicht das legitime Ziel menschlicher (Selbst-)Optimierung sein dürfen, solche Zustände zu erreichen und auszudehnen, sodass sie die vielleicht unvermeidlichen Unlustzustände bei weitem überwiegen? Robert Nozick hat mit einem Denk-Experiment die Zwiespältigkeit eines solchen Lust-Intrinsezismus aufzuweisen versucht, für den menschlich im Letzten nichts »anderes von Bedeutung ist als die Erlebnisse der Menschen ›von innen‹.« Man solle sich vorstellen, die Möglichkeit zu haben, an eine »Erlebnismaschine« angeschlossen zu werden, die einem durch entsprechende elektrochemische Beeinflussung der relevanten Hirnregionen alle die lustvollen Erlebnisse verschaffen könne, die man sich als die höchst erstrebenswerten auswählt. Wäre man geneigt, sich – in einem Becken schwimmend und entsprechend verdrahtet – ganz von der Außenwelt zu verabschieden und sich dieser optimal arrangierten Erlebnis-Innenwelt zu überlassen?

Nozick überlegt, ob etwa die Erfahrung der Identität in »wirkliche[r] Berührung mit irgendeiner tieferen Wirklichkeit« in dieser elektrochemisch erzeugten Gefühls-»Welt« verlustfrei simuliert, gar hergestellt werden könnte. Würde doch etwas fehlen?[20] Womöglich gerade die *Unverfügbarkeit* des Wirklichen, die mich herausfordert, der zu werden, der ich in der Herausforderung durch das Unverfügbare sein kann, sein will? Zu sprechen wäre von der Unverfügbarkeit meiner Herkunft und Vergangenheit, die sich immer wieder neu als solche zur Erfahrung bringt und nie durch ein entsprechendes Erlebnis-Management optimal Erlebnis-bekömmlich gemacht werden kann. Zu sprechen wäre von der Unverfügbarkeit der Begegnungen, in denen ich unendlich mehr erlebe als mich selbst; von der Unverfügbarkeit einer Zukunft, in der ich ein anderer sein werde, sodass ich neugierig oder in Ängsten immer wieder vor der Frage stehe, ob ich der – und so – sein werde, der bzw. wie ich sein möchte.

Die Intuition einer uneingeschränkt lustvollen Erlebnis-Immanenz zehrt von Erfahrungen einer erfüllten und in diesem Sinne ab-soluten – von jeder unverfügbaren Gegebenheit *abgelösten* – Gegenwärtigkeit, wie sie etwa in mystischen Überlieferungen berichtet und erlebt wird: Sich verlieren im puren Jetzt und allen Sorgens um Vergangenes und Zukünftiges

---

[20] Vgl. Robert Nozick, Anarchie, Staat, Utopie, dt. München 2011, 52–54.

ledig sein; hier freilich nicht in manipulativ hergestellter, reiner Jetzt-Lust gelebt, sondern der meditativen Konzentration ins Jetzt zugänglich, die vom Vorher und Nachher frei macht. Immer wieder wird hier freilich auch die Ambivalenz des (Gott-)erfüllten Augenblicks bedacht. Kann von Erfüllung die Rede sein, wenn Vorher und Nachher wie das Draußen, das Andere und die Anderen beim Selbst-Erlebnis im erfüllten Jetzt jede Bedeutung verlieren? Oder weist die Suche nach einem erfüllten Dasein die Suchenden doch an das beglückend unverfügbare Du, zuletzt an den absolut Zugewandten, in dem die Vergangenheit versöhnt und die Zukunft als Verheißung erschlossen sein kann, weil er die Fülle der Zeit lebt und die dem uneinholbar Vergangenen wie dem unverfügbar Zukünftigen Ausgelieferten darin vollenden will?

Die in der Lust mitunter genossene ab-solute Erfüllung im Jetzt-Erleben hat schon biologisch den Index der Vergänglichkeit. Die Erfüllung hält nicht an, auch wenn die Lust noch so sehr danach verlangt.[21] Permanente Lusterfüllung wäre das Unvorstellbare: dauerndes Miteinander von Anspannung, Klimax und Entspannung. Einen humanen Sinn hat hedonistische Lust-Orientierung nur in dem Imperativ, Unlust-Anlässe zu minimieren, wo sie menschliches Leben einschränken, gar schädigen, und alles dafür zu tun, dass Menschen zu einem reifen Lust-Erleben Zugang finden können. Die Unvorstellbarkeit einer permanenten Erfüllung in der Lust kommt in Nozicks Lustmaschinen-Imagination prägnant zum Ausdruck: das Unvorstellbare einer technologischen Wiederherstellung des rundum Bedürfnis-befriedigenden Lebens im mütterlichen Uterus, noch weit mehr als dieses von allen äußeren Einflüssen abgeschnitten.

Das Glück wird nicht in solcher Lust liegen. Es trägt die Sehnsucht in sich, zu finden, was immer wieder zum noch Größeren aufzubrechen heißt[22], das *sich* überschreitende Glück: *beatitudo* (Seligkeit), *eudaimonia:*

---

[21] Nietzsche hat das emblematisch zum Ausdruck gebracht. Zarathustras Nachtwandler-Lied schließt mit den Zeilen: »Weh spricht: Vergeh! /Doch alle Lust will Ewigkeit –, – will tiefe, tiefe Ewigkeit!« (KSA 4, 404). Die Ewigkeit, die die Übermenschen-Lust will und erlebt, ist die ewige Wiederkehr, die der Mensch als das ewige Geschehen des Willens zur Macht lustvoll mitwill, »liebt«. Diese Lust ist das Gegenteil zum »Lüstchen« der letzten Menschen, das sie sich tags und nachts auch durch ein wenig Gift verschaffen (Zarathustras Vorrede 5, KSA 4, 20).

[22] Gregor von Nyssas negative Theologie denkt der Sehnsucht nach, die noch in jeder Erfüllung »ein frisches Sehnen nach dem Höheren« erzeugt; vgl. ders., Homiliae in Canticum canticorum, nach Hans Urs von Balthasar, Gregor von Nyssa. Der versiegelte Quell, Einsiedeln 1954, 12. Dieser negativ-theologische Impuls lässt sich noch in der Spannung zwischen dem aneignenden Bedürfnis (der Begierde, *besoin*) und dem alteri-

das Eingenommensein vom guten Daimon. Anders als der böse Dämon, der den Menschen böswillige Gedanken und übelwollende Gefühle »einbläst«, inspiriert der gute Daimon mit der Erfahrung: Jetzt und hier ist es gut; und es ist gut, das zu teilen, daran mitzuwirken, dass sich dieses Gutsein entfalten und mitteilen kann. In mir der gute Geist, der gute Wille; in mir die selbstvergessene Freude über das gut Gefundene – und Genossene; die Freude über das lange Gesuchte und nun Zugängliche und über »den«, dem ich das Finden verdanke, der mich in es einführte. Wie anders inspiriert der gute Daimon als der böse, der einem ein Glück verheißt, das die Suche nicht wert ist!

Das *Glück des Findens:* Es geht um mehr als um die endlich gefundene Lösung für ein bisher nicht bewältigtes Problem; so sehr man auch dafür dankbar sein und sich vielleicht eingestehen wird, dass man es nicht selbst »geschafft« hat, dass einem die Lösung auch *einfiel.* Das Glück des Findens macht dankbar: Mir schenkt sich, wonach ich suchte – anderes womöglich als das, was ich suchte, gerade deshalb *erfüllend.* Meine Suche, meine Sehnsucht wurde überholt von dem, was ich fand. Was ich fand, nimmt mich in Anspruch, damit ich teilnehmen kann an dem, was sich mir hier erschließt und herausfordert, ihm auf der Spur zu bleiben.

Das Finden verdankt sich nicht nur der Steigerung meiner Zugriffsmacht. Womöglich findet man Energie-Ressourcen durch neue Explorations-Methoden. Das wird die Aktionäre der hier tätigen Energieunternehmen vielleicht glücklich machen. Man wird herauszuholen wollen, was sich im Abgleich von Aufwand und Ertrag rechnet. Aber es ist klar, dass dieses Hinwegarbeiten von Unverfügbarkeit durch Ausweitung meiner Verfügungs-Möglichkeiten etwas anderes meint als das Zugang-Finden zu einem Unverfügbaren, in dem ich mich einfinden kann, und dabei das »Leben in Fülle« berühre. Nach Hartmut Rosa besteht der »Grundkonflikt der Moderne [...] in der kategorialen Verwechslung von Erreichbarkeit und Verfügbarkeit.«[23] Die *Gnade* der Erreichbarkeit wird verdeckt vom Streben nach der Ausweitung unserer Reichweite. Auf Gnade will man nicht angewiesen sein, solange man sich auf die Effektivität der eigenen Zugriffs-Methoden verlassen kann. Man will nicht nur Glück haben, sondern *Erfolg.*

---

tätsfähigen Wunsch (der Sehnsucht, *désir*) wiedererkennen, die bei Jacques Lacan und in seiner Nachfolge bei Denis Vasse eine für die Psychoanalyse zentrale Bedeutung gewonnen hat; vgl. ders., Bedürfnis und Wunsch. Eine Psychoanalyse der Glaubenserfahrung, dt. Olten und Freiburg i. Br. 1973.
[23] Hartmut Rosa, Unverfügbarkeit, Wien – Salzburg 2018, 66.

Und dann zeigt sich, dass auch der Erfolg unverfügbar bleibt, weil man nicht alle Einflussgrößen beherrscht. Im Spielen hegt man das Unverfügbare ein, geht man spielerisch damit um und versucht man, damit zurechtzukommen, dass Geld keine Tore schießt. Der Reiz des Unverfügbaren wiegt den Ärger über das unverfügbar Bleibende auf, zumal wenn man sich sagen darf: Neues Spiel, neues Glück. Viele finden in diesem Berühren des Unverfügbaren so etwas wie Lebens-Erfüllung, ahnen jedenfalls, wonach sie suchen. Der Sportbetrieb hat dem religiösen Betrieb, was das Umgehen mit dem Unverfügbaren angeht, den Rang abgelaufen.

Und doch ist klar, dass das Glück im Erfolg eher nach Fortuna aussieht als nach Beatitudo. Das Unverfügbare ist berührbar, nicht verfügbar. Es bleibt eine offensichtliche Unverhältnismäßigkeit, Lebens-Fülle an den Erfolg, schließlich nur ans Sich-gut-Fühlen zu koppeln. Von alters her ist es das ureigene Feld des Religiösen gewesen, in die Zugänglichkeit und die Herausforderung des unverfügbar Leben-Erfüllenden einzuweisen. Wo Religionen die Menschen darauf festlegen, sich die Gunst des Göttlichen durch Leben-einschränkende Praktiken zu sichern, unterwerfen auch die Gläubigen sich der Logik des Verfügbarmachens. Ihre religiöse Praxis verliert an Einfluss, wenn andere Praktiken des Verfügbarmachens sich als effektiver erweisen. Impfen hilft mehr als beten – wo es darum geht, von der Ansteckung verschont zu bleiben. Religionen müssen sich dahin entwickeln, Praktiken des Zugang-Findens und Erreichen-Könnens zu erschließen, in denen Menschen sich auf das ihr Leben verheißungsvoll herausfordernde Unverfügbare einstellen können: darauf, was jetzt aus ihrem Leben werden kann, wenn Vergangenheit nicht Scheitern und Zukunft nicht Untergang, sondern Rettung bedeutet. In solchen Praktiken suchen, erbitten und erproben sie eine Lebens-Perspektive, die ihnen ihr Leben als unbedingt bejahenswert erschließt und Handlungsmöglichkeiten zugänglich macht, von denen sie glauben dürfen, dass sie dem Gut- und Schön-Werden des Lebens dienen, da sie mit Gottes eigenem Wollen und Handeln verbinden. Religionen können Kulturen des Suchens und des Findens sein, in denen die Bereitschaft für ein Finden kultiviert wird, das unendlich über das Gesuchte hinausführt, die Suche *ganz anders* finden lässt, sie so mit dem beschenkt, worüber Größeres nicht gefunden werden kann[24], das es

---

[24] Ein anrührendes Narrativ dieses Suchens und Findens bietet die TV-Serie »Detectorists«; vgl. den Kommentar von Anna Elisabeth Schulz, »Suchet, so werdet ihr finden« – bloß manchmal etwas ganz anderes …, feinschwarz, am 8. Oktober 2021.

deshalb verdient, geradezu »verpflichtet«[25], sich ihm hinzugeben. Es ist die Gabe, deren Anspruch mir offenbart, wozu mein Leben unterwegs sein darf. Finden, erfahren, wovon man sich einnehmen lassen darf, weil es unendlich gut ist, ihm anzugehören, den guten Daimon in sich zu spüren und ihm zu folgen, das wäre *Eudaimonia*. Der gute Geist nimmt meine Sehnsucht mit sich, um ihr die Weite zu geben, in der mir Größeres geschehen kann, als ich für mich und andere erhoffte. Wenn man ihn lässt, führt er mich unendlich über mich hinaus, damit ich finden kann, was mich erfüllt. Nach biblischer Glaubenshoffnung verbürgt er, dass noch das radikalste Über-mich-selbst-Hinausmüssen im Sterben nicht Alles-Verlieren, sondern Alles-Finden bedeutet.

Lebens-Erfüllung kann nur *gefunden* werden. Gefunden wird sie von denen, die sich dafür bereitet haben, über alles hinausgeführt zu werden, was ihr Suchen kleinmütig macht.[26] Hier zeichnet sich exemplarisch jenes Ineinander ab, in dem Selbstwirksamkeit und Passivität, Selbstbestimmung und Ergriffenwerden die elementare Situation des Menschseins ausmacht und alle tragfähigen Vorstellungen einer *Fülle des Menschseins* mitbestimmt. Es scheint über die Ideen des guten Lebens hinauszuführen, wie sie in den Konzepten der Tugend und des Glücks in Anspruch genommen werden. Tugend-Konzepte haben die Ausschöpfung urmenschlicher Möglichkeiten und ihre Ausrichtung auf das Gute im Blick, auch wenn sie die Ressourcen mit thematisieren, von denen die Tugenden »gespeist« werden. Das Konzept Glück rückt die unverfügbare, lusterfüllte Lebens-Steigerung ins Zentrum und assoziiert zugleich den Einsatz, ohne den es über zufällige Glücks-Momente hinaus ein einigermaßen stabil-geglücktes Leben nicht gibt. Dieser Einsatz kann nicht eigentlich dem Glück gelten. Wo man es *als solches* sucht, scheint es sich zu entziehen. Es stellt sich als Begleit-Er-

---

[25] Blaise Pascal kann so sprechen: »Das Gesetz verpflichtete zu dem, was es nicht gewährte. Die Gnade gewährt, wozu sie verpflichtet«; Pensées, hg. von E. Wasmuth, 234 (Aphorismus 522).
[26] Der Prophet Jeremia spricht das in einem Gottes-Wort aus: »Ihr werdet mich anrufen, ihr werdet kommen und zu mir beten und ich werde euch erhören. Ihr werdet mich suchen und ihr werdet mich finden, wenn ihr nach mir fragt von ganzem Herzen. Und ich lasse mich von euch finden – Spruch des HERRN« (Jer 29, 13–14). Das Finden ist nicht Ergebnis des Suchens und Herbeibittens. Es ist das Ereignis Seines Sich-finden-lassen-Wollens – von denen, die ihr »Herz« dafür bereiten. Dafür steht die Begegnung der Maria von Magdala mit dem Auferstandenen. Er spricht sie an, da sie nicht findet, wonach sie sucht: »Wen suchst du?« Sie »erkennt« und darf ihn nicht festhalten, wird gesandt, damit die Nachfolge auf dem Weg »hinauf zum Vater« in Gang kommt (vgl. Joh 20,11–18).

fahrung ein, wenn das Leben – auch durch eigenen Einsatz – *so wird,* dass man es zuinnerst bejaht.

Von Lebensfülle[27] zu sprechen heißt Bezug nehmen auf ein Erleben, das die Menschen mit der Qualität ihres Lebens zutiefst einverstanden sein lässt: Es ist im Wesentlichen »das, was es sein sollte«: lebendig, schöpferisch, auf einem guten Weg, von mitmenschlicher Anerkennung getragen, voller Möglichkeiten, die wahrzunehmen mir wichtig sind.[28] Dieses Erleben ist eher nicht, jedenfalls nicht nur von *Selbst-*Zufriedenheit getragen, sondern von dem Bewusstsein, in dem zu sein bzw. an dem teilzuhaben, was mir und denen, mit denen ich lebe, *gut tut,* was mich in dem Sinne erfüllt, dass es *mich* in meinen besten Möglichkeiten *verwirklicht.* Von *Selbst-*Verwirklichung zu sprechen käme einem da als Verkürzung vor. Ebenso triftig wäre es ja, von einem Verwirklicht-Werden zu sprechen. Metaphern umkreisen sein Woher und Wodurch: das Feuer, das in mir entzündet wurde und brennt; die Inspiration, die mich bewegt und motiviert; das Mitgenommen-Werden in einem Flow, der mich durchströmt, weit macht, selbstvergessen aus mir herausgehen lässt.

Religiöse Selbst- und Weltdeutungen werden – so Charles Taylor – in Menschen »das Gefühl [ausprägen], dass die Fülle zu ihnen kommt, dass sie etwas ist, das sie entgegennehmen und das ihnen überdies im Rahmen einer Art persönlicher Beziehung zuteilwird – das sie von einem anderen Wesen empfangen, das lieben und schenken kann.« Sie werden an Praktiken teilnehmen, die Beziehung pflegen und das ins alltägliche Besorgen verschlossene Selbst öffnen, das Erfüllende gleichsam durchlassen, wirken lassen sollen. Dieser Aufschließungs-Vorgang selbst wie das Einströmen des Erfüllenden wird vielfach in Metaphern der Erlösung ausgelegt. Das Zeitalter der Säkularität scheint nun davon bestimmt, dass der »Ursprung der Kraft, die uns auf den Weg zu dieser Fülle bringen kann«, eher im Menschen-Inneren lokalisiert wird[29], auch in einer selbst-überschreitenden Weite und Tiefe, die sich der Alternative drinnen vs. draußen nicht mehr fügt. Man

---

[27] Zur theologischen Perspektivierung vgl. Ralf Miggelbrink, Lebensfülle. Für die Wiederentdeckung einer theologischen Kategorie, Freiburg i. Br. 2009 und A. Heidemann (Hg.), Lebensfülle – experimentelle Erprobungen eines theologischen Leitbegriffes, Freiburg i. Br. 2021.
[28] Vgl. die Umschreibungen der Kategorie »Lebensfülle« bei Charles Taylor, Ein säkulares Zeitalter, 18–39. Als Kommentar vgl. Veronika Hoffmann, »(Lebens-)Fülle« bei Ralf Miggelbrink und Charles Taylor, in: A. Heidemann, Lebensfülle – experimentelle Erprobungen eines theologischen Leitbegriffes, 221–232.
[29] Charles Taylor, Ein säkulares Zeitalter, 23 f. und 27 f.

setzt auf Pfade der Bewusstseins-Erweiterung, auch auf Drogen-induzierte Selbst-Ausweitung, wo man die Mühen langer meditativer oder reflexiver Wege scheut. Das Selbst erscheint als der Raum, der das Erfüllende aufnimmt. Kann es sich dann zugleich als die Instanz anzusehen, die für ihre Erfüllung aufkommt?

So wenig man den *Sinn des Lebens* selbst hervorbringen oder auch wählen kann, kann man die Fülle produzieren, aus der man schöpft und ein erfülltes Leben gewinnt. Sie ist das, woran ich Anteil finden und teilnehmen kann, woraus und wofür ich lebe. Sie ist eine »Ressource«, aus der ich schöpfe, die sich aber nicht erschöpft, wenn ich sie nutze, sondern sich so gerade als unerschöpflich mitteilt. Sie behebt nicht einen Mangel, sondern schenkt ein neues In-der-Welt- und Mit-den-anderen-Sein, das ich als erfüllend erfahre.

Ist es nicht doch eine menschliche Fertigkeit, sich die Ressourcen eines erfüllten Lebens in zielführender Weise zunutze zu machen und so aus ihnen zu schöpfen, dass man mit dem Leben gut zurechtkommt, dahin kommt, es zu bejahen? An Anleitungen dazu fehlt es nicht. Man wird gut daran tun, sie theologisch ins Gespräch zu ziehen. Friedemann Schulz von Thun nennt vier Dimensionen der Lebens-Erfüllung, die von einem Selbst-Zentrum her miteinander verbunden und in Spannung gehalten werden[30]: Zunächst, vielleicht eher vordergründig, die Dimension der *Wunscherfüllung* (α). Sie mag Freude auslösen und elementare Bedürfnisse befriedigen, mir deshalb von Fall zu Fall ein gutes Gefühl bereiten. Aber man wird sie kaum als das wahrnehmen, worauf es im Leben wirklich ankommt und was die Fülle des Lebens ausmachen könnte. Die hat sicher damit zu tun, dass ich die Erfahrung mache, *im Dasein für andere und im Engagement für wichtige Ziele* Sinn zu erfahren (β). Hinzu kommt nach Schulz von Thun die Selbst-Wahrnehmung eines *an guten Erfahrungen reichen Lebens,* die mir die Gewissheit vermitteln kann, es sei gut zu leben und dieses Leben zu leben bzw. gelebt zu haben (γ). Das mag in gewisser Weise einschließen, das eigene Leben nicht nur als insgesamt gleichgültiges biologisches Phänomen anzusehen, vielmehr *dankbar* mit einer geheimnisvollen Tiefendimension meines Lebens in Berührung zu kommen (δ). Lebens-Erfüllung hat in allen vier Dimensionen offenkundig damit zu tun, dass ich mich und mein Leben als wertvoll wahrnehme und mich als selbstwirksam erfahren darf: als ein Ich, dem es darum gehen kann, der (oder die) zu werden oder

---

[30] Friedemann Schulz von Thun, Erfülltes Leben. Ein kleines Modell für eine große Idee, München 2021.

zu sein, der (die) zu sich selbst in ein wertschätzendes Verhältnis tritt. Und es wird wohl doch zugleich deutlich, dass hier nicht eigentlich von einer Ich-Leistung, sondern ebenso von einem unverfügbaren Geschenk die Rede ist.

Schulz von Thuns »Liste« ist keine Gebrauchsanweisung, die man auf dem Weg zu einem erfüllten Leben abarbeiten könnte, sondern so etwas wie eine *existentielle Topologie,* die die Orte nennt, an denen es auf dem Spiel steht, berührt oder vermisst wird; und die lebenserfahrene Mahnung, sich nicht nur an einem dieser Orte aufzuhalten, sich nur hier des Lebenssinnes vergewissern zu wollen und den anderen Orten keine Bedeutung zu schenken. Die Zustimmung zum eigenen Leben geschieht, wenn sie denn möglich wird, im Austausch der Erfahrungen, die an diesen Orten gemacht werden. Sie geschieht im Hinhören auf den »guten Daimon«, der mir – von Grund auf anders als der entwertende böse Daimon – gut zuredet, den guten Gründen für die Zustimmung zu meinem Leben zu trauen.

Christlich wäre von der Gnade zu sprachen: Ich darf Ja zu mir und zu dir, zu meinem und zu deinem Leben sagen, weil uns Gottes Ja gilt – es uns noch in den Abgründen des Leidens, des Verlassenseins und der Selbstverfehlung zugesagt ist. Mein Leben ist zu etwas gut, da Gott es gut sein lässt: Kaum zu glauben, vielleicht hie und da in der Liebe zu erahnen, dass man für eine andere, einen anderen gut ist. Kaum zu glauben, zumal der entwertende böse Daimon alles daran setzt, dieser Selbstbejahung den Boden zu entziehen.[31] Die Dämonen und Mächte dieser Welt wollen selbst darüber entscheiden, was wofür gut ist; und die Bedingungen dafür vorgeben, dass etwas oder jemand gut ist – für das, was sie vorhaben. Sie wollen die letzte Instanz sein, die den Sinn vom Sinnlosen scheidet, das Glück vom Unglück, die Tugend vom Verwerflichen, das Zukunftsfähige vom Ausgelaugten. Wer ihnen glaubt und mit ihnen hofft, hat sein Herz an sie verloren: seine Sehnsucht nach einem Leben in Fülle, seine Hoffnung auf ein Leben, in dem es um mehr ginge als ums Überleben.

So wird es zuletzt darauf ankommen, wem man ein Leben in Fülle verdanken will, wem man zutraut, dass er mein Leben gut sein lassen kann, so gut, wie es überhaupt nur sein und werden kann – wem man die Ehre

---

[31] Mitunter hat man den Eindruck, dass der Entwertungs-Dämon auch in der Theologie sein Unwesen treibt: wenn er alle »natürlichen Gründe« der Selbstbejahung dementiert, damit man den Grund der Selbstbejahung nur in Gottes völlig unverdienter Zuwendung gelegt sehe. Gilt nicht auch hier, dass die Gnade die Natur voraussetzt und vollendet? Darf nicht Gutes in meinem Leben sein, das Gott mit seiner Gnaden-Zuwendung rettet und vollendet, wahrhaft und unzweideutig gut sein lässt?

einräumt, »letzte Instanz« zu sein. Die biblischen Zeugnisse entwerfen Dimensionen eines Lebens, das sich nicht davon abbringen lässt, dem Gott Israels und Abba Jesu die Ehre der letzten Instanz – der »Königsherrschaft« über das Leben – zu erweisen, ihm zuzutrauen, ihm zu glauben, dass er kein Menschenleben verloren geben wird.

10.4 Glaube, Liebe, Hoffnung

Neutestamentlich steht das Symbol Gottesherrschaft für das Leben in Fülle, das der Messias Jesus zu initiieren gesandt ist. Ihre Magna Charta sind die »Seligpreisungen«, gut erkennbar in der Fassung des Lukas-Evangeliums (Lk 6,20–22). Selig *sind* die Armen; ihnen ist die Gottesherrschaft zugeeignet. Selig sind die Hungernden. Ihr Hunger nach allem, was zum Menschsein gehört, wird gestillt; jetzt fängt es damit an. Selig die Weinenden. Ihr Trost ist schon unterwegs. Selig die Verfolgten und Diskriminierten, weil sie an ihrer Sehnsucht und am Messias der Gottesherrschaft festhalten; der Messias führt sie den Weg in die Wahrheit ihrer Sehnsucht. Diese Vision von der Überwindung des Menschen-Entwürdigenden ist schon Wirklichkeit; Satan und die »bösen Geister« sind entthront (vgl. Lk 10,18). Gottes Herrschaft dringt als sein guter Geist in diese Welt ein, wo Menschen ihr Einlass gewähren und das »Gottesherrschaft-Experiment« alltäglich leben.[32] Da geschieht etwas von der »Seligkeit«, die den vom Bösen und vom Unglück Heimgesuchten zugesagt ist (vgl. Mt 25,31–46). Sie geschieht als Menschengerechtigkeit und beginnt das Leben zu verwandeln, da man sich von der Liebe ergreifen lässt, mit der Gott den Menschen zugetan – aufgetan – ist. In ihr haben sie teil an der Geist-Kraft, aus der die Wunder gewirkt sind, die der Messias zuerst tut und in denen die Seligpreisungen sich als wahr erweisen: Sie sagen die Wahrheit, die in der vom Bösen und der Lüge bedrängten Welt wahr wird, wenn Menschen sie glauben und tun. Sie sprechen vom *Schalom* der Gottesherrschaft, an dem es teilzunehmen gilt, damit das Leben wird, *wie es sein soll:* ein Leben, das man sich nicht streitig macht, sondern miteinander teilt.

Die Metapher *Herrschaft* bleibt irritierend.[33] Steht sie nicht dafür, dass

---

[32] Vgl. Martin Ebner, Die bösen Geister und die Frage nach der Deutungshoheit. Jesus und Beelzebul, die Ältesten und ihre Söhne – ein Autoritätskonflikt, in: Bibel und Kirche 76 (2021), 77–85, hier 82.
[33] So ist sie auch zu relativieren, wie das vielleicht unübertroffen in Hölderlins Gedichtzeile über den Herrn dieser Herrschaft geschieht: »zur Herrschaft war der immer zu

das *Animal sociale* nicht leben kann, wie es ihm entspräche: in erfüllender Gemeinschaft und wechselseitigem Austausch? Ist nicht deshalb die Emanzipation zum Markenzeichen moderner Befreiungsbewegungen geworden? Es ist ihnen freilich ebenso zum Schicksal geworden, dass sie mit ihren Antworten zum Ziel einer emanzipierten Gesellschaft nicht viel mehr anzuführen wussten als »die Erfüllung der menschlichen Möglichkeiten oder den Reichtum des Lebens.« Den imaginierte man doch in konventionellen Vorstellungen der Fülle, eines »fessellosen Tun[s]«, »der pausbäckigen Unersättlichkeit«[34]. Sie schien sich im Nicht-mehr-Versäumen und Überalldabei-sein- und Mitreden-Können zu erschöpfen, in der »Freiheit« des Zugangs zu Lebens- und Erlebens-Ressourcen. Mit der digitalen Netz-Kommunikation schien sich diese Utopie zu verwirklichen – um den Preis der Unterwerfung unter ein unbeschränktes Manipuliert-Werden von den Pförtnern an den Zugängen zur virtuellen Welt. Die im Netz verwirklichte Emanzipation verrät das Teilnahme-Versprechen der sozialen Emanzipations-Bewegungen. Sie versteckt das Beherrscht-Werden hinter der Masse der hier zugänglichen Räume, dem Hochbetrieb, der zwischen ihnen unterhalten wird und die Illusion der Wahlfreiheit materialisiert.[35]

Die Seligpreisungen erinnern daran, dass die Fülle des Menschseins nur die radikale Alternative zur Unmenschlichkeit sein kann. Diese Alternative wird als *Schalom* der Gottesherrschaft imaginiert, in dem Menschen miteinander teilen – und Gott mit ihnen teilt, nichts für sich behält. Schalom ist das biblisch normative Bild der Gottes- und Menschen-Gerechtigkeit. »Weniger« wäre nicht Menschen-gerecht und nicht Gott-gerecht. *Der Glaube n*immt an der Schalom-Gerechtigkeit teilnimmt und sieht Gott in ihr am Werk. Gott gibt sie nicht verloren, auch wenn sie in dieser Welt – nicht auch in dieser Kirche? – entstellt wird, sodass man kaum wagt, auf sie hin zu leben. Es ist wahr, was die Seligpreisungen den Menschen zusagen, den in Unwahrheit und Knechtschaft Gehaltenen zuerst. Gott steht dafür ein. Aber es ist ein Wagnis, diese Wahrheit zu leben, dafür und daraufhin zu leben, dass Gottes guter, gerechter Wille geschieht und die Glaubenden dem Schalom entgegenführt; daran zu glauben, dass er geschieht und man nicht in Sinnlosigkeit hineinlebt, hineinstirbt, wenn man diesem Geschehen zu dienen versucht. Im Glauben berührt man die Fülle der Wahrheit eines Lebens

---

groß« (Friedensfeier. Dritter Ansatz, in: Friedrich Hölderlin, Werke und Briefe, hg. von F. Beißner und J. Schmidt, Frankfurt a.M. 1969, Bd. 1, 161–163).
[34] Theodor W. Adorno, Minima Moralia, 177f. (Aphorismus 100).
[35] Vgl. Christoph Türcke, Digitale Gefolgschaft, 239–243.

aus Gott und in Gott – mitten in dieser Welt; wird man selbst zu ihrem heilsamen Wirken hier und jetzt; im Glauben, der Gott wirken lässt und die von ihr Ergriffenen in *seine* Wahrheit einführt, aber nicht über sie verfügen lässt; sie soll nicht dem Zugriff der Rechthaber zum Opfer fallen.

Glaube ist das *Gottes-Zutrauen*, dass Gott sich in die Menschen-Not und in die Schuldgeschichte der Menschen involvieren lässt, an ihr Anteil nimmt, sie zu »seiner Sache« macht und so *dieses Menschen-Zutrauen* möglich macht: Menschen können gut sein, können guten Willens sein, über Unheil und Sünde hinausleben. Sie können Zukunft haben, nicht aus den eigenen Möglichkeiten allein, sondern aus Gott und mit ihm, weil der sein Leben mit ihnen teilt. Dafür zu leben ist das Menschenmögliche, das in Gottes Gnade Mögliche, um der Resignation und dem Zynismus standzuhalten und der Verzweiflung zu entgehen. Es ist die Weise, in der die Menschen an Seiner Fülle teilhaben können; nur so teilhaben können, dass sie immer wieder bitten müssen, von Neuem mit ihr erfüllt zu werden.[36] Der Glaube nimmt, was in dieser Welt an Unheil und Bosheit geschieht, nicht als das Letzte hin. Er glaubt an seine Veränderbarkeit, weil er an Gottes Solidarität glaubt, in der es mit den Menschen gut werden kann – weit über das Gute hinaus, wovon sich Menschen-Vorstellungskraft einen Begriff machen könnte.

Der Hebräerbrief versteht den Glauben als die »Substanz« (hypostasis) der Hoffnung – des Erhofften –, als »Gründung« (elengchos) in dem, was man (noch) nicht sehen kann (Hebr 11, 1). Er gründet sich nicht im Offensichtlichen, das sich nicht ignorieren lässt, weil man ihm unentrinnbar ausgesetzt ist. Das Geglaubte kann ignoriert werden; es wird ignoriert, wenn man sich nur an das halten will, was man sehen kann. Der »Beweis« (elengchos) des Glaubens stellt sich als tragfähig heraus, wo man darüber hinauslebt – im Vertrauen auf den Unsichtbaren, dessen »Herr«-Sein über die Diktatur des Sichtbaren hinausführen wird. Das ist der innere Halt, die Substanz der *Hoffnung*; die Hoffnung aber ist die Lebens-Wirklichkeit des Glaubens: Was er glaubt, fordert heraus, in eine Zukunft hinein zu leben, in der es *gut und schön* geworden sein wird; so gut und schön, wie es Gottes Willen entspricht. Die Hoffnung des Glaubens ist Hoffnung über alle Hoffnung: dass der Glaube nicht ins Leere hofft, sondern in das Geschehen des

---

[36] Dieses Gottes-Zutrauen ist biblisch-christlich Quelle eines Lebens in Fülle. Es ist, so will mir scheinen, unendlich mehr als das Gegenüber zur Daseins-Angst; gewiss auch – wie von Eugen Drewermann immer wieder neu herausgearbeitet – der existentielle Raum, in dem diese Angst zur Ruhe kommen darf.

guten Gotteswillens hinein, dessen Güte und Schönheit Glaubende auf der Spur bleiben wollen und denen sie sich verpflichtet wissen, ohne sie auch nur annähernd ermessen zu können.

Ist es menschlich, so viel Hoffnung zu wagen? Eher *allzumenschlich,* unvernünftig, illusionär? So hat es Nietzsche gesehen: Hoffnung als vergiftete Götter-Gabe. »Zeus wollte nämlich«, so in *Menschliches, Allzumenschliches,* »dass der Mensch, auch noch so sehr durch die anderen Uebel gequält, doch das Leben nicht wegwerfe, sondern fortfahre, sich immer von Neuem quälen zu lassen. Dazu giebt er dem Menschen die Hoffnung; sie ist in Wahrheit das übelste der Uebel, weil sie die Qual der Menschen verlängert.«[37] Oder ist Hoffnung doch das Gottes-Geschenk für ein Leben, das sich von der Lebens-Qual nicht besiegen lässt und mit allen Sinnen danach sucht, wie das Erhoffte zugänglich wird und schon dabei ist, Wirklichkeit zu werden? In ungezügelter Hoffnung dem Leben und dieser Welt abzugewinnen, was darin gut und schön ist und dem Gut- und Schön-Werden zu dienen, christlich ist das die Gottes-Gabe der Gnade, Vorgeschmack der Lebensfülle, zu der die Begnadeten unterwegs sein dürfen, weil Gott vollenden wird, was er in ihnen begonnen hat (vgl. Phil 1,6).

Dass die Hoffnung des Glaubens als Vertröstungsmittel in Verdacht gerät, damit müssen die leben, die sich in diese Gottes-Gabe hineingeben. Mehr als die gute Hoffnung, von der Hoffnung des Glaubens getragen zu bleiben, haben sie nicht; mehr als den, dem der Glaube zutraut, dass er ihre Hoffnung lebendig macht und Lebens-Kraft, Freiheits-Kraft gewinnen lässt. Oder doch noch mehr: die Erfahrung der *Liebe,* die dem Glauben und dem Hoffen bezeugt, dass es eine Wirklichkeit gibt, die stark ist, stärker als der Tod (Hld 8,6)? Liebe ist Seligkeit. Selig die Liebenden, die an ihre Liebe glauben, weil es nicht nur ihre hinfällige Liebe ist; die von ihr alles erhoffen, weit mehr als das, was sie selbst in sie einbringen können. In der Liebe erleben Menschen Lebens-Fülle, zumindest als Versprechen: dass mein Leben im Ganzen zu etwas gut ist, so gut – für mich, für andere –, dass es aus ganzem Herzen bejaht werden darf. Die Liebe ist das höchste aller Gefühle; sie ist es darin, dass sie die Hoffnung aufleben lässt, in und mit ihr in eine gute Zukunft hineinzugehen, ihr zu dienen und an ihr teilzuhaben.

Lieben heißt Leben teilen, damit mehr Leben möglich wird. Liebende teilen, genießen, geben weiter, woran sie teilhaben. Das ist die Fülle-Erfahrung, in der sich nach der Wahrnehmung glaubender Menschen Gott berühren lässt; er, der die Liebe ist und mit den Menschen teilt. Liebe fühlt

---

[37] Menschliches, Allzumenschliches I, Aphorismus 71, KSA 2, 82.

sich nicht immer so an. Aber die Ahnung kann sie mit sich bringen, vielleicht das Versprechen, dass sie sich als so machtvoll, so Gott-erfüllt erweisen wird – und dann den ganzen Menschen in sich hineinzieht, ihn aufgehen lässt in Lust und Hingabe, ihn glaubend darauf hoffen lässt, dass das die Wahrheit seines Lebens sein wird.

Die Liebe, wie sie vorkommt, teilt indes nicht einfach ihren Überfluss. Menschlich-allzumenschlich – nicht auch göttlich? – ist sie Geben und Nehmen. Es soll ein seliges Geben und Nehmen sein und hat doch einen Abgrund in sich. Gern gebe ich, gebe ich mich. Im Genommen-Werden erlebe ich, was ich geben und was es der (dem) Nehmenden bedeuten kann. Aber was wird da aus mir? Ich muss es – mich – hergeben. Nicht einmal vor dem Missbrauch ist es geschützt. Beim Nehmen erlebe ich, wie mir die Geliebte (der Geliebte) guttut; sie/er erleben darin ihr Gut-Sein – nicht nur für mich. Und doch geschieht da ein Sich-genommen-Werden, äußerstenfalls: Sich-entrissen-Werden.[38] Wer liebt, gehört sich nicht mehr. Liebe ist die beseligende, auch bedrohliche Krise der Selbstbestimmung. In ihr liegt das menschliche Leben offen, kommt alles ungeschützt heraus, wird alles möglich bis an die Grenze zum Missbrauch – und bis an die Grenze einer Erfüllung, in der man sich verliert, sich nehmen lässt ohne Rücksicht aufs Selbstsein-Wollen. Liebe sucht nicht das Eigene (1 Kor 13,5) und führt doch vor die Frage: Kann sie es verlorengeben, *selbst-los* hingeben?

Liebe ergreift den ganzen Menschen, seine Physis, sein Fühlen und Wollen, seine Einsicht. Alles Menschliche wird in ihr offenbar, das Beseligende wie das Abgründige, beglückende, aber auch bedrängende Emotionen. Wird auch Gott in ihr offenbar – er, aus dem die Liebe ist und in den sie hineinführt? Als der, der in ihr wirkt und sich beglaubigt, sich darin erschließt, sodass Menschen den Mut finden, für immer und ewig auf ihr Ganz-Werden, ihre Erfüllung in der Liebe zu hoffen? Das versuchen Christen zu glauben: dass Gott sich in die Liebe hineingibt, sodass man an sie glauben und ihr zutrauen darf, dass sie die Menschen, die es mit ihr versuchen, nicht aus sich herausfallen lässt, niemals. Gott rettet die Liebe; er rettet die Liebenden in seine Liebe hinein. Das ist die anthropologisch-soteriologische Pointe des Christlichen, der »Fluchtpunkt«, auf den alles zuläuft, worauf Glaube und Hoffnung sich ausrichten. Paulus spricht es aus: »Für jetzt bleiben Glaube, Hoffnung, Liebe, diese drei; doch am größten ist die Liebe« (1 Kor 13,13). Sie ist am größten, weil sie »ewig« bleibt, in Gott

---

[38] Das Aufmerksam-Werden für diesen Aspekt verdanke ich dem Gespräch mit Gotthard Fuchs.

für die Menschen, die er an sich nimmt. Auch seine Liebe ist eine nehmende und im Nehmen bejahende Liebe. Die Menschen erleiden das in ihrem Sterben. Sie dürfen darauf hoffen, dass Gottes Geist ihnen genug Hoffnungs- und Glaubenskraft schenkt, sich in dieses göttliche Genommen-Werden hineinzugeben, da sie nun *Ihm* gehören werden.

Es *bleibt* die Liebe. Sie vergeht nicht. Auch im Eschaton wird sie nicht überholt, denn Gott ist Liebe, ihre Fülle, die die Menschen mit sich erfüllen und so in ihnen »herrschen« will. In der Liebe wird das menschliche Leben ganz, weil es in Gott geschieht. Nicht im Tod wird es ganz; da wird es zur abgeschlossenen, vergangenen Wirklichkeit. Liebende Selbsthingabe ist nicht die Vorwegnahme einer unendlichen Leere, von der alles aufgezehrt wird, denn Gott erfüllt die Liebe mit sich, sodass Selbsthingabe Aufgenommen-Werden bedeutet. Dass Geliebt-Werden auch heißt, sich genommen werden, dagegen sträubt sich alles, wenn ich mein Leben in eine Leere hinein loslassen muss, in der menschlich gesehen alles zunichtewird. Da kommt es zur äußersten Glaubens- und Hoffnungs-Erprobung, zum *Scandalum crucis*: dass die radikale Beraubung in die Fülle hineinführt. Christenmenschen versuchen, aus dem Kreuz Christi Hoffnung über alle Hoffnung zu gewinnen und an dem Glauben nicht irre zu werden, dass das in dieser Welt zu Ertragende nicht die Macht hat, die Liebe, die Gott ist und erweist, außer Kraft zu setzen, weil er da ist und rettet, wo alles verloren scheint. Fülle des Lebens: da bleiben Leiden und Sterben nicht draußen.

Glauben, hoffen und lieben sind keine »Tugenden«, die der Mensch zustande brächte. Die christliche Tradition spricht von übernatürlichen Tugenden[39], die sich der Gnade verdanken, in der Gottes Geist die Menschen ermutigt, die Verheißung zu ergreifen, die im Symbol Gottesherrschaft zum Ausdruck kommt und in der Liebe »geschmeckt« wird. Sie richten das Menschenleben auf eine Erfüllung aus, deren Unverfügbarkeit die Unverfügbarkeit des »Größten« ist, worüber den Menschen »schlechterdings nichts Größeres geschehen kann«[40]; auf den, der ihnen darin die Verheißung ihres Lebens aufschließt und beglaubigt.

Ist in diesen Tugenden nicht doch eine Lebens-Energie erfahrbar, tatsächlich erfahrbar[41], die ganzmenschlich entwickelt werden muss und doch Gnade ist? Das ist die Abschlussfrage einer anthropologisch gedachten

---

[39] Vgl. den *Katechismus der Katholischen Kirche* von 1993, Ziffer 1812.
[40] Vgl. Friedrich Wilhelm Josef Schelling, Philosophie der Offenbarung, Bd. 2, 27.
[41] Die neuscholastische Gnadenlehre hat gemeint, genau das bestreiten zu müssen, weil es mit der Übernatürlichkeit der Gnade und ihrer Ungeschuldetheit nicht vereinbar sei.

Theologie, der es um Ressourcen geht, die im Glauben zum Tragen kommen.[42] Hier darf theologisch gewürdigt werden, wie menschlich Gott im Menschen wirkt – und wie göttlich die Kraft ist, die den Menschen der Fülle seines Daseins entgegenträgt.

10.5 Die Dynamik des Urvertrauens

Glaube, Hoffnung und Liebe sind vom Sich-anvertrauen-Können getragen. Aber was heißt hier *Können*? Ist da von einer Fähigkeit des Menschen die Rede, die in einer Reifungsgeschichte aufgebaut und sozial stabilisiert wird, die geschwächt ist, wenn ihre Ausbildung nicht gefördert wurde? Ist Vertrauen in diesem Sinne eine Tugend, die von Ressourcen zehrt, aber von den Menschen selbst geleistet, wenigstens konkret realisiert werden muss? Oder ist das Vertrauen-Können im Letzten unverfügbar, weil auf Ressourcen angewiesen, die ihm ohne eigenes Zutun zugänglich werden oder verschlossen bleiben?

Das *Entweder–Oder* scheint fehl am Platz. Vertrauen-*Können* ist keine durch Übung erlangte Fertigkeit, aber ein erworbenes Vermögen, zu dem mitmenschliche Beziehungen und Gegebenheiten Entscheidendes beigetragen. Geburtliches Menschsein wächst in ein mitmenschliches Dasein hinein, in dem es elementar auf die Zuverlässigkeit der Fürsorge und Zuwendung der Eltern oder verlässlich erreichbarer Bezugspersonen angewiesen ist. Hier keimt das Vertrauen-Können als »Gefühl des Sich-Verlassen-Dürfens [...] und zwar in bezug auf die Glaubwürdigkeit anderer wie die Zuverlässigkeit seiner selbst.«[43] Das Baby sollte sich darauf verlassen dürfen, dass es in der Welt nicht verlassen ist: dass es in seiner Bedürftigkeit geborgen ist in der Fürsorge und dem Wohlwollen seiner Nächsten – und dass es von sich aus Fürsorge und Wohlwollen mobilisieren kann. Es wächst ins Nehmen und Geben hinein: ins Nehmen »nicht im Sinne des Sich-Beschaffens, sondern in dem des Gegeben-Bekommens und Annehmens«[44]; ins Geben, da es wahrzunehmen beginnt, wie seine Nächsten sich ihm zu-

---

[42] Ich plädiere also für eine Ressourcen-orientierte Theologie. Im Unterschied zu einer bloß Defizit-orientierten Theologie ginge es ihr darum, sich um die Zugänglichkeit von Quellen der Bejahung zu kümmern, in die Gottes Geist sich »investiert«, damit Menschen glauben, hoffen und lieben und diese drei Elementarformen der Bejahung ganzmenschlich leben können.
[43] Erik H. Erikson, Identität und Lebenszyklus, dt. Frankfurt a. M. 1966, 62.
[44] Ebd., 65.

wenden und an ihm freuen. So kann sich der Mut einstellen, sich mit dem unvermeidlich Frustrierenden in der Welt nicht einfach abzufinden.

In dieser elementar ermutigenden Austausch-Erfahrung kann sich herausbilden, was Erik H. Erikson Urvertrauen nannte. Auch der Ausfall dieser Erfahrung muss freilich im Blick sein: »Wenn diese wechselseitige Regelung versagt, zerfällt die Situation in eine Reihe von Versuchen, durch einseitige Willensakte in die Gewalt zu bekommen, was durch beiderseitiges Entgegenkommen nicht erreicht wurde.«[45] Die Störung früher Austausch-Beziehungen kann dem Kind ein Urmisstrauen mitgeben, sodass es die frühe Mangel-Erfahrung in seine weiteren sozialen Beziehungen mitnimmt: sich misstrauisch sichern will, worauf es sich nicht verlassen »kann«.[46] Die Ontogenese des Menschen ist biographisch auch bei günstigem Verlauf von der Herausforderung durchzogen, die Mitgift des Urvertrauens mit Erfahrungen des Enttäuscht-Werdens in immer weiter sich öffnenden Sozial- und Welt-Beziehungen auszugleichen und sich Quellen für die Stärkung seines Vertrauen-Könnens zu erschließen. Die Herausforderungen durch die soziale Kooperation in einer gemeinsam zu gestaltende Lebenswelt stimulieren das *Selbstvertrauen,* den Lebens-Anforderungen gewachsen zu sein und bei ihrer Bewältigung als Kooperations-Partner anerkannt zu werden. Beim Erwachsenen sollte das Urvertrauen zu jener »Kombination von Glauben und Realismus«[47] gereift sein, in der man sich in Lebens-Zusammenhänge einbezogen weiß, die man zwar nicht beherrschen, aber wagen kann.

An dieser Beschreibung des Hineinwachsens ins Vertrauen-Können wird die Dramatik nicht sofort erkennbar, mit der das Leben in dieser Welt die Vertrauensfähigkeit des Menschen heimsucht. Lebens-Katastrophen im Großen und im Kleinen haben Menschen von Anfang an in Angst und Schrecken versetzt. Sie setzten sich zur Wehr, indem sie ihre Lebensbedingungen kooperativ-technologisch sichern und emotional erträglich zu halten versuchten, wo das an Grenzen stieß. Religiösen Praktiken haben dabei eine wichtige Rolle gespielt. Sie sollten das Vertrauen auf die Verlässlichkeit des Daseins über das hinaus stabilisieren, was Menschen durch eigene Da-

---

[45] Ebd., 66.
[46] Der britische Kinderpsychiater John Bowlby spricht im Kontext seiner Unterscheidung verschiedener Bindungstypen hier von unsicherer Bindung und unterscheidet unsicher-vermeidende, unsicher-ambivalente und unsicher-desorganisierte Bindungstypen (vgl. ders., Bindung, dt. München – Basel 2006). Dem Urvertrauen entspräche bei ihm der Typus der »sicheren Bindung«.
[47] Erik H. Erikson, Identität und Lebenszyklus, 70.

seins-Fürsorge erreichten. Sah man Religion auf diese Funktion beschränkt, konnte man zu der Auffassung kommen, dass ihre Bedeutung schwand, wo sich der Bereich der Daseins-Fürsorge technologisch hinreichend ausweiten ließ und es für den verbliebenen marginalen Bereich des (noch) nicht Beherrschbaren keines größeren religiösen Aufwandes mehr bedurfte. Solche *Säkularisierungs-Theorien* trafen auf den Widerstand theologischer wie religionsphilosophischer Konzepte, die auf dem dimensionalen Unterschied zwischen sichernder Vorsorge und Vertrauen, so auch auf der Nicht-Substituierbarkeit des Gottvertrauens durch das menschliche Selbstvertrauen beharrten.[48] Es ist zwar – so argumentiert man – nicht zu verkennen, dass Religionen und der in ihnen vollzogene Kult wohl von Anfang an mit dem Versuch verbunden waren, da etwas zu machen, wo für Menschen nichts mehr zu machen war. Aber darauf seien religiöse Praktiken keinesfalls zu reduzieren. In ihnen werde vielmehr immer wieder neu die Unterscheidung zwischen dem Unverfügbaren und dem durch erfolgversprechende menschliche Praxis Erreichbaren eingeübt.

Es ist freilich beim Blick auf die Christentums-Geschichte nicht zu übersehen, wie man dem von Menschen Zustandegebrachten und dem daraus erwachsenen Selbstvertrauen oft mit einem Misstrauen begegnete, als ob man besorgt sein müsste, dass es dem Gottvertrauen zu viel wegnimmt. Gottvertrauen oder Selbstvertrauen, das ist aber eine verheerend falsche Alternative, nach der man Gott als »Ersatzmann« ansähe, den man einwechselt, wenn man das Spiel zu verlieren droht. Wenn man aber schon dabei ist, das Spiel tatsächlich zu verlieren, was könnte es dann helfen, ein erlahmtes Gottvertrauen zu mobilisieren?

Soweit scheint es gekommen: Das technisch aufgerüstete Selbstvertrauen der Menschen beginnt sich als Hybris zu durchschauen, die sich nicht an Gott, sondern an der Natur vergriffen hat und die Verlässlichkeit ruiniert, mit der sie die in ihr und mit ihr Lebenden versorgt. Das Selbstvertrauen hat sich selbst untergraben und wird immer hohler, wenn es die Herausforderung vor sich sieht, das Schlimmste abzuwenden. Es ist, um das Mindeste zu sagen, fragil und verletzlich geworden; die Covid 19-Pandemie-Erfahrung hat es an den Tag gebracht. Wäre jetzt von Neuem das Gottvertrauen als das Urvertrauen darauf gefragt, dass es noch irgendwie gut ausgeht – nicht nur mit uns, sondern für unsere Kindeskinder?

---

[48] Vgl. das Kapitel »Sicherung statt Vertrauen?« in: Wolfhart Pannenberg, Was ist der Mensch? Die Anthropologie der Gegenwart im Lichte der Theologie, Göttingen ³1968, 22–31.

Das »Ausruhen im Vertrauen« ist *die* religiöse Versuchung der Nachmoderne par excellence: Gott wird das Schlimmste verhindern! Es ist zugleich die Ressource, aus der Menschen in der Situation einer apokalyptischen Bedrohung womöglich noch schöpfen können, um standzuhalten, sich in ihr nicht gleichgültig ins eigene Wohlergehen zurückzuziehen, in der Empörung über die »Schuldigen« zu erschöpfen oder zynisch zu werden. Gott greift nicht ein, wo wir versagen. Er *rettet.* Wir wissen nicht, was das konkret für uns und seine Schöpfung bedeutet, wie es vor sich gehen wird. Das konkret Unheil-Abwendende ist Sache der Menschen, ihrer Vernunft, ihrer Vorstellungskraft, ihrer Einsatz- und Opfer-Bereitschaft. Die Ausrichtung auf den in alldem und über all das hinaus rettenden Gott ist Sache der religiösen Glaubens-Imagination, die sich weigert, eine definitive Vergeblichkeit des menschlichen Daseins, der Mitmenschlichkeit und der Liebe hinzunehmen – und sich mit dieser Weigerung in Gott festzumachen versucht. Gottvertrauen und die Konfrontation mit einer von den Menschen selbst in Gang gesetzten Apokalypse zusammenzuhalten und im Vertrauen auf das Gott Mögliche nicht das Menschenmögliche zu unterlassen, das ist die bis zum Zerreißen gespannte Situation, in der sich Religion heute vorfindet. Sie lässt sich nicht mehr so bewältigen, dass man mit guten Begründungen darlegt, warum das Eine ohne das Andere nicht geht und beides schlussendlich gut zueinander »passt«. Man muss es im Glauben darauf ankommen lassen und diese Option wagen: Gott gibt nicht verloren, sondern rettet, was wir einsetzen und hingeben, um dem Leben zu dienen und es zu erneuern. Er rettet uns, die wir – mit einem oft angefochtenen Glaubens-Urvertrauen unterwegs – gar nicht anders können, als es *darauf* ankommen zu lassen; als die Verheißung festzuhalten, die dem Menschen, wenn es gut geht, in sein Leben hinein mitgegeben wird: die Verheißung des guten, glücklichen Austauschs, in dem das Leben auflebt und seiner Fülle entgegenleben darf. So können wir, wenn das Glaubens-Urvertrauen die Kraft dazu in uns keimen lässt, auch nicht anders, als im Scheitern auf den neuen Anfang zu setzen und nicht hinzunehmen, was uns zu entmutigen droht.

Christlicher Glaube sieht dieses Vertrauen von den Gotteszeugen der Bibel beglaubigt. Der »treue Zeuge« Jesus Christus hat das Gottvertrauen so überzeugend gelebt hat, dass er es an die Seinen austeilen konnte. Die religiöse Praxis biblischen Glaubens weiß sich eingebunden ins Menschen-, Gott- und Schöpfungs-gerechte Geben und Nehmen, in eine Gottesbeziehung, in der Gott und die Menschen den glücklichen Lebens-Austausch leben. Glaubende Menschen empfangen ihr Leben, um es zu teilen, hinzugeben und sich in ihrer Hingabe angenommen zu wissen. Sie leben es mit einem Gott, der Leben schenkt und es mit seiner Liebe erfüllt; der schließlich an sich nimmt, was die Menschen als seine Gabe empfingen und im Vertrauen darauf lebten, dass sie ihr Leben mit ihm teilen und in ihm gerettet wissen dürfen.

Das Opfer ist biblisch die Feier dieses glücklichen Austauschs im Vertrauen darauf, dass die Menschen Gott erreichen können, dass er annimmt und rettet, was sie ihm hingeben, und sie mit seiner rettenden Präsenz segnet. Leicht kippt diese Feier um in den vom Urmisstrauen provozierten Versuch, zu opfern, *damit* Gott seine Gunst nicht verweigert: *Do ut des*. Dass Gott zuerst gibt und zuletzt rettet, damit die Menschen seine Gabe leben und sich seinem Retten anvertrauen, ist theologisch oft ins Misstrauens-Zwielicht geraten. So geriet auch aus dem Blick, dass das Leben mit Gott das Teilen als Ur-Vollzug des Lebens verwirklichen darf und als verheißungsvoll aufschließt: Leben dürfen und seiner Erfüllung auf die Spur kommen heißt, ins Teilen hineingenommen werden. Im Misstrauens-Zwielicht erscheint es sicherer, *für sich* zu haben, was man zu brauchen meint. Nicht Selbstvertrauen und Selbstsorge, sondern Selbst-Ausweitung und Selbst-Imperialismus sollen sicherstellen, worauf es das Gott- und Lebens-Vertrauen ankommen lassen muss. So kommt es mit tödlicher Sicherheit dazu, dass man die Verheißung des Lebens sabotiert. Sie lebendig zu erhalten, damit sie der Selbstzerstörung durch Selbst-, Lebens- und Gottes-Misstrauen gewachsen bleibt, das soll in mitmenschlich-gesellschaftlicher, mitgöttlicher Lebens-Teilungs-Praxis erreicht werden.

Und doch bleibt gänzlich unverfügbar, was Menschen ergreifen, für sich in Anspruch nehmen und mit sich erfüllen kann: das Urvertrauen als das Vertrauen auf den schlechthin menschenfreundlichen Gott, der die Menschen mit ihrem Nehmen und Geben, Sich-Empfangen und Hingeben heilsam in sein Geben und An-sich-Nehmen einbindet. Dieses Gottvertrauen mag sich einstellen, wenn man sich auf den Weg der Zeugen holen und von ihnen bezeugen lässt, wohin wir unterwegs sein dürfen und wie es dabei gut mit uns werden kann. Sie bezeugen, was sich ihnen aufgetan hat, den, der es ihnen aufgetan hat, es auch denen auftun wird, die sich von ihm ergreifen und zum Gott- und Lebens-Vertrauen ermutigen lassen.

10.6 Aus dem Wirken des Gottesgeistes

Ist es nicht einseitig, die Gnade eines Gott-erfüllten, menschlich erfüllenden Lebens theologisch-anthropologisch so eng an die vielfach angefochtene Erfahrung des Urvertrauens anzuschließen? Da kommt doch vor allem das Stabilität-Gewährende der Lebensfülle in den Blick: die Verlässlichkeit der Lebens-Grundlage und der vertrauensvollen Beziehungen, in und aus denen man lebt, wenn sich einem die Fülle des Lebens gewährt. Schon für Eriksons Konzept wird das nicht zutreffen. Nach ihm ist das Urvertrauen gewissermaßen darauf angelegt, sich in neuen Lebens-Herausforderungen als dynamische Kraft zu bewähren und zu differenzieren, in denen die Menschen die (Ich-)Stärke entfalten können, den Lebenszyklus Lebens-tüchtig zu durchlaufen und sozial-vertrauensvoll, aber auch selbstverantwortlich-kreativ zu gestalten.

Man kann gleichwohl weiterfragen: Ist hier die Lebens-Dynamik hinreichend im Blick, aus der Menschen sich überschreiten, immer wieder neu nicht nur nach einer »Ganzheit« suchen, sondern in eine Zukunft des Lebens aufbrechen, in der es wirklich gut um sie – um alle Menschen – bestellt wäre? Theologisch ist hier von *Gottes Geist* zu sprechen, der die Glaubenden »in Christus« – im Geistraum des pneumatischen Leibes Christi – zu einer »neuen Schöpfung« macht. Er wirkt den Aufbruch in das Neue, das unter dem Vorzeichen der Versöhnung steht: der Versöhnung der Menschen untereinander, mit sich selbst, mit ihrer Gottesberufung (vgl. 2 Kor 5,17–18), mit der Schöpfungswirklichkeit, der sie so viel schuldig bleiben. Der Aufbruch geschieht nach Paulus konkret im versöhnten Miteinander und Füreinander der Glieder im Leib Christi zum Zeugnis für eine Welt, die an diesem pneumatischen Christusleib den Aufbruch in das Neue sehen und erfahren soll, das die Predigt Jesu als Gottesherrschaft ankündigt.[49]

Es verkürzt den biblischen, speziell den neutestamentlichen Befund, wenn man – im Blick auf die Johannes-Schriften – im heiligen Pneuma vor allem den Tröster und »Beruhiger« sehen will, wie das von einer bestimmten Übersetzungstradition nahegelegt wurde. Der *Paraklet* unterstützt im (Rechts-)Streit. Das ist das hellenistisch-juridische Amtsprofil, auf das die johanneischen Schriften rekurrieren. Darüber hinaus klingt in

---

[49] Vgl. Hildegard Scherer, Geistreich. Paulinische Texte, in: Bibel und Kirche 76 (2021), 92–97 und dies., Geistreiche Argumente. Das Pneuma-Konzept des Paulus im Kontext seiner Briefe, Münster 2011.

dieser Bezeichnung aber auch der Sinn des verbalen *parakaleo* mit: ermutigen.[50] Angesprochen ist hier die Geist-Dynamik, die in den Glaubenden die Gottverbundenheit in der Liebe hervorbringt, sie so über ihre kreatürliche Angst hinausführt und zum Zeugnis »in der Welt« befähigt. Die *Dynamis-Pneumatologie* des Neuen Testaments, die sich auf die Ruᵃch-JHWH-Vorstellung des Alten Testaments gründet[51], hat primär den Geistträger Jesus Christus im Blick. Die Jordantaufe wird hier als Geistmitteilung durch den göttlichen Vater selbst stilisiert. Sie wirkt sich in der Macht Jesu über die Menschen-feindlichen bösen Geister aus, von denen Kranke oder böse Menschen besessen sind. Jesus wirkt als Exorzist und zieht sich den Vorwurf zu, über seine exorzistische Macht nur zu verfügen, weil Beelzebul, der oberste der üblen Geister, sie ihm eingeräumt hat, um die Menschen irrezuführen. Gegen diese Delegitimations-Strategie setzt Jesus sich zur Wehr, indem er auf ihren Widersinn hinweist: Was sollten Beelzebul oder auch Satan davon haben, wenn sie es zulassen, gar selbst inszenieren, dass ihre Macht von einem Exorzisten gebrochen wird! Wenn ich aber – so Jesus in diesem Streitgespräch – nicht als ihr Agent, sondern »im Geist Gottes die Dämonen austreibe, dann ist das Reich Gottes schon zu euch gekommen«, dann ist es mit der Unterdrückung durch die Menschen-feindlichen Satans-Geister vorbei (Mt 12,28), dann beginnt das Neue, das sie sabotieren wollen.[52]

Die Erfahrung charismatischer Macht wird der Ursprung der biblischen Ruᵃch- und Pneuma-Vorstellungen sein. Die biblischen Zeugnisse wissen um die Zwiespältigkeit des Charismatischen; auch das Streitgespräch Jesu mit den Pharisäern belegt das. So ist der gute Gottesgeist neutestamentlich der Geist Jesu Christi, der die Unfreiheits- und Schädigungs-Geister in die Schranken weist, der Geist der Gottesherrschaft, der für die Endzeit Verheißene, der die Toten auferstehen lässt (vgl. Ez 37,1–14). Als der Geist Jesu

---

[50] Vgl. Bernhard Häring, Frei in Christus. Moraltheologie für die Praxis des christlichen Lebens, Sonderausgabe Freiburg i. Br. 1989, 470–473. Auch das in Röm 15,5 gebrauchte Substantiv *paraklesis* assoziiert diesen Sinn.

[51] Ruᵃch ist hier der Atem, gar das machtvolle Schnaufen Gottes, das in die Menschen hineinfährt, antreibt und mit Entschiedenheit etwas anfangen lässt oder den »schwach gewordenen« Atem der Menschen kräftigt; vgl. die Belege in: Susanne Gillmayr-Bucher, »Ruach« – Gottes Wind in den Psalmen, in: Bibel und Kirche 76 (2021), 71–76. In besonderer Weise packt dieser Atem Prophet(inn)en und andere Charismatiker, um sie zu Werkzeugen des göttlichen Willens und seines Handelns an seinem Volk (oder auch seinen Feinden) zu machen.

[52] Vgl. Martin Ebner, Die bösen Geister und die Frage nach der Deutungshoheit. Jesus und Beelzebul, die Ältesten und ihre Söhne – ein Autoritätskonflikt, ebd. 77–85.

Christi findet er in den Gemeinden – im Leib Christi – seinen Wirkungs-Raum. Nicht zuerst im auffälligen Charismatiker-Wirken, sondern im Dienst am Evangelium und den Glaubenden, damit sie das Nahekommen der Gottesherrschaft überzeugend bezeugen können; so wiederum Paulus (vgl. 1 Kor 12 und 14).

Dann erscheint auch das Wirken des Geist-Menschen Jesus ganz in diesem Licht des Dienstes, der Selbst-Verausgabung für die Menschen (vgl. Phil 2, 5–11), einer Kenosis, die bis zum Äußersten ging, um den Menschen Gott nahezubringen und sie so zu retten. Er, in dem »die ganze Fülle der Gottheit leibhaftig« wohnt, in dem Gott mit seiner Fülle wohnen wollte (Kol 2, 9 und 1, 19), hat das Geist-Pleroma für die Seinen verausgabt, damit sie daran Anteil haben. Gotterfülltheit bedeutete für ihn Gott-Mitteilung, Gottes-Verausgabung. In seiner Nachfolge kann gotterfülltes und menschlich erfüllendes Leben nur ein Leben sein, das diese Fülle nicht für sich haben will, sondern verausgabt und teilt.[53] Es wird ein Leben sein, das sich unterwegs weiß zur Vollendung des göttlich-menschlichen Miteinanders im unbegrenzten Geben- und Nehmen-Dürfen, für die neutestamentlich das Symbol der Gottesherrschaft steht. Die Mystik des Mittelalters kennt es als ein Leben, das jedes *Um zu,* das Kriegen-Wollen des Entbehrten, hinter sich gelassen hat und der *Erfüllung* jetzt (im Nun) teilhaftig sein, sie im Glauben »überströmen« und teilen lässt. Das ist die Menschseins-Alternative schlechthin, der die Mystik Eckharts nachdenkt[54] und von der erotische wie ästhetische Erfahrungen einen Vorgeschmack geben.

---

[53] Vgl. Veronika Hoffmanns Überlegung zur Kriteriologie eines erfüllten Lebens in: dies., »(Lebens-)Fülle« bei Ralf Miggelbrink und Charles Taylor, a. a. O., 228 f.
[54] Vgl. etwa die Predigt 2 *Intravit Jesus in quoddam castellum*, in: Meister Eckehart, Deutsche Predigten und Traktate, hg. von J. Quint, München ⁵1978, 159–164, insbesondere 163 f.

Literaturverzeichnis

Abdel-Samad, Hamed – Mouhanad Khorchide, »Zur Freiheit gehört, den Koran zu kritisieren«. Ein Streitgespräch, Freiburg i. Br. 2016.
Adorno, Theodor W., Minima Moralia. Reflexionen aus dem beschädigten Leben. Gesammelte Schriften, hg. von R. Tiedemann, Bd. 4, Taschenbuchausgabe Frankfurt a. M. 2003.
Ders., Negative Dialektik. Gesammelte Schriften, hg. von R. Tiedemann, Bd. 6, Frankfurt a. M. 1970.
Ahbe, Th. – W. Gmür – H. Keupp (Hg.), Identitätskonstruktionen. Das Patchwork der Identitäten in der Spätmoderne, Reinbek 2002.
Arendt, Hannah, Vita activa oder Vom tätigen Leben, dt. Neuausgabe München 2020.
Dies., Was ist Politik? Fragmente aus dem Nachlass, hg. von U. Ludz, München ⁴2010.
Arens, Edmund, Bezeugen und Bekennen. Elementare Handlungen des Glaubens, Düsseldorf 1989.
Ariès, Philippe, Geschichte des Todes, dt. München – Wien 1980.
Auer, Alfons, Autonome Moral und christlicher Glaube. Mit einem Nachtrag zur Rezeption der Autonomie-Vorstellung in der katholisch-theologischen Ethik. Mit einer Einführung von Dietmar Mieth, Darmstadt 2016.
Austin, John L., How to do Things with Words, Oxford 1962.
von Balthasar, Hans Urs, Gregor von Nyssa. Der versiegelte Quell, Einsiedeln 1954.
Ders., Verbum caro. Skizzen zur Theologie I, Einsiedeln 1960.
Bauer, Joachim, Wie wir werden, was wir sind. Die Entstehung des menschlichen Selbst durch Resonanz, München 2019.
Beckermann, Ansgar, Was ist das Ziel einer Naturalisierung des Geistes?, in: Information Philosophie 2/2019, 32–40.
Ders., Freier Wille – Alles Illusion?, in: S. Barton (Hg.), »… weil er für die Allgemeinheit gefährlich ist!«. Prognosegutachten, Neurobiologie, Sicherungsverwahrung, Baden-Baden 2006, 293–307.
Bedorf, Thomas, Verkennende Anerkennung. Über Identität und Politik, Frankfurt a. M. 2010.
Papst Benedikt XVI., Enzyklika *Deus Caritas est* vom 25. Dezember 2005.
Benjamin, Walter, Über den Begriff der Geschichte, in: ders., Erzählen. Schriften zur Theorie der Narration und zur literarischen Prosa, ausgewählt und mit einem Nachwort von A. Honold, Frankfurt a. M. 2007, 129–140.
Ders., Gesammelte Schriften, Frankfurt a. M. 1991.
Bentham, Jeremy, An Introduction to the Principles of Morals an Legislation, New York 2007.

Bieri, Peter, Das Handwerk der Freiheit. Über die Entdeckung des eigenen Willens, Frankfurt a. M. 2003.
Bloch, Ernst, Das Prinzip Hoffnung, Frankfurt a. M. 1959.
Block, Katharina – Sascha Dickel, Jenseits der Autonomie. Die De/Problematisierung des Subjekts in Zeiten der Digitalisierung, in: Behemoth 13 (2020) 109–131.
Blume, Anna – Christoph Demmerling, Gefühle als Atmosphären? Zur Gefühlstheorie von Hermann Schmitz, in: H. Landweer (Hg.), Gefühle – Strukturen und Funktion, Deutsche Zeitschrift für Philosophie, Sonderband 14, Berlin 2007, 113–133.
Blumenberg, Hans, Ästhetische und metaphorologische Schriften. Auswahl und Nachwort von A. Haverkamp, Frankfurt a. M. 2001.
Ders., Matthäuspassion, Frankfurt a. M. 1988.
Ders., Lebenszeit und Weltzeit, Frankfurt a. M. ³1986.
Böhme, Gernot, Atmosphäre. Essays zur neuen Ästhetik, Frankfurt a. M. 1995.
Bolz, Norbert, Die ungeliebte Freiheit. Ein Lagebericht, München – Paderborn 2010.
Bonhoeffer, Dietrich, Widerstand und Ergebung, ders., Gesammelte Werke, Bd. 8, Gütersloh 1998.
Bowlby, John, Bindung, dt. München – Basel 2006.
Brague, Rémi, Die Weisheit der Welt. Kosmos und Welterfahrung im westlichen Denken, dt. München 2006.
Brüntrup, Godehard, Die Renaissance des Panpsychismus, in: Herder Korrespondenz 71 (9/2017), 44–47.
Brunner, Emil, Eros und Liebe, Berlin 1937.
Martin Buber, Martin, Der Jude und sein Judentum, Köln 1963.
Bude, Heinz, Solidarität. Die Zukunft einer großen Idee, München 2019.
Bude, H. – A. Willisch (Hg.), Das Problem der Exklusion. Ausgegrenzte, Entbehrliche, Überflüssige, Hamburg 2006.
Bugiel, Daniel, Diktatur des Relativismus? Fundamentaltheologische Auseinandersetzung mit einem kulturpessimistischen Deutungsschema, Berlin 2021.
Butler, Judith, Körper von Gewicht. Die diskursiven Grenzen des Geschlechts, dt. Frankfurt a. M. 1997.
Dies., Das Unbehagen der Geschlechter, dt. Frankfurt a. M. 1991.
Carnap, Rudolf, Die physikalische Sprache als Universalsprache der Wissenschaft, in: Erkenntnis 2 (1931/32), 432–465.
de Certeau, Michel, Kunst des Handelns, dt. Berlin 1988.
Choron, Jacques, Der Tod im abendländischen Denken, dt. Stuttgart 1967.
Cioran, Emil M., Lehre vom Zerfall. Übertragen von Paul Celan, Stuttgart ¹⁰2018.
Clayton, Philip, Emergenz und Bewusstsein. Evolutionärer Prozess und die Grenze des Naturalismus, dt. Göttingen 2008.
Cohn, Ruth C., Von der Psychoanalyse zur themenzentrierten Interaktion, dt. Stuttgart 1975.
Dahrendorf, Ralf, Kulturpessimismus vs. Fortschrittshoffnung. Eine notwendige Abgrenzung, in: J. Habermas (Hg.), Stichworte zur ›Geistigen Situation der Zeit‹, Frankfurt a. M. 1979, 213–228.
Dalferth, Ingolf U., Sünde. Die Entdeckung der Menschlichkeit, Leipzig 2020.
Damasio, Antonio, Descartes' Irrtum. Fühlen, Denken und das menschliche Gehirn, München 1995.
Dennett, Daniel C., The Intentional Stance, Cambridge, MA 1987.

Dickmann, Ulrich, »Wo warst du, als ich die Welt schuf?« Emmanuel Levinas' Deutung der primordialen Erfahrung von Gebürtigkeit, in: I. Bocken – ders. (Hg.), Geburt (Felderkundungen Laienspiritualität 2), Schwerte 2010, 63–85.
Dirscherl, Erwin, Grundriss Theologischer Anthropologie. Die Entschiedenheit des Menschen angesichts des Anderen, Regensburg 2006.
Dreyfus, Hubert – Charles Taylor, Die Wiedergewinnung des Realismus, dt. Berlin 2016.
Driewer, Willibrord, Muss die katholische Kirche ihre Sicht auf Homosexualität verändern?, in: Forum Katholische Theologie 35 (2019), 290–306.
Durkheim, Emil, Der Individualismus und die Intellektuellen dt. in: H. Bertram (Hg.), Gesellschaftlicher Zwang und moralische Autonomie, Frankfurt a. M. 1986, 54–70.
Ders., Die elementaren Formen des religiösen Lebens, dt. Frankfurt a. M. 1981.
Ebner, Martin, Die bösen Geister und die Frage nach der Deutungshoheit. Jesus und Beelzebul, die Ältesten und ihre Söhne – ein Autoritätskonflikt, in: Bibel und Kirche 76 (2021), 77–85.
El Quassli, Samir – Friedemann Karig, Erzählende Affen. Mythen, Lügen, Utopien, Berlin 2021.
Erikson, Erik H., Identität und Lebenszyklus, dt. Frankfurt a. M. 1966.
Gonzáles Faus, José Ignacio, Sünde, in: I. Ellacuria – J. Sobrino (Hg.) Mysterium liberationis. Grundbegriffe der Theologie der Befreiung, Bd. 2, dt. Luzern 1996, 725–740.
Feiter, Reinhard, Antwortendes Handeln. Praktische Theologie als kontextuelle Theologie – ein Vorschlag zu ihrer Bestimmung in Anknüpfung an Bernhard Waldenfels' Theorie der Responsivität, Münster 2002.
Flamm, Anna Katharina, In aller Freiheit. Selbstsorge neu denken mit Michel Foucault, Freiburg i. Br. 2019.
Frank, Georg, Ökonomie der Aufmerksamkeit. Ein Entwurf, München 2007.
Frank, Manfred, Selbstgefühl. Eine historisch-systematische Erkundung, Frankfurt a. M. 2005.
Frankfurt, Harry, Necessity, Volition and Love, Cambridge 1999.
Papst Franziskus, Nachsynodales Schreiben *Amoris laetitia* vom 19. März 2016.
Sigmund-Freud Studienausgabe, hg. von A. Mitscherlich – A. Richards – J. Strachey, Bd. I, Frankfurt a. M. 1969, Bd. III, Frankfurt a. M. 1975, Bd. IX, Frankfurt a. M. 1974.
Freud, Sigmund, Eine Schwierigkeit der Psychoanalyse, in: Imago. Zeitschrift für die Anwendung der Psychoanalyse auf die Geisteswissenschaften 5 (1917), 1–7.
Frisch, Ralf, Eine kurze Geschichte der Gottesvergessenheit. Einige Gedanken zum Zustand der evangelischen Kirche einhundert Jahre nach Karl Barths Revolution der Theologie, in: theologische beiträge 51 (2020), 424–439.
Fromm, Erich, Haben oder Sein. Die seelischen Grundlagen einer neuen Gesellschaft, dt. Stuttgart 1976.
Fuchs, Gotthard, Sinnfalle und Gottesfrage, in: Diakonia 15 (1984), 303–312.
Fuchs, Thomas, Das Gehirn – ein Beziehungsorgan. Eine phänomenologische-ökologische Konzeption, Stuttgart ^{5}2017.
Fuchs, Werner, Todesbilder in der modernen Gesellschaft, Frankfurt a. M. 1973.
Gabriel, Markus, Warum es die Welt nicht gibt, Berlin ^{4}2018.
Ders. (Hg.), Der Neue Realismus, Berlin 2014.
Gallese, Vittorio – Alvin Goldman, Mirror neurons and the simulation theory of mindreading, in: Trends in Cognitive Science 12 (1998), 492–501.

Gehlen, Arnold, Der Mensch. Seine Natur und seine Stellung in der Welt, Frankfurt a. M. ¹⁰1974.
Gerhardt, Volker, Artikel *Selbstbestimmung*, in: J. Ritter – G. Gabriel – K. Gründer (Hg.), Historisches Wörterbuch der Philosophie, Bd. 9, Darmstadt 1995, 335–346.
Gillmayr-Bucher, Susanne, »Ruach« – Gottes Wind in den Psalmen, in: Bibel und Kirche 76 (2021), 71–76.
Girard, René, Das Heilige und die Gewalt, dt. Neuausgabe Ostfildern 2011.
Göcke, B. P. – K. Müller – F. Schiefen (Hg.), Welt – Geist – Gott. Erkundungen zu Panpsychismus und Panentheismus, Münster 2020.
Goertz, Stephan Theozentrik oder Autonomie? Zur Kritik und Hermeneutik der Moderne bei Joseph Ratzinger/Benedikt XVI., in: Ethica 19 (2011), 51–83.
Groethuysen, Bernhard, Die Entstehung der bürgerlichen Welt- und Lebensanschauung in Frankreich, 2 Bde., Neuausgabe Frankfurt a. M. 1978.
Gronemeyer, Marianne, Das Leben als letzte Gelegenheit. Sicherheitsbedürfnisse und Zeitknappheit, Darmstadt ⁵2014.
Habermas, Jürgen, Zwischen Naturalismus und Religion. Philosophische Aufsätze, Frankfurt a. M. 2005.
Ders., Wahrheit und Rechtfertigung. Philosophische Aufsätze. Erweiterte Ausgabe, Frankfurt a. M. 2004.
Ders., Glauben und Wissen. Friedenspreis des Deutschen Buchhandels 2001, Frankfurt a. M. 2001.
Ders., Der philosophische Diskurs der Moderne. Wölf Vorlesungen, Frankfurt a. M. ⁵1996.
Häring, Bernhard, Frei in Christus. Sonderausgabe, Freiburg i. Br. 1989.
Halbfas, Hubertus, Glaubensverlust. Warum sich das Christentum neu erfinden muss, Ostfildern ³2011.
Hailer, Martin, Das Subjekt und die Atmosphäre, durch die es ist. Ein religionsphilosophischer Vergleich, in: [Baseler] Theologische Zeitschrift 60 (2004), 165–183.
Hammarskjöld, Dag, Zeichen am Weg, dt. München – Zürich 1967.
Hampe, Michael, Die Lehren der Philosophie. Eine Kritik, Berlin 2014.
Harari, Yuval Noah, Homo Deus. Eine Geschichte von Morgen, München ¹⁵2018.
Heidegger, Martin, Sein und Zeit, Tübingen ¹⁰1963.
Heidemann, A. (Hg.), Lebensfülle – experimentelle Erprobungen eines theologischen Leitbegriffes, Freiburg i. Br. 2021.
Henrich, Dieter, Selbstbewusstsein. Kritische Einleitung in eine Theorie, in: R. Bubner – K. Cramer – R. Wiehl (Hg.), Hermeneutik und Dialektik. Aufsätze I: Methode und Wissenschaft, Lebenswelt und Geschichte, Tübingen 1970. 257–284.
Ders., Über das Endliche im Absoluten, in: R. Langthaler – M. Hofer (Hg.), Selbstbewusstsein und Gottesgedanke. Ein Wiener Symposion mit Dieter Henrich über Philosophische Theologie, Wiener Jahrbuch für Philosophie, Band XL/2008, 228–250.
Ders., Denken und Selbstsein. Vorlesungen über Subjektivität, Frankfurt a. M. 2007.
Ders., Das Selbstbewusstsein und seine Selbstdeutungen. Über Wurzeln der Religionen im bewussten Leben, in: ders., Fluchtlinien. Philosophische Essays, Frankfurt a. M. 1982, 99–124.
Ders., Fichtes ursprüngliche Einsicht, Frankfurt a. M. 1967.
Herbig, Jost, Im Anfang war das Wort. Die Evolution des Menschlichen, Taschenbuchausgabe München 1986.

Hilpert, Konrad (Hg.), Selbstverwirklichung. Chancen – Grenzen – Wege, Mainz 1987.
Hoffmann, Veronika, »(Lebens-)Fülle« bei Ralf Miggelbrink und Charles Taylor, in: A. Heidemann, Lebensfülle – experimentelle Erprobungen eines theologischen Leitbegriffes, Freiburg i. Br. 2021, 221–232.
Dies., Skizzen zu einer Theologie der Gabe. Rechtfertigung – Opfer – Eucharistie – Gottes- und Nächstenliebe, Freiburg i. Br. 2013.
Honneth, Axel, Kampf um Anerkennung. Zur moralischen Grammatik sozialer Konflikte, Frankfurt a. M. 1992.
Hörl, E. (Hg.), Die technologische Bedingung. Beiträge zur Beschreibung der technischen Welt, Frankfurt a. M. 2011.
Hünermann, Peter, Peccatum originale – ein komplexer, mehrdimensionaler Sachverhalt. Entwurf eines geschichtlichen Begriffs, in: Theologische Quartalschrift 184 (2004), 92–107.
Huizinga, Johan, Homo Ludens. Vom Ursprung der Kultur im Spiel, Hamburg 1956.
Huxley, Julian, Der Abbau des Menschlichen, dt. München – Zürich 1983.
Jacobs, Wilhelm G., Die Entscheidung zum Bösen oder Guten im einzelnen Menschen, in: O. Höffe – A. Pieper (Hg.), Friedrich Wilhelm Josef Schelling: Über das Wesen der menschlichen Freiheit (Klassiker auslegen, Bd. 2) Berlin 1995, 125–148.
Janowski, Bernd, Anthropologie des Alten Testaments. Grundfragen – Kontexte – Themenfelder, Tübingen 2019.
Jessen, Jens, Wiedersehen mit der Wirklichkeit, in: DIE ZEIT Nr. 22 vom 27. Mai 2021, S. 51 f.
Joas, Hans, Die Sakralität der Person. Eine neue Genealogie der Menschenrechte, Berlin 2011.
Ders., Kirche als Moralagentur?, München 2016.
Ders., Glaube als Option. Zukunftsmöglichkeiten des Christentums, Freiburg i. Br. 2012.
Papst Johannes Paul II., Die menschliche Liebe im göttlichen Heilsplan. Eine Theologie des Leibes, hg. von N. Martin und R. Martin, Kisslegg ²2008.
Jonas, Hans, Philosophische Untersuchungen und metaphysische Vermutungen, dt. Frankfurt a. M. 1994.
Ders., Macht oder Ohnmacht der Subjektivität. Das Leib-Seele-Problem im Vorfeld des Prinzips Verantwortung, Frankfurt a. M. ²1987.
Jüngel, Eberhard, Gott als Geheimnis der Welt, Tübingen 1977.
Jung, Carl Gustav, Die Beziehungen zwischen dem Ich und dem Unbewussten, Zürich 1933.
Kandel, Eric, Was ist der Mensch? Störungen des Gehirns und was sie über die menschliche Natur verraten, dt. München 2018.
Kaufmann, Franz-Xaver, Selbstreferenz und Selbstreverenz. Die sozialen und religiösen Ambivalenzen der Individualisierung, in: Ruhr-Universität Bochum (Hg.), Ehrenpromotion Franz-Xaver Kaufmann, Bochum 1993, 25–46.
Keil, Geert, Besteht libertarische Freiheit darin, beste Gründe in den Wind zu schlagen?, in: K. von Stosch – S. Wendel – M. Breul – A. Langenfeld (Hg.), Streit um die Freiheit. Philosophische und theologische Perspektiven, Paderborn 2019, 23–39.
Keil, H. (Hg.), Theologische Vulnerabilitätsforschung. Gesellschaftsrelevant und interdisziplinär, Stuttgart 2020.
Kittsteiner, Heinz D., Wir werden gelebt. Formprobleme der Moderne, Hamburg 2006.

Kläden, Tobias, Mit Leib und Seele … Die mind-brain-Debatte in der Philosophie des Geistes und die anima-forma-corporis-Lehre des Thomas von Aquin, Regensburg 2005.
Knapp, Markus, Theologie und philosophische Anerkennungstheorie, in: K. Viertbauer – H. Schmidinger (Hg.), Glauben denken. Zur philosophischen Durchdringung der Gottrede im 21. Jahrhundert, Darmstadt 2016, 335–354.
Koch, Klaus, Sühne und Sündenvergebung um die Wende von der exilischen zur nachexilischen Zeit, in: Evangelische Theologie 26 (1966), 217–239.
Christian Kummer, Evolution und Schöpfung. Zur Auseinandersetzung mit der neokreationistischen Kritik an Darwins Theorie, in: Stimmen der Zeit 224 (2006), 31–42.
Langenfeld, Aaron, Frei im Geist. Studien zum Begriff direkter Proportionalität in pneumatologischer Absicht, Habilitationsschrift Innsbruck 2020.
Laplanche, Jean – Jean-Bertrand Pontalis, Das Vokabular der Psychoanalyse, dt. Frankfurt a. M. 1972.
Lehnert, Christian, Ins Innere hinaus. Von Engeln und Mächten, Berlin 2020.
Lenin, Wladimir Iljitsch Über die Religion. Eine Auswahl, dt. Berlin 1981.
Lerch, Magnus, Gnade und Freiheit – Passivität und Aktivität. Anthropologische Perspektivierung auf ein ökumenisches Grundproblem, in: Internationale Katholische Zeitschrift Communio 45 (2016), 408–425.
Levinas, Emmanuel, Von Sein zum Seienden, dt. Freiburg i. Br. – München 1997.
Ders., Jenseits des Seins oder anders als Sein geschieht, dt. Freiburg i. Br. 1992.
Ders., Die Spur des Anderen. Untersuchungen zur Phänomenologie und Sozialphilosophie, dt. München – Freiburg ³1992.
Lewis, Clive Staples, The four loves, London 1960.
Lieberg, Godo und Richard Hauser, Artikel Lust/Freude I. Antike, II. Die mittelalterliche Anschauung, in: J. Ritter – K. Gründer (Hg.), Historisches Wörterbuch der Philosophie, Bd. 5, Basel 1980, 552–558.
Lorenz, Konrad, Das sogenannte Böse. Zur Naturgeschichte der Aggression, Wien ⁵1964.
Luckner, Andreas, Mortalität, Natalität, Pluralität – die fundamentalontologische Erschließung des Politischen bei Hannah Arendt, in: C. Baumann – J. Müller – R. Stricker (Hg.), Philosophie der Praxis und die Praxis der Philosophie (FS Michael Weingarten), Münster 2014, 32–50.
Lüke, Ulrich, Das Säugetier von Gottes Gnaden. Evolution, Bewusstsein, Freiheit, Freiburg i. Br. ³2016.
Ders., Der Mensch – nichts als Natur? Über die naturalistische Entzauberung des Menschen, in: ders. – H. Meisinger – G. Souvignier (Hg.), Der Mensch – nichts als Natur? Interdisziplinäre Annäherungen, Darmstadt 2007, 126–145.
Lütkehaus, Ludger, Natalität. Philosophie der Geburt, Zug 2006.
Lyotard, Jean-François, Das postmoderne Wissen. Ein Bericht, dt. Bremen 1982.
Machovec, Milan, Vom Sinn des menschlichen Lebens, dt. Freiburg i. Br. 1971.
Marcuse, Herbert, Triebstruktur und Gesellschaft. Ein philosophischer Beitrag zu Sigmund Freud, dt. Frankfurt a. M. ²³1969.
Markschies, Christoph, Wie frei ist der Mensch? Einige vorläufige Thesen zu einem großen Thema, Martin Luther nachgedacht, in: Cardo 3 (2005), 15–18.
Marquard, Odo, Abschied vom Prinzipiellen, Stuttgart 1987.

Ders., Identität: Schwundtelos und Mini-Essenz – Bemerkungen zur Genealogie einer aktuellen Diskussion, in: O. Marquard – K. Stierle (Hg.), Identität. Poetik und Hermeneutik VIII, München 1979.

Ders., Schwierigkeiten mit der Geschichtsphilosophie. Aufsätze, Frankfurt a. M. 1973.

Marx, Alfred, Opferlogik im alten Israel, in: B. Janowski – M. Welker (Hg.), Opfer. Theologische und kulturelle Aspekte, Frankfurt a. M. 2000, 129–149.

Mauss, Marcel, Die Gabe. Die Form und Funktion des Austauschs in archaischen Gesellschaften, dt. Frankfurt a. M. 1968.

Mead, George Herbert, Geist, Identität und Gesellschaft aus der Sicht des Sozialbehaviorismus. Mit einer Einleitung hg. von Ch. W. Morris, dt. 1968.

Menke, Karl-Heinz, Macht die Wahrheit frei oder die Freiheit wahr? Eine Streitschrift, Regensburg 2017.

Merlau-Ponty, Maurice, Phänomenologie der Wahrnehmung, dt. Berlin 1966.

Metz, Johann Baptist, Memoria passionis. Ein provozierendes Gedächtnis in pluralistischer Gesellschaft, Freiburg i. Br. 2006.

Ders., Gott. Wider den Mythos von der Ewigkeit der Zeit, in: T. R. Peters – C. Urban (Hg.), Ende der Zeit? Die Provokation der Rede von Gott, Mainz 1999, 32–49.

Ders., Glaube in Geschichte und Gegenwart, Mainz 1977.

Metzinger, Thomas, Subjekt und Selbstmodell, Paderborn 1999.

Mieth, Dietmar, Grenzenlose Selbstbestimmung? Der Wille und die Würde Sterbender, Düsseldorf 2008.

Miggelbrink, Ralf, Lebensfülle. Für die Wiederentdeckung einer theologischen Kategorie, Freiburg i. Br. 2009.

Monod, Jacques, Zufall und Notwendigkeit, dt. München ²1971.

Morrison, Toni, Sehr blaue Augen. Roman, dt. Reinbek ²²2019.

Müller, Klaus, Endlich unsterblich. Zwischen Körperkult und Cyberworld, Kevelaer 2011.

Ders., Gott größer als der Monotheismus. Kosmologie, Neurologie und Atheismus als Anamnesen einer verdängten Denkform, in: F. Meier Hamidi – K. Müller (Hg.), Persönlich und alles zugleich. Theorien der All-Einheit und christliche Gottrede, Regensburg 2010, 9–46.

Ders., Gedanken zum Gedanken vom Grund. Dieter Henrichs Grenzregie der Vernunft an der Schwelle zur Gottesfrage, in: R. Langthaler – M. Hofer (Hg.), Selbstbewusstsein und Gottesgedanke. Ein Wiener Symposion mit Dieter Henrich über Philosophische Theologie, Wiener Jahrbuch für Philosophie, Band XL/2008, 211–227.

Nagel, Thomas, Geist und Kosmos. Warum die materialistische neodarwinistische Konzeption der Natur so gut wie sicher falsch ist, dt. Berlin ²2016.

Negel, Joachim, Freundschaft. Von der Vielfalt und Tiefe einer Lebensform, Freiburg i. Br. 2019.

Nguyen-Kim, Mai Thi, Die kleinste gemeinsame Wirklichkeit. Wahr, falsch, plausibel?, München 2021.

Nozick, Robert, Anarchie, Staat, Utopie, dt. München 2011.

Nussbaum, Martha, Women an Human Development. The Capabilities Approach, Cambridge 2000.

Dies., Gerechtigkeit oder das gute Leben, dt. Frankfurt a. M. 1999.

Nygren, Anders, Eros und Agape. Gestaltwandlungen der christlichen Liebe, 2 Bde., dt. Gütersloh 1930 und 1937.

Obst, Gabriele – Frank Crüsemann, Müssen sich Christinnen und Christen an das Gesetz des Alten Testaments halten?, in: F. Crüsemann – U. Theismann (Hg.), Ich glaube an den Gott Israels. Fragen und Antworten zu einem Thema, das im christlichen Glaubensbekenntnis fehlt, Gütersloh 1993, 11–118.
Pannenberg, Wolfhart, Anthropologie in theologischer Perspektive, Göttingen 1983.
Ders., Was ist der Mensch? Die Anthropologie der Gegenwart im Lichte der Theologie, Göttingen ³1968.
Pauen, Michael, Illusion Freiheit? Wie viel Spielraum bleibt in einer naturgesetzlich bestimmten Welt, in: C. Urban – J. Engelhardt (Hg.), Vom Sinn und von der Schwierigkeit des Erinnerns, Berlin 2008, 310–330.
Ders., Illusion Freiheit? Mögliche und unmögliche Konsequenzen der Hirnforschung, Frankfurt a. M. 2004.
Peitzmann, Stefan, … damit es nicht nur Schicksal ist. Hermeneutiken des Unverfügbaren im Spiegel theologischen Denkens, Münster 2012.
Pépin, Charles, Die Schönheit des Scheiterns. Kleine Philosophie der Niederlage, München 2017.
Pesch, Otto Hermann, Frei aus Gnade. Theologische Anthropologie, Freiburg i. Br. 1983.
Peters, Tiemo Rainer, Entleerte Geheimnisse. Die Kostbarkeit des christlichen Glaubens, Ostfildern 2017.
Ders., Tod wird nicht mehr sein, Zürich – Einsiedeln – Köln 1978.
Peukert, Helmut, Wissenschaftstheorie – Handlungstheorie – Fundamentale Theologie. Analysen und Status theologischer Theoriebildung, Neuausgabe Frankfurt a. M. 2009.
Pieper, Josef, Über die Liebe, München ⁴1977.
Pistrol, Florian, Vulnerabilität. Erläuterungen zu einem Schlüsselbegriff im Denken Judith Butlers, in: Zeitschrift für Praktische Philosophie 3 (2016), 233–272.
Plessner, Helmut, Die Frage nach der Conditio humana. Aufsätze zur philosophischen Anthropologie, Frankfurt a. M. 1976.
Ders., Conditio humana, Pfullingen 1964.
Portmann, Adolf, Biologische Fragmente zu einer Lehre vom Menschen, Basel ²1951.
Prinz, Wolfgang, Freiheit oder Wissenschaft, in: M. von Cranach und K. Foppa (Hg.), Freiheit des Entscheidens und Handelns. Ein Problem der nomologischen Psychologie, Heidelberg 1996, 86–103.
Pröpper, Thomas, Theologische Anthropologie, 2 Bde., Freiburg i. Br. 2011.
Ratzinger, Joseph, Glaube – Wahrheit – Toleranz. Das Christentum und die Weltreligionen, Freiburg i. Br. 2003.
Ders., Einführung in das Christentum, München ⁸1968.
Andreas Reckwitz, Die Gesellschaft der Singularitäten. Zum Strukturwandel der Moderne, Berlin 2017.
Ders., »Die Logik des Besonderen dominiert überall«, Interview mit A. Reckwitz, in: Herder Korrespondenz 72 (2018), Heft 6, 17–21.
Ricœur, Paul, Wege der Anerkennung. Erkennen, Wiedererkennen, Anerkanntsein, dt. Frankfurt a. M. 2006.
Ders., Vom Text zur Person. Hermeneutische Aufsätze (1970–1999), hg. und übersetzt von P. Welsen, dt. Hamburg 2005.
Ders., Phénoménologie de la reconnaissance – Phänomenologie der Anerkennung, in: St. Orth – P. Reifenberg (Hg.), Facettenreiche Anthropologie. Paul Ricœurs Reflexionen auf den Menschen, Freiburg – München 2004, 138–159.

Ders., Das Selbst als ein anderer, dt. München 1996.
Ders., Stellung und Funktion der Metapher in der biblischen Sprache, in: ders - E. Jüngel, Metapher. Zur Hermeneutik religiöser Sprache. Mit einer Einführung von Pierre Gisel, München 1974 (Sonderheft der Evangelischen Theologie), 45–70.
Ders., Hermeneutik und Psychoanalyse, Der Konflikt der Interpretationen II, dt. München 1974.
Ders., Hermeneutik und Strukturalismus. Der Konflikt der Interpretationen I, dt. München 1973.
Ders., Symbolik des Bösen. Phänomenologie der Schuld II, dt. Freiburg/München 1971.
Riemann, Fritz, Grundformen der Angst, München – Basel [41]2013.
Römelt, Josef, Erfüllung im Diesseits. Wie Gegenwartsutopien die christliche Heilsbotschaft herausfordern, Freiburg i. Br. 2021.
Rohner, Martin, Glück und Erlösung. Konstellationen einer modernen Selbstverständigung, Münster 2004.
Rosa, Hartmut, Unverfügbarkeit, Wien – Salzburg 2018.
Ders., Resonanz. Eine Soziologie der Weltbeziehung, Berlin 2016.
Franz Rosenzweig, Franz, Gesammelte Schriften III, Haag 1984.
Roth, Gerhard, Aus Sicht des Gehirns, Frankfurt a. M. 2003.
Ders., Die Selbstreferentialität des Gehirns und die Prinzipien der Gestaltwahrnehmung, in: Gestalt Theory 7 [4/1985], 228–244.
Sandel, Michael J., Vom Ende des Gemeinwohls. Wie die Leistungsgesellschaft unsere Demokratie zerreißt, dt. Frankfurt a. M. 2020.
Schapp, Wilhelm, In Geschichten verstrickt. Zum Sein von Mensch und Ding, Frankfurt a. M. [5]2012.
Schaeder, Erich, Theozentrische Theologie, Bd. I, Leipzig 1909, Bd. II, Leipzig 1914.
Scherer, Hildegard, Geistreich. Paulinische Texte, in: Bibel und Kirche 76 (2021), 92–97.
Dies., Geistreiche Argumente. Das Pneuma-Konzept des Paulus im Kontext seiner Briefe, Münster 2011.
Schockenhoff, Eberhard, Die Kunst zu lieben. Unterwegs zu einer neuen Sexualethik, Freiburg i. Br. 2021.
Schulz von Thun, Friedemann, Erfülltes Leben. Ein kleines Modell für eine große Idee, München 2021.
Ders., Miteinander reden 1, Reinbek bei Hamburg [21]2011.
Schulze, Gerhard, Die Erlebnisgesellschaft. Kultursoziologie der Gegenwart, Studienausgabe Frankfurt a. M. 2000.
Schüßler, Michael, Verflüssigung der Zeit – Verflüssigung der Wahrheit? Relationale Theologie des Ereignisses in digitaler Gegenwart, in: M. Seewald (Hg.), Glaube ohne Wahrheit? Theologie und Kirche vor den Anfragen des Relativismus, Freiburg i. Br. 2018, 159–177.
Searle, John R., Sprechakte. Ein sprachphilosophischer Essay, dt. Frankfurt a. M. 1971.
Seckler, Max, Der Begriff der Offenbarung, in: W. Kern – H. J. Pottmeyer – M. Seckler (Hg.), Handbuch der Fundamentaltheologie, Bd. 2: Traktat Offenbarung, Tübingen – Basel [2]2000, 41–61.
Seel, Martin, Versuch über die Form des Glücks. Studien zur Ethik, Frankfurt a. M. 1995.
Sen, Amartya, Commodities an Capabilities (second impression), New Dehli – Oxford 1999.
Sidgwick, Henry, The Methods of Ethics, New York [7]2009.

Siefer, Werner – Christian Weber, Ich – Wie wir uns selbst erfinden, Frankfurt a. M. 2006.
Singer, Wolf, Wer deutet die Welt? Gespräch mit Lutz Wingert, in: Die Zeit Nr. 50 vom 7. Dezember 2000, S. 43.
Sloterdijk, Peter, Hat uns der Himmel noch etwas zu sagen?, in: Die Zeit Nr. 42 vom 8. Oktober 2020, S. 53.
Ders., Du mußt dein Leben ändern. Über Anthropotechnik, Berlin 2009.
Ders., Eurotaoismus. Zur Kritik der politischen Kinetik, Frankfurt a. M. 1989.
Ders., Zur Welt kommen – Zur Sprache kommen. Frankfurter Vorlesungen, Frankfurt a. M. 1988.
Springer, Katja, Natalität als Grundstruktur des Daseins in der Philosophie Hannah Arendts, philosophische Dissertation Stuttgart 2018.
Stier, Fridolin, Vielleicht ist irgendwo Tag. Aufzeichnungen, Freiburg – Heidelberg 1981.
Striet, Magnus, Ernstfall Freiheit. Arbeiten an der Schleifung der Bastionen, Freiburg i. Br. 2018.
Taurek, Bernhard H. F., Nietzsches Alternativen zum Nihilismus, Hamburg 1991.
Taylor, Charles, Ein säkulares Zeitalter, dt. Frankfurt a. M. 2009.
Ders., Quellen des Selbst. Die Entstehung der neuzeitlichen Identität, dt. Frankfurt a. M. 1996.
Ders., Das Unbehagen an der Moderne, dt. Frankfurt a. M. 1995.
Ders., Negative Freiheit. Zur Kritik des neuzeitlichen Individualismus, dt. Frankfurt a. M. 1988.
Teilhard de Chardin, Pierre, Der Mensch im Kosmos, dt. München 1959.
Tetens, Holm, Gott denken. Ein Versuch über rationale Theologie, Stuttgart 2015.
von Thadden, Elisabet, Bin das wirklich ich? Seit 250 Jahren ist die Knochenarbeit im Dienst am einzigartigen Ich das Großprojekt des modernen Menschen, in: Die Zeit Nr. 34 vom 14. August 2014, S. 29.
Tillich, Paul, Wesen und Wandel des Glaubens, dt. Berlin 1966.
Ders., Systematische Theologie, Bd. 2, Stuttgart ^{4}1973, Bd. 3, dt. Stuttgart 1966.
Ders., Der Mut zum Sein, Stuttgart 1954.
Tornau, Christian, Eros versus Agape? Von Plotins Eros zum Liebesbegriff Augustins, in: Philosophisches Jahrbuch 112 (2005), 271–291.
Tugendhat, Ernst, Egozentrizität und Mystik. Eine anthropologische Studie, München 2003.
Türcke, Christoph, Natur und Gender. Kritik eines Machbarkeitswahns, München 2021.
Ders., Digitale Gefolgschaft. Auf dem Weg in eine neue Stammesgesellschaft, München 2019.
Ulrich-Eschemann, Karin, Vom Geborenwerden des Menschen. Theologische und philosophische Erkundungen, Münster ^{2}2002.
Klaus Unterburger, Bedrohte Brückenschläge. Die Evolutionslehre und die kirchliche Buchzensur, in: Herder Korrespondenz 63 (2/2009), 87–91.
Vasse, Denis, Bedürfnis und Wunsch. Eine Psychoanalyse der Glaubenserfahrung, dt. Olten und Freiburg i. Br. 1973.
Voland, Eckart, Natur der Moral – Genese und Geltung in der Ethik, in: U. Lüke – H. Meisinger – G. Souvignier (Hg.), Der Mensch – nichts als Natur? Interdisziplinäre Annäherungen, Darmstadt 2007, 12–26.
Wagner, Doris, Spiritueller Missbrauch in der katholischen Kirche, Freiburg i. Br. 2019.

Wainwright, Geoffrey, Doxology. The Praise of God in Worship, Doctrine and Life, London 1980.
Waldenfels, Bernhard, Sozialität und Alterität. Modi sozialer Erfahrung, Berlin 2015.
Martin Walser, Über Rechtfertigung. Eine Versuchung, Reinbek bei Hamburg ²2012.
Hermann Weidemann, Hermann, Artikel Modalanalyse in: J. Ritter – K. Gründer (Hg.), Historisches Wörterbuch der Philosophie, Bd. 6, Darmstadt 1984, 3–7.
Weil, Simone, Schwerkraft und Gnade, dt. München 1989.
Dies., Zeugnis für das Gute. Traktate – Briefe – Aufzeichnungen, dt. hg. von F. Kemp, Olten – Freiburg i. Br. 1976.
Wendel, Saskia, In Freiheit glauben. Grundzüge eines libertarischen Verständnisses von Glauben und Offenbarung, Regensburg 2020.
Dies., Gendersensible Theologie – Ein hölzernes Eisen?, in: Lebendige Seelsorge 66 (2/2015), 82–87.
Wenzel, Knut, Theologische Implikationen säkularer Philosophie? Vom »Kampf um Anerkennung« zur Anerkennung unbedingten Anerkanntseins, in: Theologie und Philosophie 86 (2011), 182–200.
Werbick, Jürgen, Gegen falsche Alternativen. Warum dem christlichen Glauben nichts Menschliches fremd ist, Ostfildern 2021.
Ders., Offenbarung in offenbarender Rede. Zur Hermeneutik der Offenbarung im Anschluss an Paul Ricœur, in: M. Eckholt – H. El Mallouki (Hg.), Offenbarung und Sprache. Hermeneutische und theologische Zugänge aus christlicher und islamischer Perspektive, Göttingen 2021, 89–113.
Ders., Christlich glauben. Eine theologische Positionsbestimmung, Freiburg i. Br. 2019.
Ders., Einführung in die theologische Wissenschaftslehre, Freiburg i. Br. 2010.
Ders., Gott verbindlich. Eine theologische Gotteslehre, Freiburg i. Br. 2007.
Ders., Die fundamentalistische Option angesichts der »hermeneutischen Krise« des Christentums, in: G. Risse – H. Sonnemans – B. Theß (Hg.), Wege der Theologie: an der Schwelle zum dritten Jahrtausend (FS Hans Waldenfels), Paderborn 1996, 139–152.
Ders., Kirche. Ein ekklesiologischer Entwurf für Studium und Praxis, Freiburg i. Br. 1994.
Ders., Das Medium ist die Botschaft. Über einige wenig beachtete Implikationen des Begriffs der »Selbstoffenbarung Gottes« – im Blick auf die Auseinandersetzung um die fundamentalistische Versuchung im Christentum, in: ders. (Hg.), Offenbarungsanspruch und fundamentalistische Versuchung, Freiburg i. Br. 1991, 187–245.
Ders., Glaube im Kontext. Prolegomena und Skizzen zu einer elementaren Theologie, Zürich-Einsiedeln-Köln 1983 (Nachdruck St. Ottilien 1987).
Werth, Reinhard, Die Natur des Bewusstseins. Wie Wahrnehmung und freier Wille im Bewusstsein entstehen, München 2010.
Westermann, Claus, Schöpfung. Erweiterte Studienausgabe Stuttgart 1983.
Wetz, Franz-Josef, Naturalismus, in: U. Lüke – H. Meisinger – G. Souvignier (Hg.), Der Mensch – nichts als Natur? Interdisziplinäre Annäherungen, Darmstadt 2007, 47–71.
Ders., Naturalismus und Menschenwürde, in: R. Langthaler (Hg.), Was ist der Mensch? Ein interdisziplinäres Gespräch zwischen Lebenswissenschaften, Philosophie und Theologie, Frankfurt a. M. 2004, 114–118.
Wiesing, Lambert, Ich für mich. Phänomenologie des Selbstbewusstseins, Berlin 2020.
Wingert, Lutz, Mein Ärger verraucht. Wie weit führt das Ticket der Hirnforscher?, in: FRANKFURTER ALLGEMEINE ZEITUNG Nr. 9 vom 12. Januar 2004, S. 25.

Wittgenstein, Ludwig, Tractatus logico-philosophicus, Frankfurt a. M. 2003.
Young, Michael Dunlop, The Rise of the Meritocraty, London 1958.

Personenregister

Abdel-Samad, H. 391, 436
Adorno, Th. W. 54, 232, 369, 410, 423, 436
Ahbe, Th. 145, 436
Andresen, C. 171
Anselm von Canterbury 92
Arendt, H. 11, 146, 187, 208, 245. 272–280, 436
Arens, E. 373, 436
Ariès, Ph. 180, 436
Aristoteles 408
Auer, A. 340, 436
Augustinus 44, 85 f., 102, 134, 136, 157 f., 161–164, 171–174, 185, 188, 243, 292, 324–329, 332–334, 336, 342, 356
Austin, J. L. 370, 436

Bacon, Fr. 255
von Balthasar, H. U. 192, 387, 413, 415, 436
Barth, K. 9
Barton, S. 64, 436
Bauer, J. 109, 436
Baumann, C. 273, 441
Baumgarten, N. 50
Beckermann, A. 33, 35, 64, 67, 69–71, 436
Bedorf, Th. 135, 436
Beißner, F. 423
Papst Benedikt XVI. / Ratzinger, J. 179, 191 f., 196 f., 263, 436, 443
Benjamin, W. 297–299, 320, 410, 436
Bentham, J. 413, 436

Berkeley, G. 301
Bertram, H. 253, 438
Bieri, P. 82 f., 436
Bloch, E. 256, 436
Block, K. 97, 437
Blume, A. 226, 437
Blumenberg, H. 235, 249, 402, 437
Blumenstock, K. 35, 62
Bocken, I. 274, 437
Bolz, N. 85, 437
Böhme, G. 226, 437
Bonhoeffer, D. 138, 261, 437
Bowlby, J. 429, 437
Brague, R. 122, 303, 437
Brecht, B. 182, 235
Breul, M. 66, 440
Bruckner, A. 402
Brüntrup, G. 38, 437
Brunner, E. 161, 437
Buber, M. 353, 437
Bubner, R. 112, 439
Buck, A. 50
Bude, H. 291, 437
Bugiel, D. 194, 437
Butler, J. 194 f., 437

Canetti, E. 305
Carnap, R. 357, 437
Celan, P. 234, 437
de Certeau, M. 84, 280, 437
Choron, J. 255, 437
Cicero 49
Cioran, E. M. 234, 243, 257, 437
Clayton, Ph. 34, 437

Cohn, R. C. 69, 437
Colli, G. 120
de Condillac, É. B. 358
Condorcet, N. 255
Cramer, K. 112, 439
von Cranach, M. 60, 443
Crüsemann, F. 285, 442

Dante Alighieri 50
Dahrendorf, R. 81 f., 437
Dalferth, I. U. 136, 306, 308, 322, 330, 343–345, 350, 356, 437
Damasio, A. 107, 437
Darwin, Ch. 24 f., 301
Demmerling, Chr. 226, 437
Dennett, D C 62, 437
Descartes, R. 41, 148, 213
Dickel, S. 97, 436
Dickmann, U. 274, 437
Dirscherl, E. 9, 282, 437
Drewermann, E. 424
Dreyfus, H. 100, 202, 213–217, 437
Driewer, W. 189, 438
Durkheim, E. 84, 250 f., 253, 303, 319, 371, 373, 438

Ebner, M. 422, 434, 438
Meister Eckehart 260, 435
Eckholt, M. 379, 446
Ellacuria, J. 331, 438
E Mllouki, H. 379, 446
E Qassli, S. 147, 438
Ende, M. 69
Engelhardt, J. 69, 442

449

Epikur 269 f.
Erikson, E. H. 428 f., 433, 438
Etienne de Senancour, O. 123

Faus, J I G. 331, 438
Feiter, R. 95, 438
Feuerbach, L. 10, 19, 182, 255 f., 351
Fichte, J. G. 102, 104, 113
Flake, O. 254
Flamm, K. 144, 438
Flaßpöhler, S. 195
Foppa, K. 60, 443
Foucault, M. 144, 369
Frank, G. 139, 438
Frank, M. 112, 438
Frankfurt, H. 54, 69, 77, 163, 438
Papst Franziskus 25, 158, 173, 195 f., 245, 258, 284 f., 291, 378, 438
Freisler, R. 13
Freud, S. 18, 49, 148, 175, 266 f., 270, 301, 310, 336, 438
Frisch, R. 9, 438
Fromm, E. 169, 438
Fuchs, G. 261, 426, 438
Fuchs, Th. 51, 63, 65, 68, 72, 106 f., 110, 213–216, 438
Fuchs, W. 257, 438

Gabriel, G. 50, 438
Gabriel, M. 210–212, 438
Gallese, V. 109, 438
Gehlen, A. 276, 363, 438
Gerdes, H. 123
Gerhardt, C. I. 235
Gerhardt, V. 49, 438
Gillmayr-Bucher, S. 434, 438
Girard, R. 250, 438
Gisel, P. 389, 443
Gmür, W. 145, 436
Goldman, A. 109, 438
Göcke, B. P. 38, 439

Görtz, St. 197, 439
von Goethe, J. W. 255
Gregor von Nyssa 415
Papst Gregor XVI. 302
Groethuysen, B. 254 f., 439
Gronemeyer, M. 17, 265, 439
Gründer, K. 40, 170, 241, 438, 441, 445

Habermas, J. 57 f., 60, 70, 73, 81, 218 f., 294, 437, 439
Hailer, M. 226, 439
Halbfas, H. 10, 439
Hamann, J. G. 365
Hammarskjöld, D. 23, 439
Hampe, M. 17, 439
Harari, Y. N. 403 f., 412 f., 439
Häring, B. 434
Hauser, R. 170, 441
Haverkamp, A. 402, 437
Hawking, St. 36
Hegel, G W F. 110, 125
Heidegger, M. 151, 213, 227, 235, 253, 271–273, 277, 368, 439
Heidemann, A. 419, 439
Heine, H. 18
Henrich, D. 112 f., 115–118, 126, 439
Herbig, J. 247, 249, 439
Herder, J. G. 365
Herring, H. 241
Hilpert, K. 142, 439
Hirsch, E. 123
Hobbes, Th. 358
Hofer, M. 115, 439
Höffe, O. 335, 440
Hoffmann, V. 133, 206, 307, 419, 435, 439
Hölderlin, F. 422
Holz, H. H. 237, 413
Honneth, A. 129, 439
Honold, A. 297, 636
Hörl, E. 97, 440
von Humboldt, W. 365
Hume, D. 118

Hünermann, P. 312, 440
Huizinga, J. 231, 440
Huxley, J. 20, 440
Hyatt, M. 195

Jacobs, W. G. 335, 440
James, W. 229
Janowski, B. 269, 304, 312, 317, 440
Jessen, J. 201, 440
Joas, H. 187, 229, 253, 303 f., 307, 343, 440
Johannes Duns Scotus 162
Papst Johannes Paul II. 191, 193, 339, 440
Jonas, H. 36–41, 74–77, 101, 440
Jüngel, E. 178, 263, 389, 440, 443
Jung, C. G. 148, 272, 440

Kandel, E. 27, 440
Kant, I. 50–57, 91, 102, 130 f., 303, 333–336, 350, 374, 404 f.
Karig, F. 147, 438
Kaufmann, F.-X. 138, 440
Keil, G. 66 f., 440
Keil, H. 307, 440
Kemp, F. 92, 445
Kern, W. 380, 444
Keupp, H. 145, 436
Khorchide, M. 391, 436
Kierkegaard, S. 123–126, 231, 243 f., 271, 347 f.
Kittsteiner, H. D. 223, 440
Kläden, Th. 32–34, 440
Knapp, M. 133, 440
Koch, K. 237, 440
Kopernikus, N. 301
Kreil, M. 360
Krien, D. 197
Kummer, Chr. 37, 440

Lacan, J. 416
Landweer, H. 226, 437
Langenfeld, A. 66, 94, 440 f.
Langthaler, R. 40, 115, 439, 446

Laplace, P.-S. 230
Laplanche, J. 72, 170, 441
Lehnert, Chr. 243, 441
Leibniz, G. W. 235, 237, 241 f., 413
Leonardo da Vinci 143
Lenin, W. I. 251
Lerch, M. 95, 441
Levinas, E. 274, 290, 306, 441
Lewis, C. S. 135, 441
Libet, B. 58 f., 101
Lichtenberg, G Cr. 160
Lieberg, G. 170, 441
Liefers, J. J. 202
Locke, J. 118, 358
Freiherr von Löhneysen, W. 235, 336, 411
Lorenz, K. 20, 337, 441
Luckner, A. 273, 441
Ludz, U. 187, 208
Lüke, U. 10, 20, 30 f., 37, 441, 445 f.
Lukrez 269
Luther, M. 137, 330 f., 342, 356
Lütkehaus, L. 273, 441
Lyotard, J.-F. 297, 441

Machovec, M. 261, 441
Marcuse, H. 175 f., 441
Markschies, Chr. 330, 441
Marquard, O. 14 f., 144, 234, 441
Marsilio Ficino 143
Martin, N. 194, 440
Martin, R. 194, 440
Marx, A. 317, 441
Marx, K. 250
Mauss, M. 250, 441
Mead, G. H. 107 f., 441
Meier Hamidi, Fr. 116, 442
Meisinger, H. 20, 30 f., 445 f.
Melanchthon, Ph. 330
Menke, K.-H. 82, 189, 219, 441
Merleau-Ponty, M. 213, 442

Metz, J. B. 268, 299, 320, 342, 370, 410, 442
Metzinger, Th. 213, 442
Michel, K. M. 110
Mieth, D. 47, 436, 442
Miggelbrink, R. 419, 442
Mitscherlich, A. 18, 148, 175, 438
Moldenhauer, E. 110
von Moltke, J. 13
Monod, J. 62, 442
de Montaigne, M. 254
Montinari, M. 120
Morris, Ch. W. 107, 441
Morrison, T. 246, 442
Müller, J. 273, 441
Müller, Kl. 38, 115-118, 201, 439. 442

Nagel, Th. 19, 32, 36-39, 206, 442
Napoleon Bonaparte 230
Negel, J. 133, 442
Neurath. O. 357
Nguyen-Kim, M. T. 210, 442
Nietzsche, Fr. 49, 120-122, 138, 140, 160 f., 176, 180, 206-209, 221-229, 232, 234, 237, 244, 247, 258-260, 262, 266, 296, 310, 318, 336-339, 369, 415, 425
Nozick, R. 414 f., 442
Nussbaum, M. 291, 406-408, 442
Nygren, A. 161, 442

Obst, G. 285, 442
Orth, St. 130, 443

Pannenberg, W. 9 f., 55, 310, 430, 442
Pascal, B. 296, 418
Pauen, M. 54, 58, 68 f., 442
Papst Paul VI. 184
Peitzmann, St. 237, 443
Pépin, Ch. 266, 443

Pesch, O. H. 9, 443
Peters, T. R. 266, 285, 299, 443
Peukert, H. 370, 443
Pico de la Mirandola, G. 50, 142 f., 303
Pieper, A. 335, 440
Pieper, J. 86, 134 f., 157 f., 161-163, 443
Pistrol, F. 307, 443
Plessner, H. 41 f., 44, 310, 443
Pontalis, J.-B. 72, 170, 441, 443
Portmann, A. 276, 443
Pottmeyer, H. J. 380, 444
Prinz, W. 60, 443
Pröpper, Th. 9, 88 f., 93, 348

Quint, J. 260, 435

Rahner, K. 9, 94
Reckwitz, A. 138-140, 443
Reifenberg, P. 130, 443
Richards, A. 18, 148, 175, 438
Ricœur, P. 97, 130, 133, 146, 149 f., 277, 314, 332, 341 f., 348, 382-384, 388 f., 392, 403, 443
Riemann, F. 128, 443
Risse, G. 200, 445
Ritter, J. 170, 241, 438, 441, 445
Römelt, J. 403, 444
Rohner, M. 408 f., 444
Rosa, H. 17, 83, 96, 120, 126, 416, 444
Rosenzweig, F. 202, 444
Roth, G. 59, 64, 71, 215, 444

Sandel, M. J. 287-289
Schaeder, E. 10, 444
Schapp, W. 277, 444
Schelling, F W J. 92, 232 f., 335-337, 427
Scherer, H. 433, 444

451

Schiefen, F. 38, 439
Schiller, Fr. 226
Schlick, M. 357
Schmidinger, H. 133, 440
Schmidt, J. 423
Schmitz, H. 226
Schneider, R. 228 f., 256
Schockenhoff, E. 173, 188, 444
Schopenhauer, A. 221 f., 235, 336, 411
Schücking, L. L. 255
Schulz, E. 417
Schulz von Thun, F. 384 f., 420 f., 444
Schulze, G. 17, 266, 444
Schüßler, M. 360, 444
Searle, J. R. 370, 444
Seckler, M. 380, 444
Seel, M. 409, 444
Seewald, M. 360, 444
Sen, A. 291, 444
Seneca 174
Earl of Shaftesbury, Anthony Ashley Cooper 226
Sidgwick, H. 413, 444
Siefer, W. 213, 444
Simon, P. 325
Singer, W. 60, 71, 444
Sloterdijk, P. 122, 273 f., 349, 444
Sobrino, J. 331, 438
Sonnemanns, H. 200, 446
Souvignier, G. 20, 30 f., 445 f.
Spinoza, B. 35, 62 f., 120, 335
Springer, K. 273, 279, 445
Stier, F. 389, 444
Stierle, K. 144, 441

von Stosch, K. 66, 440
Strachey, J. 18, 148, 175, 438
Stricker, R. 273, 441
Striet, M. 82, 445

Taureck, B H F. 221, 445
Taylor, C. 78, 80, 82, 100, 126, 140, 143, 202, 213–217, 229 f., 319, 358, 362–367, 370, 419, 437, 445
Teilhard de Chardin, P. 25 f., 445
Tetens, H. 22, 105, 205 f., 232, 445
von Thadden, E. 123, 445
Theismann, U. 285, 442
Theß, B. 200, 446
Thies, E. 255
Thimme, W. 171
Thiry d'Holbach, P.-H., 18
Thomas von Aquin 86, 173, 241
Tiedemann, R. 54, 410, 436
Tillich, P. 83, 126, 445
Tornau, Chr. 162, 445
Tugendhat, E. 18 f., 55, 113–115, 127 f., 445
Türcke, Chr. 114, 196, 201, 301, 364, 423, 445

Ulpian 286
Ulrich-Eschemann, K. 279, 445
Unterburger, Kl. 24, 445
Urban, C. 69, 299, 442

Vasse, D. 416, 554
Vico, G. 197
Viertbauer, K. 133, 440

Vogelsang, E. 137
Voland, E. 30, 445
Voltaire 241

Wagner, D. 14, 445
Wainwright, G. 371 f., 445
Waldenfels, B. 95, 363, 445
Walser, M. 153, 445
Wasmuth, F. 296, 418
Weber, Chr. 213, 444
Weber, M. 445
Weidemann, H. 241, 445
Weigand, W. 254
Weil, S. 91 f., 245–247, 349, 445
Welker, M. 317, 441
Welsen, P. 146, 443
Wendel, S. 66, 86 f., 93, 95, 98, 195, 440, 446
Wenzel, K. 133, 446
Werbick, J. 26, 144, 191, 199 f., 206, 246, 283, 351, 354, 379, 446
Werth, R. 257, 263, 446
Westermann, Cl. 159, 446
Wetz, F.-J. 31–33, 40, 446
Wiehl, R. 112, 439
Wiesing, L. 95, 104, 128, 138, 142, 446
Wilhelm von Ockham 241
Wilde, O. 348
Willisch, A. 291, 437
Wingert, L. 60, 444, 446
Wittgenstein, L. 213, 357 f., 401, 446

Young, M. D. 287, 446